Spruchreife und Streitgegenstand
im Verwaltungsprozess

Europäische Hochschulschriften

Publications Universitaires Européennes
European University Studies

Reihe II
Rechtswissenschaft

Série II Series II
Droit
Law

Bd./Vol. 3252

PETER LANG
Frankfurt am Main · Berlin · Bern · Bruxelles · New York · Oxford · Wien

Holger Jacobj

Spruchreife und Streitgegenstand im Verwaltungsprozess

PETER LANG
Europäischer Verlag der Wissenschaften

Die Deutsche Bibliothek - CIP-Einheitsaufnahme

Jacobj, Holger:

Spruchreife und Streitgegenstand im Verwaltungsprozess / Holger Jacobj. - Frankfurt am Main ; Berlin ; Bern ; Bruxelles ; New York ; Oxford ; Wien : Lang, 2001
(Europäische Hochschulschriften : Reihe 2, Rechtswissenschaft ; Bd. 3252)
Zugl.: Hannover, Univ., Diss., 2001
ISBN 3-631-38183-2

D 89
ISSN 0531-7312
ISBN 3-631-38183-2

www.peterlang.de

Vorwort

Die vorliegende Arbeit wurde von der juristischen Fakultät der Universität Hannover im Wintersemester 2000/2001 als Dissertation angenommen.

Ich danke an dieser Stelle zuerst meinem Doktorvater Prof. Dr. Heiko Faber. In seiner Übung zum Öffentlichen Recht regte er das Thema dieser Arbeit an und betreute sie von Anfang an bestens. Auf diese Weise durfte ich von seiner engagierten Lehrtätigkeit profitieren und an seiner vielseitigen Forschung teilhaben. Ich bewundere es aufrichtig, wie er beide Aufträge der Rechtswissenschaft gleichermaßen vorbildlich erfüllt und bisweilen sogar zu einer Einheit zusammenführt.

Herrn Prof. Dr. Kay Waechter danke ich für die äußerst zügige Erstellung des Zweitgutachtens und für seine anregenden Beiträge im Rahmen der Disputation.

Besonders dankbar bin ich meiner Familie, ohne deren vielfältige Unterstützung die Arbeit nicht zu Stande gekommen wäre: Meine Eltern, Elisabeth und Klaus-Gerhard Jacobj, haben mir nach der „Pflicht“ auch diese Form der „Kür“ der juristischen Ausbildung ermöglicht und die Entstehung der Dissertation tatkräftig gefördert. Beispielhaft seien die Kinderbetreuung und die wertvollen stilistischen Ratschläge genannt. Meine liebe Frau Ina hat mir stets unschätzbare „psychische Beihilfe“ geleistet und mir trotz eigener Berufstätigkeit im Alltag den Rücken frei gehalten. Unsere Jungs Fabian und Timon hatten so viel Verständnis wie Kinder in ihrem Alter haben können.

Ein besonderer Dank geht bei dieser Gelegenheit an meine Kolleg(inn)en aus dem Studium und dem Referendariat für die Motivation und die produktive Zusammenarbeit während dieser Ausbildungsabschnitte und für die großartigen Freundschaften, die sich daraus entwickelt haben.

Ferner gilt mein Dank Herrn Rechtsanwalt Prof. Dr. Ludger-Anselm Versteyl und den Kollegen in der Kanzlei in Burgwedel für eine ebenso anspruchsvolle wie doktoranden- und familienfreundliche Teilzeittätigkeit während der Arbeit an der Dissertation.

Die behandelte Literatur und Rechtsprechung ist auf dem Stand der Veröffentlichungen bis Ende Dezember 2000. Die Mannheimer Dissertation von Marcus Hödl-Adick („Die Bescheidungsklage als Erfordernis eines interessengerechten Rechtsschutzes“, Berlin 2001) konnte ich leider nicht mehr berücksichtigen.

Burgwedel, im Februar 2001 Holger Jacobj

Inhaltsübersicht

Einleitung 27

A. Problemstellung und Gang der Untersuchung 27

B. Tendenzen in der Rechtsprechung 30

C. Stand der Forschung 37

1. Kapitel: Definition der Spruchreife 64

A. Auslegung des § 113 Abs. 5 VwGO 65

B. Die Spruchreife der Vollzugsfolgenbeseitigung, § 113 Abs. 1 Satz 3 VwGO 101

C. Ist die Spruchreife ein Problem der Aufhebung eines Verwaltungsakts im Rahmen der Anfechtungsklage? 112

D. Zusammenfassender Definitionsvorschlag 153

2. Kapitel: Bestimmung des Streitgegenstands im Verwaltungsprozessrecht 155

A. Grundlegende Bestimmungskriterien 157

B. Elemente des Streitgegenstands 188

C. Klageart-spezifische Definitionen 206

3. Kapitel: Konsequenzen der Streitgegenstandsbestimmung für die Einordnung der Spruchreife 250

A. Schlussfolgerungen für die Spruchreife der Vollzugsfolgenbeseitigung 250

B. Schlussfolgerungen für die Spruchreife bei Anfechtungs- und Verpflichtungsklagen 256

4. Kapitel: Gerichtliche Herbeiführung der Spruchreife bei uneingeschränktem Streitgegenstand – Möglichkeiten und Grenzen 348

A. Vollzugsfolgenbeseitigung 349

B. Anfechtungsklage 350

C. Verpflichtungsklage 372

Fazit: Thesen und Therapievorschläge 479

A. Zusammenfassung der hier bislang aufgestellten Thesen 479

B. Therapievorschläge 487

Inhaltsverzeichnis

Einleitung 27

A. Problemstellung und Gang der Untersuchung 27

B. Tendenzen in der Rechtsprechung 30

C. Stand der Forschung 37

I. BRUNN: Die sogenannte Bescheidungsklage in der Verwaltungsgerichtsordnung 37

1. Zusammenfassung 37

2. Stellungnahme 43

II. MARX: Das Herbeiführen der Spruchreife im Verwaltungsprozeß 45

1. Zusammenfassung 45

2. Stellungnahme 50

III. HAUSTEIN: Der Streitgegenstand im Verwaltungsprozeß 52

1. Zusammenfassung 52

2. Stellungnahme 55

IV. BARBEY: Bemerkungen zum Streitgegenstand im Verwaltungsprozeß 56

1. Zusammenfassung 56

2. Stellungnahme 58

V. DETTERBECK: Streitgegenstand und Entscheidungswirkungen im Öffentlichen Recht 59

1. Zusammenfassung der Teile A und B 59

2. Stellungnahme 62

1. Kapitel: Definition der Spruchreife 64

A. Auslegung des § 113 Abs. 5 VwGO 65

I. Wortlaut des § 113 Abs. 5 Satz 1 VwGO 65

1. Vornahmeausspruch als Rechtsfolge 65
a. Urteil zu Gunsten des Klägers 65
b. Verpflichtung zur beantragten „Amtshandlung“ 66
2. „Spruch“ im Sinne von Zuspruch 67
3. „Sache“ als Gegenstand 68
4. „Reife“ 68
II. Systematik 69
1. Verknüpfung von Satz 1 und Satz 2: Die Spruchreife als Kriterium für die Unterscheidung zwischen Vornahme- und Bescheidungsurteil 70
2. Zusammenhang mit § 114 Satz 1 VwGO 71
3. Abgrenzung zur Entscheidungsreife, § 110 VwGO, § 300 ZPO, sowie zur Abweisungsreife 73
4. § 86 Abs. 1 Satz 1 VwGO: Ist die Spruchreife nur ein sekundäres Unterscheidungsmerkmal? 75
5. Zusammenhang mit § 42 VwGO 79
a. Abgrenzung zu den Sachentscheidungsvoraussetzungen 79
b. Inkongruenz der Normen? 81
III. Historische Entwicklung 82
1. Mögliche Vorläufernormen 83
a. §§ 98, 99 LVG 83
b. § 79 Abs. 3 und Abs. 5 VGG 84
c. § 75 Abs. 3 MRVO 86
2. Entstehungsgeschichte des § 113 Abs. 5 VwGO 87
a. Ablauf des Gesetzgebungsverfahrens 87
b. Begründung des Regierungsentwurfs 89
c. Beratungen im Rechtsausschuss des Bundestages 91
IV. Teleologische Aspekte 94
1. Wirksamkeit des Rechtsschutzes, Art. 19 Abs. 4 Satz 1 GG 94
2. Gewaltenteilung, Art. 20 Abs. 2 Satz 2 GG 97
V. Ergebnis 101

B. Die Spruchreife der Vollzugsfolgenbeseitigung, § 113 Abs. 1 Satz 3 VwGO 101

I. Gemeinsamkeiten mit der Spruchreife gem. § 113 Abs. 5 VwGO 102

II. Unterschiede zu der Spruchreife gem. § 113 Abs. 5 VwGO 103

III. Kriterium: Berücksichtigung von Ermessen 104

1. Entschließungsermessen 105

2. Auswahlermessen 107

IV. Spruchreife im Zusammenhang mit allgemeinen Leistungsklagen 111

V. Ergebnis 112

C. Ist die Spruchreife ein Problem der Aufhebung eines Verwaltungsakts im Rahmen der Anfechtungsklage? 112

I. Die Aufhebung gem. § 113 Abs. 1 Satz 1 VwGO und die Frage der alternativen Rechtmäßigkeit 113

1. Vergleich mit der Spruchreife gem. § 113 Abs. 5 VwGO 114

2. Zweifel an der Übertragbarkeit der Terminologie 116

3. Die Irrelevanz einer ungewissen „Ergebnisrichtigkeit" 117

a. Regelungsgehalt des § 113 Abs. 1 Satz 1 VwGO 117

b. Grenzen einer teleologischen Reduktion des § 113 Abs. 1 Satz 1 VwGO 123

i) Verfassungsrechtliche Verankerung des Aufhebungsanspruchs 123

ii) Inkongruenz des Gedankens aus § 144 Abs. 4 VwGO 124

iii) Keine unmittelbare Anwendbarkeit der §§ 45, 46 VwVfG 124

iv) § 46 VwVfG analog? 125

(1) Untersuchungsgrundsatz? 126

(2) Verfahrensökonomie? 128

(3) Grundsatz von Treu und Glauben? 129

(4) Rechtssicherheit? 130

(a) Relativierung der drohenden Widersprüchlichkeit 130

(b) Gewaltenteilung ... 130

(c) 6. VwGO-Änderungsgesetz ... 131

4. Die Spruchreife als Selbstverständlichkeit jeder Kassation des ursprünglichen Verwaltungsakts gem. § 113 Abs. 1 Satz 1 VwGO ... 135

a. Bestimmtheit und Endgültigkeit der Entscheidung ... 135

b. Das Brokdorf-Urteil des Bundesverwaltungsgerichts vom 22. Oktober 1987 ... 136

II. § 113 Abs. 2 VwGO ... 138

III. § 113 Abs. 3 VwGO ... 139

1. Keine Entscheidung „in der Sache selbst" ... 140

2. Der Unterschied zur Kassation gem. § 113 Abs. 1 Satz 1 VwGO ... 140

a. Der Verzicht auf den Nachweis der Rechtswidrigkeit ... 141

b. Die Entschärfung der Vorschrift ... 143

3. Schlussfolgerungen für die Spruchreife ... 146

IV. Die isolierte Aufhebung des Widerspruchsbescheides als materiell-rechtlich bedingter Fall fehlender Spruchreife ... 146

1. Fallbeispiel: Urteil des VGH Kassel vom 21. Juli 1966 ... 147

2. Die materiell-rechtliche Begründung für das Fehlen der Spruchreife ... 148

3. Die Zulässigkeit der isolierten Aufhebung trotz Erhebung der Einheitsklage i.S.d. § 79 Abs. 1 Nr. 1 VwGO ... 149

V. Ergebnis ... 153

D. Zusammenfassender Definitionsvorschlag ... 153

2. Kapitel: Bestimmung des Streitgegenstands im Verwaltungsprozessrecht ... 155

A. Grundlegende Bestimmungskriterien ... 157

I. Prozessualer Anspruch ... 157

1. Abgrenzung von Ansprüchen des materiellen Rechts ... 157

2. Abgrenzung von anderen prozessualen Ansprüchen ... 159

II. Die grundsätzliche Übertragbarkeit der Streitgegenstandslehren des Zivilprozessrechts 160

III. Die Bedeutung des Streitgegenstands für die Bestimmung der materiellen Rechtskraft 163

1. Differenzierung: formelle Rechtskraft 163
2. Rechtskraftfähigkeit 164
3. Grenzen der Rechtskraft 165
   a. Zeitliche Grenzen 165
   b. Subjektive Grenzen 166
   c. Objektive Grenzen: Streitgegenstand 167
4. Prozessuale Wirkungsweise der materiellen Rechtskraft 167
   a. „Ne bis in idem" bei Streitgegenstandsidentität 168
   b. Abweichungsverbot bei Präjudizialität 169
   c. Keine Bindungswirkung wegen Vorfragenidentität oder wegen eines „rechtlichen Sinnzusammenhangs" 171
5. Die verfassungsrechtliche Dimension der materiellen Rechtskraft 172

IV. Dispositionsmaxime 173

V. Die Irrelevanz der Geltung des Beibringungsgrundsatzes bzw. des Untersuchungsgrundsatzes 175

1. Die Lehre WACKEs 176
   a. Zusammenfassung 176
   b. Stellungnahme 177
2. Die Lehre JAUERNIGs 177
   a. Zusammenfassung 177
   b. Stellungnahme 179

VI. Die Unverzichtbarkeit eines einheitlich bestimmten Begriffs 183

1. Relativer Streitgegenstandsbegriff? 184
2. Gesonderter Urteilsgegenstand? 184
3. Variabler Streitgegenstand? 185
4. Stellungnahme 186

VII. Ergebnis 188

B. Elemente des Streitgegenstands 188

I. Anspruchsziel, konkretisiert durch den Antrag 189
1. Die Richtung des Anspruchs 189
2. „Behauptung"? 190
3. „Antrag" oder „Begehren" als Willenselement des Streitgegenstands? 190
4. Das Anspruchsziel als Element des Streitgegenstands bzw. Begehrens 191
II. Anspruchsgrund (Sachverhalt) 193
1. „Prüfsteine" 195
a. Materielle Rechtskraft 195
b. Klagenhäufung 199
c. Rechtshängigkeit 200
d. Klageänderung 200
e. Ergebnis 201
2. Differenzierung nach der Antragsart? 202
III. Materiell-rechtliche Elemente? 204
IV. Ergebnis 206
C. Klageart-spezifische Definitionen 206
I. Das Typisierungspotential des § 113 VwGO 207
1. Die prozessuale Anerkennung der Anspruchsziele 207
2. Die Eingrenzung des Sachverhalts durch den Verwaltungsakt 208
II. Anfechtungsklage 209
1. Meinungsstand 209
a. Rückblick: Der angefochtene Verwaltungsakt als Streitgegenstand 209
b. Die Behauptung der Rechtswidrigkeit und der Rechtsverletzung 210
c. Der Anspruch auf Aufhebung des angefochtenen Verwaltungsakts 210
d. Der Anspruch auf Aufhebung eines Verwaltungsakts „dieser Art" (DETTERBECK) 211
e. Kombination (SCHENKE) 213
2. Stellungnahme 214

3. Ergebnis 234

III. Verpflichtungsklage 234

1. Meinungsstand 234

a. Die Behauptung der Rechtswidrigkeit der Ablehnung und der Rechtsverletzung des Klägers 235

b. Der Anspruch auf (Verpflichtung zum) Erlass eines Verwaltungsakts 236

c. Kombination (SCHENKE) 237

2. Stellungnahme 238

3. Ergebnis 247

IV. Die Klage auf Vollzugsfolgenbeseitigung gem. § 113 Abs. 1 Satz 2 VwGO 248

3. Kapitel: Konsequenzen der Streitgegenstandsbestimmung für die Einordnung der Spruchreife 250

A. Schlussfolgerungen für die Spruchreife der Vollzugsfolgenbeseitigung 250

I. Folgerungen aus der Mehrheit der Streitgegenstände 251

1. Der nachträgliche Antrag auf Vollzugsfolgenbeseitigung gem. § 113 Abs. 1 Satz 2, 3 VwGO bedeutet eine Klageänderung 251

2. Bei fehlender Spruchreife der Vollzugsfolgenbeseitigung muss ein Teilurteil über die Anfechtungsklage ergehen 252

II. Die geringe Relevanz der Kombinationsform für die Rechtskraft 256

B. Schlussfolgerungen für die Spruchreife bei Anfechtungs- und Verpflichtungsklagen 256

I. Keine Unterscheidung gleichwertiger Entscheidungsmodalitäten 256

II. Kennzeichnung eines quantitativen Unterschieds 257

1. Die Spruchreife hat nichts mit der Unterscheidung von Klagearten zu tun 257

a. Die nach der Spruchreife differenzierenden Klagebegehren stehen nicht selbständig nebeneinander 257

b. Es gibt keine „Bescheidungsklage“ als eigene Klageart ... 258

2. Das Gericht ist gem. § 88 VwGO an die Entscheidung des Klägers für den eingeschränkten Antrag gebunden ... 259

3. Ein Wechsel zwischen den von der Spruchreife abhängigen Anspruchszielen bedeutet keine Klageänderung, sondern eine Klagebeschränkung oder -erweiterung ... 261

4. Soweit das Gericht nicht antragsgemäß die bei Spruchreife vorgesehene Entscheidung trifft, unterliegt der Kläger teilweise ... 262

a. Abweisung im Übrigen ... 263

b. Kostenfolgen ... 268

i) Der Meinungsstand bei der Anfechtungsklage ... 269

ii) Der Meinungsstand bei der Verpflichtungsklage ... 270

iii) Stellungnahme ... 275

(1) Kein geringfügiges Unterliegen gem. § 155 Abs. 1 Satz 3 VwGO ... 275

(2) Die Anwendung der verschuldensabhängigen Kostenlastentscheidung gem. § 155 Abs. 5 VwGO lässt sich nicht verallgemeinern ... 277

(3) § 155 Abs. 1 Satz 1 VwGO: Die Kosten sind in der Regel nicht gegeneinander aufzuheben, sondern verhältnismäßig zu teilen ... 280

(4) Im Regelfall sind die Kosten gem. § 155 Abs. 1 Satz 1 Alt. 2 VwGO hälftig zu teilen ... 281

(5) Soweit der Kläger sein Begehren spätestens bei der Antragstellung in der mündlichen Verhandlung sachgerecht einschränkt, trägt er keine Kosten gem. § 155 Abs. 2 VwGO ... 283

5. Dem eingeschränkten Klageantrag steht nicht generell ein Gebot der umfassenden Klageerhebung entgegen ... 288

a. Die Beschränkung der Klage ist eine grundsätzlich zulässige Ausübung der Dispositionsbefugnis, der keine gesetzlichen Verfahrenskonkurrenzregelungen entgegenstehen ... 289

b. Ausnahmsweise hindert der Einwand des fehlenden Rechtsschutzbedürfnisses die Einschränkung der Klage 293

i) Die Ratio des allgemeinen Rechtsschutzbedürfnisses 293

ii) Die Sachurteilsvoraussetzung in Form des allgemeinen Rechtsschutzbedürfnisses begründet kein allgemeines Gebot der umfassenden Klageerhebung – Auseinandersetzung insbesondere mit der gegenteiligen Rechtsprechung des 6. Senats des Bundesverwaltungsgerichts in Kriegsdienstverweigerungssachen 295

(1) Kein absolutes Verbot der „isolierten Anfechtungsklage" 295

(2) Gesetzliche Anerkennung eingeschränkter Streitgegenstände 302

(a) § 79 Abs. 2 Satz 1 VwGO 302

(b) § 44a Satz 2 VwGO 304

(c) „Entscheidung in der Sache" gem. § 46 VwVfG 304

(3) Schützenswerte Motive für die Einschränkung der Klage 305

(a) Einschränkung des Kostenrisikos 306

(b) Nichtöffentlichkeit des Verwaltungsverfahrens 307

(4) Effizienz statt bloßer Effektivität – das verfahrensökonomische Prinzip 308

(5) Die Zulässigkeit des auf die Widerspruchsbescheidung gerichteten Klagebegehrens 313

c. Kritische Würdigung der Rechtsprechung zum Asylverfahrensrecht 315

i) Rückblick: Das Klagebegehren bei unterbliebener Anhörung des Asylbewerbers durch das Bundesamt für die Anerkennung ausländischer Flüchtlinge gem. § 31 Abs. 1 AuslG a.F. 316

(1) Der Fall 316

(2) Die Entscheidungen der Rechtsprechung 317

(3) Die Resonanz in der Literatur 319

(4) Stellungnahme 320

ii) Das Klagebegehren bei Verfahrenseinstellung gem. §§ 32, 33 AsylVfG ... 322

(1) Erste Meinung: Anerkennungsverpflichtung (ausschließlich) ... 323

(2) Zweite Meinung: Anfechtung (ausschließlich) ... 324

(3) Dritte Meinung: Anfechtung (regelmäßig) ... 326

(4) Stellungnahme: Bescheidungsverpflichtung (regelmäßig) ... 330

iii) Das Klagebegehren bei Asylfolgeanträgen gem. § 71 AsylVfG ... 334

(1) Erste Meinung: Wahlrecht des Klägers ... 335

(2) Zweite Meinung: Beschränkung auf das Wiederaufgreifen des Asylverfahrens ... 337

(3) Dritte Meinung: Anerkennungsverpflichtung (ausschließlich) ... 339

(4) Stellungnahme: Bescheidungsverpflichtung (regelmäßig) ... 341

4. Kapitel: Gerichtliche Herbeiführung der Spruchreife bei uneingeschränktem Streitgegenstand – Möglichkeiten und Grenzen ... 348

A. Vollzugsfolgenbeseitigung ... 349

B. Anfechtungsklage ... 350

I. Die materiell-rechtlich bedingte isolierte Aufhebung des Widerspruchsbescheids ... 350

II. Die Entscheidung gem. § 113 Abs. 3 Satz 1 VwGO ... 351

1. Erheblichkeit der Ermittlungen nach Art oder Umfang ... 351

2. Sachdienlichkeit auch unter Berücksichtigung der Belange der Beteiligten ... 353

a. Abwägungsentscheidung ... 354

i) Argumente gegen die Sachdienlichkeit ... 354

(1) Untersuchungsgrundsatz gem. § 86 Abs. 1 Satz 1 VwGO? ... 354

(a) Vermeidung eines weiteren Prozesses ... 355

(b) Besondere Leistungsfähigkeit der gerichtlichen Sachverhaltsaufklärung 356
(2) Irreparable Nachteile 357
ii) Argumente für die Sachdienlichkeit 358
(1) Spezielle Kenntnisse und Fähigkeiten der Behörde 358
(2) Die Berücksichtigung der Informationskosten 359
(a) Der Wirtschaftlichkeitsvorbehalt des Untersuchungsgrundsatzes 359
(b) Der Vergleich mit der Problematik der Beweislast-Verteilung 360
(c) § 113 Abs. 3 Satz 1 VwGO als gesetzlicher Beitrag zur Senkung und gerechten Verteilung der Informationskostenlast 366
(3) Die Möglichkeit einstweiliger Regelungen gem. § 113 Abs. 3 Satz 2, 3 VwGO 367
b. Anwendungsbeispiel 368
3. Frist gem. § 113 Abs. 3 Satz 4 VwGO 370
4. Ergebnis 371
C. Verpflichtungsklage 372
I. Materiell-rechtliche Restriktionen 373
1. Erscheinungsformen 373
a. Rechtsfolgenermessen 374
b. Beurteilungsspielräume 379
i) Originäre Bewertungen 380
(1) Prüfungen 380
(2) Beamtenrechtliche Beurteilungen 383
(3) Fachbegutachtungen 384
(a) Indizierungen 385
(b) Prädikatierungen 386
ii) Politische Einschätzungsprärogativen 389
iii) Prognosen und Risikoentscheidungen 391
iv) Planungen 395

c. Fehlen behördlicher Mitwirkungshandlungen? 397
2. Keine Ersetzung der behördlichen Erwägungen auf Betreiben des Gerichts 398
3. Abgrenzung: Herbeiführung der Abweisungsreife durch die Behörde gem. § 114 Satz 2 VwGO 401
4. Konsequenzen der Kontrollrestriktionen für die Sachverhaltsermittlung des Gerichts 406
5. Ausnahme: Überwindung der materiell-rechtlichen Hindernisse bei Reduktion der Entscheidungsspielräume auf „null“ 413
6. Ergebnis 417
II. Hindernisse aus tatsächlichen Gründen 417
1. Fallgruppen in der Rechtsprechung 418
a. Erschöpfung von Kontingenten 418
i) Differenzierung 418
(1) Vorläufiger Rechtsschutz 418
(2) Ebenen der Verteilungsprobleme 421
(a) Ungewissheit und Beurteilungsspielräume bei der Überprüfung freier Kapazitäten 421
(b) Mehr Kapazitäten als Bewerber 421
(c) Mehr Kapazitäten als Verfahrensbeteiligte, aber weniger als Bewerber 421
(d) Weniger Kapazitäten als Rechtsschutz suchende Bewerber 423
(e) Der klagende Anspruchsteller ist bei Erschöpfung der Kapazitäten zu Unrecht nicht berücksichtigt worden 424
ii) Studienplätze mit Numerus clausus 424
iii) Verdrängungsklagen im Wirtschaftsverwaltungsrecht 430
(1) Zulässigkeit 431
(2) Begründetheit 434
b. Fehlende Sachverhaltsaufklärung 438
i) Übertragung der Ermittlungspflichten auf besondere Fachbehörden 439

(1) Bauordnungsrecht 439

(2) Sonstige fachbehördliche Zuständigkeiten 441

(a) „Wehrfliegerverwendungsfähigkeit" 441

(b) Waffenrechtliche Sachkundeprüfung 442

(3) Entscheidungen des Bundesamts für die Anerkennung ausländischer Flüchtlinge? 443

ii) Besonderheiten der notwendigen Sachverhaltsermittlungen 445

(1) „Steckengebliebene" Genehmigungsverfahren 445

(2) Beobachtungen von langer Dauer 446

(3) Nachweis handwerklicher Kenntnisse und Fähigkeiten 447

(4) Herbeiführung der Spruchreife in Wohngeldsachen? 448

2. Allgemeine Kriterien 450

a. Grundsätzlich muss das Gericht alle für die Spruchreife notwendigen Feststellungen tatsächlicher und rechtlicher Art in eigener Verantwortung treffen 450

i) Art. 19 Abs. 4 Satz 1 GG 451

ii) § 86 Abs. 1 Satz 1 VwGO 451

iii) Vereinbarkeit mit Art. 20 Abs. 2 Satz 2 GG 453

b. Ausnahmsweise ist das Gericht aus funktionellen Gründen an den zur Bejahung der Spruchreife erforderlichen tatsächlichen Feststellungen gehindert 455

i) Allgemeines zu den strukturellen Unterschieden zwischen Rechtsprechung und Verwaltung 455

ii) Absolute Funktionsvorbehalte zu Gunsten der Verwaltung 458

(1) Fachbehördeneigenschaft? 458

(2) Zusammenhang der tatsächlichen Feststellungen mit gestaltenden Verwaltungstätigkeiten 459

(3) Zusammenhang der tatsächlichen Feststellungen mit Entscheidungsfreiräumen der Verwaltung ... 460

iii) Relative Funktionsvorbehalte zu Gunsten der Verwaltung ... 461

(1) Argumente für die Ermittlung im Verwaltungsverfahren, insbesondere aus prozessökonomischen Gründen ... 461

(a) Erfordernis einer mit den erforderlichen Mitteln ausgerüsteten Behörde? ... 461

(b) § 113 Abs. 3 VwGO analog? ... 462

(c) Masse oder Dauer der erforderlichen Ermittlungen ... 465

(d) Dynamik der Materie ... 466

(e) Entbehrlichkeit eines Sachverständigengutachtens ... 467

(f) Verlust einer Tatsacheninstanz? ... 468

(g) Edukatorische Funktion ... 469

(h) Aspekte der Rechtsvergleichung und Europäisierung? ... 471

(2) Entkräftung der Vorbehalte gegen aufwendige Ermittlungen im Prozess ... 475

(a) Mitwirkung der Behörde ... 475

(b) Große Wahrscheinlichkeit eines neuen Gerichtsverfahrens ... 477

3. Ergebnis ... 477

Fazit: Thesen und Therapievorschläge ... 479

A. Zusammenfassung der hier bislang aufgestellten Thesen ... 479

I. Zur Spruchreife ... 479

1. Anwendungsbereiche ... 479

2. Begriffliche Differenzierung ... 479

3. Definition ... 479

II. Zum Streitgegenstand ... 480

1. Grundlegende Kriterien der Streitgegenstandsbestimmung 480
2. Elemente des Streitgegenstands 480
3. Der Streitgegenstand der Anfechtungsklage 481
4. Der Streitgegenstand der Verpflichtungsklage 481
5. Die Streitgegenstände der Klage auf Vollzugsfolgenbeseitigung 481

III. Zur Verbindung von Spruchreife und Streitgegenstand 482
1. Vollzugsfolgenbeseitigung 482
2. Anfechtungs- und Verpflichtungsklagen 482

IV. Zu den Möglichkeiten und Grenzen einer Herbeiführung der Spruchreife 483
1. Vollzugsfolgenbeseitigung 483
2. Materiell-rechtliche Hindernisse bei der Anfechtungsklage 484
3. Hindernisse aus tatsächlichen Gründen bei der Anfechtungsklage 484
4. Materiell-rechtliche Hindernisse bei der Verpflichtungsklage 485
5. Hindernisse aus tatsächlichen Gründen bei der Verpflichtungsklage 485

B. Therapievorschläge 487

I. Zur Behandlung de lege lata 487
1. Die Hinweispflicht gem. § 86 Abs. 3 VwGO 487
2. Der Dialog im Prozess 488

II. Zur Behandlung de lege ferenda 489
1. Neufassung des § 113 Abs. 3 VwGO 489
2. Materiell-rechtliche Klarstellung von Beurteilungsspielräumen 489
3. Prozessrechtliche Klarstellung von Funktionsvorbehalten 489

Abkürzungen

Die in dieser Arbeit verwendeten Abkürzungen sind zumeist allgemein gebräuchlich und richten sich im Übrigen nach:

KIRCHNER, HILDEBERT
Abkürzungsverzeichnis der Rechtssprache
4. Aufl., Berlin u.a. 1993

Einleitung

A. Problemstellung und Gang der Untersuchung

„Was aus Vernunftgründen für die Theorie gilt, das gilt auch für die Praxis."[1] Die vorliegende Arbeit folgt dieser Überzeugung[2] und widmet sich der Suche nach praktisch brauchbaren Theorien zur Erklärung zweier Rechtsinstitute des Verwaltungsprozesses, die zwar im Alltag der Verwaltungsgerichte nicht an vorderster Front eine Rolle spielen, deren jeweiliges Verständnis aber den Ursprung für unterschiedliche Lösungen in der Praxis bilden kann. Die Spruchreife und der Streitgegenstand im Verwaltungsprozess geben Anlass zu einer näherer Betrachtung, denn diese Begriffe werden häufig verwendet, aber selten eingehend erläutert und dementsprechend – auch 40 Jahre nach In-Kraft-Treten der Verwaltungsgerichtsordnung – in Literatur und Rechtsprechung vielfach unterschiedlich beurteilt und gehandhabt. Soweit Analysen existieren, lassen sie Zusammenhänge erahnen, ohne sie näher zu beleuchten. Den Ausgangspunkt der hier angestellten Überlegungen bildet dagegen die These, dass die Untersuchungen der beiden Institute eine Symbiose eingehen, die mehr leisten kann als einzelne Betrachtungen.

Von dem Problemkreis der Spruchreife wird zunächst die Verpflichtungsklage erfasst, denn gesichert ist, dass die Spruchreife als einziges Unterscheidungskriterium zwischen einem Vornahmeurteil i.S.d. § 113 Abs. 5 Satz 1 VwGO und einem Bescheidungsurteil i.S.d. § 113 Abs. 5 Satz 2 VwGO entscheidet[3]. Bereits bei dieser Terminologie beginnt jedoch die Uneinigkeit. Das Gesetz spricht in beiden Fällen von einer „Verpflichtung", nämlich „die beantragte Amtshandlung vorzunehmen" (Satz 1) bzw. „den Kläger unter Beachtung der Rechtsauffassung des Gerichts zu bescheiden" (Satz 2). Obwohl der Wortlaut daher gebietet, beide Urteilsformen als Verpflichtungsurteile zu bezeichnen[4], wird mehrheitlich der Terminus des Verpflichtungsurteils nur im Sinne eines Vornahmeurteils ge-

---

1 KANT, Über den Gemeinspruch: Das mag in der Theorie richtig sein, taugt aber nicht für die Praxis, Berlinische Monatsschrift 1793, 201, 284.

2 Vgl. zur Theorie und Praxis des Verwaltungsrechts FABER, § 4 II. Vgl. ferner THIEME, Jura 1990, 337, 338: „Nichts ist so praktisch wie eine gute Theorie!"

3 SPANNOWSKY, in: NK-VwGO, § 113 Rn. 237.

4 CZERMAK, NJW 1962, 776, 777; STÜER, in: MENGER-FS (1985), S. 787.

braucht[5]. Weitere begriffliche Unschärfen werden in die Thematik hineingetragen, wenn die Spruchreife i.S.d. § 113 Abs. 5 VwGO mit der allgemeinen gerichtlichen Entscheidungsreife i.S.d. § 110 VwGO, 300 ZPO (i.V.m. § 173 VwGO) gleichgesetzt wird[6], was schon deshalb unstimmig ist, weil auch das bei fehlender Spruchreife ergehende Bescheidungsurteil ein Endurteil ist, das die allgemeine Entscheidungsreife voraussetzt. Deshalb müssen die Bedeutungen der Begriffe auseinanderfallen[7]. Dieser Sprachgebrauch deutet an, dass die Funktionen der Spruchreife bereits im Zusammenhang mit der Verpflichtungsklage nicht geklärt sind.

Gravierender als die Begrifflichkeiten sind die Differenzen, die dazu führen, dass in vergleichbaren Fällen von Verpflichtungsklagen unterschiedliche Urteilsformen befürwortet werden. Uneinheitlich wird nämlich die Frage beantwortet, inwieweit die Gerichte verpflichtet sind, die „Spruchreife herbeizuführen", d.h. insbesondere in welchen Fällen sie den Sachverhalt so detailliert aufklären müssen, dass sie abschließend entscheiden können, ob ein ganz bestimmter Verwaltungsakt erlassen werden muss. Umstritten ist auch, inwieweit die Spruchreife Obliegenheiten des Verpflichtungsklägers bei der Fassung seiner Klageanträge betrifft. Probleme in diesem Zusammenhang werden unter den Stichworten „Bescheidungsklage", „Teilunterliegen", „Kostenfolgen" und „Bindung an das Klagebegehren" diskutiert. Dahinter steckt die Frage, ob von dem Kläger verlangt wird, die Möglichkeit fehlender Spruchreife in seine Überlegungen einzubeziehen, d.h. unter Umständen nur „auf Bescheidung" zu klagen, um ein Teilunterliegen ggf. mit der Kostenfolge des § 155 Abs. 1 Satz 1 VwGO zu vermeiden. Einigkeit besteht zwar inzwischen darin, dass der Kläger jedenfalls in Fällen, in denen erkennbar nur ein Bescheidungsurteil in Betracht kommt, sich auf einen Bescheidungsantrag beschränken

---

5 So etwa OVG Münster, Urt. v. 19.04.1966, OVGE 22, 183, 185 = MDR 1967, 524, 525; OVG Münster, Urt. v. 22.12.1995, GewArch. 1996, 287, 288; KOPP, VwGO, 10. Aufl., § 113 Rn. 178; JÖRG SCHMIDT, in: EYERMANN, § 113 Rn. 36; SPANNOWSKY, in: NK-VwGO, § 113 Rn. 239; wie hier BVerwG, Urt. v. 18.08.1960, DVBl. 1961, 125, 127; VGH München, Urt. v. 17.07.1973, DÖV 1974, 321, 322; FABER, § 30 I a) 2.

6 Ohne Differenzierung DEUTSCHES RECHTS-LEXIKON, 1992, Band 3, Stichwort „Spruchreife"; vgl. auch BVerwG, Urt. v. 27.03.1998, DVBl. 1998, 896: Im Leitsatz ist von Spruchreife die Rede, auf S. 897 von Entscheidungsreife. Ferner BVerwG, Beschl. v. 30.08.1994, NVwZ-RR 1995, 322, 323; MARTENS, S. 86; JÖRG SCHMIDT, in: EYERMANN, § 113 Rn. 37 mit nicht nachvollziehbarem Hinweis auf BVerwG, KStZ 1982, 108: Ist eine Verpflichtungsklage „im Sinne der Abweisung 'spruchreif'", so sei ihre Abweisung unabhängig von der Begründung der Behörde geboten.

7 So bereits BETTERMANN, NJW 1960, 649, 653.

darf[8]. Davon zu unterscheiden ist jedoch die Frage, ob er seinen Antrag beschränken *muss*, um ein Teilunterliegen zu vermeiden. Fraglich ist auch, wie zu verfahren ist, wenn der Kläger einen Bescheidungsantrag gestellt hat und sich dann herausstellt, dass eigentlich ein Vornahmeurteil ergehen könnte.

Vornehmlich um den Aspekt der Sachverhaltsaufklärung durch das Gericht geht es, wenn der Begriff der Spruchreife auch mit der Anfechtungsklage in Verbindung gebracht wird, und zwar nicht nur bezogen auf die gesondert zu behandelnde Frage der Vollzugsfolgenbeseitigung gem. § 113 Abs. 1 Satz 2, 3 VwGO, sondern unmittelbar bezogen auf die Frage der Aufhebung eines Verwaltungsakts[9]. Hier bedarf es einer strukturellen Untersuchung der gerichtlichen Aufhebungsentscheidung, um zu klären, ob sich insoweit für die Spruchreife auch ohne Erwähnung im Gesetz ein weiterer Anwendungsbereich ergibt. In diesem Zusammenhang sind die durch das am 1. Januar 1991 in Kraft getretene Vierte Gesetz zur Änderung der Verwaltungsgerichtsordnung vom 17. Dezember 1990[10] (4. VwGO-ÄndG) eingefügten Vorschriften des § 113 Abs. 2 Satz 2, 3 und Abs. 3 VwGO von Interesse. Durch diese neuen Bestimmungen ist die wissenschaftliche Auseinandersetzung um die Reichweite der Verpflichtung des Gerichts zur Aufklärung des Sachverhalts zusätzlich angefacht worden[11]. Dies betrifft primär die Anfechtungsklage, für die diese Normen unmittelbar gelten und unter bestimmten Voraussetzungen dem Gericht die Möglichkeit einräumen, der Behörde die weitere Aufklärung des Sachverhalts zur abschließenden Entscheidung zu überlassen. Darüber hinaus stellt sich im Kontext mit der Verpflichtungsklage die Frage nach einer analogen Anwendung.

Die vorliegende Arbeit geht davon aus, dass es sich angesichts der im Schrifttum und in der Rechtsprechung zu verzeichnenden begrifflichen Uneinigkeit auszahlt, im Anschluss an den einleitenden Meinungsüberblick der Definition der Spruchreife einen ausführlichen eigenen Abschnitt zu widmen (1. Kapitel). Dabei sollen die möglichen Anwendungsbereiche der Spruchreife bei Verpflichtungsklagen,

---

8 Anders wiederum besteht Streit in Fällen gebundener Entscheidungen, wenn bei entsprechendem Antrag ggf. mit einem Vornahmeurteil gerechnet werden kann. Für die Zulässigkeit eines Bescheidungsantrages auch bei dieser Konstellation BVerwG, Beschl. v. 23.07.1991, NVwZ 1991, 1180, 1181; KOPP / SCHENKE, § 42 Rn. 8; SCHENKE, DÖV 1996, 529, 538; a.A. KOPP, VwGO, 10. Aufl., § 42 Rn. 5a („grundsätzlich"); PIETZNER / RONELLENFITSCH, § 10 Rn. 9 (mit Ausnahmen bei Beurteilungsspielräumen).

9 Vgl. BVerwG, Urt. v. 22.10.1987, BVerwGE 78, 177, 179 ff.; BVerwG, Urt. v. 09.09.1988, BVerwGE 80, 207, 222; BVerwG, Beschl. v. 24.04.1995, UPR 1995, 269, 270; MARX, S. 19, 30; v.MUTIUS, in: MENGER-FS (1985), S. 601; REDEKER / v.OERTZEN, § 113 Rn. 25.

10 BGBl. I, S. 2809.

11 SPANNOWSKY, in: NK-VwGO, § 113 Rn. 241.

bei Klagen auf Vollzugsfolgenbeseitigung und bei Anfechtungsklagen nebeneinandergestellt werden. Da diese Arbeit ferner auf der Überlegung basiert, dass sich die mit der Spruchreife verbundenen Probleme der Rechtsanwendung leichter lösen lassen, wenn der jeweilige Streitgegenstand des zu Grunde liegenden gerichtlichen Verfahrens geklärt ist, folgt sodann eine Auseinandersetzung mit der Streitgegenstandslehre, die auf dem Gebiet des Verwaltungsprozessrechts erst in jüngerer Vergangenheit verstärkte Beachtung in der Rechtswissenschaft erfahren hat[12]. Die Streitgegenstandsbestimmung erfolgt in einem gesonderten Teil der Arbeit (2. Kapitel), um die gewonnenen Erkenntnisse auch für hier nicht oder nur am Rande behandelte Themen wie die Rechtswegproblematik oder das Verhältnis zwischen Verwaltungsprozess und Amtshaftungsklage nutzbar zu machen. Die Darstellungen und Stellungnahmen weisen jedoch bewusst bereits Bezüge zu den Problemen der Spruchreife auf. Solche Bezüge existieren etwa zu den Fragen der Reichweite des Untersuchungsgrundsatzes, des Teilunterliegens i.V.m. den Kostenfolgen bei Entscheidungen ohne Spruchreife, der Bindung an das Klagebegehren und der Existenz einer Bescheidungsklage als eigene Rechtsschutzform. Diese Verbindungen zwischen Streitgegenstand und Spruchreife (3. Kapitel) werden daher im Anschluss an die „Grundlagenforschung" behandelt, wobei dem Streitgegenstand eine zentrale, aber dienende Funktion bei der Beantwortung praktischer Fragen zukommen soll. Einen besonderen Stellenwert nehmen die Probleme ein, die in der Literatur und der Rechtsprechung mit dem Schlagwort „Herbeiführung der Spruchreife" versehen werden und hier deswegen besonders eingehend erörtert werden sollen (4. Kapitel).

B. Tendenzen in der Rechtsprechung

Bei diesem verwaltungsprozessualen Thema sind naturgemäß die Auffassungen in der Rechtsprechung von besonderem Interesse. Umfassende Erläuterungen oder dogmatische Herleitungen darf man hier freilich nicht erwarten, denn entsprechend ihren Aufgaben zur fallbezogenen Streitentscheidung gibt die Rechtsprechung auf dogmatische Fragen zwar Antworten, aber nur in den seltensten Fällen Erklärungen, die geeignet wären, losgelöst von der jeweiligen Streitentscheidung einen ganzen Themenkomplex zu beleuchten. Zum Begriff der Spruchreife in dem erläuterungsbedürftigen Zusammenhang mit der Anfechtungsklage ist etwa in der Rechtsprechung des Bundesverwaltungsgerichts nur die Ausführung ersichtlich, die Spruchreife sei ein „prozessualer Begriff, der an die materiell-rechtlichen Ge-

12 DETTERBECK, S. 1; vgl. auch BARBEY, in: MENGER-FS (1985), S. 177.

gebenheiten anknüpft, sie aber nicht abändert"[13]. Diese Formulierung ist gleichermaßen richtig wie nichtssagend.

Das Institut des Streitgegenstands wird in der Rechtsprechung im Wesentlichen nur dort behandelt, wo es das Gesetz unmittelbar verlangt, d.h. bei der Bestimmung der Rechtshängigkeit (§ 90 VwGO), der Klagenhäufung (§ 44 VwGO), der Klageänderung (§ 91 VwGO) und vor allem der Rechtskraft (§ 121 VwGO)[14]. Daher erfolgt eine Auseinandersetzung mit dem Streitgegenstand in gerichtlichen Entscheidungen auch nur, soweit sie in Bezug auf diese Wirkungen notwendig ist[15]. Beispielsweise hatte das Bundesverwaltungsgericht[16] in einer Entscheidung aus dem Jahre 1994 über einen Fall zu entscheiden, in dem der Kläger nach Erhalt eines Bescheidungsurteils aufgrund des geänderten Rettungsdienstgesetzes ein Vornahmeurteil über die Zulassung seines Unternehmens zur Teilnahme am Rettungsdienst erstrebte. Das Berufungsgericht war davon ausgegangen, dass über die Frage einer Zulassung im Ermessenswege bereits rechtskräftig entschieden worden sei und hatte den Rechtsstreit nur noch im Hinblick auf einen gebundenen Zulassungsanspruch untersucht. Dem ist das Bundesverwaltungsgericht zwar mit Ausführungen über den Streitgegenstand entgegengetreten, jedoch hat es sich auf eine negative Definition beschränkt: „Rechtsanspruch und Ermessensanspruch kennzeichnen nur unterschiedliche und unterschiedlich weit gehende Anspruchsgrundlagen für ein und dasselbe Begehren, nämlich die Teilnahme am Rettungsdienst, nicht aber trennbare Teile des Streitgegenstandes."[17] Typisch für die – bezogen auf die Erledigung des jeweiligen Falles rationelle – Sichtweise der Rechtsprechung ist auch eine frühe Entscheidung des Bundesverwaltungsgerichts über eine Anfechtungsklage: „Ganz gleich, welcher Auffassung [zur Natur des Streitgegenstandes] man folgt, die Rechtskraftwirkung beschränkt sich jedenfalls darauf, dass bei unveränderter Sach- und Rechtslage die Verwaltungsbehörde nicht den gleichen Verwaltungsakt aus den vom Gericht mißbilligten Gründen erlassen darf."[18] Über derartige ergebnisorientierte Ausführungen hinaus versucht die Rechtsprechung offenbar nicht, Streitfragen im Grenzbereich von materiellem Recht und Prozessrecht durch die analytische Beschäftigung mit diesem Rechtsinstitut abstrakt einer Lösung zuzuführen. Der früheren Bemerkung von REDEKER / V.OERTZEN[19], dass die Lehre von Streitgegenstand und Rechtskraft in den letzten Jahrzehnten merkwürdig vernachlässigt worden und für die Praxis anscheinend

13 BVerwG, Urt. v. 22.10.1987, BVerwGE 78, 177, 181.

14 Vgl. BARBEY, in: MENGER-FS (1985), S. 177; GERHARD LÜKE, JuS 1967, 1.

15 Einzelfallbezogenheit und Zurückhaltung in der Rechtsprechung beobachtete schon LERCHE, BayVBl. 1956, 295, 297.

16 Urt. v. 03.11.1994, NVwZ 1996, 66 f.

17 BVerwG, Urt. v. 03.11.1994, NVwZ 1996, 66.

18 BVerwG, Urt. v. 06.03.1962, DVBl. 1963, 64, 65.

19 10. Auflage, § 121 Rn. 7.

ohne Bedeutung sei, ist daher in ihrem ersten Teil zuzustimmen. Was die Bedeutung für die Praxis angeht, wird hier im Anschluss an DETTERBECK[20] die Auffassung vertreten, dass sich der theoretische Aufwand zur Erforschung des Streitgegenstands lohnt, auch um in der Praxis den Blick für sachgerechte und konsequente Lösungen zu schärfen – die praktische Bedeutungslosigkeit ist daher nur scheinbar.

Die Verpflichtung der Verwaltungsgerichte zur Herbeiführung der Spruchreife gem. § 113 Abs. 5 Satz 1 VwGO durch die Aufklärung des Sachverhalts hat das Bundesverwaltungsgericht im Laufe der Jahre intensiviert. Nach In-Kraft-Treten der Verwaltungsgerichtsordnung hatte es anfänglich – ohne dass es darauf angekommen wäre – Überlegungen angestellt, die Aufklärungspflicht des Gerichts in den Fällen zu begrenzen, in denen die Begründetheit der Klage von Umständen abhängt, deren Klärung „umfangreiche und daher besser von der Behörde als von dem Gericht zu treffende Ermittlungen" erfordert[21]. Später wurden diese Überlegungen in ihrer Allgemeinheit nicht mehr weiter verfolgt, sondern das Bundesverwaltungsgericht hat die Pflicht der Verwaltungsgerichte zur Sachverhaltsaufklärung dann eingeschränkt, wenn „für eine fachliche Prüfung eine besondere Behörde" vorgesehen war; dann dürfe das Gericht der Fachbehörde die Prüfung nicht aus der Hand nehmen und an sich ziehen, sondern es müsse sich auf ihre spätere Nachprüfung beschränken[22]. Später formulierte das Bundesverwaltungsgericht zusammenfassend[23]:

> „Nur bei eng umrissenen Ausnahmen, etwa bei Ermessens- und Beurteilungsspielräumen der Verwaltung, ferner, wenn eine bestimme sachliche Prüfung besonderen Behörden übertragen ist oder wenn es zur abschließenden Sachaufklärung einer mit den erforderlichen Mitteln ausgerüsteten Behörde bedarf, hat das Bundesverwaltungsgericht eine bloße Bescheidungsverpflichtung im Urteilsausspruch bei weitergehendem Verpflichtungsantrag für zulässig erachtet."

Diese Ausnahmen sind selten geblieben und lassen keine ganz einheitliche Linie erkennen. Das Bundesverwaltungsgericht hat sie beispielsweise im Rahmen von Verpflichtungsklagen anerkannt, die eine Genehmigung nach dem Bundes-

---

20 S. 2. Die frühere Bemerkung von REDEKER / V.OERTZEN aus der 10. Auflage ist inzwischen einem Hinweis auf die Arbeit von DETTERBECK gewichen.

21 BVerwG, Urt. v. 18.08.1960, BVerwGE 11, 95, 101 = DVBl. 1961, 125, 128.

22 BVerwG, Beschl. v. 08.01.1963, DVBl. 1963, 263, 264 (Beteiligung der Heilpraktikerverbände) im Anschluss an MEYER, DVBl. 1961, 75, 77.

23 BVerwG, Urt. v. 20.02.1992, BVerwGE 90, 18, 24; ebenso schon BVerwG, Beschl. v. 14.05.1982, DVBl. 1983, 33, 34. Diese Rechtsprechung wird gebilligt von BVerfG, Beschl. v. 01.07.1986, BVerfGE 73, 301, 313.

Immissionsschutzgesetz[24] oder die Zulassung eines Arzneimittels[25] betrafen. Abgelehnt hat das Bundesverwaltungsgericht eine Ausnahme im Falle der unterbliebenen Anhörung eines Asylbewerbers durch das Bundesamt für die Anerkennung ausländischer Flüchtlinge, dem es die Eigenschaft einer besonderen Fachbehörde in dem postulierten Sinne abgesprochen hat[26]. Bezeichnend ist auch die Entwicklung betreffend die Klagen auf Verpflichtung zur Gewährung von Wohngeld, bei denen das Bundesverwaltungsgericht früher Bescheidungsurteile und die Durchführung der erforderlichen Berechnungen zur Bestimmung des richtigen Betrages im Verwaltungsverfahren befürwortete[27]. Später wies das Bundesverwaltungsgericht darauf hin, dass die Verwaltungsgerichte die Streitsache auch in diesen Fällen in vollem Umfang spruchreif machen müssten, ggf. durch Heranziehung der Behörde im Prozess[28].

In der Rechtsprechung der Oberverwaltungsgerichte und der erstinstanzlichen Verwaltungsgerichte sind häufiger Ansätze zu erkennen, den Grundsatz der Verpflichtung zur Herbeiführung der Spruchreife zu durchbrechen. Als Beispiele seien die folgenden Bescheidungsurteile gem. § 113 Abs. 5 Satz 2 VwGO genannt:

- Vor dem VGH München[29] behauptete ein Verpflichtungskläger, der seine Einbürgerung begehrte, er sei im Zweiten Weltkrieg Angehöriger eines der Wehrmacht angeschlossenen Verbandes gewesen. Der VGH München hat sich nicht für verpflichtet gehalten, dieser im Hinblick auf den Anspruch aus § 9 Abs. 2 des Gesetzes zur Regelung von Staatsangehörigkeitsfragen (StAngRegG) bedeutsamen Behauptung nachzugehen, weil das Vorgehen des Gerichts nach pflichtgemäßem Ermessen zu bestimmen sei und in dem vorliegenden Fall das Gericht zur Herbeiführung der Spruchreife „in unangemessener Weise die Funktion der zuständigen Verwaltungsbehörde ausüben" müsste[30].

24 BVerwG, Urt. v. 14.04.1989, DVBl. 1989, 1050, 1051 („Es dürfte in besonders gelagerten Fällen insbesondere mit komplexen technischen Sachverhalten nicht Aufgabe der Gerichte sein, ein steckengebliebenes Genehmigungsverfahren in den Einzelheiten durchzuführen.").

25 BVerwG, Beschl. v. 23.07.1991, NVwZ 1991, 1180, 1181.

26 BVerwG, Beschl. v. 09.03. 1982, DÖV 1982, 744, 745; ebenso BVerwG, Beschl. v. 14.05.1983, DVBl. 1983, 33, 34; BVerwG, Beschl. v. 28.05.1982, NVwZ 1982, 630; BVerwG, Beschl. v. 10.06.1982, ZAR 1982, 204 (nur Leitsätze, Bestätigung von VGH Kassel, Urt. v. 11.08.1981, NVwZ 1982, 136).

27 Vgl. BVerwG, Urt. v. 30.11.1972, BVerwGE 41, 220, 227; BVerwG, Urt. v. 16.01.1974, BVerwGE 44, 278, 283.

28 BVerwG, Urt. v. 02.05.1984, BVerwGE 69, 198, 201 = NVwZ 1985, 35.

29 Urt. v. 12.04.1965, BayVBl. 1966, 210 f.

30 VGH München, Urt. v. 12.04.1965, BayVBl. 1966, 210, 211.

- Der VGH Mannheim hat die Pflicht zur Herbeiführung der Spruchreife im Zusammenhang mit einer Klage auf Verpflichtung zur Erteilung einer wasserrechtlichen Erlaubnis verneint, weil die Entscheidung darüber Beobachtungen eines Bachlaufes über mehrere Jahre hinweg erfordern würden[31].

- Das VG Gießen hat unter Berufung auf eine nicht veröffentlichte Entscheidung des VGH Kassel ausgeführt, dass, wenn die Verwaltungsbehörde die Zulassung eines Bewerbers zur Fahrerlaubnisprüfung in fehlerhafter Weise allein im Hinblick auf Bedenken an der Geeignetheit des Bewerbers abgelehnt hat, keine Verpflichtung des Gerichts bestehe, die Streitsache auch wegen der übrigen Voraussetzungen spruchreif zu machen[32].

- Das OVG Lüneburg[33] und das OVG Münster[34] haben die Ansicht vertreten, das Gericht sei nicht verpflichtet, die Sache spruchreif zu machen, wenn im Falle einer begehrten Ausnahmebewilligung gem. § 8 Abs. 1 der Handwerksordnung (HandwO) i.d.F. des Gesetzes vom 20. November 1993 die erforderliche Überprüfung der Kenntnisse und Fähigkeiten des Bewerbers im Verwaltungsverfahren unterblieben war.

- Im Bereich des Bauordnungsrechts gehen die Obergerichte bei Verpflichtungsklagen auf Erteilung einer Baugenehmigung offenbar übereinstimmend nicht von einer Verpflichtung aus, die Spruchreife herbeizuführen, und halten ein Bescheidungsurteil regelmäßig für sachdienlich, damit die Baugenehmigungsbehörde etwa notwendige baustatische Untersuchungen vornehmen und beispielsweise die Genehmigung um zweckmäßige Nebenbestimmungen ergänzen kann[35].

Hinsichtlich der Frage, inwieweit die Spruchreife Obliegenheiten des Klägers bei der Fassung seiner Anträge betrifft, fällt auf, dass inzwischen vor allem in der gerichtlichen Praxis überwiegend die „Bescheidungsklage"[36] ohne Erläuterung oder Auseinandersetzung mit abweichenden oder differenzierenden Literaturmeinun-

---

31 VGH Mannheim, Urt. v. 20.05.1985, NVwZ 1987, 66, 67.

32 VG Gießen, Gerichtsbescheid v. 16.06.1994, NJW 1995, 2430, 2431.

33 Urt. v. 18.07.1994, GewArch. 1995, 75, 77.

34 Urt. v. 22.12.1995, GewArch.1996, 287, 288 f.

35 Vgl. z.B. VGH Mannheim, Urt. v. 23.04.1969, ESVGH 19, 232, 234; VGH Kassel, Urt. v. 26.02.1971, ESVGH 21, 201, 207.

36 Unter Verwendung dieses Begriffes BVerwG, Urt. v. 21.05.1976, BVerwGE 51, 15; OVG Bremen, Beschl. v. 07.01.1987, JurBüro 1987, 733; VGH Mannheim, Urt. v. 23.04.1969, ESVGH 19, 232, 234 ; VGH Mannheim, Urt. v. 11.04.1989, NVwZ-RR 1989, 479; mit ausführlicher Begründung OVG Münster, Urt. v. 19.04.1966, OVGE 22, 183, 185 = MDR 1967, 524, 525; VG Weimar, Urt. v. 16.12.1992, VIZ 1993, 209.

gen[37] als gesonderte Rechtsschutzform angesehen, jedenfalls ein Teilunterliegen bei Erlass eines Bescheidungsurteils gem. § 113 Abs. 5 Satz 2 VwGO auf einen Vornahmeantrag befürwortet und die Konsequenz einer teilweisen Kostenlast des Klägers gezogen wird[38]. Abweichende Entscheidungen, die in einem Bescheidungsurteil der beklagten Behörde vollumfänglich die Kosten auferlegen, obwohl der Kläger einen Vornahmeantrag gestellt hat[39], sind die Ausnahme geblieben.

Der Kläger läuft aber nicht nur Gefahr, dass die Gerichte ihm vorwerfen, er habe mit seiner Klage zu viel begehrt. Soweit im Rahmen gebundener Verwaltungsentscheidungen eine abschließende Entscheidung in der Sache möglich ist, verlangt teilweise die Rechtsprechung von ihm, dass er auch eine solche abschließende Entscheidung beantragt; einem im Vergleich dazu eingeschränkten Antrag fehle das Rechtsschutzbedürfnis[40]. Entscheidungen dazu finden sich insbesondere im Bereich des Wehrpflichtrechts in Fällen, in denen der Kriegsdienstverweigerer erfolglos versuchte, gegen die behördliche Ablehnung seines Anerkennungsantrages als unzulässig vorzugehen, um eine Entscheidung zur Sache im Verwaltungsverfahren zu erhalten[41]. Ebenso wurde dem klagenden Kriegsdienstverweigerer das Rechtsschutzbedürfnis abgesprochen in Fällen, in denen er auf eine erneute Bescheidung des rechtswidrig zurückgewiesenen Widerspruchs abzielte[42]. Im Asylverfahrensrecht ist die Verquickung der Argumentation zur Herbeiführung der Spruchreife mit Ausführungen zum Rechtsschutzbedürfnis anzutreffen bei Klagen gegen die rechtswidrige Verfahrenseinstellung gem. §§ 32, 33 AsylVfG[43] und bei

---

37 Ablehnend BRUNN, S. 43; im Ergebnis ebenso CZERMAK, BayVBl. 1981, 427; differenzierend KOPP / SCHENKE, § 42 Rn. 8 und § 155 Rn. 2; REDEKER / V.OERTZEN, § 113 Rn. 42; SCHMITT GLAESER / HORN, Rn. 303 a.E.; SCHRÖDER, in: MENGER-FS (1985), S. 487.

38 BVerwG, Urt. v. 16.12.1970, BVerwGE 37, 57, 61; BVerwG, Urt. v. 01.12.1978, DVBl. 1979, 424, 429; BVerwG, Urt. v. 19.06.1991, Buchholz 310, § 113 Nr. 234; OVG Lüneburg, Urt. v. 18.07.1994, GewArch. 1995, 75, 77; VGH Kassel, Urt. v. 26.02.1971, ESVGH 21, 201, 207.

39 Vgl. die bereits zitierte Entscheidung des VGH München: Urt. v. 12.04.1965, BayVBl. 1966, 210, 211.

40 Gegen die Zulässigkeit einer auf die Verpflichtung des Beklagten zur Bescheidung ausgerichteten Klage, weil ihr im Hinblick auf die Möglichkeit eines Vornahmeantrages das Rechtsschutzbedürfnis fehle: VGH Mannheim, Beschl. v. 18.02.1970, NJW 1970, 1143, 1144; ebenso VGH München, Beschl. v. 01.03.1974, DÖV 1974, 321, 322.

41 BVerwG, Urt. v. 07.09.1987, BVerwGE 78, 93, 94 = DÖV 1988, 128; BVerwG, Urt. v. 29.06.1992, BVerwGE 90, 265, 271 = NVwZ 1993, 270, 271; VG Kassel, Urt. v. 19.12.1983, NVwZ 1985, 217.

42 BVerwG, Urt. v. 05.11.1975, BVerwGE 49, 307, 308; BVerwG, Urt. v. 07.10.1980, BVerwGE 61, 45, 48; BVerwG, Urt. v. 14.03.1984, BVerwGE 69, 90, 92.

43 Für die abschließende Entscheidung in diesen Fällen VG Oldenburg, Beschl. v. 23.08.1993 – 2 B 1877/93 – (zitiert nach VG Freiburg, Urt. v. 08.09.1993, VBlBW 1993, 487, 488); a.A. (gegen ein grundsätzliches „Durchentscheiden“) BVerwG, Urt. v. 07.03.1995, DVBl. 1995, 857, 858 = NVwZ 1996, 80.

den auf das Wiederaufgreifen des Verfahrens gem. § 71 AsylVfG i.V.m. § 51 VwVfG gerichteten Folgeanträgen[44]. Man gewinnt den Eindruck, dass die Rechtsprechung des Bundesverwaltungsgerichts zur umfassenden Pflicht der Verwaltungsgerichte, die Spruchreife durch Sachverhaltsermittlungen herbeizuführen, Vorwirkungen im Bereich der Zulässigkeit entfaltet. Mit der Pflicht des Gerichts zur umfassenden Herbeiführung der Spruchreife soll offenbar eine Pflicht des Klägers zur umfassenden Klageerhebung korrespondieren[45]. Allerdings lässt sich insoweit auch innerhalb der höchstrichterlichen Rechtsprechung nicht immer eine einheitliche Linie erkennen[46]. Eine detaillierte Stellungnahme erfordert ebenfalls die Erörterung des Streitgegenstands im Verwaltungsprozess, denn nach der im Verwaltungsprozess geltenden Dispositionsmaxime bestimmt der Kläger den Streitgegenstand, so dass Einschränkungen seiner Dispositionsbefugnis einer besonderen Begründung bedürfen.

---

44 Für ein „Durchentscheiden" über das Wiederaufgreifen und das Anerkennungsbegehren sowie gegen eine auf das Wiederaufgreifen beschränkte Klage: BVerwG, Urt. v. 10.02.1998, BVerwGE 106, 171, 173 = DVBl. 1998, 725, 726 = NVwZ 1998, 861, 862; a.A. (gerichtliche Entscheidung nur über die Durchführung eines weiteren Asylverfahrens) OVG Münster, NVwZ-RR 1996, 549 = DVBl. 1996, 214.

45 Vgl. die Einschätzung bei MARTENS, DÖV 1988, 949, 953.

46 Vgl. BVerwG, Beschl. v. 23.07.1991, NVwZ 1991, 1180, 1181 für die Zulässigkeit der „Bescheidungsklage" wegen der „Komplexität der Sache"; für die Zulässigkeit eines Bescheidungsantrages im Rahmen eines Rechtsstreits über einen gebundenen Anspruch nach dem Lastenausgleichsrecht BVerwG, Urt. v. 15.09.1988, Buchholz 310, § 113 Nr. 215 (LS) = Buchholz 427.6 § 4 Nr. 46, S. 10.; vgl. auch BVerwG, Urt. v. 07.03.1995, DVBl. 1995, 857, 858 = NVwZ 1996, 80, u.a. mit allgemeinen Erwägungen (Gewaltenteilung und „Rechtsgedanke aus § 113 Abs. 3 VwGO") gegen die Annahme, dass nur eine auf die Anerkennung als Asylberechtigter ausgerichtete Verpflichtungsklage, auf die das Verwaltungsgericht die Sache spruchreif zu machen hätte, in Betracht käme.

C. Stand der Forschung

Im Folgenden sollen diejenigen Arbeiten, die sich ersichtlich intensiv mit der Spruchreife und dem Streitgegenstand im Verwaltungsprozess auseinandergesetzt haben, vorgestellt und einer kritischen Würdigung unterzogen werden.

I. BRUNN: Die sogenannte Bescheidungsklage in der Verwaltungsgerichtsordnung[47]

1. Zusammenfassung

In seiner Dissertation aus dem Jahre 1977 geht BRUNN der Frage nach, ob in der „sogenannten Bescheidungsklage" eine eigene Rechtsschutzform zu sehen ist (Teil I) und er untersucht verschiedene Fälle eines Bescheidungsurteils wegen mangelnder Spruchreife (Teil II). In Teil I seiner Arbeit bezeichnet er es als Diskrepanz innerhalb der Verwaltungsgerichtsordnung, dass einerseits § 113 Abs. 4 Satz 2 VwGO [a.F.] die Verpflichtung der Behörde zur Bescheidung als Inhalt eines Urteils normiert, andererseits § 42 Abs. 1 VwGO ein darauf gerichtetes Begehren nicht ausdrücklich erwähnt; dadurch, dass in der Bescheidung der Erlass eines (bisher) unterlassenen Verwaltungsakts gesehen werden könne, seien die Vorschriften allerdings nicht völlig inkompatibel[48].

BRUNN stellt fest, dass es kein isoliertes formelles Recht auf Bescheidung gebe, sondern dass dieses immer im Zusammenhang mit einem materiellen Anspruch gesehen werden müsse[49]. Beachtung verdiene jedoch der Umstand, dass der Kläger gem. § 42 Abs. 1 VwGO gerade nicht den Erlass des im Verwaltungsverfahren *beantragten* Verwaltungsakts, sondern nur den Erlass *eines* [Hervorhebungen im Original] Verwaltungsakts als Begehren seiner Klage formulieren müsse, und er sich daher im Einklang mit § 82 VwGO darauf beschränken könne, darzulegen, dass die – insofern gleich zu behandelnde – Ablehnung oder Unterlassung rechtswidrig sei und ihn in seinen Rechten verletze[50]. Da sich eine Pflicht des Klägers, in seinem Begehren zwischen der Vornahme des beantragten Verwaltungsakts und der Bescheidung zu differenzieren, nicht unmittelbar aus der Verwaltungsgerichtsordnung ergebe, könne sie allenfalls aus der Interpretation des § 42 Abs. 1 VwGO im Lichte des Art. 19 Abs. 4 GG folgen[51].

---

47 Jur. Diss. Mainz 1977.
48 BRUNN, S. 1 f.
49 BRUNN, S. 8.
50 BRUNN, S. 9 ff.
51 BRUNN, S. 14 ff.

Nach einem Meinungsüberblick bemerkt BRUNN, dass die Bemühungen, die Bescheidungsklage zu etablieren, von dem Gedanken getragen sind, dem Kläger Nachteile durch ein (kostenpflichtiges) Teilunterliegen zu ersparen[52]. Er stimmt diesen Überlegungen insoweit zu, als auch nach seiner Auffassung § 42 VwGO im Wege der Rechtsfortbildung zu korrigieren wäre, wenn die Stellung eines „Verpflichtungsantrags" im Falle mangelnder Spruchreife dazu führen würde, dass der Kläger teilweise unterliegt[53]. Allerdings würde auch die Aufnahme einer Formulierung in § 42 VwGO, wonach die Verurteilung zur Bescheidung des Klägers verlangt werden könnte, auf die Schwierigkeit stoßen, dass der Kläger die Wahl dieses Begehrens im Unterschied zu dem auf Erlass eines bestimmten Verwaltungsakts gerichteten Begehren nur anhand des einzigen Unterscheidungsmerkmals in § 113 Abs. 4 VwGO [a.F.], nämlich anhand der Spruchreife treffen könne; diese sei als Kriterium für die Wahl der Klageform ungeeignet, da sie erst im Laufe des Prozesses Relevanz erlange[54]. Unmittelbar im Anschluss daran führt BRUNN aus: „Ursprünglicher Streitgegenstand war durch die Einreichung der Verpflichtungsklage, ob dem Kläger ein Rechtsanspruch, ein subjektives öffentliches Recht zusteht oder nicht und ob demgemäß die Behörde dem Antrag nachkommen muß oder nicht. Die Frage der Spruchreife hat auf diesen Streitgegenstand keinen Einfluß, da er, solange er sein Klageziel nicht umstellt, im Laufe des Verfahrens immer derselbe bleibt."[55] Entscheidend sei für beide in § 113 Abs. 4 VwGO [a.F.] normierten Aussprüche gleichermaßen, dass dem Kläger „jedenfalls der vermeintliche Anspruch *so* (wie durch die Verwaltung geschehen) noch nicht versagt werden durfte"[56].

Die Fallgruppen mangelnder Spruchreife seien zu unübersichtlich, als dass der Kläger sich daran zu Beginn des Prozesses orientieren könnte, und auch ein Hinweis des Gerichts gem. § 86 Abs. 3 VwGO helfe nicht weiter, da dem immerhin die Möglichkeit entgegenstehe, dass das Berufungsgericht die Sache anders beurteilt und dann gem. § 88 VwGO über den gestellten Bescheidungsantrag hinaus nicht zusprechen könnte[57]. Die Spruchreife liege als „Erscheinung des gerichtlichen ‚Procedere'" außerhalb der vom Kläger aufgeworfenen Fragestellung[58], und ihre Berücksichtigung wäre ihm nur „im Interesse der Wahrung gleich- oder übergeordneter verfassungsrechtlich geschützter Interessen" zuzumuten[59]. Davon sei hingegen nicht auszugehen, denn in der Verurteilung zur Bescheidung wegen feh-

52 BRUNN, S. 24.
53 BRUNN, S. 25.
54 BRUNN, S. 29.
55 BRUNN, S. 29.
56 BRUNN, S. 29 f., Hervorhebung im Original.
57 BRUNN, S. 31.
58 BRUNN, S. 33.
59 BRUNN, S. 35.

lender Spruchreife liege ein „non liquet“, das zu Lasten der Behörde gehe, weil sie durch eine rechtswidrige Nichterteilung des Verwaltungsaktes eine Rechtsverletzung des Klägers herbeigeführt und den Prozess zu verantworten habe[60]. Hingegen verurteile jedes Bescheidungsurteil die Behörde genau in Übereinstimmung mit dem Antrag, denn dieser sei bei jeder Verpflichtungsklage „das Begehren, zum Erlaß eines Verwaltungsaktes zu verurteilen, der formell und materiell mit der Rechtslage in Einklang stehend, über den der Behörde gegenüber geltend gemachten Rechtsanspruch entscheidet“[61]. Diese Risikoverteilung, die die Annahme eines Teilunterliegens bei Erlass eines Bescheidungsurteils auf einen uneingeschränkten Verpflichtungsantrag ausschließe, würde sich zum Nachteil des Klägers auswirken, wenn man die Bescheidungsklage durch Korrektur des § 42 VwGO einführte[62]. Daher komme die Argumentation ihrer Befürworter einem Zirkelschluss sehr nahe, wenn sie behaupten, mit der Bescheidungsklage eine Wohltat für den Kläger bereitzuhalten, der dadurch einer Teilabweisung entgehen könne; denn die Schlussfolgerung eines Teilunterliegens sei ihrerseits von dem Bestand der Bescheidungsklage abhängig[63].

Nach alledem entspreche die Einführung der Bescheidungsklage gerade nicht dem Gebot effektiven Rechtsschutzes aus Art. 19 Abs. 4 GG, so dass keine ausfüllungsbedürftige Lücke der Verwaltungsgerichtsordnung festzustellen sei, sondern eine plan- und sinnvolle[64].

In Teil II seiner Untersuchung widmet sich BRUNN den Fällen eines Bescheidungsurteils gem. § 113 Abs. 4 Satz 2 VwGO [a.F.]. Nach einem kurzen historischen Abriss grenzt er den Begriff der Spruchreife von dem der Entscheidungsreife i.S.d. § 300 ZPO ab und attestiert der Spruchreife eine weiter gehende Bedeutung i.S.d. „Vornahmereife“ einer Amtshandlung[65].

Es sei wenig sinnvoll, nach einer für alle Fälle geltenden Definition zu suchen, sondern zweckmäßiger, zwischen gebundenen und nicht gebundenen Entscheidungen sowie zwischen Fällen unterbliebener bzw. unvollständiger Vorentscheidung durch die Verwaltung und Fällen vollständiger Vorentscheidung zu unterscheiden; dabei schließe die Frage nach der Spruchreife diejenige nach ihrer Herstellbarkeit durch Sachverhaltsaufklärung ein[66].

---

60 BRUNN, S. 37 f.
61 BRUNN, S. 39.
62 BRUNN, S. 42.
63 BRUNN, S. 42.
64 BRUNN, S. 44.
65 BRUNN, S. 52.
66 BRUNN, S. 53.

Im Folgenden stellt BRUNN die Entwicklung der Rechtsprechung zur Verpflichtung der Gerichte zur Herbeiführung der Spruchreife im Prozess dar und bemerkt eine Intensivierung dieser Verpflichtung im Laufe der Jahre[67]. Anschließend zeigt er den Streitstand in der Literatur auf und benennt KOPP als Hauptvertreter der Ansicht, welche Aufklärungspflicht und -recht auf ein Minimum begrenzen will, und BETTERMANN als denjenigen, der am entschiedensten die Gegenansicht vertritt[68].

BRUNN selbst befürwortet eine weitgehende Verpflichtung des Gerichts, die Spruchreife im Wege der Sachverhaltsaufklärung herbeizuführen und stützt seine Ansicht auf das Gebot des effektiven Rechtsschutzes aus Art. 19 Abs. 4 GG, aus dem unter anderem die Pflicht des Gerichts zur möglichst endgültigen Beilegung eines Konflikts folge[69]. Dabei spreche der Grundsatz der Gewaltenteilung aus Art. 20 Abs. 2 GG nicht gegen die Sachverhaltsaufklärung durch das Gericht anstelle der Behörde, denn ein Eingriff in den Kernbereich der geteilten Gewalten sei nicht gegeben und die Abwägung ergebe, dass die Möglichkeit einer ersatzweisen Aufklärung durch das Gericht mit ihrer anspornenden Wirkung auf die Verwaltungstätigkeit fruchtbarer sei als die Zubilligung eines Verwaltungsmonopols[70]. Die weitgehende gerichtliche Aufklärung sei auch prozessökonomisch, da das Vorantreiben einer Sache bis zur Spruchreife nach der ohnehin notwendigen Einarbeitung des Gerichts kaum einen zusätzlichen Aufwand bedeute, jedoch bei dem Kläger ein höheres Maß an Einsicht auch in abweisende Entscheidungen bewirke und möglicherweise einen weiteren Prozess vermeide[71]. Als weiteres Argument verweist BRUNN darauf, dass eine Bestimmung über eine Zurückverweisung der Sache an die Verwaltung, wie sie einige Vorgängergesetze noch enthielten, in der Verwaltungsgerichtsordnung fehle[72].

Eine Ausnahme befürwortet BRUNN in den Fällen, in denen die Rechtsprechung die Sachverhaltsaufklärung der Tätigkeit einer besonderen Fachbehörde vorbehält[73]. Die Alternative zum Bescheidungsurteil, in diesen Fällen die Behörde zur Aufklärung im Prozess heranzuziehen, ist für BRUNN nur „leerer Aktionismus“[74]. Alternativ komme lediglich noch die Beauftragung eines Sachverständigen in Betracht, die aber gem. §§ 96, 98 VwGO insbesondere i.V.m. §§ 402 ff. ZPO immer nur „ultima ratio“ und gegenüber der Sachverhaltsaufklärung im Wege der Be-

---

67 BRUNN, S. 55 ff.
68 BRUNN, S. 80 ff.
69 BRUNN, S. 85 ff.
70 BRUNN, S. 89.
71 BRUNN, S. 90 ff.
72 BRUNN, S. 98.
73 BRUNN, S. 103 ff.
74 BRUNN, S. 107 Fn. 1.

scheidungsverpflichtung nachrangig sei[75]. Entscheidend sei in diesen Fällen die mangelnde Sachkunde des Gerichts und die spezialisierte fachliche Kompetenz der Behörde; als Hauptanwendungsgebiet dieser Ausnahme sieht BRUNN planungsrechtliche, immissionsschutzrechtliche, baurechtliche und medizinische Fragen an[76].

Die Frage nach mangelnder Spruchreife in Fällen mitwirkungsbedürftiger Verwaltungsakte verneint BRUNN mit dem Hinweis auf die Möglichkeit bzw. die Pflicht zur Beiladung, wobei etwas anderes nur gelten soll, wenn mehrere Behörden in verschiedenen Verwaltungsverfahren verschiedene gesetzliche Voraussetzungen prüfen, wie dies z.B. bei der Erteilung der Ausnahmegenehmigung durch die oberste Straßenbaubehörde gem. § 9 Abs. 8 BFernstrG im Verhältnis zur Entscheidung der unteren Bauaufsichtsbehörde der Fall sei[77].

Bei der Erörterung mangelnder Spruchreife trotz vollständiger Vorentscheidung durch die Verwaltung zeigt BRUNN beispielhaft die Rechtsprechung zur Vergabe von begrenzten Studienplätzen auf und konstatiert in diesen Fällen die Möglichkeit mangelnder Spruchreife, d.h. objektiver „Hindernisse hinsichtlich der Feststellung von Anspruchsvoraussetzungen" wegen Konkurrenz von Anspruchsrechten verschiedener Rechtsträger, wobei er vor allem praktische Schwierigkeiten des Gerichts bei der Ausfüllung der im Prozess ermittelten Kapazitäten vor Augen hat[78]. Ähnlich argumentiert er in den Fällen „unvertretbarer Verwaltungsentscheidungen", die nur dann als solche anzuerkennen seien, wenn die Kontroll*möglichkeit* [Hervorhebung im Original] des Gerichts beschränkt ist, wie bei der Beurteilung nicht reproduzierbarer Prüfungsleistungen[79].

BRUNN vertritt die Ansicht, die Verwaltungsgerichte seien zur weit reichenden Überprüfung aller unbestimmter Rechtsbegriffe befugt, und gesteht den Behörden keinerlei unumstößliche Beurteilungsspielräume zu, weil diese dem Gebot effektiven Rechtsschutzes aus Art. 19 Abs. 4 GG nicht gerecht würden und der Richter sonst dazu gezwungen wäre, eine Entscheidung aufrechtzuerhalten, deren gesetzliche Voraussetzungen nach seiner Überzeugung nicht vorliegen[80]. Die mangelnde Spruchreife wegen eines Ermessensspielraums der Verwaltung erkennt BRUNN hingegen an und betont bei der Auseinandersetzung mit der die unüberprüfbaren Ermessensspielräume ablehnenden Lehre HANS HEINRICH RUPPS, dass das Gericht über das Gesetz hinausgehen würde, wenn es zur Vornahme eines Verwaltungsak-

---

75 BRUNN, S. 109 f.
76 BRUNN, S. 113.
77 BRUNN, S. 114 ff.
78 BRUNN, S. 120 ff.
79 BRUNN, S. 129 ff.
80 BRUNN, S. 135 ff.

tes, den die „ausfüllungsbedürftige" Ermessensnorm dem Kläger nur eingeschränkt zugesteht, verurteilen würde[81]. BRUNN sieht „in dieser unbefriedigenden Situation"[82] für den Richter einen Ausweg darin, dass das Gericht bei jeder Überprüfung einer Ermessensentscheidung befugt und verpflichtet ist, Anhaltspunkten für eine Reduzierung des Emessensspielraums auf „null" nachzugehen und gegebenenfalls ein Vornahmeurteil zu erlassen[83].

Auf die allgemeine Leistungsklage sei die Unterscheidung in § 113 Abs. 4 VwGO [a.F.] zwischen spruchreifen und anderen Sachen analog anzuwenden, und bei mangelnder Spruchreife werde aus der Bescheidungsverpflichtung die Mitteilungsverpflichtung[84].

Bei seiner Untersuchung der Bindungswirkung des Bescheidungsurteils stellt BRUNN fest, dass sie sich sowohl darauf erstrecke, *dass* ein Bescheidungsurteil zu ergehen hat, als auch auf die Auffassung des Gerichts *warum* [Hervorhebungen im Original] es zu ergehen hat[85]. Dabei könne die Rechtsauffassung des Gerichts sich auch nachteilig für den Kläger auswirken; so z.B. werde mit einem Bescheidungsurteil, das wegen eines Ermessensspielraums ergeht, rechtskräftig festgestellt, dass ein Anspruch auf Vornahme nicht vorgelegen habe, denn (so BRUNN wörtlich): „Streitgegenstand war auch, inwieweit die Behörde zum Erlaß des Verwaltungsakts verpflichtet ist und wie dieser Verwaltungsakt beschaffen sein muß, um materiell und formell rechtmäßig zu sein."[86] Anderes gelte für Fälle, in denen das Gericht keine erschöpfende Prüfung vornehmen konnte, etwa wenn es wegen fehlender Einschaltung einer technischen Fachbehörde noch keine abschließende Entscheidung über eine Baugenehmigung getroffen hat[87].

Mit dem Bescheidungsurteil könne auch die Verpflichtung der Widerspruchsbehörde erreicht werden, und zwar gem. § 79 Abs. 2 Satz 2 VwGO analog dann, wenn der Kläger an dem Widerspruchsverfahren ein eigenständiges Interesse hat, z.B. wenn er von der Widerspruchsbehörde die Kontrolle einer ermessensfehlerfreien Erstentscheidung in Bezug auf ihre Zweckmäßigkeit verlangen kann[88]. Ferner komme die Verpflichtung der Widerspruchsbehörde – insoweit auch in Fällen gebundener Entscheidungen – in Betracht, wenn eine dem Kläger günstige Entscheidung der Ausgangsbehörde auf den Widerspruch eines Dritten aufgeho-

81 BRUNN, S. 162.
82 BRUNN, S. 163.
83 BRUNN, S. 167.
84 BRUNN, S. 175 ff.
85 BRUNN, S. 186 ff.
86 BRUNN, S. 191.
87 BRUNN, S. 191.
88 BRUNN, S. 200 ff.

ben wurde, denn hinter der Möglichkeit der Anfechtung des Widerspruchsbescheides trete die auf ein vollstreckbares Bescheidungsurteil gerichtete Verpflichtungsklage nicht als subsidiär zurück[89].

Schließlich geht BRUNN auf Fragen des einstweiligen Rechtsschutzes gem. § 123 VwGO ein und vertritt die Ansicht, auch in den Fällen, in denen in der Hauptsache die mangelnde Spruchreife einer Vornahmeverpflichtung entgegenstehe, komme eine einstweilige Anordnung in Betracht, und zwar entweder in Form einer Bescheidungsanordnung oder in Form einer Vornahmeanordnung, wenn die Notwendigkeit besteht, die durch Zeitablauf drohende Schaffung vollendeter Tatsachen zu verhindern[90].

2. Stellungnahme

Zuzustimmen ist der von BRUNN angestellten Ausgangsüberlegung, dass sich die Verwaltungsgerichtsordnung selbst einer klaren Aussage zur Notwendigkeit der Unterscheidung zwischen Bescheidungs- und Vornahmeantrag enthält und dass sie nur aus systematischen Gründen anerkannt werden könnte. Es überzeugt jedoch nicht, wenn er die systematische Notwendigkeit mit der Begründung ablehnt, in dem Erlass eines Bescheidungsurteils auf einen Vornahmeantrag könne deswegen kein Teilunterliegen gesehen werden, weil auch jedes Bescheidungsurteil genau in Übereinstimmung mit dem Antrag i.S.d. § 82 VwGO verurteile, wobei darunter der Antrag zu verstehen sei, die Behörde zum Erlass eines rechtmäßigen Verwaltungsaktes zu verurteilen. Diese generalisierende Betrachtungsweise ist nur möglich, wenn man einen sehr weiten Spielraum des Gerichts bei der Auslegung des Klageantrags zulässt, denn es bedeutet ja zunächst einen Unterschied, ob der Kläger beantragt, die Behörde zum Erlass der gewünschten Baugenehmigung zu verurteilen oder zum Erlass eines rechtmäßigen Verwaltungsakts auf seinen Bauantrag hin. Wenn man dem Gericht dann eine weit reichende Interpretationsbefugnis einräumt, so ist es inkonsequent, in dem umgekehrten Fall, dass sich der Wortlaut des Antrags auf die Bescheidung bezieht, den Erlass eines Vornahmeurteils unter Hinweis auf den Grundsatz „ne ultra petita" gem. § 88 VwGO abzulehnen.

Überdies erscheint anstelle der schwierig zu handhabenden großzügigen Interpretation der Klageanträge die Hinweispflicht des Gerichts gem. § 86 Abs. 3 VwGO bei summarischer Prüfung durchaus als adäquates Mittel, die Schwierigkeiten des Klägers bei der Abschätzung der Spruchreife zu kompensieren und dennoch das

89 BRUNN, S. 207 ff.
90 BRUNN, S. 221 ff.

Maß des Teilunterliegens nach dem Verhältnis zwischen Antrag und Ausspruch zu bestimmen. Insofern ist es nicht überzeugend, diese Möglichkeit aus den Überlegungen allein aufgrund der Annahme auszuscheiden, die Befolgung des Hinweises auf die vermeintliche Sachdienlichkeit eines Bescheidungsantrags sei in der Berufungsinstanz nicht mehr reversibel, auch wenn das Berufungsgericht diese Frage anders beurteile. Selbst wenn diese Prämisse zuträfe, würden die Gerichte dennoch dem Kläger einen großen Teil des mit der schwierigen Abschätzung der Spruchreife verbunden Risikos abnehmen. Ferner ist die Prämisse selbst in Frage zu stellen, denn die Hinweispflicht gilt in allen Instanzen und der Übergang von einem Bescheidungsantrag zu einem Vornahmeantrag kommt möglicherweise als bloße Klageerweiterung auch im Berufungsverfahren in Betracht[91]. Was die Frage der Obliegenheiten des Klägers im Zusammenhang mit der Spruchreife angeht, ist demnach BRUNN zwar darin folgen, dass die bestehenden Unsicherheiten nicht zu seinen Lasten gehen dürfen, jedoch überzeugt die vorgeschlagene Lösung nicht.

Die Bemerkungen BRUNNs zur Bedeutung der Spruchreife für den Streitgegenstand der Verpflichtungsklagen nehmen in seinen Ausführungen nur eine Randposition ein, so dass seine Dissertation insoweit breiten Raum für eine weitere Untersuchung des Themas unter diesem Blickwinkel lässt. Dass die Vertiefung dieses Aspekts auch nach seiner Konzeption hilfreich gewesen wäre, ergibt sich aus den Ausführungen zu der Bindungswirkung des Bescheidungsurteils, die für den Kläger auch nachteilig sein könne, indem sie ihm die nachträgliche Berufung auf einen zwingenden Anspruch oder eine Ermessensreduktion versagen würde. Diese Annahmen sind zweifelhaft und stehen jedenfalls im Widerspruch zu der zuvor von BRUNN vertretenen These, dass der Erlass eines Bescheidungsurteils unabhängig von der jeweiligen Formulierung des Antrags nie eine Abweisung der Verpflichtungsklage im Übrigen beinhalte.

Eine Lücke hinterlässt die Arbeit auch wegen der fehlenden Definition der Spruchreife, die BRUNN wegen der Verschiedenheit der Gründe, aus denen das Gericht an der Verurteilung zur Vornahme gehindert sein kann, bewusst nicht vornimmt.

Ob der Ansicht BRUNNs beizupflichten ist, dass das Gericht bei Verpflichtungsklagen die Sache so weit wie möglich durch umfassende Sachverhaltsaufklärung spruchreif zu machen habe, kann erst nach eingehender Prüfung beantwortet werden. Unverständlich ist jedenfalls, weshalb er sich nicht intensiver mit der Möglichkeit auseinandersetzt, dass die Behörde im Prozess, quasi unter der Regie des Gerichts, an der zur Herbeiführung der Spruchreife notwendigen Sachverhaltsaufklärung mitwirkt. Das von BRUNN befürwortete Ziel einer abschließenden gericht-

91 Vgl. KOPP / SCHENKE, § 91 Rn. 9.

lichen Klärung aller möglichen Streitfragen ließe sich auch durch die Einbindung der Behörde in die Aufklärungsarbeit erreichen. Zudem würde der Sachverstand der Behörde genutzt und der Gefahr vorgebeugt werden, dass die Verwaltung um ihrer entlastenden Wirkung willen die Inanspruchnahme der Gerichte in Kauf nimmt.

Die Ausführungen BRUNNs zur umfassenden Überprüfbarkeit unbestimmter Rechtsbegriffe und seine grundsätzliche Ablehnung von Beurteilungsspielräumen der Verwaltung dürften auch angesichts der neueren Entwicklungen[92] in diesem Bereich zu weit reichen. Ein Schwerpunkt bei der Auseinandersetzung mit den prozessualen Themen der Spruchreife und des Bescheidungsurteils ist darin jedoch ohnehin nicht zu sehen, weil es sich bei der Bestimmung von Beurteilungsspielräumen der Verwaltung vorrangig um Fragen der Auslegung materiellen Rechts handelt. Die Behandlung der Spruchreife muss zwar das Problem berücksichtigen, inwieweit die Entscheidung des Gerichts von einem bestehenden Beurteilungsspielraum abhängt, sie kann jedoch – wenn sie nicht ausufern soll – keine erschöpfende Auskunft über die Anerkennung von Beurteilungsspielräumen im Einzelnen geben.

Insgesamt ist festzustellen, dass die Dissertation von BRUNN den damaligen Erkenntnisstand in Praxis und Rechtswissenschaft ausgesprochen gut darstellt und viele neue Vorschläge bietet, aber nicht zu allen angesprochenen Problemen erschöpfende Lösungen bereithält. Überdies ist seit ihrer Entstehung ein Zeitraum verstrichen, der eine ergänzende Auswertung der zwischenzeitlich veröffentlichten Rechtsprechung und Literatur verlangt. Bedauerlich ist insoweit, dass BRUNNs Arbeit – soweit ersichtlich – in der Fachöffentlichkeit nur wenig Wiederhall gefunden hat[93].

II. MARX: Das Herbeiführen der Spruchreife im Verwaltungsprozeß[94]

1. Zusammenfassung

MARX untersucht in seiner Arbeit, die 1996 veröffentlicht wurde und im Wesentlichen auf einem Manuskript basiert, das Anfang 1991 abgeschlossen war[95], den

92 Vgl. die Darstellungen bei FABER, § 14 III c), und SCHENKE, JZ 1996, 1055, 1065.

93 Aus der Zeit ihres Erscheinens ist nur eine Fußnote bei BRUNNs Doktorvater v. MUTIUS ersichtlich: VerwArch. 69 (1978), 103, 112, Fn. 56. Aus jüngerer Zeit aber DEMMEL, z.B. S. 81, Fn. 385.

94 Jur. Diss. Freiburg (Breisgau) 1995.

95 MARX, Vorwort.

Aspekt der Herbeiführung der Spruchreife durch das Gericht. Er versteht darunter das gerichtliche „Durchentscheiden“, d.h. die Prüfung aller Umstände, welche die Frage betreffen, „ob die Behörde im Ergebnis richtig gehandelt hat“[96]. Er bezieht diese Prüfung gleichermaßen auf die Verpflichtungsklage wie auf die Anfechtungsklage und meint, bei der Anfechtungsklage bedeute das Herbeiführen der Spruchreife die „weitere Ermittlung des Gerichts in Richtung Unbegründetheit der Klage (‚Läßt sich der Eingriff auf andere Weise rechtfertigen?‘)“[97]. Hingegen gehe es bei der Verpflichtungsklage sowohl um „weitere Ermittlungen in Richtung Unbegründetheit (‚Läßt sich die Ablehnung auf andere Weise rechtfertigen?‘) als auch in Richtung Begründetheit (‚Liegen alle Anspruchsvoraussetzungen vor?‘)“[98].

MARX behandelt in der einleitenden Problembeschreibung zunächst die Spruchreife im Zusammenhang mit der Verpflichtungsklage als Kriterium in § 113 Abs. 5 VwGO zur Unterscheidung zwischen einem „Verpflichtungsurteil“ und einem Bescheidungsurteil: Eine Kategorie fehlender Spruchreife wegen „Letztentscheidungskompetenz der Verwaltungsbehörde“ betreffe die unumstrittenen Fälle nicht gebundener Verwaltungsentscheidungen; daneben bestehe eine weitere Kategorie fehlender Spruchreife wegen „Erstentscheidungskompetenz (bezogen auf den zutreffenden Sachverhalt)“ bei gebundenen Entscheidungen, für die der Meinungsstreit über die Herbeiführung der Spruchreife relevant werde[99].

Im Zusammenhang mit der Anfechtungsklage stelle sich ungeachtet der fehlenden Erwähnung im Gesetz, was die Aufhebung eines Verwaltungsaktes angeht, die gleiche Frage nach dem gerichtlichen „Durchentscheiden“, nämlich nach der „Ergebnisorientiertheit“[100]. Beispielsweise gelte dies dann, wenn die Behörde einen von den Voraussetzungen A, B oder C abhängigen belastenden Verwaltungsakt unzutreffend auf die Annahme der Voraussetzung A gestützt habe, ohne die übrigen Voraussetzungen zu prüfen[101]. Zwar werde diese Konstellation gewöhnlich unter dem Thema „Nachschieben von Gründen“ diskutiert, jedoch betreffe dies in Wirklichkeit nur eine Tätigkeit der Behörde, die im Unterschied zu dem Herbeiführen der Spruchreife durch das Gericht auch bei Ermessensentscheidungen denkbar sei[102].

---

96 MARX, S. 19.
97 MARX, S. 19.
98 MARX, S. 20.
99 MARX, S. 26 f.
100 MARX, S. 30.
101 MARX, S. 30.
102 MARX, S. 33.

Als unverständlich bezeichnet es MARX in seinen nach Abschluss des Manuskriptes ergänzten Ausführungen, weshalb die durch die 4.VwGO-Novelle in das Gesetz eingefügten Vorschriften des § 113 Abs. 2 Satz 2 und 3 und Abs. 3 VwGO den Begriff der Spruchreife nicht erwähnen, obwohl es sich dabei um eine Regelung ihrer Herbeiführung handele[103]. Ohne Begründung lehnt er die analoge Anwendung dieser Vorschriften auf die Verpflichtungsklage ab[104].

Anschließend grenzt er die Herbeiführung der Spruchreife von der Unbeachtlichkeit von Verfahrensfehlern ab, erörtert Besonderheiten des Brokdorf-Urteils des Bundesverwaltungsgerichts (BVerwGE 78, 178), das die Spruchreife im Zusammenhang mit einer Anfechtungsklage erwähnt, und wendet sich dann der Definition der Spruchreife zu. Für ihn ist die Frage der möglicherweise begrenzten Kompetenz des Gerichts bei der Sachverhaltsermittlung nicht von Einfluss auf den Begriff, der als „behördliche Entscheidungsreife“[105] mehr umfasse als gerichtliche Entscheidungsreife: Eine Sache sei dann „spruchreif, wenn das Verwaltungsgericht über den Gegenstand des Verwaltungsverfahrens entscheiden kann, weil die notwendigen Verfahrensstadien durchlaufen sind und der Sachverhalt so weit aufgeklärt ist, daß die Verwaltungsbehörde ohne weiteres entscheiden könnte“[106].

In seiner Abgrenzung zu verwandten Problemen wiederholt MARX die Argumente, die aus seiner Sicht für eine Unterscheidung zwischen dem Problemkreis des Herbeiführens der Spruchreife und dem des Nachschiebens von Gründen sprechen, und ergänzt sie, indem er anführt, das Herbeiführen der Spruchreife erlaube im Unterschied zu dem Nachschieben von Gründen auch die Berücksichtigung von Umständen, die erst nach der letzten Behördenentscheidung ergangen sind[107]. Diese Aussage stellt er aber im Folgenden wieder in Frage, indem er bei der Untersuchung des maßgeblichen Zeitpunktes der Sach- und Rechtslage schreibt, zu einer Einbeziehung der Fälle nachträglicher Änderungen der Sach- und Rechtslage in das Problem des Herbeiführens der Spruchreife könne es nur kommen, wenn die nachträgliche Änderung überhaupt zu berücksichtigen ist, weshalb die Frage nach dem maßgeblichen Zeitpunkt der Frage nach dem Herbeiführen der Spruchreife vorausgehe[108]. Soweit nachträglich eingetretene Umstände zu berücksichtigen seien, führe dies bei der Anfechtungsklage immer zu einem Durchentscheiden in dem beschriebenen Sinne, weil das Gericht nur zwei Möglichkeiten habe, nämlich die Klageabweisung oder die Aufhebung des Verwaltungsaktes[109]. Hingegen

---

103 MARX, S. 34 ff.
104 MARX, S. 34.
105 MARX, S. 51.
106 MARX, S. 57.
107 MARX, S. 63 f.
108 MARX, S. 67.
109 MARX, S. 67.

sei es bei der Verpflichtungsklage denkbar, dass auch bei Zugrundelegung einer Veränderung der Sach- oder Rechtslage je nach Herbeiführung der Spruchreife ein Vornahmeurteil bzw. Klageabweisung oder ein Bescheidungsurteil ergeht[110]. Die angenommene Trennung der beiden Themen gehe davon aus, dass sich auf die Fragen des maßgeblichen Zeitpunkts und der Herbeiführung der Spruchreife unterschiedliche Antworten finden lassen, wobei angesichts des Streitstandes zum maßgeblichen Zeitpunkt nicht entschieden werden könne, ob dies tatsächlich so ist[111].

Als Frage der inhaltlichen Richtigkeit unterscheide sich das Problem der Herbeiführung der Spruchreife von der Nachholung der formellen Begründung gem. § 45 Abs. 1 Ziff. 2 VwVfG[112]. In Abgrenzung zur Umdeutung folgt MARX den herrschenden Meinungen, wonach die Umdeutung zum einen auch dem Gericht erlaubt ist und zum anderen die Änderung der Regelung (Rechtsfolge) eines Verwaltungsaktes betreffen soll und nicht wie die Herbeiführung der Spruchreife seine materiellen Gründe[113].

Im Folgenden zeigt MARX auf, dass die h.M. das Gericht bei gebundenen Entscheidungen grundsätzlich für verpflichtet hält, die Spruchreife herbeizuführen, und dass sie sich zur Begründung auf den Untersuchungsgrundsatz, den Wortlaut des § 113 Abs. 1 bzw. Abs. 5 VwGO, und den Gedanken der Verfahrensbeschleunigung stützt[114]. Er rechnet auch die vor allem von SCHENKE begründete neuere Lehre, die bei der Anfechtungsklage den Aufhebungsanspruch durch Anwendung des „Dolo-agit"-Grundsatzes begrenzt, der h.M. zu[115]. Weiterhin stellt er die Ausnahmen dar, die nach h.M. bestehen, nämlich wenn die Herbeiführung zu einer Wesensveränderung, einem unzulässigen Eingriff in Belange der Verwaltung oder zu einer Beeinträchtigung der Rechtsverteidigung des Klägers führen würde[116]. Nach Darstellung der Gegenposition mit Vertretern wie KOPP und SCHLINK / WIELAND [117] erörtert MARX die einfach-gesetzlichen und verfassungsrechtlichen Kriterien der Herbeiführung der Spruchreife.

Den Untersuchungsgrundsatz hält er für ungeeignet als Argument für die Verpflichtung des Gerichts zur Herbeiführung, da sich allein aus der Geltung des Untersuchungsgrundsatzes nicht ergebe, ob er sich auf die Tatsachen bezieht, die be-

---

110 MARX, S. 68.
111 MARX, S. 68.
112 MARX, S. 70.
113 MARX, S. 74.
114 MARX, S. 75 ff.
115 MARX, S. 90.
116 MARX, S. 92 ff.
117 Nachweise bei MARX, S. 105 ff.

reits Gegenstand des Verwaltungsverfahrens waren, oder ob alle möglicherweise relevanten Tatsachen zu erforschen sind[118]. Der Gegenstand des Untersuchungsgrundsatzes werde durch den Umfang der gerichtlichen Entscheidungsbefugnis beschränkt, denn die früher von WACKE und JAUERNIG vertretene gegenteilige Auffassung verkehre das hierarchische Verhältnis von Streitgegenstand und Sachaufklärung[119]. Bei der anschließenden Erörterung des Streitgegenstandsbegriffs kommt MARX zu keiner Definition, da er den abstrakten Begriff des Streitgegenstands mit den traditionellen Funktionen der Bestimmung von Klagenhäufung, Klageänderung, Rechtshängigkeit und Rechtskraft bereits für überlastet und zur Lösung weiterer Probleme für ungeeignet hält[120]. Ebenfalls unfruchtbar sei der Versuch, eine Beziehung zwischen dem konkreten angefochtenen oder begehrten Verwaltungsakt und dem Streitgegenstand herzustellen, da auch diejenigen, die dem im Verwaltungsverfahren angenommen Sachverhalt eine begrenzende Funktion im Prozess zukommen lassen, dies nie mit der Funktion des Streitgegenstands (etwa zur Bestimmung der Rechtskraft), sondern typischerweise mit dem Gewaltenteilungsprinzip begründen würden[121]. Dem stimmt MARX ohne Differenzierung zwischen Anfechtungsklage und Verpflichtungsklage zu und meint, die Argumentation mit dem Streitgegenstand verstelle nur den Blick auf das Wesentliche[122].

MARX wendet sich gegen die h.M. vor allem mit dem Argument, in der grundsätzlichen Verpflichtung des Gerichts zur Herbeiführung der Spruchreife liege ein Verstoß gegen die Rechtsschutzgewährleistung des Art. 19 Abs. 4 GG, weil gerade bei der Rückgabe der Sache an die Behörde zur Sachverhaltsermittlung außerhalb des Prozesses das Verfahren beschleunigt und ein richtiges Ergebnis eher gewährleistet werde, weil die Gefahr eines zweiten Prozesses gering sei und weil langfristig der Gefahr eines nachlassenden Rechtsbewusstseins der Verwaltung vorgebeugt werde[123]. Darüber hinaus verstoße die gegenwärtige Praxis zwar nicht gegen die Gewaltenteilung (Art. 20 Abs. 2 GG), da das Gericht mit der Erstermittlung und -beurteilung eines Sachverhalts ja keine Aufgabe wahrnehme, die ausschließlich der Verwaltung vorbehalten wäre, aber es handele sich um eine Verletzung des Prinzips der Gewaltenverschränkung, da das Gericht die ihm durch Art. 19 Abs. 4 GG übertragenen Aufgaben der Kontrolle des Verwaltungshandelns vernachlässige, wenn es statt dessen die Erstermittlung und -beurteilung an

---

118 MARX, S. 109.
119 MARX, S. 120.
120 MARX, S. 131.
121 MARX, S. 135.
122 MARX, S. 135.
123 MARX, S. 136 ff.

sich ziehe[124]. Die Ausnahmen von der gerichtlichen Herbeiführung, die in der Praxis gemacht werden, hält er für inkonsequent, was sich beispielsweise daran zeige, dass die Eigenschaft einer Fachbehörde, die nach h.M. ein Herbeiführen der Spruchreife wegen eines unzulässigen Eingriffs in Belange der Verwaltung ausschließen soll, durch das Bundesverwaltungsgericht dem Bundesamt für die Anerkennung ausländischer Flüchtlinge abgesprochen wurde, obwohl es der Wille des Gesetzgebers gewesen sei, das Verfahren auf eine spezialisierte, mit sachkundigem Personal besetzte Behörde zu konzentrieren[125].

In seiner Zusammenfassung betont MARX, dass unabhängig von den neu in das Gesetz eingefügten Vorschriften des § 113 Abs. 2 Satz 2 und 3 und Abs. 3 VwGO, die nur als Ermunterung an die Gerichte zu verstehen seien, die Rückgabe der Sache an die zuständige Behörde bei fehlender Spruchreife nicht die Ausnahme, sondern die Regel sein sollte[126].

2. Stellungnahme

MARX unternimmt den MEINES Erachtens untauglichen Versuch, die seiner Ansicht nach fehlende Verpflichtung der Gerichte zur Herbeiführung der Spruchreife für die Anfechtungs- und die Verpflichtungsklage einheitlich zu begründen. Zwischen den beiden Klagearten bestehen grundlegende Unterschiede. Zwar ist diese Unterscheidung der Klagearten nur die verwaltungsprozessuale Antwort auf die überkommene Differenzierung des materiellen Verwaltungsrechts nach den Handlungsformen der Eingriffs- und Leistungsverwaltung, die ihrerseits nicht systembildend sein können und keine dem Verwaltungsrecht immanente Ordnung bedeuten[127]. Eine Theoriebildung über die Grenzen der Handlungs- und Rechtsschutzformen hinweg würde aber eine grundlegende Neuordnung voraussetzen, auf die MARX selbst keinen Anspruch erhebt. Sie wäre ausgehend von einer Untersuchung des dienenden Prozessrechts auch gar nicht zu leisten, sondern müsste auf der Seite des materiellen Rechts ansetzen. Solange ein solcher Umbau des Verwaltungsrechts nicht erfolgt ist, muss de lege lata von den herkömmlichen Trennungen von Eingriffs- und Leistungsverwaltung sowie von Anfechtungs- und Verpflichtungsklagen ausgegangen werden. Auch dann, wenn sich bei den jeweiligen Untersuchungen in Übereinstimmung mit MARX die Erkenntnis herausbilden sollte, dass bei der Sachverhaltsaufklärung entgegen der h.M. eine größere Zurückhaltung der Gerichte zu Gunsten behördlicher Ermittlungstätigkeiten ange-

---

124 MARX, S. 151 ff.
125 MARX, S. 154 ff.
126 MARX, S. 164.
127 FABER, in: RIDDER-FS (1989), S. 292.

zeigt ist, gebieten die grundlegenden Unterschiede zwischen den Klagearten jedenfalls gesonderte Begründungen.

Die Besonderheiten der durch das 4. VwGO-Änderungsgesetz[128] eingefügten Bestimmungen des § 113 Abs. 2 Satz 2 und 3 sowie Abs. 3 VwGO werden nur am Rande erwähnt, obwohl sie einen entscheidenden Beitrag zum Verständnis der „Spruchreife" im Zusammenhang mit der Anfechtungsklage liefern können. Zu der Frage ihrer analogen Anwendbarkeit auf die Verpflichtungsklage lohnt sich eine eingehendere Auseinandersetzung. Gänzlich unerwähnt bleiben mussten die Entwicklungen der Verwaltungsgerichtsordnung, die diese mit dem 6. VwGO-Änderungsgesetz vom 1. November 1996[129] erfahren hat, und die ebenfalls Aufschluss über die für das Thema der Spruchreife relevante Aufgabenverteilung zwischen Verwaltungsgerichten und Behörden geben können.

Die von MARX formulierte Definition der Spruchreife überzeugt nicht, denn es kommt nicht zum Ausdruck, dass die Spruchreife nach einhelliger Auffassung (ebenso MARX) bei Verpflichtungsklagen aus Gründen des materiellen Rechts beispielsweise bei Ermessensentscheidungen fehlen kann und daher insoweit eine Abhängigkeit besteht. Dann reicht es gerade nicht aus, dass die Behörde ohne weiteres entscheiden könnte. Die Formulierung macht außerdem nicht deutlich, dass es für die Spruchreife – was MARX an anderen Stellen stets hervorhebt – auf den Umfang der gerichtlichen Ermittlungstätigkeiten ankommt.

Ferner ist die Arbeit stellenweise von destruktiver statt von konstruktiver Argumentation getragen, d.h. MARX zeigt Probleme auf und verwirft Lösungsmodelle, ohne die Probleme einer erschöpfenden eigenen Lösung zuzuführen. Beispielsweise erklärt er den Unterschied des Herbeiführens der Spruchreife zu der Figur des Nachschiebens von Gründen damit, dass für ein Nachschieben von Gründen diese zum Zeitpunkt der Behördenentscheidung vorgelegen haben müssten, während sich das Herbeiführen der Spruchreife nach der für die gerichtliche Entscheidung maßgeblichen Sach- und Rechtslage richte, die umstritten sei. Dieser Streit wird aber nicht geklärt, und das obwohl MARX davon ausgeht, dass bei Maßgeblichkeit der Sach- und Rechtslage zur Zeit der gerichtlichen Entscheidung die Anfechtungsklage immer „durchentschieden" werden müsse, so dass dann für die von ihm angenommene Eigenständigkeit der Spruchreife als Problem bei der Aufhebung von Verwaltungsakten die Grundlage fehlen würde. MEINES Erachtens ist die Auseinandersetzung mit der maßgeblichen Sach- und Rechtslage für die hier behandelten Themen entbehrlich, denn es gilt zunächst zu klären, *worin* der prozessuale Streit besteht. Damit ist – logisch vorrangig – die Frage nach dem Streit-

128 Siehe oben Fußnote 10.
129 BGBl. I, S. 1626.

gegenstand zu klären. Davon ist die Frage zu unterscheiden, *woran* der Streit gemessen wird. Bezeichnenderweise führt MARX zwar aus, die Geltung des Untersuchungsgrundsatzes werde durch den Streitgegenstand im Gerichtsverfahren begrenzt, jedoch weicht er einer Festlegung der Streitgegenstände der von ihm behandelten Anfechtungs- und Verpflichtungsklagen aus.

Interessant ist schließlich, dass MARX mit seinem Hauptanliegen, die Verpflichtung der Gerichte zur Herbeiführung der Spruchreife zu widerlegen, insoweit im Widerspruch zu der Argumentation von BRUNN steht, ohne freilich auf dessen Arbeit einzugehen. Über soziologisch begründbare Unterschiede in den Entscheidungsprofilen von BRUNN als Richter[130] und MARX als Rechtsanwalt[131] mag man spekulieren. Jedenfalls hat sich das Thema der Spruchreife auch in Bezug auf den Teilaspekt der Herbeiführung durch das Gericht durch diese höchst unterschiedlichen Dissertationen nicht erledigt, sondern fordert eine weitere geradezu heraus.

III. HAUSTEIN: Der Streitgegenstand im Verwaltungsprozeß[132]

1. Zusammenfassung

Vor dem Hintergrund der nach 1945 erstarkten und verselbständigten, aber wissenschaftlich noch wenig fundierten Verwaltungsgerichtsbarkeit erörtert HAUSTEIN in seiner Dissertation aus dem Jahre 1954 den Streitgegenstand des Verwaltungsprozesses, um eine tragfähige Grundlage für wesentliche Institute des Prozesses, wie die Klagenhäufung, die Klageänderung, die Rechtshängigkeit und die Rechtskraft zu schaffen[133].

Der Streitgegenstandsdiskussion des Zivilprozessrechts entnimmt HAUSTEIN eine Wandlung von einem materiellen zu einem prozessualen Begriff, ohne die Auffassungen, die einschließlich der Thesen SCHWABs[134] dargestellt werden, im Einzelnen einer Stellungnahme zu unterziehen[135]. Mit dem prozessualen Anspruch des

---

130 BRUNN, S. 228 (Lebenslauf). Ausweislich des Autorenverzeichnisses des Gemeinschaftskommentars zum Asylverfahrensgesetz ist Dr. BERND BRUNN inzwischen Richter am Bundesverwaltungsgericht. Er war von 1994 bis 1998 Mitglied des 7. Revisionssenats (vgl. BVerwGE 98, 407; BVerwGE 106, 418) und gehört nunmehr dem 3. Revisionssenat an (vgl. BVerwGE 107, 412).

131 MARX, Einband (Lebenslauf): Er ist seit 1989 als selbständiger Rechtsanwalt in Freiburg i.Br. „u.a. auf dem Gebiet des Vertriebenenrechts tätig".

132 Jur. Diss. München 1954 (maschinenschriftl.).

133 S. 2.

134 Der Streitgegenstand im Zivilprozeß (1954).

135 Vgl. HAUSTEIN, S. 3 ff.

Zivilprozesses habe der den Strafprozess bestimmende Strafanspruch des Staates nichts gemeinsam; der Verwaltungsprozess wiederum stehe dem Zivilprozess erheblich näher, weil die „Tätigkeit des Verwaltungsgerichts von der Anrufung des Betroffenen abhängig" sei und es um den „Rechtsschutz des Einzelnen" gehe[136]. Im folgenden zeichnet Haueisen nach, wie sich der Verwaltungsprozess von seinen früheren Aufgaben der „Fortsetzung der Verwaltung mit anderen Mitteln" emanzipiert und zu einem selbständigen und gleichrangigen Zweig der Gerichtsbarkeit entwickelt hat; gleichzeitig skizziert er die Aufgaben, vor die die Verwaltungsgerichte unter Geltung des Bonner Grundgesetzes und der nachkonstitutionellen Verwaltungsgerichtsgesetze gestellt werden[137].

Der Streitgegenstand sei der Mittelpunkt des Prozesses, an den alle Handlungen des Gerichts und der Parteien geknüpft seien[138]. Trotz dieser zentralen Bedeutung drückten sich die Verwaltungsgerichtsgesetze wie auch die Zivilprozessordnung in Bezug auf den Streitgegenstand nicht besonders deutlich aus, indem sie anstelle dieses Begriffes verschiedentlich von einem (erhobenen oder geltend gemachten) Anspruch bzw. von der Streitsache sprächen, aber den Streitgegenstand damit meinten[139]. Wie im Zivilprozessrecht sei der Streitgegenstand der prozessuale Anspruch, der den Gegenstand des Rechtsstreits bilde und zum Objekt der Entscheidung werde[140]. Er sei als „Streitprogramm" zu unterscheiden von dem „Streitobjekt", z.B. von dem angefochtenen Verwaltungsakt, der in einigen Gesetzen als „Gegenstand der Anfechtungsklage" bezeichnet werde[141].

Der Streitgegenstand sei ein ausschließlich prozessrechtliches Institut und müsse einen für alle Klagen gleich geltenden Inhalt haben, der in einem engen Zusammenhang mit dem Antrag als Kernstück jeder Klageschrift stehe[142]. Die bislang im Verwaltungsprozessrecht vertretenen Streitgegenstandslehren[143] könnten nicht überzeugen und berücksichtigten insbesondere nicht die herausragende Bedeutung des Klageantrags, der – gekennzeichnet durch das Begehren, d.h. eine „Urteilsbitte" – im Mittelpunkt des Rechtsstreites stehe[144]. Dagegen sei der Sachverhalt, in dem die das Begehren ausfüllende Rechtsbehauptung ihre Grundlage finde, nicht gleichwertiger Teil des Streitgegenstands, aber notwendig, um den Streitgegenstand zu kennzeichnen und von einem anderen Streitgegenstand abzugren-

---

136 HAUSTEIN, S. 18 f.
137 HAUSTEIN, S. 20 ff.
138 HAUSTEIN, S. 48.
139 HAUSTEIN, S. 50 ff.
140 HAUSTEIN, S. 51 f.
141 HAUSTEIN, S. 53 f.
142 HAUSTEIN, S. 61 ff.
143 Darstellung bei HAUSTEIN, S. 76 ff.
144 HAUSTEIN, S. 146 ff.

zen[145]. HAUSTEIN definiert: „Streitgegenstand ist das Begehren auf die im Klageantrag bezeichnete Entscheidung.“[146] Diese allgemeine Definition bewähre sich im Vergleich zu den bisherigen Lehrmeinungen[147] und lasse sich auf alle Klagearten übertragen[148]. So ergebe sich für die Anfechtungsklage: „Streitgegenstand ist das Begehren auf Aufhebung oder das Begehren auf Teilaufhebung oder das Begehren auf Abänderung des Verwaltungsakts.“[149] Bei den Feststellungsklagen bilde das „im Klageantrag bezeichnete Begehren auf Feststellung“ den jeweiligen Streitgegenstand des Rechtsstreits[150]. Für die Leistungsklagen einschließlich der im Entwurf der Verwaltungsgerichtsordnung vorgesehenen Verpflichtungsklage werde man „als Streitgegenstand das im Klageantrag gestellte Begehren auf die dort bezeichnete Entscheidung ansehen können“[151].

HAUSTEIN demonstriert die Konsequenzen seines Streitgegenstandsbegriffs anhand von Beispielen zu prozessualen Fragestellungen, nämlich der Klagenhäufung, der Klageänderung, der Rechtshängigkeit und der Rechtskraft, und sieht sich darin bestätigt[152]. Besondere Aufmerksamkeit widmet er der Rechtskraft[153]. Die gesetzlichen Bestimmungen über den Umfang der Rechtskraft sähen trotz unterschiedlicher Formulierungen übereinstimmend vor, dass die Entscheidung des Gerichts nur rechtskräftig wird, soweit über den Streitgegenstand durch das Gericht entschieden worden ist; da der Streitgegenstand daher mit dem Ausspruch des Gerichts zum Entscheidungsgegenstand werde, bestimme er die objektiven Grenzen der Rechtskraft[154]. Das enge Wechselspiel zwischen dem Sachverhalt und dem Klageantrag wiederhole sich notwendig im Tatbestand und im Entscheidungssatz des Urteils[155]. Dieses Wechselspiel sei vor allem für das Aufhebungsurteil von Bedeutung, denn nur aus dem gesamten Inhalt der Entscheidung könne die Behörde erkennen, inwieweit eine Wiederholung des Verwaltungsakts angängig ist[156]. Schließlich müsse eine wichtige quantitative Einschränkung der Rechtskraft beachtet werden: Da nur der im Erstprozess vorgetragene und vom Gericht ermittelte „Tatsachenstoff (Prozeßstoff)“ die Grundlage für die Entscheidung bilden könne, sei auch nur insoweit rechtskräftig über den Streitgegenstand entschieden; neue

---

145 HAUSTEIN, S. 157 ff.
146 S. 163.
147 Dazu HAUSTEIN, S. 165 ff.
148 HAUSTEIN, S. 176 ff.
149 HAUSTEIN, S. 180.
150 HAUSTEIN, S. 184.
151 HAUSTEIN, S. 186.
152 S. 157 ff.
153 HAUSTEIN, S. 256 ff.
154 HAUSTEIN, S. 267.
155 HAUSTEIN, S. 270.
156 HAUSTEIN, S. 274.

Tatsachen seien nur insoweit ausgeschlossen, als sie „auf eine andere Feststellung des im ersten Urteil behandelten Prozeßtoffes" abzielten[157]. Dies verdeutliche die in dem Entwurf der Verwaltungsgerichtsordnung vorgesehene Formulierung, wonach rechtskräftige Urteile die Beteiligten und ihre Rechtsnachfolger binden, *soweit* über den Streitgegenstand entschieden worden ist[158].

2. Stellungnahme

HAUSTEIN hat mit seiner Arbeit in angenehm klarer Darstellung eine für den damaligen Stand der Forschung überaus hoch entwickelte Streitgegenstandstheorie vorgelegt. Viele seiner Ausführungen, die dem Kenner der Materie heute selbstverständlich erscheinen, waren damals sehr fortschrittlich, z.B. seine Einschätzung der gewandelten Funktionen des Verwaltungsprozesses und die systematische Unterscheidung zwischen dem allgemeinen Streitgegenstandsbegriff und den daraus abgeleiteten Definitionen für die einzelnen Klagearten.

Auffällig ist, dass sich HAUSTEINs Thesen zum allgemeinen Streitgegenstandsbegriff eng an diejenigen anlehnen, die kurz zuvor SCHWAB für den Zivilprozess aufgestellt hatte. HAUSTEIN ließ sich offenbar von einer Euphorie mitreißen, die SCHWABs Schrift unmittelbar nach ihrem Erscheinen ausgelöst haben muss. Heute darf davon ausgegangen werden, dass SCHWAB die Streitgegenstandslehre weit gefördert hat, aber seine Theorie vom eingliedrigen Streitgegenstand nicht das Nonplusultra auf diesem Gebiet der Prozessrechtswissenschaft darstellt. Die gegen SCHWAB gerichtete Kritik[159] trifft daher auch HAUSTEIN. Hinsichtlich der von ihm für die einzelnen Klagearten vorgeschlagenen Definitionen ist anzumerken, dass dazu die Normen der Verwaltungsgerichtsordnung berücksichtigt werden müssen, die HAUSTEIN nur in ihrem Entwurf zur Kenntnis nehmen und daher nicht angemessen würdigen konnte.

157 HAUSTEIN, S. 275 ff.
158 HAUSTEIN, S. 279.
159 Siehe dazu unten S. 193.

IV. BARBEY: Bemerkungen zum Streitgegenstand im Verwaltungsprozeß[160]

1. Zusammenfassung

BARBEY verfolgt mit seinem Beitrag in der 1985 erschienenen Festschrift für MENGER nach eigenem Bekunden nicht die Zielrichtung, den zahlreichen Lehrmeinungen zum Streitgegenstand eine weitere hinzuzufügen, sondern er widmet sich der Aufgabe, „eigene einschlägige praktische Erfahrungen mehr berichtend als analysierend" zusammenzufassen[161].

Einleitend plädiert er dafür, den Streitgegenstand trotz der vielfältigen Bezüge, in denen er stehen kann, einheitlich zu bestimmen, denn eine nur auf einen bestimmten Rechtsbereich, eine bestimmte Rechtslage oder eine bestimmte Klageart zugeschnittene Definition würde eine zu enge Begriffsbestimmung indizieren[162]. Es gelte, das Zusammenwirken von Kläger und Gericht zu erfassen: Dem Kläger obliege es, den Rechtsstreit so zu individualisieren, dass er durch das Gericht rechtlich identifiziert, d.h. den maßgeblichen Normen zugeordnet und dem zu absolvierenden Entscheidungsprogramm zugeführt werden kann[163]. Zwar könne und solle der Kläger selbst auch seine Bezeichnung des Rechtsstreits an den rechtlichen Anforderungen ausrichten, indem er etwa Angaben zur Klageart macht und von sich aus einen darauf abgestimmten Antrag stellt, gebunden sei das Gericht daran aber nicht[164].

Die Trennung zwischen der Bezeichnung des Streitgegenstands und seiner rechtlichen Identifizierung habe sich im Verwaltungsprozessrecht weitaus zügiger durchgesetzt als im Zivilprozessrecht, wo – begünstigt durch die scheinbar auf einen materiellen Rechtssatz hindeutende Formulierung „Anspruch" in § 253 Abs. 2 ZPO – lange Zeit beide Komponenten miteinander vermengt worden seien. Im Verwaltungsprozessrecht habe MENGER schon früh und bahnbrechend darauf hingewiesen, dass ein Recht, welches vorerst nur den Gegenstand einer Behauptung bilde, „losgelöst von seinen materiell-rechtlichen Existenzgrundlagen betrachtet werden" müsse[165].

160 In: MENGER-FS (1985), S. 177 ff.
161 BARBEY, in: MENGER-FS (1985), S. 179.
162 BARBEY, in: MENGER-FS (1985), S. 178.
163 BARBEY, in: MENGER-FS (1985), S. 179.
164 BARBEY, in: MENGER-FS (1985), S. 180.
165 BARBEY, in: MENGER-FS (1985), S. 182 unter Hinweis auf MENGER, S. 162.

Im Rahmen der Untersuchung, inwieweit die Individualisierung des Rechtsstreits durch den Kläger konkretisiert sein muss, damit das Gericht die Identifizierung vornehmen kann, meint BARBEY, es gebe keine Regeln, nach denen bestimmte Bestandteile des Klagevorbringens als Anknüpfungspunkte für die Individualisierung zu verlangen und andere auszuschließen wären[166]. Im Unterschied zu der Frage, wie der Rechtsstreit individualisiert werden kann, komme es aber auf die Frage an, welche Elemente des Klagevorbringens für die Bezeichnung des Streitgegenstands notwendig sind[167]. Dazu bedürfe es der Angabe des konkreten Klageziels und des Klagegrundes, so dass der Lehre vom eingliedrigen Streitgegenstand nicht gefolgt werden könne; daran ändere auch nichts der Umstand, dass im Einzelfall die Benennung des Beklagten und der Klageantrag zur Bezeichnung ausreichen können[168]. Dass nicht der Klageantrag als solcher den Streitgegenstand festlegt, sondern die Elemente des konkreten Klageziels und -grundes, zeige sich insbesondere in den Fällen, in denen sich der Klageantrag angesichts des geltend gemachten Klagegrundes als nicht sachdienlich erweist und diesem angepasst werden muss, sowie in den Fällen, in denen eine Änderung des Antrages keine Klageänderung darstellt[169].

Dem Gericht werde eine vollständige und präzise Bestimmung des Streitgegenstands bei der Feststellung des notwendig zu absolvierenden Entscheidungsprogramms abverlangt[170]. Bei der Festlegung des Entscheidungsprogramms dürfe das Gericht nur an Fragen anknüpfen, die in jedem Falle zur Entscheidung anstehen[171]. Ferner werde dem Gericht – unabhängig von der Klageart – die Feststellung der Rechtslage abverlangt, die zwischen den Beteiligten des Rechtsstreits hinsichtlich des durch das konkrete Klageziel und den konkreten Klagegrund gekennzeichneten Streitgegenstandes besteht; deshalb komme es für die Identität der Streitsache nicht auf den Klageantrag, sondern nach § 88 VwGO auf das Begehren des Klägers an[172]. Die über die Feststellung hinausgehenden Bestandteile des Leistungsurteils und des Gestaltungsurteils seien für die Feststellung des Streitgegenstandes unerhebliche Zusätze[173]. Entsprechend sei der Streitgegenstand der Anfechtungsklage gerichtet auf „die Feststellung, daß der Beklagte nicht berechtigt war, den angefochtenen Verwaltungsakt zu erlassen" und der Streitgegenstand der Verpflichtungsklage auf „die Feststellung, daß der Beklagte nicht berechtigt

166 BARBEY, in: MENGER-FS (1985), S. 183.
167 BARBEY, in: MENGER-FS (1985), S. 184.
168 BARBEY, in: MENGER-FS (1985), S. 184.
169 BARBEY, in: MENGER-FS (1985), S. 185.
170 BARBEY, in: MENGER-FS (1985), S. 186.
171 BARBEY, in: MENGER-FS (1985), S. 187.
172 BARBEY, in: MENGER-FS (1985), S. 187.
173 BARBEY, in: MENGER-FS (1985), S. 187.

ist, den von dem Kläger begehrten Verwaltungsakt abzulehnen oder zu unterlassen"[174].

2. Stellungnahme

Die Abhandlung BARBEYs leistet mehr als die einleitende, von der Bescheidenheit des Autors zeugende Selbsteinschätzung vermuten lässt. Vor allem die Unterscheidung zwischen der Individualisierung des Rechtsstreits durch den Kläger und der rechtlichen Identifizierung durch das Gericht schärft den Blick für die verschiedenen Aspekte, die bei der Streitgegenstandsbestimmung zu beachten sind[175]. BARBEY zeichnet so ein plastisches Bild von dem Kläger, der dem Gericht einen verbindlichen Auftrag erteilt, und dem Gericht, das den Auftrag – nur an die einschlägigen Normen gebunden – eigenverantwortlich erfüllt.

Nicht nachvollziehbar ist es allerdings, weshalb er den Streit, ob der Klagegrund zur Individualisierung notwendig ist, als müßig bezeichnet. Dieser Streit betrifft nicht die Frage, *wie* der Kläger sein Anliegen ausdrücken muss, sondern die Frage, *was* seinem Vortrag zu entnehmen sein muss – die Frage nach den notwendigen Elementen des Streitgegenstands. Insoweit beteiligt sich BARBEY ja auch an der Auseinandersetzung, indem er sich gegen einen eingliedrigen Streitgegenstandsbegriff wendet.

Zuzustimmen ist BARBEY insofern, als er hervorhebt, dass jeder gerichtlichen Entscheidung die Feststellung einer Rechtslage innewohnt[176]. Es ist aber nicht ersichtlich, weshalb nicht darüber hinaus die weiteren – begehrten – Bestandteile des Urteils, nämlich z.B. die Verurteilung des Beklagten zu einer Leistung oder die Gestaltung durch das Gericht für die Streitgegenstandsbestimmung belanglos sein sollen. Durch diese Bestandteile unterscheidet sich doch die erhobene Leistungs- oder Gestaltungsklage gerade von der ggf. subsidiär in demselben Fall denkbaren Feststellungsklage. Aus diesem Grund bleiben auch die von BARBEY für die Anfechtungs- und die Verpflichtungsklage – freilich nur beiläufig in Fußnoten – vorgeschlagenen Definitionen unbefriedigend.

---

174 BARBEY, in: MENGER-FS (1985), S. 188 Fn. 47.

175 Zustimmend auch CLAUSING, in: SCHOCH / SCHMIDT-ASSMANN / PIETZNER, § 121 Rn. 57: „nur Anstoßfunktion" des Klägers.

176 So auch BETTERMANN, DVBl. 1953, 163: „Denn jedes Urteil ist mindestens auch ein Feststellungsurteil".

V. DETTERBECK: Streitgegenstand und Entscheidungswirkungen im Öffentlichen Recht[177]

1. Zusammenfassung der Teile A und B

In seiner Habilitationsschrift, die in der veröffentlichten Fassung 1994 fertiggestellt wurde, widmet sich DETTERBECK dem Streitgegenstand und der Rechtskraft im Verwaltungsprozess sowie darüber hinaus – insoweit kann auf die Arbeit hier nicht eingegangen werden – dem Verfahrensgegenstand und den Entscheidungswirkungen im bundesverfassungsgerichtlichen Verfahren.

DETTERBECK betont zunächst die herausragende Bedeutung, die der Rechtskraft mit ihrer Rechtsfrieden stiftenden Funktion zukomme[178]. Da die Reichweite der Rechtskraft maßgeblich von der Streitgegenstandsbestimmung abhänge, habe die Diskussion darüber zu Recht eine zentrale Stellung in der Lehre vom Zivilprozessrecht eingenommen, deren Erkenntnisse auch in der Verwaltungsprozessrechtswissenschaft hilfreich sein könnten[179]. Nicht zuletzt das Rechtsstaatsprinzip mit seinen Forderungen nach Rechtssicherheit und Rechtsfrieden verlange die Bestimmung von Streitgegenstand und Rechtskraft nach einheitlichen Grundsätzen im Zivilprozess und im Verwaltungsprozess[180]. Dagegen seien keine Differenzierungen wegen der Geltung des Verhandlungsgrundsatzes im Zivilprozess und des Untersuchungsgrundsatzes im Verwaltungsprozess geboten[181]. Der Rückgriff auf die zivilprozessualen Streitgegenstandstheorien[182] zeige, dass es sich bei dem Streitgegenstand um ein rein prozessuales Institut handelt, nämlich um einen prozessualen Anspruch[183]. Von den zivilprozessualen Streitgegenstandstheorien sei die des zweigliedrigen Streitgegenstands prinzipiell vorzugswürdig[184].

DETTERBECK wendet sich dann der Bestimmung des allgemeinen Streitgegenstandsbegriffs im Verwaltungsprozessrecht zu. Weil die Verwaltungsgerichtsordnung wie auch die Zivilprozessordnung keine Legaldefinition des Streitgegenstands enthalte, müssten bei der Begriffsbestimmung im Wege der Auslegung mehrere systematisch mit dem Streitgegenstand eng verbundene Bestimmungen

---

177 Im Untertitel: „Grundlagen des Verfahrens vor den allgemeinen Verwaltungsgerichten und vor dem Bundesverfassungsgericht". Die Arbeit wurde von BETHGE in Passau betreut und im Sommersemester 1993 als Habilitationsschrift angenommen (DETTERBECK, Vorwort).

178 S. 6.

179 DETTERBECK, S. 6 f.

180 DETTERBECK, S. 7 ff.

181 DETTERBECK, S. 10 ff.

182 Dazu DETTERBECK, S. 22 ff.

183 DETTERBECK, S. 27.

184 DETTERBECK, S. 46 ff.

sowie verfassungsrechtliche Direktiven berücksichtigt werden[185]. Im Vordergrund stehe die Definition der einzelnen Bestandteile des Streitgegenstands, denn hierüber werde rechtskräftig entschieden; dabei müsse zwar je nach Klageart unterschieden werden, gleichwohl gebe es aber gemeinsame Grundsätze, die sich in einem allgemeingültigen Streitgegenstandsbegriff zusammenfassen ließen[186]. Der Streitgegenstand sei gleichzusetzen mit dem Begehren des Klägers, das sich sowohl gegen das Gericht als auch gegen den Beklagten richte; Streitgegenstand einer jeden verwaltungsgerichtlichen Klage sei daher der prozessuale Anspruch bzw. das an das Gericht gestellte Begehren, ein Urteil mit einem bestimmten Inhalt zu erlassen[187]. Wie im Zivilprozessrecht sei auch im Verwaltungsprozessrecht der Lebenssachverhalt eigenständiger Bestandteil des Streitgegenstands[188]. Der Lebenssachverhalt liege im Prozess von vornherein fest; er sei auf der Grundlage der Angaben des Klägers zu ermitteln, könne aber von diesem – abgesehen von der Angabe eines äußeren Rahmens – nicht eingegrenzt werden[189]. Der allgemeine Streitgegenstand sei damit zweigliedrig und setze sich zusammen „aus dem Klageziel (Antrag des Klägers, so wie er vom Gericht bei verständiger Würdigung gegebenenfalls auszulegen ist, § 86 Abs. 1, 3 und § 88 VwGO) und dem Lebenssachverhalt“[190].

Wegen der engen Verzahnung des Streitgegenstands mit der Rechtskraft könne der allgemeine Begriff nur vor dem Hintergrund der Rechtskraftlehren für die Klagearten konkretisiert werden[191]. Die objektiven Grenzen der Rechtskraft, d.h. der Verbindlichkeit der gerichtlichen Entscheidung in nachfolgenden Prozessen, würden durch den Streitgegenstand festgelegt, denn Einigkeit bestehe jedenfalls darüber, dass nur die Entscheidung über den Streitgegenstand als solche rechtskräftig wird, und nicht die Urteilsgründe[192]. Diese müssten allerdings zur Auslegung der Entscheidungsformel herangezogen werden und könnten dann insbesondere bei abweisenden Entscheidungen Aufschluss darüber geben, was Gegenstand der Entscheidung war; Ausführungen eines Urteils zu Vorfragen der Entscheidung, z.B. warum die begehrte Feststellung einer Verpflichtung des Beklagten nicht ausgesprochen werden konnte, erwüchsen jedenfalls isoliert nicht in Rechtskraft[193].

---

185 Detterbeck, S. 50.
186 Detterbeck, S. 61.
187 Detterbeck, S. 62 ff., 64.
188 Detterbeck, S. 70 ff.
189 Detterbeck, S. 76 ff.
190 Detterbeck, S. 86 f.
191 Detterbeck, S. 87, 88 ff.
192 Detterbeck, S. 94.
193 Detterbeck, S. 96 ff.

Hinsichtlich der Rechtskraftwirkungen vertritt DETTERBECK die Ansicht, entgegen der überwiegenden Auffassung in Rechtsprechung und Literatur folge aus der materiellen Rechtskraft nicht das Verbot einer neuen Entscheidung über denselben Streitgegenstand, sondern nur das Verbot einer abweichenden Entscheidung[194]. Zwar müsse eine neue Klage regelmäßig als unzulässig abgewiesen werden, soweit die Streitgegenstände identisch sind, jedoch liege der Grund dafür nicht in einem rechtskraftbedingten Prozesshindernis in Form der „res iudicata in eadem rem", sondern der Klage fehle meist das Rechtsschutzbedürfnis; andernfalls seien die Fälle des Verbots weiterer gleichartiger Verwaltungsakte nach erfolgreicher Anfechtungsklage nicht zu erfassen[195].

Bindungswirkungen entfalte die materielle Rechtskraft bei Streitgegenstands(teil)identität und bei Präjudizialität, hingegen nicht bei rechtlichen Sinnzusammenhängen[196]. Streitgegenstandsidentität bestehe, wenn die bei verständiger Würdigung vom Gericht auszulegenden Anträge nicht voneinander abweichen und der Lebenssachverhalt keine grundlegende Änderung erfahren hat[197]. Unter Präjudizialität sei ein bestimmtes Abhängigkeitsverhältnis zwischen den Streitgegenständen verschiedener Prozesse zu verstehen, bei dem entweder über ein Tatbestandsmerkmal der im neuen Prozess geltend gemachten Rechtsfolge im vorangegangenen Verfahren rechtskräftig entschieden worden ist (unmittelbare Präjudizialität)[198] oder eine anderweitige Vorfrage mit vorentscheidender Bedeutung für den Folgeprozess rechtskräftig entschieden worden ist (mittelbare Präjudizialität)[199]. Mittelbare Präjudizialität sei beispielsweise bei Amtshaftungsklagen im Anschluss an verwaltungsgerichtliche Anfechtungsprozesse gegeben[200]. Sofern ein konstruktives Abhängigkeitsverhältnis zwischen den Streitgegenständen verschiedener Prozesse zu bejahen ist, sei entgegen der Ansicht insbesondere des BGH das Gericht des Folgeprozesses nicht nur an das Ergebnis der Vorentscheidung gebunden, sondern auch an die tragenden Gründe[201].

Den besonders umstrittenen Streitgegenstand der Anfechtungsklage definiert DETTERBECK als (prozessualen) „Anspruch des Klägers auf Aufhebung eines Verwal-

---

194 S. 106 ff.
195 DETTERBECK, S. 107.
196 DETTERBECK, S. 112 ff.
197 DETTERBECK, S. 112.
198 DETTERBECK, S. 116.
199 DETTERBECK, S. 117.
200 DETTERBECK, S. 118 ff.
201 DETTERBECK, S. 126 ff., 130.

tungsakts *dieser Art*"[202]. Die Untersuchung der in § 113 Abs. 2 und 3 VwGO enthaltenen Abwandelungen der Anfechtungsklage bleibt dabei ohne Einfluss auf die Definition[203]. Für die Verpflichtungsklage formuliert DETTERBECK: „Streitgegenstand der Verpflichtungsklage ist der prozessuale Anspruch des Klägers auf Erlaß des begehrten Verwaltungsakts."[204]

Mit dem Verwaltungsakt-Wiederholungsverbot bei erfolgreicher Anfechtungsklage korrespondiere ein an die erfolgreiche Verpflichtungsklage geknüpftes Verwaltungsakt-Aufhebungsverbot, das dogmatisch einfacher mit dem Anspruch des Klägers auf den Fortbestand des Verwaltungsakts zu erklären sei[205]. Der Unterscheidung zwischen den Unterarten der Verpflichtungsklage, nämlich zwischen Untätigkeitsklage, Versagungsgegenklage und Bescheidungsklage entnimmt DETTERBECK keine Anhaltspunkte für Variationen des Streitgegenstandsbegriffs[206]. Im Hinblick auf die Dispositionsmaxime sei zwar auch eine Bescheidungsklage zulässig, die ausdrücklich nur auf ein Bescheidungsurteil und damit nicht auf den Erlass eines Verwaltungsakts mit einem bestimmten Inhalt gerichtet ist[207], aber das modifizierte Begehren gebiete dann keine abweichende Definition, denn der konkrete Inhalt des begehrten Verwaltungsakts sei „für die allgemein-abstrakte Bestimmung des Streitgegenstands ohne Bedeutung"[208]. DETTERBECKs Ausführungen zu den Streitgegenständen weiterer Klage- und Verfahrensarten[209] werden im Übrigen jeweils im Zusammenhang behandelt, soweit sie für die Problemstellung dieser Arbeit von Interesse sind.

2. Stellungnahme

Wenn man sich die Erforschung des Streitgegenstands im Verwaltungsprozessrecht als Expedition unter Bergsteigern vorstellt, lässt sich diese Schrift DETTERBECKs mit einem hervorragend ausgestatteten Basislager vergleichen. Insbesondere hat DETTERBECK einen verdienstvollen Beitrag geleistet, indem er die Ausrüstung ausfindig gemacht hat, die sich im Zuge der zivilprozessualen Expeditionen der letzten Jahrzehnte bewährt hat. Seine Materialprüfung zeigt eindrucksvoll,

---

202 S. 159 und zuvor schon ohne nähere Begründung S. 109 und 113 mit Hervorhebungen jeweils im Original. Eine ausführlichere Darstellung der Argumentation DETTERBECKs zum Streitgegenstand der Anfechtungsklage erfolgt im Zusammenhang unten, S. 211.

203 Vgl. DETTERBECK, S. 186 ff.

204 DETTERBECK, S. 207. Siehe dazu die weitere Darstellung unten, S. 234.

205 DETTERBECK, S. 208.

206 Vgl. DETTERBECK, S. 208 ff.

207 DETTERBECK, S. 218 ff.

208 DETTERBECK, S. 221.

209 DETTERBECK, S. 235 ff.

welche Errungenschaften des Zivilprozessrechts auch im Verwaltungsprozessrecht wertvolle Dienste leisten können und wie groß der technische Rückstand dort ist.

Ausgehend von seinem Basislager hat DETTERBECK ein weites Stück des Weges vorgezeichnet, den jeder Kletterer in der Region des verwaltungsprozessualen Streitgegenstands nehmen muss. Das schließt es nicht aus, dass man oberhalb der gesicherten Pfade an anderen als den von DETTERBECK gewählten Stellen höher hinaus gelangt. Insbesondere müsste ein besserer Ausblick auf den Streitgegenstand der Anfechtungsklage möglich sein[210].

Einige der von DETTERBECK in den Fels geschlagenen Ösen sitzen gänzlich zu lose, als dass man sich beim Aufstieg darauf verlassen könnte. Dies gilt etwa für seine Befürwortung des rechtskraftbedingten Abweichungsverbots anstelle des Wiederholungsverbots (Prozesshindernis der „res iudicata in eadem rem")[211] und für die von ihm angenommene Bindung des Gerichts eines Folgeprozesses an die tragenden Gründe der präjudiziellen Vorentscheidung[212]. In diesen Punkten zeigen sich die systematischen Probleme, zu denen die Definition des Streitgegenstands der Anfechtungsklage als „Anspruch auf Aufhebung eines Verwaltungsakts dieser Art" führt.

Unverständlich ist, weshalb DETTERBECK zwar innerhalb der Verpflichtungsklagen zwischen Vornahme- und Bescheidungsklage differenziert, aber dieser Differenzierung in der Definition des Streitgegenstands der Verpflichtungsklage keinen Ausdruck verleiht. Die Begründung, dass die allgemein-abstrakte Bestimmung keine Berücksichtigung der Spruchreife verlange, überzeugt nicht, denn es geht an dieser Stelle um den Streitgegenstand der Klagearten im Einzelnen. Insofern lässt DETTERBECK die Chance ungenutzt, die Streitgegenstandstypen innerhalb der Verpflichtungsklagen begrifflich zusammenzufassen und somit das Verhältnis unter diesen Streitgegenstandstypen zu klären. Es scheint, als sei er an dieser Stelle ohne Not kurz vor einem weiteren Gipfel umgekehrt.

---

210 Siehe dazu unten S. 209.
211 Siehe dazu unten S. 167.
212 Siehe dazu unten S. 171.

2. Kapitel: Definition der Spruchreife

Die Probleme mit der Spruchreife entstehen mit der Anwendung der sie betreffenden Normen, so dass auch die wissenschaftliche Beschäftigung mit ihnen die Anwendung in den Vordergrund stellen sollte. Dabei ist die Rechtsanwendung als gegenläufiger Prozess zu verstehen, im Laufe dessen Sachverhalte und Rechtssätze verglichen und wechselseitig präzisiert werden[213]. Dieser Vorgang schließt die Gesetzesauslegung ein, bei der sich der Auslegende durch vermittelndes Tun einen ihm problematisch gewordenen Gesetzestext zum Verständnis bringt[214]. Zweifellos muss eine Norm daher bei jedem Anwendungsproblem neu hinterfragt werden. Allerdings kann der Gesetzestext auch losgelöst von speziellen Problemen ausgelegt werden, d.h. der Sinn wird „mit anderen Worten deutlicher und genauer ausgesagt und mitteilbar gemacht“[215]. Da das Gesetz zum Inhalt der Spruchreife schweigt und an keiner Stelle bestimmt, wann sie vorliegt, erscheint es zweckmäßig, diesen Begriff vorerst abstrakt zu untersuchen, um ihm möglichst scharfe Konturen für die anschließende Anwendung auf Sachverhalte zu geben.

Die Untersuchung soll unvoreingenommen bei „null“ beginnen, und zwar bei der Vorschrift des § 113 Abs. 5 VwGO, da sie die meisten Anhaltspunkte für die Begriffsbestimmung liefert und die Spruchreife in erster Linie für die Verpflichtungsklage relevant wird. Auf der Suche nach einer Definition wird daher zunächst § 113 Abs. 5 VwGO mit Hilfe der herkömmlichen Kriterien[216] anhand des Wortlautes, der Systematik, der historischen Entwicklung und schließlich teleologisch anhand der bestimmenden Wert- und Zweckprinzipien ausgelegt. Sodann wird geprüft, ob sich der Spruchreife des Vollzugsfolgenbeseitigungsantrags gem. § 113 Abs. 1 Satz 3 VwGO und den die Aufhebung von Verwaltungsakten im Rahmen von Anfechtungsklagen betreffenden Normen (§ 113 Abs. 1 Satz 1, Abs. 2 und Abs. 3 VwGO) ergänzende Erkenntnisse entnehmen lassen.

---

213 LARENZ, Methodenlehre, Teil II, Kap. 4,1. a).

214 LARENZ, Methodenlehre, Teil II, Kap. 4, 1. a).

215 LARENZ, Methodenlehre, Teil II, Kap. 4, 1. a).

216 Vgl. LARENZ, Methodenlehre, Teil II, Kap. 4, 2.

A. Auslegung des § 113 Abs. 5 VwGO

I. Wortlaut des § 113 Abs. 5 Satz 1 VwGO

Der Ausdruck „spruchreif" ist in § 113 Abs. 5 Satz 1 VwGO enthalten, der lautet:

> (5) [1] Soweit die Ablehnung oder Unterlassung des Verwaltungsakts rechtswidrig und der Kläger dadurch in seinen Rechten verletzt ist, spricht das Gericht die Verpflichtung der Verwaltungsbehörde aus, die beantragte Amtshandlung vorzunehmen, wenn die Sache spruchreif ist.

1. Vornahmeausspruch als Rechtsfolge

Dem Wortlaut lässt sich zunächst ganz schlicht entnehmen, dass die Spruchreife neben der Rechtswidrigkeit und der Rechtsverletzung eines von drei Tatbestandsmerkmalen ist, und zwar für die Rechtsfolge des Vornahmeausspruchs, mit dem die Behörde verpflichtet wird, die beantragte Amtshandlung vorzunehmen. Da der Gesetzestext in dem knappen Nebensatz, der die Spruchreife enthält, nicht definiert, wann eine Sache – und was für eine Sache eigentlich? – spruchreif ist, bietet es sich an, mit der Eingrenzung des Wortsinnes bei der ausführlicher beschriebenen Rechtsfolgenseite und den übrigen Voraussetzungen zu beginnen und den gleichen Sprachgebrauch bei der Auslegung des Tatbestandsmerkmals „Spruchreife" zu Grunde zu legen.

a. Urteil zu Gunsten des Klägers

Der Gesetzeswortlaut erwähnt den Kläger, das Gericht sowie die Verwaltungsbehörde und erfasst damit den Fall einer Dreieckskonstellation, die nur bedeuten kann, dass das Gericht einen Ausspruch in einem Klageverfahren trifft. Wenn das Gericht etwas ausspricht und man den Spruch eines Gerichts auch als Entscheidung eines Gerichts bezeichnet, wie im juristischen Sprachgebrauch üblich[217], dann folgt daraus, dass es sich bei dem Ausspruch der Vornahmeverpflichtung um eine Form der Entscheidung eines Rechtsstreits über eine Verpflichtung der Behörde handelt. Da es um einen Rechtsstreit in Form einer Klage geht, handelt es sich nach dem Grundsatz des § 107 VwGO in Ermangelung einer anderweitigen Bestimmung um eine Entscheidung in Form eines Urteils, also um ein Vornahmeurteil.

---

217 Vgl. HARTMANN, in: BAUMBACH / LAUTERBACH / ALBERS / HARTMANN, § 300 Rn. 5; BETTERMANN, NJW 1960, 649, 653.

Das Urteil mit der Vornahmeverpflichtung an die Adresse der Behörde bedeutet immer eine Stattgabe aus Sicht des Klägers, denn mit der Verpflichtung der Behörde korrespondiert das Recht des Klägers, etwas von ihr zu fordern. Das Vornahmeurteil ergeht ja auch nur, soweit der Kläger durch eine Ablehnung oder Unterlassung in seinen Rechten verletzt ist. Daher folgt aus dem Wortlaut des § 113 Abs. 5 Satz 1 VwGO, dass der Ausspruch einer Vornahmeverpflichtung ein obsiegendes Urteil für den Kläger darstellt.

b. Verpflichtung zur beantragten „Amtshandlung"

Überraschend ist, dass sich die Verpflichtung nach dem Gesetzeswortlaut auf die Vornahme einer *Amtshandlung* erstrecken soll, obwohl sie nur ausgesprochen werden kann, soweit die Ablehnung oder Unterlassung des *Verwaltungsakts* rechtswidrig und der Kläger in seinen Rechten verletzt ist. Nach ganz herrschender und überzeugender Auffassung sind diese Begriffe nicht kongruent, sondern der Begriff der Amtshandlung ist weiter als der des Verwaltungsakts[218]. Damit weist die Terminologie der Vorschrift eine deutliche Diskrepanz auf und führt zu der Frage, ob bei Vorliegen der Spruchreife auch ein Urteil denkbar ist, welches die Behörde zur Vornahme einer sonstigen Amtshandlung verpflichtet. Diese Frage kann schon bei wörtlicher Auslegung nur zu Gunsten der Beschränkung auf Verwaltungsakte beantwortet werden, denn der Anwendungsbereich der Norm und damit die Möglichkeit der Verpflichtungen wird bereits durch den Tatbestand auf Fälle der Vornahme von Verwaltungsakten begrenzt[219]. Wenn nämlich ein Vornahmeausspruch nur ergeht, soweit die Ablehnung oder Unterlassung des Verwaltungsakts rechtswidrig ist, kommt der auf der Rechtsfolgenseite scheinbar zusätzlich eröffnete Anwendungsbereich einfach nicht zum Tragen. Es bleibt zwar eine „Panne"[220] der Gesetzgebung festzustellen, es werden aber keine Zweifel aufgeworfen, die mehrere Interpretationsmöglichkeiten zuließen und weiteren Auslegungsbedarf hervorriefen. Anders ausgedrückt: Der Wortlaut ist inkonsequent aber eindeutig. Bei eindeutigem Wortlaut kommt jedoch keine Auslegung mehr in Betracht, sondern nur eine weiter gehende Rechtsfortbildung im Wege der Analogie, die der Wortlaut selbst nicht fordert[221].

---

218 BVerwG, Urt. v. 25.02.1969, BVerwGE 31, 301, 303; RENCK, BayVBl. 1973, 365, 367; WOLFF / BACHOF / STOBER, Band 2, § 44 Rn. 11 ff.

219 SCHUNCK / DE CLERCK, § 113 Anm. 3. b) aa): „sprachliches Versehen".

220 BETTERMANN, NJW 1960, 649, 650.

221 LARENZ, Methodenlehre, Teil II, Kap. 4, 2. a). Daher wird die Möglichkeit einer analogen Anwendung auf allgemeine Leistungsklagen gesondert behandelt (siehe dazu unten S. 79 f.).

Bemerkenswert ist schließlich, dass das Gesetz von der Verpflichtung spricht, die *beantragte* Amtshandlung (zu lesen als: den *beantragten* Verwaltungsakt) vorzunehmen. Da Verwaltungsakte nicht bei Gericht, sondern bei der Behörde beantragt werden, kann es sich bei dem Vornahmeurteil nur um die Bestätigung der streitigen Verpflichtung der Behörde handeln, genau den Verwaltungsakt zu erlassen, den der Kläger schon in einem Antrag an die Behörde verlangt hat. Das Objekt des Vornahmeurteils ist mit dem beantragten Verwaltungsakt also ein Gegenstand, über den eigentlich in einem Verwaltungsverfahren positiv entschieden werden müsste.

2. „Spruch" im Sinne von Zuspruch

Von einem „Spruch" ist sowohl auf der Rechtsfolgenseite die Rede („*spricht* das Gericht die Verpflichtung der Verwaltungsbehörde aus"), als auch auf der Tatbestandsseite („wenn die Sache *spruch*reif ist"). Wenn der Kläger mit dem Vornahmeausspruch ein obsiegendes Urteil erhält, d.h. einen Zuspruch, liegt es nahe, das Wort „spruchreif" als dessen Voraussetzung im Sinne von „zuspruchreif" zu verstehen. Entsprechend lässt sich die Spruchreife auch als „Vornahmereife" bezeichnen[222]. Dann beinhaltet dieser Ausdruck zwar auch die anderen Voraussetzungen einer Verpflichtung zur Vornahme, weil sie nur ausgesprochen werden darf, wenn auch die Merkmale der Rechtswidrigkeit und der Rechtsverletzung zu bejahen sind. Dies ist jedoch nicht ungewöhnlich, weil auch die subjektive Rechtsverletzung bereits rechtslogisch die objektive Rechtswidrigkeit voraussetzt[223], so dass es sich bei der Aufzählung in § 113 Abs. 5 Satz 1 VwGO nicht um eine Kumulation selbständig nebeneinander stehender Voraussetzungen handelt, sondern um eine Steigerung, bei der jeweils der nachfolgende Begriff den vorangehenden einschließt. Damit ist die Spruchreife gem. § 113 Abs. 5 Satz 1 VwGO eine Voraussetzung, die darüber entscheidet, ob dem Kläger mit der Vornahmeverpflichtung eine bestimmte positive Entscheidung zusteht.

---

222 BRUNN, S. 52.
223 KOPP / SCHENKE, § 113 Rn. 5.

3. „Sache“ als Gegenstand

Da der Begriff der Sache auch im juristischen Sprachgebrauch verschiedene Bedeutungen hat[224], ist bei der Wortlautauslegung der jeweilige Sprachgebrauch des Gesetzes an der betreffenden Stelle zu ermitteln[225]. Im Falle des § 113 Abs. 5 Satz 1 VwGO muss eine Sache spruchreif, d.h. – wie soeben dargestellt – einer positiven Entscheidung zugänglich sein. Daher kann es sich nur um eine Sache im Sinne einer zu klärenden Angelegenheit handeln. Dann stellt sich aber die Frage, welche Angelegenheit zu klären ist: der gerichtliche Rechtsstreit oder das behördliche Verfahren zum Erlass des beantragten Verwaltungsakts. Die Untersuchung der Rechtsfolge hat ergeben, dass – wenn die Sache spruchreif ist – die Behörde verpflichtet wird, genau den beantragten Verwaltungsakt zu erlassen. Das bedeutet, dass dann nicht nur der Rechtsstreit geklärt sein muss, denn diese Klärung wird ja auch bei dem ohne Spruchreife ergehenden Bescheidungsurteil oder bei einem abweisenden Urteil vorausgesetzt. Vielmehr muss auch die Angelegenheit im Verhältnis zwischen dem Kläger und der Behörde restlos geklärt sein. Damit ist die „Sache“, die im Sinne des § 113 Abs. 5 Satz 1 VwGO spruchreif sein muss, der im Verwaltungsverfahren gestellte Antrag auf Erlass des Verwaltungsaktes, zu dem die Behörde verpflichtet wird.

4. „Reife“

Der Begriff der Reife ist – soweit ersichtlich – nicht mit einer speziellen Bedeutung im juristischen Sprachgebrauch besetzt. Im allgemeinen Sprachgebrauch wird er meistens als botanischer Ausdruck gebraucht[226] und bezeichnet sowohl das Stadium der Genuss- oder Verwendungsfähigkeit von Früchten als auch die Entwicklung dahin, die von äußeren Faktoren der Zeitdauer und Behandlung abhängig ist. Übertragen auf den juristischen Sprachgebrauch lässt sich daraus ableiten, dass der Prozess ein Stadium erreicht haben muss, in welchem dem Erlass des beantragten Verwaltungsakts nichts mehr im Wege steht. Dazu ist vor allem erforderlich, dass die für die Stattgabe notwendigen Tatsachen ermittelt sind, denn

---

224 Vgl. bereits „RECHTSLEXIKON FÜR JURISTEN ALLER TEUTSCHEN STAATEN“ (1855), 9. Band, S. 462, Stichwort „Sache“: „Sache (res) im weitesten juristischen Sinne heißt nicht nur jedes mögliche Rechtsobjekt, sondern überhaupt alles, was irgend ein juristisches Interesse hat, mit Ausnahme der Person, und begreift daher auch unkörperliche Dinge, welche von rechtlicher Bedeutung sind, wie Rechtsfälle, Klagen und Rechte überhaupt.“; vgl. auch §§ 90, 90a BGB, § 119 Abs. 2 BGB, § 538 Abs. 1 ZPO, § 539 ZPO, § 565 Abs. 1, 3 und 4 ZPO, § 130 Abs. 1 VwGO, § 144 Abs. 3, 5 und 6 VwGO.

225 LARENZ, Methodenlehre, Teil II, Kap. 4, 2. a), der bezeichnenderweise gerade den Begriff der Sache als Beispiel anführt.

226 BROCKHAUS-ENZYKLOPÄDIE, 18. Band, Stichwort „Reife“.

erst wenn der Sachverhalt geklärt ist, kann die Entscheidung getroffen werden, dass dem Kläger der beantragte Verwaltungsakt zusteht.

Für die juristische Bedeutung stellt sich dabei die Frage, ob die Prüfung der Spruchreife nur als Momentaufnahme erfolgt und untersucht wird, ob sie zur Zeit der Befassung des Gerichts mit der Sache vorliegt oder nicht, oder ob vielmehr das Gericht „gärtnerisch“ tätig wird, nämlich die keimende Spruchsache hegt und pflegt bis die Reife erreicht ist, indem es den Sachverhalt untersucht und die von der Behörde in rechtswidriger Weise vorgenommene oder unterlassene Prüfung der Voraussetzungen des beantragten Verwaltungsakts selbst vornimmt. Mit anderen Worten kommt es darauf an, ob die Spruchreife eine statische oder eine dynamische Voraussetzung ist. Der Wortlaut des § 113 Abs. 5 Satz 1 VwGO lässt beide Deutungen zu, denn schließlich ergeht das Vornahmeurteil nicht *„falls“* die Sache spruchreif ist, sondern *„wenn“* sie spruchreif ist, wobei es sich um eine konditionale oder eine temporale Konjunktion handeln kann.

Wenn sich die Spruchreife als dynamische Voraussetzung erweisen sollte, stellt sich weiterhin die Frage, in welchen Fällen die Spruchreife bei entsprechender Wartezeit und Behandlung erzielt werden kann und welchen „Sachen“ i.S.d. § 113 Abs. 5 Satz 1 VwGO das Erreichen des Zustandes der Reife verwehrt ist. Wenn nämlich das Gericht darauf hinzuwirken hat, dass die Reife erreicht wird, ergibt die Möglichkeit der Bescheidungsverpflichtung nur dann einen Sinn, wenn trotzdem noch Fälle fehlender Spruchreife übrig bleiben. Insoweit ist der Wortlaut offen und lässt Raum für die weitere Auslegung.

II. Systematik

Zur plastischen Darstellung des internen Bedeutungszusammenhangs soll § 113 Abs. 5 VwGO drucktechnisch aufbereitet werden:

> (5) [1] Soweit die Ablehnung oder Unterlassung des Verwaltungsakts *rechtswidrig*
> und der *Kläger dadurch in seinen Rechten verletzt* ist,
> spricht das Gericht die Verpflichtung der Verwaltungsbehörde aus, die beantragte Amtshandlung vorzunehmen,
>
> wenn die *Sache spruchreif* ist.
>
> [2]*Anderenfalls* spricht es die Verpflichtung aus, den Kläger unter Beachtung der Rechtsauffassung des Gerichts zu bescheiden.

1. Verknüpfung von Satz 1 und Satz 2: Die Spruchreife als Kriterium für die Unterscheidung zwischen Vornahme- und Bescheidungsurteil

Bei aufmerksamer Lektüre des § 113 Abs. 5 VwGO fällt zunächst auf, dass die in Satz 1 vorgesehene Rechtsfolge der Vornahmeverpflichtung unter drei Voraussetzungen steht, von denen die ersten beiden, nämlich die Rechtswidrigkeit und die Rechtsverletzung, vorangestellt werden und die dritte, nämlich die Spruchreife der Sache, in einem Nachsatz angehängt ist. Dieser Aufbau des ersten Satzes ist durch den Zusammenhang mit Satz 2 begründet, denn dadurch wird klargestellt, dass dessen einleitendes Konjunktionaladverb „anderenfalls“ sich nur auf diese dritte Voraussetzung beziehen kann[227]. Für einen weiter gehenden Bezug hätte es nahe gelegen, alle Voraussetzungen der Vornahmeverpflichtung in Satz 1 nacheinander aufzuzählen.

Aus diesem Satzbau des § 113 Abs. 5 Satz 1 VwGO in Verknüpfung mit Satz 2 folgt dreierlei:

- Erstens bedeutet diese Regelung, dass für den Ausspruch der in Satz 2 als Rechtsfolge vorgesehenen Bescheidungsverpflichtung zwar auf die in Satz 1 angehängte Voraussetzung der Spruchreife verzichtet werden kann, nicht aber auf die in Satz 1 vorangestellten Voraussetzungen der Rechtswidrigkeit und der Rechtsverletzung. Es gibt ja auch keinen sachlichen Grund, dem Kläger ein Bescheidungsurteil zuzubilligen, soweit auch nur eine dieser beiden Voraussetzungen unerfüllt bleibt.

- Zweitens folgt daraus, dass die Spruchreife das einzige Kriterium zur Unterscheidung der beiden in § 113 Abs. 5 VwGO geregelten Verpflichtungsaussprüche ist. Daher sind in diesen Begriff alle Merkmale hineinzulesen, die für die Differenzierung zwischen den Entscheidungsformen wichtig sind.

- Drittens ergibt sich, dass die Spruchreife im Vergleich zu den eingangs des § 113 Abs. 5 Satz 1 VwGO normierten Voraussetzungen jedenfalls keine gleichrangige Begründetheitsvoraussetzung darstellt. Zwar wird vielfach in einem Atemzug mit der Rechtswidrigkeit und der Rechtsverletzung die Spruchreife als „Voraussetzung der Begründetheit der Verpflichtungsklage“ bezeichnet[228], jedoch handelt es sich dabei um Verfasser, die – verwirrenderweise – den Begriff der Verpflichtungsklage in erster Linie für die auf Vornahme, d.h. auf den Erlass eines bestimmten Verwaltungsakts gerichteten Klage verwenden. In der Allgemeinheit, die sie impliziert, ist die Aussage indessen nicht

227 Im Ergebnis ebenso BVerwG, Urt. v. 28.03.1968, BVerwGE 29, 239, 242; BETTERMANN, NJW 1960, 649, 650.

228 HUFEN, § 24 Rn. 4 und § 26 Rn. 19; SPANNOWSKY, in: NK-VWGO, § 113 Rn. 239.

richtig. Zum einen kann in den Fällen, in denen der Kläger seinen Antrag von vornherein auf ein Bescheidungsurteil beschränkt, die Klage nicht im geringsten unbegründet sein, denn das Gesetz befreit den Bescheidungsausspruch gerade von der Voraussetzung der Spruchreife. Zum anderen wird von niemandem ernsthaft vertreten, dass das Fehlen der Spruchreife die gleiche Konsequenz der unbeschränkten Klageabweisung habe wie die Nichterfüllung der Voraussetzungen der Rechtswidrigkeit und der Rechtsverletzung, denn die Konsequenz besteht nach der klaren Rechtsfolge mit dem Bescheidungsurteil jedenfalls in Form einer anderen zusprechenden Entscheidung, in welchem Verhältnis zum Vornahmeurteil sie auch immer stehen mag.

Der Trennung im Satzbau des § 113 Abs. 5 Satz 1 VwGO und der Verknüpfung mit Satz 2 entsprechend kann die Spruchreife im Unterschied zu den vorangestellten allgemeinen Begründetheitsvoraussetzungen der Verpflichtungsklagen nur als qualifizierende Voraussetzung des Vornahmeurteils (als Unterfall der Verpflichtungsurteile) bezeichnet werden. Ob es sich überhaupt um eine Begründetheitsvoraussetzung handelt, kann an dieser Stelle nicht entschieden werden, denn die Begründetheit der Klage, verstanden als „die Übereinstimmung der in ihr behaupteten mit der vom Gericht nach Durchführung des Erkenntnisverfahrens festgestellten Rechtsfolge“[229] setzt den Vergleich zwischen einem Begehren und einer Entscheidung voraus. Das Klagebegehren bei Verpflichtungsklagen bedarf jedoch im Hinblick auf die möglichen Aussprüche des Gerichts einer gesonderten Untersuchung[230].

2. Zusammenhang mit § 114 Satz 1 VwGO

Für das Verständnis der in § 113 Abs. 5 VwGO getroffenen Regelung hilft der Zusammenhang mit der sich unmittelbar anschließenden Bestimmung des § 114 Satz 1 VwGO weiter, genauer gesagt der Zusammenhang mit dem Umkehrschluss aus dieser Bestimmung. Sie ergänzt § 113 VwGO, indem sie die Entscheidungskompetenz der Verwaltungsgerichte durch eine Definition der Rechtswidrigkeit näher bestimmt und zugleich begrenzt[231]. Sie stellt in Bezug auf die Verpflichtungsklage klar, dass – soweit der Erlass des beantragten Verwaltungsakts im Ermessen der Behörde steht – die Ablehnung oder Unterlassung auch deswegen rechtswidrig und damit diese Voraussetzung eines stattgebenden Urteils erfüllt sein kann, weil die gesetzlichen Grenzen des Ermessens überschritten sind oder weil von dem Ermessen nicht in einer dem Zweck der Ermächtigung entsprechen-

229 GREGER, in: ZÖLLER, Rn. 25a vor § 253.
230 Siehe unten S. 234.
231 BRUNN, S. 156; KOPP / SCHENKE, § 114 Rn. 1; STÜER, in: MENGER-FS (1985), S. 791.

den Weise Gebrauch gemacht ist. Weiter reicht diese Bestimmung jedoch nicht und bestätigt somit den Grundsatz, dass die Ermessens*ausübung* allein Sache der Behörde ist und das Gericht nicht eigene Ermessenserwägungen anstelle der Behörde treffen darf, etwa um eine aus seiner Sicht besonders zweckmäßige Lösung zu finden[232]. Schließlich zielt der Hauptzweck von Ermessensspielräumen auf die teilweise Freistellung von der Justizkontrolle[233]. Inwiefern dies entsprechend gilt für Begrenzungen der gerichtlichen Überprüfung etwa durch Beurteilungsermächtigungen, Einschätzungsprärogativen, Prognoseermächtigungen oder Planungsermessen, die zusammenfassend als „administrative Letztentscheidungsermächtigungen"[234] bezeichnet werden, bedarf an dieser Stelle keiner Klärung[235]. Jedenfalls ist ein Teil der materiell-rechtlichen Kontrollrestriktionen in § 114 VwGO ausdrücklich geregelt[236]. Eine Differenzierung ist hier nicht angezeigt, denn für die Definition der Spruchreife genügt es festzustellen, dass ihr normative Beschränkungen der gerichtlichen Entscheidungskompetenz entgegenstehen können – unabhängig davon, wie diese dogmatisch einzuordnen sind. Deswegen kann die kompetenzrechtliche Problematik in Übereinstimmung mit § 114 VwGO unter dem stellvertretend und untechnisch verwendeten Begriff des Ermessens behandelt werden. Sofern allerdings ein zusammenfassender Begriff gebraucht werden soll, bietet es sich an, anstelle von „administrativen *Letzt*entscheidungsermächtigungen" von administrativer „*Allein*kompetenz"[237] zu sprechen, denn im Gegensatz zu der Anfechtungsklage liegt bei der Verpflichtungsklage nicht nur die Situation vor, dass das Gericht eine bereits getroffene rechtmäßige Ermessensentscheidung respektieren muss, sondern es darf auch bei Feststellung der Rechtswidrigkeit der notwendigen neuen Ermessensentscheidung über die Erteilung eines Verwaltungsakts nicht vorgreifen. Es geht ja nicht darum, dass die Behörde eine Entscheidung des Gerichts über den Erlass eines bestimmten Verwaltungsakts, der im Ermessen bzw. in der Alleinkompetenz der Verwaltung steht, wieder abändern dürfte. Vielmehr muss sich das Gericht einer eigenen Entscheidung von vornherein enthalten, weil ausschließlich die Behörde dazu berufen ist.

Damit ist die von dem Wortlaut des § 113 Abs. 5 VwGO offen gelassene Frage, ob es „Sachen" gibt, denen das Erreichen des Zustandes der Spruchreife dauerhaft verwehrt ist, bereits mit der Systematik des Gesetzes zu bejahen. Wenn nämlich das Gericht lediglich die Ablehnung oder Unterlassung eines im Ermessen der

---

232 FABER, § 30 I 2; KOPP / SCHENKE, § 114 Rn. 4.

233 FABER, § 30 I 2.

234 SCHMIDT-ASSMANN, in: MAUNZ / DÜRIG, Art. 19 IV Rn. 188 ff. Die Terminologie ist freilich uneinheitlich.

235 Weiter gehend dazu unten S. 373.

236 KOPP / SCHENKE, § 114 Rn. 23; SCHMIDT-ASSMANN / GROSS, NVwZ 1993, 617, 624.

237 FABER, § 30 I 2, Hervorhebung nur hier.

Behörde stehenden Verwaltungsakts in Bezug auf die in § 114 Satz 1 VwGO genannten Ermessensfehler kontrolliert, nicht aber selbst Ermessen ausübt, kommt nur ein Urteil in Frage, das die rechtswidrige und rechtsverletzende Ablehnung bzw. Unterlassung beseitigt, das darüber hinaus aber Zurückhaltung übt hinsichtlich der Fragen, ob dem Kläger ein begünstigender Verwaltungsakt zusteht und ggf. welche genauen Regelungen zu treffen sind. Dem entspricht die in § 113 Abs. 5 Satz 2 VwGO vorgesehene Beschränkung auf ein Bescheidungsurteil, das bei fehlender Spruchreife ergeht. So gesehen trägt die Abstufung zwischen den Urteilsformen der auch in § 114 Satz 1 VwGO zum Ausdruck kommenden beschränkten gerichtlichen Kontrolldichte bei Ermessensentscheidungen im Vergleich zu gebundenen Verwaltungsentscheidungen Rechnung. Da die Abstufung zwischen den Urteilsformen wie gesagt allein durch die Spruchreife bedingt ist, muss diese zusätzlich zu dem Aspekt der Sachverhaltsaufklärung als ganz wesentliches Element die Freiheit des Gerichts von Beschränkungen seiner Entscheidungskompetenz beinhalten.

3. Abgrenzung zur Entscheidungsreife, § 110 VwGO, § 300 ZPO, sowie zur Abweisungsreife

Unsicherheit entsteht dann, wenn man nach diesem ersten genauen Studium des § 113 Abs. 5 VwGO lesen muss, eine Klage könne „im Sinne der Abweisung ‚spruchreif'“[238] sein. Bereits die Auslegung des Wortlautes deutet doch darauf hin, dass immer eine unbeschränkte Stattgabe die Folge der Spruchreife im Sinne dieser Vorschrift ist. Auch wer es dann genauer wissen will und in der Hoffnung auf erhellende Erkenntnisse in dem dreibändigen Werk „DEUTSCHES RECHTS-LEXIKON“[239] nachschlägt, wird enttäuscht, da der Erläuterung zufolge das Endur-

238 JÖRG SCHMIDT, in: EYERMANN, § 113 Rn. 37.

239 DEUTSCHES RECHTS-LEXIKON, 2. Aufl. 1992, Band 3, Stichwort „Spruchreife“: „Spruchreife eines Rechtsstreites liegt vor, wenn nach völliger Aufklärung des Sachverhalts und nach Erschöpfung der Beweise oder nach Abschneiden weiteren Vorbringens der Klage stattzugeben oder sie abzuweisen ist. Liegt S. vor, so hat das Gericht das → Endurteil zu fällen. Es ist grundsätzlich Aufgabe des Gerichts, die Spruchreife herbeizuführen. Das gilt nicht nur für die von der →Inquisitionsmaxime beherrschten Verfahrensarten, sondern gilt ganz allgemein, somit auch im zivil- und arbeitsgerichtlichen Verfahren. Das ergibt sich aus § 139 ZPO, wonach der Vorsitzende dahin zu wirken hat, daß die Parteien über alle erheblichen Tatsachen sich vollständig erklären und sachdienliche Anträge stellen.

teil die Konsequenz der Spruchreife sein soll und sie im Bereich der Verwaltungsgerichtsbarkeit in bestimmten Fällen angeblich fehlen und vom Gericht nicht weiter hergestellt werden kann. Heißt das, es gibt im Verwaltungsprozess Fälle, die nie durch Endurteil entschieden werden? Und ist das bei fehlender Spruchreife ergehende Bescheidungsurteil etwa kein Endurteil?

Es drängt sich der Verdacht auf, dass dort nicht ausreichend zwischen der Spruchreife der Sache i.S.d. § 113 Abs. 5 VwGO und der Spruchreife (bzw. Entscheidungsreife) des Rechtsstreits nach allgemeinen prozessrechtlichen Grundsätzen, wie sie in § 110 VwGO und § 300 ZPO niedergelegt sind, differenziert wird. Indem § 110 VwGO bestimmt, dass ein Teilurteil ergehen kann, soweit ein Teil des Streitgegenstands zur Entscheidung reif ist, verwendet die Verwaltungsgerichtsordnung neben dem Begriff der Spruchreife den der Entscheidungsreife, der auch § 300 ZPO zu Grunde liegt. Dessen Aussage, dass ein Endurteil ergehen muss, wenn der Rechtsstreit zur Endentscheidung reif ist, darf (wenigstens i.V.m. § 173) auch in der Verwaltungsgerichtsordnung als anerkannt gelten[240]. Das Endurteil ist ein Urteil, das den Prozess für die Instanz endgültig entscheidet, so dass in ihr kein weiteres Urteil über denselben Anspruch(steil) mehr denkbar ist[241]. Das Bescheidungsurteil, das bei fehlender Spruchreife gem. § 113 Abs. 5 Satz 2 VwGO ergeht, ist ein solches instanzbeendendes Endurteil, so dass in den Fällen eines Bescheidungsurteils die Voraussetzungen der Entscheidungsreife erfüllt sind, die der Spruchreife jedoch nicht[242]. Ein Endurteil ohne Entscheidungsreife kann es nämlich nicht geben.

Im Bereich der allgemeinen und besonderen Verwaltungsgerichtsbarkeit fehlt die Spruchreife bei gebundenen Entscheidungen dann, wenn das Gericht durch die weiteren Ermittlungen und die Entscheidung von Fragen, die die Verwaltung bisher noch nicht in eigener Verantwortung geprüft und entschieden hat, in die Kompetenz der Verwaltung eingreifen und dieser vorgreifen würde. Die S. fehlt dort auch dann und kann vom Gericht in der Regel nicht weiter hergestellt werden, wenn die Entscheidung von weiteren Fragen abhängt, bezüglich derer der Verwaltung ein Ermessens- oder Beurteilungsspielraum zusteht. S. fehlt auch, wenn die Entscheidung durch Gesetz einer besonderen spezialisierten Behörde übertragen ist, die bisher überhaupt noch nicht mit der Sache befaßt war oder die infolge fehlerhafter rechtlicher Überlegungen oder aus anderen Gründen wesentliche Voraussetzungen des beantragten Verwaltungsakts in tatsächlicher Hinsicht bisher überhaupt noch nicht oder nur unter Verletzung wesentlicher Verfahrensvorschriften geprüft hat.".

240 BVerwG, Urt. v. 06.09.1988, BVerwGE 80, 178, 183 = NJW 1989, 119.

241 HARTMANN, in: BAUMBACH / LAUTERBACH / ALBERS / HARTMANN, § 300 Rn. 4.

242 Ebenso SCHRÖDER, in: MENGER-FS (1985), S. 488.

Unergiebig ist der Versuch, einen Unterschied in die synonym[243] verwendeten Begriffe „Spruch" und „Entscheidung" hineinzulesen, sondern entscheidend sind die unterschiedlichen Gegenstände von Spruch- und Entscheidungsreife[244]. Während sich § 300 ZPO und § 110 VwGO auf den Rechtsstreit und den Streitgegenstand beziehen, ist in § 113 Abs. 5 VwGO von der Spruchreife der „Sache" die Rede, womit – wie soeben dargestellt – der von der Behörde abgelehnte oder unbeantwortete Antrag auf Erlass des Verwaltungsaktes gemeint ist. Dafür ist nicht nur erforderlich, dass der Sachverhalt völlig aufgeklärt, die Beweise erschöpft oder weiteres Vorbringen abgeschnitten ist[245], was im Falle der Entscheidungsreife des Rechtsstreits sowohl eine abweisende als auch eine stattgebende Entscheidung des Gerichts nach sich ziehen kann. Vielmehr ist für die Spruchreife zusätzlich zur Ausschöpfung des gerichtlichen Erkenntnisverfahrens – und zwar mit einem Ergebnis, das eine Abweisung ausschließt – erforderlich, dass einer abschließenden, stattgebenden Entscheidung des Gerichts über die Behandlung des Antrags keine Kompetenzbeschränkungen wie z.B. im Falle von Ermessensentscheidungen entgegenstehen. Nur diese „Sache" bedarf einer gesonderten Regelung, nicht aber die „prozessuale Binsenweisheit"[246] aus § 300 ZPO. Im Interesse eines klaren Sprachgebrauchs sollte daher der Begriff der Spruchreife im Verwaltungsprozess nur zur Kennzeichnung der über die Entscheidungsreife des Rechtsstreits hinausgehenden Besonderheiten verwendet werden: Die Spruchreife ist aus Sicht des klagenden Antragstellers positiv zu verstehen – quasi als Zuspruch-Reife – und hat ein negatives Antonym in Form der Abweisungsreife. Die Spruchreife bezieht sich auf den beantragten Verwaltungsakt. Dagegen ist die Entscheidungsreife in Bezug auf das Ergebnis der Entscheidung neutral und bezieht sich auf den Rechtsstreit.

4. § 86 Abs. 1 Satz 1 VwGO: Ist die Spruchreife nur ein sekundäres Unterscheidungsmerkmal?

BETTERMANN hat die Auffassung vertreten, bei der Spruchreife handele es sich in Wirklichkeit nur um ein sekundäres Unterscheidungsmerkmal, denn der Unterschied zwischen spruchreifen und nicht spruchreifen Sachen sei identisch mit dem zwischen gebundenen und freien Entscheidungen, zwischen Rechts- und Ermes-

---

243 HARTMANN, in: BAUMBACH / LAUTERBACH / ALBERS / HARTMANN, § 300 Rn. 5: „Entscheidungsreif, spruchreif, ist der Prozeß, wenn..."; vgl. auch DUDEN, Etymologisches Wörterbuch, 1963, Stichwort „Spruch" a.E.: „Zus.: spruchreif 'reif zur Entscheidung' (Ende des 19. Jh.s).".

244 BETTERMANN , NJW 1960, 649, 653.

245 VOLLKOMMER, in: Zöller, § 300 Rn. 2.

246 BETTERMANN, NJW 1960, 649, 653.

senskontrolle[247]. Dieses Ergebnis leitet er aus der These ab, dass die Herbeiführung der Entscheidungsreife über die Rechtmäßigkeit oder Rechtswidrigkeit der Ablehnung bzw. Unterlassung des beantragten gebundenen Verwaltungsakts mit der Prüfung aller seiner Voraussetzungen und Ablehnungsgründe zusammenfalle, d.h. es sei „denkgesetzlich unmöglich, daß die Behörde die beantragte Amtshandlung dem Kläger gegenüber nicht ablehnen durfte und dennoch zu ihrer Vornahme nicht verpflichtet ist und nicht dazu verurteilt wird"[248]. Soweit die Berücksichtigung von Ermessen nichts anderes gebiete, müsse der Richter „jedenfalls in Prozessen mit Untersuchungsmaxime" (§ 86 Abs. 1 Satz 1 VwGO) die Sache immer spruchreif machen[249].

Nach dieser Ansicht wäre es überflüssig, das Erfordernis ausreichender Sachverhaltsermittlung dem Begriff der Spruchreife zuzurechnen, denn dieses Tatbestandsmerkmal würde im Vergleich zu den Merkmalen der Rechtswidrigkeit und der Rechtsverletzung keinen zusätzlichen Prüfungsbedarf in tatsächlicher Hinsicht aufwerfen. Da ein Bescheidungsurteil nur im Falle von Ermessensentscheidungen ergehen dürfte, käme die Frage der Sachverhaltsermittlung bei der entscheidenden Funktion der Spruchreife, zwischen Vornahme- und Bescheidungsurteil zu differenzieren, niemals zum Tragen. Damit geht die von BETTERMANN begründete Auffassung über die h.M. in Rechtsprechung und Literatur hinaus. Nach letzterer besteht nämlich – auch soweit ausdrücklich auf den Untersuchungsgrundsatz gem. § 86 Abs. 1 Satz 1 VwGO Bezug genommen wird – nur die Verpflichtung des Gerichts, *grundsätzlich* alle für die Entscheidung maßgeblichen Tatsachen und rechtlichen Voraussetzungen des geltend gemachten Anspruchs in eigener Verantwortung festzustellen und die Streitsache in vollem Umfang „spruchreif zu machen"[250]. In Ausnahmefällen wird jedoch die Spruchreife verneint und ein Bescheidungsurteil erlassen, gerade weil der Sachverhalt nicht vollständig aufgeklärt ist und diese Aufgabe von der Behörde übernommen werden soll[251].

Gegen die Ansicht BETTERMANNs erheben sich bereits deshalb Bedenken, weil dem Gesetzgeber ausweislich des § 114 VwGO die Unterscheidung zwischen gebundenen Entscheidungen und Ermessensentscheidungen der Verwaltung durchaus bewusst war. Wäre der Gesetzgeber wirklich von der Identität dieser Unterscheidung mit der Unterscheidung zwischen spruchreifen und nicht spruchreifen Sachen ausgegangen, so hätte im räumlichen wie im übertragenen Sinne nichts

---

247 NJW 1960, 649, 655; wohl auch SCHRÖDER, MENGER-FS (1985), S. 489 und 491.

248 BETTERMANN, NJW 1960, 649, 653 f.

249 BETTERMANN, NJW 1960, 649, 655.

250 BVerwG, Urt. v. 02.05.1984, BVerwGE 69, 198, 201; VGH Kassel, Urt. v. 11.08.1981, NVwZ 1982, 136, 138; KOPP / SCHENKE, § 113 Rn. 193 ff. m.w.Nachw. und Beispielen zu Ausnahmen; ebenso REDEKER / v.OERTZEN, § 113 Rn. 138.

251 Siehe unten S. 372.

näher gelegen, als in den unmittelbar aufeinander folgenden Vorschriften des § 113 Abs. 5 VwGO und des § 114 VwGO gleichermaßen danach zu differenzieren, ob die Behörde ermächtigt ist, nach ihrem „Ermessen" zu handeln[252]. Zu widerlegen ist ferner BETTERMANNs These, dass die Entscheidungsreife über die Rechtmäßigkeit oder Rechtswidrigkeit der Ablehnung bzw. Unterlassung des beantragten gebundenen Verwaltungsakts immer mit der Prüfung aller seiner Voraussetzungen und Ablehnungsgründe zusammenfalle. Dies ergibt sich zum einen zwanglos dann, wenn man entgegen der h.M.[253] nicht nur nach der Rechtswidrigkeit des Unterbleibens im Ergebnis fragt, sondern auf den Wortlaut des § 113 Abs. 5 Satz 1 VwGO abstellt und die konkrete Ablehnung mit der jeweiligen Begründung betrachtet. Dann kann sich ein von der Behörde angenommener Ablehnungsgrund als unzutreffend erweisen und die Ablehnung deswegen rechtswidrig sein. BETTERMANNs These ist aber zum anderen sogar dann unhaltbar, wenn man die „Rechtswidrigkeit der Ablehnung im Ergebnis" für ausschlaggebend hält. Man stelle sich nur den Fall vor, dass ein Kläger einen Verwaltungsakt, der zu seinen Gunsten eine Geldleistung in bestimmter Höhe festsetzt, beantragt hat und dieser von der Behörde schon dem Grunde nach abgelehnt wird. Sobald das Gericht dann zu dem Ergebnis kommt, dass der Kläger dem Grunde nach einen Anspruch auf den Verwaltungsakt hat, ist damit bereits die finale Rechtswidrigkeit der Ablehnung festgestellt, ohne dass automatisch auch die Höhe der Geldleistung ermittelt wäre. Diese Ermittlung ist aber notwendig, um die Spruchreife der Sache i.S.d. § 113 Abs. 5 Satz 1 VwGO zu bejahen und zum Erlass des beantragten Verwaltungsakts zu verurteilen. Ein Grundurteil gem. § 111 VwGO (analog) kommt nicht in Betracht, da die Anwendung dieser Vorschrift auf allgemeine Leistungsklagen beschränkt ist; bei Verpflichtungsklagen besteht für eine solche Verfahrensweise kein Bedürfnis, denn der Erlass eines Bescheidungsurteils in Anwendung des § 113 Abs. 5 Satz 2 ist systematisch vorrangig und trägt den Anforderungen der Verfahrensökonomie ausreichend Rechnung[254]. Jedenfalls scheidet ein Vornahmeurteil aus, so dass zwischen den Prüfungen der Rechtswidrigkeit und der Spruchreife zu unterscheiden ist.

Das gleiche gilt für die Unterlassung eines gebundenen Verwaltungsakts, denn auch die Frage nach der Rechtswidrigkeit der Unterlassung kann schon dann zu bejahen sein, wenn noch nicht feststeht, ob dem Antrag auf den Erlass entspro-

---

252 Vgl. auch NIEDERMEYER, NJW 1960, 2321, 2323.

253 Vgl. Nachw. bei KOPP / SCHENKE, § 113 Rn. 186.

254 So überzeugend BVerwG, Urt. v. 30.06.1966, BVerwGE 24, 253, 257 = NJW 1967, 189; bestätigt von BVerwG, Urt. v. 08.07.1994, NVwZ 1996, 175, 176 f.; a.A. (analoge Anwendung des § 111 VwGO auf Verpflichtungsklagen) OVG Berlin, Urt. v. 27.08.1992, NVwZ 1993, 499; KOPP / SCHENKE, § 111 Rn. 3; REDEKER / V. OERTZEN, § 111 Rn. 1; offen gelassen von BVerwG, Urt. v. 14.03.1968, BVerwGE 29, 191, 191.

chen werden muss. Dies ergibt sich aus § 22 Satz 2 Nr. 1 VwVfG. Danach ist es rechtswidrig, wenn die Behörde nach Stellung eines nicht rechtsmissbräuchlichen Antrags auf Erlass eines Verwaltungsakts nichts zur Durchführung des notwendigen Verwaltungsverfahrens unternimmt. Diese rechtswidrige Unterlassung verletzt den Antragsteller auch in seinen Rechten, denn der Vorschrift des § 22 Satz 2 Nr. 1 VwVfG liegt die Einsicht zu Grunde, dass der Bürger zur Wahrung und Durchsetzung subjektiver Rechte auf die Durchführung eines rechtsstaatlichen Verfahrens angewiesen ist[255]. In diesem Fall steht das Gericht dann vor der Situation, dass die Unterlassung rechtswidrig und rechtsverletzend ist, dass aber gerade wegen der gänzlich fehlenden Sachverhaltsermittlung ein Anspruch auf den beantragten Verwaltungsakt nicht feststeht.

Daher verursacht die Spruchreife durchaus eigenständigen Ermittlungsbedarf. Ob und inwieweit das Gericht nach dem Untersuchungsgrundsatz gem. § 86 Abs. 1 Satz 1 VwGO verpflichtet ist, diesem Ermittlungsbedarf selbst nachzukommen, ist eine darüber hinausgehende Frage, die in ihren Einzelheiten unten[256] gesondert behandelt wird. Immerhin ist hier im Zusammenhang mit den begrifflichen Konturen der Spruchreife zu berücksichtigen, dass ihre Ermittlung nicht von der Geltung des Untersuchungsgrundsatzes ausgenommen ist. Denn dort, wo die Spruchreife von der Sachverhaltsaufklärung abhängt, greift nach seinem Wortlaut grundsätzlich § 86 Abs. 1 Satz 1 VwGO ein, der ganz allgemein bestimmt, dass das Gericht „den Sachverhalt“ von Amts wegen erforscht. Andererseits ist die Reichweite dieses Grundsatzes gerade in Bezug auf die Spruchreife fraglich, denn das Gericht, das die zur Annahme der Spruchreife notwendigen Tatsachen nicht ermittelt und deshalb ein Bescheidungsurteil gem. § 113 Abs. 5 Satz 2 VwGO erlässt, bewirkt damit, dass die Behörde ihrer eigenen Verpflichtung zur Untersuchung des Sachverhalts von Amts wegen (vgl. § 24 VwVfG) nachträglich nachkommen muss. Der Untersuchungsgrundsatz wird also keineswegs ausgeschaltet, sondern die Sachverhaltsaufklärung wird nach dem prinzipiell gleichen Grundsatz nur von der Behörde anstelle des Gerichts wahrgenommen. Wenn die Sachverhaltsaufklärung von Amts wegen als solche also in jedem Fall gewährleistet ist, rückt die besondere Funktion des von Art. 19 Abs. 4 Satz 1 GG wesentlich geprägten Untersuchungsgrundsatzes im Prozess als Instrument des Individualrechtsschutzes[257] in den Mittelpunkt der Betrachtung: Das Gericht muss den Sachverhalt nur soweit aufklären, wie es zur Erfüllung seiner Aufgaben bei der Gewährleistung effektiven Rechtsschutzes notwendig ist[258]. Systematisch bedeutet das, dass der Untersu-

255 Kopp / Ramsauer, § 22 Rn. 21.

256 Siehe S. 438 ff.

257 Stelkens, NVwZ 1982, 81, 83; Kopp / Schenke, § 86 Rn. 1.

258 Berg, in: Menger-FS (1985), S. 541; Kopp, Verfassungsrecht und Verwaltungsverfahrensrecht, S. 101; Rautenberg, NJW 1955, 1545 f.

chungsgrundsatz gem. § 86 Abs. 1 Satz 1 VwGO erst eingreift, wenn feststeht, welcher Streitgegenstand[259] dem Prozess zu Grunde liegt[260]. In diesem Zusammenhang ist es von Bedeutung, dass auch der Kläger, der ein Bescheidungsurteil erhält, eine Verpflichtung der Behörde erzielt, die dem Kläger möglicherweise ebenso wirkungsvollen oder sogar besseren Rechtsschutz bietet. Bei der Erörterung der Reichweite des Untersuchungsgrundsatzes wird es daher entscheidend auf die Frage ankommen, in welchen Fällen die zusätzliche Sachverhaltsaufklärung zur Ermittlung der Spruchreife ein Mehr an Rechtsschutz für den Kläger bedeutet.

An dieser Stelle sei festgehalten, dass bei systematischer Auslegung die Geltung des Untersuchungsgrundsatzes dafür spricht, die Spruchreife – soweit sie von der Sachverhaltsaufklärung abhängig ist – nicht statisch zum Zeitpunkt der Befassung des Gerichts mit der Sache zu betrachten, sondern dynamisch als ermittelbares Tatbestandsmerkmal eines Vornahmeurteils. Mit anderen Worten lässt sich sagen, dass das Problem der „Spruchreife u.a. die Frage ihrer Herstellbarkeit einschließt“[261]. Daraus allein folgt nicht, dass das Gericht die Spruchreife unter allen Umständen selbst ermitteln müsste, denn der Untersuchungsgrundsatz gilt nicht um seiner selbst willen, sondern vor allem nach Maßgabe der Rechtsschutzgarantie des Art. 19 Abs. 4 GG[262]. Daher wird sich allenfalls bei der Auslegung in Bezug auf dieses übergeordnete verfassungsrechtliche Kriterium eine abschließende Aussage darüber treffen lassen, ob die Spruchreife ein sekundäres Unterscheidungsmerkmal ist oder ein primäres, das neben der Funktion, die richtige Urteilsform bei Entscheidungen in der Alleinkompetenz der Verwaltung sicherzustellen, auch die Funktion besitzt, eine sachgerechte gerichtliche Entscheidung bei noch ausstehender Sachverhaltsermittlung zu ermöglichen.

5. Zusammenhang mit § 42 VwGO

a. Abgrenzung zu den Sachentscheidungsvoraussetzungen

§ 42 VwGO bestimmt als Zulässigkeitsvorschrift, welches Begehren mit der Verpflichtungsklage verfolgt werden kann (nämlich die Verurteilung zum Erlass eines abgelehnten oder unterlassenen Verwaltungsakts, § 42 Abs. 1 Alt. 2 VwGO) und was der Kläger geltend machen muss, damit sich das Gericht inhaltlich mit der

---

259 Dazu unten S. 155 ff.

260 BERG, in: MENGER-FS (1985), S. 542; MARTENS, S. 131.

261 BRUNN, S. 53.

262 KOPP / SCHENKE, § 86 Rn. 1; STELKENS, NVwZ 1982, 81, 83; ähnlich RAUTENBERG, NJW 1955, 1545.

Verpflichtungsklage befasst (nämlich eine durch die Ablehnung oder Unterlassung des Verwaltungsakts verursachte Verletzung in seinen Rechten, § 42 Abs. 2 Alt. 2 VwGO). Als Vorschrift über die Urteilstenorierung greift § 113 Abs. 5 VwGO in Satz 1 die Begriffe der Ablehnung, Unterlassung und Verpflichtung auf. Da – wie ausgeführt – auch § 113 Abs. 5 Satz 2 VwGO die Rechtswidrigkeit der Ablehnung oder Unterlassung sowie eine dadurch hervorgerufene Rechtsverletzung des Klägers voraussetzt und ebenfalls eine Verpflichtung der Behörde regelt, bestimmt § 113 Abs. 5 VwGO insgesamt unter welchen Voraussetzungen und wie einem gem. § 42 VwGO zulässigen Begehren entsprochen wird. Dabei wendet sich § 42 VwGO an den Kläger und bestimmt, was er vortragen muss, damit sich das Gericht seiner Angelegenheit in Form der Verpflichtungsklage annimmt. Hingegen ist das Gericht der Adressat der Regelungen in § 113 Abs. 5 VwGO, welche eine Anleitung für die Entscheidungsmöglichkeiten geben. Damit ist § 113 Abs. 5 VwGO die prozessuale Antwort auf die Fragen, die § 42 VwGO im Zusammenhang mit Verpflichtungsklagen aufwirft.

Aus dem Umstand, dass die Spruchreife nur in § 113 Abs. 5 VwGO Erwähnung findet, ist zu schließen, dass es auf sie jedenfalls zum Zeitpunkt der Klageerhebung noch nicht entscheidend ankommt und dass das Gericht in die materielle Prüfung unabhängig von der Frage der Spruchreife einsteigt. Dies ist einleuchtend, denn soweit die Spruchreife die ausreichende Sachverhaltsermittlung voraussetzt, stellt sich die Frage danach ohnehin erst in Abhängigkeit von der materiellen Prüfung. Soweit die Spruchreife wegen eines Ermessensspielraumes fehlt, ergeht mit dem Bescheidungsurteil dennoch eine Entscheidung in der Sache[263]. Auch führt ein bei Prüfung der Sachurteilsvoraussetzungen erkennbarer Ermessensspielraum der Behörde nicht zur Verneinung der Klagebefugnis für das auf die Verurteilung zum Erlass des abgelehnten oder unterlassenen Verwaltungsakts gerichtete Begehren, denn nach der maßgeblichen Möglichkeitstheorie entfällt die Klagebefugnis nur dann, „wenn offensichtlich und eindeutig nach keiner Betrachtungsweise die vom Kläger behaupteten Rechte bestehen oder ihm zustehen können“[264]. Wenn sich der Kläger auf einen Ermessensspielraum berufen kann, der auch in seinem Interesse besteht, sind diese engen Voraussetzungen eines Ausschlusses nicht erfüllt, denn immerhin möglich ist auch in diesen Fällen die Verurteilung zur Vornahme des beantragten Verwaltungsakts wegen einer Reduktion des Ermessensspielraumes auf „null“. Daraus folgt, dass die Spruchreife keine Zulässigkeitsvoraussetzung[265], d.h. keine Sachentscheidungsvoraussetzung ist und

---

263 Vgl. KOPP / SCHENKE, § 113 Rn. 201.

264 BVerwG, Urt. v. 20.03.1964, BVerwGE 18, 154, 157.

265 So aber im Ergebnis OVG Hamburg, Urt. v. 16.06.1964, DVBl. 1966, 39 mit ablehnender Anm. BETTERMANN, DVBl. 1966, 40; später revidiert durch OVG Hamburg, Urt. v. 16.09.1967, DVBl. 1969, 262.

dass ihr Fehlen auch im Hinblick auf bestehende Sachentscheidungsvoraussetzungen nicht zur Unzulässigkeit einer Verpflichtungsklage führen kann.

b. Inkongruenz der Normen?

Der Zusammenhang zwischen den § 113 Abs. 5 und 42 VwGO erscheint insofern unvollständig, als die Formulierung des Klagebegehrens in § 42 Abs. 1 Alt. 2 VwGO (Verurteilung zum Erlass eines abgelehnten oder unterlassenen Verwaltungsakts) jedenfalls keine eindeutige Entsprechung in § 113 Abs. 5 Satz 2 VwGO findet.

Bei § 113 Abs. 5 Satz 1 VwGO ist leicht zu erkennen, dass mit der Verpflichtung der Behörde, die beantragte Amtshandlung vorzunehmen, dem Begehren entsprochen wird, an das § 42 Abs. 1 Alt. 2 VwGO die Statthaftigkeit der Verpflichtungsklage knüpft. Wenn nämlich der Gegenstand der Ablehnung oder Unterlassung ein beantragter Verwaltungsakt war, ist die Verpflichtung zur Vornahme der beantragten Amtshandlung genau die Verurteilung zum Erlass eines Verwaltungsakts, von der in § 42 Abs. 1 Alt. 2 VwGO die Rede ist.

Bei § 113 Abs. 5 Satz 2 VwGO ist das Verhältnis zu 42 Abs. 1 Alt. 2 VwGO weniger klar, denn wenn das Gericht die Behörde nur zur erneuten Bescheidung unter Beachtung der Rechtsauffassung des Gerichts verpflichtet, spricht es gerade nicht die Verurteilung zum Erlass desjenigen Verwaltungsakts aus, den der Kläger beantragt hatte. Es ist zwar plausibel, dass § 42 VwGO als Zulässigkeitsnorm die Spruchreife nicht erwähnt. Wegen der dargestellten Abhängigkeiten von der materiell-rechtlichen Prüfung ist es nicht notwendig und nicht sinnvoll, im Bereich der Zulässigkeit unterschiedliche Rechtsfolgen an die Spruchreife zu knüpfen. Dennoch wäre eigentlich zu erwarten, dass das Gesetz in § 42 VwGO oder an anderer Stelle neben dem auf Erlass des abgelehnten oder unterlassenen Verwaltungsakts gerichteten Begehren auch ein auf Bescheidung eines abgelehnten oder nicht bearbeiteten Antrags gerichtetes Begehren ausdrücklich benennt, denn aus dem in § 88 VwGO verankerten Dispositionsgrundsatz folgt, dass das Gericht nicht mehr und nichts Anderes zusprechen darf als der Kläger begehrt. Da aus dem Dispositionsgrundsatz nicht nur die begrenzende Wirkung für das Gericht folgt, sondern auch das Recht des Klägers, mit der Angabe des Klagebegehrens über den Streitgegenstand zu verfügen[266], muss der Kläger die Möglichkeit haben, einen prozessualen Anspruch auf die in § 113 Abs. 5 Satz 2 VwGO vorgesehene Entscheidung anhängig zu machen. Das Klagebegehren, auf welches sich die Entscheidungsformen des § 113 Abs. 5 VwGO beziehen, ist jedoch nur in § 42 Abs. 1 Alt. 2

266 KOPP / SCHENKE, § 88 Rn. 1.

VwGO definiert. Mit der fehlenden ausdrücklichen Erwähnung eines auf Bescheidung gerichteten Begehrens verursacht die Spruchreife und das durch ihr Fehlen bedingte Bescheidungsurteil also ein systematisches Ungleichgewicht. Dieses kann entweder dadurch ausgeglichen werden, dass § 42 Abs. 1 Alt. 2 VwGO weit ausgelegt und auch das Begehren einer (erneuten) Bescheidung als Begehren, einen (wegen der Rechtswidrigkeit der Ablehnung) bisher unterlassenen Verwaltungsakt zu erlassen, aufgefasst wird[267]. Alternativ besteht die Lösungsmöglichkeit, § 42 Abs. 1 Alt. 2 VwGO analog auf das Bescheidungsbegehren anzuwenden.

Diese Fragen sprengen jedoch den Rahmen der an dieser Stelle vorgenommenen begrifflichen Abgrenzung und werden deshalb unten[268] im Zusammenhang mit dem Streitgegenstand der Verpflichtungsklagen erörtert. Festzuhalten ist, dass das Gesetz auf der Seite der Zulässigkeit der Verpflichtungsklage die von der Spruchreife abhängigen Wirkungen nicht ausdrücklich berücksichtigt, obwohl die Berücksichtigung im Hinblick auf das Klagebegehren und den dadurch bestimmten Streitgegenstand erforderlich ist. Die maßgeblichen Vorschriften sind zwar ihrem Wortlaut nach inkongruent, aber systematisch nicht inkompatibel.

III. Historische Entwicklung

Warum die Verwaltungsgerichtsordnung in § 113 Abs. 5 VwGO eine offenbar eigenständige Regelung unter der traditionell synonym mit der Entscheidungsreife gem. § 300 ZPO gebrauchten Bezeichnung der Spruchreife etabliert und welche Bedeutung diesem Begriff bei der Gesetzgebung im Einzelnen zugeschrieben wurde, lässt sich möglicherweise durch eine Untersuchung ähnlicher früherer Vorschriften und unter Heranziehung der Entstehungsgeschichte des § 113 Abs. 5 VwGO klären. Diese Erkenntnisse sind dann mit folgender Differenzierung für die Auslegung fruchtbar zu machen: Nur der Regelungsabsicht und dem Normzweck, zu ermitteln aus der historischen Situation zur Zeit der Entstehung des Gesetzes und aus manifestierten Erklärungen der am Gesetzgebungsverfahren beteiligten Organe, kommt Verbindlichkeit zu; hingegen sind die Normvorstellungen der an der Vorbereitung und Abfassung des Gesetzes beteiligten Personen wertvolle Hilfen für das Verständnis des Norminhalts, sind aber für den Ausleger nicht verbindlich[269].

---

267 BRUNN, S. 2.

268 Siehe S. 234 ff.

269 BVerfG, Beschl. v. 17.05.1960, BVerfGE 11, 126, 130 ff.; LARENZ, Methodenlehre, Teil II., Kap. 4, 2. f).

1. Mögliche Vorläufernormen

a. §§ 98, 99 LVG

In den §§ 98, 99 des Gesetzes über die allgemeine Landesverwaltung in Preußen vom 30. Juli 1883[270] war der Begriff der Spruchreife im Rahmen der Vorschriften über die Revision am preußischen OVG enthalten.

§ 98 Satz 1 LVG lautete:

> Erachtet das Oberverwaltungsgericht die Revision für begründet, so hebt es die angefochtene Entscheidung auf und entscheidet in der Sache selbst, wenn diese spruchreif erscheint.

§ 99 LVG war folgendermaßen gefasst:

> Ist die Sache nicht spruchreif, so weist das Oberverwaltungsgericht dieselbe zur anderweitigen Entscheidung an die dazu nach der Sachlage geeignete Instanz zurück und verordnet die Wiedereinholung oder Ergänzung des Verfahrens, soweit es nach seinem Ermessen mit einem wesentlichen Mangel behaftet ist.

Danach ging es im Revisionsverfahren darum, ob das OVG nach Feststellung der Begründetheit der Revision selbst als Tatsacheninstanz[271] entscheiden oder zurückverweisen sollte. Die Vorschrift des § 98 LVG erweiterte dazu unter der Voraussetzung der Spruchreife die Kompetenzen des OVG mit der Ausnahme von der Regel, dass es in der Revisionsinstanz nur Rechtsfragen zu entscheiden hatte. Dafür war die Spruchreife nach dem bisherigen Akteninhalt maßgeblich[272]. Wenn es dieser ermöglichte, sollte das OVG auch dann ein Endurteil in der Sache fällen, wenn dazu eine eigene Würdigung des Sachverhaltes[273] notwendig war. Mit der Sache war hier der gesamte Rechtsstreit gemeint, wie aus einem Aufsatz von SCHULTZENSTEIN mit einer Definition der Spruchreife gem. §§ 98, 99 LVG hervorgeht: „Die Spruchreife in ihnen ist somit dahin zu verstehen, daß der Rechtsstreit so, namentlich in dem Umfange, wie er in die Revisionsinstanz gelangt und noch zu entscheiden ist, nach der Aufhebung der angefochtenen Entscheidung in einem Zustand ist, in welchem sich über ihn gleich sprechen, d.h. [...] entscheiden läßt."[274] Damit geht es nur um die Frage ausreichender Tatsachenermittlungen

270 GS. S. 195.

271 Pr.OVG, Urt. v. 01.06.1937, JW 1937, 2935.

272 Pr.OVG, Urt. v. 16.06.1938, JW 1938, 3002, 3003.

273 Pr.OVG, Urt. v. 26.11. 1936, JW 1937, 1587: „Da das BezVerwG dies verkannt hat, leidet seine Entscheidung an einem Rechtsirrtum, der zur freien Beurteilung des Sachverhalts durch das OVG führen mußte (§ 98 LVG)."

274 SCHULTZENSTEIN, VerwArch. 26 (1918), 1, 8.

und um den Gegenstand des Rechtsstreits. Daher kann § 98 LVG nicht als Vorläufer von § 113 Abs. 5 VwGO gelten, sondern es kann damit nur die Entscheidungsreife des Rechtsstreites i.S.d. § 300 ZPO[275] gemeint sein.

b. § 79 Abs. 3 und Abs. 5 VGG

Die maßgeblichen Vorschriften der Verwaltungsgerichtsgesetze von 1946 und 1947 der zur amerikanischen Besatzungszone gehörenden Länder (Bayern[276], Baden-Württemberg[277], Hessen[278] und Bremen[279]) stimmten im Wesentlichen überein.

§ 79 Abs. 3 und Abs. 5 VGG lautete folgendermaßen:

> (3) Hält das Gericht die gegen die Versagung einer Amtshandlung gerichtete Anfechtungsklage für begründet und die Sache in jeder Beziehung für spruchreif, so hebt es die Versagung auf und spricht zugleich die Verpflichtung der Verwaltungsbehörde aus, die beantragte Amtshandlung vorzunehmen.
>
> (5) Hält das Gericht die gegen die Unterlassung einer beantragten Amtshandlung gerichtete Anfechtungsklage (§ 35 Abs. 2) für begründet, so spricht es die Verpflichtung der Verwaltungsbehörde aus, den Antrag zu bescheiden. Abs. 3 gilt entsprechend.

Der Wortlaut des § 35 Abs. 2 VGG bezieht sich auf den Begriff der Anfechtungsklage:

> (3) Sie ist auch gegen die Unterlassung einer beantragten Amtshandlung zulässig auf deren Vornahme der Antragsteller ein Recht zu haben behauptet. Als Unterlassung gilt es, wenn die Behörde den Antrag auf Vornahme der Amtshandlung ohne zureichenden Grund [Zusatz in Hessen, Bremen und später auch in Bayern: binnen angemessener Frist] nicht beschieden hat. Die Unterlassung ist dann einer Ablehnung gleich zu achten.

§ 79 Abs. 3 und Abs. 5 VGG hat zunächst gemeinsam mit § 113 Abs. 5 VwGO, dass „die Sache" spruchreif sein musste und dass die Verpflichtung zur Vornahme der beantragten Amtshandlung ausgesprochen wurde, wenn diese Voraussetzung gegeben war. Damit war Gegenstand der Spruchreife schon nach dieser Vorschrift

---

275 So ausdrücklich auch SCHULTZENSTEIN, VerwArch. 26 (1918), 1, 9.

276 Gesetz vom 25.09.1946, GVBl. S. 281, geändert durch Gesetz vom 30.09.1949, GVBl. S. 258.

277 Gesetz vom 16.10.1946, RegBl. S. 221.

278 Gesetz vom 31.10.1946, GVBl. S. 194, geändert durch Gesetz vom 30.06.1949, GVBl. S. 79.

279 Gesetz vom 05.08.1947, GBl. S. 117.

der Antrag[280]. Diese Spruchreife fehlte ebenfalls, wenn die Vornahme von Amtshandlungen in das Ermessen der Behörde gestellt war[281]. Darin zeigt sich eine wesentliche Gemeinsamkeit der Normen.

Ein entscheidender systematischer Unterschied besteht allerdings darin, dass die damalige Klage wegen Nichtvornahme eines Verwaltungsaktes ein Unterfall der Anfechtungsklage war. Diese Zuordnung wurde zwar bereits 1951 von BACHOF in Zweifel gezogen, da die Abwehr einer Rechtsverletzung durch Unterlassung nur im Wege einer Leistungsklage erfolgen könne[282]. Die gesetzliche Regelung war jedoch eindeutig, was auch von BACHOF[283] anerkannt wurde. Danach war die Versagungsgegenklage gem. § 79 Abs. 3 VGG bereits mit der Aufhebung des ablehnenden Verwaltungsaktes zu Gunsten des Klägers entschieden. Darüber hinaus war die Verpflichtungserklärung „nur eine (nicht notwendige) Nebenfolge der begründeten Anfechtungsklage“[284]. Eine Verpflichtung zu erneuter Bescheidung war nicht vorgesehen. Lediglich im Falle der Untätigkeits(gegen)klage gem. § 79 Abs. 5 VGG trat an die Stelle der Aufhebung die Verpflichtung zur Bescheidung. Damit sind gleich zwei weitere Unterschiede zu der Regelung in § 113 Abs. 5 VwGO verbunden. Erstens wurden nicht wie in § 113 Abs. 5 VwGO die Ablehnung und die Unterlassung gleich behandelt, und zweitens stellte die Verpflichtung zur Bescheidung kein echtes Bescheidungsurteil im heutigen Sinne des § 113 Abs. 5 Satz 2 VwGO dar. Es handelte sich vielmehr um die rein formale Verpflichtung zur Bescheidung und enthielt keine Bindung an die Rechtsauffassung des Gerichts im Tenor[285]. Es hätte auch im Widerspruch zu der fehlenden Möglichkeit eines Bescheidungsurteils heutiger Lesart im Rahmen des § 79 Abs. 3 VGG gestanden, wenn das Verwaltungsgericht bei völligem Fehlen eines formellen Aktes seine Rechtsauffassung der Behörde dezidiert hätte vorschreiben können, bei einer Entscheidung auf Grundlage des ablehnenden Verwaltungsaktes aber nicht. Also galt bei § 79 Abs. 3 und Abs. 5 VGG das Prinzip, dass das Verwaltungsgericht eine Verpflichtung entweder ganz oder gar nicht aussprach, nämlich entweder die Verpflichtung zur Vornahme eines bestimmten Verwaltungsaktes tenorierte oder lediglich die Aufhebung der Ablehnung.

Zusammenfassend lässt sich sagen, dass die in § 79 Abs. 3 und Abs. 5 VGG und § 113 Abs. 5 VwGO zu Grunde gelegten Voraussetzungen der Spruchreife die gleichen sind und sich lediglich die Rechtsfolgen bei fehlender Spruchreife unter-

---

280 BACHOF, S. 45.
281 BACHOF, S. 46; MAETZEL, DÖV 1955, 397.
282 BACHOF, S. 59.
283 S. 38.
284 LOPPUCH, NJW 1953, 9, 11.
285 LOPPUCH, NJW 1953, 9, 11; MENGER, S. 200; ZSCHACKE, NJW 1958, 1420, 1422.

scheiden. Die Verwendung des rein prozessualen Begriffs für eine Voraussetzung, die z.B. bei Ermessen von Fragen des materiellen Rechts abhängen konnte, könnte damit zusammenhängen, dass die Frage der Vornahme nur prozessuales Anhängsel der Anfechtung war.

c. § 75 Abs. 3 MRVO

In der britischen Besatzungszone galt für die Verwaltungsgerichtsbarkeit die Militärregierungsverordnung Nr. 165 (Britische Zone) vom 15. September 1948[286] mit folgender Bestimmung in § 75 Abs. 3:

> (3) Hält das Gericht die Ablehnung oder sonstige Unterlassung einer Amtshandlung für rechtswidrig und die Sache in jeder Beziehung für spruchreif, so spricht es die Verpflichtung der Verwaltungsbehörde aus, die beantragte Amtshandlung vorzunehmen.

Gegenstand der Spruchreife war auch hier der Antrag auf Vornahme der Amtshandlung[287]. Sie fehlte ebenfalls, wenn die Entscheidung darüber im Ermessen der Behörde stand[288]. Im Gegensatz zum VGG behandelte die MRVO die Klage wegen Nichtvornahme eines Verwaltungsaktes nicht als Unterfall der Anfechtungsklage[289], und trennte in Übereinstimmung mit der Verwaltungsgerichtsordnung auch nicht zwischen der förmlichen Ablehnung und der stillschweigenden Unterlassung eines Verwaltungsaktes. In keinem Falle war ein Bescheidungsurteil in der MRVO geregelt. Für den Fall der Untätigkeits(gegen)klage wollten daher BACHOF[290] und MENGER[291] den § 79 Abs. 5 VGG analog anwenden. Dagegen sprach sich das OVG Münster in einem Beschluss vom 25. Februar 1955 aus[292]. Dieser Streit hat aber nur untergeordnete Bedeutung, da es bei sorgfältiger Betrachtung des § 79 Abs. 5 VGG lediglich darum gehen konnte, ob das Gericht die

---

286 VOBl. der britischen Zone 1948, S. 263.

287 LOPPUCH, NJW 1953, 9, 10; dies verkennt IDEL, NJW 1955, 1744, 1746, der ausführt: „die Fassung des § 79 III VGG (§ 75 III MRVO 165) hat die Meinung, es gebe Fälle gerichtlicher Entscheidung ohne Spruchreife, weit verbreitet.“, weiterhin in Fn. 11: „Zu Unrecht spricht daher auch das BVerwG (Urt. v. 17.12.1954 = NJW 1955, 434 unter III) von mangelnder Spruchreife, [...] Die Klage war eben – im Sinne des (minderen) Vornahmeanspruchs auf ermessensgemäße Entscheidung durchaus spruchreif.“

288 ENGELHARD, NJW 1956, 1377, 1378; MAETZEL, DÖV 1955, 397; WEYREUTHER, NJW 1956, 633, 635.

289 OVG Münster, Beschl. v. 25.02.1955, OVGE 10, 12, 17.

290 S. 53.

291 S. 203.

292 OVGE 10, 12, 21.

Behörde zur formellen Bescheidung (gleich welchen Inhalts) verpflichten konnte[293].

Interessanter ist das Urteil des Bundesverwaltungsgerichts vom 17. Dezember 1954[294], in dem ohne analoge Anwendung des § 79 Abs. 5 VGG bei mangelnder Spruchreife in einem Falle förmlicher Ablehnung von der Verpflichtung des Beklagten ausgegangen wird, den Kläger erneut zu bescheiden, und zwar nach Maßgabe der Gründe des verwaltungsgerichtlichen Urteils. Hier konnte sich das Gericht mit der in der Ablehnung der Behörde zum Ausdruck gekommenen Rechtsauffassung auseinandersetzen und dieser seine eigene Rechtsauffassung entgegenhalten. Damit hatte das Bundesverwaltungsgericht eine Regelungslücke erkannt und näherte sich der Entscheidung durch Bescheidungsurteil im heutigen Sinne.

Somit ist festzuhalten, dass die Voraussetzungen der Spruchreife in § 75 Abs. 3 MRVO ebenfalls mit denen des § 113 Abs. 5 VwGO identisch sind und in den Rechtsfolgen weiter gehende Übereinstimmung besteht, als im Verhältnis des Verwaltungsgerichtsgesetzes zur Verwaltungsgerichtsordnung. Mit der Loslösung der Klagen wegen Nichtvornahme von Verwaltungsakten von den Bestimmungen über die Anfechtungsklage greift allerdings die oben vorgeschlagene Erklärung für die Verwendung des unvollkommenen – da ursprünglich nur auf den Rechtsstreit bezogenen – Begriffs der Spruchreife hier nicht. Plausibel erscheint die Begriffswahl jedoch, wenn man bedenkt, dass die Verwaltungsgerichtsgesetze die älteren Gesetze waren, und dass einer systematischen Abnabelung nicht unbedingt eine terminologische Neuschöpfung folgen muss.

2. Entstehungsgeschichte des § 113 Abs. 5 VwGO

a. Ablauf des Gesetzgebungsverfahrens

Schon zu Anfang der 1950er Jahre gab es Bestrebungen zur Vereinheitlichung des Verwaltungsprozessrechts[295]. Ein Entwurf zur Verwaltungsgerichtsordnung wurde bereits 1953 in der ersten Legislaturperiode in den Bundestag eingebracht[296].

---

293 Siehe oben S. 84 f.

294 BVerwGE 1, 291, 297 = NJW 1955, 434, 436.

295 Vgl. den „Entwurf einer Bundesverwaltungsgerichtsordnung – Aufgestellt von der Vereinigung der Präsidenten der Verwaltungsgerichte des Bundesgebiets in Zusammenarbeit mit der Arbeitsgemeinschaft der Innenministerien der Länder der Bundesrepublik“, DVBl. 1951, im Anschluss an S. 568.

296 BT-Drucks. 1/4278.

Die Verwaltungsgerichtsordnung wurde jedoch erst in der dritten Legislaturperiode verabschiedet und verkündet im Bundesgesetzblatt am 21. Januar 1960[297].

Des Problems der Aufgabenverteilung zwischen der Rechtsprechung und der Verwaltung, das später durch die Spruchreife teilweise einer Lösung zugeführt werden sollte, war man sich durchaus bewusst, wie der Vortrag zur Begründung des Regierungsentwurfes durch den Innenminister des Bundes, SCHRÖDER[298], erkennen lässt:

> „Allerdings könnte man hier die Frage stellen, ob die Verwaltungsgerichte die Rechtskontrolle in manchen Fällen nicht schon überspannt haben und in die Nachprüfung von Zweckmäßigkeitsfragen eingedrungen sind. Man darf daran zweifeln, ob es z.B. überhaupt Aufgabe der Verwaltungsgerichte ist, die Nichtversetzung eines Schülers von einer Klasse in die andere zu prüfen oder die Entscheidung einer Examenskommission zu würdigen. Sind hier nicht doch wohl ausschließlich die Aufsichtsbehörden zu einem etwaigen Einschreiten berufen? Ich möchte diese Frage hier wenigstens gestellt haben."

In dem unveränderten Regierungsentwurf, der in der dritten Legislaturperiode beraten wurde, war die Spruchreife des heutigen § 113 Abs. 5 VwGO noch nicht enthalten. Die entsprechende Bestimmung in § 114 Abs. 4 des Entwurfes[299] lautete:

> (4) Hält das Gericht die Ablehnung oder Unterlassung des Verwaltungsakts für rechtswidrig, so spricht es die Verpflichtung der Verwaltungsbehörde aus, die beantragte Amtshandlung vorzunehmen, sonst die Verpflichtung, den Kläger unter Beachtung der Rechtsauffassung des Gerichts zu bescheiden.

In der Stellungnahme des Bundesrates vom 29. November 1957 taucht an dieser Stelle erstmalig im Gesetzgebungsverfahren der Begriff der Spruchreife auf[300]. Der Bundesrat schlug folgende als „sachlich gebotene Klarstellung" begründete Änderung[301] vor:

> (4) Soweit die Ablehnung oder Unterlassung des Verwaltungsaktes rechtswidrig und der Kläger dadurch in seinen Rechten verletzt ist, spricht das Gericht die Verpflichtung der Verwaltungsbehörde aus, die beantragte Amtshandlung vorzunehmen, wenn die Sache spruchreif ist. Andernfalls spricht es die Verpflichtung

---

297 BGBl. I, S. 17.

298 BT-Protokolle, 2. Deutscher Bundestag, S. 750 (37. Sitzung, 08.07.1954).

299 BT-Drucks. 3/55, S. 5.

300 Ebenso aber schon früher der maßgeblich von den Präsidenten der Verwaltungsgerichte erarbeitete „Entwurf einer Bundesverwaltungsgerichtsordnung", DVBl. 1951, im Anschluss an S. 568, zu § 111 Abs. 4.

301 BT-Drucks. 3/55, S. 7.

aus, den Kläger unter Beachtung der Rechtsauffassung des Gerichts zu bescheiden.

Der Bundestag überwies dann die Gesetzesvorlagen am 12. Dezember 1957 federführend an den Rechtsausschuss, der seine Beratungen am 30. April 1959 abschloss[302] und den Änderungsvorschlag des Bundesrates bezüglich § 114 Abs. 4 des Entwurfes billigte[303]. Diese Fassung wurde später verabschiedet.

b. Begründung des Regierungsentwurfs

Die Begründung des Regierungsentwurfes gibt für die Auslegung des § 113 Abs. 5 VwGO heutiger Fassung in Bezug auf die Spruchreife wegen deren späterer Einfügung nur mittelbar etwas her. Aufschlussreich ist die aus der ersten Legislaturperiode stammende Begründung jedoch zum Verständnis des Kontextes, in den die Spruchreife einige Jahre später eingebunden wurde.

In der Begründung zu § 114 Abs. 4 des Entwurfes heißt es, Absatz 4 entspreche den Absätzen 3 und 5 des § 79 VGG; wie in Absatz 1 Satz 1 sei auch hier die Nachprüfung auf die Rechtmäßigkeit beschränkt[304]. Diese Begründung ist so nicht zutreffend, da in dem ursprünglichen Entwurf im Gegensatz zu den zitierten Bestimmungen des Verwaltungsgerichtsgesetzes nicht nur die Spruchreife fehlte, sondern auch schon die Differenzierung in den Rechtsfolgen bei Ablehnung und Unterlassung nicht mehr enthalten war[305]. Andererseits zeigt die Bezugnahme, dass diese Vorschrift ebenso wie die des § 79 VGG die Rechtsfolgen einer begründeten Klage bei Nichtvornahme einer Amtshandlung regeln sollte. Dies ergibt sich ausdrücklich auch aus den Ausführungen der Begründung zu § 41 des Entwurfes[306] (später § 42 VwGO):

> „Mit der Fassung des § 41 übergeht die Verwaltungsgerichtsordnung an dieser Stelle die Frage, wann eine Klage begründet ist, weil dies eine Sache des materiellen Rechts ist. In § 114 wird aber hierüber ausgeführt, [...]. Die entsprechende Vorschrift für den Fall der rechtswidrigen Ablehnung oder Unterlassung des Verwaltungsakts enthält § 114 Abs. 4."

Von Bedeutung sind auch die weiteren Erläuterungen an dieser Stelle, da die Begründung betont, dass die in § 114 des Entwurfes vorausgesetzte Rechtswidrigkeit auch bei der Überschreitung oder dem Missbrauch des Ermessens gegeben ist, je-

302 BT-Drucks. 3/1094 (Schriftlicher Bericht des Rechtsausschusses), S. 1.
303 BT-Drucks. 3/1094 (Schriftlicher Bericht des Rechtsausschusses), S. 11.
304 BT-Drucks. 3/55, S. 3.
305 Ebenso BETTERMANN, NJW 1960, 649, 650.
306 BT-Drucks. 3/55, S. 2.

doch klargestellt werden sollte, dass die „Verwaltungsgerichtsbarkeit nur Rechtskontrolle ausübt, innerhalb der Ermessensgrenzen dagegen Fragen der Zweckmäßigkeit, Unbilligkeit und Angemessenheit außer acht zu lassen hat“[307]. Im Einklang damit steht das oben[308] im Wege systematischer Auslegung durch den Zusammenhang mit § 114 Satz 1 VwGO n.F. begründete Ergebnis, wonach eine Sache nicht spruchreif sein oder werden kann, wenn die Entscheidung über den Erlass eines bestimmten Verwaltungsakts von der Ermessensbetätigung der Behörde abhängig ist.

Eine hier verwertbare Aussage findet sich auch in der Begründung zu § 114 Abs. 1 des Entwurfes (Spruchreife des Vollzugsfolgenbeseitigungsantrages) mit der Feststellung, dass es sich bei dem Antrag, die Behörde zur Rückgängigmachung des Vollzuges eines Verwaltungsaktes zu verurteilen, sachlich um eine Verpflichtungsklage handelt, die nur aus prozessökonomischen Gründen im Rahmen des Anfechtungsprozesses entschieden wird[309]. Die Voraussetzung der Spruchreife war an dieser Stelle schon in dem ersten Entwurf enthalten[310], was belegt, dass auch die Verfasser des Gesetzentwurfes diesen Begriff gedanklich mit der Verpflichtungsklage verbanden.

Schließlich sind die Erläuterungen zu den Klagearten eingangs der Begründung zu § 41 des Entwurfes[311] von Interesse:

> „Die Verpflichtungsklage umfaßt sowohl den Fall, daß der Kläger Anspruch nur auf das Tätigwerden der Behörde überhaupt hat, daß er also z.B. einen Bescheid zu erhalten hat, wie auch den Fall, daß sein Anspruch auf ein ganz bestimmt geartetes Tätigwerden gerichtet ist, etwa auf die Erteilung einer konkreten Erlaubnis. Der letzte Fall schließt den ersten mit ein. Welcher Anspruch im einzelnen vorliegt, bemißt sich nach materiellem Recht.“

Daraus folgt, dass die fehlende Erwähnung der Spruchreife bzw. eines Bescheidungsbegehrens in § 42 Abs. 1 VwGO n.F. keineswegs auf einem redaktionellen Versehen beruht und dass nach dem Willen des Gesetzgebers die Geltendmachung von Ansprüchen auf Erlass eines bestimmten Verwaltungsakts wie auf Bescheidung gleichermaßen der Verpflichtungsklage zuzuordnen ist. Der Hinweis, dass der eine Fall den anderen einschließe, spricht dafür, mit der gesetzgeberischen Wertung das an dem § 113 Abs. 5 Satz 2 VwGO heutiger Fassung ausgerichtete, auf die Bescheidung abzielende Begehren nicht als Aliud, sondern als Minus ge-

307 BT-Drucks. 3/55, S. 2.
308 Siehe oben S. 71.
309 BT-Drucks. 3/55, S. 3.
310 BT-Drucks. 3/55, S. 5.
311 BT-Drucks. 3/55, S. 31.

genüber dem Vornahmebegehren anzusehen. Dann ist die Spruchreife in diesem Plus-Minus-Verhältnis das Differenzierungskriterium, das die Entscheidung zwischen zwei in ihrer Reichweite unterschiedlichen Urteilstypen innerhalb derselben Klageart herbeiführt.

c. Beratungen im Rechtsausschuss des Bundestages

Zur Frage der vom Bundesrat vorgeschlagenen Aufnahme der Spruchreife in die Vorschrift über die Begründetheit der Verpflichtungsklage sind keine Beratungen des Rechtsausschusses protokolliert. Demnach schloss sich der Rechtsausschuss ohne besondere Aussprache der Auffassung des Bundesrates an[312]. Über das Verständnis, das im Rechtsausschuss dieser Vorschrift zu Grunde lag, geben aber die übrigen Beratungen Aufschluss, namentlich zu der Frage, ob § 114 des Entwurfes zusätzlich um eine Bestimmung über die Zurückverweisung der Sache an die Verwaltungsbehörde, wie sie § 59 VGG[313] enthielt, ergänzt werden sollte. Die Debatte um diese Regelung ist deshalb von Interesse, weil es dabei wie auch bei der Spruchreife darum geht, ob und inwieweit bei unzureichender Aufklärung des Sachverhalts im Verwaltungsverfahren die weitere Ermittlung von der Behörde anstelle des Gerichts durchgeführt werden soll. Bemerkenswert ist insoweit nicht allein die Ablehnung einer gesonderten Vorschrift durch den Rechtsausschuss[314], sondern vor allem die Gründe, die insbesondere aus den Niederschriften der Anhörung von Sachverständigen im Rechtsausschuss ersichtlich werden.

In seiner 61. Sitzung, am 15. April 1959, hörte der Rechtsausschuss unter anderem die Sachverständigen BACHOF (Universität Tübingen), SCHNEIDER (Präsident des Bundessozialgerichts) und WERNER (Präsident des Bundesverwaltungsgerichts) an. Nach BACHOFs Einschätzung war die Vorschrift des § 59 VGG unzweckmäßig; sie habe den Verwaltungsgerichten nur Mühe bereitet, indem sich die Beteiligten nach Zurückverweisung und Klärung der Angelegenheit zu ihrer Zufriedenheit trotz ausstehender Kostenentscheidung nicht mehr gemeldet hätten oder in-

---

312 Vgl. BT-Drucks. 3/1094 (Schriftlicher Bericht des Rechtsausschusses), S. 11.

313 § 59 der süddeutschen Verwaltungsgerichtsgesetze lautete:
(1) Bringen die Beteiligten neue Tatsachen oder Beweismittel vor, so kann das Verwaltungsgericht nach Anhörung der Beteiligten durch Beschluß an die Behörde, die den Verwaltungsakt erlassen hat, oder an die Beschwerdebehörde (§ 48) zur nochmaligen Prüfung und Entscheidung zurückverweisen. Gegen die Entscheidung dieser Behörden sind die nach dem vorliegenden Gesetze zulässigen Rechtsbehelfe gegeben.
(2) Das Gericht hat sich im Verweisungsbeschluß die Entscheidung über die Kosten vorzubehalten.

314 Protokoll der 64. Sitzung des Rechtsausschusses des 3. Bundestages (23.04.1959), S. 17.

dem der Prozess mit erheblicher zeitlicher Verzögerung fortgesetzt worden sei[315]. WERNER entgegnete, die Lastenausgleichssenate beim Bundesverwaltungsgericht seien für die Aufnahme einer entsprechenden Vorschrift in die Verwaltungsgerichtsordnung, da sie ermögliche, die Sache zur Klärung an die Behörde zurückzugeben, wenn z.B. der Kläger ein Aufbaudarlehen beantragt habe und sich im Prozess herausstelle, dass die Unterlagen nicht ausreichten, um den Fall zu übersehen[316]. Die Abgeordnete KUCHTNER wird daraufhin im Protokoll mit den Worten zitiert: „Es sei doch sehr praktisch, das Gericht nicht mit einer Sache zu befassen, die nicht spruchreif sei und bei der sich die Beteiligten irgendwie einigten. [...] Der Grundgedanke, daß eine nicht richtig vorbereitete Sache ‚der Behörde wieder auf den Tisch geknallt' werden könne, sei wunderbar."[317] SCHNEIDER führte dazu aus, auch in der Sozialgerichtsbarkeit spiele die diskutierte Frage eine Rolle, z.B. wenn ein Rentenbescheid mit der Begründung abgelehnt werde, dass die Wartezeit nicht erfüllt sei, wenn aber andere Gründe noch gar nicht untersucht seien wie die Frage der Berufsunfähigkeit oder die Anrechnung von Auslandszeiten u.s.w.[318]. Nach – allerdings umstrittener – Auffassung einer ganzen Reihe von Stimmen sei es bereits nach geltendem Recht möglich, die Verwaltung durch Endurteil zu verurteilen, einen neuen Bescheid zu erteilen; die „Möglichkeit einer praktischen Lösung liege darin, daß man diese Frage der Rechtsprechung überlasse und nicht zuviel darüber im Gesetz schreibe."[319] Schließlich fasste WERNER zusammen, es bestehe kein Zweifel daran, dass bei Aufnahme einer ausdrücklichen gesetzlichen Bestimmung die Praxis verstärkt die Klärung des Rechtsstreits ohne Ermittlung des Gerichts herbeiführen würde; die weiterhin offene Frage sei nur, ob man diesen Weg gehen wolle[320].

In der 64. Sitzung, am 23. April 1959, wurde die Diskussion wieder aufgegriffen und der Sachverständige GROSS (Generalstaatsanwalt bei dem Bayerischen Verwaltungsgerichtshof) dazu angehört. Dieser teilte mit, die Vorschrift über die Zurückverweisung in § 59 VGG sei beim Verwaltungsgericht München manchmal in Lastenausgleichssachen angewandt worden, vor allem in Angelegenheiten, in denen nicht weisungsgebundene Ausschüsse den Verwaltungsakt erlassen hätten; jedoch sei die Vorschrift seiner Ansicht nach nicht notwendig, weil sie das Verfahren verkompliziere und weil sich die Verwaltungsgerichte auch anders behelfen könnten, etwa indem sie das Verfahren ruhen ließen, bis die notwendigen Klä-

---

315 Protokoll der 61. Sitzung des Rechtsausschusses des 3. Bundestages (15.04.1959), S. 52.
316 Protokoll der 61. Sitzung des Rechtsausschusses des 3. Bundestages (15.04.1959), S. 53.
317 Protokoll der 61. Sitzung des Rechtsausschusses des 3. Bundestages (15.04.1959), S. 53.
318 Protokoll der 61. Sitzung des Rechtsausschusses des 3. Bundestages (15.04.1959), S. 54.
319 Protokoll der 61. Sitzung des Rechtsausschusses des 3. Bundestages (15.04.1959), S. 54.
320 Protokoll der 61. Sitzung des Rechtsausschusses des 3. Bundestages (15.04.1959), S. 55.

rungen durch die Behörde erfolgt seien[321]. Nach der anschließenden Aussprache, in der die Mitglieder des Rechtsausschusses auf die Ausführungen der Sachverständigen Bezug nahmen, stellte der Vorsitzende des Rechtsausschusses HOOGEN fest, dass ein Änderungsantrag auf wörtliche oder sinngemäße Einfügung der Bestimmung des § 59 VGG nicht gestellt werde[322].

Die Protokolle belegen, dass der Rechtsausschuss nicht zu einer Auffassung tendierte, nach der das Gericht bei jedem neuen Klärungsbedarf in tatsächlicher Hinsicht die Möglichkeit haben sollte, die Sache zur weiteren Ermittlung an die Behörde zurückzugeben, denn sonst hätte sich vermutlich ein Antrag auf entsprechende Ergänzung in § 114 des Entwurfes durchgesetzt. Andererseits wird deutlich, dass die Überzeugung vorherrschte, die Behörde müsse in Einzelfällen in die Verantwortung für die Sachverhaltsaufklärung genommen werden. Dies zeigt sich vor allem an den Beispielen des beantragten Aufbaudarlehens bzw. Rentenbescheides. In der Diskussion kristallisierte sich die Erkenntnis heraus, dass in solchen Fällen eine Nachermittlung durch die Behörde sinnvoll sei. Ebenso bestand aber zum Ende der Beratungen Konsens darüber, dass eine besondere Vorschrift darüber nicht notwendig sei. Man wollte offenbar mit dem Gesetz weder eine Regelmäßigkeit etablieren, mit der die Gerichte von ihrer eigenen Pflicht zur Sachverhaltsermittlung entbunden worden wären, noch stand dahinter die Absicht, der Rechtsprechung eine sachgerechte Handhabung hinsichtlich der Einbeziehung der Behörde zu untersagen.

Übertragen auf das Verständnis der Spruchreife bedeutet dies, dass in ihr auch nach dem mutmaßlichen Willen des Gesetzgebers keine statische Voraussetzung zu sehen ist, die es dem Gericht erlauben würde, bei jeder Unklarheit über Tatbestandsmerkmale des beantragten Verwaltungsakts zum Zeitpunkt der gerichtlichen Entscheidung von einem Vornahmeurteil abzusehen und die weitere Erforschung auf die Behörde zurück zu übertragen. Es muss sich vielmehr um eine dynamische Voraussetzung handeln, die nicht von vornherein von der gerichtlichen Sachverhaltsermittlung ausgenommen ist. Zur Reichweite der möglichen Ausnahmen und Einschränkungen gibt die Entstehungsgeschichte freilich nichts her, denn auch soweit bei den Beratungen im Rechtsausschuss die Zweckmäßigkeit einer Bescheidungsverpflichtung bei Unklarheit über die tatsächlichen Entscheidungsgrundlagen bejaht wurde, finden sich dabei keine konkreten Vorstellungen über ihren Umfang.

---

321 Protokoll der 64. Sitzung des Rechtsausschusses des 3. Bundestages (23.04.1959), S. 16.
322 Protokoll der 64. Sitzung des Rechtsausschusses des 3. Bundestages (23.04.1959), S. 17.

IV. Teleologische Aspekte

Die Auslegung muss sich schließlich an objektiven Zwecken des Rechts orientieren. Allgemein ausgedrückt ist eine wesentliche Leitlinie der Auslegung die „‚Ausgewogenheit' einer Regelung im Sinne optimaler Berücksichtigung der im Spiel befindlichen Interessen"[323]. Objektiv sind die in dieser Kategorie zusammengefassten Kriterien, weil sie unabhängig davon, ob der Gesetzgeber sie berücksichtigen wollte oder sich ihrer bewusst war, Geltung beanspruchen können[324]. Im Rahmen dieser objektiven Ausgewogenheit sind zum einen unabänderliche Strukturen des geregelten Sachbereichs zu berücksichtigen, d.h. tatsächliche Gegebenheiten, die der Gesetzgeber „vernünftigerweise" bei jeder Regelung mit berücksichtigt; zum anderen gehören dazu übergeordnete rechtliche Prinzipien, die unsere gesamte Rechtsordnung prägen und formen[325]. Herausgehobene Bedeutung kommt dabei im Bereich der rechtlichen Prinzipien den verfassungsrechtlichen Grundsätzen zu, die den Gesetzgeber wie den Rechtsanwender stets binden und sogar zur Ungültigkeit einer Norm, die nicht verfassungskonform ausgelegt werden kann, führen können[326]. Den hier interessierenden Verfassungsnormen ist daher besondere Aufmerksamkeit zu widmen.

1. Wirksamkeit des Rechtsschutzes, Art. 19 Abs. 4 Satz 1 GG

Art. 19 Abs. 4 Satz 1 GG ist unmittelbar einschlägig, da die Bestimmung des § 113 Abs. 5 VwGO sich direkt auf die Rechtsverletzung eines Klägers durch einen Akt der öffentlichen Gewalt bezieht, nämlich durch die Vorenthaltung einer Leistung. Dass Art. 19 Abs. 4 Satz 1 GG auch für Rechtsverletzungen im Rahmen der Leistungsverwaltung gilt, kann bereits angesichts des Wortlauts dieser Verfassungsnorm und der Zweckbestimmung, möglichst lückenlosen Rechtsschutz zu gewährleisten, nicht zweifelhaft sein[327]. Dieses prozessuale Grundrecht garantiert nicht nur den Rechtsweg als solchen, sondern vor allem die Wirksamkeit des Rechtsschutzes[328].

Im Zusammenhang mit der Spruchreife ist von Bedeutung, wie sich dieses Wirksamkeitsgebot auf die Reichweite der Pflicht des Gerichts zur Sachverhaltsermitt-

---

323 LARENZ, Methodenlehre, Teil II, Kap. 4, 2. d).
324 LARENZ, Methodenlehre, Teil II, Kap. 4, 2. d).
325 LARENZ, Methodenlehre, Teil II, Kap. 4, 2. d).
326 LARENZ, Methodenlehre, Teil II, Kap. 4, 2. e).
327 Zu eng daher die Definition bei SCHMIDT-BLEIBTREU / KLEIN, Art. 19 Rn. 16: „Schutz gegen Verletzungen der Rechtssphäre des einzelnen gegen Eingriffe der deutschen öffentlichen Gewalt".
328 PAPIER, in: HStR VI, § 154 Rn. 15; KRÜGER, in: SACHS, Art. 19 Rn. 112.

lung auswirkt. Die Untersuchung hat bisher ergeben, dass die zur Feststellung der Spruchreife notwendige Sachverhaltsermittlung jedenfalls nicht von der Geltung des Untersuchungsgrundsatzes gem. § 86 Abs. 1 Satz 1 VwGO ausgenommen ist. Jetzt stellt sich die Frage, ob Art. 19 Abs. 4 Satz 1 GG eine Auslegung gebietet, derzufolge das Gericht diese Aufklärungsarbeit immer selbst leisten muss, d.h., ob die Spruchreife nur eine *ermittelbare* oder eine *zwingend zu ermittelnde* Voraussetzung ist. Letzterenfalls wäre es nicht zulässig, die Spruchreife wegen ausstehender Sachverhaltsaufklärung zu verneinen und deswegen im Streit um den Erlass eines gebundenen Verwaltungsakts ein Bescheidungsurteil zu erlassen. Dann hätte die Spruchreife nur die Aufgabe, bei der gerichtlichen Entscheidung zwischen gebundenen und nicht gebundenen Verwaltungsakten zu differenzieren und wäre im Sinne der Ausführungen BETTERMANNs nur ein „sekundäres Unterscheidungsmerkmal“[329].

Kein ausreichender Grund, eine solche allumfassende Pflicht des Gerichts abzulehnen, ist die Erkenntnis, dass bei gebundenen Verwaltungsakten die weitere Sachverhaltsermittlung nach Feststellung einer rechtswidrigen und rechtsverletzenden Ablehnung durch die Behörde dazu führen kann, dass das Fehlen einer bisher nicht geprüften Voraussetzung des beantragten Verwaltungsakts bemerkt und die Klage abgewiesen wird. Auf diese Weise kann das Bemühen um die Herbeiführung der Spruchreife zur Herbeiführung der Abweisungsreife führen[330]. In diesem Fall steht der Kläger natürlich im Prozess schlechter da als im Falle eines Bescheidungsurteils, das – bei geregeltem Verlauf der Dinge rechtmäßigen – zur Ablehnung erst im anschließenden Verwaltungsverfahren führen würde. Allerdings stünde auch dieses für den Kläger negative Ergebnis im Einklang mit Art. 19 Abs. 4 Satz 1 GG, denn diese Regelung bezweckt nicht einen klägerfreundlichen Rechtsschutz, sondern einen wirksamen, vor allem in Form von sachlich richtigen Entscheidungen[331].

Denkbar ist es jedoch, dass die von der h.M. in Literatur und Rechtsprechung angenommenen Ausnahmen von der Verpflichtung des Gerichts, den Sachverhalt in Bezug auf die Spruchreife aufzuklären, ihrerseits gerade der Verwirklichung wirksamen Rechtsschutzes gem. Art. 19 Abs. 4 Satz 1 GG dienen. Es geht hier noch nicht darum zu klären, ob diese Ausnahmen im Einzelnen sachgerecht und ausreichend sind[332], sondern nur darum, ob überhaupt Ausnahmen mit Art. 19 Abs. 4

---

329 Siehe oben S. 75 f.

330 Zur der hier befürworteten Terminologie siehe oben S. 73 ff.

331 BVerwG, Urt. v. 27.05.1983, NJW 1984, 188, 189; PAPIER, in: HStR VI, § 154 Rn. 8; SCHMIDT-ASSMANN, in: MAUNZ / DÜRIG, Art. 19 IV Rn. 3 ff. unter Ablehnung eines Grundsatzes „in dubio pro cive“.

332 Siehe dazu unten S. 372 ff.

Satz 1 GG zu vereinbaren sind. Wenn dies auch nur bei einer einzigen Ausnahme der Fall ist, kann bereits nicht mehr von der Spruchreife als „sekundärem Unterscheidungsmerkmal" ausgegangen werden.

Grundsätzlich dürfte die abschließende Aufklärung des Sachverhalts im Prozess – soweit sie von dem Gericht mit vertretbarem Aufwand geleistet werden kann – dem Wirksamkeitsgebot eher entsprechen als die Verlagerung der Aufklärungsarbeit in das Verwaltungsverfahren, weil letzterenfalls ein neuer Streit, der wiederum erstinstanzlich entschieden werden müsste, zumindest nicht völlig ausgeschlossen ist[333]. Jedoch sind die Fälle zu beachten, in denen die endgültige Aufklärung Sachverstand und Erfahrungen verlangt, über welche die Behörde verfügt, das Gericht aber nicht. Behörden sind meist spezialisiert und mit Experten naturwissenschaftlicher oder technischer Fachrichtungen besetzt, deren Kenntnisse bei der Sachverhaltsermittlung von großem Nutzen sind. Dann ist ein Ergebnis schneller zu erlangen und dann bietet die Entscheidung besser Gewähr für ihre sachliche Richtigkeit, wenn sich das Gericht auf die Prüfung von Rechtsfragen beschränkt und ein Bescheidungsurteil erlässt und wenn sich die Behörde der weiteren Sachverhaltsermittlung nach Maßgabe des Untersuchungsgrundsatzes gem. § 24 VwVfG widmet. Dies trifft beispielsweise auf die Abhängigkeit einer Baugenehmigung von bautechnischen Prüfungen zu[334], ebenso auf komplexe Untersuchungen bei der Zulassung eines Arzneimittels[335] und auf immissionsschutzrechtlich gebotene Untersuchungen, die dem Gericht nicht abverlangen, ein in seinen Anfängen „steckengebliebenes" Genehmigungsverfahren in seinen Einzelheiten durchzuführen[336]. Wenn auch die Begründungen in diesen Fällen nicht ausdrücklich darauf abstellen, so liegt ihnen doch übereinstimmend die Überzeugung zu Grunde, dass die richterliche Aufklärungsarbeit hier fehl am Platze wäre und die Ermittlung dem fachtechnischen Sachverstand überlassen bleiben sollte, weil die Leistungsfähigkeit des gerichtlichen Rechtsschutzes an seine Grenzen stößt. Es wäre äußerst ineffizient, wenn das Gericht trotz mangelnder personeller und sachlicher Mittel versuchen würde, die Aufklärung anstelle der Behörde zu leisten, denn dann würden gerichtliche Kapazitäten vergeudet, die an anderer Stelle zur Erfüllung von Aufgaben der Rechtskontrolle dringend benötigt werden. Die Beteiligten müssten länger auf die endgültige Entscheidung warten und könnten weniger auf die sachliche Richtigkeit des Ergebnisses vertrauen. Zuzustimmen ist

333 KOPP / SCHENKE, §113 Rn. 200.

334 VGH Kassel, Urt. v. 26.02.1971, ESVGH 21, 201, 207; VGH Mannheim, Urt. v. 23.04.1969, ESVGH 19, 231, 234; MEYER, DVBl. 1961, 75, 77.

335 Vgl. BVerwG, Beschl. v. 23.07.1991, NVwZ 1991, 1180, 1181.

336 BVerwG, Urt. v. 14.01.1989, DVBl. 1989, 1050, 1051.

daher der pointierten Formulierung von KLOEPFER: „Des Richters Kleid ist die Robe, nicht der Ingenieurskittel.“[337]

Zu keiner anderen Beurteilung führt die Einbeziehung der Möglichkeit, dass das Gericht die Behörde gem. § 86 Abs. 1 Satz 1 HS. 2 VwGO zur Ermittlung heranzieht. Diese Vorgehensweise kann unter Umständen den Sachverstand der Behörde unter Regie des Gerichts in verfahrensökonomischer Weise fruchtbar machen. Es lässt sich jedoch nicht sagen, dass damit alle Fälle optimal zu bewältigen wären. Wenn nämlich diese Heranziehung zur Folge hat, dass das Gericht die Ergebnisse komplizierter Untersuchungen und Berechnungen nur absegnet oder sie sich zeitaufwendig von der Behörde erklären lässt, ohne dass es selbst konstruktive Beiträge leisten könnte, wirkt sich die prozessuale Hülle hinderlich auf die Sachverhaltsermittlung aus. Allein die notwendige zusätzliche Korrespondenz und der terminliche Abstimmungsbedarf zwischen den Beteiligten und dem Gericht können dann zu erheblichen Zeitverzögerungen führen.

Nach alledem lässt Art. 19 Abs. 4 Satz 1 GG nicht nur Ausnahmen von der gerichtlichen Sachaufklärungspflicht zur Ermittlung der Spruchreife zu, sondern gebietet in bestimmten Fällen sogar Ausnahmen, so dass auch bei teleologischer Auslegung die Spruchreife kein sekundäres Unterscheidungsmerkmal hinter der Gebundenheit einer Verwaltungsentscheidung sein kann, sondern ein primäres Merkmal sein muss, das unter Umständen auch bei unvollständiger Sachverhaltsaufklärung ein Bescheidungsurteil geboten erscheinen lässt.

2. Gewaltenteilung, Art. 20 Abs. 2 Satz 2 GG

Wenn – wie soeben bejaht – im Rahmen der gerichtlichen Möglichkeiten der Erlass eines Vornahmeurteils oder auch eines abweisenden Urteils grundsätzlich die effektivere, d.h. im Ergebnis eindeutigere Entscheidung in einem früheren Verfahrensstadium ist und daher dem Postulat des Art. 19 Abs. 4 Satz 1 GG eher entspricht als das Bescheidungsurteil, so bedarf die bisher systematisch und historisch begründete, materiell-rechtlich bedingte Verneinung der Spruchreife einer Rechtfertigung, der ebenfalls Verfassungsrang zukommt[338]. Diese besteht in dem Grundsatz der Gewaltenteilung, verankert insbesondere in Art. 20 Abs. 2 Satz 2 GG, denn dieser verlangt vor allem die materielle Funktionentrennung[339]. Diese Funktionentrennung ist nur gewährleistet, wenn die in Art. 20 Abs. 2 Satz 2 GG vorgesehenen besonderen Organe die ihnen übertragenen staatlicher Aufgaben

---

337 KLOEPFER, Rechtsschutz im Umweltrecht, S. 57.

338 Vgl. WAECHTER, VerwArch. 88 (1997), 298, 300, allgemein dazu, dass auf den Ausnahmen vom Prinzip der vollständigen Justizkontrolle eine Rechtfertigungslast liegt.

339 SACHS, in: SACHS, Art. 20 Rn. 56.

und Befugnisse in einer Form wahrnehmen, welche die im Grundgesetz mehrfach manifestierte Teilung der klassischen drei Gewalten in Legislative, Exekutive und Judikative respektiert (vgl. neben Art. 20 Abs. 2 Satz 2 GG noch Art. 1 Abs. 3 und 20 Abs. 3 GG). Der Grundsatz der Gewaltenteilung ist zwar erst dann verletzt, wenn ein Eingriff in den Kernbereich[340] einer Gewalt vorliegt, denn verfassungsrechtlich ist nicht eine absolute Trennung der Gewalten geboten, sondern ihre gegenseitige Kontrolle und Mäßigung[341]. Ein Eingriff in den Kernbereich der vollziehenden Gewalt wäre aber anzunehmen, wenn die Rechtsprechung anstelle der Verwaltung normative Entscheidungsspielräume durch eigene Erwägungen der Zweckmäßigkeit und Angemessenheit ausfüllen würde[342]. Nicht zuletzt aufgrund der „Sasbach-Entscheidung" des Bundesverfassungsgerichts, das darin die hinreichende richterliche Prüfungsbefugnis „unbeschadet normativ eröffneter Gestaltungs-, Ermessens- und Beurteilungsspielräume" für geboten hält[343], kann inzwischen die verfassungsrechtliche Zulässigkeit administrativer Allein- bzw. Letztentscheidungskompetenzen als anerkannt gelten[344]. In dem Maße, in dem man diese Rechtsinstitute anerkennt, definiert man gleichzeitig einen Kernbereich der dritten Gewalt, denn schon sprachlogisch ist es ausgeschlossen, ihr einen Spielraum zur Alleinentscheidung bzw. Letztentscheidung zuzugestehen und dennoch der Rechtsprechung zu erlauben, derartige Entscheidungen vorwegzunehmen oder zu ersetzen.

Es entspricht einem sachgerechten Kompromiss, grundsätzlich alle behördlichen Entscheidungen der Überprüfbarkeit durch die Gerichte zu unterstellen, der Verwaltung aber einige Inseln der Entscheidungsfreiheit zur Verfügung zu stellen. Der Kompromiss folgt dabei der Überlegung, dass in unterschiedlichen Situationen die unterschiedlichen Qualitäten der Gerichte und der Behörden gefragt sind: Die richterliche Gründlichkeit und Unabhängigkeit sowie das förmliche Gerichtsverfahren bewähren sich bei der Beurteilung von Sachverhalten im Nachhinein, während sich diese Vorteile in ihr Gegenteil verkehren, wenn die vorausschauende

---

340 BVerfG, Urt. v. 27.04.1959, BVerfGE 9, 268, 280; Urt. v. 15.12.1970, BVerfGE 30, 1, 28.

341 BVerfG, Urt. v. 18.12.1953, BVerfGE 3, 225, 247; Beschl. v. 20.06.1967, BVerfGE 22, 106, 111; Beschl. v. 10.10.1972, BVerfGE 34, 52, 59.

342 Verfassungsrechtlich unhaltbar waren daher die Vorschriften über das Rekursverfahren gem. §§ 20, 21 GewO a.F. i.V.m. § 79 Abs. 4 südd. VGG, wonach das Gericht unter Umständen selbst eine gewerberechtliche Genehmigung erteilen konnte (beseitigt durch § 195 Abs. 3 VwGO a.F.); dazu LANG, VerwArch. 52 (1961), 60, 85 Fn. 27; vgl. auch KOEHLER, § 195 Anm. V.

343 BVerfG, Beschl. v. 08.07.1982, BVerfGE 61, 82, 111.

344 Vgl. SCHENKE, in: BONNER KOMMENTAR, Zweitbearbeitung Art. 19 Abs. 4 Rn. 319; SCHMIDT-ASSMANN, in: MAUNZ / DÜRIG, Art. 19 IV Rn. 185; vgl. ferner SCHOLZ, VVDStRL 34 (1976), 145, 170; gegen jede Beschränkung der richterlichen Kontrolle HANS HEINRICH RUPP, Grundfragen, S. 177 ff., insbes. S. 206; DERSELBE NJW 1969, 1273.

und eine Vielzahl von Interessen ausgleichende Sozialgestaltung verlangt wird, wie sie von Behörden geleistet werden kann[345]. Hinzu kommt, dass im Zusammenhang mit der Frage nach der richterlichen Kontrolldichte ein normatives Element zu berücksichtigen ist, d.h. dass ein „*dreipoliges* Kompetenzproblem zwischen Justiz, Exekutive *und* Gesetzgebung“ vorliegt, bei dessen Lösung die unterschiedlichen Steuerungsansprüche der Legislative und die unterschiedlichen Arbeitstechniken der beiden anderen Gewalten zu einem Ausgleich gebracht werden müssen“[346]. Das bedeutet für die hier zu untersuchende Frage, dass nicht außer Acht gelassen werden darf, welchen Regelungsgegenstand der Gesetzgeber mit einer ausfüllungsbedürftigen Norm versehen hat, die der Verwaltung einen Spielraum bei der Entscheidung über den Erlass eines Verwaltungsakts einräumt, und warum sich der Gesetzgeber dazu entschieden hat. Wenn das Gesetz vorsieht, dass ein Verwaltungsakt nach Ermessen erlassen wird, kann notwendigerweise nur die Verwaltung als Adressat dieser Befugnis angesehen werden – unabhängig davon, ob sie ausdrücklich erwähnt wird[347] oder ob sich dies aus der Selbstverständlichkeit ihrer Funktion als vollziehende Gewalt ergibt[348]. Bei der Frage nach der Austauschbarkeit des Adressaten kommt dann der Zweck der Ermessensermächtigung zum Tragen: Soweit der Verwaltung nicht nur scheinbar[349] Ermessensspielräume eingeräumt werden, besteht ihr legitimer Zweck darin, der Verwaltung die Möglichkeit eigenfunktioneller und eigenkonzeptioneller Tätigkeit zu geben, ohne dass die dritte Gewalt Konzeptionen durchkreuzen oder blockieren kann[350]. Ebenso dienen sie der gerade im Sozialstaat unabdingbaren Flexibilität des Verwaltungshandelns[351]. Dabei geht es allerdings mehr um die Flexibilität politischer Konzeptionen als um die Herstellung von Einzelfallgerechtigkeit, die nicht ein voluntatives Problem darstellt, sondern ein kognitives, das regelmäßig keine Freistellung

---

345 WEYREUTHER, UPR 1986, 121, 124 ff.

346 SCHMIDT-ASSMANN, in: MAUNZ / DÜRIG, Art. 19 IV Rn. 180; so im Ansatz auch HANS HEINRICH RUPP, NJW 1969, 1273. Terminologisch wäre es freilich angesichts des auf zwei Bezugspunkte beschränkten Pol-Gleichnisses besser, von Multilateralität zu sprechen (dazu in anderem Zusammenhang FABER, in: RIDDER-FS [1989], S. 299), d.h. vorliegend von Trilateralität.

347 Z.B. § 89 Abs. 1 NBauO: „...so kann die Bauaufsichtsbehörde nach pflichtgemäßem Ermessen die erforderlichen Maßnahmen anordnen...“.

348 Z.B. § 17 Abs. 1 AuslG: „Einem ausländischen Familienangehörigen eines Ausländers kann zum Zwecke der nach Artikel 6 des Grundgesetzes gebotenen Schutzes von Ehe und Familie eine Aufenthaltserlaubnis für die Herstellung und Wahrung der familiären Lebensgemeinschaft mit dem Ausländer im Bundesgebiet erteilt und verlängert werden.“

349 Vgl. dazu sogleich das Beispiel des § 35 Abs. 2 BauGB.

350 OSSENBÜHL, DÖV 1968, 618, 626.

351 SCHENKE, in: BONNER KOMMENTAR, Zweitbearbeitung Art. 19 Abs. 4 Rn. 319.

von der Justizkontrolle rechtfertigt[352]. Die Entscheidungsspielräume beginnen bei der Auswahl zwischen rechtlich gleichwertigen behördlichen Verhaltensweisen und sind um so größer, je mehr planerische Elemente (Gewichtungs-, Gestaltungs-, Optimierungs- und Prognosefreiheit) sie in sich aufnehmen[353].

Der vordergründige Zweck der Alleinentscheidungskompetenzen, die Verwaltung von der Justizkontrolle freizustellen, ist jedenfalls regelmäßig durch weiter gehende Zwecke gerechtfertigt. Das schließt nicht die Möglichkeit aus, im Einzelfall eine äußerlich als Ermessensvorschrift konzipierte Norm als zwingende Norm auszulegen, wenn ein Entscheidungsspielraum der Verwaltung aufgrund der Struktur des anzuwendenden materiellen Rechts nicht aufrecht zu erhalten ist. Diese Auslegung ist beispielsweise im Falle des § 35 Abs. 2 BauGB geboten, denn indem diese Vorschrift bestimmt, dass sonstige Bauvorhaben im Einzelfall zugelassen werden „können", „wenn ihre Ausführung oder Benutzung öffentliche Belange nicht beeinträchtigt und die Erschließung gesichert ist", so ist der Tatbestand mit der Verwendung des unbestimmten Rechtsbegriffs der „öffentlichen Belange" derart weit gefasst, dass darüber hinaus die Annahme von Versagungsermessen gesetzestechnisch widersprüchlich wäre und den Antragsteller in seinen Rechten aus Art. 14 GG verletzen würde[354]. Sofern aber nicht ausnahmsweise eine solche Auslegung angezeigt ist, muss die Rechtsprechung akzeptieren, dass der Gesetzgeber zur Vermeidung eines nicht praktikablen Totalvorbehalts in einigen Zweifelsfällen die Voraussetzungen zum Erlass eines Verwaltungsakts mit guten Gründen in ausfüllungsbedürftiger Weise normiert hat und dass ausschließlich die vollziehende Gewalt zur Ausfüllung dieser Normen berufen ist. Bei einem Austausch der Verwaltung gegen die Rechtsprechung als Entscheidungsträger in den durch das Gesetz normierten Zweifelsfällen würden die Zwecke dieser Gesetzgebungstechnik vollständig ausgehöhlt werden. Folglich sind die gesetzlichen Ermessensspielräume gerade an diejenigen Merkmale der Verwaltung geknüpft, die sie gegenüber der Judikative abgrenzen, und zählen damit zu dem Kernbereich exekutiver Aufgaben im gewaltengeteilten Rechtsstaat. Somit ist der Ausschluss

---

352 So WAECHTER, VerwArch. 88 (1997), 298, 301, kritisch gegenüber WOLFF / BACHOF / STOBER, § 31 Rn. 31; vgl. auch STERN, Rn. 357 : Die Einräumung des Ermessens solle „namentlich der Einzelfallgerechtigkeit dienen"; ebenso HAIN / SCHLETTE / SCHMITZ, AöR 122 (1997), 32, 41. Dagegen konstatiert auch SENDLER, DVBl. 1994, 1089, 1100, dass die jüngsten Einschränkungen von administrativen Entscheidungsfreiräumen durch das BVerfG gerade von dem Bemühen um Einzelfallgerechtigkeit getragen sind.

353 WAECHTER, VerwArch. 88 (1997), 298, 302 ff., 330, mit dem Beispiel der polizeilichen Einsatzplanung.

354 Vgl. zu der entsprechenden früheren Vorschrift des § 35 Abs. 2 BBauG BVerwG, Urt. v. 29.04.1965, BVerwGE 18, 247, 250; zu weiteren Fällen scheinbarer Kopplungstatbestände FABER, § 14 III b).

der Spruchreife bei administrativen Alleinentscheidungskompetenzen durch das Prinzip der Gewaltenteilung gerechtfertigt und gefordert.

V. Ergebnis

Die Spruchreife der Sache gem. § 113 Abs. 5 VwGO ist eine qualifizierende Voraussetzung eines Vornahmeurteils als Unterfall der Verpflichtungsurteile und meint die von den materiell-rechtlich begrenzten gerichtlichen Kompetenzen abhängige und im Rahmen der Prozessökonomie durch Aufklärung des Sachverhalts herbeizuführende Möglichkeit, über den Erlass eines inhaltlich bestimmten Verwaltungsaktes abschließend und positiv zu entscheiden.

B. Die Spruchreife der Vollzugsfolgenbeseitigung, § 113 Abs. 1 Satz 3 VwGO

Eine weitere Regelung, nach der ein Ausspruch von der Voraussetzung der Spruchreife abhängig ist, enthält die Verwaltungsgerichtsordnung in § 113 Abs. 1 Satz 3. Die Verwendung desselben Begriffs in demselben Paragraphen der Verwaltungsgerichtsordnung lässt identische Bedeutungen vermuten, denn zwischen gleichlautenden Bestimmungen kann im Zweifel eine sachliche Übereinstimmung angenommen werden, bzw. verdient diejenige Auslegung den Vorzug, welche die sachliche Übereinstimmung mit einer anderen Bestimmung ermöglicht[355]. Allerdings wird nicht nur vertreten, dass die Bezeichnungen gleichbedeutend seien[356], sondern auch dass es sich in § 113 Abs. 1 Satz 3 VwGO nur um die „Rechtsstreitspruchreife" als eine Form der allgemeinen Entscheidungsreife im Unterschied zur Spruchreife i.S.d. § 113 Abs. 5 VwGO handele[357].

Nach der Vorschrift des § 113 Abs. 1 Satz 3 VwGO, die sich auf § 113 Abs. 1 Satz 2 VwGO bezieht, muss die Entscheidung spruchreif sein, „daß und wie die Verwaltungsbehörde die Vollziehung rückgängig zu machen hat". Daraus ergeben sich im Vergleich zu § 113 Abs. 5 VwGO sowohl Gemeinsamkeiten als auch Unterschiede.

---

355 LARENZ, Methodenlehre, Teil II, Kap. 4, 2. b).

356 GERHARDT, in: SCHOCH / SCHMIDT-ASSMANN / PIETZNER, § 113 Rn. 60 mit dem Hinweis auf die Behandlung des Leistungsbegehrens nach allgemeinen Grundsätzen; KOPP / SCHENKE, § 113 Rn. 87 ohne Begründung.

357 LENZ, S. 71 ff.

I. Gemeinsamkeiten mit der Spruchreife gem. § 113 Abs. 5 VwGO

Die Gesetzesbegründung geht davon aus, es handele sich bei dem Antrag, die Behörde zur Rückgängigmachung des Vollzuges eines Verwaltungsaktes zu verurteilen, „sachlich um eine Verpflichtungsklage", die nur aus prozessökonomischen Gründen im Rahmen des Anfechtungsprozesses entschieden wird[358]. Es ist zu bezweifeln, dass diese Qualifikation der Klageart in allen Fällen zutrifft. Wenn die Beseitigung der Vollzugsfolgen in einem bloßen Realakt besteht, (z.B. in der Rückgabe eines zu Unrecht beschlagnahmten Gegenstandes) spricht Überwiegendes dafür, von einer mit dem Antrag auf Vollzugsfolgenbeseitigung erhobenen allgemeinen Leistungsklage auszugehen[359]. Für die Identität der Spruchreife im Zusammenhang mit der Vollzugsfolgenbeseitigung und der Verpflichtungsklage wäre es aber durchaus hinreichend, wenn wenigstens *auch* denkbar ist, dass die Vollzugsfolgenbeseitigung mit der Verpflichtungsklage durchzusetzen ist. Dies ist dann der Fall, wenn die Beseitigung sowohl eine Begünstigung im Verhältnis zu dem Anfechtungskläger als auch gleichzeitig eine Belastung im Verhältnis zu einem Dritten darstellt, die eines Verwaltungsakts bedarf (z.B. einer Räumungsanordnung gegenüber einem Obdachlosen[360] oder einer Abrissverfügung gegenüber einem benachbarten Bauherrn[361]).

Es geht in § 113 Abs. 1 Satz 2, 3 VwGO um die prozessuale Durchsetzung eines (Vollzugs-) Folgenbeseitigungsanspruches[362], d.h. in Anknüpfung an die Terminologie des § 113 Abs. 1 Satz 3 VwGO um einen Folgenbeseitigungs*ausspruch*. Dieser erfolgt unter den Voraussetzungen des § 113 Abs. 1 Satz 3 VwGO auf Antrag (§ 113 Abs. 1 Satz 2 VwGO) des Klägers. Gegenstand dieser Spruchreife ist damit wie bei § 113 Abs. 5 VwGO ein gesonderter Antrag und nicht die Gesamtheit des Rechtsstreites. Darin unterscheiden sich die beiden Regelungen der Spruchreife gleichermaßen von der Entscheidungsreife i.S.d. § 300 ZPO. Sowohl im Falle des § 113 Abs. 1 Satz 3 VwGO als auch in dem des § 113 Abs. 5 VwGO erhält der Kläger, wenn die Spruchreife zu bejahen ist, einen Zuspruch, der die Verwaltungsbehörde zu einer bestimmten Leistung verpflichtet. Die Rechtsfolge ist auch hier immer positiv für den Kläger, denn es geht um die Spruchreife des gerichtlichen Ausspruchs, *dass* und wie die Verwaltungsbehörde die Vollziehung rückgängig zu machen hat, nicht *ob* und wie.

---

358 BT-Drucks. 3/55, S. 3.

359 So ausdrücklich VGH Mannheim, Urt. v. 15.10.1990, NVwZ-RR 1991, 334, 336.

360 Vgl. KNEMEYER, JuS 1988, 696, 698

361 Vgl. BVerwG, Beschl. v. 13.07.1994, UPR 1994, 450 = NVwZ 1995, 272.

362 Für den Begriff des Vollzugsfolgenbeseitigungsanspruches als Unterfall des allgemeineren Folgenbeseitigungsanspruches in Konstellationen nach Aufhebung eines vollzogenen Verwaltungsaktes BACHOF, Anm. zu BVerwG, Urt. v. 25.08.1971, DÖV 1971, 857, 860; ebenso FABER, § 20 III b); KOPP / SCHENKE, § 113 Rn. 80 f.

II. Unterschiede zu der Spruchreife gem. § 113 Abs. 5 VwGO

Im Unterschied zu § 113 Abs. 5 VwGO erfasst § 113 Abs. 1 Satz 3 VwGO auch – und typischerweise – schlichte Amtshandlungen zur Folgenbeseitigung (z.B. die Rückgabe einer beschlagnahmten Sache oder die Rückzahlung eines wegen eines rechtswidrigen Verwaltungsaktes gezahlten Geldbetrages, wenn der Verwaltungsakt durch das Gericht aufgehoben wird[363]). Ferner kann Gegenstand der Spruchreife i.S.d. § 113 Abs. 1 Satz 3 VwGO auch ein erst im Klageverfahren gestellter Antrag sein. Dies ergibt sich bereits aus dem Wortlaut des § 113 Abs. 1 Satz 2 VwGO („...so kann das Gericht auf Antrag auch aussprechen...“). Deswegen ist ein Vorverfahren selbst dann nicht erforderlich, wenn der Erlass eines Verwaltungsakts der Folgenbeseitigung vorangehen muss, denn dieses Erfordernis wäre nicht vereinbar mit der ausdrücklich eingeräumten Möglichkeit, den Antrag erst anlässlich der Anfechtungsklage zu stellen[364].

Andererseits bleibt es dabei, dass die Verwaltungsbehörde die Adressatin der begehrten materiellen Verpflichtung ist. Daher dürfte allein aus dem Umstand, dass das Begehren erst vor Gericht geäußert wird, kein entscheidender Unterschied abzuleiten sein. Auch der Umstand, dass sich als Rechtsfolge der Spruchreife ein Ausspruch über die Vornahme einer Amtshandlung im weiteren Sinne und nicht nur über die Vornahme eines Verwaltungsakts ergeben kann, ist nicht von Relevanz. Wenn nämlich dieser Unterschied schon zu keiner abweichenden Beurteilung der Zulässigkeit der Klage führen kann, gibt es keinen Anlass, unter systematischen Gesichtspunkten einen wesentlichen Unterschied für den Ausspruch des Gerichts anzunehmen.

Weiterhin enthält die Regelung des § 113 Abs. 1 Satz 3 VwGO keine Bescheidungsverpflichtung als Alternative zum inhaltlich genau bestimmten Zuspruch der Folgenbeseitigungsverpflichtung. Daher entscheidet die Spruchreife im Sinne dieser Vorschrift darüber, ob das Gericht ganz oder gar nicht über die Folgenbeseitigung entscheidet, d.h. entweder verpflichtet das Gericht die Behörde zu einer auch nach Art und Weise genau bezeichneten Vornahme (Satz 2: „daß und *wie* die Verwaltungsbehörde die Vollziehung rückgängig zu machen hat“) oder es enthält sich in dem Urteil über die Anfechtungsklage einer Entscheidung über die Frage der Folgenbeseitigung. Jedenfalls sieht das Gesetz keine Verpflichtung der Behörde vor, den Kläger unter Beachtung der Rechtsauffassung des Gerichts über die Folgenbeseitigung zu bescheiden. Damit ist die Spruchreife i.S.d. § 113 Abs. 1 Satz 3 VwGO nicht wie die Spruchreife des § 113 Abs. 5 VwGO die Schaltstelle

---

363 Materiell-rechtlich fallen letzterenfalls freilich der Folgenbeseitigungsanspruch und der öffentlich-rechtliche Erstattungsanspruch zusammen, vgl. KOPP / SCHENKE, § 113 Rn. 82.

364 VGH Kassel, Urt. v. 11.11.1993, NVwZ 1995, 300, 301; KOPP / SCHENKE, § 113 Rn. 93.

zwischen zwei alternativen Urteilsformen, sondern sie entscheidet darüber, ob kumulativ zu dem ohnehin ergehenden Aufhebungsausspruch noch ein weiterer Ausspruch des Gerichts erfolgt. Dieser Unterschied rechtfertigt sich dadurch, dass die Verpflichtung bei § 113 Abs. 5 VwGO gewissermaßen der Hauptstreitpunkt zwischen den Beteiligten ist und bei § 113 Abs. 1 Satz 3 VwGO nur Annex zum vorrangigen Streit über die Aufhebung eines Verwaltungsaktes. Die Frage nach der Umsetzung und den Konsequenzen der Aufhebung stellt sich ja auch erst im Anschluss an diese, weswegen es sich um eine Form der Stufenklage handelt[365]. Unterschiedliche Folgen im Prozess in unterschiedlichem Kontext müssen aber nicht mit abweichenden Bedeutungen der Begriffe verbunden sein, denn für die Frage der sachlichen Übereinstimmung kommt es darauf weniger darauf an, welche Rechtsfolgen[366] die verschiedenen Normen an ihr Fehlen in dem jeweiligen Zusammenhang knüpfen, sondern vielmehr darauf, ob die Spruchreife in beiden Fällen unter den gleichen Voraussetzungen zu bejahen ist.

III. Kriterium: Berücksichtigung von Ermessen

Entscheidend ist, ob die Spruchreife der Folgenbeseitigungsfrage ebenso wie die Spruchreife der Vornahmesache die Freiheit des Gerichts von materiellrechtlichen Kompetenzbeschränkungen voraussetzt, denn dieses ist nach den bisherigen Erkenntnissen im Vergleich zur allgemeinen Entscheidungsreife das maßgebliche zusätzliche Kriterium. Damit kommt es vor allem darauf an, ob die Spruchreife wegen Ermessensfragen im Zusammenhang mit der Folgenbeseitigung fehlen kann. Zweifel sind angebracht, denn es geht bei § 113 Abs. 1 Satz 3 VwGO um eine Leistung zur Beseitigung der Folgen eines Eingriffs und nicht wie bei § 113 Abs. 5 VwGO um eine Leistung zur Begünstigung des Klägers. Bei diesen unterschiedlichen Vorzeichen könnte es ausgeschlossen sein, dass die Folgenbeseitigung im Ermessen der Behörde steht. Immerhin ist ja auch von einem Folgenbeseitigungs*anspruch* die Rede. Allerdings ist – wie in § 113 Abs. 1 Satz 2 VwGO – zwischen der Entscheidung „dass“ und „wie“ die Folgenbeseitigung zu erfolgen hat, zu unterscheiden. Dieser Unterscheidung folgend, soll erst untersucht werden, ob der Behörde bei der Entscheidung über die Folgenbeseitigung Ent-

---

365 BVerwG, Urt. v. 06.09.1988, BVerwGE 80, 178, 183 = NJW 1989, 118; KOPP / SCHENKE, § 113 Rn. 84; KUNTZE, in: BADER / FUNKE-KAISER / KUNTZE / V.ALBEDYLL, § 113 Rn. 43.

366 Zu den Folgen fehlender Spruchreife des Vollzugsfolgenbeseitigungsantrages siehe unten S. 250 ff.

schließungsermessen zustehen kann, und anschließend, ob Auswahlermessen denkbar ist[367].

1. Entschließungsermessen

Problematisch ist die Behandlung des Folgenbeseitigungsanspruches als ausschließlich gebundene Entscheidung vor allem in den Fällen erfolgreicher Drittanfechtung eines vollzogenen Verwaltungsakts, in denen die Folgenbeseitigung in eine Rechtsposition eingreift, auf deren Bestand der Begünstigte vertraut hat, z.B. bei Aufhebung einer bereits verwirklichten Baugenehmigung auf die Klage eines Nachbarn. Im Folgenden basiert die Darstellung auf diesem Beispiel, da es die Problematik am besten verdeutlicht.

Abzulehnen ist die Auffassung, die in dieser Situation die Aufhebung der Baugenehmigung nur als – wenn auch gewichtigen – Abwägungsbelang im Sinne einer Folgenbeseitigungslast[368] im Rahmen einer Ermessensentscheidung der Behörde über den Erlass einer Bauordnungsverfügung gegen den Begünstigten behandeln will, denn diese Lösung wird der Natur des Folgenbeseitigungsanspruches nicht gerecht. Wenn man bedenkt, dass der Vollzugsfolgenbeseitigungsanspruch notwendig ist, um die prinzipielle Wirksamkeit rechtswidriger belastender Verwaltungsakte zu kompensieren[369], so lässt sich nicht nachvollziehen, weshalb von diesem gerechten Ausgleich abgewichen werden sollte, nur weil ein Beteiligter von der Wirksamkeit vor Eintritt der Bestandskraft profitiert hat. Dagegen lässt sich auch nicht einwenden, eine Automatik mit der Folge eines strikten Nachbaranspruchs auf den Erlass bauaufsichtsrechtlicher Maßnahmen verbiete sich angesichts des in den Bauordnungen eingeräumten Verwaltungsermessens, welches Raum lasse für eine Abwägung zwischen den Interessen der beteiligten Grundstückseigentümer, insbesondere hinsichtlich der Schwere der tatsächlichen Beeinträchtigungen des Nachbarn[370]. Dazu ist zu sagen, dass die Notwendigkeit des Rückgriffs auf eine gesetzliche Eingriffsermächtigung in diesen Fällen angesichts der nahezu einhellig angenommenen Ableitung des Folgenbeseitigungsanspruchs

367 Differenzierend auch VGH Kassel, Urt. v. 11.11.1993, NVwZ 1995, 300, 302; LENZ, S. 73 Fn. 1.

368 GERHARDT, in: SCHOCH / SCHMIDT-ASSMANN / PIETZNER, Rn. 11 vor § 113; IVO, S. 44; SARNIGHAUSEN, NJW 1993, 1623, 1628.

369 FABER, § 30 III b); ähnlich WOLFF / BACHOF / STOBER, Band 2, § 52 Rn. 26.

370 So aber SARNIGHAUSEN, NJW 1993, 1623, 1628.

aus dem Bundesverfassungsrecht keineswegs sicher ist[371] und dass sich jedenfalls die Frage der Vollzugsfolgenbeseitigung erst stellt, nachdem der Anfechtungskläger bereits die formellen und materiellen Hürden etwa des Rechtsschutzbedürfnisses und der Heilungsmöglichkeiten genommen hat und nachdem damit feststeht, dass objektiv der Verwaltungsakt rechtswidrig und subjektiv der Kläger in seinen Rechten verletzt ist. Unvereinbar mit dem daraus folgenden zwingenden Aufhebungsanspruch wäre es, die weiteren Konsequenzen in das Ermessen der Behörde zu stellen, denn es ist SCHENKE[372] darin zuzustimmen, dass die Aufhebung des rechtswidrigen Verwaltungsakts bei vollzogenen Verwaltungsakten überhaupt erst daraus ihren Sinn bezieht, dass sie die Voraussetzung für die Rückgängigmachung des Vollzugs schafft.

Konsequenterweise nehmen auch die Befürworter der Notwendigkeit einer gesetzlichen Eingriffsermächtigung im Verhältnis zu dem Begünstigten ganz überwiegend die Reduktion eines vorhandenen Ermessensspielraums auf „null" an[373]. Ausgangspunkt ist auch nach dieser Auffassung der Folgenbeseitigungsanspruch. Die einfach-gesetzliche Eingriffsermächtigung wird nur unter dem Gesichtspunkt der rechtlichen Zulässigkeit der Folgenbeseitigung herangezogen, nämlich bei der Frage ob ihr ein rechtliches Hindernis entgegensteht[374].

Wenig überzeugend ist die Begründung von Entschließungsermessen mit dem Hinweis auf privatrechtliche Verteidigungsmöglichkeiten[375], denn die Probleme, die sich aus dem Vollzug einer rechtswidrigen Baugenehmigung ergeben, können nicht aus der Beurteilung nach öffentlichem Recht ausgeklammert werden. Sie bilden vielmehr einen gemeinsamen Komplex mit der Kassation, wie die Regelung in § 113 Abs. 1 Satz 2, 3 VwGO zeigt.

Die Bindung der Behörde an einen Anspruch auf Folgenbeseitigung birgt auch nicht die Gefahr unbilliger Ergebnisse in sich, denn im Einzelfall kann dem An-

371 Für die Notwendigkeit BVerwG, Beschl. v. 13.07.1994, UPR 1994, 450 = NVwZ 1995, 272; VGH Kassel, Urt. v. 11.11.1993, NVwZ 1995, 300, 302; KNEMEYER, JuS 1988, 696, 698; für den Folgenbeseitigungsanspruch selbst als ausreichende Rechtsgrundlage SCHENKE, DVBl. 1990, 328, 331; WOLFF / BACHOF / STOBER, § 52 Rn. 26.

372 DVBl. 1990, 328, 334 unter Hinweis auf [PrOVG, Urt. v. 18.10.1898,] PrOVGE 34, 178, 181, wonach ohne Beseitigung der Vollzugsfolgen „das Urteil im Anfechtungsprozeß ohne praktische Bedeutung und 'bloß die Erlangung eines Richterspruchs über die Rechtmäßigkeit' " des Verwaltungsakts wäre.

373 VGH Kassel, Urt. v. 11.11.1993, NVwZ 1995, 300, 302; KNEMEYER, JuS 1988, 696, 698; für Ermessensreduktion „in der Regel" OSSENBÜHL, Staatshaftungsrecht, 7.Teil V 1 b), S. 320; VGH Mannheim, Beschl. v. 20.01.1987, NVwZ 1987, 1101; SCHOCH, Jura 1993, 478, 485: „vielfach eine Ermessensreduktion auf Null".

374 Vgl. KNEMEYER, JuS 1988, 696, 698.

375 So aber GERHARDT, in: SCHOCH / SCHMIDT-ASSMANN / PIETZNER, Rn. 11 vor § 113.

spruch der Einwand unzulässiger Rechtsausübung[376] oder der Unverhältnismäßigkeit[377] von Maßnahmen gegen den Begünstigten entgegengehalten werden. Wirklich gewichtige Gründe, die der Folgenbeseitigung entgegenstehen, können den Anspruch selbst zu Fall bringen, andere Belange sind aber jedenfalls nach Aufhebung der Genehmigung nicht schützenswert und rufen keinen Abwägungsbedarf hervor.

Der weiter gehende Streit, ob über den Folgenbeseitigungsanspruch hinaus eine (im Lichte der Folgenbeseitigungspflicht auszulegende) gesetzliche Grundlage für das Einschreiten gegen den Begünstigten erforderlich ist[378], braucht hier nicht entschieden zu werden. Denn da ein ggf. eröffneter Entschließungs-Ermessensspielraum auf „null" reduziert wird, ist die im Zusammenhang mit der Spruchreife interessierende Frage, ob dem Gericht eine eigene Entscheidung über die Pflicht zum Einschreiten verwehrt ist, nach diesen beiden Auffassungen zu verneinen. Der Diskussion lässt sich dann nur entnehmen, dass man über den Vorbehalt einer einfach-gesetzlichen Transformation des Folgenbeseitigungsanspruchs im Verhältnis zum Begünstigten streiten mag, dass der Anspruch als solcher aber jedenfalls nicht zur Disposition der Verwaltung steht.

2. Auswahlermessen

Auch wenn die Frage der Folgenbeseitigung als solche nicht in das Ermessen der Behörde gestellt ist, könnte ihr trotzdem Ermessen bei der Frage zustehen, in welcher Art und Weise sie diesen Anspruch erfüllt. Damit ist die Frage der begrifflichen Identität der Spruchreife nach wie vor offen, denn ein verbleibendes Auswahlermessen der Behörde bei der Entscheidung über die Folgenbeseitigung würde genügen, um in den Begriff der Spruchreife i.S.d. § 113 Abs. 1 Satz 3 VwGO das gleiche vom materiellen Recht abhängige Element fehlender Kompetenzbeschränkung hineinzulesen wie im Zusammenhang mit § 113 Abs. 5 VwGO.

---

376 BVerwG, Urt. v. 06.09.1988, BVerwGE 80, 178, 179 = NJW 1989, 118: Die Entscheidung bestätigt die Möglichkeit der Verwirkung des Folgenbeseitigungsanspruches, zeigt aber zugleich die engen Voraussetzungen auf (gesicherte Erwartung der alsbaldigen Herbeiführung rechtmäßiger Zustände), unter denen die Geltendmachung des Folgenbeseitigungsanpsruches gegen den Grundsatz von Treu und Glauben verstößt. Insofern geht der Hinweis von GERHARDT, in: SCHOCH / SCHMIDT-ASSMANN / PIETZNER, Rn. 8 vor § 113, fehl, dass es sich bei dieser Entscheidung um eine nicht überzeugende „Ausdehnung des Grundsatzes 'dolo facit, qui petit, quod statim redditurus est'" handele.

377 Dies gilt sowohl bei Befürwortung einer notwendigen einfach-gesetzlichen Eingriffsermächtigung (vgl. VGH Kassel, Urt. v. 11.11.1993, NVwZ 1995, 300, 303), als auch bei alleiniger Zugrundelegung des Folgenbeseitigungsanspruches (vgl. SCHENKE, DVBl. 1990, 328, 334).

378 Siehe oben Fn. 371.

Schließlich muss nach der klaren Fassung des § 113 Abs. 1 Satz 2 VwGO die Entscheidung, dass und wie die Verwaltungsbehörde die Vollziehung rückgängig zu machen hat, (vollständig) spruchreif sein. Wenn das Gericht wegen eines Ermessensspielraums der Behörde nur in einem dieser Punkte bei seiner Entscheidung Zurückhaltung üben müsste, wäre die uneingeschränkte gerichtliche Entscheidungsfreiheit auch hier ein Merkmal der Spruchreife. Maßgeblich ist deswegen, ob Fälle denkbar sind, in denen feststeht, dass die Behörde nach Aufhebung eines rechtswidrigen vollzogenen Verwaltungsakts zur Folgenbeseitigung verpflichtet ist, ihr aber dennoch Auswahlmöglichkeiten bei der Realisierung dieses Anspruchs verbleiben.

LENZ hält Konstellationen mit nennenswerten Wahlmöglichkeiten für die Behörden für ausgeschlossen, da der Folgenbeseitigungsanspruch „sowohl dem Gegenstande als auch dem Umfange nach hinreichend konkretisiert" sei[379]. Es verbleibe lediglich ein Ermessensspielraum bei der Wahl der Mittel, welche die Behörde ergreift, um das bereits festgelegte Ergebnis der (naturalen) Wiederherstellung des früheren Zustandes zu erzielen, wobei es sich um eine rein behördeninterne Angelegenheit handele, deren Handhabung insbesondere nicht in den Interessenbereich des Klägers falle[380]. Wenn man diese Aussagen hinterfragt, kommen Zweifel auf, ob die Rechtsfolge des begründeten Folgenbeseitigungsanspruchs tatsächlich in allen Fällen hinreichend konkret auf die Wiederherstellung des früheren Zustands festgelegt ist. Vielfach finden sich nämlich einschränkende Formulierungen in Literatur und Rechtsprechung, durch die der Folgenbeseitigungsanspruch im Laufe der Zeit eine immer genauere Definition seiner Rechtsfolgen erfahren hat: Der Folgenbeseitigungsanspruch sei gerichtet auf Wiederherstellung des ursprünglichen Zustandes „bzw. auf Herstellung eines diesem Zustand gleichwertigen Zustandes"[381]. Inhalt und Umfang erstreckten sich „allein auf die Beseitigung der rechtswidrigen Folgen eines Tuns oder Unterlassens der vollziehenden Gewalt" und hätten einen Ausgleich in natura zum Gegenstand; dies bedeute „*regelmäßig* [Hervorhebung nur hier], daß (nur) der vor der Vornahme der Amtshandlung bestanden habende Zustand wiederherzustellen" ist[382]. Ersatzfähig seien weiterhin nur die unmittelbaren Folgen der Amtshandlung[383]. Der Anspruch richte sich seinem Inhalt nach „*grundsätzlich* [Hervorhebung nur hier] auf die Wiederherstellung des Zustandes, der im Zeitpunkt des rechtswidrigen Eingriffs bestand"[384]. In neueren Urteilen des Bundesverwaltungsgericht heißt es: „Ist der Anspruch auf

379 S. 73.
380 LENZ, S. 74.
381 WOLFF / BACHOF / STOBER, § 52 Rn. 20.
382 BVerwG, Urt. v. 19.07.1984 (Bardepot), BVerwGE 69, 366, 371 = NJW 1985, 817, 818.
383 BVerwG, Urt. v. 19.07.1984 (Bardepot), BVerwGE 69, 366, 373 = NJW 1985, 817, 819.
384 BVerwG, Urt. v. 06.09.1988, BVerwGE 80, 178, 183 = NJW 1989, 118.

Folgenbeseitigung auf die Herstellung eines (unteilbaren) Zustandes gerichtet und liegt eine zu berücksichtigende Mitverantwortung vor, so kommt in entsprechender Anwendung des § 251 Abs. 1 BGB die Zahlung eines Ausgleichsbetrages in Betracht."[385] „Das Ziel des Anspruchs auf Folgenbeseitigung ist zwar auf die Herstellung rechtmäßiger Zustände gerichtet; sein Inhalt ist gleichwohl darauf begrenzt, den Eingriff in die subjektive Rechtsstellung zu beseitigen."[386] Festzuhalten ist damit zunächst, dass die pauschale Festlegung auf die Wiederherstellung des früheren Zustandes mit den Definitionen gerade der jüngeren Rechtsprechung nicht zu vereinbaren ist.

Die Möglichkeit einer Abweichung von dem Grundsatz der Herstellung des ursprünglichen Zustandes würde freilich dann noch nicht die Annahme von Auswahlermessen der Behörde rechtfertigen, wenn sie immer nur aufgrund zwingender Umstände erfolgen dürfte und deswegen durch das Gericht voll zu überprüfen und ggf. anzuordnen wäre. Indessen sind Fälle denkbar, in denen Art und Umfang der Beseitigungspflicht gerade von der Ermessensbetätigung der Behörde abhängig sind. In dem bereits angeführten Beispiel der Aufhebung einer Baugenehmigung auf die Klage des Nachbarn kann dies darauf hinauslaufen, dass die Folgenbeseitigung nicht in einer Abrissverfügung bestehen muss, sondern sich auf eine Nutzungsuntersagung beschränken kann, wenn bereits dadurch der Eingriff in die Rechte des Klägers angemessen beseitigt werden kann und im Verhältnis zu dem vormals Begünstigten beide Maßnahmen verhältnismäßig wären. Noch weiter ist der Ermessensspielraum der Behörde in Fällen, in denen die öffentliche Hand begünstigt ist, weil dann die Handlungsmöglichkeiten nicht zusätzlich durch Grundrechte und schutzwürdiges Vertrauen eingeschränkt werden. Beispielsweise ist es denkbar, dass ein aufgehobener straßenrechtlicher Planfeststellungsbeschluss durch einen neuen ersetzt werden kann, dem dann ganz oder teilweise, ggf. mit einer neuen anschließenden Trassenführung, hinsichtlich der vollzogenen Baumaßnahmen eine Legalisierungswirkung[387] zukommen würde. Die Umsetzung würde – soweit die Legalisierung reicht – zur Verwirkung der Forderung nach Wiederherstellung des ursprünglichen Zustandes gemäß dem Grundsatz „dolo agit, qui petit, quod statim redditurus est" führen[388]. Wenn die Legalisierung möglich ist, steht es im Ermessen der Behörde, ob die den entstandenen rechtswidrigen Zustand dadurch beseitigt, dass sie die tatsächlichen Verhältnisse an die rechtlichen anpasst oder dadurch, dass sie gestaltend tätig wird und einen Verwaltungsakt erlässt, welcher den tatsächlichen Verhältnissen gerecht wird.

385 BVerwG, Urt. v. 14.04.1989, BVerwGE 82, 24 (2. LS) = NJW 1989, 2484.
386 BVerwG, Urt. v. 26.08.1993, BVerwGE 94, 100 (7. LS) = DÖV 1994, 341.
387 BVerwG, Urt. v. 06.09.1988, BVerwGE 80, 178, 183 = NJW 1989, 118, 119.
388 Vgl. BVerwG, Urt. v. 06.09.1988, BVerwGE 80, 178, 179 = NJW 1989, 118.

In dieser Situation wäre es einerseits verfehlt, den Folgenbeseitigungsanspruch abzuweisen, weil dann vorgreiflich die bloße Möglichkeit einer Verwaltungsentscheidung zum Nachteil des Klägers unterstellt würde[389]. Es ist zwar denkbar, dass zum Zeitpunkt der gerichtlichen Entscheidung in bestimmten Fallkonstellationen bereits die sichere Erwartung begründet ist, dass der bestehende Zustand legalisiert werden wird, jedoch ist es jedenfalls dann, wenn die Entscheidung über die Legalisierung im Ermessen der Behörde steht, dem Gericht untersagt, ein Ergebnis zu unterstellen und dem Kläger von vornherein den Einwand unzulässiger Rechtsausübung entgegenzuhalten[390]. Auf der gleichen Linie liegt es, wenn das Bundesverwaltungsgericht in einer neueren Entscheidung zur gedanklichen Vorwegnahme einer fraglichen Legalisierung durch eine neue Bauleitplanung bzw. Planfeststellung und zu der damit verbundenen Verkürzung des verfahrensrechtlichen Grundrechtsschutzes ausführt:

> „Diesen mittelbaren Schutz darf ein Gericht nicht dadurch mindern, dass es im Rahmen einer verwaltungsgerichtlichen Prüfung der Rechtmäßigkeit des Eingriffs ein planerisches Verfahren antizipiert und ‚ergebnisorientiert' annimmt, man werde in diesem Verfahren den Eingriff und den durch ihn verursachten rechtswidrigen Zustand nunmehr rechtfertigen können. Die geordnete städtebauliche Entwicklung bedingt kommunalpolitische Entscheidungen, die – mögen diese im Einzelfall naheliegend sein – ein Verwaltungsgericht nicht zu ersetzen hat."[391]

Andererseits kann sich auch dann, wenn die Behörde noch nichts zu ihrer Umsetzung unternommen hat, die Option der Legalisierung geradezu aufdrängen, so dass das Gericht mit einer Entscheidung, die dem auf Wiederherstellung des ursprünglichen Zustandes gerichteten Folgenbeseitigungsanspruch stattgibt, eine Vollstreckungsgegenklage der Behörde[392] regelrecht provozieren würde – ein Ergebnis, das kaum im Interesse der Beteiligten und der Prozessökonomie liegen kann. Die Legalisierungsmöglichkeit nur dann bei der Entscheidung gem. § 113 Abs. 1 Satz 2 VwGO zu berücksichtigen, wenn die Behörde bereits mit ihrer Umsetzung begonnen hat, hilft nicht weiter, denn typischerweise wird sie erst den Ausgang der Anfechtungsklage abwarten[393]. In diesen Fällen hängt dann für die Frage, wie die Vollziehung rückgängig zu machen ist, nicht nur die Wahl des Mittels (etwa die Alternative des Gebäudeabbruchs durch Verwaltungsbedienstete oder ein beauftragtes Unternehmen), sondern auch die Wahl von Art und Umfang und somit das Ergebnis von der Ermessensbetätigung der Behörde ab. Es spricht

---

389 Vgl. BVerwG, Urt. v. 06.09.1988, BVerwGE 80, 178, 181 = NJW 1989, 118, 119.

390 BVerwG, Urt. v. 06.09.1988, BVerwGE 80, 178, 182 = NJW 1989, 118, 119.

391 BVerwG, Urt. v. 26.08.1993, BVerwGE 94, 100, 114 f. = DÖV 1994, 341 ff.

392 Unter Hinweis auf diese mögliche Konsequenz BVerwG, Urt. v. 06.09.1988, BVerwGE 80, 178, 184 = NJW 1989, 118, 119.

393 So auch im Fall von BVerwG, Urt. v. 06.09.1988, BVerwGE 80, 178 = NJW 1989, 118.

daher Überwiegendes dafür, dass sich das Gericht in diesen Fällen einer abschließenden Entscheidung enthalten muss, weil es sonst in die Kompetenzen der Verwaltung eingreifen würde.

Auch wenn man berücksichtigt, dass die vollständige Legalisierung des Status quo zur Verwirkung des Folgenbeseitigungsanspruches im Ganzen führen kann, ist dies kein Widerspruch zu der oben vertretenen Auffassung, dass der Folgenbeseitigungsanspruch der Behörde keinen Raum für Entschließungsermessen lässt, denn die Behörde ist auch bei der Möglichkeit der Legalisierung zum Handeln gezwungen, und ihre Untätigkeit wäre jedenfalls rechtswidrig. Folglich sind Fälle denkbar, in denen zwar nicht die Entscheidung der Behörde über das „Ob", wohl aber über das „Wie" der Folgenbeseitigung im Sinne von Art und Umfang aufgrund eines Ermessensspielraums von der Justizkontrolle freigestellt und deswegen ein Spruch des Gerichts aus Gründen des materiellen Rechts ausgeschlossen ist[394].

IV. Spruchreife im Zusammenhang mit allgemeinen Leistungsklagen

Da § 113 Abs. 1 Satz 2, 3 VwGO insbesondere auch die Folgenbeseitigung durch schlichte Amtshandlungen erfasst, die isoliert betrachtet im Wege der allgemeinen Leistungsklage geltend zu machen wäre[395], stellt sich die Frage nach der Anwendbarkeit der Spruchreife im Zusammenhang mit dieser Klageart. Bereits die redaktionell versehentliche Erwähnung der beantragten „Amtshandlung" anstelle des gemeinten beantragten Verwaltungsakts in § 113 Abs. 5 Satz 1 VwGO[396] deutet an, dass es auf die rechtliche Qualität der beantragten Maßnahmen (Verwaltungsakt oder Realakt) für den Urteilsausspruch nicht grundlegend ankommt. Dies bestätigt § 113 Abs. 1 Satz 2, 3 VwGO, denn dort wird insoweit ebenfalls keine Unterscheidung getroffen. Es kann daher auch für die Spruchreife keinen Unterschied ausmachen, ob die Sache, die den Gegenstand dieser Voraussetzung bildet, im Wege der Verpflichtungsklage oder der allgemeinen Leistungsklage verfolgt wird. Als Folge davon wird man die in § 113 Abs. 5 VwGO vorgesehene Differenzierung zwischen Vornahme- und Bescheidungsverpflichtung auf allgemeine Leistungsklagen analog anwenden können[397]. Für eine Bescheidungsverpflichtung im Rahmen der allgemeinen Leistungsklage besteht dann ein Bedürfnis,

---

394 Im Ergebnis wie hier KUNTZE, in: BADER / FUNKE-KAISER / KUNTZE / V.ALBEDYLL, § 113 Rn. 46: An der Spruchreife der Vollzugsfolgenbeseitigung fehle es dann, wenn der Behörde „bei der Auswahl der möglichen Verhaltensweisen ein Ermessen zusteht".

395 Vgl. VGH Mannheim, Urt. v. 15.10.1990, NVwZ-RR 1991, 334, 336.

396 Siehe oben S. 66.

397 BRUNN, S. 180 ff.; vgl. auch BETTERMANN, NJW 1960, 649, 650, der sogar die unmittelbare Anwendbarkeit des § 113 Abs. 5 VwGO auf allgemeine Leistungsklagen befürwortet.

wenn eine beantragte schlichte Leistung, Handlung oder Unterlassung im Ermessen der Behörde steht[398].

V. Ergebnis

Es ist von einem identischen Begriff der Spruchreife in der Verwaltungsgerichtsordnung auszugehen, der in § 113 Abs. 1 Satz 3 VwGO und § 113 Abs. 5 VwGO gleichermaßen nicht nur die vollständige Klärung des Sachverhalts voraussetzt, sondern darüber hinaus auch die bei Ermessensentscheidungen der Behörde fehlende Freiheit des Gerichts von Beschränkungen seiner Entscheidungskompetenzen[399].

Die oben nach Auslegung des § 113 Abs. 5 VwGO in Aussicht genommene Definition wäre durch die Notwendigkeit, die Spruchreife des Vollzugsfolgenbeseitigungsantrags gem. § 113 Abs. 1 Satz 3 VwGO zu berücksichtigen, nur geringfügig zu verändern, da dieser Antrag nicht notwendig auf die Verurteilung zum Erlass eines Verwaltungsakts gerichtet ist. Man könnte dann formulieren: Die Spruchreife im Sinne der Verwaltungsgerichtsordnung meint die von den materiell-rechtlich begrenzten gerichtlichen Kompetenzen abhängige und im Rahmen der Prozessökonomie durch Aufklärung des Sachverhalts herbeizuführende Möglichkeit, über die Vornahme einer inhaltlich bestimmten Leistung der Behörde abschließend und positiv zu entscheiden.

C. Ist die Spruchreife ein Problem der Aufhebung eines Verwaltungsakts im Rahmen der Anfechtungsklage?

Gelegentlich wird der Begriff der Spruchreife auch unmittelbar mit der Anfechtungsklage in Verbindung gebracht, und zwar nicht nur bezogen auf die von § 113 Abs. 1 Satz 2, 3 VwGO erfasste Frage der Vollzugsfolgenbeseitigung, sondern

398 Vgl. KOPP / SCHENKE, § 114 Rn. 2.

399 Es kann als Indiz für eine entsprechende Handhabung durch das Bundesverwaltungsgericht gelten, wenn es in dem Urteil vom 06.09.1988 ausführt, das Gericht habe die Sach- und Rechtslage „in der sich aus §§ 86, 113 Abs. 4 VwGO [a.F.] ergebenden Weise so aufzuklären, daß sich [...] daraus die erforderliche Entscheidungsreife ergibt, die sich ihrerseits *nach materiellem Recht* [Hervorhebung nur hier] bestimmt“ (BVerwGE 80, 178, 180 = NJW 1989, 118, 119).

bezogen auf die Frage der Aufhebung eines Verwaltungsakts[400]. Dies verwundert zwar, weil die Verwaltungsgerichtsordnung den Begriff im Rahmen der entsprechenden Regelungen über die Anfechtungsklage nicht erwähnt, aber dennoch könnte sich aus systematischen Erwägungen insoweit ein weiterer Anwendungsbereich ergeben, der bei der Definition Berücksichtigung finden müsste. Da die Urteilsformen, die § 113 VwGO für Anfechtungsklagen vorsieht, entscheidende Unterschiede aufweisen, erfolgt die Untersuchung auf etwaige Zusammenhänge mit der Spruchreife getrennt nach den Aussprüchen gem. § 113 Abs. 1, Abs. 2 und Abs. 3 VwGO. Sodann wird auf die Möglichkeit einer isolierten Aufhebung des Widerspruchsbescheides eingegangen.

I. Die Aufhebung gem. § 113 Abs. 1 Satz 1 VwGO und die Frage der alternativen Rechtmäßigkeit

Welchen Sinngehalt einige Stimmen in Literatur und Rechtsprechung der Spruchreife im Zusammenhang mit Anfechtungsklagen beimessen, zeigt sich beispielhaft an den folgenden Erläuterungen von REDEKER / V.OERTZEN: „Grundsätzlich ist Spruchreife herbeizuführen, hat das Gericht alle für oder gegen den VA sprechenden tatsächlichen und rechtlichen Umstände festzustellen und zu würdigen.“[401] „Die Prüfung des Gerichts ergibt, dass so wie erlassen der VA rechtswidrig ist, dass er aber aus anderen Gründen dennoch rechtmäßig sein kann. Diese anderen Gründe sind aber noch nicht spruchreif; zu ihrer Aufklärung sind noch weitere Sachverhaltsermittlungen erforderlich.“[402] Ähnlich verwendet MARX diesen Begriff, indem er meint, das „Herbeiführen der Spruchreife“ bedeute bei der Anfechtungsklage die „weitere Ermittlung in Richtung Unbegründetheit (‚Läßt sich der Eingriff auf andere Weise rechtfertigen?‘)“[403]. Unbeachtlich ist in diesem Zusammenhang, dass die genannten Autoren unterschiedliche Auffassungen zur Handhabung der Spruchreife in der Praxis vertreten, denn bevor Probleme der Anwendung erörtert werden, ist die Frage der Anwendbarkeit dieses Rechtsinstituts im Rahmen der Kassation zu klären.

Die Frage nach der Anwendbarkeit der Spruchreife in dem beschriebenen Sinne kann beispielsweise dann relevant werden, wenn über eine Anfechtungsklage gegen die Entziehung einer Fahrerlaubnis (§ 3 Abs. 1 StVG) zu entscheiden ist, welche die Behörde fehlerhaft auf die fehlende Befähigung (§ 2 Abs. 5 StVG) des In-

---

400 Vgl. BVerwG, Urt. v. 22.10.1987, BVerwGE 78, 177, 179ff.; BVerwG, Urt. v. 09.09.1988, BVerwGE 80, 207, 222; BVerwG, Beschl. v. 24.04.1995, UPR 1995, 269, 270; MARX, S. 19, 30; V.MUTIUS, in: MENGER-FS (1985), S. 601; REDEKER / V.OERTZEN, § 113 Rn. 25.

401 REDEKER / V.OERTZEN, § 113 Rn. 6.

402 REDEKER / V.OERTZEN, § 113 Rn. 25.

403 MARX, S. 19.

habers einer ausländischen Fahrerlaubnis gestützt hat, und sich dann im Prozess die Frage stellt, ob sie alternativ wegen fehlender Eignung (§ 2 Abs. 4 StVG) gerechtfertigt ist[404]. Wenn das referierte Verständnis der Spruchreife zutrifft, muss das Gericht die Möglichkeit fehlender Eignung im Rahmen der Entscheidung gem. § 113 Abs. 1 Satz 1 VwGO berücksichtigen und ggf. etwa ein ärztliches Gutachten darüber einholen, ob der Inhaber der Fahrerlaubnis die körperlichen und geistigen Anforderungen zum Führen eines Kraftfahrzeugs erfüllt. Es geht nicht darum, dass der gerichtliche Spruchkörper alle erforderlichen Ermittlungen selbst durchführt, sondern das Gericht kann auch nach der zitierten Auffassung Stellungnahmen von Sachverständigen einholen oder die Behörde zur Mitwirkung heranziehen[405]. Es geht vielmehr um die Frage, ob das Gericht dazu verpflichtet sein kann, auf die Ermittlung alternativer Rechtfertigungsgründe hinzuwirken und die Ergebnisse eigenverantwortlich zu würdigen.

1. Vergleich mit der Spruchreife gem. § 113 Abs. 5 VwGO

Festzuhalten ist zunächst, dass – selbst wenn sich das zitierte Verständnis von der Reichweite richterlicher Prüfungskompetenzen bestätigen sollte – auf diese Art der Spruchreife eine Reihe der oben zur Verpflichtungsklage herausgearbeiteten Kriterien nicht zutreffen würde. Der Spruchreife würde nicht wie bei § 113 Abs. 5 VwGO die Funktion zukommen, zwischen zwei unterschiedlichen stattgebenden Urteilen zu differenzieren, so dass auch nicht die Entscheidungsreife und die Spruchreife auseinanderfallen könnten. Wenn nämlich ein Gericht meint, bisher unbedachte Rechtfertigungsgründe ermitteln zu müssen, um die Sache in dem zitierten Sinne spruchreif zu machen, so muss es gleichfalls die Entscheidungsreife verneinen und wird nicht in der Lage sein, vor Abschluss der Ermittlungen eine Entscheidung gem. § 113 Abs. 1 Satz 1 VwGO zu treffen. Ferner bedeutete die Spruchreife dann nicht mehr nur die Möglichkeit einer abschließenden positiven Entscheidung im Sinne der Klage, sondern beträfe die allumfassende Klärung des zu Grunde liegenden Sachverhalts, ggf. mit negativem Ausgang für den Kläger. Schließlich würde bei der Frage der Aufhebung gem. § 113 Abs. 1 Satz 1 VwGO der für die Verpflichtungsklage elementare Zweck der Spruchreife, die Alleinentscheidungskompetenzen der Verwaltung zu sichern, nicht zum Tragen kommen. Kennzeichnend für die Spruchreife i.S.d. § 113 Abs. 5 Satz 1 VwGO ist ja gerade,

---

404 Vgl. die ähnliche Konstellation im Fall einer Verpflichtungsklage, gerichtet auf Zulassung zur Fahrprüfung gem. § 15 c Abs. 1 StVZO [a.F.] i.V.m. § 2 StVG bei VG Gießen, Gerichtsbesch. v. 16.06.1994, NJW 1995, 2430 f. Das VG Gießen sah die Ablehnung als rechtswidrig an, hielt sich gleichwohl aber nicht für verpflichtet, die Sache durch Einholung eines augenärztlichen Gutachtens (hinsichtlich der Geeignetheit) spruchreif zu machen.

405 Vgl. v.MUTIUS, in: MENGER-FS (1985), S. 603.

dass sich das Gericht trotz Bejahung der Rechtswidrigkeit und der Rechtsverletzung aus Gründen der Gewaltenteilung an dem beantragten Ausspruch gehindert sieht. Bei der Anfechtungsklage entscheidet sich aber die Frage nach der Verteilung der Kompetenzen ausschließlich auf der Ebene der Rechtswidrigkeit. Dies gilt Ermessensakten gem. § 114 Satz 1 VwGO und bei Beurteilungsspielräumen sowie ähnlichen Alleinentscheidungsbefugnissen der Verwaltung in analoger Anwendung[406] dieser Vorschrift: Soweit die gesetzlichen Grenzen der Ermächtigung zur Alleinentscheidung nicht überschritten sind, ist die Entscheidung der Behörde schon nicht rechtswidrig und somit einer Aufhebung nach § 113 Abs. 1 Satz 1 VwGO schon deswegen nicht zugänglich. Wenn aber ein Verwaltungsakt wegen Überschreitung gesetzlicher Grenzen der Alleinentscheidungsbefugnisse rechtswidrig ist, besteht auch nach der hier zu diskutierenden Ansicht kein weiterer Prüfungsbedarf, ob die Sache „spruchreif" ist, sondern der Verwaltungsakt ist aufzuheben. Der Anwendungsbereich der Spruchreife im Zusammenhang mit der Anfechtungsklage ist nach den dargestellten Prinzipien nur bei gebundenen Entscheidungen eröffnet, denn es soll um die Frage des bei Ermessensentscheidungen nicht denkbaren selbständigen „Durchentscheidens" durch das Gericht gehen[407].

Als Gemeinsamkeit der Spruchreife in dem beschriebenen Sinne mit der Spruchreife der Verpflichtungsklage verbleiben nur die Aspekte der Ergebnisbezogenheit bzw. Endgültigkeit der Entscheidung und der damit verbundenen Reichweite der Sachverhaltsermittlung. Man könnte sich auf den Standpunkt stellen, auch bei Anfechtungsklagen müsse grundsätzlich das Gericht so weit gehend wie möglich die Streitsache zu einem Abschluss bringen, damit nicht die Notwendigkeit neuer Verwaltungsentscheidungen neue Rechtsunsicherheit entfaltet. Man könnte weiter argumentieren, deshalb müsse das Gericht auch dann, wenn der Verwaltungsakt in der dem Gericht vorliegenden Gestalt rechtswidrig ist und den Kläger in seinen Rechten verletzt, gegebenenfalls noch weitere Ermittlungen anstellen um zu klären, ob die durch den Verwaltungsakt angeordnete Regelung – aus anderen Gründen als sie im Verwaltungsverfahren angenommen wurden – rechtmäßig ist. Allerdings muss diese Ansicht korrekterweise erklären, wie sie mit § 113 Abs. 1 Satz 1 VwGO zu vereinbaren ist. Denn diese Vorschrift kennt im Rahmen des prozessualen Prüfungsschemas mit der Rechtswidrigkeit und der dadurch hervorgerufenen Rechtsverletzung nur zwei Tatbestandsmerkmale[408] und normiert als Rechtsfolge – soweit diese Voraussetzungen erfüllt sind – stets die Aufhebung eines Verwaltungsakts, ohne dass dabei Modifikationen wie in § 113 Abs. 5 VwGO vorgesehen wären.

406 KOPP / SCHENKE, § 114 Rn. 23; SCHMIDT-ASSMANN / GROSS, NVwZ 1993, 617, 624.
407 MARX, S. 33.
408 Die mit der Formulierung „dadurch" implizierte Kausalität hat keine eigenständige Bedeutung, vgl. WEYREUTHER, in: MENGER-FS (1985), S. 692.

2. Zweifel an der Übertragbarkeit der Terminologie

Es überwiegen wohl durchaus die Stimmen, die von dem Gericht verlangen, den Sachverhalt im Hinblick auf die Ergebnisrichtigkeit des angegriffenen Verwaltungsakts zu ermitteln. Jedoch wird diese Forderung unterschiedlich begründet, und es fällt auf, dass der Begriff der Spruchreife in diesem Zusammenhang nur selten verwendet wird. WEYREUTHER spricht von einem „Halten des Verwaltungsakts aus anderen Gründen“[409] und BETTERMANN von richterlichem „Durchentscheiden“[410]. GROSCHUPF meint, das „Nachschieben von Gründen“ bei der Anfechtungsklage entspreche dem „Spruchreifmachen“ bei der Verpflichtungsklage[411], so dass er den Begriff der Spruchreife gerade nicht auf die Anfechtungsklage überträgt. Auch ULE[412] und SCHMITT GLAESER / HORN[413] votieren unter der Überschrift „Nachschieben von Gründen“ für die Befugnis und die Verpflichtung des Gerichts, alternative Rechtfertigungsgründe zu ermitteln. SCHOCH meint wiederum, das Problem des „Nachschiebens von Gründen“ stelle sich bei gebundenen Verwaltungsakten gar nicht, weil es für den Erfolg oder Misserfolg der Anfechtungsklage allein auf das Ergebnis ankomme und dieses von dem Gericht ohne Bindung an die Begründung der Behörde unter allen denkbaren Gesichtspunkten überprüft werde[414]. Damit verknüpfen auch namhafte Befürworter einer weitgehenden richterlichen Aufklärungspflicht ihre Ansicht nicht mit der Formulierung, das Gericht müsse die Anfechtungsklage „spruchreif“ machen.

Wenn MARX der Spruchreife im Rahmen der Anfechtungsklage eine entscheidungserhebliche Bedeutung beimisst und zur Terminologie ausführt, der Ausdruck „Nachschieben von Gründen“ sollte für die gerichtliche Berücksichtigung anderweitiger Rechtfertigungsgründe vermieden werden, weil sonst die unterschiedlichen Kompetenzen von Gericht und Verwaltung verwischt würden[415], so ist ihm entgegenzuhalten, dass damit nichts über die Anwendbarkeit der Spruchreife gesagt ist und dass gerade das Verwischen von Unterschieden, namentlich von systematischen Unterschieden zur Verpflichtungsklage, gegen die Verwendung des Begriffs in diesem Kontext spricht.

---

409 DÖV 1985, 126, 129.
410 In: MENGER-FS (1985), S. 712.
411 DVBl. 1962, 627, 630.
412 § 57 III 1.
413 Rn. 531.
414 DÖV 1984, 401, 403.
415 MARX, S. 33.

3. Die Irrelevanz einer ungewissen „Ergebnisrichtigkeit“

Man wird noch einen Schritt weiter gehen müssen: Wenn man den Grundsatz der Gewaltenteilung ernst nimmt, ist es nicht nur ausgeschlossen, eine Pflicht des Gerichts zur Ermittlung der Ergebnisrichtigkeit des Verwaltungsakts gerade mit der Notwendigkeit zu begründen, die Sache „spruchreif“ zu machen, sondern eine derartige Vorgehensweise des Gerichts ist dann insgesamt abzulehnen – nicht nur grundsätzlich, sondern immer.

a. Regelungsgehalt des § 113 Abs. 1 Satz 1 VwGO

Die zuvor aufgezeigte Vorgehensweise des Gerichts wäre mit § 113 Abs. 1 Satz 1 VwGO dann zu vereinbaren, wenn man den Begriff des Verwaltungsakts im Sinne dieser prozessualen Vorschrift auf dessen Regelung reduzieren könnte, d.h. auf den Tenor, den Spruch der Verwaltungsentscheidung. Diese Auffassung ist in der Literatur weit verbreitet[416] und wird darüber hinaus besonders deutlich in der Rechtsprechung des Bundesverwaltungsgerichts, beispielsweise dann, wenn es einen zu Unrecht auf das Straßenbaubeitragsrecht gestützten Heranziehungsbescheid mit Blick auf das Erschließungsbeitragsrecht aufrechterhält, weil sich die Frage der Rechtmäßigkeit eines angefochtenen Bescheides nach dem Recht richte, das geeignet sei, seinen Spruch zu rechtfertigen[417]. Diese Interpretation, bei der die Begründung des Verwaltungsakts kommentarlos von der Beurteilung der Rechtmäßigkeit ausgenommen wird, überzeugt jedoch nicht. Sie wird auch von ihren Befürwortern nicht immer konsequent durchgehalten, denn beispielsweise stellt WEYREUTHER zwar einerseits im Zusammenhang mit § 113 Abs. 1 Satz 1 VwGO fest, Gegenstand der Rechtswidrigkeitsprüfung sei „unmittelbar allein die ‚Regelung', das heißt der ‚Spruch'“; andererseits konzediert er im darauffolgenden Absatz die „Möglichkeit eines zur Aufhebung führenden formellen Begründungsmangels“ [418]. Wenn es für die Aufhebung wirklich nur auf die Regelung des Verwaltungsakts ankäme, könnte man dagegen ohne das insofern zum Ausdruck kommende Unbehagen auch einen Verwaltungsakt aufrechterhalten, dem es an jeglicher Begründung fehlt.

416 In diesem Sinne BETTERMANN, in: HANS-HUBER-FS (1985), S. 45; SCHOCH, DÖV 1984, 401, 403; WEYREUTHER, DÖV 1985, 126, 128; a.A. V.MUTIUS, in: MENGER-FS (1985), S. 598; SCHENKE, NVwZ 1988, 1, 9.

417 BVerwG, Urt. v. 19.08.1988, BVerwGE 80, 96, 98; BVerwG, Urt. v. 27.02.1982, BVerwGE 64, 356, 358.

418 WEYREUTHER, DÖV 1985, 126, 128 f.

Abgesehen von den praktischen Schwierigkeiten, zwischen dem Inhalt der Regelung und ihrer Begründung zu unterscheiden[419], bestehen zunächst Bedenken wegen der althergebrachten Definition des Verwaltungsakts, welche der Verwaltungsgerichtsordnung zu Grunde liegt. Dieser verwaltungsprozessuale Begriff des Verwaltungsakts stimmt seit jeher mit dem des materiellen Verwaltungsrechts überein, denn dafür streiten die Vermutung für einen einheitlichen Sprachgebrauchs des Gesetzgebers sowie der funktional-systematische Zusammenhang zwischen dem materiellen Verwaltungsrecht und dem Verwaltungsprozessrecht, so dass eine Abweichung ausdrücklich normiert werden müsste[420]. Daher kann zur Begriffsbestimmung auf die Legaldefinition des § 35 Satz 1 VwVfG verwiesen werden[421], die ihrerseits auf eine lange Tradition nicht nur in der Rechtswissenschaft, sondern auch in der Gesetzgebung zurückblicken kann. Beispielsweise schon in § 25 Abs. 1 Satz 1 der Militärregierungsverordnung Nr. 165 (Britische Zone) vom 15. September 1948[422] und damit lange vor Verabschiedung der Verwaltungsgerichtsordnung hatte der Verwaltungsakt bereits weitestgehend die heutigen Konturen erhalten[423]. Daher lassen sich auch historisch keine Unterschiede zwischen den Begriffen des Verwaltungsakts nach allgemeinem Verwaltungsverfahrensrecht und Verwaltungsprozessrecht konstruieren. Wenn nun heute der Verwaltungsakt gem. § 35 Satz 1 VwVfG auch im Sinne des Prozessrechts als Maßnahme einer Behörde *zur* Regelung eines Einzelfalles auf dem Gebiet des öffentlichen Rechts mit unmittelbarer Außenwirkung definiert ist, so stellt die Regelung nur einen Teil des Verwaltungsaktes dar[424]. Der weitere Begriff der Maßnahme, die in ihrer Gesamtheit den Verwaltungsakt bildet, umfasst dagegen jedenfalls alle

---

419 Darauf verweist in anderem Zusammenhang SCHENKE, DVBl. 1987, 641, 643.

420 KOPP / SCHENKE, Anh. § 42 Rn. 2.

421 SCHENKE, Rn. 185; ebenso SODAN, in: NK-VwGO, § 42 Rn. 99.

422 VOBl. der britischen Zone 1948, S. 263.

423 § 25 Abs. 1 S. 1 MRVO Nr. 165 lautete: „Verwaltungsakt ist jede Verfügung, Anordnung, Entscheidung oder sonstige Maßnahme, die von einer Verwaltungsbehörde zur Regelung eines Einzelfalles auf dem Gebiet des öffentlichen Rechts getroffen wird." Insofern fehlt im Vergleich zu der heutigen Legaldefinition des § 35 S. 1 VwVfG nur das hier nicht interessierende Merkmal der unmittelbaren Außenwirkung. Ein inhaltlicher Wandel war damit ohnehin nicht bezweckt, weil sich § 35 S. 1 VwVfG bewusst an § 25 Abs. 1 S. 1 MRVO Nr. 165 anlehnte und die Ergänzung um die unmittelbare Außenwirkung nur als Klarstellung gedacht war (BT-Drucks. 7/910, S. 57). Für die „allgemeine Gültigkeit" dieser Legaldefinition auch für das Verwaltungsprozessrecht bereits HAUSTEIN, S. 34.

424 Ebenso MARX, S. 134.

Ausführungen, welche die getroffene Regelung stützen sollen[425]. Wenn dem Verwaltungsakt eine Begründung beigefügt ist – und das wird im Hinblick auf die für schriftliche Verwaltungsakte geltende Begründungspflicht gem. § 39 Abs. 1 VwVfG in aller Regel so sein – so ist die Begründung Teil der Maßnahme und damit der Rechtskontrolle ebenso unterworfen wie die übrigen Bestandteile der Maßnahme. Es versteht sich von selbst, dass es dabei nur auf die tragenden Gesichtspunkte ankommt, welche die Behörde zu der Regelung bewogen haben, und nicht auf etwaige beiläufige Randbemerkungen oder Erläuterungen. Sofern die angegebene Begründung die ausgesprochene Regelung nicht trägt, z.B. weil die angeführten Normen nicht den Schluss auf die tenorierte Rechtsfolge zulassen oder weil die Behörde von unzutreffenden Tatsachen ausgegangen ist, dann ist der Verwaltungsakt wegen eines inhaltlichen Begründungsmangels rechtswidrig, auch im Sinne des § 113 Abs. 1 Satz 1 VwGO[426]. Dagegen liefern die Begriffe des Verwaltungsakts und der Rechtswidrigkeit keine Anhaltspunkte dafür, die Begründung aus der richterlichen Beurteilung auszublenden und das Urteil nur davon abhängig zu machen, ob der „Spruch" des Verwaltungsakts einer Überprüfung anhand des geltenden Rechts standhält.

Darüber hinaus sprechen systematische Erwägungen dagegen, die richterliche Kontrolle des Verwaltungsakts i.S.d. § 113 Abs. 1 Satz 1 VwGO auf seinen „Spruch" zu fokussieren. Da nämlich die Voraussetzungen der Rechtswidrigkeit und der Rechtsverletzung auch in § 113 Abs. 5 VwGO mit identischen Formulierungen und Bedeutungen[427] enthalten sind und die Spruchreife als Element der Ergebnisrichtigkeit zusätzlich zu prüfen ist, wäre es systemwidrig, dieses Element schon in eines der Tatbestandsmerkmale des § 113 Abs. 1 Satz 1 VwGO hineinzulesen.

Schließlich wäre es unter teleologischen Gesichtspunkten verfehlt, das Tatbestandsmerkmal des rechtswidrigen Verwaltungsaktes in § 113 Abs. 1 Satz 1 VwGO als „Verwaltungsakt mit unhaltbarem Ergebnis" auszulegen, denn diese Auslegung würde der Bedeutung seiner Begründung nicht gerecht werden. Die Pflicht zur Begründung staatlichen Handelns entspringt dem Rechtsstaatsprinzip[428], dem Gebot wirksamen Rechtsschutzes gem. Art. 19 Abs. 4 Satz 1 GG[429],

---

425 KOPP, Verfassungsrecht und Verwaltungsverfahrensrecht, S. 100, betont noch weiter gehend, dass in § 113 Abs. 1 Satz 1 VwGO „nicht nur die durch den Verwaltungsakt getroffene Regelung als solche unabhängig von dem Verfahren, in dem sie ergangen ist, gemeint ist, sondern der konkrete Verwaltungsakt als Ausdruck eines konkreten Willens, der im Verfahren Gestalt angenommen hat".

426 KOPP / SCHENKE, § 113 Rn. 75.

427 KOPP / SCHENKE, § 113 Rn. 186.

428 Regierungsentwurf zu § 39 VwVfG (damals § 35), BT-Drucks. 7/910, S. 60; VGH Kassel, Beschl. v. 03.01.1985, NVwZ 1985, 674, 675; SACHS, in: SACHS, Art. 20 Rn. 112.

sowie – im Hinblick auf das Verbot, den Adressaten zu einem bloßen Objekt des Verfahrens zu degradieren – der Verpflichtung des Staates zur Achtung der Menschenwürde gem. Art. 1 Abs. 1 GG[430]. Sie dient unter anderem der Verfahrensfairness und besitzt eine Klarstellungs-, eine Befriedungs- und eine Rechtsschutzfunktion, denn der Adressat der Begründung soll die Gründe staatlichen Handelns nachvollziehen können und in die Lage versetzt werden, die Möglichkeiten und Erfolgsaussichten von Rechtsbehelfen abzuschätzen[431]. Es stünde in einem Widerspruch zu diesen verfassungsrechtlichen Vorgaben, wenn einerseits der Kläger darauf verwiesen würde, er möge anhand der Begründung des Verwaltungsakts über die Einlegung eines Rechtsbehelfs entscheiden, wenn ihm andererseits aber erklärt würde, die Begründung spiele im Rechtsbehelfsverfahren selbst keine Rolle. Der Grundsatz eines fairen Verfahrens würde dabei zumindest bedenklich eingeschränkt. Dagegen zwingt auch die Einbeziehung der Begründung eines Verwaltungsakts in die gerichtliche Entscheidungsfindung keineswegs immer zur Aufhebung, denn in den Fällen, in denen sie erkennbar zu einem Widerspruch mit dem materiellen Recht führen würde, lässt sie sich in verfassungskonformer Weise ausschließen[432].

Es würde auch nicht überzeugen, die Aufhebung nur bei „Fehlerhaftigkeit im Ergebnis" damit zu begründen, dass andernfalls die in § 113 Abs. 1 Satz 1 VwGO vorausgesetzte Rechtsverletzung fehlen würde. Diese Voraussetzung stellt die Funktion des Individualrechtsschutzes sicher und bewirkt, dass nur im Falle eines Verstoßes gegen Rechtsnormen, die als subjektive öffentliche Rechte wenigstens auch dem Schutz des Klägers dienen, der Verwaltungsakt durch das Gericht aufgehoben wird[433]. Da die Begründungspflicht unter anderem aus den Grundrechten der Art. 1 Abs. 1 und 19 Abs. 4 Satz 1 GG abgeleitet ist, kann nicht geleugnet werden, dass aus ihr subjektive öffentliche Rechte erwachsen. Diese bestehen zunächst zu Gunsten des Adressaten eines belastenden Verwaltungsakts, denn die Begründung soll in erster Linie ihm Klarheit über den Regelungsgehalt verschaffen, an seine Einsicht appellieren und ihn in die Lage versetzen, über die Einlegung eines Rechtsbehelfs zu entscheiden. Der Heranziehung des (ebenfalls verletzten) subsidiären Rechtes der allgemeinen Handlungsfreiheit aus Art. 2 Abs. 1 GG, das die Freiheit des einzelnen von ungesetzlichem staatlichen Zwang statu-

429 BVerwG, Urt. v. 05.12.1986, BVerwGE 75, 214, 239; nunmehr auch zum Prüfungsrecht (Begründung spätestens im gerichtlichen Verfahren) unter Aufgabe der früheren Rechtsprechung (die auf die Nichtgeltung des § 39 VwVfG gem. § 3 Abs. 3 Nr. 2 VwVfG abstellte) BVerwG, Urt. v. 09.12.1992, DÖV 1993, 480, 481.

430 BVerwG, Urt. v. 05.12.1986, BVerwGE 75, 214, 239; KOPP / RAMSAUER, § 39 Rn. 4.

431 KOPP / RAMSAUER, § 39 Rn. 5; LÜCKE, S. 50; V.MUTIUS, S. 210.

432 Siehe dazu sogleich S. 123.

433 REDEKER / V.OERTZEN, § 113 Rn. 7.

iert, bedarf es daher nicht[434]. Bei der Anfechtung eines Verwaltungsakts durch Dritte muss es dagegen darauf ankommen, ob sich die fehlerhaften Elemente der Begründung auf Rechte beziehen, die ihnen Drittschutz verleihen. Als Beispiel dienen mag eine Genehmigung nach dem Bundes-Immissionsschutzgesetz, zu deren Begründung ausgeführt wird, das nächstgelegene Wohnhaus sei 40 m von der Anlage entfernt, und deswegen sei nicht mit schädlichen Umwelteinwirkungen für die Nachbarschaft i.S.d. § 5 Abs. 1 Nr. 1 BImSchG zu rechnen. Diese Begründung würde denjenigen Kläger in seinen Rechten verletzen, dessen Wohnhaus in Wirklichkeit nur 20 m von der Anlage entfernt liegt, denn er hat einen Anspruch darauf, dass die Behörde die durch den drittschützenden[435] § 5 Abs. 1 Nr. 1 BImSchG gebotenen Ermittlungen vornimmt, zutreffend würdigt und in der Begründung auch ihm gegenüber zum Ausdruck bringt, damit er sich über die Erfolgsaussichten eines Rechtsbehelfs klar werden kann. Aus dieser Zweckrichtung der Begründungspflicht folgt dann zugleich ihre Begrenzung: Wenn die Begründung unter Gesichtspunkten fehlerhaft ist, die der Klage des Dritten ohnehin nicht zum Erfolg verhelfen können, so scheidet insoweit auch eine Rechtsverletzung durch die Fehlerhaftigkeit der Begründung aus. Dies kommt beispielsweise in Betracht bei unrichtigen Ausführungen zu Vorsorgemaßnahmen gem. § 5 Abs. 1 Nr. 2 BImSchG, da diese Genehmigungsvoraussetzung nach h.M. keinen Drittschutz verleiht[436]. Sofern dann die Anfechtungsklage schon mangels Rechtsverletzung abzuweisen ist, stellt sich das Problem der „Spruchreife" im Sinne des „Durchentscheidens" nicht. Auch wenn noch Ermittlungen notwendig sind, um erst beurteilen zu können, ob die Begründung in Bezug auf drittschützende Normen richtig ist, d.h. ob überhaupt eine Rechtsverletzung vorliegt[437], so lässt sich nicht von einer Herbeiführung der „Spruchreife" in dem hier diskutierten Sinne

434 SCHENKE, DÖV 1986, 305, 308; DERSELBE, NVwZ 1988, 1, 8.

435 JARASS, § 5 Rn. 107.

436 JARASS, § 5 Rn. 108.

437 So lag der Fall von BVerwG, Urt. v. 05.10.1990, BVerwGE 85, 368, 379 = DVBl. 1991, 381 = DÖV 1991, 249: „Die Feststellungen des Berufungsgerichts reichen nicht aus, um beurteilen zu können, ob der Betrieb der Beigeladenen zu 1 bei Gewährleistung des gebotenen Immissionsschutzes für die Kläger überhaupt nicht oder nur mit weiter gehenden Schutzauflagen als den bisher getroffenen genehmigt werden durfte. Wäre dies der Fall, dann müßte die erteilte Änderungsgenehmigung aufgehoben werden. Das Berufungsgericht kann sich einer Sachaufklärung hierzu nicht mit der Begründung entziehen, es sei nicht seine Aufgabe, ‚Spruchreife' für ein Genehmigungsverfahren herbeizuführen, für das die Beigeladene zu 1 bisher keinen Antrag gestellt habe."
Nicht korrekt ist es, dieses Urteil als Beleg dafür zu zitieren, dass das Gericht im Falle einer von der Behörde unterlassenen konkret-individuellen Prüfung der Verhältnismäßigkeit einer immissionsschutzrechtlichen nachträglichen Anordnung die notwendigen Feststellungen „in eigener Verantwortung treffen und die Streitsache in diesem Sinne spruchreif machen" müsse (so aber BVerwG, Beschl. v. 24.04.1995, Buchholz 406.25, § 5 BImSchG Nr. 20, S. 10 = UPR 1995, 269, 270).

sprechen, denn es handelt sich dann um einen Bestandteil der durch die geschriebenen Tatbestandsmerkmale des § 113 Abs. 1 Satz 1 VwGO gebotenen Sachverhaltsaufklärung, also um die Herbeiführung der üblichen Entscheidungsreife.

Keine abweichende Beurteilung gebietet die kausale Verknüpfung in § 113 Abs. 1 Satz 1 VwGO, wonach der Verwaltungsakt rechtswidrig und der Kläger *dadurch* in seinen Rechten verletzt sein muss. Dieses Tatbestandsmerkmal hat keinen eigenständigen Regelungsgehalt, sondern dient allenfalls zur Bestätigung der Erkenntnis, dass die (subjektive) Rechtsverletzung immer die (objektive) Rechtswidrigkeit voraussetzt[438].

§ 113 Abs. 1 Satz 1 VwGO kann also nicht in der Weise ausgelegt werden, dass der Text dieser Vorschrift selbst die Berücksichtigung der im Verwaltungsverfahren nicht bedachten Gründe zur Rechtfertigung des angegriffenen Verwaltungsakts verlangen würde. Insofern geht auch der Hinweis fehl, die Ermittlung alternativer Rechtfertigungsmöglichkeiten sei durch den Untersuchungsgrundsatz gem. § 86 Abs. 1 VwGO geboten[439], denn dieser gilt gerade nicht um seiner Selbst willen, sondern nach Maßgabe der Entscheidungserheblichkeit[440], die hier fraglich ist. Wer demgegenüber für die Untersuchung des Sachverhalts von Amts wegen plädiert, ohne sich vorher mit der Entscheidungserheblichkeit auseinander zu setzen, hängt einem überwundenen historischen Verständnis des Untersuchungsgrundsatzes an, welches das hierarchische Verhältnis zwischen der übergeordneten Dispositionsmaxime und dem nachgeordneten Untersuchungsgrundsatz verkennt[441].

Nach dem Wortlaut des § 113 Abs. 1 Satz 1 VwGO müsste jeder Verwaltungsakt, soweit er rechtswidrig ist und dadurch den Kläger in seinen Rechten verletzt, ohne weitere Einschränkung aufgehoben werden. Darüber hinaus verlangt das Prozessrecht in zeitlicher Hinsicht, die Aufhebung auszusprechen, sobald ihre Voraussetzungen feststehen, denn die über § 173 VwGO anwendbare Vorschrift des § 300

438 WEYREUTHER, in: MENGER-FS (1985), S. 692; HUFEN, Fehler im Verwaltungsverfahren, Rn. 570.

439 So aber V.MUTIUS, in: MENGER-FS (1985), S. 601; SCHMITT GLAESER / HORN, Rn. 531; SCHOCH, DÖV 1984, 401, 403.

440 Siehe oben S. 75.

441 Zu dem Verhältnis von Dispositionsmaxime und Untersuchungsgrundsatz BERG, in: MENGER-FS (1985), S. 542. Ferner zur Dispositionsmaxime und ihrer häufig ungenügenden Beachtung im Verwaltungsprozess unten S. 173 f. Bezeichnenderweise wird in dem häufig zitierten Urteil des BVerwG vom 26.05.1955 (BVerwGE 2, 135, 136) die Unzulässigkeit der von der Vorinstanz ausgesprochenen Rückverweisung in das Verwaltungsverfahren u.a. mit der folgenden Überlegung begründet: „Im verwaltungsgerichtlichen Verfahren gelten die Untersuchungsmaxime und das Offizialprinzip.“

ZPO erlaubt ein weiteres Abwarten nach Eintreten der Entscheidungsreife nicht[442].

b. Grenzen einer teleologischen Reduktion des § 113 Abs. 1 Satz 1 VwGO

Allerdings könnte die „Spruchreife der Sache", d.h. hier die Unhaltbarkeit des Verwaltungsakts, eine Art ungeschriebenes Tatbestandsmerkmal des § 113 Abs. 1 Satz 1 VwGO sein. Im Hinblick darauf könnte eine teleologische Reduktion des in § 113 Abs. 1 Satz 1 VwGO anerkannten Aufhebungsanspruches geboten sein, wie sie etwa in den Fällen des § 46 VwVfG und des § 75 Abs. 1a VwVfG angenommen wird[443].

i) Verfassungsrechtliche Verankerung des Aufhebungsanspruchs

Es ist zu berücksichtigen, dass der Anspruch auf Aufhebung rechtswidriger und rechtsverletzender Verwaltungsakte verfassungsrechtlich verbürgt ist[444]. Am meisten überzeugen dürfte die Ableitung aus den Freiheitsgrundrechten, denn diese verleihen einen Abwehranspruch gegen ungesetzlichen Zwang, wobei zumindest auf das Recht der allgemeinen Handlungsfreiheit aus Art. 2 Abs. 1 GG als Auffanggrundrecht abgestellt werden kann[445]. Jedenfalls ist der Ursprung im Verfassungsrecht einleuchtend, da nach der überzeugenden h.M. sogar dem Vollzugsfolgenbeseitigungsanspruch, welcher die Aufhebung des Verwaltungsakts voraussetzt, Verfassungsrang zukommt, und es inakzeptabel wäre, diesen verfassungsrechtlich garantierten Anspruch im Vorfeld seiner Durchsetzung zur Disposition des einfachen Gesetzgebers zu stellen[446]. In Ansehung dieser Rechtsqualität des Aufhebungsanspruches sind zu seiner Einschränkung nur Gesetze geeignet, die ihn in verfassungskonformer Weise einschränken, bzw. solche Rechtsgüter, denen ebenfalls Verfassungsrang einzuräumen ist.

---

442 HARTMANN, in: BAUMBACH / LAUTERBACH / ALBERS / HARTMANN, § 300 Rn. 6,

443 KOPP / SCHENKE, § 113 Rn. 6.

444 SCHENKE, DÖV 1986, 305, 313f.; DERSELBE, NVwZ 1993, 718, 721; HUFEN, Fehler im Verwaltungsverfahren, Rn. 571.

445 Vgl. FABER, § 21 III.

446 SCHENKE, DÖV 1986, 305, 313f.; derselbe, NVwZ 1993, 718, 721.

ii) Inkongruenz des Gedankens aus § 144 Abs. 4 VwGO

Soweit WEYREUTHER[447] die Ergebnisbezogenheit der Kassationsentscheidung mit einer Parallele zu dem Verhältnis zwischen Tatsachengericht und Revisionsgericht unter Hinweis auf § 144 Abs. 4 VwGO und das ihr zu Grunde liegende Prinzip der Prozessökonomie begründet hat, kann dem hier nicht gefolgt werden – unabhängig von der Frage, ob diese einfach-gesetzliche Norm des Prozessrechts bzw. das dahinter stehende Prinzip geeignet ist, den verfassungsrechtlich gesicherten Aufhebungsanspruch einzuschränken. Bei § 144 Abs. 4 VwGO geht es nämlich um zwei Instanzen derselben staatlichen Gewalt, während es hier entscheidend auf die unterschiedlichen Funktionen der Verwaltung und der Rechtsprechung ankommt. Vor allem aber darf nicht verkannt werden, dass die Vorschrift des § 144 Abs. 4 VwGO nur dann zum Zuge kommen kann, wenn feststeht, dass mit einer anderen rechtlichen Begründung das gefundene Ergebnis aufrechtzuerhalten ist. Um diese Fälle geht es hier jedoch nicht, sondern fraglich ist die adäquate Beurteilung der Situation, in der die vorangegangene Entscheidung auf eine unzutreffende Entscheidungsgrundlage gestützt ist und Ungewissheit darüber besteht, ob der wahre Sachverhalt die Entscheidung dennoch rechtfertigt. Bezeichnenderweise enthalten die Vorschriften der Verwaltungsgerichtsordnung über das Berufungsverfahren, in dem das Gericht anders als in der Revisionsinstanz auch den entscheidungserheblichen Tatsachen nachgehen muss, keine dem § 144 Abs. 4 VwGO entsprechende Vorschrift, wonach die Berufung zurückzuweisen wäre, wenn das Urteil des Verwaltungsgerichts auf einer falschen Tatsachengrundlage beruht, im Ergebnis aber aufgrund des wahren Sachverhalts sich dennoch als richtig erweist. In solchen Fällen könnte vielmehr das Berufungsgericht, ohne selbst eine abschließende Entscheidung zu treffen, durchaus das angefochtene Urteil aufheben und die Sache an das Verwaltungsgericht zurückverweisen, so etwa gem. § 130 Abs. 1 Nr. 2 VwGO, wenn das erstinstanzliche Verfahren dadurch an einem wesentlichen Mangel leidet, dass das Gericht seine Amtsermittlungspflicht aus § 86 Abs. 1 VwGO missachtet und den von der Behörde vorgetragenen Sachverhalt ungeprüft übernommen hat[448].

iii) Keine unmittelbare Anwendbarkeit der §§ 45, 46 VwVfG

Wenn sich der Erlass des Verwaltungsakts auf irrige Annahmen stützt und diese in der Begründung mitgeteilt werden, so ist der Verwaltungsakt inhaltlich fehlerhaft,

---

447 DÖV 1985, 126, 129.

448 Die Verletzung des Grundsatzes der Amtsermittlung begründet einen wesentlichen Verfahrensfehler i.S.d. § 130 Abs. 1 Nr. 2 VwGO (OVG Münster, Urt. v. 24.10.1996, NVwZ-RR 1997, 760; KOPP / SCHENKE, § 130 Rn. 6).

d.h. materiell-rechtswidrig, nicht aber formell-rechtswidrig[449]. Dies folgt daraus, dass der formelle Anspruch auf Begründung des Verwaltungsakts gem. § 39 VwVfG unabhängig von der sachlichen Richtigkeit der Ausführungen erfüllt wird, da die Behörde gem. § 39 Satz 2 VwVfG nur verpflichtet ist, die tatsächlichen und rechtlichen Gründe mitzuteilen, die sie zu ihrer Entscheidung bewogen haben[450]. Deshalb liegt ein derartiger materiell-rechtlicher Fehler nicht nur außerhalb des Anwendungsbereichs der an § 39 VwVfG anknüpfenden[451] Heilungsmöglichkeit des § 45 Abs. 1 Nr. 2 VwVfG, sondern er wird auch nicht von dem unmittelbaren Anwendungsbereich des durch das Gericht von Amts wegen zu berücksichtigenden § 46 VwVfG erfasst, der ja nach seinem Wortlaut ebenfalls nur für Verfahrens- und Formfehler gilt. Damit ist keine einfach-gesetzliche Norm ersichtlich, die in ihrer direkten Anwendung bewirken könnte, dass der Aufhebungsanspruch in den hier interessierenden Fällen – zivilrechtlich gesprochen – untergeht oder in seiner Durchsetzung gehemmt wird.

iv) § 46 VwVfG analog?

Für den Fall des § 46 VwVfG hat SCHENKE die Versagung des Aufhebungsanspruches zurückgeführt auf den Gedanken der Verfahrensökonomie sowie auf den in dem Gebot der materiellen Gerechtigkeit und dem Rechtsprinzip von Treu und Glauben wurzelnden Grundsatz „dolo agit, qui petit, quod statim redditurus est“[452]. Diese Überlegungen sind auch im Rahmen der vorliegenden Untersuchung angebracht, jedoch ist ein wichtiger Unterschied zu beachten: Der so begründete Ausschluss des Aufhebungsanspruches überzeugt dann, wenn anderenfalls das Gericht „sehenden Auges“ einen Verwaltungsakt mit im Ergebnis zutreffender Regelung aufheben müsste, der mit identischem Tenor, aber anderer rechtlicher Begründung sofort erneut erlassen werden könnte und müsste. Von jener Konstellation ist aber diejenige zu unterscheiden, in der sich der erwiesenermaßen rechtswidrige und rechtsverletzende Verwaltungsakt nur möglicherweise – in Abhängigkeit von zu ermittelnden Umständen tatsächlicher Art – im Ergebnis als rechtmäßig herausstellt. Dann ist keineswegs ein Fall gegeben, in dem bei einer am Wortlaut des § 113 Abs. 1 Satz 1 VwGO orientierten Entscheidung das Erlangte (die Aufhebung) der Sache nach *sogleich* zurückgewährt werden müsste[453].

---

449 Insoweit ist der Entscheidung des OVG Lüneburg, Urt. v. 02.10.1979, DVBl. 1980, 885, zuzustimmen.

450 KOPP / RAMSAUER, § 39 Rn. 5.

451 Begründung zu § 41 des Regierungsentwurfs, BT-Drucks. 7/910, S. 65.

452 SCHENKE, DÖV 1986, 305, 314 mit Nachweisen zur verfassungsrechtlichen Verankerung dieser Prinzipien; ebenso KOPP / SCHENKE, § 113 Rn. 21, 50, 55; SCHENKE folgend: JÜRGEN-JOHANN RUPP, S. 106 ff.; vgl. auch KOPP / RAMSAUER, § 46 Rn. 4.

453 Vgl. die Hervorhebung in BVerwG, Urt. v. 06.09.1988, BVerwGE 80, 178, 181.

(1) Untersuchungsgrundsatz?

Es kann nicht die Argumentation überzeugen, aus der Anerkennung des „Dolo-agit"-Grundsatzes durch § 46 VwVfG folge in Verbindung mit dem Untersuchungsgrundsatz gem. § 86 Abs. 1 Satz 1 VwGO die Pflicht des Gerichts, von sich aus eingehend zu ermitteln, ob sich die Aufhebung des Verwaltungsakts aus anderweitigen Gründen verbietet, „ob also die Verwaltung umgehend einen Verwaltungsakt mit gleicher Regelung erlassen dürfte"[454]. Dabei dürfte es sich um eine Fehlinterpretation dieser neueren Lehre handeln, denn diese stellt zwar klar, welche erwiesenen Umstände das Gericht für eine praxisgerechte Entscheidung berücksichtigen soll, sie erweitert aber nicht per se die durch die Entscheidungserheblichkeit begrenzten Anforderungen an das Gericht zur Erforschung des Sachverhalts[455]. Nichts anderes ergibt sich aus der Änderung, die § 46 VwVfG durch das Gesetz zur Beschleunigung von Genehmigungsverfahren vom 12. September 1996 (GenBeschlG)[456] erfahren hat. Danach ist die Aufhebung allein wegen Verfahrens- oder Formfehlern nicht mehr dann ausgeschlossen, „wenn keine andere Entscheidung in der Sache hätte getroffen werden können", sondern „wenn offensichtlich ist, daß die Verletzung die Entscheidung in der Sache nicht beeinflußt hat". Der Zweck dieser Neufassung war die Erweiterung des Anwendungsbereichs[457]. Damit soll nunmehr – in Übereinstimmung mit der bisher schon herrschenden Auffassung in der Rechtsprechung – auch der Ausschluss des Aufhebungsanspruchs bei nicht strikt gebundenen Entscheidungen möglich sein, wenn die Entscheidung aus tatsächlichen Gründen nicht anders ausgefallen wäre[458]. Für die hier interessierenden Fälle gebundener Entscheidungen enthält die Neufassung sogar die begrüßenswerte Klarstellung, dass die Alternativenlosigkeit der Ent-

---

454 So aber in der Darstellung dieser Ansicht MARX, S. 90.

455 Deutlich in dieser Hinsicht JÜRGEN-JOHANN RUPP, S. 112: Den Grundrechten werde „insoweit Rechnung getragen, als der Aufhebungsausschluss nur eintritt, wenn der gleiche Verwaltungsakt *ohne zusätzliche Ermittlungen in tatsächlicher oder rechtlicher Hinsicht* [Hervorhebung nur hier] wieder ergehen müßte." Vgl. auch SCHENKE, NVwZ 1988, 1, 11: „Fest steht allerdings, daß ein gerichtliches Nachschieben von Gründen von vornherein auszuscheiden hat." Wenn man dem folgt und dem Gericht somit versagt, von sich aus – ohne dass sich die Behörde darauf beruft – Gründe zur Rechtfertigung des fehlerhaften Verwaltungsakts zum Gegenstand der Entscheidung zu machen, so wird man dem Gericht erst recht die Befugnis absprechen müssen, Ermittlungen anzustellen, die zur Bejahung solcher Rechtfertigungsgründe führen könnten.

456 BGBl. I, S. 1354.

457 BT-Drucks. 13/3995, S. 8.

458 KOPP / RAMSAUER, § 46 Rn. 26, m.w.Nachw.; a.A. HUFEN, Fehler im Verwaltungsverfahren, Rn. 626 m.w.Nachw.: Bei verfassungskonformer Auslegung müsse es nach wie vor auf die rechtliche Alternativenlosigkeit der Entscheidung ankommen.

scheidung „offensichtlich" sein muss[459]. Nicht zu folgen ist der Ansicht, die meint, „offensichtlich" im Sinne des § 46 VwVfG n.F. und im Sinne des neu gefassten § 75 Abs. 1a Satz 1 VwVfG seien nach den von der Rechtsprechung zu § 214 Abs. 3 BauGB entwickelten Grundsätzen[460] nicht nur sofort erkennbare Fehler, sondern auch solche, die zur äußeren Seite des Abwägungsvorgangs gehören und auf objektiv erfassbaren Umständen beruhen und daher gegebenenfalls auch durch Beweiserhebung aufgeklärt werden können[461]. Die Gesetzesbegründung[462] enthält den Verweis auf die Auslegung der Offensichtlichkeit gem. § 214 Abs. 3 BauGB durch das Bundesverwaltungsgericht nur in Bezug auf § 75 Abs. 1a Satz 1 VwVfG, nicht aber in Bezug auf § 46 VwVfG. Die Berufung auf diese Rechtsprechung scheitert insoweit auch an der fehlenden Vergleichbarkeit – oder besser: an der Gegensätzlichkeit – der bei der Auslegung zu berücksichtigenden Parameter. Nach § 214 Abs. 3 Satz 2 BauGB (früher § 155b Abs. 2 Satz 2 BBauG) sind Mängel im Abwägungsvorgang bei der Aufstellung eines Bauleitplans „nur erheblich, wenn sie offensichtlich und auf das Abwägungsergebnis von Einfluß gewesen sind". In BVerwGE 64, 33 wurde die Offensichtlichkeit i.S.d. § 155b Abs. 2 Satz 2 BBauG als Voraussetzung für rechtlich erhebliche Mängel weit ausgelegt, um die andernfalls unvermeidbare Verfassungswidrigkeit der Norm auszuschließen; wenn nämlich das Gericht dem gegen den Bebauungsplan gerichteten Rechtsschutzbegehren nur unter dem Aspekt der ins Auge springenden Mängel nachgehen dürfte, läge darin u.a. eine verfassungswidrige Verkürzung des durch Art. 19 Abs. 4 Satz 1 GG garantierten Rechtsschutzes[463]. Daher ist diese Auslegung geboten, obwohl der Wortlaut grundsätzlich eine „leichte Erkennbarkeit" verlangt[464]. Damit ist die Ausgangssituation bei § 46 VwVfG eine ganz andere; es sind sogar umgekehrte Vorzeichen gegeben. Die in § 46 VwVfG normierte Beschränkung des grundgesetzlich gewährleisteten Anspruchs auf Aufhebung rechtsverletzender Verwaltungsakte begegnet ihrerseits verfassungsrechtlichen

---

459 KOPP / RAMSAUER, § 46 Rn. 37: Es sei zweifelhaft, ob angesichts dieser Einschränkung die in der Gesetzesbegründung angenommene Erweiterung des Anwendungsbereichs erreicht wird.

460 BVerwG, Urt. v. 21.08.1981, BVerwGE 64, 33, 38; BVerwG, Beschl. v. 29.01.1992, NVwZ 1992, 662, 663 f.

461 So aber KOPP / RAMSAUER, § 46 Rn. 37, obwohl zu Rn. 5 im Hinblick auf die verfassungskonforme Auslegung der Vorschrift strenge Anforderungen an die Offensichtlichkeit gestellt werden; gegen eine Verallgemeinerung des § 75 Abs. 1a Satz 1 VwVfG auch KOPP / SCHENKE, § 114 Rn. 6a.

462 Vgl. BT-Drucks. 13/33995, S. 8 zu § 46 VwVfG: „Das Erfordernis der Offensichtlichkeit der Kausalität stellt sicher, daß in dem Spannungsverhältnis zwischen Verfahrensökonomie und den Form- und Verfahrenserfordernissen, die sowohl den Schutz betroffener Dritter als auch eine effektive ‚geordnete' Verwaltung bezwecken, ein angemessener Ausgleich erfolgt."

463 BVerwG, Urt. v. 21.08.1981, BVerwGE 64, 33, 36.

464 BVerwG, Urt. v. 21.08.1981, BVerwGE 64, 33, 36.

Bedenken, sofern sie nicht unter engen, gesetzlich klar definierten Voraussetzungen erfolgt. Daher darf das Merkmal der Offensichtlichkeit an dieser Stelle keinesfalls über seinen Wortlaut hinaus ausgedehnt werden. Der Rückgriff auf die Auslegung der Offensichtlichkeit i.S.d. § 214 Abs. 3 BauGB würde also bedeuten, sie zu konterkarieren. Dementsprechend gebietet der in § 46 VwVfG verankerte Grundsatz des „dolo agit,..." die teleologische Reduktion des § 113 Abs. 1 Satz 1 VwGO nur, soweit seine Anwendung durch übergeordnete Prinzipien gefordert wird.

(2) Verfahrensökonomie?

Unter der Prämisse zusätzlichen Aufwandes zur Sachverhaltsaufklärung ist das Argument der Verfahrensökonomie nicht geeignet, eine teleologische Reduktion des § 113 Abs. 1 Satz 1 VwGO zu begründen, denn das gerichtliche Verfahren würde sich verlängern, ohne dass damit gewichtige Vorteile verbunden wären. Es kann sogar sein, dass das Gericht zur Aufklärung des Sachverhalts insoweit auf Sachverständigengutachten angewiesen wäre – man denke nur an die Anfechtung von Genehmigungen nach dem Bundes-Immissionsschutzgesetz und an andere Fälle, in denen die Entscheidung die Beurteilung schwieriger technischer Sachverhalte voraussetzt. Jedenfalls wird es sich regelmäßig um Ermittlungen handeln, die für die Behörde aufgrund ihrer Erfahrung und Spezialisierung Routine darstellen und die sie dank ihrer sachlichen und personellen Ausstattung ohne besondere Schwierigkeiten leisten kann. Für das Gericht aber wird damit meist ein erheblich größerer Aufwand zur Einarbeitung in die Materie verbunden sein. Der Nutzen wiederum ist gering, denn diese Vorgehensweise läuft mit Sicherheit darauf hinaus, dem Gericht mehr Arbeit aufzubürden. Der Erfolg besteht aber nur vielleicht darin, dass sie zu einer abweichenden Entscheidung (Nichtaufhebung) führt. Außerdem ist die folgende Alternative gedanklich durchzuspielen: Wenn das Gericht ohne weitere Nachforschungen den Verwaltungsakt aufhebt und dann die Behörde weitere Ermittlungen anstellt und daraufhin einen Verwaltungsakt mit derselben Regelung erlässt, so hat im Vergleich dazu die Einbeziehung der Ermittlungen in die Entscheidung über die Anfechtungsklage nur dann Vorteile, falls der Adressat den neuen Verwaltungsakt erneut angreift und ggf. nach Durchführung des Widerspruchsverfahrens einen neuen Prozess anstrengt. Auch dies kann man aber keinesfalls als sicher unterstellen. Somit stünde dem verlässlichen Befund einer erhöhten Belastung der Gerichte nur in seltenen Fällen eine Optimierung des Verfahrens gegenüber. Bei genauer Betrachtung spricht das Argument der Verfahrensökonomie dann sogar gegen eine teleologische Reduktion des § 113 Abs. 1 Satz 1 VwGO in dem hier diskutierten Zusammenhang.

(3) Grundsatz von Treu und Glauben?

Nachdem die Berufung auf die Verfahrensökonomie ausscheidet, ist zu überlegen, ob der im Rechtsstaatsprinzip verankerte Grundsatz von Treu und Glauben die Inkaufnahme eines erhöhten Aufwandes bei Gericht rechtfertigt. Der Grundsatz von Treu und Glauben soll den in der Gemeinschaft herrschenden sozialethischen Wertvorstellungen Eingang in das Recht verschaffen[465]. Das Bedürfnis nach dieser Einbeziehung besteht im öffentlichen Recht ebenso wie im Zivilrecht, so dass der Grundsatz von Treu und Glauben unabhängig von der positiv-gesetzlichen Fundstelle in der privatrechtlichen Norm des § 242 BGB auch im öffentlichen Recht gelten muss[466]. Die Bedeutung eines solchen Rechtsgrundsatzes zeigt sich nämlich vor allem dann, wenn es darum geht, eine „Gerechtigkeitswidrigkeit aufzudecken“[467].

Die Ausgangsfrage lässt sich dann wie folgt formulieren: Verhält sich der Kläger, der die Aufhebung begehrt, treuwidrig – bzw. verstößt das Gericht, das die Aufhebung ausspricht, gegen den Grundsatz der Gerechtigkeit – , wenn nicht abschließend geklärt ist, ob die in dem angefochtenen Verwaltungsakt enthaltene Regelung nach materiellem Recht zu treffen ist, und „nur“ anders begründet werden muss? Darauf ist mit einer Gegenfrage zu erwidern: Verhält sich nicht eher treuwidrig die Behörde, die darauf besteht, den Verwaltungsakt aufrechtzuerhalten, obwohl sie es unterlassen hat, den Sachverhalt ausreichend zu ermitteln, um die getroffene Regelung zutreffend zu begründen – bzw. ist es mit dem Grundsatz der materiellen Gerechtigkeit vereinbar, wenn das Gericht dem Kläger auf Verdacht den verfassungsrechtlich gesicherten Aufhebungsanspruch noch länger vorenthält? Da der Sachverhalt offen ist, kann sowohl die sofortige Aufhebung zu Unstimmigkeiten mit dem materiellen Recht führen, wie auch ihre weitere ungerechtfertigte Aufschiebung – je nachdem, ob sich später herausstellt, dass dieselbe Regelung ergehen muss oder nicht. Die Frage ist nur, welche der Parteien das insoweit bestehende Risiko tragen soll. Es spricht unter dem Gesichtspunkt der materiellen Gerechtigkeit Überwiegendes dafür, der Behörde dieses Risiko zuzuweisen, denn sie hatte es in der Hand, einen von Anfang an rechtmäßigen Verwaltungsakt mit zutreffender Begründung zu erlassen.

---

465 HEINRICHS, in: PALANDT, § 242 Rn. 3.

466 JÜRGEN SCHMIDT, in: STAUDINGER, § 242 Rn. 62; WOLFF, in: WALTER-JELLINEK-GS (1955), S. 42; WOLFF / BACHOF / STOBER, § 37 Rn. 17.

467 WOLFF, in: WALTER-JELLINEK-GS (1955), S. 46.

(4) Rechtssicherheit?

Die weitere Ermittlung durch das Gericht mit dem Ziel einer möglichst weit gehenden Klärung der Sache unter allen in Betracht kommenden Gesichtspunkten könnte allenfalls noch im Hinblick auf das Gebot der Rechtssicherheit veranlasst sein. Dieses entstammt ebenfalls dem Rechtsstaatsprinzip[468] und dient mit dem zentralen Element der Beständigkeit dazu, die Widersprüchlichkeit staatlichen Handelns zu vermeiden[469]. Hier könnte es widersprüchlich erscheinen, wenn das Gericht einen Verwaltungsakt aufhebt, dessen Regelung die Behörde daraufhin mit anderer Begründung in einem folgenden Verwaltungsakt dann aufgrund zwingenden Rechts erneut treffen muss.

(a) Relativierung der drohenden Widersprüchlichkeit

Zunächst ist freilich die Widersprüchlichkeit als solche zu relativieren, denn die korrigierte Begründung bedeutet durchaus einen wesentlichen Unterschied zwischen dem aufgehobenem und dem neuen Verwaltungsakt und stellt ein sachgerechtes Differenzierungskriterium dar. Dies wird auch dem verständigen Rechtsschutz suchenden Bürger einleuchten. Das Vertrauen in die Beständigkeit verwaltungsgerichtlicher Entscheidungen wird dadurch nicht in Mitleidenschaft gezogen. Überdies konkurriert die Rechtssicherheit typischerweise mit anderen Aspekten des Rechtsstaatsprinzips[470]. Der Gedanke der Rechtssicherheit müsste sich daher in der Abwägung mit anderen Kriterien durchsetzen, um die Auffassung von der Ermittlung alternativer Rechtfertigungsmöglichkeiten zu stützen.

(b) Gewaltenteilung

Gravierende Bedenken gegen gerichtliche Ermittlungen im Hinblick auf eine mögliche alternative Rechtmäßigkeit ergeben sich unter dem Gesichtspunkt der Gewaltenteilung. Festzustellen ist zunächst, dass erstmalige Sachverhaltsermittlungen eher als Tätigkeiten des Gesetzesvollzuges und weniger als solche der Rechtskontrolle anzusehen sind[471]. Gleiches gilt für die Umsetzung der Ermittlungen zur Begründung des Verwaltungsakts, da sie die Art und Weise des Vollzuges vermitteln soll. Es würde eine tiefgreifende Verschiebung der Funktionen von Rechtsprechung und Verwaltung im gewaltengeteilten Rechtsstaat bedeuten,

---

468 HERZOG, in: MAUNZ / DÜRIG, Art. 20 VII Rn. 57.

469 SACHS, in: SACHS, Art. 20 Rn. 84.

470 BVerfG, Beschl. v. 17. 12.1969, BVerfGE 27, 297, 306; SACHS, in: SACHS, Art. 20 Rn. 75.

471 KOPP, BayVBl. 1977, 513, 515; DERSELBE, Verfassungsrecht und Verwaltungsrecht, S. 252; LANG, VerwArch. 52 (1961), 60, 67; V.MUTIUS, in: MENGER-FS (1985), S. 587.

wenn das Gericht nicht nur den ihm vorgelegten Verwaltungsakt kontrollierte, sondern darüber hinaus nachforschte, welcher Verwaltungsakt stattdessen auf den Sachverhalt passen würde bzw. mit welchen Erwägungen eine getroffene Regelung aufrecht erhalten werden kann. Nach einer Rechtfertigung dieser Funktionenverschiebung wird man vergeblich suchen.

(c) 6. VwGO-Änderungsgesetz

Mit den durch das 6. VwGO-Änderungsgesetz vom 1. November 1996[472] eingefügten Bestimmungen wurden den Behörden ausdrücklich einerseits Möglichkeiten eröffnet und andererseits Grenzen aufgezeigt sind, um verfassungskonform eine an sich gebotene Aufhebung im Prozess auszuschließen. Aus der Diskussion um diese Gesetzesänderung lassen sich auch für das vorliegende Thema wertvolle Erkenntnisse gewinnen.

Klar ist einerseits der Zweck dieser Gesetzesänderungen, die Möglichkeiten zur Heilung eines fehlerhaften Verwaltungsakts zu erweitern. Ebenso klar ist aber andererseits in den neuen Bestimmungen und im Gesetzgebungsverfahren auch die Rollenverteilung zum Ausdruck gekommen, wonach es Sache der Behörde ist, die gesetzlichen Heilungsmöglichkeiten zu nutzen. Überdies lassen sich den Vorschriften und den Gesetzesmaterialien inhaltliche und zeitliche Beschränkungen der Befugnis zur Nachbesserung entnehmen. Von Interesse ist hier insbesondere die neu eingefügte Vorschrift des § 114 Satz 2 VwGO, die unmittelbar nur für die Ergänzung von Ermessenserwägungen im gerichtlichen Verfahren gilt, aber analog, d.h. erst recht auch auf gebundene Verwaltungsakte anwendbar sein muss[473]. Wenn nämlich das Gericht danach sogar diejenigen Erwägungen der Behörde berücksichtigt, auf die sie sich nach Abschluss des Verwaltungsverfahrens im Rahmen ihrer Ermessensausübung beruft, so muss das Gericht jedenfalls auch die Erwägungen berücksichtigen, die sich die Behörde nachträglich zu eigen macht, um den Tatbestand eines gebundenen Verwaltungsakts zutreffend darzustellen und eine bereits getroffene Regelung zu rechtfertigen. Ungeachtet der Meinungsstrei-

472 BGBl. I, S. 1626.
473 KOPP / SCHENKE, § 113 Rn. 76, 62.

tigkeiten über die fragliche – zusätzliche – materiell-rechtliche Wirkung[474] lässt sich dem § 114 Satz 2 VwGO jedenfalls der hier maßgebliche Gesetzeszweck entnehmen, der Behörde Gelegenheit zur Behebung von Mängeln mit zumindest prozessualer Wirkung zu geben, um die Aufhebung von Verwaltungsakten einzuschränken[475]. Im Gegensatz zu der neu aufgenommenen Vorschrift des § 94 Satz 2 VwGO bezieht sich § 114 Satz 2 VwGO nicht nur auf Verfahrens- oder Formfehler (etwa in dem Fall, dass Ermessenserwägungen angestellt, aber nicht schriftlich mitgeteilt wurden), sondern auf materielle Fehler[476]. Es bedarf keiner Erläuterung, dass bei unmittelbarer Anwendung des § 114 Satz 2 VwGO in Bezug auf Ermessensakte schon nach dem klaren Wortlaut allein die Behörde als Adressat der Befugnis zur Ergänzung der Erwägungen in Betracht kommt. Nichts anderes gilt in der Konsequenz für die entsprechende Anwendung des § 114 Satz 2 VwGO in Bezug auf gebundene Verwaltungsakte, deren zutreffende Begründung einer weiteren Sachverhaltsermittlung bedarf. Insoweit ergibt sich mit hinreichender Klarheit aus den jüngsten Gesetzesmaterialien zur Verwaltungsgerichtsordnung, dass es nicht im Sinne des Gesetzgebers wäre, den Gerichten die Aufgabe zuzuweisen, zusätzliche Nachforschungen mit prozessualer Heilungswirkung für eine von der Behörde ausgesprochene Regelung anzustellen.

474 Für eine materiell-rechtliche Heilung BADER, NVwZ 1999, 120, 121; vgl. auch REDEKER, NVwZ 1997, 625, 627: Die Behörde könne „den materiell-rechtlichen Mangel der Entscheidung auf diesem Wege auszuräumen versuchen". Jetzt aber BVerwG, Urt. v. 05.05.1998, BVerwGE 106, 351, 364: Die Zulässigkeit der Ergänzung bestimme sich in erster Linie nach materiellem Recht sowie dem Verwaltungsverfahrensrecht; § 114 Satz 2 VwGO habe „nur die Bedeutung, daß einem danach zulässigen Nachholen von Ermessenserwägungen prozessuale Hindernisse nicht entgegenstehen"; ähnlich SCHMIESZEK, NVwZ 1996, 1151, 1155: § 114 VwGO enthalte selbst keine materiellen Heilungsregelungen, insoweit sei auf die Neufassungen der §§ 45, 46 VwVfG zu verweisen. SCHENKE, NJW 1997, 81, 88, hält vor allem verfassungsrechtliche Einwände unter kompetenzrechtlichen Gesichtspunkten für ausschlaggebend gegen eine materiell-rechtliche Heilung; ebenso KOPP / SCHENKE, § 113 Rn. 49.

475 Begr. des Regierungsentwurfs, BT-Drucks. 13/3993, S. 9: „Zur beschleunigten Bereinigung eines Rechtsstreits und zur Vermeidung von mehrfachen gerichtlichen Auseinandersetzungen in derselben Sache kann das Gericht der Verwaltung Gelegenheit zur Behebung von Mängeln geben."; a.a.O., S. 13: „Der neu angefügte S. 2 des § 114 stellt klar, daß die Verwaltungsbehörde noch im verwaltungsgerichtlichen Verfahren Gründe nachschieben und auf diese Weise einen fehlerhaften Verwaltungsakt heilen kann."

476 Begr. des Regierungsentwurfs, BT-Drucks. 13/3993, S. 13: „Die Regelung erfaßt die durch § 94 nicht erfaßten Heilungsmöglichkeiten, die ohne Änderung des Streitgegenstands möglich sind."; Stellungnahme der Rechtsausschusses des Bundestages, BT-Drucks. 13/5098, S. 24: „Entsprechend der Rechtsprechung des Bundesverwaltungsgerichts wird klargestellt, daß die Verwaltung auch noch während des gerichtlichen Verfahrens materiell-rechtlich relevante Ermessenserwägungen in den Prozeß einführen kann."

Bemerkenswert sind mehrere Entwicklungen im Gesetzgebungsverfahren, die sich übereinstimmend auf die Erkenntnis gründen, dass die Gerichte sich nicht zu einem „Reparaturbetrieb“ für die Verwaltung entwickeln dürfen[477]. So sah ursprünglich der Regierungsentwurf die Ergänzung des § 113 Abs. 1 VwGO um einen neu anzufügenden Satz 5 vor:

> „Wegen eines Verfahrens- oder Formfehlers darf das Gericht den Verwaltungsakt nur aufheben, wenn es die Verwaltungsbehörde auf den Fehler hingewiesen und ihr Gelegenheit zur Heilung des Fehlers gegeben hat.“[478]

Zunächst schlug daraufhin der Bundesrat vor, diese zwingende Vorschrift in eine Soll-Regelung abzuändern, u.a. weil sie einem flexiblen und situationsadäquaten Vorgehen der Gerichte entgegenstehe und sich kontraproduktiv auswirken könne, wenn sich die unmittelbare Aufhebung eines angefochtenen Verwaltungsakts als prozess- und verfahrensökonomischer erweist[479]. Diese Stellungnahme stützt die hier vertretene Auffassung, wonach das Argument der Verfahrensökonomie nicht überzeugend zu Gunsten der „Herbeiführung der Spruchreife“ angeführt werden kann. Später wurde diese Regelung dann sogar ersatzlos gestrichen, weil sich der Rechtsausschuss des Bundestages der Kritik der Fachöffentlichkeit anschloss, derzufolge die vorgeschlagene Ergänzung die Verwaltungsgerichtsbarkeit zu sehr „in die Rolle des Helfers der Verwaltung gedrängt“ und unter dem Gesichtspunkt der Gewaltenteilung Zweifel an der Verfassungsmäßigkeit der Änderung hervorgerufen hätte[480].

Aus den gleichen Gründen hielt der Rechtsausschuss die vielfach geäußerten Bedenken gegen die neue Vorschrift des § 94 Satz 2 VwGO für berechtigt[481]. In der Fassung des Regierungsentwurfs sah sie vor, grundsätzlich auf Antrag der Behörde das Verfahren zur Heilung von Verfahrens- und Formfehlern auszusetzen. Der Rechtsausschuss reduzierte sie auf eine Ermessensregelung und ergänzte sie um die Voraussetzung, dass die Aussetzung im Sinne der Verfahrenskonzentration sachdienlich sein muss. Diese Änderung trägt dem Umstand Rechnung, dass bei Eintritt der Entscheidungsreife grundsätzlich ein angefochtener Verwaltungsakt ohne weiteres aufzuheben ist, während nur ausnahmsweise eine andere Entscheidung geboten sein kann und es jedenfalls der Behörde obliegt, Gründe für eine Abweichung von diesem Grundsatz darzulegen.

---

477 Zusammenfassend REDEKER, NVwZ 1997, 625, unter Hinweis auf STELKENS, DVBl. 1995, 1105.

478 BT-Drucks. 13/3993, S. 6.

479 BT-Drucks. 13/3993, S. 21.

480 BT-Drucks. 13/5098, S. 24.

481 BT-Drucks. 13/5098, S. 24.

Eine weitere Grenze der Nachbesserungsmöglichkeiten im Prozess zeigt sich darin, dass sich der Bundesrat nicht mit seinem Vorschlag durchsetzen konnte, die Vorschriften des § 87 Abs. 1 Satz 2 Nr. 7 VwGO und des § 94 Satz 2 VwGO (betreffend die Nachbesserung im vorbereitenden Verfahren und die Aussetzung zum Zwecke der Nachbesserung) über Verfahrens- und Formfehler hinaus auch auf materiell-rechtliche Fehler auszudehnen[482]. Ausweislich der klaren textlichen Fassungen der Gesetz gewordenen Vorschriften kommt es regelmäßig nicht in Frage, dass sich die Behörde über eine richterliche Verfügung im vorbereitenden Verfahren oder über eine Aussetzung des Prozesses einen Zeitgewinn zur Nachermittlung von Tatsachen und zur inhaltlichen Korrektur der Begründung ihres Verwaltungsakts verschafft[483]. Dann muss erst recht eine Vorgehensweise des Gerichts ausscheiden, bei der es von sich aus mit dem notwendigen zeitlichen Aufwand alternative Begründungsmöglichkeiten ermittelt, obwohl es bei der Sachlage, wie sie sich ihm darstellt, den Verwaltungsakt aufheben müsste.

Der Vollständigkeit halber sei erwähnt, dass sich nicht erfolgreich argumentieren lässt, der Gesetzgeber habe nur zusätzliche Nachbesserungsmöglichkeiten mit ihren jeweiligen Grenzen schaffen wollen, sei aber wie selbstverständlich davon ausgegangen, dass – entsprechend einigen Urteilen des Bundesverwaltungsgerichts – wegen der alleinigen Maßgeblichkeit des Ergebnisses die Begründung eines gebundenen Verwaltungsakts für die Frage der Aufhebung keine Rolle spiele. Dieser Sichtweise steht die Begründung des Regierungsentwurfs zu dem später eingeschränkten § 94 VwGO entgegen:

> „Das Gericht muß nach der bisherigen Rechtslage in der Regel einen Verwaltungsakt, der mit einem Fehler behaftet ist, aufheben, wenn der Kläger durch den Verwaltungsakt in seinen Rechten verletzt ist. Die Frage, ob die Rechtsordnung einen solchen Akt im Ergebnis materiell ermöglichen würde, wird vom Gericht nicht mehr geprüft."[484]

Nach alledem folgt auch aus dem Gebot der Rechtssicherheit nicht, dass ein Verwaltungsakt gem. § 113 Abs. 1 Satz 1 VwGO erst dann aufgehoben werden dürfte, wenn die Sache in dem Sinne „spruchreif" ist, dass die in ihm enthaltene Regelung nach keiner Betrachtungsweise aufrecht erhalten werden kann. Diese Aussage würde Ermittlungstätigkeiten verlangen, die nicht mehr der Rechtskontrolle, sondern dem vorausschauenden Gesetzesvollzug zuzuordnen wären und dem Gericht daher aus Gründen der Gewaltenteilung versagt sind. Würde das Gericht

---

482 BT-Drucks. 13/3993, S. 20.

483 KOPP / SCHENKE, § 114 Rn. 51; SCHENKE, NJW 1997, 81, 86 f.; a.A. REDEKER, NVwZ 1997, 625, 627; REDEKER / V.OERTZEN, § 114 Rn. 10b; GERHARDT, in: SCHOCH / SCHMIDT-ASSMANN / PIETZNER, § 113 Rn. 60.

484 BT-Drucks. 13/3993, S. 12.

dennoch anstelle der Verwaltung diese Ermittlungsarbeit übernehmen, so entstünde der Eindruck bei dem betroffenen Kläger, dass die Gerichte mit den Behörden „gemeinsame Sache machen“, was weit schwerwiegendere Konsequenzen hätte als die – bei oberflächlicher Betrachtung entstehende – Widersprüchlichkeit, falls die Regelung des aufgehobenen Verwaltungsakts später erneut getroffen wird. Zur Optimierung der Rechtssicherheit bedarf es nämlich neben der Beständigkeit von staatlichen Akten auch des Vertrauens der Bürger in die Rechtmäßigkeit staatlichen Handelns. Dieses wäre erschüttert, wenn sich der Richter – unter anderem entgegen den klaren Leitlinien der jüngsten VwGO-Änderungen – als „Hilfssheriff“ der Behörde betätigen würde.

4. Die Spruchreife als Selbstverständlichkeit jeder Kassation des ursprünglichen Verwaltungsakts gem. § 113 Abs. 1 Satz 1 VwGO

a. Bestimmtheit und Endgültigkeit der Entscheidung

Wenn es nicht Aufgabe des Gerichts ist, Tatsachen zu ermitteln, die einen angefochtenen Verwaltungsakt alternativ zu der unzutreffenden Begründung der Behörde rechtfertigen können, so stellt die „Spruchreife“ im Zusammenhang mit der Aufhebung eines Verwaltungsakts gem. § 113 Abs. 1 Satz 1 VwGO kein eigenständiges Problem dar. Umgekehrt lässt sich aber sagen, dass jede Aufhebung gem. § 113 Abs. 1 Satz 1 VwGO eine inhaltlich bestimmte und abschließende Entscheidung in der Sache darstellt, worauf auch die Spruchreife der Verpflichtungssache abzielt[485]. Inhaltlich bestimmt ist die Entscheidung, weil die Aufhebung nicht den geringsten Zweifel über das Schicksal des angefochtenen Verwaltungsakts aufkommen lässt. Abschließend ist sie, weil die in ihrer Konsequenz unumstrittene[486] Bindungswirkung der Kassation dazu führt, dass der aufgehobene Verwaltungsakt nicht erneut erlassen werden darf[487].

---

485 Siehe oben S. 101.

486 Für die Unabhängigkeit des Wiederholungsverbotes von der Definition des Streitgegenstandes der Anfechtungsklage BVerwG, Urt. v. 06.03.1962, DVBl. 1963, 64, 65; a.A. DETTERBECK, 108 (dazu unten S. 214 ff.).

487 Für das Verbot, den aufgehobenen Verwaltungsakt zu wiederholen, aus jüngerer Zeit BVerwG, Urt. v. 08.12.1992, BVerwGE 91, 256, 259 = NVwZ 1993, 672, 673; DETTERBECK, S. 107; KOPP / SCHENKE, § 121 Rn. 21; REDEKER / V.OERTZEN, § 121 Rn. 10.

b. Das Brokdorf-Urteil des Bundesverwaltungsgerichts vom 22. Oktober 1987

Der hier dargelegten Auffassung steht das Brokdorf-Urteil des Bundesverwaltungsgerichts vom 22. Oktober 1987[488] nicht entgegen. Verschiedentlich findet sich zwar die Ansicht, das Bundesverwaltungsgericht habe in dieser Entscheidung anerkannt, dass im atomrechtlichen Verfahren ausnahmsweise die Pflicht des Gerichts entfalle, die Sache der Anfechtungsklage spruchreif zu machen[489]. Diese Interpretation ist jedoch unzutreffend und beruht vermutlich auf einer oberflächlichen Lektüre des Urteils, das mit dem folgenden hier interessierenden Leitsatz veröffentlicht wurde:

> „Zur Frage, nach welchen Kriterien die ‚Spruchreife' einer Anfechtungsklage gegen eine atomrechtliche Teilgenehmigung zu beurteilen ist: Das Verwaltungsgericht darf im Rahmen einer solchen Klage die Sache nicht in der Weise ‚spruchreif' machen, daß es von ihm festgestellte Mängel bei der von der Exekutive zu verantwortenden Risikoermittlung und Risikobewertung durch eine gerichtliche Beweisaufnahme auszugleichen sucht."[490]

Die Betonung liegt auf den Worten „nicht *in der Weise* spruchreif machen", denn aus den Entscheidungsgründen ergibt sich eindeutig, dass von einem Verzicht auf die Spruchreife selbst keine Rede sein kann:

> „Sind daher der Genehmigungsbehörde Ermittlungsdefizite unterlaufen, ist sie also Risiken nicht nachgegangen, denen sie hätte nachgehen müssen, und betrifft dieser Mangel (auch) die rechtlich geschützte Sphäre des Klägers, *so ist die Sache, ohne daß es weiterer gerichtlicher Aufklärung bedarf, bereits spruchreif* [Hervorhebung nur hier]. Die angefochtene Genehmigung muß ein einem solchen Fall aufgehoben werden; ob die Genehmigungsbehörde dem dadurch begegnen kann, daß sie während des gerichtlichen Verfahrens das bislang Versäumte nachholt, bedarf aus Anlaß des vorliegenden Falles keiner Erörterung."[491]

Insofern ist dieses Urteil nur Ausdruck des allgemeinen Grundsatzes, dass Ermittlungsdefizite in Bereichen eigenverantwortlicher Tatsachenbewertung durch die Behörde ohne weiteres zur Aufhebung des Verwaltungsakts führen und bereits die Spruchreife begründen[492]. Angesichts dieser Begründung kann auch nicht angenommen werden, das Bundesverwaltungsgericht habe nur die Zulässigkeit einer

---

488 – 7 C 4.85 –, BVerwGE 78, 177.

489 So ausdrücklich VGH Mannheim, Urt. v. 15.11.1994, ESVGH 45, 109, 117; ähnlich REDEKER, DVBl. 1991, 972, 973, Fn. 2.

490 BVerwG, Urt. v. 22.10.1987, BVerwGE 78, 177.

491 BVerwG, Urt. v. 22.10.1987, BVerwGE 78, 177, 181.

492 So ausdrücklich unter Bezugnahme auf das Brokdorf-Urteil des BVerwG GAENTZSCH, in: REDEKER-FS (1993), S. 406.

fakultativen Handhabung festlegen wollen, bei der das Gericht von eigenen Ermittlungen absieht[493]. Es geht vielmehr um die zwingende Pflicht des Gerichts, Zurückhaltung zu Gunsten behördlicher Ermittlungstätigkeiten zu üben. Dies wird auch deutlich in der Randbemerkung, wonach es keiner Erörterung bedürfe, ob die Behörde der Aufhebung durch Nachholung der versäumten Ermittlungen im gerichtlichen Verfahren begegnen kann. Dies belegt bereits, dass – wenn überhaupt – nur die Behörde für nachträgliche Ermittlungen mit Wirkung für den Prozess zuständig sein kann. Inzwischen bejaht das Bundesverwaltungsgericht ausdrücklich die in der Brokdorf-Entscheidung nur erwogene Zulässigkeit der zum Ausgleich eines erkannten Defizites vorgenommenen behördlichen Nachermittlungen und/oder ergänzenden Bewertungen mit Wirkung für ein anhängiges Gerichtsverfahren[494]. Zutreffend schließt das Bundesverwaltungsgericht aber auch von dieser Möglichkeit auf die Unzulässigkeit gerichtlicher Nachermittlungen[495].

Dieser Rechtsprechung kann hier freilich nicht gefolgt werden, soweit die trotz der Ermittlungsdefizite bestehende Spruchreife der Sache nur mit der besonderen Normstruktur des § 7 Abs. 2 AtG begründet wird, bzw. damit, dass die Spruchreife ein prozessualer Begriff sei, der an die materiell-rechtlichen Gegebenheiten anknüpfe, diese aber nicht abändere[496]. Jedenfalls steht die Brokdorf-Entscheidung der hier vertretenen Auffassung nicht entgegen, wonach die nach § 113 Abs. 1 Satz 1 VwGO ausgesprochene Aufhebung eines Verwaltungsakts, der zumindest „so nicht“ erlassen werden darf, immer eine inhaltlich bestimmte und – bezogen auf den angefochtenen Verwaltungsakt – abschließende Entscheidung bedeutet, so dass man die Sache der Anfechtungsklage in diesem Sinne als spruchreif bezeichnen kann.

---

493 So aber REDEKER / V.OERTZEN, § 113 Rn. 25.

494 BVerwG, Urt. v. 18.05.1990, BVerwGE 85, 163, 166; BVerwG, Urt. v. 14.01.1998 („Mülheim-Kärlich“), BVerwGE 106, 115, 122.

495 In BVerwG, Urt. v. 14.01.1998 („Mülheim-Kärlich“), BVerwGE 106, 115, 128, bemerkt das BVerwG im Anschluss an die Argumentation mit dem Funktionsvorbehalt zu Gunsten der Genehmigungsbehörde bei der Risikoermittlung und Bewertung: „Angesichts der dargelegten Möglichkeit der Genehmigungsbehörde, ein – wirkliches oder vermeintliches – Defizit noch während des gerichtlichen Verfahrens zu beheben, besteht für eine derartige systemwidrige Überlagerung der Kompetenzen auch unter dem Gesichtspunkt der Prozeßökonomie kein zwingender Grund.“

496 Vgl. BVerwG, Urt. v. 22.10.1987, BVerwGE 78, 177, 180 f.

II. § 113 Abs. 2 VwGO

Die durch das 4. VwGO-Änderungsgesetz vom 17. Dezember 1990[497] neu gefasste Vorschrift des § 113 Abs. 2 Satz 1 VwGO sieht einen Ausspruch vor, durch den ein Verwaltungsakt, der einen Geldbetrag festsetzt oder eine darauf bezogene Feststellung trifft, geändert wird[498]. Die auf diesen Ausspruch abzielende Klage wird zwar zumeist als „ergänzte Anfechtungsklage" bezeichnet[499]. Es wird jedoch auch die Zuordnung dieser auf Abänderung eines Verwaltungsakts gerichteten Klage zur Verpflichtungsklage vertreten[500]. Jedenfalls aber – und das ist an dieser Stelle entscheidend – bildet das Urteil gem. § 113 Abs. 2 Satz 1 VwGO eine Ausnahme von dem kassatorischen Prinzip, das ansonsten die Anfechtungsklage beherrscht[501].

Es liegt auf der Hand, dass für einen abändernden, d.h. konstruktiven Ausspruch weiter gehende Ermittlungen erforderlich sind als für eine rein kassatorische Entscheidung, denn es ist leichter, einen zur Aufhebung des Verwaltungsakts führenden Fehler nachzuweisen, als zu bestimmen, welcher Verwaltungsakt stattdessen zu erlassen ist. Daher kommt das von der Spruchreife erfasste Problem der Reichweite der Sachverhaltsermittlung bei der Abänderung durchaus zum Tragen. Ebenso ist es denkbar, dass der Verwaltungsakt, der einen Geldbetrag festsetzt oder eine darauf bezogene Feststellung trifft, in das Ermessen gestellt ist, z.B. bei der Festsetzung eines Zwangsgeldes, so dass dann zwar unter den Voraussetzungen des § 113 Abs. 1 Satz 1 VwGO die Aufhebung in Betracht kommt, nicht aber

---

497 BGBl. I, S. 2809.

498 Der Anwendung dieser Vorschrift auf andere Verwaltungsakte als solche im Zusammenhang im Geldbeträgen, wie sie § 113 Abs. 2 VwGO a.F. noch ermöglichte, ist mit der Neufassung – wenn auch nicht zweckgerichtet – die Grundlage entzogen worden (BVerwG, Urt. v. 29.06.1992, BVerwGE 90, 265, 270 = NVwZ 1993, 270, 271 zur Feststellung der Berechtigung zur Verweigerung des Kriegsdienstes).

499 KOPP / SCHENKE, § 113 Rn. 149; SCHLINK / WIELAND, DÖV 1982, 426, 428.

500 Für einen Unterfall der Verpflichtungsklage KOPP, VwGO, 10. Aufl., § 42 Rn. 5 mit unzutreffendem Hinweis auf SCHLINK / WIELAND, DÖV 1982, 426, 428, die dort die Klage gem. § 113 Abs. 2 als „ergänzte Anfechtungsklage" bezeichnen. Richtigerweise dürfte je nach Fallgestaltung sowohl die Zuordnung zur (ergänzten) Anfechtungsklage in Betracht kommen – z.B. bei Anfechtung eines Erschließungsbeitragsbescheides, der eine nach Meinung des Klägers zu hohe Belastung vorsieht –, als auch die Zuordnung zur Verpflichtungsklage – z.B. bei der Klage auf Festsetzung eines höheren Besoldungsdienstalters. Es handelt sich dann jeweils um eine spezielle Abwandlung in Form der Festsetzungs- oder Feststellungs-Abänderungsklage. Vgl. dazu BVerwG, Urt. v. 18.01.1978, BVerwGE 55, 170, 172: Die Feststellungsklage nach § 43 Abs. 1 VwGO sei unzulässig gewesen, weil der Kläger seine Rechte mit der „Änderungsklage" gem. 113 Abs. 2 VwGO habe verfolgen können; diese Vorschrift sei entsprechend anwendbar, wenn über einen Feststellungsbescheid zu entscheiden ist, auf dessen Erlass ein materiell-rechtlicher Anspruch besteht.

501 BT-Drucks. 11/7060, S. 29; KOPP / SCHENKE, § 113 Rn. 149.

eine abändernde Entscheidung gem. § 113 Abs. 2 Satz 1 VwGO[502]. Folglich hängt die Spruchreife der Änderungssache wie die der Verpflichtungssache auch von den materiell-rechtlich begrenzten Kompetenzen des Gerichts ab. Damit ergibt sich für die Spruchreife bei einer Entscheidung nach § 113 Abs. 2 Satz 1 VwGO der gleiche Anwendungsbereich wie im Rahmen der Verpflichtungsklage, nur betrifft § 113 Abs. 2 Satz 1 VwGO eben nicht den typischen Fall der Anfechtungsklage. Zu allgemein ist es daher, wenn die durch das 4. VwGO-Änderungsgesetz eingefügten und in ihrer Anwendung umstrittenen[503] Bestimmungen des § 113 Abs. 2 Satz 2 und Abs. 3 VwGO ohne Differenzierung als Regelungen über die Herbeiführung der Spruchreife im Rahmen der Anfechtungsklage[504] bezeichnet werden.

Zwar enthält § 113 Abs. 2 Satz 2 VwGO Einschränkungen für die unmittelbare Abänderung des streitbefangenen Verwaltungsakts durch das Gericht[505]. Damit ist dann aber eine Ausnahme von der Ausnahme im Rahmen der Anfechtungsklage angesprochen und nicht eine grundlegende Regelung über die Spruchreife im Zusammenhang mit der gerichtlichen Aufhebungsentscheidung.

III. § 113 Abs. 3 VwGO

Die ebenfalls durch das 4. VwGO-Änderungsgesetz eingefügte Vorschrift des § 113 Abs. 3 Satz 1 VwGO ermöglicht dem Gericht die Aufhebung des Verwaltungsakts, „ohne in der Sache selbst zu entscheiden". Dies gilt unter den kumulativen Voraussetzungen, dass das Gericht eine weitere Sachverhaltsaufklärung für erforderlich hält, dass die erforderlichen Ermittlungen nach Art oder Umfang erheblich sind und dass die Aufhebung auch unter Berücksichtigung der Belange des Beteiligten sachdienlich ist[506]. Im Gegensatz zu § 113 Abs. 2 VwGO gilt § 113 Abs. 3 VwGO nicht nur für Verwaltungsakte, die sich auf Geldleistungen beziehen, sondern für jede Art von Verwaltungsakten.

---

502 KOPP / SCHENKE, § 113 Rn. 152; REDEKER / V.OERTZEN, § 113 Rn. 8.

503 Vgl. REDEKER, DVBl. 1991, 972 ff. gegen BVerwG, Urt. v. 18.01.1991, DVBl. 1991, 449 = BVerwGE 87, 288.

504 So aber REDEKER / V.OERTZEN, Vorwort zur 10. Auflage (1991); MARX, S. 34.

505 § 113 Abs. 2 S. 2 VwGO lautet: „Erfordert die Ermittlung des festzusetzenden oder festzustellenden Betrages einen nicht unerheblichen Aufwand, kann das Gericht die Änderung des Verwaltungsakts durch Angabe der zu Unrecht berücksichtigten oder nicht berücksichtigten tatsächlichen oder rechtlichen Verhältnisse so bestimmen, daß die Behörde den Betrag auf Grund der Entscheidung errechnen kann."

506 Siehe näher zu diesen Voraussetzungen unten S. 353 ff. Hier geht es dagegen in erster Linie um die Wirkungen dieser Entscheidung.

1. Keine Entscheidung „in der Sache selbst“

Aufhorchen lässt die Formulierung „ohne in der Sache selbst zu entscheiden“, da sie auf den Unterschied zwischen der Entscheidung des Rechtsstreits und der Entscheidung in der Sache hinweist. Die Entscheidung nach § 113 Abs. 3 Satz 1 VwGO ist ein die Instanz abschließendes Endurteil[507], und zwar nicht in Form eines Prozessurteils, sondern trotz fehlender (vollständiger) Entscheidung in der Sache ein Sachurteil, wobei sich die Beschränkung im Vergleich zu der regulären Aufhebungsentscheidung gem. § 113 Abs. 1 Satz 1 VwGO aus den Gründen des Urteils ergibt[508]. Wenn dann ein Endurteil ergeht, obwohl „in der Sache selbst“ nicht entschieden wird, so besteht die gleiche Situation wie bei Erlass eines Bescheidungsurteils gem. § 113 Abs. 5 Satz 2 VwGO, aber bezogen auf die Aufhebung; sie betrifft also den Kern der Entscheidung über die Anfechtungsklage.

2. Der Unterschied zur Kassation gem. § 113 Abs. 1 Satz 1 VwGO

Die entscheidende Frage ist, was mit der „Sache“ i.S.d. § 113 Abs. 3 Satz 1 VwGO gemeint ist. Die Vorschrift ist nur dann sinnvoll, wenn die fehlende Entscheidung in der „Sache“ den Unterschied zu der üblichen Entscheidung gem. § 113 Abs. 1 Satz 1 VwGO ausmacht, wenn also die Aufhebung gem. § 113 Abs. 1 Satz 1 VwGO eine Entscheidung in der Sache beinhaltet, die Aufhebung gem. § 113 Abs. 3 Satz 1 VwGO dagegen nicht. Damit ist die Interpretation der „Sache“ i.S.d. § 113 Abs. 3 Satz 1 VwGO von dem Verständnis der Sachentscheidung nach § 113 Abs. 1 Satz 1 VwGO abhängig. Es liegt auf der Hand, dass diejenigen, die in der Kassation gem. § 113 Abs. 1 Satz 1 VwGO die Entscheidung darüber erblicken, dass die von der Behörde getroffene Regelung unter keinem Gesichtspunkt gerechtfertigt werden kann und den Kläger in seinen Rechten verletzt, § 113 Abs. 3 Satz 1 VwGO in der Weise auslegen, dass aufgrund dieser Vorschrift das Gericht ausnahmsweise dazu ermächtigt sei, einen Verwaltungsakt, der so wie erlassen gegen Rechte des Klägers verstößt, aufzuheben, ohne zu ermitteln, ob der Erlass des Verwaltungsakts aus anderen, von der Behörde nicht bedachten Gründen geboten ist[509]. Nach der hier verfochtenen Position gilt dies aber – zwingend und nicht nur fakultativ – bereits für die „klassische“ Kassation, ohne dass es einer besonderen Bestimmung bedürfte. Demnach muss es sich bei der

---

507 BT-Drucks. 11/7060, S. 30.

508 MARX, S. 36, mit dem treffenden Hinweis, dass der „Gesetzgeber keineswegs das Kuriosum eines stattgebenden Prozeßurteils einführen wollte“; ebenso REDEKER / V.OERTZEN, § 113 Rn. 26, die freilich einen anderen Umfang der Rechtskraft einer Entscheidung nach § 113 Abs. 3 VwGO annehmen als nach der hier vertretenen Ansicht.

509 So REDEKER / V.OERTZEN, § 113 Rn. 25; DETTERBECK, S. 190.

fehlenden Entscheidung in der Sache um ein anderes Unterscheidungsmerkmal handeln.

a. Der Verzicht auf den Nachweis der Rechtswidrigkeit

Richtigerweise muss die Aufhebung eines Verwaltungsakts „ohne Entscheidung in der Sache selbst" dadurch unter erleichterten Voraussetzungen möglich sein, dass sie geringere Anforderungen an die gerichtliche Überprüfung des konkreten Verwaltungsakts stellt. Die dem später nur sprachlich veränderten Gesetzesentwurf beigefügte Begründung stützt diese hier befürwortete Sichtweise, indem sie die Erläuterung enthält, die Aufhebung gem. § 113 Abs. 3 Satz 1 VwGO könne „ausgesprochen werden, obwohl das Gericht wegen der Notwendigkeit weiterer Ermittlungen noch nicht abschließend beurteilen kann, ob und in welchem Umfang der Verwaltungsakt rechtswidrig ist"[510]. Der Gesetzesbegründung kommt nach sachkundigem Urteil im Hinblick auf die Dokumentation der Entstehungsgeschichte eine besondere „erhellende Bedeutung" zu, die bei Auslegung und Anwendung dieser ganz jungen Vorschrift nicht übergangen werden darf[511]. In den Kommentierungen wird zwar – ohne Auseinandersetzung mit den entscheidenden Passagen der Gesetzesbegründung – auch für die Aufhebung gem. § 113 Abs. 3 Satz 1 VwGO die Rechtswidrigkeit des Verwaltungsakts für erforderlich gehalten[512]. Der Ursprung dieser Interpretation dürfte jedoch in dem oben abgelehnten Verständnis der „Spruchreife" der Aufhebungsentscheidung gem. § 113 Abs. 1 Satz 1 VwGO zu sehen sein. Die ausdrücklich gegenteilige Gesetzesbegründung wird noch dadurch bekräftigt, dass bewusst im Unterschied zu der ähnlichen Regelung in § 100 Abs. 2 Satz 2 FGO auf die Voraussetzung eines wesentlichen

---

510 BT-Drucks. 11/7060, S. 30; in den hier interessierenden Passagen gleichlautend die Begründung zum Entwurf einer Verwaltungsprozessordnung (dort § 124 Abs. 3), BT-Drucks. 10/3437, S. 133.

511 Darauf verweist im Zusammenhang mit dem zeitgleich in die VwGO eingefügten § 113 Abs. 2 S. 2 VwGO REDEKER, DVBl. 1991, 971, 973, Fn. 6 m.w.Nachw. unter Hinweis auf BT-Drucks. 11/7060, S. 30.

512 GERHARDT, in: SCHOCH / SCHMIDT-ASSMANN / PIETZNER, § 113 Rn. 51; KUNTZE, in: BADER / FUNKE-KAISER / KUNTZE / V.ALBEDYLL, § 113 Rn. 86 („vorläufige Rechtswidrigkeit"); SPANNOWSKY, in: NK-VwGO, § 113 Rn. 200; REDEKER / V. OERTZEN, § 113 Rn. 25; im Anschluss an die zuvor Genannten auch KOPP / SCHENKE, § 113 Rn. 164. Auch DEMMEL nimmt in ihrer Dissertation insoweit keine ausdrückliche Auseinandersetzung mit der Gesetzesbegründung vor und stellt die Orientierung der Rechtsprechung allein an dem Ergebnis des Verwaltungsakts nicht in Frage (vgl. S. 2f., S. 84 ff.). Anders V. GROLL, in: GRÄBER, § 100 Rn. 49 zu der vergleichbaren Vorschrift des § 100 Abs. 3 Satz 1 FGO: Eine materielle Rechtmäßigkeitsprüfung finde grundsätzlich, von summarischen Erwägungen zur Entscheidungserheblichkeit des zu beurteilenden Sachverhalts abgesehen, nicht statt.

Verfahrensmangels verzichtet wurde[513]. Damit kann für eine Aufhebung gem. § 113 Abs. 3 Satz 1 VwGO weder der Nachweis eines materiellen Fehlers noch der eines formellen Fehlers verlangt werden. In Übereinstimmung mit dem hier zu Grunde gelegten Verständnis dieser Norm steht auch eine der wenigen dazu veröffentlichten Entscheidungen, indem sie die Aufhebung gem. § 113 Abs. 3 Satz 1 VwGO zu der üblichen Kassation abgrenzt und mit den unzureichenden Sachverhaltsermittlungen begründet, welche die von der Behörde getroffene Feststellung nicht rechtfertigten, aber nicht ausschlössen, dass ein inhaltsgleicher Verwaltungsakt berechtigt ist: „Daher war eine Aufhebung wegen Rechtswidrigkeit i.S.d. § 113 I 1 VwGO mangels Spruchreife noch nicht möglich.“[514]

Die hier vertretene Auffassung wäre freilich zu überdenken, wenn man davon ausgehen müsste, dass die unzureichende Sachaufklärung durch die Behörde für sich genommen schon die Rechtswidrigkeit des Verwaltungsakts begründet und die Aufhebung gem. § 113 Abs. 1 Satz 1 VwGO rechtfertigt[515]. Insoweit ist eine Differenzierung notwendig: Es kommt darauf an, ob mit der unzureichenden Sachaufklärung ein Verfahrensfehler verbunden ist. Falls die Behörde vor Erlass des Verwaltungsakts bereits Anlass hatte, weitere Ermittlungen durchzuführen, z.B. die von dem Adressaten angebotenen Beweise zu erheben, liegt in der Unterlassung dieser Aufklärung ein Verstoß gegen die sich aus §§ 24, 26 VwVfG ergebende Pflicht, den Sachverhalt von Amts wegen zu erforschen[516]. Ein solcher Verfahrensfehler führt zur Rechtswidrigkeit des Verwaltungsakts und zur Aufhebung gem. § 113 Abs. 1 Satz 1 VwGO nach Maßgabe des § 46 VwVfG[517]. Wenn sich die Notwendigkeit zusätzlicher Ermittlungen dagegen erst nach Abschluss des Verwaltungsverfahrens ergibt, kann der Behörde nicht der Vorwurf eines Verfahrensverstoßes gemacht und nicht die Rechtswidrigkeit des Verwaltungsakts festgestellt werden. Vor allem die Eilbedürftigkeit der Verwaltungsentscheidung und die Wirtschaftlichkeit des Verwaltungsverfahrens sind Faktoren, die „echte

---

513 BT-Drucks. 11/7060, S. 30.

514 VG Dresden, Urt. v. 17.11.1992, VIZ 1993, 213, 214.

515 Ausdrücklich ablehnend BVerwG, Urt. v. 03.03.1987, NJW 1987, 1431, 1432; dazu FABER, § 15 II.

516 Vgl. HUFEN, Fehler im Verwaltungsverfahren, Rn. 135 mit einer Übersicht über Verfahrensfehler durch mangelhafte Sachaufklärung.

517 FABER, § 15 II; HUFEN, Fehler im Verwaltungsverfahren, Rn. 136; KOPP / SCHENKE, § 113 Rn. 55. Das BVerwG formuliert in seinem Urt. v. 03.03.1987, NJW 1987, 1431, 1432: „Denn ein solcher Fehler des Verwaltungsverfahrens führt nicht zur Rechtswidrigkeit *und Aufhebung* [Hervorhebung nur hier] des Verwaltungsakts.“ Damit wird nicht ausgeschlossen, dass der Verfahrensfehler jedenfalls zur Rechtswidrigkeit allein führt.

Ermittlungsschranken“ enthalten[518]. Daher kann bei einem Vorgehen der Behörde, dass diesen Grundsätzen Rechnung trägt, das Gebot der Amtsermittlungspflicht gem. §§ 24, 26 VwVfG nicht verletzt sein. Gleichwohl kann sich im Prozess nach Abschluss des Verwaltungsverfahrens weiterer Klärungsbedarf ergeben, insbesondere aufgrund einer Veränderung der Sach- oder Rechtslage oder aufgrund neuer Beweismittel. Dann beurteilt sich die Rechtmäßigkeit des Verwaltungsakts allein danach, ob der wahre Sachverhalt den Verwaltungsakt trägt. Damit sind Fälle denkbar, in denen feststeht, dass die bisherige Sachverhaltsaufklärung durch die Behörde nicht ausreicht, in denen aber eine Beurteilung der Rechtmäßigkeit gerade aus diesem Grund nicht getroffen werden kann. In diesen Fällen ist § 113 Abs. 3 VwGO anwendbar.

b. Die Entschärfung der Vorschrift

Die auf den ersten Blick revolutionäre Erweiterung der gerichtlichen Aufhebungsbefugnis in Bezug auf möglicherweise rechtmäßige Verwaltungsakte wird zunächst dadurch begrenzt und relativiert, dass die erforderlichen Ermittlungen nach Art oder Umfang erheblich und die Aufhebung unter Berücksichtigung der Interessen der Beteiligten sachdienlich sein müssen. Diese Voraussetzungen sind jedenfalls dann erfüllt, wenn „Ermittlungen vorzunehmen sind, welche die Behörde nach ihrer personellen und sachlichen Ausstattung besser durchführen kann als das Gericht, und wenn es unter übergeordneten Gesichtspunkten vernünftiger und sachgerechter ist, die Behörde tätig werden zu lassen“[519]. Ferner ist zu berücksichtigen, dass die Aufhebung nach § 113 Abs. 3 Satz 1 VwGO nicht die gleiche Tragweite hat wie die Aufhebung nach § 113 Abs. 3 Satz 1 VwGO. Wenn das Gericht sich nicht im Detail mit der Frage der Rechtswidrigkeit beschäftigt, kann das Urteil insoweit keine inhaltliche Missbilligung des angefochtenen Verwaltungsakts enthalten und die Behörde nicht hindern, nach Durchführung der notwendigen Ermittlungen bei einem entsprechenden Resultat der Sachverhaltsaufklärung einen neuen Verwaltungsakt mit der gleichen Regelung und der gleichen Begrün-

---

518 BERG, S. 267: „Im Hinblick auf die Eilbedürftigkeit wird dies nicht bestritten; denn die Sinnlosigkeit einer Maßnahme, die zu spät kommt, kann nicht durch Gründlichkeit in der Sachverhaltsaufklärung kompensiert werden.“ DERSELBE, S. 268: „Als unwirtschaftlich sind jedenfalls solche Aufwendungen anzusehen, die die sachlichen und (oder) persönlichen Mittel der Behörde so stark binden, daß für die Durchführung der materiellen Aufgaben ‚nichts mehr übrigbleibt'.“

519 BT-Drucks. 11/7060, S. 30. Siehe zu den Voraussetzungen im Einzelnen unten S. 351 ff.

dung zu erlassen[520]. Freilich wird es sich aus Zweckmäßigkeitsgründen anbieten, die Nachermittlungen und ihr Ergebnis gesondert in der Begründung zu erwähnen. Unter dem Gesichtspunkt der Rechtmäßigkeit ist dies jedoch nicht notwendig, wenn die nachträglichen Ermittlungen die ursprünglich mitgeteilte Begründung in vollem Umfang bestätigen. Die zusätzlichen Ermittlungen würden dann auch allenfalls die Ergänzung der ursprünglichen Begründung erfordern, nicht aber die Änderung. Weiter entschärft wird die Neuerung des § 113 Abs. 3 Satz 1 VwGO dadurch, dass § 113 Abs. 3 Satz 2 und 3 VwGO ausdrücklich die Möglichkeit einstweiliger Regelungen bis zum Erlass eines neuen Verwaltungsakts vorsehen, insbesondere durch Sicherheitsleistungen[521]. Schließlich bestimmt § 113 Abs. 3 Satz 4 VwGO eine zeitliche Grenze für die Entscheidung nach § 113 Abs. 3 Satz 1 VwGO, die nur binnen sechs Monaten seit dem Eingang der Akten der Behörde bei Gericht ergehen kann[522].

Angesichts der besonderen Voraussetzungen und der besonderen Wirkung der Aufhebung gem. § 113 Abs. 3 Satz 1 VwGO greifen Zweifel an der Vereinbarkeit dieser Vorschrift mit dem materiellen Recht nicht durch. Insbesondere sind die Konflikte mit § 46 VwVfG weniger gravierend als es zunächst scheint[523]. Zwar kann § 113 Abs. 3 Satz 1 VwGO zur (vorübergehenden) Aufhebung eines rechtmäßigen Verwaltungsakts führen und man könnte annehmen, dass der durch § 46 VwVfG für nur verfahrens- oder formfehlerhafte Verwaltungsakte bestimmte Ausschluss der Aufhebung dann erst recht gelten müsste. Jedoch überschneiden sich die Anwendungsbereiche dieser Normen nicht, denn in der Fassung, die § 46 VwVfG durch das Gesetz zur Beschleunigung von Genehmigungsverfahren vom

---

520 KUNTZE, in: BADER / FUNKE-KAISER / KUNTZE / V.ALBEDYLL, § 113 Rn. 86; KOPP / SCHENKE, § 113 Rn. 165, 169: Die Aufhebung sei ohnehin nur eine vorläufige, indem sie der Verwaltung nicht verwehre, nach entsprechender Sachverhaltsermittlung einen VA mit demselben Tenor wie vorher – sofern es durch das materielle Recht geboten und sinnvoll ist, sogar rückwirkend – zu erlassen. Ähnlich REDEKER / V. OERTZEN, § 113 Rn. 25, § 121 Rn. 8: Die Rechtskraftwirkung sei beschränkt, weil offen bleibe, ob der VA erneut erlassen werden kann. Anders GERHARDT, in: SCHOCH / SCHMIDT-ASSMANN / PIETZNER, § 113 Rn. 52, der einerseits ausführt, die Aufhebung des Verwaltungsakts nach § 113 Abs. 3 S. 1 VwGO sei „endgültig und vollständig", andererseits aber bemerkt, es hänge vom Einzelfall ab, ob das Urteil Bindungen über die Feststellung des Aufklärungsdefizits hinaus erzeugt. M.E. lässt sich von einer „endgültigen" Aufhebung nur sprechen, wenn sie mit einem Wiederholungsverbot verbunden ist, denn es kommt auf den Inhalt des Verwaltungsakts an und nicht darauf, mit welchem Datum er versehen ist.

521 Darüber entscheidet das Gericht durch einen zu begründenden Beschluss, bzw. inzident in dem Urteil gem. § 113 Abs. 3 Satz 1 VwGO, nach den zu § 80 Abs. 5 VwGO entwickelten Kriterien (GERHARDT, in: SCHOCH / SCHMIDT-ASSMANN / PIETZNER, § 113 Rn. 53 f.; SPANNOWSKY, in: NK-VWGO, § 113 Rn. 208 ff.).

522 Siehe dazu unten S. 370.

523 Vgl. KOPP / SCHENKE, § 113 Rn. 165.

12. September 1996 (GenBeschlG)[524] erfahren hat, setzt diese Vorschrift voraus, dass der Verfahrens- oder Formfehler offensichtlich die Entscheidung in der Sache nicht beeinflusst hat. In solchen Fällen offensichtlicher, d.h. leicht erkennbarer Ergebnisrichtigkeit kann denknotwendig nicht die grundlegende Voraussetzung des § 113 Abs. 3 Satz 1 VwGO erfüllt sein, wonach eine weitere Sachaufklärung erforderlich sein muss[525]. Überdies ist die Vorschrift unter dem Gesichtspunkt der Annexkompetenz des Bundesgesetzgebers für das Prozessrecht, im Interesse der Funktionsverteilung zwischen Rechtsprechung und Verwaltung sowie im Interesse der Wirksamkeit des Rechtsschutzes gerechtfertigt[526].

Eher kann man an der praktischen Bedeutung dieser Vorschrift zweifeln[527], denn in den meisten Fällen dürften sachgerechte Lösungen für die Zeit bis zur Klärung der Rechtmäßigkeit eines Verwaltungsakts bereits mit der Anordnung oder Wiederherstellung der aufschiebenden Wirkung in einem Verfahren nach § 80 Abs. 5 VwGO getroffen werden und diese Fragen dann erledigt sein[528]. Die Durchführung eines Hauptsacheverfahrens mit einer Entscheidung nach § 113 Abs. 3 Satz 1 VwGO wird dann regelmäßig mit keinem zusätzlichem Nutzen verbunden sein, weil es keine abschließende Aussage über die Rechtmäßigkeit des Verwaltungsakts liefert. Dies könnte eine Erklärung dafür sein, weshalb – soweit ersichtlich – die Gerichte kaum von der Möglichkeit, nach § 113 Abs. 3 Satz 1 VwGO zu entscheiden, Gebrauch machen. Andererseits kann nicht davon ausgegangen werden, dass in allen Fällen, in denen ein Antrag gem. § 80 Abs. 5 VwGO Aussicht auf Erfolg hätte, dieser auch gestellt wird, zumal eine Verpflichtung, den Adressaten

---

524 BGBl. I, S. 1354.

525 Dazu, dass zur Auslegung der „Offensichtlichkeit" nicht die von der Rechtsprechung zu § 214 Abs. 3 BauGB entwickelten Grundsätze herangezogen werden können, siehe oben S. 124.

526 Aus diesen Gründen sowie angesichts der bereits erwähnten einschränkenden Voraussetzungen der Aufhebung gem. § 113 Abs. 3 und der limitierten Bindungswirkung werden die Bedenken bei KOPP / SCHENKE, § 113 Rn. 165 zurückgestellt.

527 Vgl. dazu den Hinweis und die vernichtende Kritik bei GERHARDT, in: SCHOCH / SCHMIDT-ASSMANN / PIETZNER, § 113 Rn. 56: Von § 113 Abs. 3 VwGO sei zur Zeit einer bundesweiten Umfrage im Winter 1992/1993 ersichtlich nur in einem einzigen Fall (VG Dresden, Urt. v. 17.11.1992 – 3 K 555/92 –, zum VermG) Gebrauch gemacht worden (GERHARDT, a.a.O. Fn. 269). Die Vorschrift sei „bestenfalls ein Politiker-Placebo, schlimmstenfalls ein Schuldzuweisungsvehikel (‚Verweigerungshaltung der Richterschaft')." Lobend dagegen HUFEN, Fehler im Verwaltungsverfahren, Rn. 572: „gelungener Ausdruck der Verfahrensökonomie"; ähnlich zustimmend auch PAGENKOPF, DVBl. 1991, 285, 290: Der Prozessgesetzgeber habe klargestellt, dass umfangreiche Sachermittlungen in das Verwaltungsverfahren und gegebenenfalls in das Widerspruchsverfahren gehören.

528 Für die Verwandtschaft der von § 113 Abs. 3 VwGO erfassten Probleme mit denen des vorläufigen Rechtsschutzes auch GAENTZSCH, in: REDEKER-FS (1993), S. 407 f.; ebenso HUFEN, § 38 Rn. 37.

auf die Möglichkeit eines solchen außerordentlichen Rechtsbehelfs hinzuweisen, von der herrschenden Auffassung abgelehnt wird[529]. Insofern bietet § 113 Abs. 3 Satz 1 VwGO dem Gericht eine sachgerechte Handhabe zur Herstellung der Waffengleichheit im Gerichtsverfahren. Überdies ist möglicherweise allein die Existenz dieser Vorschrift dazu geeignet, die Mitwirkung der Behörde bei der Sachverhaltsaufklärung zu fördern und eine beschleunigte abschließende Klärung im Prozess zu bewirken, denn wenn der angefochtene Verwaltungsakt ungeachtet der Zweifel an seiner Rechtmäßigkeit während des Prozesses vollziehbar bleibt, wird sich die Behörde eher passiv verhalten als bei einer drohenden – wenn auch nur vorläufigen – Aufhebung[530].

3. Schlussfolgerungen für die Spruchreife

Gemäß § 113 Abs. 3 Satz 1 VwGO besteht die Möglichkeit, ausnahmsweise die Aufhebung eines Verwaltungsakts auszusprechen, obwohl die Sache nicht spruchreif ist, d.h. der Ausspruch beinhaltet nicht die Entscheidung, dass der Verwaltungsakt wegen seiner Rechtswidrigkeit und der Rechtsverletzung des Klägers in seinen Rechten nicht wiederholt werden darf. An der abschließenden Entscheidung ist das Gericht zwar nicht wegen des anzuwendenden materiellen Rechts gehindert, wie es bei einer Entscheidung gem. § 113 Abs. 5 Satz 1 VwGO der Fall sein kann. Jedoch kann der Ausspruch nach § 113 Abs. 1 Satz 1 VwGO aus tatsächlichen Gründen mangels abschließender Aufklärung des Sachverhalts scheitern, so dass eine Entscheidung nach § 113 Abs. 3 Satz 1 VwGO in Betracht kommt.

IV. Die isolierte Aufhebung des Widerspruchsbescheides als materiellrechtlich bedingter Fall fehlender Spruchreife

Die soeben angestellte Untersuchung hat gezeigt, dass auch bei der Anfechtungsklage die unzureichende Sachverhaltsaufklärung dazu führen kann, dass zwar die Entscheidungsreife des Rechtsstreits zu bejahen ist (weil die Aufhebung gem. § 113 Abs. 3 VwGO erfolgen kann), die Spruchreife der Sache aber zu verneinen ist (weil die Aufhebung nicht notwendig endgültig ist). Jetzt ist der Frage nachzugehen, ob – wie bei der Verpflichtungsklage – die Spruchreife auch aus Gründen des materiellen Rechts fehlen kann.

---

529 Vgl. OVG Lüneburg, Beschl. v. 04.10.1994, NVwZ-RR 1995, 176, 177; KOPP / SCHENKE, § 58 Rn. 5; REDEKER / V.OERTZEN, § 58 Rn. 3; a.A. CZYBULKA, in: NK-VwGO, § 58 Rn. 25.

530 Vgl. DEMMEL, S. 162, im Anschluss an frühere Überlegungen von SENDLER, DVBl. 1982, 812, 818.

1. Fallbeispiel: Urteil des VGH Kassel vom 21. Juli 1966

Einen materiell-rechtlich bedingten Fall fehlender Spruchreife der Aufhebung eines angefochtenen Verwaltungsakts dokumentiert beispielhaft ein Urteil des VGH Kassel vom 21. Juli 1966[531]. Der VGH hatte zu entscheiden über die Anfechtungsklage gegen einen Bescheid, mit dem die Behörde die Kürzung der laufenden „Fürsorgeunterstützung" (später „Sozialhilfe") bestimmt hatte. Die Klage war gem. § 79 Abs. 1 Nr. 1 VwGO einheitlich gegen den Ausgangsbescheid und den Widerspruchsbescheid gerichtet. Der VGH hob den Widerspruchsbescheid auf, weil der Beklagte im Widerspruchsverfahren entgegen § 17 Abs. 2 des Hessischen Fürsorgegesetzes (später § 114 Abs. 2 des Bundessozialhilfegesetzes – BSHG) keine in Fürsorgeangelegenheit erfahrenen Personen beratend beteiligt hatte, sondern den Widerspruchsbescheid erlassen hatte, ohne ihren Rat einzuholen; dies stelle einen schweren Verfahrensmangel dar, der die Klägerin in ihren Rechten verletze, weil der Beklagte im Widerspruchsverfahren befugt war, ein der Klägerin günstigeres Ermessen als bei Erlass des Ausgangsbescheides obwalten zu lassen (§ 68 Abs. 1 VwGO) und die Anhörung sozial erfahrener Personen zu einer günstigeren Ermessensausübung hätte führen können[532]. Die Aufhebung des Widerspruchsbescheides sei daher trotz einheitlich erhobener Klage im Hinblick auf § 79 Abs. 2 Satz 2 VwGO geboten[533]. Hinsichtlich der begehrten Aufhebung des Ausgangsbescheides führte der VGH aus, sie könne „wegen mangelnder Spruchreife keinen Erfolg haben"[534]. Die Situation entspreche den Fällen fehlender Spruchreife bei Verpflichtungsklagen gem. § 79 Abs. 3 VGG bzw. § 113 Abs. 4 VwGO [a.F.][535]. Die mangelnde Spruchreife hindere das Gericht daran, den Erstbescheid nachzuprüfen; dieser befinde sich infolge der Aufhebung des Widerspruchsbescheids in einem Schwebezustand[536].

---

531 MDR 1967, 245; ebenso OVG Saarlouis, Urt. v. 10.03.1988, FEVS 38, 190.

532 VGH Kassel, Urt. v. 21.07.1966, MDR 1967, 245. Das Gebot der beratenden Beteiligung gem. § 114 Abs. 2 BSHG gilt nach BVerwG, Urt. v. 11.10.1984, BVerwGE 70, 196, 198, auch für die Rückforderung einer nach Auffassung der Sozialhilfeträger zu Unrecht bewilligten Sozialhilfe, weil die Rückforderung die Ablehnung für die betreffende Zeit einschließt. Ebenso OVG Saarlouis, Urt. v. 10.03.1988, FEVS 38, 190, 197.

533 VGH Kassel, Urt. v. 21.07.1966, MDR 1967, 245, unter Berufung auf BVerwG, Urt. v. 29.11.1961, BVerwGE 13, 195, 198.

534 VGH Kassel, Urt. v. 21.07.1966, MDR 1967, 245.

535 VGH Kassel, Urt. v. 21.07.1966, MDR 1967, 245 f., unter Bezugnahme auf seine ältere Rechtsprechung.

536 VGH Kassel, Urt. v. 21.07.1966, MDR 1967, 245, 246; ebenso OVG Saarlouis, Urt. v. 10.03.1988, FEVS 38, 190, 201 f.; a.A. BVerwG, Urt. v. 29.11.1961, BVerwGE 13, 195, 198 f.: Die isolierte Aufhebung des Widerspruchsbescheids komme nur bei Rechtmäßigkeit des ursprünglichen Verwaltungsakts in Betracht.

Der Entscheidung des VGH Kassel ist darin zuzustimmen, dass die isolierte Aufhebung des Widerspruchsbescheides mit dem Erlass eines Bescheidungsurteils im Rahmen der Verpflichtungsklage vergleichbar ist. In beiden Fällen muss die Verwaltung erneut eigenverantwortlich tätig werden, und es lässt sich trotz Beendigung des prozessualen Rechtsstreits noch nicht endgültig sagen, ob der angefochtene Verwaltungsakt Bestand haben wird („Schwebezustand“)[537] bzw. der beantragte Verwaltungsakt erlassen wird. Der Begriff der Spruchreife ist damit im Hinblick auf die zur Verpflichtungsklage herausgearbeiteten Kriterien angebracht. Abweichend von der Entscheidung des VGH ist aber darauf hinzuweisen, dass die isolierte Aufhebung nur in Betracht kommt, wenn sich der Ausgangsbescheid nach Überprüfung durch das Gericht nicht als aufhebungswürdig erweist[538]. Er darf nicht aus der Überprüfung ausgeklammert werden, denn seine Aufhebung würde dem mit der Klage zum Ausdruck gebrachten Ersuchen um Rechtsschutz noch mehr entsprechen.

2. Die materiell-rechtliche Begründung für das Fehlen der Spruchreife

Soweit feststeht, dass nur der Widerspruchsbescheid aufzuheben ist, handelt es sich um ein Fehlen der Spruchreife aus Gründen des materiellen Rechts. Die abschließende Entscheidung des Gerichts scheitert nämlich nicht unbedingt daran, dass ihm die zur Überzeugungsbildung notwendigen tatsächlichen Kenntnisse fehlen würden, sondern die Zurückhaltung des Gerichts ist deshalb geboten, weil die rechtlichen Voraussetzungen der Aufhebung nicht erfüllt sind.

Der mit der isolierten Aufhebung des Widerspruchsbescheids verursachte „Schwebezustand“ kommt dadurch zu Stande, dass der ursprüngliche Verwaltungsakt zwar im erneut durchzuführenden Widerspruchsverfahren aufgehoben werden könnte, nicht aber – weil er nicht rechtswidrig ist – im gerichtlichen Verfahren. Das gilt insbesondere dann, wenn die Widerspruchsbehörde befugt ist, die rechtmäßigen Ermessenserwägungen des Ausgangsbescheides zu Gunsten des Klägers abzuändern, wenn sie aber unter Verstoß gegen eine wesentliche Verfahrensvorschrift i.S.d. § 79 Abs. 2 Satz 2 VwGO von ihrer Abänderungsbefugnis keinen Gebrauch gemacht hat. Dies ist in dem vorliegenden Beispiel der Fall, denn das Gesetz schreibt in § 114 Abs. 2 BSHG zwingend die beratende Beteiligung sozial erfahrener Personen vor Erlass des Widerspruchsbescheides vor. Damit soll durch eine wesentliche Verfahrensvorschrift die Beteiligung externen Sachverstandes sichergestellt werden. Die Einholung des Rates der in § 114

---

537 Ebenso BVerwG, Urt. v. 15.07.1980, DVBl. 1980, 960, 961; BVerwG, Urt. v. 29.11.1961, BVerwGE 13, 195, 198.

538 BVerwG, Urt. v. 29.11.1961, BVerwGE 13, 195, 198. So auch KUNTZE, in: BADER / FUNKE-KAISER / KUNTZE / V.ALBEDYLL, § 113 Rn. 10.

BSHG genannten Personen ist wiederum gerade deshalb vorgesehen, damit gem. § 4 Abs. 2 BSHG über Form und Maß der Sozialhilfe nach pflichtgemäßem Ermessen entschieden werden kann. Soweit der Widerspruchsbescheid aufgehoben wird, ist das Widerspruchsverfahren wieder anhängig, und die Widerspruchsbehörde muss ihr Ermessen im Anschluss an die nachgeholte Beteiligung sozial erfahrener Personen – unabhängig von der Frage der Rechtmäßigkeit auch unter Gesichtspunkten der Zweckmäßigkeit – pflichtgemäß ausüben.

Im Prozess scheitert die Spruchreife an der fehlenden Rechtswidrigkeit des ursprünglichen Verwaltungsakts, die sich nach materiellem Recht bestimmt. Das Gericht darf einen Verwaltungsakt nur im Rahmen seiner gesetzlichen Ermächtigung aufheben, und diese setzt – abgesehen von der Ausnahmevorschrift des § 113 Abs. 3 Satz 1 VwGO – grundsätzlich die Rechtswidrigkeit voraus. Das kommt in § 113 Abs. 1 Satz 1 VwGO mit der Bestimmung zum Ausdruck, dass das Gericht den Verwaltungsakt und den etwaigen Widerspruchsbescheid aufhebt, *soweit* der Verwaltungsakt rechtswidrig ist und den Kläger in seinen Rechten verletzt. Daraus folgt, dass in den Fällen, in denen die Rechtswidrigkeit auf den Widerspruchsbescheid beschränkt ist, auch die Aufhebungsbefugnis des Gerichts nicht weiter reicht. Die Überlegung, dass in einigen Fällen die Widerspruchsbehörde den ursprünglichen Verwaltungsakt unabhängig von seiner Rechtmäßigkeit oder Rechtswidrigkeit aufheben darf, hilft im gerichtlichen Verfahren nicht weiter, denn es widerspräche dem Grundsatz der Gewaltenteilung, wenn etwa das Verwaltungsgericht die Befugnisse der Widerspruchsbehörde zur Ersetzung von Ermessenserwägungen an sich zöge.

3. Die Zulässigkeit der isolierten Aufhebung trotz Erhebung der Einheitsklage i.S.d. § 79 Abs. 1 Nr. 1 VwGO

Die Vergleichbarkeit der Verpflichtungsklage und der Anfechtungsklage im Hinblick auf die aus Gründen des materiellen Rechts fehlende Spruchreife wäre freilich dann anders zu beurteilen, wenn man die isolierte Aufhebung des Widerspruchsbescheides nur unter der Bedingung, dass der Kläger eine zusätzliche oder ausschließliche isolierte Anfechtungsklage unter den Voraussetzungen des § 79 Abs. 2 VwGO erhebt und dies mit der Antragstellung ausdrücklich klarstellt, für möglich hielte[539]. Dann würde bei der Anfechtungsklage die Entscheidungsreife

539 So BVerwG, Urt. v. 27.10.1966, DVBl. 1967, 237, 238; BVerwG, Urt. v. 14.06.1972, Buchholz 310, § 79 Nr. 7; BVerwG, Urt. v. 25.08.1982, Buchholz 310, § 79 Nr. 18; VGH Mannheim, Urt. v. 15.11.1989, NVwZ 1990, 1085; VGH Mannheim, Beschl. v. 25.07.1996, NVwZ-RR 1997, 447; DAWIN, NVwZ 1987, 872, 874; JÄDE, Rn. 156 ff.; MÜLLER, NJW 1982, 1370, 1371; v.MUTIUS, S. 192; SCHUNCK / DE CLERCK, § 79 Anm. 2 b).

bezüglich des Rechtsstreits und des Angriffsgegenstands nicht auseinanderfallen, denn über den gesondert angefochtenen Widerspruchsbescheid als solchen wird mit seiner Aufhebung endgültig entschieden. Diese Ansicht beruft sich darauf, dass bei der einheitlichen Anfechtung gem. § 79 Abs. 1 Nr. 1 VwGO der Ausgangsbescheid einziger Angriffsgegenstand bleibe und nur inhaltlich durch den Widerspruchsbescheid umgestaltet werde; durch die Umgestaltung werde der Widerspruchsbescheid aber nicht selbst Angriffsgegenstand[540]. Speziell geregelt sei in § 79 Abs. 2 VwGO die Aufhebung des Widerspruchsbescheids wegen einer zusätzlichen selbständigen Beschwer, die gem. Satz 2 dieser Vorschrift auch – sofern der Widerspruchsbescheid darauf beruht – in der Verletzung einer wesentlichen Verfahrensvorschrift bestehen kann; soweit aber der Widerspruchsbescheid eine solche Beschwer enthalte, gestalte er den ursprünglichen Verwaltungsakt nicht um, so dass der Antrag auf Aufhebung des Widerspruchsbescheids nach dieser Bestimmung alternativ oder kumulativ ausdrücklich gestellt werden müsse, aber nicht bereits Bestandteil der Einheitsklage gem. § 79 Abs. 1 Nr. 1 VwGO sei[541].

Die Auffassung, die für die isolierte Aufhebung des Widerspruchsbescheids immer eine gesonderte Klage gem. § 79 Abs. 2 VwGO verlangt, ist jedoch abzulehnen[542]. Zur Widerlegung dieser Ansicht bedarf es nicht des Vorgriffs auf die Bestimmung des – von dem Angriffsgegenstand zu unterscheidenden – Streitgegenstands[543], denn die hier gefragten Erkenntnisse lassen sich aus dem Wortlaut und der Systematik des § 79 VwGO gewinnen. § 79 Abs. 1 Nr. 1 VwGO bestimmt jedenfalls so viel, dass der Ausgangsbescheid und der Widerspruchsbescheid grundsätzlich einer gemeinsamen inhaltlichen Prüfung unterzogen werden. Die Frage ist nur, zu welchen Konsequenzen diese Prüfung führt. Richtig ist, dass im Ergebnis dieser Prüfung nur ein solcher Bescheid aufgehoben werden kann, der mit der Klage angegriffen wurde. Ob der Widerspruchsbescheid bei sachgerechter Auslegung des „Gegenstands der Anfechtungsklage" gem. § 79 Abs. 1 Nr. 1 VwGO dazu gehört, lässt der Wortlaut dieser Vorschrift offen. Danach ist „Gegenstand

---

540 BVerwG, Urt. v. 25.08.1982, Buchholz 310, § 79 Nr. 18; MÜLLER, NJW 1982, 1370, 1371.

541 VGH Mannheim, Urt. v. 15.11.1989, NVwZ 1990, 1085 f.; DAWIN, NVwZ 1987, 872, 874.

542 Vgl. VGH München , Urt. v. 12.01.1990, BayVBl. 1990, 370, 371; DETTERBECK, S. 179 ff.; EHLERS, in: MENGER-FS (1985), S. 392; KOPP / SCHENKE, § 79 Rn. 1 und 11; REDEKER / V.OERTZEN, § 79 Rn. 6. Im Ergebnis wie hier auch BVerwG, Urt. v. 06.09.1988, BVerwGE 80, 178, 183 = NJW 1989, 118; KOPP / SCHENKE, § 113 Rn. 84; KUNTZE, in: BADER / FUNKE-KAISER / KUNTZE / V.ALBEDYLL, § 113 Rn. 10: Die isolierte Aufhebung des Widerspruchsbescheids komme in Betracht, soweit dieser Gegenstand einer isolierten Anfechtungsklage „hätte sein können".

543 Dazu unten S. 209 ff. Mit einer aus der Streitgegenstandsbestimmung gewonnenen Argumentation gelangt DETTERBECK, S. 179 ff. zu einem im Wesentlichen gleichen Ergebnis wie hier.

der Anfechtungsklage“ vorrangig „der ursprüngliche Verwaltungsakt“, aber immerhin „in der Gestalt, die er durch den Widerspruchsbescheid gefunden hat“ (und nicht etwa nur mit inhaltlichen Elementen des Widerspruchsbescheids). Daraus kann nicht gefolgert werden, dass der Widerspruchsbescheid trotz gemeinsamer Prüfung als Angriffsgegenstand ausgeschlossen werden sollte. Ausweislich der Gesetzesbegründung ging es bei dieser Formulierung vielmehr darum, im Hinblick auf die örtliche Zuständigkeit (des Verwaltungsgerichts am Sitz der Ausgangsbehörde) ein „Schwergewicht“ auf den ursprünglichen Verwaltungsakt zu legen[544]. Die Schlussfolgerung darauf, dass der Widerspruchsbescheid bei der Einheitsklage gem. § 79 Abs. 1 Nr. 1 VwGO nicht nur Prüfungsgegenstand, sondern auch Angriffsgegenstand ist, ergibt sich zwanglos dann, wenn man bei systematischer Auslegung zusätzlich § 79 Abs. 2 Satz 1 VwGO betrachtet. Danach *kann* der Widerspruchsbescheid auch dann *alleiniger* Gegenstand der Anfechtungsklage sein, wenn und soweit er gegenüber dem ursprünglichen Verwaltungsakt eine zusätzliche selbständige Beschwer enthält. Erstens ist die Beschränkung des Angriffsgegenstands auch bei einer zusätzlichen selbständigen Beschwer fakultativ („kann“), was indiziert, dass gegen diese Beschwer wirksamer Rechtsschutz im Sinne des Art. 19 Abs. 4 Satz 1 GG auch dann gewährleistet ist und die Beseitigung erreicht wird, wenn die Anfechtung im Wege der Einheitsklage erfolgt. Zweitens hebt das Gesetz an dieser Stelle hervor, dass der Widerspruchsbescheid dann ausnahmsweise ein ausschließlicher („alleiniger“) Gegenstand der Anfechtungsklage ist. Dann muss er im Normalfall der Einheitsklage eine zusätzlicher Angriffsgegenstand sein, denn sonst bestünde für diese Hervorhebung kein Anlass.

Teleologische Aspekte gebieten keine andere Beurteilung – im Gegenteil. Könnte auf eine Einheitsklage nicht auch die zusätzliche selbständige Beschwer durch den Widerspruchsbescheid mittels dessen Aufhebung beseitigt werden, so verlangte man von dem Kläger, der sowohl Fehler des Ausgangsbescheids als auch eine Beschwer durch den Widerspruchsbescheid rügt, zwei Klagen zu erheben[545]. Damit würde man sich eine ganze Reihe prozessualer Probleme einhandeln[546]: Die Verbindung der Klagen gem. § 44 VwGO würde jedenfalls dann scheitern, wenn Ausgangs- und Widerspruchsbehörde unterschiedlichen Rechtsträgern angehören. Das wäre deshalb besonders misslich, weil die Verfahren voneinander abhängig wären. Der Widerspruchsbescheid wird nämlich bei Aufhebung des Ausgangsbe-

---

544 BT-Drucks. 3/55, S. 39.

545 So ausdrücklich BVerwG, Urt. v. 27.10.1966, DVBl. 1967, 237, 238; BVerwG, Urt. v. 14.06.1972, Buchholz 310, § 79 Nr. 7; BVerwG, Urt. v. 25.08.1982, Buchholz 310, § 79 Nr. 18; VGH Mannheim, Urt. v. 15.11.1989, NVwZ 1990, 1085; VGH Mannheim, Beschl. v. 25.07.1996, NVwZ-RR 1997, 447; DAWIN, NVwZ 1987, 872, 874.

546 Dazu DETTERBECK, S. 175 ff.

scheids gegenstandslos und die Klage dagegen aussichtslos; umgekehrt kann nach Aufhebung des Widerspruchsbescheids nicht mehr über die Aufhebung des ursprünglichen Verwaltungsakts in Gestalt des Widerspruchsbescheids entschieden werden. DETTERBECK[547] ist darin zuzustimmen, dass die Gegenansicht einen dem Grundsatz der Prozessökonomie widersprechenden juristischen Konstruktionsaufwand provoziert, der vor allem dem Rechtsschutz suchenden Laien nicht mehr vermittelbar ist und für ihn eine unzumutbare Hürde darstellt.

Abgesehen von der Frage, ob die isolierte Aufhebung des Widerspruchsbescheids auch infolge einer Einheitsklage gem. § 79 Abs. 1 Nr. 1 VwGO möglich ist, handelt es sich bei der hier exemplarisch behandelten wesentlichen Verfahrensfehlerhaftigkeit eines Widerspruchsbescheids im Zusammenhang mit einer Ermessensentscheidung um einen weitgehend unumstrittenen Fall der isolierten Aufhebbarkeit. Denn die Bestimmung des § 79 Abs. 2 Satz 2 VwGO sieht ausdrücklich die Möglichkeit vor, die Anfechtungsklage nur gegen den Widerspruchsbescheid zu richten; wenn man bei dieser Konstellation die isolierte Aufhebungswürdigkeit des Widerspruchsbescheids verneinte, wäre diese Klagemöglichkeit weitgehend nutzlos[548]. Inwieweit über diesen Fall hinaus die isolierte Aufhebung des Widerspruchsbescheids zu befürworten ist (z.B. wenn nur der Widerspruchsbescheid Ermessensfehler enthält, ohne dass ein wesentlicher Verfahrensfehler vorliegt) kann im Rahmen dieser Arbeit nicht geklärt werden[549].

Für die Spruchreife ist entscheidend,
- dass es gesicherte Fälle der isolierten Aufhebung des Widerspruchsbescheids gibt,
- dass dann über den Bestand des ursprünglichen Verwaltungsakts nicht endgültig entschieden wird,
- dass damit bei der zu befürwortenden isolierten Aufhebung des Widerspruchsbescheids auf eine Einheitsklage im Sinne des § 79 Abs. 1 Nr. 1 VwGO die Entscheidungsreife des Rechtsstreits zu bejahen aber die Spruchreife der Sache zu verneinen ist
- und dass die Gründe dafür im materiellen Recht liegen.

---

547 S. 179.

548 BVerwG, Urt. v. 15.07.1980, DVBl. 1980, 960, 961.

549 Für die isolierte Aufhebung auch in diesem Fall mit guten Gründen DETTERBECK, S. 184, und KOPP / SCHENKE, § 79 Rn. 11. Dabei verneint DETTERBECK, a.a.O. Fn. 153, eine Beschwer i.S.d. § 79 Abs. 2 VwGO, die bei KOPP / SCHENKE, a.a.O., bejaht wird. Das hat zur Konsequenz, dass nur nach letzterer Auffassung bei ausschließlich ermessensfehlerhaftem Widerspruchsbescheid dessen isolierte Aufhebung nach § 79 Abs. 2 Satz 1 VwGO begehrt werden darf.

V. Ergebnis

Die eingangs dieses Abschnitts gestellte Frage, ob die Spruchreife unmittelbar im Zusammenhang mit der Aufhebung von Verwaltungsakten im Rahmen der Anfechtungsklage ein Problem darstellt, ist folgendermaßen zu beantworten: Ja, aber nicht so, wie es ein Teil der Rechtsprechung und des Schrifttums annimmt. Denn die Annahme fehlender Spruchreife wegen einer vom Gericht erst noch zu ermittelnden alternativen Rechtmäßigkeit des angefochtenen Verwaltungsakts ist abzulehnen.

Für die Spruchreife erschließt sich aufgrund des § 113 Abs. 3 Satz 1 VwGO ein neues Problemfeld im Rahmen der Anfechtungsklage, da diese Bestimmung die Möglichkeit schafft, einen Verwaltungsakt aufzuheben, ohne mit der Aufhebung ein Wiederholungsverbot zu statuieren, das im Rahmen der Aufhebung gem. § 113 Abs. 1 Satz 1 VwGO die Endgültigkeit der Entscheidung und damit die Spruchreife der Sache im Rahmen der Anfechtungsklage ausmacht. Soweit die Aufhebung eines Verwaltungsakts nach dieser Vorschrift erfolgt, fehlt die Spruchreife wegen unzureichender Sachverhaltsaufklärung.

Die Spruchreife der Sache kann auch bei der Anfechtungsklage aus Gründen des materiellen Rechts fehlen, und zwar dann, wenn nur der Widerspruchsbescheid und nicht auch der ursprüngliche Verwaltungsakt vom Gericht aufzuheben ist. Dann ist die von dem Kläger gewünschte Aufhebung des Ausgangsbescheids – in dem erneut durchzuführenden Widerspruchsverfahren – möglich, aber nicht zwingend, so dass sich trotz Beendigung des Prozesses über den Bestand des angefochtenen Verwaltungsakts keine endgültige Aussage treffen lässt.

Bei der Anfechtungsklage bedeutet dann die Spruchreife die von den materiellrechtlich begrenzten gerichtlichen Kompetenzen abhängige und nach Maßgabe der Prozessökonomie durch Aufklärung des Sachverhalts zu ermittelnde Konstellation, die es dem Gericht ermöglicht, zu Gunsten des Klägers die mit einem Wiederholungsverbot verbundene endgültige Aufhebung des angefochtenen Verwaltungsakts für Recht zu erkennen.

D. Zusammenfassender Definitionsvorschlag

Wie alle wissenschaftlichen Instrumente sollte eine Definition das Ideal der Isomorphie anstreben, d.h. in Bezug auf das Problem, das sie behandelt, nicht zu viel und nicht zu wenig ausschließen[550]. Die Suche nach einer solchen Definition der

---

550 FABER, § 6 I.

Spruchreife muss sich daher auf der einen Seite dadurch leiten lassen, dass sie für die Verpflichtungs- und die Anfechtungsklage sowie für die Vollzugsfolgenbeseitigung gleichermaßen gelten soll, und auf der anderen Seite dadurch, dass sie die einzelnen mit ihr verbundenen Problemkreise nicht verwischen darf. Diesen Anforderungen gerecht zu werden, bemüht sich die folgende Formulierung:

Die Spruchreife bedeutet im Verwaltungsprozess die von den materiell-rechtlich begrenzten gerichtlichen Kompetenzen abhängige und nach Maßgabe der Prozessökonomie möglichst zu ermittelnde Konstellation, die es dem Gericht ermöglicht, zu Gunsten des Klägers eine inhaltlich bestimmte und endgültige Entscheidung über den Bestand oder den Erlass eines Verwaltungsakts oder über eine andere Maßnahme der Behörde zu treffen.

3. Kapitel: Bestimmung des Streitgegenstands im Verwaltungsprozessrecht

Der Streitgegenstand bezeichnet die Identität eines Rechtsstreits[551]. Diese Identität kann in verschiedenen Stadien eines Prozesses – und vor allem danach – fraglich sein. Klassischerweise wird die Frage nach dem Streitgegenstand vor allem bei vier „Prüfsteinen" gestellt: bei der Bestimmung der Rechtshängigkeit (§ 90 VwGO), der Klagenhäufung (§ 44 VwGO), der Klageänderung (§ 91 VwGO) und insbesondere der Rechtskraft (§ 121 VwGO)[552]. Weiterhin ist im Verwaltungsprozess der Streitgegenstand – auch wenn insoweit seltener Konflikte entstehen – beispielsweise Anknüpfungspunkt für die Zulässigkeit des Verwaltungsrechtsweges (§ 40 VwGO), für die gerichtlichen Zuständigkeiten (§§ 45 -50 VwGO), für die Beiladung (§ 65 VwGO) und für Art und Maß des vorläufigen Rechtsschutzes[553]. Im Zusammenhang mit der Spruchreife ist der Streitgegenstand darüber hinaus deswegen von Bedeutung, weil sich bei fehlender Spruchreife die Frage nach einem Teilunterliegen des Klägers stellen kann. Inwieweit der Kläger obsiegt und inwieweit er unterliegt, beurteilt sich nämlich nach dem Verhältnis zum gesamten Streitgegenstand[554]. Mit anderen Worten lässt sich sagen: Zu welchen Teilen der Kläger gewinnt bzw. verliert, kann man erst entscheiden, wenn klar ist, worüber eigentlich gestritten worden ist. Der Streitgegenstand besitzt also unzählige Bezüge zu prozessualen Themen einschließlich der Spruchreife. Richtig ist es deshalb, den Streitgegenstand als tragenden Begriff des Prozessrechts zu bezeichnen, weil sich alle Handlungen des Gerichts und der Parteien – wenn auch unter Umständen indirekt – letztlich auf den Streitgegenstand beziehen[555].

---

551 BARBEY, in: MENGER-FS (1985), S. 177; VOLLKOMMER, in: Zöller, Einl. Rn. 61.

552 Vgl. GERHARD LÜKE, JuS 1967, 1.

553 Vgl. die Aufzählung bei BARBEY, in: MENGER-FS (1985), S. 177.

554 KOPP / SCHENKE, § 155 Rn. 2.

555 SCHUMANN, in: STEIN / JONAS, Bd. 1, 20. Aufl. (1984), Einl. Rn. 263; BAUMGÄRTEL, JuS 1974, 69.

Um den Begriff des Streitgegenstands wird – offenbar wegen seiner zentralen Bedeutung – in der wissenschaftlichen Diskussion des Zivilprozessrechts[556], des arbeitsgerichtlichen Verfahrens[557], der Finanzgerichtsbarkeit[558] und des Verwaltungsprozessrechts[559] seit mehreren Jahrzehnten intensiv gerungen. Jedoch zeigen sich in einigen Bereichen Anhaltspunkte für Annäherung und Konsens[560]. Daher kann und will die vorliegende Arbeit nicht alle Grundlagen der Streitgegenstandslehre erneut hinterfragen, um am Ende etwa den „viergliedrigen Streitgegenstandsbegriff des Verwaltungsprozessrechts" oder dergleichen aus der Taufe zu heben. An Theorien besteht wohl auch kein Mangel, sondern eher an der Untersuchung ihrer Konsequenzen für prozessuale Probleme, die weniger offenkundig als die klassischen „Prüfsteine" mit dem Streitgegenstand in Verbindung stehen. Insoweit soll hier versucht werden, die zum Streitgegenstandsbegriff vertretenen Meinungen auszuwerten, zu systematisieren, auf Gemeinsamkeiten hin zu untersuchen und sie für das Thema der Spruchreife fruchtbar zu machen.

Dem Streitgegenstand kann man sich auf unterschiedlichen Ebenen nähern. Je nach dem gewünschten Grad der Abstraktion lässt sich darüber diskutieren, welche Rahmenbedingungen (z.B. Prozessgrundsätze) als Kriterien bei der Bestimmung berücksichtigt werden müssen, in welche Elemente sich der Streitgegenstand zerlegen lässt, wie diese Bestandteile im Wege der Definition ausgefüllt werden können, inwieweit sich dabei Klagearten einheitlich zusammenfassen las-

556 Vgl. lediglich als „Spitze des Eisbergs": WALTHER J. HABSCHEID, Der Streitgegenstand im Zivilprozess (1956); HESSELBERGER, Die Lehre vom Streitgegenstand (1970); HENCKEL, Parteilehre und Streitgegenstand im Zivilprozeß (1961); JAUERNIG, Verhandlungsmaxime, Inquisitionsmaxime und Streitgegenstand (1967); NIKISCH, Der Streitgegenstand im Zivilprozess (1935); ROSENBERG / SCHWAB / GOTTWALD, § 95; SCHUMANN, in: STEIN / JONAS, Bd. 1, 20. Aufl. (1984), Einl. Rn. 263; SCHWAB, Der Streitgegenstand im Zivilprozess (1954); HELMUT KÖHLER, Der Streitgegenstand bei Gestaltungsklagen (1995); jüngstens MUSIELAK, Der rechtskräftig entschiedene Sachverhalt, NJW 2000, 3593. Auf die Parallelität zum Verwaltungsprozess wird noch gesondert einzugehen sein (siehe unten S. 160).

557 Vgl. z.B. GERHARD LÜKE, JZ 1960, 203; EDGAR J. HABSCHEID, RdA 1989, 88.

558 Vgl. z.B. HUPPERTZ, Streitgegenstand und Prozessherrschaft im Anfechtungsverfahren nach §§ 40 I, 100 FGO (1972); GORSKI, Der Streitgegenstand der Anfechtungsklage gegen Steuerbescheide (1973), S. 11: „Der Streitgegenstand trägt seinen Namen zu Recht. Er ist ein Gegenstand vielfältigen Streites."

559 Vgl. ebenfalls nur exemplarisch: DETTERBECK, Streitgegenstand und Entscheidungswirkungen im Öffentlichen Recht (1995); GERHARD LÜKE, JuS 1967, 1; NIESE, JZ 1952, 353.

560 Vgl. die Darstellungen, welche die Autoren selbst mehr als Bericht denn als Beitrag zum Streit werten – so ausdrücklich: BARBEY, in: MENGER-FS (1985), S. 179; ähnlich SCHWAB, JuS 1965, 81: „Bei allen Gegensätzen zeigen sich doch auch Anhaltspunkte für eine Verständigung. Sie bewußt zu machen und auszubauen, sollte eine wichtige Gegenwartsaufgabe der deutschen Prozeßrechtswissenschaft sein."; WALTHER J. HABSCHEID, in: SCHWAB-FS (1990), S. 182, bezeichnet die Theorie SCHWABs und seine eigene als weniger konträr, als es zunächst den Anschein hatte.

sen und worauf sich der Streitgegenstand im Einzelfall festlegen lässt. Alle diese Diskussionen haben ihre Berechtigung; sie dürfen nur nicht miteinander vermengt werden.

A. Grundlegende Bestimmungskriterien

I. Prozessualer Anspruch

Was immer der Streitgegenstand im Verwaltungsprozessrecht ist – er entsteht erst durch einen Prozess und bezieht seine Bedeutung aus prozessualen Fragen. Die Ausgangssituation lässt sich allgemein formulieren: Ein Beteiligter beansprucht etwas, worauf er ein Recht zu haben glaubt, was ein anderer bestreitet, und das Gericht wird zur Entscheidung des Streits angerufen. Das Gericht entscheidet nur dann im Sinne des erhobenen Anspruchs, wenn erstens der Anspruch auf eine Rechtsnorm gestützt werden kann und zweitens zur Überzeugung des Gerichts die Tatsachen, die diese Rechtsnorm ausfüllen, gegeben sind. Über beides, nämlich Rechtsfragen und Tatsachenfragen, kann somit im Prozess gestritten werden. Der Aufhänger für den Streit ist im Prozess jedoch immer der erhobene Anspruch. Nicht nur die Zivilprozessordnung[561], sondern auch die Verwaltungsgerichtsordnung[562] verwendet daher den Begriff des Streitgegenstands bzw. der Streitsache neben dem des Anspruchs, ohne damit etwas Verschiedenes zu meinen. Zu Recht wird somit der Streitgegenstand synonym als prozessualer Anspruch bezeichnet[563].

1. Abgrenzung von Ansprüchen des materiellen Rechts

Von dem materiell-rechtlichen Anspruch, den § 194 BGB legaldefiniert und grundsätzlich der Verjährung unterwirft, ist der Streitgegenstand als prozessualer Anspruch nach inzwischen ganz einhelliger Meinung streng zu trennen[564]. HESSELBERGER[565] hat insoweit markant unterschieden zwischen dem materiell-

---

561 §§ 2, 253 Abs. 3: „Streitgegenstand“; § 261 Abs. 1: „Streitsache“; § 322 Abs. 1: „Anspruch“.

562 § 90: „Streitsache“; § 121: „Streitgegenstand“; § 89 Abs. 1 und § 156: „Anspruch“.

563 BVerwG, Urt. v. 21.12.1967, BVerwGE, 29, 1, 2; BVerwG, Urt. v. 10.05.1994, NVwZ 1994, 1115; DETTERBECK, S. 27; HESSELBERGER, S. 294;GERHARD LÜKE, JuS 1967, 1, 2; SCHUMANN, in: STEIN / JONAS, Bd. 1, 20. Aufl. (1984), Einl. Rn. 268.

564 HESSELBERGER, S. 294; GERHARD LÜKE, JuS 1967, 1, 3; SCHELLHAMMER, Rn. 128; SCHUMANN, in: STEIN / JONAS, Bd. 1, 20. Aufl. (1984), Einl. Rn. 265.

565 S. 295 f.

rechtlichen „Fordern-Können" und dem prozessualen „Fordern-Wollen" bzw. zwischen bestehenden und behaupteten Ansprüchen. Dies verdeutlicht, in welcher Weise bei der Leistungsklage beide Begriffe nebeneinander sinnvoll sind. Dass es darüber hinaus logisch ausgeschlossen ist, diese Anspruchsbegriffe gleichzusetzen, wird offensichtlich, wenn man sich vergegenwärtigt, dass bei unbegründeten Leistungsklagen kein durchsetzbarer Anspruch des materiellen Rechts gegeben, aber sehr wohl ein Streitgegenstand vorhanden ist, weil ja zumindest bis zur rechtskräftigen Abweisung der Klage der Kläger die gegenteilige Auffassung vertreten wird[566]. Zu unauflösbaren Widersprüchen führte die fehlende Unterscheidung bei materiell-rechtlicher Anspruchskonkurrenz, d.h. in Fällen, in denen dasselbe Klageziel auf mehrere Anspruchsnormen gestützt werden kann, wie in dem Schulbeispiel des Straßenbahnunfalls[567], wenn der Fahrgast einen materiellen Schadensersatzanspruch aus schuldhafter Verletzung einer vertraglichen Nebenpflicht, aus unerlaubter Handlung und aus dem Haftpflichtgesetz hat. Dabei würde die Annahme gesonderter, aus dem materiellen Recht abgeleiteter Streitgegenstände bedeuten, dem Fahrgast zu erlauben, den Ersatz desselben Schadens dreifach einzuklagen[568]. Im öffentlichen Recht sind freilich die Fälle materiell-rechtlicher Anspruchskonkurrenz seltener, aber namentlich bei schlichten Leistungsklagen keineswegs ausgeschlossen[569]. Ferner ist die Übernahme des materiell-rechtlichen Anspruchsbegriffs für den Streitgegenstand deswegen unhaltbar, weil auch Feststellungsklagen und Gestaltungsklagen ihren Streitgegenstand haben, obwohl ihnen nicht zwangsläufig ein gegen den Beklagten gerichteter Anspruch des materiellen Rechts zu Grunde liegt[570]. Bei der Feststellungsklage geht es zumeist nur um das Bestehen oder Nichtbestehen eines Rechtsverhältnisses, ohne dass Ansprüche aus diesem Rechtsverhältnis streitig wären. Bei der Gestaltungsklage (z.B. der Anfechtungsklage) mag zwar ein Anspruch bzw. ein Gestaltungsrecht[571] gegen den Beklagten der Anlass gewesen sein (bei der Anfech-

---

566 Vgl. HESSELBERGER, S. 296; SCHELLHAMMER, Rn. 128.

567 RG, Urt. v. 15.04.1907, RGZ 66, 12.

568 ROSENBERG / SCHWAB / GOTTWALD, § 95 III 1.; SCHUMANN, in: STEIN / JONAS, Bd. 1, 20. Aufl. (1984), Einl. Rn. 266.

569 GERHARD LÜKE, JuS 1967, 1, 2 f.

570 DETTERBECK, S. 26; SCHUMANN, in: STEIN / JONAS, Bd. 1, 20. Aufl. (1984), Einl. Rn. 266.

571 ROSENBERG / SCHWAB / GOTTWALD, § 94 I 2 mit Ausführungen dazu, dass dieses Gestaltungsrecht gegenüber dem Gegner privatrechtlicher oder öffentlich-rechtlicher Natur sein kann. SCHELLHAMMER, Rn. 128, begründet die Selbständigkeit des prozessualen Anspruchs damit, dass eine Gestaltungsklage nie einen Anspruch *des BGB* [Hervorhebung nur hier] verfolgt, womit nicht ausgeschlossen ist, dass sie einen Anspruch anderer Rechtsnatur gegen den Beklagten voraussetzt – vgl. zum Gestaltungsrecht dann auch SCHELLHAMMER, Rn. 197.

tungsklage der Aufhebungsanspruch[572], den auch die Behörde hätte erfüllen können), im Prozess geht es jedoch um die konstitutive Abänderung der Rechtslage durch das Gericht (bei der Anfechtungsklage um die gerichtliche Aufhebung des Verwaltungsakts). Daher muss – jedenfalls auch – das Gericht der Adressat des mit der Gestaltungsklage verfolgten prozessualen Anspruchs sein. Ohne Handeln des Gerichts kann der prozessuale Anspruch nicht erfüllt und nicht verbindlich zurückgewiesen werden. Das materielle Recht bezieht sich jedoch nur auf Ansprüche unter denjenigen, die Beteiligte eines Rechtsstreits sein können. Damit ist auch für Gestaltungsklagen die Gleichsetzung von materiellem Anspruch bzw. Gestaltungsrecht mit dem Streitgegenstand ausgeschlossen.

2. Abgrenzung von anderen prozessualen Ansprüchen

Nachdem als gesichert gelten kann, dass der Streitgegenstand als prozessualer Anspruch beschrieben werden darf und als solcher von dem Anspruchsbegriff des materiellen Rechts zu trennen ist, muss noch eine Abgrenzung zu anderen Ansprüchen des Prozessrechts erfolgen.

Der Streitgegenstand unterscheidet sich von dem Justizgewährleistungsanspruch (= Justizgewährungsanspruch, Justizanspruch, Anspruch auf Rechtsschutzgewährung oder Anspruch auf Rechtspflege[573]) dadurch, dass mit letzterem nicht ein bestimmtes Ergebnis in einem bestimmten Verfahren verlangt wird, sondern viel allgemeiner das Tätigwerden der Gerichte als solches[574]. Angesichts der Spezialität des Art. 19 Abs. 4 Satz 1 GG hat diese Figur für den Bereich des Verwaltungsprozessrechts keine eigenständige Bedeutung[575].

In Teilen des Schrifttums wird ein Rechtsschutzanspruch befürwortet, der ein subjektives öffentliches Recht gegen den Staat auf eine richtige Entscheidung in einem richtigen Verfahren[576], bzw. auf Herbeiführung und notfalls zwangsweise Durchsetzung einer der sachlichen Rechtslage entsprechenden Entscheidung des Gerichts[577] beinhalten soll. Die Existenz eines solchen Rechtsschutzanspruchs wird vielfach bestritten[578]. Eine Stellungnahme ist hier entbehrlich, denn jeden-

572 Vgl. GERHARD LÜKE, JuS 1967, 1, 2 f., der allerdings meint, bei der Anfechtungsklage bereite die Orientierung des Streitgegenstandes an dem materiellen „Anspruch auf Rückgängigmachung des Verwaltungsakts" keine großen Schwierigkeiten; diese ergäben sich erst bei der Leistungsklage.

573 Diese Begriffe sind synonym, vgl. ROSENBERG / SCHWAB / GOTTWALD, § 3 I.

574 SCHUMANN, in: STEIN / JONAS, Bd. 1, 20. Aufl. (1984), Einl. Rn. 204.

575 KOPP / SCHENKE, § 1 Rn. 11.

576 SCHÖNKE / KUCHINKE, § 3 II; ähnlich BLOMEYER, § 1 III 2.

577 HARTMANN, in: BAUMBACH / LAUTERBACH / ALBERS / HARTMANN, Grundz. § 253 Rn. 2.

578 HESSELBERGER, S. 123 ff.; ROSENBERG / SCHWAB / GOTTWALD, § 3 II 2.

falls wäre der Rechtsschutzanspruch im Falle seiner Anerkennung klar von dem prozessualen Anspruch in Form des Streitgegenstands zu unterscheiden, was zum Teil ausdrücklich auch von seinen Anhängern betont wird[579]. Wenn er nur generell auf (irgend) eine richtige Entscheidung des Gerichts abzielt, ist er von vornherein ungeeignet, die Identität des Rechtsstreits einzugrenzen. Auffällig ist dann auch, dass diejenigen, die eine Verbindung zwischen dem Streitgegenstand und dem Rechtsschutzanspruch herstellen wollen, seinen Gehalt von der nunmehr unter seinen Befürwortern mehrheitlich anerkannten Definition abweichend bestimmen, nämlich als Anspruch des Klägers gegen das Gericht auf das beantragte Urteil, verbunden mit der Behauptung der Berechtigung zu seinem Erlass einschließlich der prozessualen Zulässigkeit[580]. Dieses Verständnis passt wiederum nicht zu dem Begriff des Rechtsschutzanspruchs, denn Rechtsschutz steht auch dem Beklagten zu, der die Abweisung einer unbegründeten oder unzulässigen Klage beantragt, ohne mit dem auf Abweisung gerichteten Rechtsschutzbegehren den Rechtsstreit zu identifizieren. Überdies richtet sich der Rechtsschutzanspruch – soweit er existiert – ausschließlich gegen das Gericht, während der Streitgegenstand als prozessualer Anspruch auch gegen den Beklagten gerichtet sein muss, damit die Entscheidung diesen bindet[581]. Damit ist der Streitgegenstand ein sowohl von den Ansprüchen des materiellen Rechts als auch von anderen Ansprüchen des Prozessrechts zu unterscheidender, eigenständiger prozessualer Anspruch.

II. Die grundsätzliche Übertragbarkeit der Streitgegenstandslehren des Zivilprozessrechts

Die Diskussion um den Streitgegenstand im Sinne der Zivilprozessordnung (Civilprozeßordnung) vom 30. Januar 1877[582] erzielte bereits weitgehende Fortschritte[583], bevor die Verwaltungsgerichtsordnung am 21. Januar 1960[584] verkündet

579 BLOMEYER, 1. Aufl. (1963), § 1 III 2 Fn. 5.
580 So POHLE, in: STEIN / JONAS, Bd. 1, 19. Aufl. (1972), Einl. E III 1c (S. 25), wörtlich abgedruckt bei SCHUMANN, in: STEIN / JONAS, Bd. 1, 20. Aufl. (1984), Einl. Rn. 269.
581 HESSELBERGER, S. 125; DETTERBECK, S. 33.
582 RGBl. S. 83.
583 Vgl. z.B. NIKISCH, Der Streitgegenstand im Zivilprozess (1935); SCHWAB, Der Streitgegenstand im Zivilprozess (1954); WALTHER J. HABSCHEID, Der Streitgegenstand im Zivilprozess (1956).

wurde, und auch danach gingen entscheidende Impulse von Autoren aus, die in erster Linie im Zivilprozessrecht beheimatet sind[585]. Es liegt daher nahe, die Erkenntnisse dieser Diskussion auch im Verwaltungsprozessrecht umzusetzen, zumal es wünschenswert ist, zu einer einheitlichen Dogmatik zu finden, denn im Zweifel ist den Lösungen der Vorzug zu geben, die dem Gedanken der Einheitlichkeit des Prozessrechts am besten entsprechen und die Orientierung an tragenden Grundsätzen des allgemeinen Prozessrechts ermöglichen[586]. Der zivilprozessuale Erkenntnisstand bietet jedoch nur dann ein verlässliches Fundament für die Bestimmung des Streitgegenstands im Verwaltungsprozessrecht, wenn auszuschließen ist, dass nicht doch insoweit grundlegende Unterschiede der Materien zu beachten sind.

Die subsidiäre Geltung der Zivilprozessordnung im Verwaltungsprozess gem. § 173 Satz 1 VwGO gibt für die Frage der Übertragbarkeit der Streitgegenstandstheorien nicht viel her, denn § 173 Satz 1 VwGO stellt klar, dass der Rückgriff auf die Normen der Verwaltungsgerichtsordnung nur zulässig ist, wenn die grundsätzlichen Unterschiede der beiden Verfahrensarten dies nicht verbieten. Hier geht es nicht um die Anwendung einzelner Normen, sondern um grundlegende Strukturprinzipien, d.h. fraglich ist gerade das Bestehen grundsätzlicher Unterschiede. Immerhin unterstreicht § 173 Satz 1 VwGO aber die prinzipiell enge Verwandtschaft der Prozessrechtsgebiete, denn wäre dies nicht so, hätte es nahegelegen, wie in den Verwaltungsgerichtsgesetzen zu Anfang des zwanzigsten Jahrhunderts nur bestimmte abschließend aufgezählte Normen für anwendbar zu erklären[587], anstatt eine – wenn auch mit einem Vorbehalt versehene – Generalklausel zu Gunsten der Verwaltungsgerichtsordnung aufzunehmen.

Jedenfalls nach heutigem Verständnis auf der Basis des Grundgesetzes und der Verwaltungsgerichtsordnung scheitert die Kompatibilität von Zivil- und Verwal-

---

584 BGBl. I, S. 17. HANS HEINRICH RUPP bemerkte kurz nach dem In-Kraft-Treten, dass erst die einheitliche und mit der Zivilprozessordnung vergleichbare Kodifikation des Verwaltungsprozessrechts den Weg für eine gesamtsystematische Erfassung, die einerseits die Zusammenhänge des allgemeinen Prozessrechts und andererseits die Spezifikationen des Verwaltungsprozesses berücksichtigt, freigemacht habe (AöR 85 [1960], 149, 150). In dieser Aussage kommt wohl zum einen die Aufbruchsstimmung in der Verwaltungsprozesslehre jener Zeit als auch das Bedürfnis nach einer Rechtfertigung für den im Vergleich zur Zivilprozesslehre geringen Erkenntnisstand zum Ausdruck.

585 HESSELBERGER, Die Lehre vom Streitgegenstand (1970); SCHUMANN, in: STEIN / JONAS, Bd. 1, 20. Aufl. (1984), Einl. Rn. 263 ff.

586 KOPP / SCHENKE, § 173 Rn. 2.

587 SCHOEN, in: ENZYKLOPÄDIE DER RECHTSWISSENSCHAFT, 4. Aufl. (1914), 4. Band, § 30, S. 301, verweist darauf, dass in den Verwaltungsgerichtsgesetzen aller Länder mit Ausnahme von Württemberg (Art. 72) nur einzelne Bestimmungen der ZPO für anwendbar erklärt werden.

tungsprozessrecht nicht etwa an einer unterschiedlichen Natur der Verfahrenszwecke, wie dies teilweise noch in den 1950er Jahren angenommen wurde[588]. Es liegt auf der Hand, dass diejenigen, die die Aufgabe der Verwaltungsgerichtsbarkeit in der justizförmlichen Kontrolle der Verwaltung erblickten, bzw. den Kläger als „Sachwalter der Allgemeinheit"[589] ansahen, Vergleiche mit der Zivilgerichtsbarkeit von vornherein für unfruchtbar hielten. Diese Ansichten sind jedoch der Erkenntnis gewichen, dass der Verwaltungsprozess ebenso wie der Zivilprozess vorrangig der Gewährleistung des Individualrechtsschutzes dient[590]. Etwas anderes lässt sich angesichts des klaren Wortlauts in Art. 19 Abs. 4 Satz 1 GG auch kaum vertreten. Dem entsprechen in der Verwaltungsgerichtsordnung die Bestimmungen, welche die Bedeutung der Verletzung des Klägers in seinen Rechten hervorheben (z.B. § 42 Abs. 2, 113 Abs. 1 Satz 1 und § 113 Abs. 5 Satz 1 VwGO). Nachdem dann der Rechtsschutzauftrag der Gerichte des Zivil- und des Verwaltungsrechtsweges prinzipiell der gleiche ist, und da zudem die Gerichtszweige in Art. 95 Abs. 1 und 3 GG gleichrangig genannt werden, spricht alles dafür, das von ihnen angewendete Prozessrecht – soweit dies irgend möglich und zweckmäßig ist – in tragenden Elementen anzunähern und übereinstimmend zu handhaben. Getreu der dem materiellen Recht dienenden Funktion des Prozessrechts sollte man sich bei der Beschäftigung damit von Zweckmäßigkeitsgesichtspunkten leiten lassen und bis zum Beweis des Gegenteils davon ausgehen, dass die Beeinflussung der einen Materie durch die andere zulässig ist.

Die Zweckmäßigkeit einer Streitgegenstandstheorie, die nicht an den Grenzen der einzelnen Prozessrechtsdisziplinen Halt macht, sondern dem Gedanken der Einheitlichkeit des Prozessrechts verpflichtet ist, drängt sich geradezu auf, wenn man berücksichtigt, dass der Streitgegenstand die Rechtskraft bestimmt[591]. Der Umfang der Rechtskraft kann auch und gerade in Fällen fraglich sein, in denen Verwaltungsgerichte und Zivilgerichte über denselben Sachverhalt zu entscheiden haben (z.B. in Amtshaftungssachen). In diesen Fällen entsteht ein heilloses Durcheinander, wenn man in den verschiedenen Verfahren Streitgegenstandsbegriffe ohne gemeinsamen Nenner zu Grunde legt: Bestimmt sich die Rechtskraft dann nach dem (im Einzelnen natürlich umstrittenen) Streitgegenstandsbegriff des abgeschlossenen Verwaltungsprozesses oder nach dem (wiederum umstrittenen) Streitgegenstandsbegriff des folgenden Zivilprozesses? Das Bundesverwaltungsgericht wird den praktischen Bedürfnissen gerecht, indem es trotz aller Einzelfall-

588 Vgl. NIESE, JZ 1952, 353, 355; abgeschwächt WACKE, AöR 75 (1953/1954), 158, 182.
589 NIESE, JZ 1952, 353, 356.
590 HAUSTEIN, S. 46; LANG, VerwArch. 52 (1961), 60, 84; GERHARD LÜKE, JuS 1967, 1; ULE, § 1 III 2.
591 Dazu sogleich.

bezogenheit seiner Rechtsprechung zur Bestimmung von Streitgegenstand und Rechtskraft betont, dass § 121 VwGO ebenso auszulegen sei wie § 322 ZPO[592].

III. Die Bedeutung des Streitgegenstands für die Bestimmung der materiellen Rechtskraft

Der prozessuale Anspruch (Streitgegenstand) hat unzweifelhaft eine ganz wesentliche Funktion bei der Bestimmung der materiellen Rechtskraft. Dies ergibt sich aus § 322 ZPO bzw. § 121 VwGO. Die Streitgegenstandsbestimmung muss daher grundlegend die Tragweite dieser Funktion berücksichtigen.

1. Differenzierung: formelle Rechtskraft

Die materielle Rechtskraft bedeutet die verbindliche Klärung der Rechtslage durch die „Maßgeblichkeit und Rechtsbeständigkeit des Inhalts der Entscheidung über den Streitgegenstand“[593]. Mit anderen Worten: Sie bedeutet die von ihrer inhaltlichen Richtigkeit unabhängige Verbindlichkeit der Entscheidung in einem späteren Gerichtsverfahren[594]. Sie ist zu unterscheiden von der formellen Rechtskraft gem. § 705 ZPO (i.V.m. § 173 VwGO[595]), die lediglich die Unanfechtbarkeit der mit ordentlichen Rechtsmitteln angreifbaren Entscheidung meint[596]. Die formelle Rechtskraft ist grundsätzlich Voraussetzung für die Wirksamkeit der Entscheidung zwischen den Beteiligten, d.h. sie entfaltet die Wirkungen, auf die sie ihrem Inhalt nach gerichtet war (z.B. die Aufhebung des angefochtenen Verwaltungs-

---

592 BVerwG, Urt. v. 29.08.1966, BVerwGE 25, 7, 9; vgl. auch BVerwG, Urt. v. 17.12.1963, BVerwGE 17, 293, 298. Darüber hinaus zieht das Bundesverwaltungsgericht in einer Entscheidung vom 10.05.1994, NVwZ 1994, 1115, zur Bestimmung der fraglichen Rechtskraft des angegriffenen Urteils wie selbstverständlich die Kommentierung bei BAUMBACH / LAUTERBACH zu § 322 ZPO heran.

593 BVerfG, Beschl. v. 31.01.1978, BVerfGE 47, 1146, 161.

594 HARTMANN, in: BAUMBACH / LAUTERBACH / ALBERS / HARTMANN, Einf. § 322-327 Rn. 2; KOPP / SCHENKE, § 121 Rn. 2; SCHELLHAMMER, Rn. 835; VOLLKOMMER, in: ZÖLLER, vor § 322 Rn. 3.

595 Die Anwendbarkeit über § 167 VwGO (so HARTMANN, in: BAUMBACH / LAUTERBACH / ALBERS / HARTMANN, § 705 Rn. 12) gilt nur, soweit es auf die formelle Rechtskraft gerade als Grundlage der (nicht nur vorläufigen) Vollstreckbarkeit ankommt. Darin erschöpft sich die Bedeutung der formellen Rechtskraft im Verwaltungsprozess jedoch nicht, da sie z.B. auch in § 153 VwGO als Tatbestandsmerkmal der Wiederaufnahme des Verfahrens vorausgesetzt wird (KOPP / SCHENKE, § 121 Rn. 2).

596 KOPP / SCHENKE, § 121 Rn. 2; SCHELLHAMMER, Rn. 835; THOMAS / PUTZO, § 705 Rn. 1.

akts) erst mit dem Eintritt der Unanfechtbarkeit[597]. Die formelle Rechtskraft ist auch eine Voraussetzung der materiellen Rechtskraft[598]. Zwingend ist dies allerdings nicht, sondern die Abhängigkeit ergibt sich erst aus § 705 ZPO (i.V.m. § 173 VwGO)[599]. Deutlich wird der Unterschied zwischen Verbindlichkeit und Wirksamkeit, wenn man sich vorstellt, dass zwischen den Beteiligten noch ein weiterer Rechtsstreit anhängig ist, für den die verkündete Entscheidung von Bedeutung ist[600]: Würde die materielle Rechtskraft sofort eintreten, wäre sie in dem weiteren Prozess schon vor der Unanfechtbarkeit zu beachten; gem. § 705 ZPO (i.V.m. § 173 VwGO) gilt dies jedoch erst mit dem Eintritt der formellen Rechtskraft.

2. Rechtskraftfähigkeit

Der materiellen Rechtskraft fähig sind alle gerichtlichen Entscheidungen, die endgültig und vorbehaltlos den Streitgegenstand erledigen[601]. Damit ist nicht gemeint, dass die Entscheidungen immer auf abschließende und dauerhafte Regelungen oder Feststellungen abzielen müssten. Der materiellen Rechtskraft fähig sind nämlich grundsätzlich auch Prozessurteile, obwohl die verneinten Sachurteilsvoraussetzungen später erfüllt werden können[602], ebenso Urteile und Beschlüsse in Verfahren des einstweiligen Rechtsschutzes[603] und Urteile, die eine Klage als zurzeit unbegründet abweisen[604]. Deren Vorläufigkeit ist dann nur bei dem Umfang der Rechtskraft zu beachten. Insofern reicht es also für die Rechtskraftfähigkeit aus, dass eine „endgültige Entscheidung über eine vorläufige Regelung" ergeht[605].

---

597 KOPP / SCHENKE, § 121 Rn. 2: Etwas anderes gilt im Falle der Anordnung der vorläufigen Vollstreckbarkeit gem. §§ 708 ff. ZPO (i.V.m. § 167 VwGO), die aber bei der Aufhebung eines Verwaltungsakts im Rahmen der Anfechtungsklage nicht in Betracht kommt. Dies würde ja auch bedeuten, dass in den Rechtsmittelinstanzen über einen nicht mehr existenten Verwaltungsakt gestritten würde.

598 KOPP / SCHENKE, § 121 Rn. 2; THOMAS / PUTZO, § 322 Rn. 1.

599 FENGE, in: AK-ZPO, § 322 Rn. 10 mit dem rechtsvergleichenden Hinweis, dass viele ausländische Rechtsordnungen die materielle Rechtskraft sofort eintreten lassen.

600 Zu den Wirkungen der materiellen Rechtskraft siehe unten S. 167.

601 ROSENBERG / SCHWAB / GOTTWALD, § 152 III; SCHMITT GLAESER / HORN, Rn. 111; ULE, § 59 I 1; VOLLKOMMER, in: ZÖLLER, vor § 322 Rn. 8.

602 GOTTWALD, in: MK-ZPO, § 322 Rn. 26; REDEKER / V.OERTZEN, § 121 Rn. 15; SCHMITT GLAESER / HORN, Rn. 111; VOLLKOMMER, in: ZÖLLER, § 322 Rn. 1.

603 KOPP / SCHENKE, § 121 Rn. 2; VOLLKOMMER, in: ZÖLLER, vor § 322 Rn. 8.

604 VOLLKOMMER, in: ZÖLLER, vor § 322 Rn. 58.

605 VGH Kassel, Beschl. v. 04.10.1982, NJW 1984, 378 f.

Ausgenommen von der Rechtskraftfähigkeit sind Vorbehaltsurteile[606], ferner – was ihre Wirkung unter den Parteien angeht – Zwischenentscheidungen[607] und Grundurteile[608], weil diesen Entscheidungen schon äußerlich die Endgültigkeit und Vorbehaltlosigkeit fehlt[609]. Gleiches gilt für zurückverweisende Urteile im Rechtsmittelverfahren[610]. Auch nichtige, d.h. an einem unerträglichen Fehler leidende Entscheidungen, ferner Scheinentscheidungen und im Regelfall solche, denen die deutsche Gerichtsbarkeit fehlt, erwachsen nicht in Rechtskraft[611].

3. Grenzen der Rechtskraft

Für die Rechtskraft gelten objektive, subjektive und zeitliche Grenzen[612]. Der Streitgegenstand bestimmt nur die objektiven Grenzen. Seine Funktion ist daher gegenüber den zeitlichen und subjektiven Determinanten abzugrenzen.

a. Zeitliche Grenzen

Zeitliche Grenzen ergeben sich daraus, dass das Gericht nur prüfen kann, ob die Voraussetzungen des prozessualen Anspruchs in dem für die gerichtliche Entscheidung maßgeblichen Zeitpunkt erfüllt sind. Es kann zukünftigen Entwicklungen nicht vorgreifen. Daher kann keine Bindung an das Ergebnis der Entscheidung angenommen werden, wenn nach Abweisung einer Klage die anspruchsbegründenden Tatsachen erst später entstehen oder sich die Rechtslage später verändert und die Berechtigung des Anspruchs zur Folge hat[613]. Ferner ist es möglich,

---

606 Gem. § 302 ZPO (i.V.m. § 173 VwGO), vgl. GOTTWALD, in: MK-ZPO, § 322 Rn. 34; REDEKER / V.OERTZEN, § 107 Rn. 8.

607 Gem. § 303 ZPO (i.V.m. § 173 VwGO) oder – für das Zwischenurteil über die Zulässigkeit – gem. § 280 Abs. 2 ZPO bzw. § 109 VwGO, vgl. GOTTWALD, in: MK-ZPO, § 322 Rn. 33; KOPP / SCHENKE, § 121 Rn. 17. Anderes gilt u.U. im Verhältnis zu Dritten (GOTTWALD, in: MK-ZPO, § 322 Rn. 27; KOPP / SCHENKE, a.a.O.).

608 Gem. § 304 ZPO bzw. § 111 VwGO, vgl. GOTTWALD, in: MK-ZPO, § 322 Rn. 34; KOPP / SCHENKE, § 121 Rn. 17.

609 Dann gilt nur die grundsätzlich bestehende innerprozessuale Bindungswirkung, wie sie in § 318 ZPO niedergelegt ist (GOTTWALD, in: MK-ZPO, § 322 Rn. 27, 34; HARTMANN, in: BAUMBACH / LAUTERBACH / ALBERS / HARTMANN, § 318 Rn. 4; KOPP / SCHENKE, § 121 Rn. 7 und § 116 Rn. 3, dort auch zur Anwendbarkeit des § 318 ZPO i.V.m. § 173 VwGO im Verwaltungsprozess).

610 Gem. §§ 539, 565 ZPO bzw. §§ 130, 144 Abs. 6 VwGO, vgl. GOTTWALD, in: MK-ZPO, § 322 Rn. 34; KOPP / SCHENKE, § 121 Rn. 17.

611 KOPP / SCHENKE, § 121 Rn. 17, vor § 124 Rn. 20.

612 Vgl. ULE, § 59 II 1-3.

613 BGH, Urt. v. 12.07.1962, MDR 1962, 890; ROSENBERG / SCHWAB / GOTTWALD, § 155 I; ULE, § 59 II 3; VOLLKOMMER, in: ZÖLLER, vor § 322 Rn. 53 ff., 57.

dass der zuerkannte Anspruch nachträglich untergeht. Beispielsweise entfällt bei einem Bescheidungsurteil gem. § 113 Abs. 5 Satz 2 VwGO die Bindung an die Rechtsauffassung des Gerichts, wenn diese auf Normen beruht, die später für nichtig erklärt werden[614]. Dann wird die Rechtskraft durch die Möglichkeit der Vollstreckungsabwehrklage gem. § 767 ZPO (i.V.m. § 167 VwGO) eingeschränkt[615]. In diesen Fällen ist aber immer zu beachten, dass die Rechtskraft innerhalb ihrer zeitlichen Grenzen Bestand haben muss, d.h. die Entscheidung bleibt verbindlich, soweit nicht gerade die neuen Umstände eine abweichende Entscheidung gebieten[616]. Nicht gerechtfertigt ist die Durchbrechung der zeitlichen Rechtskraftgrenzen, wenn eine Entscheidung auf Gründen beruht, die sich im Lichte einer späteren höchstrichterlichen Rechtsprechung als nicht stichhaltig erweisen[617].

b. Subjektive Grenzen

In subjektiver Hinsicht begründet für den Zivilprozess § 325 Abs. 1 ZPO den Grundsatz, dass die materielle Rechtskraft nur zwischen den Parteien gilt[618]. Für den Verwaltungsprozess ergibt sich aus § 121 Nr. 1 und 2 VwGO, dass die Entscheidung nur für die dort genannten Personen verbindlich ist, nämlich für die Beteiligten, für ihre Rechtsnachfolger und für die Personen, die gem. § 65 Abs. 3 VwGO die Möglichkeit hatten, innerhalb einer bestimmten Frist die Beiladung zu beantragen, um so die Position eines Beteiligten gem. § 63 Nr. 3 VwGO zu erlangen[619]. Die Ratio der subjektiven Grenzen der Rechtskraft ist darin zu sehen, dass niemand an eine Entscheidung gebunden sein soll, auf die er keinen Einfluss nehmen konnte und zu der ihm kein rechtliches Gehör gewährt wurde[620].

---

614 BVerwG, Beschl. v. 23.12.1983, NVwZ 1984, 432.

615 BVerwG, Urt. v. 26.10.1984, BVerwGE 70, 227, 230 f.; KOPP / SCHENKE, § 167 Rn. 2; VOLLKOMMER, in: ZÖLLER, vor § 322 Rn. 60.

616 VOLLKOMMER, in: ZÖLLER, vor § 322 Rn. 61.

617 BVerwG, Urt. v. 08.12.1992, NVwZ 1993, 672, 673 = BVerwGE 91, 256 ff.; BVerwG, Urt. v. 04.06.1970, BVerwGE 35, 234, 236 f.

618 VOLLKOMMER, in: ZÖLLER, § 325 Rn. 3 ff., auch zu den Ausnahmen.

619 Vgl. als Beispiele für die Beschränkung der Rechtskraft in subjektiver Hinsicht: BVerwG, Urt. v. 23.02.1993, NVwZ 1993, 781, 782 (keine Abweisung der Verpflichtungsklage allein wegen Rechtskraft eines zwischen anderen Parteien ergangenen abweisenden Urteils); OVG Lüneburg, Urt. v. 04.05.1979, NJW 1980, 79 („Wegen der personenbezogenen Elemente der Ermessensentscheidung einer Beseitigungsanordnung bindet ein rechtskräftiges Urteil über eine Anfechtungsklage gegen eine bauaufsichtsrechtliche Beseitigungsanordnung den Einzelrechtsnachfolger des Anfechtenden nicht.").

620 ROSENBERG / SCHWAB / GOTTWALD, § 156 I; VOLLKOMMER, in: ZÖLLER, § 325 Rn. 2.

c. Objektive Grenzen: Streitgegenstand

Für die objektiven Grenzen der Rechtskraft kommt es maßgeblich auf den Streitgegenstand an, denn die materielle Rechtskraft tritt nur ein, soweit über den Streitgegenstand entscheiden wurde, § 322 ZPO bzw. § 121 VwGO[621]. Inwieweit über den Streitgegenstand entschieden wurde, ergibt sich in erster Linie aus der Urteilsformel; die Gründe der Entscheidung erwachsen nicht in Rechtskraft, sondern dienen nur der Ergänzung und Erläuterung der Urteilsformel[622]. Gleichwohl sind die Entscheidungsgründe und noch mehr der Tatbestand häufig unverzichtbar, denn in vielen Fällen wird das Prozessergebnis durch die Urteilsformel nicht hinreichend bestimmt. Dies gilt insbesondere für abweisende Urteile, da allein der Tenor „Die Klage wird abgewiesen." inhaltlich nichts besagt[623]. Aber auch bei stattgebenden Urteilen, z.B. über Zahlungsklagen, lässt sich der Urteilsformel nicht entnehmen, welche Angelegenheit damit entschieden ist. Es könnten ja etwa zwischen Parteien, die eine ständige Geschäftsbeziehung unterhalten, Zahlungsansprüche aus verschiedenen Warenlieferungen im Streit sein. Auch in diesen Fällen bleibt es aber dabei, dass die Gründe der Entscheidung nicht selbständig in Rechtskraft erwachsen[624]. Es bedarf daher der Klarheit über den Streitgegenstand des Verfahrens, um den Ausführungen eines Urteils die Kernpunkte entnehmen zu können, die mit dem Eintritt der Rechtskraft die Beteiligten binden[625]. Also kann der Streitgegenstand als objektive Determinante der Rechtskraft bezeichnet werden.

4. Prozessuale Wirkungsweise der materiellen Rechtskraft

Die Wirkungsweise der materiellen Rechtskraft besteht nach der zu Recht ganz h.M. nicht in Form eines direkten Einflusses auf das materielle Recht, wie dies die materiell-rechtlichen Rechtskrafttheorien[626] annehmen, sondern die Verbindlich-

---

621 Nicht überzeugend deswegen ALTHAMMER, NJW 1959, 2046, 2047, der, um Verwirrungen zu vermeiden, die Rechtskraftwirkungen verwaltungsgerichtlicher Urteil unabhängig von den Lehren vom Streitgegenstand bestimmen will, „obwohl es sich letztlich um ein Problem des Streitgegenstands handelt".

622 BVerwG, Urt. v. 10.05.1994, NVwZ 1994, 1115; SCHMITT GLAESER / HORN, Rn. 112; ULE, § 59 II 2; VOLLKOMMER, in: ZÖLLER, vor § 322 Rn. 30.

623 REDEKER / v.OERTZEN, § 121 Rn. 8; SCHELLHAMMER, Rn. 850.

624 BVerwG, Urt. v. 10.05.1994, NVwZ 1994, 1115; REDEKER / v.OERTZEN, § 121 Rn. 8; VOLLKOMMER, in: ZÖLLER, vor § 322 Rn. 32 ff.

625 VOLLKOMMER, in: ZÖLLER, vor § 322 Rn. 35.

626 Vgl. die Nachweise bei GOTTWALD, in: MK-ZPO, § 322 Rn. 7, auch zu der in den Staaten des „common law" herrschenden Auffassung.

keit entfaltet ihre Wirkung erst in einem neuen Prozess[627]. Insoweit besteht nunmehr weitgehende Einigkeit. Ebenso herrscht im Ergebnis Einigkeit darüber, dass die materielle Rechtskraft regelmäßig die Unzulässigkeit einer neuen Entscheidung über denselben Streitgegenstand zur Folge hat. Gestritten wird aber über die weitere Begründung der Wirkungsweise bei Streitgegenstandsidentität und über die Reichweite der Bindungswirkungen, wenn Entscheidungen über prozessuale Ansprüche in einem Zusammenhang stehen, ohne dass die Streitgegenstandsidentität zu bejahen ist.

a. „Ne bis in idem" bei Streitgegenstandsidentität

Nach wohl überwiegender Auffassung begründet die materielle Rechtskraft unmittelbar das Verbot jeder neuen Verhandlung oder Entscheidung über denselben Streitgegenstand („ne bis in idem")[628]. Nach einer anderen Auffassung, die vor allem in der Verwaltungsprozessrechtslehre vertreten wird, zieht die materielle Rechtskraft immer nur das Verbot einer abweichenden Entscheidung nach sich; unsinnige wiederholende Neuentscheidungen sollen dagegen mit der Verneinung des Rechtsschutzbedürfnisses verhindert werden[629]. Diese Auffassung beruft sich meist auf Spezialfälle, insbesondere auf die Konstruktion eines Verwaltungsakt-Wiederholungsverbots nach erfolgreicher Anfechtungsklage, die mit dem Grundsatz „ne bis in idem" unvereinbar sei[630]. Damit gehen diese Annahmen aber zurück auf ein keinesfalls zwingendes Verständnis von einem weiten Streitgegenstand der Anfechtungsklage[631]. Im Übrigen ist die Notwendigkeit einzelner Ausnahmen kein Grund, das Prinzip von dem Verbot jeder neuen Entscheidung auf-

627 HARTMANN, in: BAUMBACH / LAUTERBACH / ALBERS / HARTMANN, Einf. § 322-327 Rn. 9; REDEKER / V.OERTZEN, § 121 Rn. 4; SCHMITT GLAESER / HORN, Rn. 114; THOMAS / PUTZO, § 322 Rn. 6.

628 BGH, Urt. v. 18.01.1985, NJW 1985, 1711, 1712; im Ergebnis ebenso BGH, Urt. v. 21.12.1988, NJW 1989, 2133, 2134; BVerwG, Urt. v. 04.06.1970, BVerwGE 35, 234, 236; BVerwG, Urt. v. 28.07.1989, BVerwGE 82, 272, 274 („nicht zum Gegenstand neuen Streits"); BVerwG, Urt. v. 27.01.1995, NJW 1996, 737, 738 („Prozeßhindernis"); HARTMANN, in: BAUMBACH / LAUTERBACH / ALBERS / HARTMANN, Einf. § 322-327 Rn. 2, 12; KOPP / SCHENKE, § 121 Rn. 9 f.; ROSENBERG / SCHWAB / GOTTWALD, § 151 III 1 a); SCHELLHAMMER, Rn. 835; THOMAS / PUTZO, § 322 Rn. 7; VOLLKOMMER, in: ZÖLLER, vor § 322 Rn. 19.

629 DETTERBECK, S. 106 ff.; REDEKER / V.OERTZEN, § 121 Rn. 5; SCHMITT GLAESER / HORN, Rn. 114; ULE, § 59 I 1; zum Zivilprozess: WOLFGANG LÜKE, Rn. 353.

630 DETTERBECK, S. 106 ff.; REDEKER / V.OERTZEN, § 121 Rn. 5; SCHMITT GLAESER / HORN, Rn. 114; ULE, § 59 I 1.

631 Nach jener Auffassung soll bei der Anfechtung aller Verwaltungsakte mit wesentlich gleichem Inhalt – dieselben Beteiligten vorausgesetzt – Streitgegenstandsidentität zu bejahen sein. Siehe dazu unten S. 209 ff.

zugeben[632]. In der Rechtsprechung des Bundesgerichtshofs ist beispielsweise anerkannt, dass das Wiederholungsverbot nicht durchgreift, wenn der vollstreckbare Titel verlorengegangen oder vernichtet ist und nicht wiederhergestellt werden kann[633]. In derartigen Fällen besteht für die Wiederholung des rechtskräftig entschiedenen Rechtsstreits ein unabweisbares Bedürfnis; Sinn und Zweck des Instituts der Rechtskraft stehen nicht entgegen, sondern erfordern gerade umgekehrt entsprechende Ausnahmen vom Wiederholungsverbot[634]. Im Ergebnis das Gleiche gilt in den Fällen, in denen zwar ein rechtskräftiges Leistungsurteil vorliegt, eine erneute (Feststellungs-) Klage aber nötig ist, um mit ihr gem. § 209 Abs. 1 BGB die Verjährung zu unterbrechen[635]. Entscheidend ist in diesen Fällen die Erkenntnis, dass nur die Ausnahme von dem Wiederholungsverbot einer Rechtfertigung bedarf. Dagegen verlangt die Lehre vom Abweichungsverbot mit der Ablehnung des Rechtsschutzbedürfnisses eine gesonderte Rechtfertigung dafür, dass das Gericht nicht in die erneute Sachprüfung einsteigt. Diese Sichtweise widerspricht dem vorliegenden Regel-Ausnahme-Verhältnis und ist daher abzulehnen. Der Grundsatz „ne bis in idem“ wird dem Schutz der Rechtskraft bei Streitgegenstandsidentität besser gerecht[636].

b. Abweichungsverbot bei Präjudizialität

Richtigerweise hat das Abweichungsverbot eine wichtige ergänzende Funktion neben dem Verbot jeder neuen Verhandlung oder Entscheidung über denselben Streitgegenstand[637]. Wenn nämlich in einem Folgeprozess Vorfragen eine Rolle spielen, die bereits rechtskräftig entschieden sind, so hilft das negativ ausgerichtete Wiederholungsverbot nicht weiter, sondern es bedarf der positiven Bindung des Gerichts an den Inhalt der rechtskräftigen Entscheidung[638]. So wäre es beispielsweise nach rechtskräftiger Feststellung des Eigentums an einer Sache widersinnig, der Herausgabeklage gem. § 985 BGB hinsichtlich der Frage, ob der Kläger Eigentümer ist, ein Wiederholungsverbot entgegenzuhalten oder darüber abweichend zu entscheiden; vielmehr muss das Ergebnis des Vorprozesses als unveränderter Baustein der neuen Klage zu Grunde gelegt werden[639].

---

632 ROSENBERG / SCHWAB / GOTTWALD, § 151 III 1 b).
633 BGH, Urt. v. 17.01.1952, BGHZ 4, 314, 321 f. = NJW 1952, 705.
634 BGH, Urt. v. 18.01.1985, NJW 1985, 1711, 1712.
635 BGH, Urt. v. 18.01.1985, NJW 1985, 1711, 1712.
636 Vgl. GOTTWALD, in: MK-ZPO, § 322 Rn. 4, 13.
637 FENGE, in: AK-ZPO, § 322 Rn. 14 f.
638 Ebenso GOTTWALD, in: MK-ZPO, § 322 Rn. 14.
639 Vgl. THOMAS / PUTZO, § 322 Rn. 10.

Wenn der rechtskräftig festgestellte Anspruch nach materiellem Recht eine Voraussetzung für die Entscheidung über den Gegenstand eines Folgeprozesses bildet, so wird dieses Abhängigkeitsverhältnis als Präjudizialität bezeichnet[640]. Diese Präjudizialität ist auch gemeint, wenn ausgeführt wird, dass die Entscheidung im Folgeprozess von der bereits rechtskräftig ausgesprochenen Rechtsfolge abhängig sei[641], oder wenn die Bindungswirkung der Vorentscheidung angenommen wird, weil die rechtskräftig festgestellte Rechtsfolge für die Entscheidung im Folgeprozess „vorgreiflich" sei[642].

Neben dem Fall der petitorischen Herausgabeklage nach rechtskräftiger Feststellung des Eigentums des Klägers ist in diesem Sinne präjudiziell z.B. auch die Verurteilung zu einer Leistung für die spätere Klage auf Schadensersatz wegen Nichterfüllung oder Verzug[643], die Verurteilung zu einer Unterlassung für einen nachfolgenden Schadensersatzprozess wegen einer dennoch eingetretenen Störung[644] und die Stattgabe einer Räumungsklage für eine Klage auf Zahlung einer Vertragsstrafe wegen Verletzung der Räumungspflicht[645]. Diesen Fällen ist gemeinsam, dass der erste Prozess ein Ergebnis liefert, das im späteren Prozess für die Beantwortung einer weiter führenden Fragestellung verwertbar ist. Dabei ist entscheidend, dass das verwertbare Ergebnis gerade der im Vorprozess ausgesprochenen Rechtsfolge entnommen werden kann und dass sie die Fragestellung des anschließenden Prozesses weder vollständig ausfüllt (sonst wäre Streitgegenstandsidentität gegeben) noch über sie hinausgeht (dann bestünde nur Vorfragenidentität[646]).

---

640 BGH, Urt. v. 09.03.1994, NJW 1994, 1353, 1354; BGH, Urt. v. 05.04.1990, MDR 1991, 32; BVerwG, Urt. v. 13.05.1993, NVwZ 1994, 78, 79; GOTTWALD, in: MK-ZPO, § 322 Rn. 46; VOLLKOMMER, in: ZÖLLER, vor § 322 Rn. 22.

641 Vgl. SCHELLHAMMER, Rn. 877.

642 Vgl. BGH, Urt. v. 14.07.1995, NJW 1995, 2993;BVerwG, Urt. v. 19.01.1984, BVerwGE 68, 306, 309; BVerwG, Urt. v. 23.02.1993, NVwZ 1993, 781, 782; BVerwG, Urt. v. 10.05.1994, NVwZ 1994, 1115; BVerwG, Urt. v. 16.02.1990, NVwZ 1990, 1069; KOPP / SCHENKE, § 121 Rn. 11; THOMAS / PUTZO, § 322 Rn. 9.

643 GOTTWALD, in: MK-ZPO, § 322 Rn. 47.

644 BGH, Urt. v. 17.03.1964, BGHZ 42, 340, 341 = NJW 1965, 689.

645 BGH, Urt. v. 12.03.1969, NJW 1969, 1064, 1065.

646 So im Fall von BVerwG, Urt. v. 10.05.1994, NVwZ 1994, 1115; ebenso BVerwG, Urt. v. 29.01.1992, BayVBl. 1992, 503.

c. Keine Bindungswirkung wegen Vorfragenidentität oder wegen eines „rechtlichen Sinnzusammenhangs“

Eine maßgeblich von ZEUNER[647] begründete Mindermeinung im zivilprozessualen Schrifttum vertritt die Ansicht, die materielle Rechtskraft entfalte ihre Bindungswirkung für nachfolgende Prozesse nicht nur dann, wenn das Ergebnis des Vorprozesses eine im Folgeprozess erhebliche Vorfrage entscheidet, sondern bereits dann, wenn in beiden Prozessen dieselben Vorfragen zu entscheiden sind und aus Gründen der Rechtslogik und der Gerechtigkeit eine einheitliche Antwort auf diese Vorfragen angebracht ist. Die Rechtskraftwirkung dürfe nicht auf den Urteilstenor beschränkt sein, sondern die „Unangreifbarkeit der Vorentscheidungsgründe“ sei ein adäquates Mittel, „um eine bestimmte vom objektiven Recht her gegebene (positive oder negative) Sinnbeziehung zwischen dem rechtskräftig Festgestellten und der im neuen Prozeß in Frage gestellten Rechtsfolge zu wahren“[648]. Wenn beispielsweise über einen Anspruch aus einem gegenseitigen Vertrag im positiven Sinne rechtskräftig entschieden wurde, steht nach dieser Lehre entgegen der h.M.[649] die Wirksamkeit des Vertrages auch für den im Folgeprozess geltend gemachten Gegenanspruch fest[650].

Diese Lehre ist abzulehnen[651]. Das Kriterium der „Sinnzusammenhänge“ ist zu unbestimmt und kann daher nichts dazu beitragen, die Grenzen der Rechtskraft genauer festzulegen[652]. Soweit die Notwendigkeit einer Ausdehnung der Rechtskraft in Gerechtigkeitserwägungen gesehen wird, so ist dem entgegenzuhalten, dass die Extensivierung der Bindungswirkungen eher die Gefahr unbilliger Ergebnisse in sich birgt[653]: Das Gericht des Folgeprozesses wird regelmäßig die Akten des Vorprozesses gem. § 273 Abs. 2 Nr. 2 ZPO beiziehen und von den über-

---

647 Die objektiven Grenzen der Rechtskraft im Rahmen rechtlicher Sinnzusammenhänge, 1959.

648 ZEUNER, S. 42 ff., 44.

649 BGH, Urt. v. 19.12.1991, BGHZ 117, 1, 2 f. = NJW 1992, 1172, 1173; BGH, Urt. v. 27.10.1982, NJW 1983, 1780; GOTTWALD, in: MK-ZPO, § 322 Rn. 51; THOMAS / PUTZO, § 322 Rn. 29; VOLLKOMMER, in: ZÖLLER, vor § 322 Rn. 28.

650 ZEUNER, S. 75; zustimmend BLOMEYER, § 89 V 4 a); SCHÖNKE / KUCHINKE, § 75 II 4 a).

651 BGH, Urt. v. 17.02.1983, NJW 1983, 2032 = LM § 256 ZPO Nr. 123; BGH, Urt. v. 30.01.1985, BGHZ 93, 330, 335 = NJW 1985, 1340 = LM § 322 Nr. 104; BGH, Urt. v. 25.02.1985; BGHZ 94, 29, 33 = NJW 1985, 2481 = LM § 322 ZPO Nr. 105; GOTTWALD, in: MK-ZPO, § 322 Rn. 51; THOMAS / PUTZO, § 322 Rn. 29; VOLLKOMMER, in: ZÖLLER, vor § 322 Rn. 34; vgl. auch BGH, Urt. v. 05.05.1994, NJW 1994, 2087, 2088: „Zwar war die Rechtmäßigkeit der Rücknahme der Genehmigung logisch abhängig von der Rechtswidrigkeit der Genehmigung. Gleichwohl war letzteres nur eine Vorfrage, über die nicht mit Rechtskraftwirkung entschieden wurde.“

652 VOLLKOMMER, in: ZÖLLER, vor § 322 Rn. 36.

653 GOTTWALD, in: MK-ZPO, § 322 Rn. 49.

zeugenden Urteilsgründen nicht ohne plausiblen Grund abweichen. Daher genügt die Bindung der Rechtsprechung an Gesetz und Recht gem. Art. 20 Abs. 3 GG und das faktische Präjudiz einer überzeugenden Begründung, um die gebotene Einheitlichkeit zu wahren. Hingegen darf nicht die Gefahr aus den Augen verloren werden, dass dem Gericht des Vorprozesses Fehler unterlaufen sind, die von dem Gericht des Folgeprozesses erkannt werden. Diese Gefahr besteht bei der Begründung noch mehr als bei der ausgesprochenen Rechtsfolge, denn eine Entscheidung kann sich trotz eines Fehlers in den Gründen im Ergebnis als richtig erweisen (§ 563 ZPO, § 144 Abs. 4 VwGO). Somit bestünde bei einer Bindung an die Gründe der Entscheidung die Gefahr, dass das Gericht des Folgeprozesses die als falsch erkannte Entscheidung über eine Vorfrage in dem neuen Urteil fortschreiben müsste, was zu einer schwer erträglichen Ausweitung des Unrechts führen kann. Soweit im Einzelfall ein Bedürfnis besteht, die Entscheidung des Gerichts über vorgreifliche Rechtsverhältnisse in den Rang der Rechtskraft zu erheben, so haben die Beteiligten die Möglichkeit der Zwischenfeststellungsklage gem. § 256 Abs. 2 ZPO[654] (i.V.m. § 173 VwGO[655]).

5. Die verfassungsrechtliche Dimension der materiellen Rechtskraft

Die verfassungsrechtliche Dimension der Rechtskraft ist nicht zu unterschätzen[656]. Das Rechtsstaatsprinzip verlangt nach Rechtsfrieden und Rechtssicherheit[657]. Da die Rechtskraft ein unverzichtbares Mittel zur Gewährleistung dieser Zwecke ist, entspricht sie unmittelbar einem Postulat der Rechtsstaatlichkeit[658]. Diese rechtsstaatliche Funktion der materiellen Rechtskraft erlangt insbesondere dann eine gesteigerte Bedeutung, wenn sie das Verhalten der Beteiligten auch für die Zukunft bindet; das gilt beispielsweise für die aus sachlich-rechtlichen Gründen erfolgreiche Anfechtungsklage, die dazu führt, dass die Behörde nicht später – bei unveränderten Umständen – den gleichen Verwaltungsakt neuerlich erlassen darf[659]. Angesichts der Gefahr, dass auch falsche Entscheidungen in den Genuss der materiellen Rechtskraft gelangen, konkurrieren diese Werte freilich mit denen

654 GOTTWALD, in: MK-ZPO, § 322 Rn. 51; VOLLKOMMER, in: ZÖLLER, vor § 322 Rn. 36.

655 BVerwG, Beschl. v. 13.10.1987, DÖV 1988, 224; HARTMANN, in: BAUMBACH / LAUTERBACH / ALBERS / HARTMANN, § 256 Rn. 121.

656 Ebenso DETTERBECK, S. 7 f., 328.

657 BVerfG, Beschl. v. 20.04.1982, BVerfGE 60, 253, 296; BVerfG, Beschl. v. 08.05.1973, BVerfGE 35, 41, 47; BVerwG, Urt. v. 08.12.1992, NVwZ 1993, 672, 673 = BVerwGE 91, 256 ff.; SACHS, in: SACHS, Art. 20 Rn. 75.

658 BVerfG, Urt. v. 31.01.1978, BVerfGE 47, 146, 161; vgl. auch BVerwG, Urt. v. 08.12.1992, NVwZ 1993, 672, 673 = BVerwGE 91, 256 ff.; BVerwG, Urt. v. 27.01.1995, NJW 1996, 737, 738; DETTERBECK, S. 7.

659 BVerfG, Urt. v. 31.01.1978, BVerfGE 47, 146, 165.

der Gerechtigkeit und Gesetzlichkeit[660]. Dennoch sprechen die gewichtigeren Gründe gegen eine allgemeine Einschränkung der Rechtskraft. Die Wahrung des Rechtsfriedens fordert, dass jeder Streit einmal ein Ende hat, die Funktionsfähigkeit der Gerichte verlangt, dass sie nicht unnötig bemüht werden, und die Autorität der Rechtspflege gebietet, dass widerstreitende Entscheidungen vermieden werden[661]. Der Gefahr unrichtiger Entscheidungen ist vorzubeugen, indem der Staat bei der Ausbildung und Auswahl der Richter größte Sorgfalt walten lässt und das Verfahren mit allen verfügbaren Garantien der Vergewisserung ausstattet, insbesondere mit der Gewährung rechtlichen Gehörs an alle Beteiligten und mit der Gewährleistung der Überprüfung in höherer Instanz; das verbleibende Restrisiko ist als – im Vergleich zur Rechtsunsicherheit – kleineres Übel hinzunehmen und kann die materielle Rechtskraft nicht in Frage stellen[662].

IV. Dispositionsmaxime

Auf der Suche nach weiteren Gemeinsamkeiten zwischen dem Zivilprozessrecht und dem Verwaltungsprozessrecht stößt man zwangsläufig auf die Dispositionsmaxime (den Verfügungsgrundsatz). Dieser Begriff wird unmittelbar mit dem des Streitgegenstands in Verbindung gebracht, wenn es heißt, die Dispositionsmaxime bedeute die Freiheit der Parteien im Zivilprozess bzw. der Beteiligten im Verwaltungsprozess, über den Streitgegenstand zu verfügen[663]. Daher wird noch darauf zurückzukommen sein. Ohne der Definition des Streitgegenstands vorzugreifen, wird man sagen können, die Parteien bzw. Beteiligten bestimmen, ob überhaupt ein gerichtliches Verfahren in Gang kommt[664] und worüber sie sich streiten – und worüber nicht.

---

660 Vgl. SACHS, in: SACHS, Art. 20 Rn. 75.

661 FENGE, in: AK-ZPO, § 322 Rn. 2; ROSENBERG / SCHWAB / GOTTWALD, § 151 I.

662 ROSENBERG / SCHWAB / GOTTWALD, § 151 I.

663 Vgl. ROSENBERG / SCHWAB / GOTTWALD, § 77 I.; SCHMITT GLAESER / HORN, Rn. 538; ULE, § 28 I.

664 HARTMANN, in: BAUMBACH / LAUTERBACH / ALBERS / HARTMANN, Grundz. § 128 Rn. 21, meint, die Entscheidungsfreiheit einer Partei, ob sie das Gericht überhaupt anrufen will, gehöre weder zum Beibringungsgrundsatz noch zur Dispositionsmaxime und folge einfach daraus, dass der Staat seinen Schutz im Zivilrecht niemandem aufdränge, solange allgemeine Interessen nur in zweiter Linie berührt sind. Dem ist entgegenzuhalten, dass notwendig auch die Entscheidung über das „Ob" des gerichtlichen Rechtsschutzes als stärkste Form der Verfügung über den Rechtsstreit zur Dispositionsmaxime zählen muss.

Ausprägungen dieser Prozessmaxime sind jedenfalls:

- das Erfordernis einer Klage oder eines Antrags zur Aufnahme eines Gerichtsverfahrens,
  - § 253 Abs. 1, 688, 920 ZPO,
  - § 42, 43, 47, 80 Abs. 4, 80a, 123 Abs. 1 VwGO,
- die Bindung des Gerichts an den Klageantrag bzw. das Klagebegehren,
  - § 308 Abs. 1 ZPO,
  - § 88 VwGO,
- die Möglichkeit der Klageänderung,
  - § 263 ZPO,
  - § 91 VwGO,
- die Klagerücknahme, der Klageverzicht und die Klageanerkennung[665],
  - § 269, 306, 307 ZPO,
  - § 92, 87a Abs. 1 Nr. 2, 156 VwGO,
- die Möglichkeit, den Rechtsstreit für erledigt zu erklären,
  - § 91a Abs. 1 ZPO,
  - § 161 Abs. 2 VwGO,
- der Prozessvergleich,
  - § 794 Nr. 1 ZPO,
  - § 106 VwGO,
- und die Möglichkeit des Verzichts oder der Rücknahme von Rechtsbehelfen,
  - § 514, 515, 545, 546 ZPO,
  - § 126, 127, 140 VwGO.

Das Gegenstück zur Dispositionsmaxime ist die Offizialmaxime, die im Strafprozess gilt[666]. Dort ist grundsätzlich die Entscheidung über die Durchführung eines Verfahrens allein der Justiz überlassen, und nach Eröffnung des Hauptverfahrens geht die Verfügungsgewalt insgesamt auf das Gericht über[667]. Wenn dagegen in älteren Veröffentlichungen zum Verwaltungsprozessrecht von der Offizialmaxime die Rede ist[668], so ist damit teilweise nicht diese Verfügungsgewalt der Rechts-

---

665 Dazu für den Verwaltungsprozess REDEKER / V.OERTZEN, § 86 Rn. 5; früher a.A. BVerwG, Urt. v. 02.11.1956, NJW 1957, 885; ausdrücklich revidiert durch BVerwG, 18.01.1963, WM 1963, 327.

666 SCHMITT GLAESER / HORN, Rn. 538.

667 KLEINKNECHT / MEYER-GOSSNER, § 152 Rn. , § 156 Rn. 1.

668 WACKE, AöR 75 (1953/1954), 158, 159; ebenso auch noch die Begründung des Regierungsentwurfs zur VwGO, BT-Drucks. 3/55, S. 41 zu § 88 VwGO (damals § 89): „Diese Bestimmung, die dem § 308 ZPO nachgebildet ist, ist wörtlich aus § 74 der VO Nr. 165 übernommen. Wenn der Verwaltungsgerichtsprozeß auch von der Offizialmaxime beherrscht wird, so ist es doch geboten, die Gerichtstätigkeit im Rahmen der Anträge der Beteiligten zu halten."

pflegeorgane gemeint bzw. nicht nur diese Verfügungsgewalt[669]. Die konsequente begriffliche Unterscheidung von der Offizialmaxime hat sich erst in den 1960er Jahren endgültig durchgesetzt[670]. Bedeutsam ist, dass die Dispositionsmaxime kraft Verfassungsrechts gilt, denn sie sichert dem Kläger die Initiative und den entscheidenden Einfluss auf den Zuschnitt des Rechtsschutzverfahrens und vermittelt ihm so wirksamen Individual-Rechtsschutz im Sinne des Art. 19 Abs. 4 Satz 1 GG[671].

V. Die Irrelevanz der Geltung des Beibringungsgrundsatzes bzw. des Untersuchungsgrundsatzes

Eine grundlegende Weichenstellung auf dem Weg zur Bestimmung des Streitgegenstands im Verwaltungsprozessrecht müsste erfolgen, wenn die Bestimmung davon abhinge, ob nach dem anzuwendenden Verfahrensrecht der Beibringungsgrundsatz[672] oder der Untersuchungsgrundsatz[673] gilt. Der Beibringungsgrundsatz verlangt, dass die Parteien den Tatsachenstoff, der Entscheidungsgrundlage sein soll, zusammentragen und in den Prozess einführen[674]. Das Gericht darf Tatsachen, die nicht von einer Partei vorgetragen sind, bei der Entscheidung nicht berücksichtigen[675] und darf die Wahrheit einer Tatsachenbehauptung nur feststellen, wenn sie bestritten ist[676]. Dagegen macht es der Untersuchungsgrundsatz dem Gericht zur Aufgabe, den entscheidungserheblichen Sachverhalt von Amts wegen zu erforschen und aufzuklären, wobei die Beteiligten nur Mitwirkungs-

---

669 LANG, VerwArch. 52 (1961), 60, 61 f., weist mit zahlreichen Belegen nach, dass der Begriff der Offizialmaxime teils ausschließlich auf die Einleitung, Weiterführung und Beendigung von Prozessen bezogen wurde, teils (wahllos) daneben auf die Feststellung des Sachverhalts und teils als Oberbegriff. Er selbst folgt der Ansicht, dass die „Untersuchungs- und die Verhandlungsmaxime – teilweise auch Offizial- und Dispositionsmaxime genannt – sowohl die Verfügungsbefugnis über den Prozess als auch über den Tatsachenstoff" einschließe (DERSELBE, a.a.O., S. 62). Zur geschichtlichen Entwicklung des Untersuchungsgrundsatzes im Verwaltungsprozess und zu seiner früheren Verknüpfung mit der Offizialmaxime, vor allem am Beispiel des preußischen Verwaltungsstreitverfahrens MARTIN RICHTER, S. 25 ff.

670 MARTIN RICHTER, S. 26 m.w.Nachw.

671 SCHENKE, in: BONNER KOMMENTAR, Zweitbearbeitung Art. 19 Abs. 4 Rn. 82; SCHMIDT-ASSMANN, in: MENGER-FS (1985), S. 109.

672 Weniger prägnant auch Verhandlungsgrundsatz oder -maxime genannt – zur Terminologie HARTMANN, in: BAUMBACH / LAUTERBACH / HARTMANN / ALBERS, Grundz. § 128 Rn. 20.

673 Ebenso auch Amtsermittlungsgrundsatz oder Inquisitionsmaxime.

674 THOMAS / PUTZO, Einl. I Rn. 2.

675 BGH, Urt. v. 11.11.1977, MDR 1978, 567; HARTMANN, in: BAUMBACH / LAUTERBACH / HARTMANN / ALBERS, Grundz. § 128 Rn. 23.

676 HARTMANN, in: BAUMBACH / LAUTERBACH / HARTMANN / ALBERS, Grundz. § 128 Rn. 24.

pflichten haben[677]. Bei maßgeblicher Bedeutung des jeweiligen Grundsatzes für den Streitgegenstand würde dann entgegen den oben formulierten Zielvorstellungen doch eine Trennlinie zwischen den Streitgegenstandsbegriffen des Zivilprozesses und des Verwaltungsprozesses verlaufen, denn einerseits gilt ausweislich der in den § 137 Abs. 2, 138 Abs. 3, 282 und 288 ZPO statuierten Prinzipien sowie ausweislich der in den § 616, 621a (i.V.m. § 12 FGG), 640 Abs. 1 und 640d ZPO ausdrücklich normierten Ausnahmen[678] im Allgemeinen der Beibringungsgrundsatz, andererseits gilt gem. § 86 Abs. 1 VwGO – mit Einschränkungen im Falle der Glaubhaftmachung – ausschließlich der Untersuchungsgrundsatz.

1. Die Lehre WACKEs

a. Zusammenfassung

WACKE[679] hat die Auffassung vertreten, der Untersuchungsgrundsatz – von ihm noch „Offizialmaxime" genannt, was entsprechend der Terminologie seiner Zeit durchaus nicht unüblich war[680] – erweitere den Streitgegenstand der Anfechtungsklage[681]. Zwar sind seine Ausführungen speziell auf diese Klageart bezogen, jedoch böten sie Anlass, der dahinter stehenden Konzeption auf den Grund zu gehen, wenn sie am Beispiel der Anfechtungsklage überzeugen könnten. Zu seiner These gelangte WACKE, indem er davon ausging, es handele sich bei der Anfechtungsklage um einen Prozess mit vertauschten Parteirollen, weil der Adressat des Verwaltungsakts seine Rechte gegenüber der Behörde verteidige und nur formell in die Rolle des Angreifers vor Gericht gedrängt werde[682]. Diese Verteilung vertauschter Rollen führe dazu, dass auch die beklagte Behörde mit ihrem Bescheid den Rechtsstreit schon vor dem gerichtlichen Verfahren individualisiere[683]. An diese Individualisierung sei aber das Gericht nicht gebunden – wegen des Grundsatzes „iura novit curia" nicht an die rechtlichen Gründe des Verwaltungsakts und wegen des Untersuchungsgrundsatzes nicht an die tatsächlichen Gründe[684].

677 REDEKER / V.OERTZEN, § 86 Rn. 7, 9.
678 Vgl. SCHELLHAMMER, Rn. 340.
679 Gegenstand und Rechtskraft bei der verwaltungsgerichtlichen Klage, AöR 79 (1953/1954), 158 ff.
680 Dazu soeben Fn. 669. Dies verkennt MARX, S. 116.
681 WACKE, AöR 79 (1953/1954), 158, 182.
682 WACKE, AöR 79 (1953/1954), 158, 161.
683 WACKE, AöR 79 (1953/1954), 158, 178.
684 WACKE, AöR 79 (1953/1954), 158, 178 f.

b. Stellungnahme

Gegen die von WACKE hergestellte Verbindung zwischen dem Streitgegenstand und dem Untersuchungsgrundsatz spricht zunächst, dass die Annahme einer „Erweiterung“ nur möglich ist, wenn man zuvor der beklagten Behörde Einfluss auf den Streitgegenstand zubilligt. Diese Prämisse überzeugt jedoch nicht. WACKEs Sichtweise mag der damals herrschenden Auffassung entsprochen haben, die den Streitgegenstand der Anfechtungsklage als den angefochtenen Verwaltungsakt bzw. seine Rechtswidrigkeit definierte[685]. Inzwischen ist aber geklärt, dass der Streitgegenstand ein prozessualer Anspruch und nicht nur ein Objekt eines solchen Anspruchs ist. Wenn die Behörde damit nur eine Bedingung für den späteren Streitgegenstand setzt, geht es zu weit, ihr einen Einfluss auf denselben zuzuschreiben, denn wenn es nach ihr ginge, würde es ja gar nicht zu einer Klage kommen. Damit ist weder die Eingrenzung des Streitgegenstands durch die beklagte Behörde anzunehmen, noch seine Erweiterung durch den Untersuchungsgrundsatz. Überdies lässt sich aus dem Umstand, dass der Adressat des Verwaltungsakts sich an das Gericht wendet, um Eingriffe abzuwehren, nichts gegen seine prozessrechtliche Position als Kläger ableiten. Diese würde auch im Zivilprozess niemand in Frage stellen, wenn sich der Kläger mit einem Unterlassungsanspruch gem. § 1004 Abs. 1 BGB gegen einen Störer wehrt. Schließlich ist WACKE entgegenzuhalten, dass die Frage der Heranziehung tatsächlicher und rechtlicher Gründe zur Aufrechterhaltung des Verwaltungsakts eine Rolle für die Frage der Begründetheit der Anfechtungsklage spielen mag, aber nicht den Streitgegenstand als solchen betrifft. Heute würde diese Heranziehung wohl als gerichtliches „Nachschieben von Gründen“ bzw. als gerichtliches „Herbeiführen der Spruchreife“ bezeichnet werden[686]. Diese Überlegungen helfen jedoch nicht weiter, wenn es den Streitgegenstand zu klären gilt. Denn dabei geht es um die Qualifikation des prozessualen – behaupteten – Anspruchs und nicht um seine Berechtigung.

2. Die Lehre JAUERNIGs

a. Zusammenfassung

Später ist JAUERNIG[687] angetreten, um die Abhängigkeit des Streitgegenstands von den jeweiligen Grundsätzen der Sachverhaltbestimmung nachzuweisen – mit

685 Vgl. die Darstellung bei NIESE, JZ 1952, 354.

686 Soweit damit die Ermittlungstätigkeit des Gerichts an Stelle der Behörde verbunden wäre, wird die Zulässigkeit hier verneint (siehe oben S. 117 ff.).

687 Verhandlungsmaxime, Inquisitionsmaxime und Streitgegenstand, in: Recht und Staat 339 / 340 (1967).

dem erklärten Ziel, das „Phantom eines Einheitsbegriffs“[688] zu zerstören. Er meint, jede Theorie vom Streitgegenstand müsse davon ausgehen, dass „1. der Kläger einen Antrag stellt und 2. das Gericht an diesen Antrag gebunden ist“; dann komme es für den Streitgegenstand entscheidend darauf an, ob der Richter an den von den Parteien vorgetragenen Sachverhalt gebunden ist oder ob er ihn selbst ermittelt[689]. Letzterenfalls müsse er bei Anträgen, die nur im Zusammenhang mit dem zu Grunde liegenden Sachverhalt verständlich sind – „fremdabgegrenzte Anträge“ –, z.B. bei Zahlungsklagen, seine Sachverhaltsermittlung bei der Auslegung des Antrags berücksichtigen und ihn so selbst spezifizieren[690]. Auch wenn der Antrag aus sich heraus auch ohne Sachverhalt verständlich ist – „selbstabgegrenzte Anträge“ –, z.B. bei Klage auf Feststellung seines Eigentums an einer bestimmten Sache, lasse sich die Bedeutung des Sachverhalts für den Streitgegenstand nur bestimmen, wenn man bedenkt, ob der Richter an den vorgelegten Sachverhalt gebunden ist oder nicht[691]. Überdies sei die grundlegende Unterscheidung zwischen den drei Klagearten (Leistungs-, Feststellungs- und Gestaltungsklagen) von so entscheidender Bedeutung, dass ein gemeinsamer Streitgegenstandsbegriff ausgeschlossen sei[692]. Wenn man die Ausführungen, die JAUERNIG nach den Kombinationsmöglichkeiten der Klagearten, Verfahrensmaximen und Antragstypen unterteilt, einer Bilanz unterzieht, so ergibt sich, dass bei „fremdabgegrenzten“ Anträgen immer der Streitgegenstand durch Antrag und Sachverhalt bestimmt werden soll. Dies gelte insbesondere ausnahmslos auch für Zahlungsklagen im Verwaltungsprozess, in dem es ebenso wie im Zivilprozess unsinnig erschiene, dem vom Kläger angegebenen Klagegrund keinerlei Bedeutung beizumessen, denn das Gericht dürfe nicht zum „Inkassobüro des Klägers werden, das zunächst einmal auf der ganzen Welt nach einem Anspruch des vom Kläger angegebenen Inhalts fahnden müßte“; das Gericht sei „nur frei, in der vom Kläger vorgegebenen Richtung zu suchen und neue Tatsachen herbeizuschaffen“[693]. Ein durch die Verfahrensmaximen bedingter Unterschied verbleibt dann im Wesentlichen nur zwischen den Kombinationen der „selbstabgegrenzten“ Leistungsanträge in Prozessen mit Untersuchungsgrundsatz (z.B. in der Praxis bei Verpflichtungsklagen) bzw. Beibringungsgrundsatz (so z.B. Klagen auf Heraus-

688 JAUERNIG, S. 7.
689 JAUERNIG, S. 5.
690 JAUERNIG, S. 6.
691 JAUERNIG, S. 6.
692 JAUERNIG, S. 7.
693 JAUERNIG, S. 11 über Verweis auf S. 26.

gabe einer bestimmten Sache)[694]. Soweit der Untersuchungsgrundsatz gilt, spiele der Sachverhalt für den Streitgegenstand keine Rolle[695], weil diese Prozesse zwar eine „Grundlage im Tatsächlichen" hätten, dem Sachverhalt aber keine Abgrenzungsfunktion zukomme[696]. Anders sei dies in Prozessen, die dem Beibringungsgrundsatz folgen, was JAUERNIG durch ein „reichlich ausgefallenes Beispiel" zu erläutern versucht[697]:

> K hatte eines seiner Bücher an B vermietet. Die Herausgabeklage des K wurde rechtskräftig abgewiesen, weil B das Buch bereits vor Prozessbeginn in die Wohnung des K zurückgebracht und der Frau des K ausgehändigt hatte. Nunmehr erfährt K, dass sein Buch alsbald nach der Rückgabe gestohlen und an einen Antiquar veräußert worden war, von dem es B nichtsahnend erworben hatte, und zwar vor Erhebung der rechtskräftig abgewiesenen Herausgabeklage.

JAUERNIG meint, in einem Prozess mit Untersuchungsgrundsatz sei der K aufgrund der allein durch den Streitgegenstand bestimmten Rechtskraft des Urteils in dem ersten Prozess daran gehindert, seine Klage zu erneuern, weil alle den Antrag stützenden Tatsachen, die im Zeitpunkt der Entscheidung objektiv vorlagen, durch die Rechtskraft präkludiert seien[698]. Hingegen schränke in Prozessen mit Beibringungsgrundsatz die Bindung des Gerichts an den vorgetragenen Sachverhalt den Streitgegenstand ein und begrenze damit die Rechtskraft auf die bei objektiver Betrachtungsweise zu bildenden Sachverhaltskomplexe „Mietvertrag" bzw. „Diebstahl"[699].

b. Stellungnahme

Die Beurteilung des von JAUERNIG geleisteten Beitrags zur Diskussion um den Streitgegenstand muss berücksichtigen, dass er zwar die Beziehung zwischen den Verfahrensgrundsätzen und dem Streitgegenstand in den Titel seiner Abhandlung erhebt, aber im Kern seiner Überlegungen auf einer konkreteren Ebene ansetzt, indem er ein bereits gefestigtes Verständnis von den Elementen des Streitgegen-

---

694 Vgl. JAUERNIG, S. 23 ff. bzw. S. 43 ff. Die umfangreichen Ausführungen JAUERNIGS zu dem von ihm angenommenen – geringfügigen – Unterschied zwischen den Streitgegenständen der Gestaltungsklagen in Prozessen mit Untersuchungs- bzw. Beibringungsgrundsatz, die er speziell und ausschließlich am Beispiel des Scheidungsurteils gem. § 616 ZPO a.F. darstellt (S. 59 ff.), interessieren hier nicht.

695 JAUERNIG, S. 23. Auch im Falle der Verpflichtungsklagen stehe der Wortlaut des § 82 Abs. 1 S. 1 VwGO nur scheinbar entgegen (DERSELBE, a.a.O., Fn. 41 mit Nachweisen, auch zu entgegenstehenden Auffassungen).

696 JAUERNIG, S. 24.

697 S. 44.

698 JAUERNIG, S. 44.

699 JAUERNIG, S. 45 f.

stands zu Grunde legt. Er nimmt an, dass der Antrag immer den Streitgegenstand (mit)bestimmt und dass dies für den Sachverhalt jeweils in Abhängigkeit von den Grundsätzen der Sachverhaltsbestimmung sowie von der Antragsart gilt. Diese Prämisse stellt JAUERNIG auch nicht ansatzweise in Frage und begründet sie nicht. Ausgehend von den Prozessgrundsätzen hätte sich doch aber eine Zuordnung der Elemente insgesamt angeboten, d.h. nicht nur das Eingehen auf die Verbindung zwischen Untersuchungs- bzw. Beibringungsgrundsatz und Sachverhalt, sondern auch eine Verankerung des als Element des Streitgegenstands vorausgesetzten Antrags in den Prozessmaximen. Natürlich hat JAUERNIG Recht damit, dass in dem von ihm vorrangig behandelten Zivilprozess der Antrag immer eine wesentliche Bedeutung für den Streitgegenstand hat, nur ist dies keine Selbstverständlichkeit unseres allgemeinen Prozessrechts, wie der Blick in die Strafprozessordnung[700] zeigt, sondern eine Konsequenz der Dispositionsmaxime.

Nicht nachvollziehbar ist, wie der Unterscheidung zwischen Untersuchungs- und Beibringungsgrundsatz über die „Auslegung" oder in Form einer „‚Spezifizierung' durch das Gericht"[701] Einfluss auf den Antrag zukommen soll. Diese Idee wird von JAUERNIG auch nur eingangs seiner Arbeit kurz skizziert und dann nicht mehr aufgegriffen. Ohne bereits an dieser Stelle auf Einzelheiten einzugehen, ist festzustellen, dass der Untersuchungsgrundsatz zwar nach seinem Sinn und Zweck die inhaltliche Richtigkeit der gerichtlichen Entscheidung gewährleisten soll[702], aber sicher nicht dazu dient, den Kläger allgemein vor der Aufstellung einer unrichtigen Behauptung zu bewahren. Daher gilt auch hier wieder, dass die Frage nach dem Streitgegenstand, also nach der Identität des prozessualen – behaupteten – Anspruchs, nicht mit der Frage verquickt werden darf, wie das Gericht über diesen Anspruch entscheidet. Das Problem der Auslegungsbedürftigkeit mancher Anträge stellt sich dann unabhängig von den Verfahrensgrundsätzen der Sachverhaltsbestimmung und ist dieser vorgelagert. Dies kommt darin zum Ausdruck, dass die Pflicht des Vorsitzenden, auf die Stellung sachdienlicher Hinweise hinzuwirken, im Zivilprozess gem. § 139 Abs. 1 ZPO[703] und im Verwaltungsprozess gem. § 86

---

700 Der hier behandelte Streitgegenstand ist am ehesten vergleichbar mit dem Begriff der prozessualen Tat i.S.d. § 264 StPO, die den Umfang der materiellen Rechtskraft des Strafurteils bestimmt. Wegen der grundlegenden Wesensverschiedenheit der Verfahrensarten ist aber ein Vergleich des Strafprozesses mit dem Zivil- oder Verwaltungsprozess für die Streitgegenstandsbestimmung unergiebig (ebenso HAUSTEIN, S. 17). Für die Bestimmung der prozessualen Tat sind die in der Hauptverhandlung gem. § 258 Abs. 1 StPO gestellten Anträge ohne Bedeutung, insbesondere ist das Gericht gem. § 264 Abs. 2 StPO an die Beurteilung der Tat durch die Staatsanwaltschaft nicht gebunden.

701 JAUERNIG, S. 6.

702 KOPP / SCHENKE, § 86 Rn. 1; SCHMITT GLAESER / HORN, Rn. 541; ROSENBERG / SCHWAB / GOTTWALD; § 78 I 4.

703 Diese Norm erwähnt auch JAUERNIG, S. 6, ohne allerdings näher darauf einzugehen.

Abs. 3 VwGO weitgehend übereinstimmend gilt[704]. Sie ist keine Besonderheit des Verwaltungsprozesses und insbesondere nicht Ausfluss des Untersuchungsgrundsatzes[705]. Im Übrigen bedeutet die Hinwirkungspflicht nur, dass der Vorsitzende eine Anregung unterbreitet, während die Entscheidung darüber in den Verantwortungsbereich der Beteiligten fällt[706]. Für den von JAUERNIG in Aussicht genommen Fall der „Spezifizierung" durch das Gericht in Abhängigkeit von dem jeweiligen Verfahrensgrundsatz ist daher kein Raum.

Die Konzeption bei JAUERNIG ließe sich folgendermaßen vervollständigen und präzisieren: Ausgangspunkt sind die Überlegungen, dass
1. der Antrag aller Wahrscheinlichkeit nach wegen der Geltung der Dispositionsmaxime als Element des Streitgegenstands anzuerkennen ist und
2. über die Notwendigkeit, zusätzlich den Sachverhalt als Element zu berücksichtigen – und nur darüber – vielleicht der Unterschied zwischen Untersuchungs- und Beibringungsgrundsatz entscheidet.

Dabei drängt sich aber unmittelbar die Frage nach dem Verhältnis zwischen den zu Grunde gelegten Prozessgrundsätzen auf. Die Vernachlässigung der Dispositionsmaxime ist dann auch der Grund, weshalb JAUERNIG mit seiner Arbeit zu Recht überwiegend auf Ablehnung[707] gestoßen ist. Es ist nämlich überzeugend, zunächst die von ihm behandelten Prozessgrundsätze in ein Rangverhältnis zu setzen, wonach der Untersuchungsgrundsatz nur nach Maßgabe der Dispositionsmaxime zur Anwendung kommen kann. Das Verhältnis ist ein hierarchisches, in welchem der Untersuchungsgrundsatz der (gerechten) Beurteilung des Streitgegenstands *dient*, und zwar erst nachdem die Beteiligten über seinen Umfang disponiert haben[708]. Würde sich das Gericht nicht an dieses Hierarchieprinzip halten und den Untersuchungsgrundsatz schon zur Bestimmung des Streitgegenstands heranziehen, so würde es den Beteiligten die Dispositionsbefugnis weitgehend entziehen und sich u.a. in Widerspruch zu § 308 Abs. 1 ZPO bzw. § 88 VwGO setzen.

Die Vorgehensweise, auf die JAUERNIGs Verständnis hinausläuft, ist auch nicht praktikabel. Er führt im Zusammenhang mit Zahlungsklagen selbst aus, das Gericht könne nicht als „Inkassobüro" des Klägers global nach einer Grundlage des erhobenen Anspruchs fahnden. Es ist aber nicht einzusehen, weshalb diese zutref-

---

704 KOPP / SCHENKE, § 86 Rn. 22; REDEKER / V.OERTZEN, § 86 Rn. 17.
705 REDEKER / V.OERTZEN, § 86 Rn. 17.
706 HARTMANN, in: BAUMBACH / LAUTERBACH / ALBERS / HARTMANN, § 139 Rn. 22; REDEKER / V.OERTZEN, § 86 Rn. 18.
707 HESSELBERGER, S. 247 ff.; SCHUMANN, in: STEIN / JONAS, Bd. 1, 20. Aufl. (1984), Einl. Rn. 283; YOSHIMURA, ZZP 83 (1970), 245, 250 f.; DETTERBECK, S. 16; MARX, S. 120.
708 HESSELBERGER, S. 248; MARX, S. 120.

fende Erkenntnis auf Zahlungsansprüche beschränkt sein sollte. Auch in dem Beispiel der Herausgabeklage dürfte bei genauerer Betrachtung zwischen Prozessen mit Untersuchungsgrundsatz und solchen mit Beibringungsgrundsatz keine Unterscheidung hinsichtlich der Reichweite des Streitgegenstands zu treffen und prinzipiell gleich zu urteilen sein. Ohne konkrete Anhaltspunkte kann das Gericht auch bei Geltung des Untersuchungsgrundsatzes die Verkettung aller Umstände, die einen Anspruch auf Herausgabe ergeben könnten, ebenso wenig aufdecken, wie es allen erdenklichen Zahlungsansprüchen in tatsächlicher Hinsicht nachgehen kann. Daher ist es auch bei Geltung des Untersuchungsgrundsatzes sachgerecht, die „Richtung", in der das Gericht suchen muss, auf die Sachverhaltskomplexe „Mietverhältnis" bzw. „Diebstahl" zu begrenzen[709]. Bei der von JAUERNIG befürworteten Gesamtheit des Streitgegenstands mit dem Ergebnis entgegenstehender Rechtskraft im zweiten Prozess besteht dagegen ein Missverhältnis zwischen den Präklusionsgefahren, denen der Kläger ausgesetzt ist, und der Leistungsfähigkeit des gerichtlichen Rechtsschutzes hinsichtlich der Sachverhaltsermittlung. Seine Theorie, die dies nicht berücksichtigt, sieht sich daher dem Einwand der Verfassungswidrigkeit ausgesetzt, weil ihre Auswirkungen in der Praxis gegen die Rechtsschutzgarantie des Art. 19 Abs. 4 Satz 1 GG verstoßen[710].

Dass der Untersuchungsgrundsatz im Verwaltungsprozess nicht in der von JAUERNIG propagierten Form gilt, ergibt sich inzwischen mit hinreichender Deutlichkeit aus den Vorschriften, die durch die 4. VwGO-Novelle geändert oder in das Gesetz eingefügt wurden. Nach § 82 Abs. 1 Satz 3 VwGO sollen die zur Begründung des Klagebegehrens[711] dienenden Tatsachen angegeben werden. Diese Norm ist zwar als Soll-Vorschrift ausgestaltet, was aber im Zusammenhang damit zu sehen ist, dass sie sich auf den Inhalt der Klageschrift, also den ersten Anstoß des Klageverfahrens bezieht. Gemeint ist damit nur, dass die Angabe der Tatsachen durch den Kläger *bereits in der Klageschrift* erfolgen *soll*, nicht dass sie ausnahmsweise entbehrlich wäre. Wenn nämlich auf Anforderung des Gerichts unter angemessener Fristsetzung und Belehrung über die Konsequenzen keine Ergänzung erfolgt, kann das Gericht Erklärungen des Klägers über Tatsachen unter den Voraussetzungen des § 87b Abs. 3 VwGO zurückweisen und ohne weitere Ermittlungen entscheiden. Fehlt einer Klage jede Begründung und drängt sich dem Ge-

---

709 Gegen eine Sachverhaltserforschung ohne Anknüpfung an das Parteivorbringen schon LANG, VerwArch. 52 (1961), S. 60, 79.

710 BAUMGÄRTEL, JuS 1974, 69, 72; zustimmend SCHUMANN, in: STEIN / JONAS, Bd. 1, 20. Aufl. (1984), Einl. Rn. 283.

711 Vor In-Kraft-Treten des 4.VwGO-Änderungsgesetzes war von der Bezeichnung des „Streitgegenstands" die Rede. Die Neufassung sah von der Verwendung dieses Begriffs ab, um „die Vorschrift von dem Meinungsstreit über den Streitgegenstandsbegriff freizuhalten"; der Kläger müsse nicht den Streitgegenstand im prozessrechtlichen Sinne angeben, sondern nur bezeichnen, was er mit seiner Klage begehrt (BT-Drucks. 11/7030, S. 25).

richt auch keine Begründung auf und kommt der Kläger einer Aufforderung nach § 87b VwGO nicht nach, so ist die Klage als unzulässig abzuweisen, weil ihr jede positive oder negative Grundlage fehlt[712]. Bei der ergänzend aufgenommenen Vorschrift des § 87b VwGO handelt es sich in erster Linie um eine Klarstellung für die hier behandelte Frage, denn dass der Kläger trotz Geltung des Untersuchungsgrundsatzes die tatsächliche Grundlage seines Begehrens angeben muss, damit das Gericht tätig werden kann, war auch vorher schon im Rahmen der Mitwirkungspflichten der Beteiligten anerkannt[713]. Aus dieser Systematik der Verwaltungsgerichtsordnung ergibt sich jedenfalls, dass die Mitteilung der tatsächlichen Grundlagen des Klagebegehrens zur Dispositionsbefugnis bzw. Dispositionslast des Klägers zählt und nicht durch Anwendung des Untersuchungsgrundsatzes ersetzt werden kann: Wenn es dem Kläger obliegt, für die gerichtlichen Untersuchungen die Basis zu liefern, ohne die eine gerichtliche Untersuchung gar nicht stattfindet, so ist es widersinnig, dieser Basis in den Ausnahmefällen, in denen sich nach rechtskräftiger Klageabweisung dasselbe Begehren möglicherweise auf einen unabhängigen Tatsachenkomplex stützen lässt, eine eingrenzende Funktion bei der Bestimmung des Rechtsstreits von vornherein abzusprechen.

Der so im Zusammenhang mit der Dispositionsmaxime betrachtete Untersuchungsgrundsatz, insbesondere in der Form, die er durch die Verwaltungsgerichtsordnung erhalten hat, führt dann auch in den von JAUERNIG am Beispiel der Herausgabeklage behandelten Fällen der „selbstabgegrenzten“ Leistungsanträge nicht zwingend zu anderen Ergebnissen als der Beibringungsgrundsatz. Die Ausführungen JAUERNIGs zu diesen Fällen waren aber schon nach seiner eigenen Konzeption die einzigen, die einen allgemeingültigen Unterschied der Streitgegenstände in Prozessen mit Untersuchungsgrundsatz und solchen mit Beibringungsgrundsatz hätten ergeben können[714]. Damit ist die These von dem Einfluss dieser Verfahrensgrundsätze auf den Streitgegenstand nicht zu übernehmen.

VI. Die Unverzichtbarkeit eines einheitlich bestimmten Begriffs

JAUERNIG hat zwar mit seinen Bekenntnissen zur Abhängigkeit des Streitgegenstands von den Verfahrensgrundsätzen keine wahren Anhänger gefunden, jedoch hat er Zuspruch geerntet, was die von ihm geforderte Abkehr von dem Einheitsdogma der Streitgegenstandslehre angeht. Diese Abkehr wird in unterschiedlichen

712 REDEKER / V.OERTZEN, § 82 Rn. 5.
713 KOPP / SCHENKE, § 87b Rn. 1, § 86 Rn. 11; REDEKER / V.OERTZEN, § 86 Rn. 11a.
714 Die speziellen Ausführungen JAUERNIGS zu § 616 ZPO a.F. (S. 59 ff.) bleiben außer Betracht, weil sie keine der Verallgemeinerung zugänglichen Aussagen enthalten.

Schattierungen befürwortet, die im folgenden dargestellt und gemeinsam mit einer Stellungnahme versehen werden.

1. Relativer Streitgegenstandsbegriff?

Auch wenn man JAUERNIGS Kernthesen ablehnt, verbleibt noch die Sortierung nach den drei Klagearten und die Unterteilung in „selbstabgegrenzte" und „fremdabgegrenzte" Anträge. Daher ist sein Streitgegenstandsbegriff ein relativer, nicht nur wegen der angenommenen Bezüge zu den Verfahrensmaximen der Sachverhaltsbestimmung, sondern auch wegen der Abhängigkeit von der Antrags- und Klageart. Innerhalb des jeweiligen Prozesses ist der Streitgegenstand allerdings konstant und bestimmt insbesondere auch den Umfang der Rechtskraft. Dadurch unterscheidet sich diese Auffassung von den weiteren Theorien, welche die Einheitlichkeit des Streitgegenstandsbegriffs ablehnen. Als Vertreter einer relativen Theorie in diesem Sinne kann man auch VOLLKOMMER[715] bezeichnen, der ebenfalls von der grundlegenden Bedeutung der Klageart für die Streitgegenstandsbestimmung ausgeht.

2. Gesonderter Urteilsgegenstand?

Bereits etwas älter ist die Theorie der Unterscheidung zwischen Streit- und Urteilsgegenstand. Vertreten wurde sie z.B. von, BLOMEYER[716], MARTENS[717] und POHLE[718]. Streng genommen befürwortet diese Theorie nicht die Abkehr von dem Einheitsbegriff des Streitgegenstands, sondern sie meint, die Besonderheiten der materiellen Rechtskraft ausklammern und den Begriff des Urteilsgegenstands schaffen zu müssen, um den Einheitsbegriff des Streitgegenstands retten zu können. Da aber nach ganz überwiegender Auffassung der Streitgegenstand und die Rechtskraft untrennbar miteinander verbunden sind und beispielsweise § 121 VwGO diese Begriffe ausdrücklich verknüpft, handelt es sich doch um einen Angriff auf ein einheitliches Dogma. Da nach dieser Theorie die Bestimmung der materiellen Rechtskraft dem Urteilsgegenstand vorbehalten sein soll, gilt der Streitgegenstand nur noch für Fragestellungen, die während des anhängigen Pro-

715 In: Zöller, Einl. Rn. 82 mit unzutreffendem Hinweis auf die Ausführungen von ROSENBERG / SCHWAB / GOTTWALD; § 95 III 3, die er fälschlicherweise für seine Kritik an dem Einheitsbegriff des Streitgegenstands vereinnahmt. Die Fundstelle gibt dafür nichts her. Vgl. stattdessen ROSENBERG / SCHWAB / GOTTWALD; § 95 IV 3: „Der Streitgegenstand ist für alle Klagearten identisch und nicht davon abhängig, ob das Verfahren der Verhandlungs- oder der Untersuchungsmaxime unterliegt."

716 1. Aufl. (1963), § 89.

717 DÖV 1964, 365.

718 In: STEIN / JONAS, Bd. 1, 19. Aufl. (1972), Einl. E III vor 1, S. 23, 29 ff.

zesses auftreten, namentlich für Probleme der Rechtshängigkeit, der Klageänderung und Klagenhäufung[719]. Im Unterschied hierzu beziehe sich der Urteilsgegenstand nicht darauf, worüber gestritten wurde, sondern darauf, worüber entschieden wurde[720]. Diese Differenzierung sei geboten, weil es vorkommen könne, dass das Urteil über einen in Wirklichkeit nicht erhobenen Anspruch entscheidet oder aber einen erhobenen Anspruch versehentlich übergeht, d.h. überhaupt nicht bescheidet[721]. In dem einen Fall sei eine spätere Prüfung, ob der Anspruch tatsächlich in dem entschiedenen Umfang erhoben war, nicht zulässig; es komme nur darauf an, welchen Anspruch das Gericht als erhoben ansah[722]. In dem anderen Fall werde ein nicht beschiedener Anspruch nicht von der Rechtskraft erfasst[723].

3. Variabler Streitgegenstand?

Die Lehre vom variablen Streitgegenstandsbegriff kombiniert in Teilen die Theorien des relativen Streitgegenstandsbegriffs sowie des eigenständigen Urteilsgegenstands und dehnt sie aus. Als Vertreter dieser Lehre zu bezeichnen sind u.a. BAUMGÄRTEL[724] und SCHUMANN[725]. Danach wird bei der Streitgegenstandsbestimmung vorab die Unterteilung nach Klagearten vorgenommen, darüber hinaus aber auch eine Abstimmung auf die jeweilige Prozesslage, orientiert am Sinn und Zweck der einschlägigen Vorschrift[726]. Dies führt nicht nur zu einer Unterscheidung bei der Bestimmung des Streitgegenstands vor und nach Abschluss des Prozesses, sondern erlaubt auch einen Wechsel während des anhängigen Verfahrens. Beispielsweise legt BAUMGÄRTEL im Rahmen der Leistungsklage dem Streitgegenstand bei der Rechtshängigkeit gem. § 263 ZPO [a.F. = § 261 ZPO n.F.] einen zweigliedrigen Begriff zu Grunde, bestehend aus dem Antrag und dem (materiellrechtlich abgegrenzten) Sachverhalt, jedoch soll der Streitgegenstand bei der Klageänderung gem. § 264 ZPO [a.F. = § 263 ZPO n.F.] eingliedrig, d.h. nur durch

---

719 BLOMEYER, § 89 III.

720 In dieser Deutlichkeit BLOMEYER, 1. Aufl. (1963), § 89 III 1.

721 BLOMEYER, § 89 I 2.

722 BLOMEYER, 1. Aufl. (1963), § 89 I 2, in Fn. 6 unter Hinweis auf [BGH, Urt. v. 27.02.1961,] BGHZ 34, 337, 339 f., wonach ein Urteil „Rechtskraft auch insoweit" schaffe, als es irrigerweise über einen Anspruch entscheidet, den die Parteien nicht erhoben hatten. Gegen BLOMEYER ausdrücklich ROSENBERG / SCHWAB / GOTTWALD; § 62 IV 2 d): Wirkungslosigkeit der Entscheidung über einen nicht rechtshängigen Anspruch. Diese Entscheidungen seien zwar der formellen, nicht aber der materiellen Rechtskraft fähig (ROSENBERG / SCHWAB / GOTTWALD; § 62 IV 1).

723 BLOMEYER, 1. Aufl. (1963), § 89 I 2.

724 JuS 1974, 69, 73.

725 In: STEIN / JONAS, Bd. 1, 20. Aufl. (1984), Einl. Rn. 283d, 285 ff.

726 BAUMGÄRTEL, JuS 1974, 69, 73; SCHUMANN, in: STEIN / JONAS, Bd. 1, 20. Aufl. (1984), Einl. Rn. 283d.

den Antrag zu bestimmen sein[727]. Bei dem „wichtigsten Prüfstein, der materiellen Rechtskraft“, gelte der gleiche zweigliedrige Begriff wie bei der Rechtshängigkeit; nur insoweit müsse der Streitgegenstandsbegriff einheitlich bestimmt werden[728].

4. Stellungnahme

Die drei vorgenannten Theorien sind abzulehnen, da sie sich nicht als tragfähige Grundlage der Streitgegenstandsbestimmung erweisen und mehr Unsicherheiten und Probleme produzieren, als dass sie Klarheit schaffen. Vielmehr ist an dem Prinzip der Einheitlichkeit des Streitgegenstandsbegriffs festzuhalten[729]. Angesichts der Bedeutung der – nach überzeugender h.M. – von dem Streitgegenstand abhängigen Rechtskraft für die rechtsstaatlichen Gebote der Rechtssicherheit und des Rechtsfriedens ist dies auch ein Auftrag des Grundgesetzes, den die genannten Autoren etwas voreilig als unerfüllbar einstufen, soweit sie dieser Frage nachgehen. Der Streitgegenstand hat für die Funktionsfähigkeit der Rechtspflege eine ganz zentrale und im Zusammenhang mit der materiellen Rechtskraft für die Betroffenen eine so einschneidende Bedeutung, dass sich die Prozessrechtswissenschaft in dieser Frage nicht aus der Verantwortung stehlen darf. Genau das ist aber der Fall, wenn sie der Praxis für den Streitgegenstand nur eine konturenlose und formbare Begriffsbestimmung zur Verfügung stellt. Daher ist der Begriff notfalls weit zu fassen, darf aber nicht der Situationsgebundenheit zum Opfer fallen.

Zu der von JAUERNIG und VOLLKOMMER vertretenen relativen Theorie ist zu sagen, dass es methodischen Bedenken unterliegt, die Unterschiede zwischen den Klagearten – eventuell Typen von Streitgegenständen unter dem Dach eines einheitlichen Begriffs – zu betonen, bevor nicht alle theoretischen Mittel ausgeschöpft sind, die Gemeinsamkeiten festzustellen. Eine Auseinandersetzung mit den Möglichkeiten und evtl. Grenzen der einheitlichen Begriffsbestimmung lassen ihre Beiträge jedoch vermissen. JAUERNIGS Qualifizierung der Anträge als „selbstabgegrenzt“ bzw. „fremdabgegrenzt“ ist dagegen prinzipiell hilfreich, weil sie deutlich macht, dass einige Anträge notwendigermaßen Bezeichnungen von Tatsachen einschließen. Da sich die Bedeutung dieser Unterscheidung jedoch auf die Berücksichtigung des Sachverhalts beschränkt, dessen Relevanz nicht einfach vorausgesetzt werden darf, ist sie aber nicht geeignet, den Ausgangspunkt der Überlegungen zu bilden. Auf diese Unterscheidung ist vielmehr erst dann einzuge-

---

727 BAUMGÄRTEL, JuS 1974, 69, 73 f.

728 BAUMGÄRTEL, JuS 1974, 69, 74 f.

729 Ebenso BARBEY, in: MENGER-FS (1985), S. 178, insbesondere Fn. 15.

hen, wenn die Frage erörtert wird, ob der Sachverhalt die Qualität eines Elementes des Streitgegenstands hat[730].

Die Theorie des von dem Streitgegenstand zu unterscheidenden Urteilsgegenstands ist zunächst für den Verwaltungsprozess abzulehnen, da sie mit dem klaren Wortlaut des § 121 VwGO unvereinbar ist[731]. Weiterhin dürfte auch der in § 322 ZPO als Grundlage und Grenze der materiellen Rechtskraft genannte „erhobene Anspruch" mit dem Streitgegenstand identisch sein. Dafür spricht, dass nach überzeugender Auffassung auch sonst keine inhaltlichen Unterschiede damit verbunden sind, wenn die Zivilprozessordnung die Begriffe „Streitgegenstand" und „Anspruch" nicht einheitlich verwendet. Ferner überzeugt die etwa von BLOMEYER zu Grunde gelegte Prämisse, die Entscheidung über einen nicht erhobenen Anspruch könne in materielle Rechtskraft erwachsen, auch in der Sache nicht. Zwar hindert es den Eintritt der materiellen Rechtskraft nicht, wenn das Gericht unter Verstoß gegen § 308 Abs. 1 ZPO bzw. § 88 VwGO über den Umfang des erhobenen Anspruchs hinausgeht[732]. Der Bestand der Rechtskraft ist schließlich nicht von der inhaltlichen Richtigkeit der Entscheidung abhängig. Etwas anderes muss jedoch gelten, wenn das Gericht im Vergleich zu dem wahren Streitgegenstand nicht zu viel, sondern ein Aliud ausurteilt oder mit dem Urteil dem erklärten Willen des Klägers zuwiderhandelt, z.B. im Falle des Urteils nach Klagerücknahme[733]. Richtigerweise dürfte es sich dabei insoweit um eine materiell wirkungslose Entscheidung handeln, die nur der formellen Rechtskraft fähig ist[734]. In diesen Fällen einer eklatanten Missachtung des Parteiwillens würde man sonst dem Sinn und Zweck der Rechtskraft, die Rechtssicherheit zu gewährleisten und die Autorität der Rechtspflege zu wahren[735], in keiner Weise gerecht werden.

BAUMGÄRTEL und SCHUMANN ist zu bescheinigen, dass sie sich eingehend mit den in der Prozessrechtswissenschaft unternommenen Versuchen der einheitlichen Begriffsbestimmung beschäftigen, bevor sie, weil sie diese Versuche als gescheitert ansehen, einen variablen Streitgegenstandsbegriff annehmen. Im Ergebnis ist es jedoch nicht einzusehen, weshalb sich der Streitgegenstand der jeweils ein-

---

730 Siehe dazu unten S. 193.

731 Vgl. VGH Mannheim, Beschl. v. 09.07.1992, NVwZ 1993, 804, 805.

732 Vgl. BGH, Urt. v. 26.09.1985, WM 1985, 1408 mit der ausdrücklichen Beschränkung auf quantitative Überschreitungen: Es würde sich „am Umfang der Rechtskraft nichts ändern, wenn das Landgericht (quantitativ) über den Klageantrag hinausgegangen wäre".

733 ROSENBERG / SCHWAB / GOTTWALD, § 62 IV 2 d); VOLLKOMMER, in: ZÖLLER, vor § 300 Rn. 18.

734 ROSENBERG / SCHWAB / GOTTWALD, § 62 IV 1; VOLLKOMMER, in: ZÖLLER, vor § 300 Rn. 19.

735 FENGE, in: AK-ZPO, § 322 Rn. 2; GOTTWALD, in: MK-ZPO, § 322 Rn. 4; THOMAS / PUTZO, § 322 Rn. 1.

schlägigen Norm anpassen soll und nicht umgekehrt die Norm in ihrer Auslegung und Anwendung dem zentralen Streitgegenstandsbegriff. Beispielsweise nimmt ja BAUMGÄRTEL selbst einen einheitlichen Begriff für die Rechtshängigkeit und die Rechtskraft an. Dann verbleiben von den „klassischen Prüfsteinen" nur noch die Klageänderung und die Klagenhäufung. Diese stehen aber nach den einschlägigen Verfahrensvorschriften unter ausfüllungsbedürftigen Voraussetzungen. So sieht § 263 ZPO n.F. vor, dass die Änderung der Klage zulässig ist, wenn *das Gericht sie für sachdienlich erachtet*. Das Problem der Klagenhäufung diskutiert BAUMGÄRTEL in Bezug auf die anschließende Trennung gem. § 145 ZPO, die ebenfalls nicht zwingend ist, sondern vom Gericht angeordnet werden *kann*. Es ist daher überzeugender, im Interesse der konsequenten Rechtsanwendung den Streitgegenstandsbegriff einheitlich zu bestimmen und die Besonderheiten des jeweiligen Falles erst bei der Handhabung der nachgiebigen Verfahrensvorschriften zu berücksichtigen.

VII. Ergebnis

Als grundlegende Kriterien der Streitgegenstandsbestimmung im Verwaltungsprozessrecht sind festzuhalten:

- die Eigenständigkeit des Streitgegenstands als prozessualer Anspruch im Unterschied zu den Ansprüchen des materiellen Rechts und zu anderen Ansprüchen des Prozessrechts,
- die prinzipielle Vergleichbarkeit mit dem Zivilprozessrecht,
- die Funktion des Streitgegenstands zur Bestimmung des verfassungsrechtlich verbürgten Instituts der Rechtskraft,
- die maßgebende Bedeutung der Dispositionsmaxime,
- die Irrelevanz des Untersuchungsgrundsatzes
- und das Leitbild eines einheitlichen Begriffs.

B. Elemente des Streitgegenstands

Unter Berücksichtigung der soeben genannten Kriterien gilt es nun, die einzelnen Elemente des Streitgegenstands zu ermitteln, denen eine selbständige Bedeutung zukommt. Mit der selbständigen Bedeutung ist hier gemeint, dass nur solche Faktoren der Streitgegenstandsbestimmung als Elemente anzuerkennen sind, deren Variation den Streitgegenstand insgesamt verändert.

I. Anspruchsziel, konkretisiert durch den Antrag

Aus der Geltung der Dispositionsmaxime folgt, dass grundsätzlich der Kläger – oder auch allgemein ausgedrückt: der Rechtsschutz Suchende[736] – entscheidet, ob er überhaupt wegen eines Rechtsstreits das Gericht bemüht, welchen Rechtsstreit er genau vor Gericht austrägt, und wie viel davon gerichtlich entschieden werden soll[737]. Dann muss auch die bei der Streitgegenstandsbestimmung fragliche Identität des Rechtsstreits maßgeblich von dem objektiv verstandenen Willen des Rechtsschutz Suchenden abhängen. Letztlich sind sich darin alle Teilnehmer der Diskussion einig und meinen diesen zielgerichteten Willen des Rechtsschutz Suchenden, wenn sie ausführen, Bestandteil des Streitgegenstands sei (auch) das Begehren um Rechtsschutz[738], die Rechtsbehauptung[739], die erstrebte, im Klageantrag zum Ausdruck zu bringende Rechtsfolge[740], der (Klage-)Antrag[741], das Klagebegehren[742] bzw. das Klageziel[743].

1. Die Richtung des Anspruchs

Als wesentliche Gemeinsamkeit ist festzuhalten, dass sich dieses zielgerichtete Willenselement – unabhängig von seiner Bezeichnung – sowohl an den Verfahrensgegner als auch an das Gericht wendet. Beide sind Adressaten des prozessualen Anspruchs und beide sollen nach dem Willen des Klägers in die Pflicht genommen werden: Mit seiner Klage fordert er, das Gericht möge die angestrebte Entscheidung treffen, und der Beklagte möge sie respektieren und im Falle ihrer Vollstreckbarkeit befolgen.

736 Dieser Oberbegriff soll beispielsweise auch denjenigen erfassen, der sich mit dem Ziel von Maßnahmen des einstweiligen Rechtsschutzes an das Gericht wendet.

737 Siehe oben S. 173.

738 KOPP / SCHENKE, § 90 Rn. 7.

739 WALTHER J. HABSCHEID, S. 141 ff. Dazu sogleich.

740 BVerwG, Urt. v. 10.05.1994, NVwZ 1994, 1115.

741 Z.B. BGH, Urt. v. 24.11.1982, BGHZ 85, 367, 374; BVerwG, Urt. v. 20.04.1977, BVerwGE 52, 247, 249, diese Entscheidung referieren REDEKER / V.OERTZEN, § 121 Rn. 7; BAUMGÄRTEL, JuS 1974, 69, 75; HARTMANN, in: BAUMBACH / LAUTERBACH / ALBERS / HARTMANN, § 2 Rn. 5; HESSELBERGER, S. 292; JAUERNIG, S. 5; ROSENBERG / SCHWAB / GOTTWALD, § 95 IV 1; SCHELLHAMMER, Rn. 129; SCHUMANN, in: STEIN / JONAS, Bd. 1, 20. Aufl. (1984), Einl. Rn. 288; SCHWAB, JuS 1965, 81, 83; THOMAS / PUTZO, Einl. II Rn. 15; VOLLKOMMER, in: ZÖLLER, Einl. Rn. 68.

742 GERHARD LÜKE, JuS 1967, 1, 3.

743 BARBEY, in: MENGER-FS (1985), S. 184; DETTERBECK, S. 86.

2. „Behauptung"?

Mit einer bloßen Rechtsbehauptung gegenüber dem Beklagten wäre das zielgerichtete Element des Streitgegenstands nur unzureichend beschrieben, denn für den Streitgegenstand als prozessualen Anspruch kommt es darauf an, wie das Gericht den im Streit befindlichen Rechten zur Durchsetzung verhelfen soll[744]. Daher wird dieser Begriff auch von WALTHER J. HABSCHEID, der ihn in den 1950er Jahren entscheidend geprägt hat, aufgespalten in eine Rechtsfolgenbehauptung (z.B. ein Recht auf eine Leistung oder ein Verhalten des Beklagten zu haben) und eine Verfahrensbehauptung (das inhaltliche Recht mit der gewählten Rechtsschutzform geltend machen zu dürfen)[745]. Jedenfalls wird nach einhelliger Meinung die Rechtsschutzform in das zielgerichtete Element des Streitgegenstands einbezogen. Daher bedeutet es beispielsweise einen Unterschied für den Streitgegenstand, ob der Kläger im Hinblick auf eine behauptete Leistungspflicht des Beklagten vor Gericht das Ziel der Feststellung oder der Verurteilung des Beklagten zur Leistung verfolgt[746].

3. „Antrag" oder „Begehren" als Willenselement des Streitgegenstands?

Bei den statt der „Behauptung" verwendeten Bezeichnungen fällt auf, dass die Vertreter des Zivilprozessrechts überwiegend auf den „Antrag" abstellen, während die des Verwaltungsprozessrechts mehrheitlich davon abweichen. Dies ist vermutlich damit zu erklären, dass ein bestimmter Antrag im Gegensatz zum Zivilprozess gem. § 253 Abs. 2 Nr. 2 ZPO im Verwaltungsprozess gem. § 82 Abs. 1 VwGO nicht zu dem zwingend vorgeschriebenen Inhalt einer Klageschrift zählt. So würde es beispielsweise für die wirksame Erhebung einer Anfechtungsklage genügen, dass der Kläger dem Gericht die Ablichtung des ihn belastenden Bescheides übersendet und mit einem Satz erklärt, er werde diesen Bescheid nicht hinnehmen. Auch diese Klage müsste bereits ihren Streitgegenstand haben, denn das Einreichen der Klageschrift bei Gericht bewirkt gem. § 90 VwGO bereits die Rechtshängigkeit[747], die nach Inhalt und Umfang durch den Streitgegenstand bestimmt wird und insoweit gem. § 17 Abs. 1 Satz 2 GVG ein Prozesshindernis für anderweitige Gerichtsverfahren begründet. Damit scheidet die Festlegung auf den An-

---

744 Ebenso ROSENBERG / SCHWAB / GOTTWALD, § 95 IV 1.

745 S. 141 ff. Dieser Zusammensetzung des Begriffs entspricht auch das Beispiel bei WALTHER J. HABSCHEID, in: SCHWAB-FS (1990), S. 183: „Nach meiner Auffassung aber ist der Streitgegenstand dieses Prozesses die von A gegenüber B aufgestellte Rechtsbehauptung, B schulde ihm 100.000 DM und sei infolgedessen zur Zahlung zu verurteilen, und zwar aufgrund des Lebenssachverhalts (Kaufkomplex), aus dem die Forderung hergeleitet wird."

746 ROSENBERG / SCHWAB / GOTTWALD, § 95 IV 1.

747 REDEKER / V.OERTZEN, § 90 Rn. 2.

trag als Element des Streitgegenstandes im Verwaltungsprozess aus. Auch das Abstellen auf das „Begehren“ ist keine Lösung. Dieser Begriff ist nach überzeugender Auffassung weiter als das hier in Rede stehende willensabhängige und zielgerichtete Element des Streitgegenstands und bedeutet eine weitere synonyme Bezeichnung für den Streitgegenstand insgesamt[748], der ja noch zusätzliche Elemente beinhalten kann. Für die Richtigkeit dieser Auffassung spricht der Umstand, dass der Gesetzgeber mit der 4. VwGO-Novelle die Fassung des § 82 Abs. 1 Satz 1 änderte und – ohne eine inhaltliche Änderung damit zu bezwecken[749] – nicht mehr verlangt, dass der Kläger den „Streitgegenstand“ angibt, sondern dass er den „Gegenstand des Klagebegehrens“ bezeichnet.

4. Das Anspruchsziel als Element des Streitgegenstands bzw. Begehrens

Treffend erscheint es, für das willensgerichtete Element des Streitgegenstands bzw. des damit identischen Begehrens anstelle der Begriffe „Antrag“ oder „Begehren“ den Ausdruck „Anspruchsziel“ zu verwenden. Die hier vorgenommene Unterscheidung ist unabhängig von der Besonderheit des § 82 Abs. 1 VwGO auch für den Zivilprozess sinnvoll. So wäre sonst in allen Fällen, in denen nach richterlichem Hinweis gem. § 139 Abs. 1 ZPO die sachdienliche Modifikation erfolgt, eine Klageänderung anzunehmen. Die Frage- und Hinweispflicht gem. § 139 Abs. 1 ZPO gilt aber im Wesentlichen nach Maßgabe des Parteiwillens, d.h. es geht darum, dass der Antrag der wirklichen Erledigung der Streitfrage dient[750]. Überdies sind Fälle denkbar, in denen der bloße Klageantrag, der auf die Verurteilung zur Zahlung eines Geldbetrages gerichtet ist, auch in Verbindung mit dem Klagegrund den Streitgegenstand nicht ausreichend kennzeichnet. Beispielsweise ist zwischen dem auf die vollständige Restitution gerichteten Schadensersatzanspruch und dem auf die nach den Umständen der Billigkeit angemessene Kom-

---

748 Detterbeck, S. 64, 86; Rosenberg / Schwab / Gottwald, § 95 IV 1; Schellhammer, Rn. 129; a.A. offenbar Redeker / v.Oertzen, § 88 Rn. 1.

749 BT-Drucks. 11/7030, S. 25: „Der Entwurf sieht in S. 1 von der Verwendung des Begriffs des Streitgegenstandes ab, um die Vorschrift von dem Meinungsstreit über den Streitgegenstandsbegriff freizuhalten. Die Klageschrift muß nicht den Streitgegenstandsbegriff im prozeßrechtlichen Sinn angeben, sondern lediglich bezeichnen, was der Kläger mit seiner Klage begehrt. Eine sachliche Änderung gegenüber dem geltenden Recht ist damit nicht verbunden.“

750 Hartmann, in: Baumbach / Lauterbach / Albers / Hartmann, § 139 Rn. 23

pensation gerichteten Ausgleichsanspruch zu unterscheiden[751]. Beide Ansprüche können aber auf denselben Sachverhalt als Klagegrund gestützt sein. Dann kann trotz Berücksichtigung des Sachverhalts dem Zahlungsantrag keine eindeutige Zuordnung zu einem der möglichen prozessualen Ansprüche entnommen werden. Die Zuordnung kann sich nur aus dem Zusammenhang des Klägervorbringens und dem daraus zu entnehmendem Ziel ergeben. Das bedeutet, dass der Streitgegenstand nicht zwangsläufig der Formulierung des Antrags folgt, sondern umgekehrt die Formulierung des Antrags an den Streitgegenstand, insbesondere an das Anspruchsziel anzupassen ist.

Freilich muss das Anspruchsziel so früh wie möglich im Prozess zweifelsfrei feststehen und kann am besten einem – eindeutig und zutreffend gefassten – Antrag entnommen werden. Sobald ein solcher Antrag vorliegt, konkretisiert dieser daher das Anspruchsziel. Insofern bedarf es allerdings der folgenden Präzisierung: Auch der eindeutig gefasste Antrag muss das Anspruchsziel nicht ausdrücklich und erschöpfend in allen seinen rechtlichen Bezügen umschreiben, denn die „rechtliche Identifizierung" obliegt letztlich dem Gericht nach Maßgabe der einschlägigen Normen[752]. So hat es sich bei Gestaltungsklagen eingebürgert, nur die Gestaltung zu beantragen, z.B. die Zwangsvollstreckung aus dem Titel X für unzulässig zu erklären, die Gesellschaft Y aufzulösen oder den Verwaltungsakt Z aufzuheben. Es ist jedoch inzwischen allgemein anerkannt, dass das Urteil über die Gestaltungsklage nicht nur eine Gestaltungswirkung, sondern auch eine materielle Rechtskraft entfaltet, indem rechtskräftig festgestellt wird, inwieweit das geltend

751 BGH, Urt. v. 20.04.1990, NJW 1990, 1910, 1912: „Der Anspruch auf Schadensersatz aus unerlaubter Handlung und der auf Ausgleich analog § 906 II 2 BGB sind auch prozessual zwei verschiedene Ansprüche. Das BerGer. hätte den Anspruch auf Schadensersatz durch Teilurteil abweisen können. Im Falle völliger Klageabweisung hätte der Kl. sein Rechtsmittel darauf beschränken können, ob ihm ein nachbarrechtlicher Ausgleichsanspruch zusteht. Die beiden genannten Ansprüche unterscheiden sich voneinander. Über den Schadensersatzanspruch ist der Grundstückseigentümer so zu stellen, wie er ohne die Beeinträchtigung stehen würde; der Ausgleichsanspruch soll nur die normalerweise gegebene Abwehrbefugnis kompensieren. Der Ausgleichsanspruch gewährt keinen vollen Schadensersatz, sondern bemißt sich in Anlehnung an die Grundsätze einer Enteignungsentschädigung (BGHZ 90, 255 [263] = NJW 1984, 2207 m. w. Nachw.). Beide Ansprüche sind deshalb nicht nur nach ihren Voraussetzungen, sondern auch in ihren Folgen verschieden. Deliktischer Schadensersatzanspruch und Ausgleichsanspruch konkurrieren daher – entgegen der Auffassung der Kl. – nicht miteinander im Blick auf das gleiche prozessuale Ziel (anders als in BGHZ 88, 86 = NJW 1984, 615). Demgemäß hat auch der III. Zivilsenat des BGH (NJW 1990, 978 [990] = LM § 546 ZPO Nr. 114) die beiden Ansprüche als verschiedene prozessuale Ansprüche und im Blick auf die Rechtskraft als verschiedene Streitgegenstände behandelt."

752 BARBEY, in: MENGER-FS (1985), S. 186.

gemachte Gestaltungsrecht besteht[753]. Der Grund dafür ist darin zu sehen, dass auf diese Weise Schadensersatz- und Bereicherungsansprüche ausgeschlossen werden, die sonst die Frage des Gestaltungsrechts erneut aufwerfen könnten[754]. Wenn nun aus diesen überzeugenden Erwägungen heraus dem Gestaltungsurteil diese zusätzliche – d.h. nicht ausdrücklich beantragte oder tenorierte – Wirkung beigemessen wird, muss konsequenterweise mit der gleichen Berechtigung auch davon ausgegangen werden, dass der Kläger in Verbindung mit dem Gestaltungsanspruch auch einen Anspruch auf die in Rechtskraft erwachsene Feststellung geltend macht. Diese beanspruchte Feststellung ist dann auch Teil des Anspruchsziels. Somit wird das Anspruchsziel nicht nur durch den Wortlaut des Antrags und die tatsächlichen Zusammenhänge konkretisiert, sondern auch durch die rechtssystematischen Zusammenhänge, in die er gestellt wird. Bei der Bestimmung der Streitgegenstandsdefinition der Anfechtungsklage wird darauf zurückzukommen sein[755].

II. Anspruchsgrund (Sachverhalt)

Jeder prozessuale Streit entspringt einem Vorgang in der Lebenswirklichkeit. Auf diesen Vorgang, den Sachverhalt, stützt sich der Kläger und legt ihn seinem Anspruchsziel zu Grunde. Der Sachverhalt wird daher auch gleichbedeutend als Klage- oder Anspruchsgrund bezeichnet[756].

Im Zusammenhang mit den Elementen des Streitgegenstands ist es eine vielfach aufgeworfene Frage, ob der Sachverhalt als selbständiger Bestandteil des Streitgegenstands anzuerkennen ist. Darum stritten sich im Bereich des Zivilprozessrechts mehrere Jahrzehnte lang die Lehre vom eingliedrigen Streitgegenstand[757], die dies ablehnt und nur das Begehren der im Antrag bezeichneten Entscheidung (hier: das Anspruchsziel) als vollwertiges Element begreift, und die Lehre vom

753 BLOMEYER, § 94 IV 1; ROSENBERG / SCHWAB / GOTTWALD, § 94 III 2; THOMAS / PUTZO, § 322 Rn. 3; VOLLKOMMER, in: ZÖLLER, § 322 Rn. 4 f.

754 BLOMEYER, § 94 IV 1; ROSENBERG / SCHWAB / GOTTWALD, § 94 III 2; VOLLKOMMER, in: ZÖLLER, § 322 Rn. 4 f.

755 Siehe unten S. 206.

756 BVerwG, Urt. v. Urt. v. 13.09.1984, BVerwGE 70, 110, 112; BVerwG, Urt. v. 10.05.1994, NVwZ 1994, 1115; ROSENBERG / SCHWAB / GOTTWALD, § 95 III 2.

757 SCHWAB, S. 123, 190; HESSELBERGER, S. 293; HORN, JuS 1992, 680, 685, bezeichnet die Wahl zwischen der Lehre vom eingliedrigen und der Lehre vom zweigliedrigen Streitgegenstandsbegriff als Geschmacksache, hält aber „leichte Vorteile für den eingliedrigen Streitgegenstandsbegriff" für möglich.

zweigliedrigen Streitgegenstand[758], die den Sachverhalt als eigenständiges Merkmal hinzuzählt. In jüngerer Zeit sind nicht nur in der Rechtsprechung des Bundesgerichtshofes erhebliche Punktgewinne zu Gunsten des zweigliedrigen Streitgegenstands zu verzeichnen[759]. Seit der Neubearbeitung durch GOTTWALD in der 15. Auflage ist in dem von ROSENBERG begründeten und von SCHWAB fortgeführten Lehrbuch zum Zivilprozessrecht eine der letzten Hochburgen der Theorie des eingliedrigen Streitgegenstands in ihrer reinen Form aufgegeben worden[760].

Im Verwaltungsprozessrecht ist über die Einbeziehung des Sachverhalts nie mit einer vergleichbaren Intensität diskutiert worden. Das Bundesverwaltungsgericht hat sich frühzeitig auf die Formel festgelegt, der „Klagegegenstand" werde durch den Klageantrag bestimmt und regelmäßig „durch die Klagebegründung präzisiert"[761]. Später hat es sich noch deutlicher für den zweigliedrigen Streitgegenstandsbegriffs ausgesprochen, indem es ausführte, der Streitgegenstand sei identisch mit dem prozessualen Anspruch, der seinerseits durch die erstrebte, im Klageantrag zum Ausdruck zu bringende Rechtsfolge „sowie den Klagegrund, nämlich den Sachverhalt, aus dem sich die Rechtsfolge ergeben soll", gekennzeichnet sei[762]. Soweit ersichtlich, wird in der jüngeren Literatur zum Verwaltungsprozessrecht diese Zweigliedrigkeit nicht in Frage gestellt, sondern vielmehr ausdrücklich befürwortet[763].

Diese kurze Bestandsaufnahme deutet bereits klar darauf hin, dass dem Sachverhalt nicht von vornherein die Funktion als Element des Streitgegenstands abgesprochen werden kann. Deswegen erscheint es wenig zweckmäßig, hier den Streit zwischen den Theorien des eingliedrigen und des zweigliedrigen Streitgegenstands an seinen Ursprung zurückzuverfolgen und neu aufzurollen[764]. Allerdings bedarf es hier erst noch des Nachweises, dass die generelle Anerkennung des Sachverhalts gerechtfertigt ist. Immerhin wird auch aktuell vertreten, dass der Sachverhalt zwar häufig, aber nicht immer den Streitgegenstand mitbestimme[765].

---

758 WALTHER J. HABSCHEID, S. 192; MUSIELAK, NJW 2000, 3593; SCHELLHAMMER, Rn. 130; THOMAS / PUTZO, Einl. II Rn. 24.

759 Vgl. BGH, Urt. v. 25.02.1985, BGHZ 94, 29, 33; BGH, Urt. v. 13.12.1989, NJW 1990, 1795, 1796; BGH, Urt. v. 22.05.1981, NJW 1981, 2306.

760 Vgl. ROSENBERG / SCHWAB / GOTTWALD, § 95 III 2.

761 BVerwG, Urt. v. 20.04.1977, BVerwGE 52, 247, 249 unter Hinweis auf das nicht veröffentlichte Urteil desselben Senats vom 19.12.1963 – BVerwG VI C 167.62 –.

762 BVerwG, Urt. v. 10.05.1994, NVwZ 1994, 1115.

763 Vgl. BARBEY, in: MENGER-FS (1985), S. 184; DETTERBECK, S. 86; KOPP / SCHENKE, § 90 Rn. 7; GERHARD LÜKE, JuS 1967, 1, 6; a.A. HAUSTEIN, S. 163.

764 Ausführlicher dazu DETTERBECK, S. 34 ff.

765 VOLLKOMMER, in: ZÖLLER, Einl. Rn. 82.

Daher sollen an dieser Stelle die klassischen „Prüfsteine“ des Streitgegenstandsbegriffs (materielle Rechtskraft, Rechtshängigkeit, Klagenhäufung und Klageänderung) zur Anwendung kommen, um die Konsequenzen der Einbeziehung des Sachverhalts darzustellen. Sodann soll die Überlegung JAUERNIGS wieder aufgegriffen und hinterfragt werden, ob die Antragsart über die zusätzliche Berücksichtigungsfähigkeit des Sachverhalts entscheidet, oder ob der Sachverhalt als Element des Streitgegenstands Allgemeingültigkeit beanspruchen kann.

1. „Prüfsteine“

Als gemeinsame Diskussionsgrundlage und zur Verdeutlichung des jeweiligen Standpunktes hat sich der Kauf-Wechsel-Fall[766] bewährt: Zur Sicherung des Anspruchs aus dem Kaufvertrag unterschreibt der B dem K ein Wechselakzept. Wenn der K dann seine Zahlungsklage sowohl auf den Kaufvertrag als auch auf den Wechsel stützen kann, stellt sich in verschiedenen Verfahrenslagen typischerweise die Frage nach der Streitgegenstandsidentität und den weiteren Konsequenzen. Dieses zivilrechtliche Beispiel soll der Übersichtlichkeit und Vergleichbarkeit halber auch hier diskutiert werden. Für den Verwaltungsprozess mag man sich vorstellen, dass der Kläger von der Behörde eine Leistung verlangt und als Klagegrund sowohl ein gesetzlicher Anspruch in Betracht kommt als auch ein öffentlich-rechtlicher Vertrag i.S.d. § 54 Satz 2, 56 Abs. 2 VwVfG, der zur Klarstellung in Ansehung des gesetzlichen Anspruchs geschlossen worden war.

a. Materielle Rechtskraft

Die materielle Rechtskraft gilt als wichtigster Prüfstein des Streitgegenstandsbegriffs[767]. Daher muss sich die Tauglichkeit eines allgemeinen Streitgegenstandsbegriffs vor allem bei der materiellen Rechtskraft erweisen. Zweckmäßig erscheint es deswegen, entgegen der Chronologie des gerichtlichen Verfahrens diesen Prüfungspunkt an den Anfang der Überlegungen zu setzen.

Einigkeit besteht in dem Kauf-Wechsel-Fall darin, dass der Kläger nur einmal die Zahlung verlangen kann. Weitgehende Einigkeit besteht ferner darin, dass die Klage aus dem Kaufvertrag möglich sein soll, auch wenn zuvor die Klage aus dem

---

766 Vgl. RG, Urt. v. 17.05.1939, RGZ 160, 338 ff.; BAUMGÄRTEL, JuS 1974, 69 ff. (Darlehens-Wechsel-Fall); HESSELBERGER, S. 292 ff.; JAUERNIG, S. 18 ff.; MUSIELAK, NJW 2000, 3593, 3595; ROSENBERG / SCHWAB / GOTTWALD, § 95 III 3; SCHELLHAMMER, Rn. 136; SCHWAB, S. 172 ff.; VOLLKOMMER, in: ZÖLLER, Einl. Rn. 75.

767 BAUMGÄRTEL, JuS 1974, 69, 74; GERHARD LÜKE, JZ 1960, 203, 207.

Wechsel rechtskräftig abgewiesen worden ist[768]. Dieses Ergebnis ist zu befürworten. Der große Vorteil der Sicherung einer Kaufpreisschuld durch die Hingabe eines Wechsels besteht darin, dass die Wechselschuld im Regelfall leichter zu beweisen und die Forderung damit leichter durchzusetzen ist als mit der Kaufpreisschuld. Von dieser prozessökonomischen Klage nur aus dem Wechsel würde kaum noch Gebrauch gemacht werden, wenn sie mit dem Risiko verbunden wäre, dass sie z.B. wegen Formunwirksamkeit des Wechsels auch die Kaufpreisforderung rechtskräftig zu Fall bringt. Die Frage ist nun aber, wie das wünschenswerte Ergebnis überzeugend begründet werden kann.

Die Lehre vom eingliedrigen Streitgegenstand muss unter dem Dach des einen Antrags die Klagegründe „Kauf“ und „Wechsel“ zu einem einzigen Streitgegenstand zusammenfassen und müsste eigentlich der zweiten Klage wegen einer rechtskräftigen Entscheidung in derselben Sache die Zulässigkeit verweigern. Zur Vermeidung dieser Konsequenz wird aber der Sachverhalt – nicht als Element des Streitgegenstands, sondern als Korrektiv bei der Rechtskraftbestimmung – ergänzend herangezogen: Der Umfang der Rechtskraft soll durch den „Prozeßstoff“ begrenzt werden, d.h. in einem späteren Prozess soll (vorbehaltlich einer ausdrücklichen gesetzlichen Präklusion) nur der Tatsachenvortrag ausgeschlossen sein, der auf eine „abweichende Darstellung oder Beurteilung des Prozeßstoffs des rechtskräftig entschiedenen Prozesses abzielt“ und insoweit dem Ergebnis des ersten Prozesses widerspricht[769]. Dies führe im Kauf-Wechsel-Fall dazu, dass die wegen des formfehlerhaften Wechsels erfolgte rechtskräftige Abweisung der ersten Klage trotz Streitgegenstandsidentität nicht der Klage aus dem Kaufvertrag entgegenstehe, weil die neue Klage nicht auf eine abweichende Feststellung des Sachverhalts des ersten Prozesses abziele; es handele sich um einen „neuen Sachverhalt, über den das Gericht noch nicht entschieden hat“[770].

Demgegenüber hat die Lehre vom zweigliedrigen Streitgegenstand von vornherein keine Schwierigkeiten damit, eine Kaufpreisklage nach rechtskräftiger Ablehnung der Wechselklage zuzulassen. Die Lebensvorgänge „Abschluss des Kaufvertra-

---

768 Vgl. ROSENBERG / SCHWAB / GOTTWALD, § 95 III 3; SCHELLHAMMER, Rn. 136; SCHWAB, S. 173; a.A. HESSELBERGER, S. 293, für den Fall, dass die Klage aus dem Wechsel nicht im Wechselprozess (§§ 592, 602 ZPO), sondern im normalen Verfahren erhoben worden war, denn HESSELBERGER akzeptiert die Begrenzung der entgegenstehenden materiellen Rechtskraft nur, soweit das Gericht in seiner „Subsumtionsfähigkeit“ eingeschränkt war. Diese Annahme ist nur auf der Basis des eingliedrigen Streitgegenstandsbegriffs möglich, der hier (siehe unten S. 201) abgelehnt wird. Weiterhin überzeugt es nicht, wenn die Reichweite der Rechtskraft von disponiblen Verfahrensvorschriften abhängig gemacht wird und damit der Unerfahrenheit der Beteiligten anheim fallen kann.

769 SCHWAB, S. 167; ebenso HESSELBERGER, S. 182 ff., 195.

770 SCHWAB, S. 172.

ges“ und „Hingabe des Wechsels“ bilden verschiedene Sachverhalte, die verschiedene Streitgegenstände bedingen[771]. Konflikte mit der Rechtskraft der Entscheidung des Vorprozesses sind daher ausgeschlossen.

Die Aufgabe des Streitgegenstands, den Umfang der Rechtskraft festzulegen, bewältigt der zweigliedrige Begriff ohne weiteres, während der eingliedrige daran scheitert, was auch die Lehre vom eingliedrigen Streitgegenstand eingestehen muss. Es überzeugt dann nicht, mit dieser Lehre den Sachverhalt aus der Streitgegenstandsbestimmung auszusperren und durch die Hintertür im Rahmen der Rechtskraftbestimmung wieder einzuführen. Diese Vorgehensweise vernachlässigt, dass der Streitgegenstand und die Rechtskraft gemeinsam definiert werden müssen, um Widersprüchlichkeiten und Unsicherheiten zu vermeiden. Zwar trifft der häufig geäußerte Vorwurf, die Lehre vom eingliedrigen Streitgegenstand sei inkonsequent, weil sie nicht ohne den Sachverhalt auskomme[772], nicht ganz ins Schwarze[773]. Aus der Bestimmung des Streitgegenstands selbst wird ja der Sachverhalt konsequent ausgeklammert, und erst bei der Frage nach den Auswirkungen der Streitgegenstandsidentität ist er nach dieser Lehre zu berücksichtigen. Berechtigt ist die Kritik allerdings insoweit, als sie deutlich macht, dass die Lehre vom eingliedrigen Streitgegenstand mit der Einbeziehung des Sachverhalts nur zur Definition der Rechtskraft deren enge Verbindung mit dem Streitgegenstand teilweise auflöst und die Unantastbarkeit der Rechtskraft in Frage stellt[774]. Wenn näm-

771 BGH, Urt. v. 06.05.1982, NJW 1982, 2823; ROSENBERG / SCHWAB / GOTTWALD, § 95 III 3; SCHELLHAMMER, Rn. 136; THOMAS / PUTZO, § 322 Rn. 34.

772 BAUMGÄRTEL, JuS 1974, 69, 72; WALTHER J. HABSCHEID, S. 201; SCHUMANN, in: STEIN / JONAS, Bd. 1, 20. Aufl. (1984), Einl. Rn. 276.

773 Insoweit hier im Anschluss an DETTERBECK, S. 47.

774 Nicht zu folgen ist DETTERBECK (S. 47), wenn er meint, dieser Vorwurf treffe jedenfalls bei einer sachgerechten und vernünftigen Anwendung auch die Lehre vom zweigliedrigen Streitgegenstand, z.B. wenn eine Klage auf Kaufpreiszahlung mangels Fälligkeit der Forderung abgewiesen wird. Dann könne unstreitig nach Eintritt der Fälligkeit erneut auf Kaufpreiszahlung geklagt werden, weil allein wegen der Veränderung der Umstände kein neuer Sachverhalt angenommen werden, was anderenfalls auch die missliche Konsequenz hätte, dass das Gericht im Folgeprozess nicht an die erste Entscheidung gebunden wäre und im Widerspruch zu dieser bereits das Zustandekommen eines Kaufvertrages verneinen könnte.

lich das Verbot einer erneuten bzw. abweichenden Entscheidung in derselben Sache relativiert wird, könnte das manch eine Partei dazu ermuntern, das unliebsame Ergebnis des Vorprozesses mit zusätzlichem Tatsachenvortrag und der Argumentation anzugreifen, es ginge zwar um dieselbe Sache, aber eine neue Entscheidung auf der Grundlage des jetzt gelieferten Materials sei widerspruchsfrei möglich. Vor solchen Angriffen wird die Rechtskraft besser geschützt, wenn sich die Zulässigkeit einer neuen Klage ausschließlich bereits am Begriff des Streitgegenstands entscheidet. Die Einschränkung der Rechtskraft unter Hinweis auf den Wortlaut des § 322 Abs. 1 ZPO bzw. § 121 VwGO, also die Zulassung der neuen Klage, weil „insoweit" noch nicht über den Streitgegenstand entschieden worden sei, setzt dagegen zumindest ein falsches Signal. Auch in den Fällen, in denen das Gericht und die Beteiligten entscheidungserhebliche Tatsachen schlicht übersehen haben, ist ja „insoweit" nicht entscheiden worden. Dann könnte der Eindruck entstehen, die Rechtskraft sei ein nachgiebiges Institut, oder es gebe eine Rechtskraft zweiter Klasse. Der Streit über die Ausnahmen wäre vorprogrammiert.

Überdies stellt die Theorie vom zweigliedrigen Streitgegenstand die Realität des Prozesses besser dar und ist in ihrer Stringenz und Überzeugungskraft der Theorie vom eingliedrigen Streitgegenstand überlegen. Der von SCHWAB selbst verwendete Begriff des „Prozeßstoffs" macht das deutlich. Dieser Stoff war eben nicht als „Entscheidungsstoff" nur Grundlage der Entscheidung, sondern Grundlage des gesamten Prozesses, des ganzen Streits. Ohne Angabe des Sachverhalts als Klagegrund hat die Klage keinen eindeutigen Wiedererkennungswert und in dem Fall weiß das Gericht nicht, welche Voraussetzungen des Anspruchsziels zu prüfen sind. Daher ist bei Berücksichtigung der Rechtskraftproblematik der zweigliedrige dem eingliedrigen Streitgegenstandsbegriff vorzuziehen.

Richtigerweise stößt in diesem Beispiel lediglich die Rechtskraft an ihre allgemeinen zeitlichen Grenzen. Die erste Klage wurde gerade wegen fehlender Fälligkeit abgewiesen. Dann ergibt sich zumindest aus den Entscheidungsgründen die Abweisung als (nur) zurzeit unbegründet. In solchen Fällen wird dann nur über die neuen, d.h. vor Eintritt der Rechtskraft noch nicht vorhandenen Voraussetzungen der Begründetheit entschieden, während die Feststellungen des rechtskräftigen Urteils über das Bestehen oder Nichtbestehen der Anspruchsvoraussetzungen im Zeitpunkt seines Erlasses bindend bleiben (VOLLKOMMER, in: ZÖLLER, Einl. Rn. 30, vor § 322 Rn. 56 ff., insbesondere Rn. 58). Die Rechtskraft des Ersturteils wird also in keiner Weise angetastet. Im Vergleich zu der hier als inkonsequent bezeichneten neuen Entscheidung über denselben Streitgegenstand, wie sie die Anhänger des eingliedrigen Streitgegenstands zulassen, ist der entscheidende Unterschied die zeitliche Zäsur des Eintrittes der Rechtskraft.

b. Klagenhäufung

Wenn der Kläger seinen Zahlungsantrag auf den Kaufvertrag und den Wechsel stützt, würde nach der Lehre vom eingliedrigen Streitgegenstand keine Klagenhäufung i.S.d. § 260 ZPO bzw. § 44 VwGO vorliegen, weil nur ein einziges Klageziel gegeben ist und die Mehrheit der Klagegründe keine Rolle spielt.

Wenn man dagegen den zweigliedrigen Streitgegenstandsbegriff zu Grunde legt, folgt aus der Mehrheit der Anspruchsgründe die Mehrheit der Streitgegenstände und daraus wiederum die Klagenhäufung. Ernsthafte Probleme sind damit aber nicht verbunden. Die kumulative Klagenhäufung scheidet von vornherein aus, da die Zahlung nur einmal verlangt wird. Die alternative Klagenhäufung ist unzulässig, weil es gem. § 253 Abs. 2 Nr. 2 ZPO bzw. § 82 Abs. 1 VwGO die Aufgabe des Klägers ist, den geltend gemachten Klagegrund zu bezeichnen[775]. Es müsste eine eventuale Klagenhäufung erfolgen, indem der Kläger klarstellt, in welcher Reihenfolge die erhobenen Ansprüche geprüft werden sollen. Dazu muss er festlegen, welcher Anspruch vorrangig entschieden werden soll, und welcher nur hilfsweise, für den Fall, dass der Hauptanspruch unzulässig oder unbegründet ist[776]. Das Gericht muss bei Unklarheiten dem Kläger einen Hinweis gem. § 139 Abs. 1 ZPO bzw. § 86 Abs. 3 VwGO erteilen, und der Kläger wird seine Klage präzisieren, um der Abweisung als unzulässig wegen fehlender Bestimmtheit zu entgehen[777].

Auch die Möglichkeit, gem. § 145 Abs. 1 ZPO bzw. § 93 Satz 2 VwGO die im Wege der Klagenhäufung zusammengefassten Ansprüche zu trennen, bringt die Anhänger des zweigliedrigen Streitgegenstandsbegriffs nicht in Bedrängnis, denn die Anwendung dieser Vorschrift steht grundsätzlich im Ermessen des Gerichts[778]. Es kann die Trennung also ablehnen, wenn damit die Gefahr einander widersprechender Entscheidungen verbunden wäre[779].

---

775 SCHELLHAMMER, Rn. 36, 1572; KOPP / SCHENKE, § 44 Rn. 1; REDEKER / v.OERTZEN, § 44 Rn. 1.

776 Allgemein zur eventualen Klagenhäufung im Verwaltungsprozess KOPP / SCHENKE, § 44 Rn. 1. Im Kauf-Wechsel-Fall müsste der Kläger vorrangig den Anspruch aus dem Wechsel geltend machen, weil die Klage aus dem Kaufvertrag als zurzeit unbegründet abgewiesen werden müsste, solange über die Klage aus dem Wechsel nicht entschieden ist. Der Kaufpreisforderung steht der Einwand der Wechselhingabe entgegen, denn es wird angenommen, dass derjenige, der einen Wechsel nimmt, stillschweigend die Kaufpreisforderung stundet (SCHELLHAMMER, Rn. 136, unter Hinweis auf RGZ 153, 179, 182).

777 Vgl. SCHELLHAMMER, Rn. 135.

778 THOMAS / PUTZO, § 145 Rn. 3; KOPP / SCHENKE, § 93 Rn. 3.

779 Dadurch relativiert sich der von BAUMGÄRTEL, JuS 1967, 69, 74, angenommene Vorzug der Lehre vom eingliedrigen Streitgegenstand im Hinblick auf die Klagenhäufung.

c. Rechtshängigkeit

Nach der Lehre vom eingliedrigen Streitgegenstand stellt die Rechtshängigkeit gem. § 261 ZPO bzw. § 90 VwGO im Kauf-Wechsel-Fall kein Problem dar, weil schon die unter Berufung auf einen der Klagegründe erhobene Klage gem. § 17 Abs. 1 Satz 2 GVG (i.V.m. § 173 VwGO) das Verbot einer anderweitigen Anhängigkeit dieser „Sache", d.h. des Streitgegenstands[780], zur Folge hat. Die mehrfache Inanspruchnahme der Gerichte und mehrfache Verurteilungen zu der nur einmal berechtigten Zahlung bzw. sich widersprechende Entscheidungen sind damit ausgeschlossen.

An dieser Stelle gerät man bei Zugrundelegung des zweigliedrigen Streitgegenstandsbegriffs in gewisse Schwierigkeiten. Es ist immerhin abstrakt möglich, dass der Kläger zunächst nur die Klage aus dem Wechsel erhebt und später die Klage aus dem Kaufvertrag nachschiebt. Falls dann für die Entscheidungen verschiedene gerichtliche Spruchkörper zuständig sind, könnte es zu unnötigem Mehraufwand, zu Mehrfachverurteilungen und zu widersprüchlichen Entscheidungen kommen. In der speziellen Konstellation des Kauf-Wechsel-Falles behilft sich die Rechtsprechung mit der Annahme, der Kaufpreisforderung stehe der Einwand der Wechselhingabe entgegen, da derjenige, der einen Wechsel nimmt, stillschweigend die Kaufpreisforderung stunde; deswegen müsse die Klage aus dem Kaufvertrag als zurzeit unbegründet abgewiesen werden, solange über die Klage aus dem Wechsel nicht entschieden ist[781]. Eine auch für andere Fälle denkbare Alternative besteht darin, der zweiten Klage das Rechtsschutzbedürfnis abzusprechen[782].

d. Klageänderung

Wenn der Kläger im Laufe des Prozesses von einem Klagegrund zum anderen überwechselt, ist das Institut der Klageänderung gem. § 263 Abs. 1 ZPO bzw. § 91 VwGO nach der Lehre vom eingliedrigen Streitgegenstand gar nicht anwendbar, weil die Identität des Rechtsstreits von den Klagegründen unberührt bleibt. Damit führt diese Lehre im Hinblick auf die Klageänderung zu einer eindeutigen und einfachen Lösung. Eine davon zu unterscheidende Frage ist es, ob damit auch immer gerechte Ergebnisse verbunden sind. Um die von der Rechtsprechung entwickelten Besonderheiten im Kauf-Wechsel-Fall auszublenden, sei hier auf ein anderes Beispiel[783] verwiesen: Der Kläger verlangt die Rückzahlung eines Darle-

---

780 THOMAS / PUTZO, § 17 GVG Rn. 7.
781 Siehe oben Fn. 776.
782 WALTHER J. HABSCHEID, S. 280.
783 Vgl. SCHELLHAMMER, Rn. 135.

hens und behauptet zunächst, dem Beklagten das Darlehen am 15. Februar gewährt zu haben. Nach erfolgloser Beweisaufnahme behauptet er in der mündlichen Verhandlung, dem Beklagten am 6. November ein weiteres, kurz vor dem Verhandlungstermin zur Rückzahlung fällig gewordenes Darlehen in derselben Höhe gewährt zu haben. Die Anhänger der Lehre vom eingliedrigen Streitgegenstand müssen diesen Vortrag zulassen[784], denselben Prozess ohne Klageänderung fortführen (ggf. mit neuer Beweisaufnahme) und eine einheitliche Entscheidung über ihn herbeiführen, obwohl die Klage bereits entscheidungs-, nämlich abweisungsreif war. Dieses Ergebnis widerspricht dem Grundsatz, dass dem Beklagten nicht zuzumuten ist, im Prozess noch einmal von vorne zu beginnen, wenn die Klage bereits abweisungsreif war[785].

Nach Maßgabe des zweigliedrigen Streitgegenstandsbegriffs wäre der Wechsel nur im Wege der Klageänderung zuzulassen. Kopfzerbrechen bereiten die dann anwendbaren Vorschriften freilich nicht, weil auch dann, wenn der Beklagte nicht in die Änderung einwilligt, das Gericht sie als sachdienlich zulassen kann oder nicht. Auf diese Weise hat das Gericht die Möglichkeit, die Umstände des Einzelfalles zu berücksichtigen[786].

e. Ergebnis

Soweit man mit der Lehre vom eingliedrigen Streitgegenstand den Sachverhalt aus der allgemeinen Streitgegenstandsdefinition ausklammert, vermeidet man viele Probleme, die sich bei Zugrundelegung des zweigliedrigen Streitgegenstands-

---

784 Die Verspätungsvorschriften helfen hier nicht. Zwar müsste die Lehre vom eingliedrigen Streitgegenstand die Klagegründe als Angriffsmittel i.S.d. § 296 ZPO ansehen und nicht wie die Lehre vom zweigliedrigen Streitgegenstand diese Gründe dem Angriff selbst zurechnen, dessen Änderung und Erweiterung nicht nach den Verspätungsvorschriften zu behandeln ist (vgl. dazu HARTMANN, in: BAUMBACH / LAUTERBACH / ALBERS / HARTMANN, § 296 Rn. 29). Vorliegend wären aber die Voraussetzungen der Zurückweisung gem. § 296 ZPO nicht erfüllt, weil der neue Klagegrund als Angriffsmittel erst mit der Fälligkeit des behaupteten weiteren Darlehens entstanden sein kann und die „Verspätung" so jedenfalls genügend entschuldigt wäre.

785 SCHELLHAMMER, Rn. 1665. Nicht überzeugend ist es daher, wenn BAUMGÄRTEL (JuS 1967, 69, 74) im Zusammenhang mit der Klageänderung den eingliedrigen Streitgegenstandsbegriff für vorzugswürdig hält, weil die Vorschriften über die Klageänderung eher der Prozessökonomie als der Findung einer gerechten Entscheidung dienen würden. Die Bestimmungen des § 263 ff. ZPO bzw. § 91 VwGO verfolgen nicht nur den Zweck der Prozessökonomie, sondern es handelt sich auch um Schutzvorschriften zu Gunsten des Beklagten (GREGER, in: ZÖLLER, § 263 Rn. 1; KOPP / SCHENKE, § 91 Rn. 1), was eingangs seiner Ausführungen zur Klageänderung auch BAUMGÄRTEL (JuS 1967, 69, 74) erwähnt.

786 Vgl. BAUMGÄRTEL, JuS 1967, 69, 70.

begriffs während des Prozesses stellen. Dies führt jedoch nicht immer zu sachgerechten Ergebnissen, wie sich bei der (Verneinung der) Klageänderung zeigt. Zu gravierenden Nachteilen führt die Aussparung des Sachverhalts bei der wichtigsten Aufgabe des Streitgegenstands, bei der Bestimmung der Rechtskraft.

Die konsequente Einbeziehung des Sachverhalts, wie sie die Lehre vom zweigliedrigen Streitgegenstand befürwortet, führt zu Problemen bei der Rechtshängigkeit, weil dieser engere Begriff nicht dazu zwingt, alle Klagegründe in einer Klage zu bündeln. Man muss sich deswegen zwar teilweise mit dogmatischen Krücken behelfen, jedoch sind sachgerechte Ergebnisse auch dabei immer möglich. Vor allem spricht aber für die Anerkennung des Sachverhalts als Element des Streitgegenstands, dass er eine klare Linie in allen Phasen des Prozesses und insbesondere bei der Bestimmung der Rechtskraft ermöglicht.

2. Differenzierung nach der Antragsart?

JAUERNIG meint, die Frage, ob der Sachverhalt als Element des Streitgegenstands anerkennungswürdig ist, lasse sich nur beantworten, wenn man den Inhalt des jedenfalls streitgegenstandsbestimmenden Antrags kenne und nachdem man die Zuordnung zu den „selbstabgegrenzten" und den „fremdabgegrenzten" Anträgen vorgenommen habe; nur letzterenfalls, d.h. in den Fällen, in denen die Identifizierung des Antrags erst bei Kenntnis des zu Grunde liegenden Sachverhalts möglich ist (z.B. bei Zahlungsklagen), könne der Sachverhalt als eigenständiges Merkmal anerkannt werden[787]. Bei „selbstabgegrenzten" Anträgen, z.B. bei Verpflichtungsklagen, habe zwar der Prozess gleichwohl eine Grundlage im Tatsächlichen, nur gebe es keine Abgrenzung verschiedener Sachverhalte[788].

Die Erkenntnis, dass einige Anträge bzw. Anspruchsziele eine (weitere) Identifizierung des Streitgegenstands durch einen gesondert zu bestimmenden Sachverhalt nicht zulassen, ist durchaus bedeutsam. Beispielsweise könnte eine Anfechtungs- oder Verpflichtungsklage nicht auf einzelne Anfechtungs- bzw. Anspruchsgründe tatsächlicher Art reduziert werden. Auch im Falle einer zivilgerichtlichen Klage auf Feststellung des Eigentums an einer genau bezeichneten Sache[789] wäre es nicht möglich, den Streit und die Entscheidung auf einzelne Erwerbsgründe zu beschränken, es sei denn, das Anspruchsziel wird geändert und der Klageantrag entsprechend umformuliert. Dass diese Anträge bei der Streitgegenstandsbestimmung für einen gesonderten Sachverhalt keinen Raum lassen, ist

787 JAUERNIG, S. 23; ähnlich im Anschluss an ihn VOLLKOMMER, in: ZÖLLER, Einl. Rn. 2.
788 JAUERNIG, S. 23 f.
789 Dieses Beispiel bringt JAUERNIG, S. 70 ff., im Zusammenhang mit „selbstabgegrenzten" Feststellungsanträgen.

jedoch nur die halbe Wahrheit. Ebenso wichtig ist, dass sie „das zur rechtlichen Identifizierung der Streitsache nötige Minimum“[790] auch in tatsächlicher Hinsicht bereits enthalten: Derjenige, der einen bestimmten Verwaltungsakt anficht oder erstrebt, nimmt damit schon kraft der Definition des Verwaltungsakts gem. § 35 VwVfG Bezug auf eine Maßnahme zur Regelung eines Einzelfalles und macht daher einen Ausschnitt aus der Lebenswirklichkeit zur Grundlage des Verfahrens. Der Kläger, der die Feststellung seines Eigentum an einer bestimmten Sache begehrt, bringt einen gängigen Rechtsbegriff[791] in das Verfahren ein, der einen ausreichenden Anknüpfungspunkt für tatsächliche Vorgänge bietet, nämlich für alle denkbaren Erwerbstatbestände. Es handelt sich dabei zugegebenermaßen jeweils um die Einbeziehung eines sehr weiten Sachverhalts mit äußerst geringem Aufwand, aber es lässt sich nicht übersehen, dass in diesen Anspruchzielen untrennbar ein Tatsachenkern enthalten ist, der den relevanten Sachverhaltskomplex beschreibt. Dadurch unterscheiden sich diese Beispiele auch von dem der Klage auf Herausgabe einer bestimmten Sache[792]. Dort stellt der Antrag nur klar, was der Kläger zu erreichen versucht, ohne aber anzugeben, ob – hier durch gängige juristische Begriffe zu Rechtstatsachen zusammengefasst – das Eigentum, ein Mietverhältnis, eine Besitzentziehung oder sonst ein Tatsachenkomplex die Grundlage des Anspruchziels bilden soll. Insofern sind Zweifel angebracht, ob der von JAUERNIG auch für die Herausgabeklage angenommene Fall eines „selbstabgegrenzten“ Antrags[793] (Anspruchsziels) wirklich vorliegt. Jedenfalls existieren Anspruchziele, die sich nicht ohne die Angabe der zu Grunde liegenden Tatsachen formulieren lassen, und wenn man möchte, kann man sie als „selbstabgegrenzte“ Anträge bezeichnen.

Die Frage ist nur, welche Konsequenzen man aus der Erkenntnis zieht, dass einige Anspruchsziele mit ihrem eingeschlossenen Tatsachenkern zur Identifizierung des Streitgegenstands genügen und ohne die Hinzuziehung eines gesonderten Sachverhalts auskommen. Es handelt sich um eine Abwägungsentscheidung. Je nachdem, ob man die Gemeinsamkeiten oder die Unterschiede der Anspruchziele herausstellen möchte, wird man den Sachverhalt als allgemeingültiges Streitgegenstandselement akzeptieren oder aber Ausnahmen fordern. Unbestritten ist, dass die praktische Bedeutung des Sachverhalts für die Abgrenzung des Streitgegenstands gegen „null“ tendiert und für die Anerkennung des Sachverhalts als eigenständiges Element kein Bedürfnis besteht, wenn schon das Anspruchsziel alleine die Aufgaben des Streitgegenstands erfüllt. Andererseits kann die Berücksichtigung des Sachverhalts bei der allgemeingültigen Streitgegenstandsdefinition auch in

790 BARBEY, in: MENGER-FS (1985), S. 178 Fn. 15.
791 Vgl. SCHELLHAMMER, Rn. 342.
792 JAUERNIG, S. 43 ff., siehe dazu oben S. 177 ff.
793 JAUERNIG, S. 43.

diesen Fällen nicht schaden, wenn sie in den Fällen der abgrenzungsbedürftigen Anspruchsziele sogar von entscheidendem Nutzen ist[794]. Es mag zwar teilweise überflüssig sein, den Sachverhalt extra zu erwähnen – falsch ist es jedoch nicht. Jeder Prozess muss – was auch JAUERNIG betont – eine „Grundlage im Tatsächlichen" haben, denn sonst befinden wir uns im Bereich der wissenschaftlichen Diskussion. So kommen die selbstabgegrenzten Anspruchsziele auch nur deshalb ohne weitere Klarstellung aus, weil sie nicht nur zielgerichtete Willensmerkmale enthalten, sondern auch Angaben zu dem relevanten Sachverhalt liefern. Der unschätzbare Vorteil der allgemeingültigen Anerkennung des Sachverhalts als Streitgegenstandselement besteht hingegen darin, dass auf diese Weise ein einheitlicher Begriff für alle Anspruchsziele möglich ist. Im Hinblick auf die oben[795] herausgestellte Bedeutung des Streitgegenstands für die interdisziplinäre Rechtsklarheit und Rechtssicherheit ist das Interesse an der Einheitlichkeit des Begriffs höher zu bewerten als das Interesse, den Schönheitsfehler der partiellen Überflüssigkeit zu vermeiden[796].

III. Materiell-rechtliche Elemente?

Wenn auch keine der ersichtlichen Auffassungen die Rückkehr zu der materiellrechtlichen Theorie in ihrer bis Mitte des 20. Jahrhunderts vertretenen Form befürwortet, so wird doch mehrfach versucht, die Kongruenz des materiellen und des prozessualen Anspruchs herzustellen[797] bzw. dem materiellen Anspruch ein zusätzliches Element des Streitgegenstands abzugewinnen[798]. Ein wichtiger Impuls für diese neueren materiell-rechtlichen Lehren war die Forderung NIKISCHs[799], die zivilrechtliche Dogmatik wieder in die „unerläßliche Übereinstimmung" mit dem Prozessrecht zu bringen. Für die Einschätzung dieses Ansatzes hat jedoch eine weitere Prämisse NIKISCHs einen besonderen Stellenwert: Er geht davon aus, dass im Hinblick auf die Bedeutung des Sachverhalts das materielle Recht sich dem Prozessrecht nähern müsse und nicht umgekehrt[800].

Bei der Lektüre der Veröffentlichungen, die den neueren materiellen Lehren folgen, gewinnt man dann auch in Übereinstimmung mit dieser Erkenntnis den Ein-

794 Siehe dazu oben S. 177 ff.
795 Siehe S. 186.
796 Vgl. BARBEY, in: MENGER-FS (1985), S. 178.
797 Vgl. GEORGIADES, S. 163; HENCKEL, S. 277; LARENZ, Schuldrecht AT, § 14 IV 4; NIKISCH, AcP 154 (1955), 269, 273.
798 Vgl. PETER BÖHM, in: KRALIK-FS (1986), S. 107 ff., der seine Auffassung ausdrücklich (S. 120) als „dreigliedrige" bezeichnet.
799 AcP 154 (1955), 269, 283.
800 NIKISCH, AcP 154 (1955), 269, 283.

druck, dass das materielle Recht kein eigenständiges Element des Streitgegenstands zur Verfügung stellen kann. Zwar lassen sich gleichgerichtete Anspruchsnormen materiell-rechtlich zusammenfassen zu einer Anspruchseinheit, innerhalb derer eine Anspruchsnormenkonkurrenz besteht[801], bzw. zu einem einheitlichen Abtretungsgegenstand oder „Verfügungsobjekt"[802] mit der Folge, dass eine Mehrheit dieser Einheiten im Prozess auch mit einer Mehrheit von Streitgegenständen einhergehen muss. Für die Streitgegenstandsbestimmung ist damit aber nichts gewonnen, weil zur Abgrenzung zwischen echter materiell-rechtlicher Anspruchsmehrheit und bloßer Anspruchsgrundlagenkonkurrenz zumeist ausschließlich doch wieder auf die aus der herkömmlichen Streitgegenstandsdiskussion bekannten Elemente des Anspruchsziels und des Anspruchsgrundes zurückgegriffen wird[803]. Soweit Abgrenzungskriterien unmittelbar dem materiellen Recht entnommen werden sollen, nämlich in Form der ausdrücklichen oder dem Gesetz immanenten Teleologie[804] oder der „funktionelle[n] Gleichwertigkeit", der „Sinneinheit" bzw. der Identität der „Kategorie"[805], so sind diese Kriterien wegen ihrer Konturenlosigkeit und damit wegen fehlender Praxistauglichkeit abzulehnen[806].

Es lohnt sich auch nicht, diesen Ansatz weiterzuverfolgen. Dies gilt zunächst im Rahmen dieser verwaltungsprozessualen Arbeit, weil im Verwaltungsrecht der materielle Anspruch meist weit weniger klar definiert ist als im Zivilrecht und somit die Versuchung sehr viel geringer ist, ein materiell fest umrissenes Rechtsinstitut prozessual nutzbar zu machen[807]. Gerade z.B. im Fall der Anfechtungsklage besteht ja über den Ursprung des mit ihr geltend gemachten materiellen Aufhebungsanspruchs[808] noch weniger Einigkeit als über die Gestalt ihres Streitgegenstands. Aber auch im Zivilrecht handelt man sich mit der „Verpflanzung" der Abgrenzungsprobleme in das materielle Recht nur zusätzliche Probleme ein, da sie Konflikte mit der Verjährung, der Beweislast, der Aufrechnung und der Haftung heraufbeschwört[809]. Hier bewährt sich wieder HESSELBERGERS[810] Unterscheidung zwischen dem „Fordern-Können" nach Maßgabe des materiellen An-

---

801 LARENZ, Schuldrecht AT, § 14 IV 4. Bei LARENZ / WOLF, § 18 Rn. 28 ist nunmehr von der Gleichheit der „Anspruchsinhalte" die Rede.

802 HENCKEL, S. 277.

803 So etwa wird ausdrücklich der Sachverhalt zur Abgrenzung einbezogen bei: GEORGIADES, S. 163; HENCKEL, S. 277; LARENZ, Schuldrecht AT, § 14 IV 4.

804 GEORGIADES, S. 165.

805 PETER BÖHM, in: KRALIK-FS (1986), S. 113.

806 Ebenso WOLFGANG LÜKE, Rn. 164.

807 Vgl. GERHARD LÜKE, JuS 1967, 1, 3.

808 Dazu FABER, § 21 III a).

809 WALTHER J. HABSCHEID, in: SCHWAB-FS (1990), S. 194 f.; WOLFGANG LÜKE, Rn. 164; HORN, JuS 1992, 680, 685.

810 S. 295.

spruchs und dem „Fordern-Wollen“ i.S.d. prozessualen Anspruchs. Beispielsweise ist das „Fordern-Können“, d.h. die Durchsetzbarkeit des Verlangens, nach materiellem Recht der Verjährung unterworfen, das „Fordern-Wollen“ jedoch nicht. Nach alledem sind die Elemente des Streitgegenstands nicht durch selbständige Komponenten des materiellen Rechts zu ergänzen.

IV. Ergebnis

Die Bestimmung des allgemeinen – d.h. für alle Verfahrensarten der Zivil- und Verwaltungsgerichtsbarkeit gültigen – Streitgegenstandsbegriffs erfordert zunächst eine begriffliche Klärung: Streitgegenstand, prozessualer Anspruch und Begehren sind synonyme Begriffe. Zu vermeiden ist die Bezeichnung nur des willensgerichteten Elements des Streitgegenstands als „Begehren“. Auch der dafür verwendete Ausdruck der „Behauptung“ ist nicht vorzugswürdig.

Als Elemente des Streitgegenstands anzuerkennen sind das Anspruchsziel und der Anspruchsgrund. Das Anspruchsziel wird näher konkretisiert durch den – ggf. nach Hinweis des Vorsitzenden – eindeutig gefassten Antrag an das Gericht, das den Antrag rechtlich zu würdigen hat. Der Anspruchsgrund ist der Sachverhalt, der dem Anspruchsziel zu Grunde liegt.

Diese Elemente lassen sich in die folgende Formulierung kleiden: Streitgegenstand ist das aufgrund eines bestimmten Sachverhalts verfolgte Anspruchsziel. Der allgemeine Streitgegenstandsbegriff ist damit zweigliedrig.

C. Klageart-spezifische Definitionen

Mit der Festlegung auf die Elemente des Streitgegenstands und auf die allgemeine Streitgegenstandsdefinition ist zwar eine gemeinsame Sprachregelung des allgemeinen Prozessrechts gefunden. Aber so wichtig diese Ebene der Abstraktion als gemeinsamer Nenner der Gerichtsbarkeiten und Verfahrensarten auch ist – für die Praxis ist sie allein noch nicht von großem Nutzen. Dort fangen die Probleme mit der allgemeinen Definition erst an: Worin besteht das wirkliche Anspruchsziel, wenn der Antrag noch nicht eindeutig gefasst ist, und wie ist der als Anspruchsgrund heranzuziehende Sachverhalt abgegrenzt? Diese Fragen sollen zunächst so weit wie möglich für die hier im Zusammenhang mit der Spruchreife interessierenden Anfechtungs- und Verpflichtungsklagen und für die Kombination dieser Klagearten in Form der Klage auf Vollzugsfolgenbeseitigung gemeinsam beantwortet werden. Danach folgen die für die Klagearten gesondert geltenden Definitionen. Soweit es denkbar ist, dass der Kläger nur ein eingeschränktes Anspruchsziel verfolgt und seine Klage auf eine Entscheidung ohne Spruchreife der Sache ausrichtet, wird versucht, die Streitgegenstände dieser Klagen in den Definitionen von den uneingeschränkten Klagen zu unterscheiden.

I. Das Typisierungspotential des § 113 VwGO

Die Vorschriften des § 113 VwGO regeln die Tenorierung der Urteile über Anfechtungs- und Verpflichtungsklagen[811]. Die jeweilige Tenorierung wird darin zwar „nicht starr festgelegt", aber die Grundsätze werden „eingehend durchgeformt"[812], d.h. für die jeweilige Klageart wird im Einzelnen bestimmt, worauf es bei der Tenorierung ankommt. Es handelt sich dabei um eine Besonderheit des Verwaltungsprozessrechts, die nur für die Anfechtungs- und Verpflichtungsklagen gilt. In den Vorschriften der Zivilprozessordnung ist eine vergleichbare Tenorierungsanleitung nicht ersichtlich. Auch die Aussprüche über Leistungs- und Feststellungsklagen im Verwaltungsprozess sind nicht gesondert geregelt worden, weil sie sich aus der Natur der Sache ergeben sollen[813]. Für die hier interessierenden Klagearten hat § 113 VwGO aber eine wichtige Bedeutung, denn die unter Heranziehung der tragenden Gründe auszulegende Tenorierung (Urteilsformel) gibt Aufschluss darüber, inwieweit über den Streitgegenstand entscheiden wurde[814]. Auf diese Weise sind die Elemente des Streitgegenstands nicht erst für die konkrete Klage im Einzelfall begrifflich auszufüllen, sondern § 113 VwGO ermöglicht die Typisierung für die Anfechtungs- und Verpflichtungsklagen.

1. Die prozessuale Anerkennung der Anspruchsziele

Wenn sich die Entscheidung des Gerichts an § 113 VwGO ausrichtet, muss dies auch für das Anspruchsziel des Klägers möglich sein. Was das Gericht entscheiden darf, darf der Kläger auch beantragen, und er wird sich vernünftigerweise darauf einstellen, sofern er die notwendige Kenntnis von den Grundsätzen der gerichtlichen Entscheidung hat. Daher kann ohne weiteres davon ausgegangen werden, dass der Kläger stillschweigend auf die gesetzlich vorgesehenen Entscheidungsformen Bezug nimmt. Es ist ausreichend, dass der Kläger eindeutig zu erkennen gibt, auf welche der Entscheidungsformen er abzielt. Nicht notwendig ist es, dass er die Ausgestaltung der Entscheidung in allen Einzelheiten in seinem Antrag wiedergibt, denn die verständige rechtliche Würdigung oder „rechtliche

811 BT-Drucks. 3/55, S. 43.
812 BT-Drucks. 3/55, S. 43.
813 BT-Drucks. 3/55, S. 43.
814 Siehe oben S. 171.

Identifizierung"[815] des Klagebegehrens obliegt dem Gericht. Dies ist kein Phänomen des Verwaltungsprozessrechts[816]. Beispielsweise auch im arbeitsgerichtlichen Kündigungsschutzprozess wird der Streitgegenstand durch die Vorschrift des § 4 Satz 1 bzw. Satz 2 KüSchG vorgegeben[817].

Die zentralen Regelungen für die Tenorierung der Urteile über Anfechtungsklagen sind in § 113 Abs. 1 VwGO enthalten. Nach den Abwandelungen und Ergänzungen dazu in § 113 Abs. 2 bis 4 VwGO folgen in § 113 Abs. 5 VwGO die zentralen Regelungen für die Verpflichtungsklage. Eingangs der Absätze 1 und 5 des § 113 VwGO werden die Rechtswidrigkeit des Verwaltungsakts bzw. seiner Ablehnung oder Unterlassung als Voraussetzung der weiter gehenden Rechtsfolgen genannt. Wichtig ist dabei, dass § 113 VwGO nicht materiell-rechtliche Anspruchsvoraussetzungen aufstellt, sondern prozessuale Regelungen enthält[818]. Für Normen des allgemeinen materiellen Verwaltungsrechts hätte dem Bundesgesetzgeber auch die Kompetenz gefehlt. Welche genaue prozessuale Bedeutung die ausdrückliche Erwähnung der Rechtswidrigkeit und der Rechtsverletzung für den Streitgegenstand hat, muss sich bei der Definition für die einzelne Klageart zeigen.

2. Die Eingrenzung des Sachverhalts durch den Verwaltungsakt

Im Zivilprozess besteht die größte Schwierigkeit der Streitgegenstandsbestimmung häufig darin, das Element des Lebenssachverhalts einzugrenzen[819]. Derarti-

---

815 BARBEY, in: MENGER-FS (1985), S. 178.

816 Für das allgemeine Zivilprozessrecht konstatiert BEYS, ZZP 105 (1992), 145, 172, es sei „die Anhängigkeit der entscheidungsbedürftigen Frage von dem Mittel, durch welches sie anhängig wird, scharf zu unterscheiden und zu beachten, daß das Gericht im Zivilprozeß und sogar auch auf dem Boden der Verhandlungsmaxime manche Rechtsverhältnisse von Amts wegen erkennt, so daß die Parteien darüber nicht frei disponieren können". Zu diesen entscheidungsbedürftigen Rechtsverhältnissen gehörten z.B. prozessuale Fragen, insbesondere die Zulässigkeit der Klage. DERSELBE, a.a.O., S. 173: „Wenn also die Orientierung des Streitgegenstandes vom prozessualen Anspruch auf die im Streit anhängige und entscheidungsbedürftige Rechtsfolge umgestellt wird, so ist es für die Fragen der Rechtshängigkeit und der Rechtskraftwirkung belanglos, ob sich diese Frage im Klageantrag oder in der Klagebegründung, bzw. im Urteilstenor oder in der Entscheidungsgrundlage befindet."

817 Dazu EDGAR J. HABSCHEID, RdA 1989, 88, 92 und 95. In Übereinstimmung mit dem von ihm behandelten Urteil des BAG vom 12.06.1986 (NZA 1987, 273) entnimmt er dem Wortlaut des § 4 KüSchG für den Streitgegenstand bzw. die Rechtskraft der Kündigungsschutzklage die Erkenntnis, dass die Feststellungen begehrt werden bzw. in Rechtskraft erwachsen, dass das Arbeitsverhältnis nicht durch eine ganz bestimmte Kündigung aufgelöst worden ist und darüber hinaus, dass ein Arbeitsverhältnis zur Zeit der Kündigung überhaupt bestand.

818 FABER, § 21 III a).

819 GERHARD LÜKE, JuS 1967, 1, 6; THOMAS / PUTZO, Einl. II Rn. 26 ff.

ge Schwierigkeiten sind im Verwaltungsprozess im Zusammenhang mit Anfechtungs- und Verpflichtungsklagen nicht anzutreffen. Wenn der Kläger einen bestimmten Verwaltungsakt angreift bzw. erstrebt, so legt er mit der Bezeichnung des Verwaltungsakts den Sachverhalt fest, um den es in der Klage geht[820]. Da die Bezeichnung des Verwaltungsakts definitionsgemäß die Bezeichnung eines Ausschnitts aus der Lebenswirklichkeit einschließt (§ 35 Satz 1 VwVfG: „...zur Regelung eines Einzelfalles...“), liegen der Klage alle tatsächlichen Umstände zu Grunde, die für oder gegen den konkreten angefochtenen bzw. erstrebten Verwaltungsakt sprechen[821]. Diese Erleichterung kommt der Streitgegenstandsbestimmung bei allen hier behandelten Klagearten zu Gute.

II. Anfechtungsklage

1. Meinungsstand

a. Rückblick: Der angefochtene Verwaltungsakt als Streitgegenstand

Nur noch rechtshistorische Bedeutung hat die Auffassung, derzufolge der angefochtene Verwaltungsakt selbst[822] als Streitgegenstand galt. Diese Auffassung ist zu Recht aufgegeben worden, da nach § 79 Abs. 1 Nr. 1 VwGO der Verwaltungsakt ausdrücklich nur als „Gegenstand der Anfechtungsklage“ bezeichnet wird und damit nur den Bezugspunkt der gerichtlichen Prüfung bildet. Bei der Anfechtungsklage wird ja nicht über die Existenz eines Verwaltungsakts gestritten[823], sondern darüber, wie dieser zu beurteilen ist und was mit ihm geschehen soll. Mit

---

820 CLAUSING, in: SCHOCH / SCHMIDT-ASSMANN / PIETZNER, § 121 Rn. 60.

821 GERHARD LÜKE, JuS 1967, 1, 6, 8.

822 OVG Lüneburg, Urt. v. 10.01.1951, DVBl. 1951, 180; VGH Kassel, Urt. v. 15.09.1948, DÖV 1949, 459 (Nr. 12); Baden-Württ. VGH, Senat Karlsruhe, Urt. v. 07.11.1947, DÖV 1948, 47. Noch ohne Unterscheidung zwischen dem Streitgegenstand der Anfechtungsklage und dem „Gegenstand der Anfechtungsklage“ i.S.d. § 45 VGG bzw. § 75 MRVO Nr. 165 (heute vergleichbar mit § 79 VwGO) BACHOF, S. 39 bzw. S. 49; vgl. aber auch DERSELBE, JZ 1954, 416, 421 Fn. 64 (dazu sogleich hier Fn. 845). Ohne klare Differenzierung zwischen dem Verwaltungsakt und der Behauptung seiner Rechtswidrigkeit sowie der dadurch hervorgerufenen Rechtsverletzung auch VGH München, Urt. v. 25.10.1990, NVwZ-RR 1991, 277; ebenso NIESE, JZ 1952, 353; zumindest missverständlich: HORST JOACHIM MÜLLER, NJW 1982, 1370, 1371: der Verwaltungsakt sei „Verfahrensgegenstand“; unpräzise auch BADER, NVwZ 1999, 120, 121: der zunächst streitgegenständliche Verwaltungsakt bleibe auch bei einer Ermessensergänzung i.S.d. § 114 Satz 2 VwGO „Streitgegenstand“.

823 ULE, § 35 II 3.

anderen Worten muss der Streitgegenstand als prozessualer Anspruch auf die Herbeiführung einer Rechtsfolge gerichtet sein und kann sich nicht auf das Objekt der Rechtsfolge beschränken[824].

b. Die Behauptung der Rechtswidrigkeit und der Rechtsverletzung

Nach wohl überwiegender Auffassung ist Streitgegenstand der Anfechtungsklage die Rechtsbehauptung des Klägers, der angefochtene Verwaltungsakt sei rechtswidrig und verletze ihn in seinen Rechten[825]. Soweit in einigen Urteilen nur die Behauptung der Rechtswidrigkeit[826] oder nur die Rechtsverletzung[827] erwähnt sind, so werden darin – vermutlich weil es auf die übrigen Bestandteile nicht ankommt – Teilaspekte aufgegriffen, ohne dass eine Unterscheidung damit bezweckt wäre. Zur Begründung beruft sich diese Ansicht auf den Wortlaut des § 113 Abs. 1 VwGO und auf die Notwendigkeit, die Entscheidung über die Rechtswidrigkeit des Verwaltungsakts in Rechtskraft erwachsen zu lassen, damit z.B. die Zivilgerichte in einem nachfolgenden Amtshaftungsprozess an das Urteil des Verwaltungsgerichts über die Rechtswidrigkeit oder Rechtmäßigkeit des Verwaltungsakts gebunden sind[828].

c. Der Anspruch auf Aufhebung des angefochtenen Verwaltungsakts

Abweichend von der derzeit h.M. wird die Auffassung vertreten, Streitgegenstand der Verpflichtungsklage sei der Anspruch auf Aufhebung des angefochtenen Verwaltungsakts[829]. Die Vertreter dieser Ansicht argumentieren, aus § 42 Abs. 1

---

824 Insoweit auch BETTERMANN, DVBl. 1953, 163.

825 BVerwG, Urt. v. 17.01.1972, BVerwGE 39, 247, 249; BVerwG, Urt. v. 28.04.1972, BVerwGE 40, 101, 104; BVerwG, Urt. v. 08.12.1992, NVwZ 1993, 672, 673 = BVerwGE 91, 256 ff.; OVG Lüneburg, Urt. v. 04.05.1979, NJW 1980, 79; OVG Münster, Urt. v. 06.04.1976, NJW 1976, 2036; BARBEY, in: Menger-FS (1985), S. 188 Fn. 47; REDEKER, DVBl. 1992, 1225; SCHMITT GLAESER / HORN, Rn. 113; SCHROEDER-PRINTZEN, NVwZ 1990, 614, 617; SCHWARTMANN, WiB 1997, 286, 288; SCHUNCK / DE CLERCK, § 121 Anm. 3. c) bb); ULE, § 35 II 3.

826 BGH, Urt. v. 26.01.1984, BGHZ 90, 17, 23; BVerwG, Urt. v. 12.11.1986, NJW 1987, 773 f.

827 BVerwG, Urt. v. 15.03.1968, BVerwGE 29, 210, 211 f.

828 REDEKER, DVBl. 1992, 1225; ULE, § 35 II 3.

829 BVerwG, Urt. v. 05.10.1990, NVwZ 1991, 369, 371; VG Karlsruhe, Urt. v. 10.11.1993, VBlBW 1994, 289; BETTERMANN, DVBl. 1953, 163, allerdings ohne klare Unterscheidung zwischen dem prozessualen und dem materiell-rechtlichen Aufhebungsanspruch; anders DERSELBE, NJW 1961, 1097, 1098 (Elemente des Streitgegenstandes seien die Behauptung der Rechtswidrigkeit und der Verletzung des Klägers in seinen Rechten); KOPP, VwGO, 10. Aufl., § 90 Rn. 8; KOPP / KOPP, NVwZ 1994, 1; GRUNSKY, § 5 IV.

VwGO folge, dass allein die Aufhebung als Ziel des Klägers angesehen werden könne, während die Voraussetzungen der Rechtswidrigkeit des Verwaltungsakts und die Verletzung des Klägers in seinen Rechten nur Vorfragen seien; ihre Geltendmachung sei gem. § 42 Abs. 2 VwGO Zulässigkeitsvoraussetzung, und die Begründetheit hänge gem. § 113 Abs. 1 VwGO im Wesentlichen von der Erfüllung dieser Tatbestandsmerkmale ab[830].

d. Der Anspruch auf Aufhebung eines Verwaltungsakts „dieser Art" (DETTERBECK)

DETTERBECK hat die zuvor genannte Ansicht abgewandelt. Er betont zunächst die prinzipielle Vorzugswürdigkeit der Ansicht, die den prozessualen Aufhebungsanspruch als Streitgegenstand ansieht[831]. Die Tatbestandsvoraussetzungen der Rechtswidrigkeit und der Rechtsverletzung seien nicht Bestandteil des Streitgegenstands, und demnach würde nicht rechtskräftig über sie entschieden; insofern bestünden keine Unterschiede zum Zivilprozess, in dem über die Anspruchsvoraussetzungen (z.B. über die Wirksamkeit eines Kaufvertrages bei Zahlungsklagen oder über die Rechtswidrigkeit und das Verschulden bei einem deliktischen Anspruch) nicht rechtskräftig entschieden werde[832].

Im Vergleich zu der älteren Auffassung von der Streitgegenstandsqualität des Aufhebungsanspruchs geht DETTERBECK einen Schritt weiter, indem er ihn nicht nur auf den einzelnen angefochtenen Verwaltungsakt fixiert, sondern wesensgleiche Verwaltungsakte einbezieht[833]. DETTERBECK führt aus, zwar könnten nur bestehende Verwaltungsakte angefochten werden, jedoch sei für Verwaltungsakte kennzeichnend die durch sie getroffene Regelung; diese bleibe dieselbe, wenn die Behörde nach rechtskräftiger Aufhebung erneut einen Verwaltungsakt erlässt, der den Lebensvorgang im Wesentlichen ebenso regelt wie der aufgehobene Verwaltungsakt[834]. Bei einer erneuten Anfechtungsklage, mit der die Aufhebung des wiederholten Verwaltungsakts begehrt wird, gehe es um denselben Streitgegen-

830 Insoweit auch DETTERBECK, S. 156 m.w.Nachw.
831 DETTERBECK, S. 156.
832 DETTERBECK, S. 157.
833 DETTERBECK, S. 157 ff., 159. Zuvor schon bezeichnet DETTERBECK die Einbeziehung wesensgleicher Verwaltungsakte in die Streitgegenstandsdefinition als zwingende Voraussetzung des im Ergebnis allgemein befürworteten Verwaltungsakt-Wiederholungsverbots (S. 109).
834 DETTERBECK, S. 158.

stand[835]. Streitgegenstand der Anfechtungsklage sei daher „der (prozessuale) Anspruch des Klägers auf Aufhebung eines Verwaltungsakts *dieser Art*“[836].

DETTERBECK übersieht nicht, dass es den Bedürfnissen der Rechtspraxis entgegenkommt, wenn die Zivilgerichte insbesondere zur Entscheidung von Amtshaftungsprozessen den Urteilen der Verwaltungsgerichte über Anfechtungsklagen verbindliche Aussagen über die Rechtmäßigkeit oder Rechtswidrigkeit des jeweiligen Verwaltungsakts entnehmen können[837]. Eine derartige Bindungswirkung ist aber auf der Grundlage seines Streitgegenstandsbegriffs nicht ohne weiteres möglich, da nur die Entscheidung über die begehrte Aufhebung in Rechtskraft erwächst. Um dennoch die Bindung der Zivilgerichte an die Urteile der Verwaltungsgerichte zu begründen, bedient sich DETTERBECK einer aufwendigen Konstruktion so genannter mittelbarer Präjudizialität[838]. Gemeint ist damit, dass die Bindungswirkung der rechtskräftigen Entscheidung nicht nur in den Fällen anzunehmen sein soll, in denen die rechtskräftig festgestellte Rechtsfolge ein Tatbestandsmerkmal des Streitgegenstands des Folgeprozesses ausfüllt. Es genüge, wenn der rechtskräftigen Entscheidung des Vorprozesses bei der Prüfung eines Tatbestandsmerkmals im Folgeprozess eine lediglich vorentscheidende Bedeutung zukommt[839]. Ganz wesentlich ist für DETTERBECKs Konzeption der folgende Punkt: Sofern zwischen den Prozessen ein – ggf. mittelbares – präjudizielles Abhängigkeitsverhältnis bestehe, seien sämtliche tragenden Entscheidungsgründe für das Gericht des Folgeprozesses bindend[840]. Dies bewirke im Amtshaftungsprozess die Bindung des Zivilgerichts an das Urteil des Verwaltungsgerichts über die Anfechtungsklage einschließlich der tragenden Entscheidungsgründe und „namentlich an die Ausführungen zur Rechtmäßigkeit des angegriffenen Verwaltungsakts“[841].

DETTERBECK überprüft seinen Streitgegenstandsbegriff und sein Verständnis der Entscheidungswirkungen anhand der §§ 79, 113 Abs. 2 und Abs. 3 VwGO und geht unter Berücksichtigung der §§ 51 und 48 VwVfG auf die Problematik des Zweitbescheides ein, ohne diesen Bestimmungen Einfluss auf die hier interessierende Streitgegenstandsdefinition zu entnehmen[842]. Zu § 113 Abs. 3 VwGO bemerkt DETTERBECK, der Inhalt dieser Vorschrift sei reichlich unklar und verständlich nur vor dem Hintergrund der bisherigen Unsicherheit in Lehre und Rechtspre-

---

835 DETTERBECK, S. 158.
836 DETTERBECK, S. 159 mit Hervorhebung im Original.
837 DETTERBECK, S. 160.
838 DETTERBECK, S. 162 ff. mit Verweis auf S. 115 ff.
839 DETTERBECK, S. 117.
840 DETTERBECK, S. 130 ff.
841 DETTERBECK, S. 166.
842 Vgl. DETTERBECK, S. 170 ff.

chung, wie in Fällen so genannter alternativer Rechtmäßigkeit zu verfahren sei, wenn sich ein Verwaltungsakt, so wie er erlassen wurde, als rechtswidrig erweist aber möglicherweise im Ergebnis mit anderer Begründung aufrechterhalten werden kann[843]. Im Anschluss an REDEKER / V.OERTZEN meint DETTERBECK, § 113 Abs. 3 VwGO bestätige die Auffassung, dass das Gericht nur in Ausnahmefällen berechtigt sei, den Verwaltungsakt ohne abschließende Ermittlung einer anderweitigen Rechtfertigung aufzuheben; im Regelfall müsse das Gericht stattdessen „Spruchreife" herbeiführen[844].

e. Kombination (SCHENKE)

Nach einer neueren, maßgeblich auf SCHENKE zurückgehenden „Kombinationstheorie" enthalten die bisher genannten Auffassungen zwar alle einen richtigen Kern, erfassen aber jeweils nur Teilaspekte des Streitgegenstands[845]. Bei der Kombination erweise sich der Streitgegenstand der Anfechtungsklage als „Anspruch des Klägers auf Aufhebung des angefochtenen VA und die (die Rechtswidrigkeit implizierende) Feststellung der Verletzung eines subjektiven Rechts des Klägers"[846]. Die Aufhebung als primäres Klageziel könne nicht einfach ausgeblendet werden, zumal der Aufhebungsanspruch „gerade den Unterschied zum Streitgegenstand der Fortsetzungsfeststellungsklage als ‚amputierter' Anfechtungsklage" ausmache[847]. § 113 Abs. 1 Satz 4 VwGO zeige aber zugleich, dass es

843 DETTERBECK, S. 190. Auf die Gesetzesbegründung, die nach der hier vertretenen Auffassung eine abweichende Interpretation des § 113 Abs. 3 VwGO nahe legt (siehe dazu oben S. 141 ff.), geht DETTERBECK nicht ein.

844 DETTERBECK, S. 190.

845 KOPP / SCHENKE, § 90 Rn. 8; SCHENKE, Rn. 610. Ansätze zur Kombination der verschiedenen Aspekte des Streitgegenstands der Anfechtungsklage zeigen sich bereits bei BACHOF, JZ 1954, 416, 421 Fn. 64: „Es mag hier lediglich vermerkt werden, daß auch dann, wenn man mit Bettermann das Aufhebungsrecht als Streitgegenstand ansieht, dieses Aufhebungsrecht noch nicht den *alleinigen* Streitgegenstand zu bilden und die Frage der Rechtmäßigkeit des VAs, mindestens aber die Frage der Rechtsverletzung des Klägers, deshalb keine bloße ‚Vorfrage' zu sein braucht. Der Tenor ‚Der VA wird aufgehoben' beinhaltet m.E. jedenfalls auch die Entscheidung über die Rechtsverletzung des Klägers als untrennbaren Bestandteil, er ist gewissermaßen nur eine Kurzfassung für die Formel ‚Der VA verletzt den Kläger in seinen Rechten und wird deshalb aufgehoben'." Ähnlich auch schon bei HELMUT SCHMIDT, DÖV 1962, 486, 487, 492 (Streitgegenstand sei die behauptete Rechtsverletzung und das Beseitigungsbegehren) und bei MARTENS, DÖV 1964, 365, 369 (Streitgegenstand sei das „Begehren des Klägers auf Beseitigung bestimmter durch VA angeordneter Rechtsfolgen unter gleichzeitiger Feststellung ihrer Rechtswidrigkeit").

846 KOPP / SCHENKE, § 90 Rn. 8; ihm folgend RENNERT, in: EYERMANN, § 121 Rn. 25. Ähnlich KUNTZE, in: BADER / FUNKE-KAISER / KUNTZE / V.ALBEDYLL, § 121 Rn. 18, der die Rechtswidrigkeitsfeststellung ebenfalls als eigenes Element anerkennt.

847 KOPP / SCHENKE, § 90 Rn. 8.

nicht richtig sein kann, bei der Anfechtungsklage allein auf den Aufhebungsanspruch abzustellen, weil dann der durch sie vermittelte Rechtsschutz in systemwidriger Weise hinter dem der Fortsetzungsfeststellungsklage zurückbliebe, obwohl über beide Klagen anhand desselben Prüfungsmaßstabs zu befinden sei[848]. Aus §§ 42 Abs. 2, 113 Abs. 1 Satz 1 VwGO schließlich werde ersichtlich, dass auch die Verletzung des Klägers in seinen Rechten zum Streitgegenstand gehört[849].

2. Stellungnahme

Prinzipiell vorzugswürdig ist die von SCHENKE begründete Auffassung. Sie wird sowohl den Normstrukturen der Verwaltungsgerichtsordnung, insbesondere den Regelungen der §§ 42, 113 VwGO, als auch den Anforderungen der Praxis am besten gerecht, wobei nach der hier vertretenen Ansicht nur geringfügige Modifikationen geboten sind.

Die derzeit herrschende Auffassung, die nur die Behauptung der Rechtswidrigkeit und der Rechtsverletzung in den Rang des Streitgegenstands erhebt, ist in ihrer gängigen Formulierung bereits deshalb abzulehnen, weil Streitgegenstand eines Prozesses nicht eine bloße Behauptung sein kann. Denn eine Rechtsbehauptung ist zwingend Bestandteil eines (prozessualen) Anspruchs, sie beschreibt diesen aber nicht erschöpfend. Zur Beschreibung des prozessualen Anspruchs genügt weder ein Rechtsobjekt, noch eine Rechtsbehauptung, sondern es bedarf der Benennung einer vom Gericht auszusprechenden Rechtsfolge. Konsequent wäre daher die Definition als Anspruch auf gerichtliche Feststellung der Rechtswidrigkeit des Verwaltungsakts und der Verletzung des Klägers in seinen Rechten. Diese Konsequenz wird aber zu Recht nicht gezogen, denn sie würde bedeuten, dass die Anfechtungsklage nur eine Feststellungsklage wäre.

Die herrschende Auffassung ist dann auch insofern unbefriedigend, als sie den Anspruch auf gerichtliche Aufhebung des Verwaltungsakts vernachlässigt und damit dem rechtsgestaltenden Charakter der Anfechtungsklage nicht gerecht wird. Ein wesentliches Merkmal der Anfechtungsklage ist das kassatorische Prinzip, demzufolge die gerichtliche Aufhebungsentscheidung keiner Vollstreckung bedarf, sondern die Rechtslage durch die Ungültigkeitserklärung unmittelbar abändert. Auf diesen Vorteil des angestrebten stattgebenden Urteils wird der Kläger ohne Not kaum verzichten wollen. Daher kann ohne weiteres angenommen werden, dass der Kläger auch diesen Aspekt geltend macht. Überspitzt gesagt nützt

848 KOPP / SCHENKE, § 90 Rn. 8.
849 KOPP / SCHENKE, § 90 Rn. 8.

dem Kläger die schönste richterliche Bestätigung seiner Rechtsverletzung nichts, wenn sie nicht mit der Konsequenz verbunden ist, dass der präsente Verwaltungsakt aus der Welt geschaffen wird, um den Vollzug der Belastung zu verhindern oder den Weg für einen Vollzugsfolgenbeseitigungsanspruch zu ebnen. Überdies verdienen die Fälle Beachtung, in denen die gerichtliche Aufhebung eines Verwaltungsakts trotz Rechtswidrigkeit und Rechtsverletzung ausgeschlossen ist, z.B. nach Maßgabe des § 46 VwVfG. Ginge es bei der Anfechtungsklage nur um die Feststellung der Rechtswidrigkeit und der Rechtsverletzung, so dürfte diese Vorschrift sich nicht auf den Ausschluss des Aufhebungsanspruches beziehen.

Der Aufhebungsanspruch als alleiniger Streitgegenstand der Anfechtungsklage trägt den heranzuziehenden Vorschriften der Verwaltungsgerichtsordnung aber nicht ausreichend Rechnung und vermag die allgemein befürwortete Bindung der Zivilgerichte an die Vorentscheidungen der Verwaltungsgerichte nicht plausibel zu erklären. Soweit der Aufhebungsanspruch nur auf den angefochtenen Verwaltungsakt bezogen wird, ist es zudem nicht möglich, das Verwaltungsakt-Wiederholungsverbot überzeugend zu begründen[850]. Denn falls ausschließlich der Anspruch auf Aufhebung des konkret angefochtenen Verwaltungsakt Streitgegenstand wäre und die Streitpunkte der Rechtswidrigkeit und der Rechtsverletzung nur Vorfragen bildeten, so würde in Rechtskraft nur die Entscheidung darüber erwachsen, inwieweit ein Anspruch auf Aufhebung des einzelnen Verwaltungsakts mit bestimmtem Datum und Aktenzeichen besteht. Wenn unter Missachtung der Entscheidungsgründe dann ein wiederholender Verwaltungsakt mit wesentlich gleichem Inhalt erginge, ließe sich in einem erneuten Anfechtungsprozess aus der vorangegangenen Entscheidung keine Aussage mit bindender Wirkung verwerten. Es wären zwar dieselben Vorfragen zu entscheiden, aber es könnte kein konstruktives präjudizielles Abhängigkeitsverhältnis dergestalt angenom-

850 Ebenso SCHLOSSER, S. 372. Allerdings versucht er, die allgemein für notwendig erachtete Verbindlichkeit der Entscheidung über die Anfechtungsklage unabhängig von den Streitgegenstandstheorien mit den Grundsätzen der innerprozessualen Bindungswirkungen zu erklären (DERSELBE, S. 417). Diese Begründung habe den Vorteil, dass das Gericht an Urteilselemente gebunden sei und der Klage nicht das „ne bis in idem" der materiellen Rechtskraft im Weg stehe (DERSELBE, S. 419). Dieser Lösungsvorschlag überzeugt nicht, weil die innerprozessuale Bindungswirkung gem. § 318 ZPO i.V.m. § 173 VwGO bzw. §§ 130 Abs. 2 VwGO, 144 Abs. 6 VwGO nur innerhalb desselben Verfahrens gilt. Für eine neue Anfechtungsklage wegen eines Verwaltungsakts, der gegen ein Wiederholungsverbot verstößt, gibt diese Konstruktion nichts her. Gleiches gilt für eine Amtshaftungsklage nach Abschluss der Anfechtungsklage. Im Übrigen reicht die Bindung nicht weiter als die der materiellen Rechtskraft und erfasst entgegen SCHLOSSER nicht zusätzliche Urteilselemente (GRUNSKY, § 50 a.E.; ZÖLLER, in: VOLLKOMMER, § 318 Rn. 11), so dass es für die objektiven Grenzen auch insoweit stets darauf ankommt, inwieweit über den Streitgegenstand entschieden wurde.

men werden, dass die Aufhebung des späteren auch die Aufhebung des früheren Verwaltungsakts voraussetze.

Die Unzulänglichkeiten bei der Erklärung des Verwaltungsakt-Wiederholungsverbots vermeidet DETTERBECK, indem er den Aufhebungsanspruch auf gleichartige Verwaltungsakte ausdehnt. Mit der Ausdehnung sind aber andere Nachteile verbunden, und sie kann nicht die schwerwiegenden Bedenken ausräumen, die generell gegen die Reduktion des Streitgegenstands der Anfechtungsklage auf den Aufhebungsanspruch sprechen.

Die von DETTERBECK gewählte Formulierung verursacht bereits aus sprachlogischen Gründen ein erstes Unbehagen. Aufheben lässt sich nur ein bestehender Verwaltungsakt, was DETTERBECK selbst betont. Die Behauptung eines Anspruchs auf „Aufhebung eines Verwaltungsakts dieser Art" impliziert daher die Behauptung der konkreten Möglichkeit, dass weitere Verwaltungsakte der gleichen Art erlassen werden. Diese konkrete Möglichkeit wird jedoch im Zeitpunkt der Entscheidung über die Anfechtungsklage so gut wie nie gegeben sein.

Die sprachlichen Bedenken gegen diesen Streitgegenstandsbegriff werden bei der praktischen Umsetzung bestätigt. Letztendlich dient die Streitgegenstandsbestimmung dazu, das Anspruchsziel des Anfechtungsklägers, so wie es sich bei verständiger Würdigung seines Vorbringens unter Berücksichtigung der einschlägigen Normen darstellt, näher zu bestimmen und zu erläutern. Da das Anspruchsziel vor allem auch durch den Antrag konkretisiert wird, muss es möglich sein, die verständige Würdigung anhand der heranzuziehenden Normen bereits mit dem Antrag vorwegzunehmen. Dass die ausdrückliche Einbeziehung nicht notwendig ist, weil die konkludente Bezugnahme auf die maßgeblichen Normen ausreicht, ist dabei unerheblich. Jedenfalls muss sich der Streitgegenstandsbegriff die „Gegenprobe" gefallen lassen, ob die Formulierung des Antrags in der „Langfassung" unter Einbeziehung der Ausführungen zur Streitgegenstandsbestimmung vor Gericht standhalten würde. An diesem Punkt dürfte der von DETTERBECK vorgeschlagene Begriff scheitern. Der Antrag, „einen Verwaltungsakt von der Art des von dem Beklagten mit Datum vom ... zu dem Aktenzeichen ... erlassenen Verwaltungsakts aufzuheben" wäre wegen Unbestimmtheit unzulässig. Dem Antrag, „den Verwaltungsakt des Beklagten mit Datum vom ... zu dem Aktenzeichen ... und gleichartige Verwaltungsakte aufzuheben" würde hinsichtlich der „gleichartigen Verwaltungsakte" das Rechtsschutzbedürfnis fehlen, denn es wird regelmäßig an der konkreten Möglichkeit weiterer Verwaltungsakte dieser Art mangeln, und selbst wenn die konkrete Möglichkeit gegeben wäre, dürfte der Kläger weder erwarten, dass das Gericht die automatische Mitaufhebung zukünftiger Verwaltungsakte anordnet, noch kann er ein automatisches erneutes Tätigwerden der Gerichte verlangen. Auch soweit in einem Einzelfall die Umdeutung in eine ausnahmsweise zulässige vorbeugende Unterlassungsklage gelingen sollte, so wäre dies nur ein weiterer Beweis dafür, dass mit der Ausdehnung des Aufhebungsanspruchs auf gleichartige Verwaltungsakte der Streitgegenstand der Anfechtungsklage eben nicht umschrieben werden kann. Hingegen wäre es überflüssig aber unschädlich zu beantragen, „den Verwaltungsakt des Beklagten mit Datum vom ... zu dem Aktenzeichen ... aufzuheben und damit die Rechtswidrigkeit des angefochtenen Verwaltungsakts und die Verletzung des Klägers in seinen Rechten festzustellen". Mit der Zulässigkeit dieses Antrags verhielte es sich hinsichtlich der begehrten Feststellung wie mit Anträgen zur Entscheidung über die Kostenlast und über die vorläufige Vollstreckbarkeit, über die bereits aufgrund der gesetzlichen Bestimmungen von Amts wegen entschieden wird.

Die Praxis erwartet zu Recht von dem Streitgegenstandsbegriff der Anfechtungsklage, dass er die insbesondere für Amtshaftungsklagen bedeutsame Bindung der Zivilgerichte an die Urteile der Verwaltungsgerichte über die Rechtmäßigkeit oder Rechtswidrigkeit von Verwaltungsakten erklärt[851]. Diese Aufgabe bewältigt ein Streitgegenstandsbegriff, der die Rechtswidrigkeit des Verwaltungsakts und die Rechtsverletzung des Klägers unmittelbar einbezieht, im Gegensatz zu dem von DETTERBECK befürworteten Begriff.

Soweit DETTERBECK meint, die Verbindlichkeit damit begründen zu können, dass die Entscheidung über den Aufhebungsanspruch die Entscheidung über die Amtshaftungsklage präjudiziere, weil das Gericht des Folgeprozesses dann an die tragenden Gründe der Vorentscheidung gebunden sei und weil jedenfalls die der Entscheidung über den Aufhebungsanspruch immanente Verneinung des kontradiktorischen Gegenteils das Zivilgericht binde, so ist ihm entgegenzuhalten, dass sich diese drei Prämissen bei näherem Hinsehen nicht als zutreffend erweisen.

Richtig ist, dass das Urteil über die Anfechtungsklage unabhängig von den vorgeschlagenen Streitgegenstandsdefinitionen in keinem Fall über die im Amtshaftungsprozess relevante Amtspflichtwidrigkeit selbst entscheidet, d.h. das Urteil enthält keine erschöpfende Aussage über dieses Tatbestandsmerkmal als solches. Das ist für die Bejahung eines präjudiziellen Abhängigkeitsverhältnisses auch nicht zwingend, denn damit ist nur gemeint, dass das Urteil des abgeschlossenen Vorprozesses über eine im Folgeprozess erhebliche Vorfrage rechtskräftig entscheidet[852]. Ohne Bedeutung ist die Frage, ob die Vorentscheidung bereits ein gesetzliches Tatbestandsmerkmal vollständig ausfüllt. Daher ist auch die Unterscheidung zwischen unmittelbarer und mittelbarer Präjudizialität nicht sinnvoll. Die Entscheidung über die Rechtmäßigkeit bzw. Rechtswidrigkeit eines Verwal-

851 Vgl. KOPP, JZ 1992, 1078, 1079; REDEKER, DVBl. 1992, 1225.
852 VOLLKOMMER, in: ZÖLLER, vor § 322 Rn. 24.

tungsakts beantwortet eine erhebliche Vorfrage des Amtshaftungsanspruchs, nämlich die Frage, inwieweit der handelnde Beamte – allgemein ausgedrückt – die Amtspflichten zu rechtmäßigem Verhalten erfüllt bzw. verletzt hat. Amtspflichten können sich aus Gesetzen, allgemeinen Dienst- und Verwaltungsvorschriften ergeben[853]. Daher beinhaltet die Feststellung eines Gesetzesverstoßes, d.h. der Rechtswidrigkeit, regelmäßig auch die Feststellung der Amtspflichtverletzung[854]. Es bleibt zusätzlich zwar das Vorliegen einer kollidierenden und damit die Amtspflichtverletzung beseitigenden Dienst- oder Verwaltungsvorschrift zu prüfen, und insoweit ist das Zivilgericht nach keiner der ersichtlichen Auffassungen gebunden. Regelmäßig kommt es aber auch für die Amtspflichtverletzung allein auf die Rechtswidrigkeit an. Dann legt die Entscheidung über die Rechtswidrigkeit als Beantwortung einer entscheidungserheblichen Vorfrage den Grundstein für die Entscheidung über den Amtshaftungsanspruch. Auch die Entscheidung über die Rechtsverletzung entfaltet im Amtshaftungsprozess eine selbständige Bedeutung. Sie wird nämlich relevant bei der Frage, ob eine solche Amtspflicht verletzt ist, die gerade auch zu Gunsten des Klägers als Drittem i.S.d. § 839 Abs. 1 BGB besteht. Denn „Dritter" ist, wer durch den Verwaltungsakt oder durch dessen Ablehnung oder Unterlassung in seinen Rechten verletzt wird[855]. Auf diese Weise erhalten auch die gesonderten Erwähnungen der Rechtswidrigkeit und der Rechtsverletzung in § 113 Abs. 1 Satz 1 VwGO einen Sinn, obwohl ja die Rechtsverletzung immer die Rechtswidrigkeit einschließt[856] und deren Aufnahme in die Vorschrift für die Aufhebung strenggenommen überflüssig ist. Würde die Rechtswidrigkeit nur als Vorfrage der Rechtsverletzung festgestellt werden, so würde ihre Feststellung nicht in Rechtskraft erwachsen und wäre für die Frage der Amtspflichtverletzung nicht selbständig verwertbar. Die Aufschlüsselung ermöglicht aber so eine eindeutige Zuordnung zu den Tatbestandsmerkmalen des Amtshaftungsanspruchs. Die ausdrückliche Erwähnung im Gesetz und ihre Bewährung im Falle der anschließenden Amtshaftungsklage sprechen dafür, trotz der tautologischen Fassung des § 113 Abs. 1 Satz 1 VwGO die Behauptung der Rechtswidrigkeit als selbständiges Element des Streitgegenstands der Anfechtungsklage anzuerkennen[857]. Jedenfalls liefert die an dem Wortlaut des § 113 Abs. 1 Satz 1 VwGO orientierte Entscheidung über die Anfechtungsklage unter Einbeziehung der Rechtswidrigkeit und der Rechtsverletzung die Bausteine für die Grundmau-

853 THOMAS, in: PALANDT, § 839 Rn. 32;

854 Vgl. BGH, Urt. v. 05.05.1994, NJW 1994, 2087 f.; BGH, Urt. v. 17.03.1994, NJW 1994, 1950; BGH, Urt. v. 15.11.1984, BGHZ 93, 87, 91 = NJW 1985, 2817, 2818; BGH, Urt. v. 03.03.1983, NJW 1983, 2241.

855 BGH, Urt. v. 10.03.1994, NJW 1994, 1647, 1649.

856 KOPP / SCHENKE, § 113 Rn. 5; WEYREUTHER, in: MENGER-FS (1985), S. 692.

857 Etwas anders KOPP / SCHENKE, § 90 Rn. 8, wo als Bestandteil des Streitgegenstands neben dem Aufhebungsanspruch den Anspruch des Klägers auf „die (die objektive Rechtswidrigkeit implizierende) Feststellung der Verletzung eines subjektiven Rechts" bezeichnet wird.

ern der Amtshaftungsklage. Diese Grundsteinlegung vermag entgegen DETTERBECK die nur über den Aufhebungsanspruch ergehende Entscheidung nicht zu leisten. Sie ist im Amtshaftungsprozess nicht selbständig verwertbar und präjudiziert daher die Entscheidung über den Amtshaftungsanspruch nicht. Zwar geht die in dem stattgebenden Urteil über die Anfechtungsklage enthaltene Aufhebungsentscheidung gem. § 113 Abs. 1 Satz 1 VwGO mit der Feststellung der Rechtswidrigkeit einher und bedingt damit aus Gründen der Rechtslogik regelmäßig die Annahme einer Amtspflichtverletzung. Es handelt sich aber um eine überschießende Entscheidung, die lediglich an die gleichen Vorfragen anknüpft, vergleichbar mit dem stattgebenden Urteil über einer Herausgabeklage gem. § 985 BGB, die das Eigentum des Klägers nicht verbindlich feststellt[858]. Dass die mit der Erhebung des Aufhebungsanspruchs verbundene Fragestellung für den Amtshaftungsprozess zu weit geht, zeigt sich insbesondere bei der Abweisung der Anfechtungsklage. Soweit das Verwaltungsgericht die Anfechtungsklage abweist, weil der Verwaltungsakt nicht rechtswidrig sei, folgt daraus für die Klage auf Schadensersatz wegen Amtspflichtverletzung so viel, dass der Erlass des Verwaltungsakts jedenfalls keinen Verstoß gegen eine gesetzliche Amtspflicht bedeutet. Wenn die Rechtswidrigkeit des Verwaltungsakts zum Streitgegenstand der Anfechtungsklage zählt, erwächst die Entscheidung darüber in Rechtskraft, und die Frage der Verletzung einer gesetzlichen Amtspflicht braucht im Amtshaftungsprozess nicht thematisiert zu werden. Wenn nur die Frage des Aufhebungsanspruchs den Streitgegenstand der Anfechtungsklage bildet und deswegen nur die Entscheidung darüber in Rechtskraft erwächst, so lässt sich daraus – wenn man nicht den Gründen selbst bindende Wirkung zubilligt[859] – für die Amtshaftungsklage nicht einmal unter rechtslogischen Gesichtspunkten etwas abgewinnen. Der Aufhebungsanspruch kann nämlich aus Gründen verneint werden, die mit der

858 VOLLKOMMER, in: ZÖLLER, vor § 322 Rn. 36, bezeichnet es als „allgemein anerkannt", dass bei einer Entscheidung über die Herausgabeklage nach § 985 BGB die Feststellung des Eigentums nicht in Rechtskraft erwachse. Zustimmend auch DETTERBECK, S. 124.

859 Dazu sogleich.

Amtspflichtverletzung nichts zu tun haben, z.B. im Falle der aussichtslosen Anfechtungsklage eines Beamten gegen die Ernennung eines Konkurrenten[860].

Auch die Ansicht DETTERBECKs, im Rahmen des präjudiziellen Abhängigkeitsverhältnisses sei das Gericht des Folgeprozesses an die tragenden Gründe der Vorentscheidung gebunden, verdient keine Zustimmung. Damit würde man die Leistungsfähigkeit und den Sinn der rechtskraftbedingten Bindungswirkungen überschätzen. Entsprechend nimmt der Bundesgerichtshof in ständiger Rechtsprechung zwar die Bindung der Zivilgerichte an die Entscheidungen der Verwaltungsgerichte über die Rechtswidrigkeit von Verwaltungsakten an, nicht aber die Bindung an die Begründungen der Rechtswidrigkeit; soweit sie für andere Tatbestandsmerkmale als die Amtspflichtverletzung relevant werden, ist das Zivilgericht an sie nicht gebunden und kann ggf. zu den Ausführungen des Verwaltungsgerichts konträre Bewertungen anstellen[861]. Hier entfalten die Argumente ihre Überzeugungskraft, die bereits zur Ablehnung einer „Rechtskraftbindung aufgrund rechtlicher Sinnzusammenhänge“[862] geführt haben. Man darf auch hier annehmen, dass das Zivilgericht die Akten des Vorprozesses gem. § 273 Abs. 2 Nr. 2 ZPO beiziehen und von den überzeugenden Urteilsgründen nicht ohne plausiblen Grund abweichen wird[863]. Um eine gemeinsame Leitlinie festzulegen, reicht es daher aus, wenn die Vorentscheidung des Verwaltungsgerichts eine strikte Bindungswirkung nur ausübt, soweit ihr Streitgegenstand reicht. Dazu gehören die Begründungen jedoch nicht. Insoweit genügt die faktische Überzeugungskraft einer fundierten Argumentation. Schließlich ist die Gefahr nicht von der Hand zu weisen, dass dem Verwaltungsgericht sachliche oder rechtliche Fehler unterlaufen

---

860 Vgl. BGH, Urt. v. 06.04.1995, NJW 1995, 2344: Der Amtshaftungsklage des übergangenen Bewerbers wurde stattgegeben, weil der Anspruchsgegner die Rechtsschutzmöglichkeiten, die *vor* der Ernennung bestanden hätten, vereitelt habe. Der BGH betont in seiner Entscheidung aber ausdrücklich, dass die beamtenrechtliche Konkurrentenklage, mit der die Auswahlentscheidung auch auf einen möglichen Verstoß gegen Art. 33 Abs. 2 GG überprüft werden kann, *nach* der endgültigen Besetzung der umstrittenen Planstelle durch den erfolgreichen Mitbewerber aussichtslos ist (BGH, a.a.O., S. 2344). Der BGH (a.a.O., S. 2344) verweist dabei auf die Rechtsprechung des BVerwG, das in solchen Fällen der Klage auf Aufhebung der Ernennung wegen „Erledigung“ des Verwaltungsakts bereits die Zulässigkeit abspricht, da die Ernennung des Konkurrenten im Hinblick auf den Grundsatz der Ämterstabilität und den Vertrauensschutz nicht mehr rückgängig gemacht werden könne (BVerwG, Urt. v. 25.08.1988, BVerwGE 80, 127, 129 f.; bestätigt durch BVerfG, Beschl. v. 19.09.1989, NJW 1990, 501).

861 BGH, Urt. v. 17.05.1956, BGHZ 20, 379, 383 = NJW 1950, 1357: „An die vom Verwaltungsgericht gegebene Begründung, w a r u m [Hervorhebung im Original] diese Bescheide rechtswidrig sind, ist das Zivilgericht nicht gebunden.“ Vgl. auch BGH, Urt. v. 03.03.1983, NJW 1983, 2241.

862 Siehe dazu oben S. 171.

863 Vgl. GOTTWALD, in: MK-ZPO, § 322 Rn. 49.

sind. Diese Gefahr besteht bei der Begründung in ihren einzelnen Verästelungen noch mehr als in Bezug auf den streitgegenständlichen Kern der Entscheidung. Dann wäre es aber äußerst misslich, wenn sich der Fehler der Begründung des Urteils über die Anfechtungsklage im Urteil des Zivilgerichts über die Amtshaftungsklage fortpflanzen müsste.

Schließlich ist DETTERBECK entgegenzutreten, soweit er die Bindung der Zivilgerichte in Amtshaftungsprozessen mit der Verneinung des kontradiktorischen Gegenteils[864] durch das Urteil über die Anfechtungsklage, d.h. über den Aufhebungsanspruch, begründen will. Für den Fall der Abweisung der Anfechtungsklage schränkt er diese Erwägungen selbst ein, indem er ausführt, dass mit einer Abweisung mangels Rechtsverletzung des Klägers keine rechtskräftige Feststellung verbunden sei, dass die Behörde zum Erlass des Verwaltungsakts befugt war; über die Rechtmäßigkeit des Verwaltungsakts sei dann nicht entschieden worden[865]. Dem ist beizupflichten, aber diese Einschränkung ist noch zu ergänzen: Die Anfechtungsklage kann trotz Bejahung von Rechtswidrigkeit *und* Rechtsverletzung abgewiesen werden, wie bei der beamtenrechtlichen Konkurrentenklage oder im Anwendungsbereich des § 46 VwVfG. Die in diesen Fällen vorliegenden Gründe für den Ausschluss des Aufhebungsanspruchs haben mit den Fragen der Amtshaftung nichts zu tun. Der verneinte Aufhebungsanspruch hat daher kein kontradiktorisches Gegenteil, das für die Frage der Amtshaftung verwertbar wäre. Gleiches gilt entgegen DETTERBECK[866] für die positive Entscheidung über den Aufhebungsanspruch. Regelmäßig wird damit das Urteil verbunden sein – worauf es für die Frage der Amtspflichtverletzung ankommt –, dass die Behörde zum Erlass des aufgehobenen Verwaltungsakts nicht befugt war. Zwingend ist diese Schlussfolgerung jedoch nicht, denn bei Verwaltungsakten mit Dauerwirkung ist es denkbar, dass der Erlass ursprünglich rechtmäßig war, aber die Veränderung der tatsächlichen Umstände oder der Rechtslage später zur Rechtswidrigkeit und zur Rechtsverletzung führt und aus Gründen des Übermaßverbots die Aufhebung ab diesem Zeitpunkt gebietet[867]. Damit kann als kontradiktorisches Gegenteil des Aufhebungsanspruchs jedenfalls nicht die für den Amtshaftungsanspruch entscheidende Befugnis der Behörde zu dem konkreten Erlass des Verwaltungsakts angesehen werden. Die Entscheidung über den Aufhebungsanspruch ist somit für die Beurteilung des Amtshaftungsanspruchs unter den allein maßgeblichen rechtlich-konstruktiven Gesichtpunkten in jeder Hinsicht wertlos.

---

864 DETTERBECK, S. 168 ff.
865 DETTERBECK, S. 169 f.
866 DETTERBECK, S. 169.
867 KOPP / SCHENKE, § 113 Rn. 43.

Die Konzentration auf den Aufhebungsanspruch hat sich als ungeeignet erwiesen, die Bindung des Zivilgerichts an die Beurteilung der Rechtmäßigkeit bzw. Rechtswidrigkeit eines Verwaltungsakts durch das Verwaltungsgericht widerspruchsfrei zu erklären. Damit sprechen praktische Gründe gegen diese Definition des Streitgegenstands der Anfechtungsklage. Das unliebsame Ergebnis in der Praxis wäre aber freilich ein schwaches Gegenargument, wenn der Gesetzgeber einem entsprechenden Willen in den einschlägigen Normen Ausdruck verliehen hätte, dem sich die Praxis de lege lata fügen müsste. Als Argument für die Reduktion des Streitgegenstands der Anfechtungsklage auf den Aufhebungsanspruch wird § 42 Abs. 1 VwGO genannt[868], wonach durch Klage die Aufhebung eines Verwaltungsakts begehrt werden kann. Aus dieser Vorschrift folgt aber nur, dass der Aufhebungsanspruch Bestandteil des Streitgegenstands ist, und nicht, dass es damit sein Bewenden haben müsste.

Die Aufhebung des Verwaltungsakts ist eine gerichtliche Gestaltung. Bei Gestaltungsurteilen ist anerkannt, dass sie nicht nur auf die Herbeiführung der Rechtsgestaltung gerichtet sind, sondern dass sie darüber hinaus das Bestehen oder Nichtbestehen des geltend gemachten Gestaltungsrechts feststellen[869]. Andernfalls könnten sie nicht in Rechtskraft erwachsen, weil das Gestaltungsrecht mit dem Vollzug der Gestaltung erlischt. Da die Rechtskraftwirkungen qualitativ nicht über den Streitgegenstand hinausgehen können, bedarf auch der Streitgegenstand dieser Ergänzung in Form des Anspruchs auf Feststellung des Gestaltungsrechts. Daraus folgt, dass der Streitgegenstand der Anfechtungsklage mit dem in § 42 Abs. 1 VwGO genannten Aufhebungsbegehren ohnehin nicht erschöpfend beschrieben wird und der Aufhebungsantrag das Anspruchsziel nicht abschließend eingrenzt. Um herauszufinden, worin bei verständiger Würdigung[870] das durch den Aufhebungsantrag näher konkretisierte Anspruchsziel zu sehen ist, sind weitere Normen der Verwaltungsgerichtsordnung hinzuzuziehen. Ausgehend von § 42 Abs. 1 VwGO ist keine lange Suche im Gesetz notwendig, denn in § 42 Abs. 2 VwGO wird klargestellt, dass das Aufhebungsbegehren – vorbehaltlich einer abweichenden gesetzlichen Bestimmung, die dann ggf. eine andere Auslegung des Anspruchsziels gebietet – immer mit der Geltendmachung einer Rechtsverletzung des Klägers verbunden ist. Diese enge Verbindung in § 42 VwGO spricht dafür, zusätzlich zu dem geltend gemachten Aufhebungsanspruch die beanspruchte Feststellung der ausdrücklich erwähnten Rechtsverletzung als Bestandteil des Streit-

---

868 DETTERBECK, S. 156.

869 Siehe oben S. 193.

870 BARBEY, in: MENGER-FS (1985), S. 179, spricht von „rechtlicher Identifizierung".

gegenstands anzuerkennen[871]. Auch diese Kombination muss den Streitgegenstand noch nicht abschließend definieren, denn die Rechtsverletzung setzt ihrerseits definitionsgemäß die Rechtswidrigkeit der angegriffenen Maßnahme voraus[872]. Daher kann es aufgrund anderer Bestimmungen geboten sein, die durch § 42 Abs. 2 VwGO nur implizit erfasste Rechtswidrigkeit als selbständigen Bestandteil des Streitgegenstands anzuerkennen. Kein durchgreifendes Argument gegen die Ergänzung der Aufhebung als vordergründiges Ziel der Anfechtungsklage ist auch der Umstand, dass nur die Aufhebung in § 42 Abs. 1 VwGO genannt wird und die Rechtsverletzung davon getrennt in § 42 Abs. 2 VwGO. Denn § 42 VwGO gilt gleichermaßen für Anfechtungs- und Verpflichtungsklagen, wobei in Abs. 1 die Unterscheidungsmerkmale genannt werden und in Abs. 2 die gemeinsame Notwendigkeit, eine Rechtsverletzung geltend zu machen. Auch der Umstand, dass es sich dabei um eine Zulässigkeitsvoraussetzung handelt, führt nicht zu einer abweichenden Beurteilung, denn diese Zulässigkeitsvoraussetzung legt fest, welche Punkte der Kläger streitig stellen muss, damit das Gericht überhaupt eine Sachentscheidung trifft. Sie gehört daher zum Kern der Klage und berührt die Frage, *was* den Gegenstand des Streits ausmacht, und nicht nur die Frage, *wie* die Entscheidung darüber ausfällt.

Mit § 42 Abs. 2 VwGO korrespondiert § 113 Abs. 1 Satz 1 VwGO, der das Merkmal der Rechtsverletzung wieder aufgreift und ergänzt. Nach dieser Vorschrift hebt das Gericht den angefochtenen Verwaltungsakt und den etwaigen Widerspruchsbescheid auf, soweit der Verwaltungsakt rechtswidrig und der Kläger dadurch in seinen Rechten verletzt ist. In Ermangelung der Kompetenz des Bundesgesetzgebers für das allgemeine Verwaltungsrecht kann es sich hierbei nicht um die Festlegung der materiell-rechtlichen Voraussetzungen des Aufhebungsanspruchs handeln. Diese mögen zwar regelmäßig mit der Rechtswidrigkeit des Verwaltungsakts und der Verletzung des Klägers in seinen Rechten erschöpfend beschrieben sein. Zwingend ist dies aber nicht, wie der Blick auf materiellrechtliche Normen wie § 46 VwVfG oder § 17 Abs. 6c Satz 2 FStrG zeigt. Entsprechend indiziert die Erfüllung der in § 113 Abs. 1 Satz 1 VwGO genannten Tatbestandsmerkmale zwar die Aufhebung, jedoch steht sie damit nicht definitiv

---

871 Zwar wird üblicherweise von einer „Rechtsbehauptung“ oder „Geltendmachung“ der Rechtsverletzung gesprochen. Eingeordnet in die Trias der Klagearten, nämlich Feststellungs- Leistungs- und Gestaltungsklagen, kann es sich nur um einen behaupteten Feststellungsanspruch handeln. Entsprechend wird in BVerwG, Urt. v. 15.03.1968, BVerwGE 29, 210, 212, im Anschluss an die Definition des Streitgegenstands der Anfechtungsklage als Rechtsbehauptung der Klägerin, sie werde in seinen Rechten verletzt, ausgeführt: „Wird der Klage stattgegeben, so wird diese Rechtsbehauptung als zutreffend bestätigt und damit bindend festgestellt, daß die Klägerin durch die von ihr angefochtene Verwaltungsentscheidung in ihrem Ausgestaltungsrecht verletzt worden ist.“

872 KOPP / SCHENKE, § 113 Rn. 5.

fest. Als rein prozessuale Bestimmung behält die Fassung des § 113 Abs. 1 Satz 1 VwGO einen Sinn, wenn sie klarstellt, dass mit der Entscheidung über den geltend gemachten Aufhebungsanspruch auch die feststellende Entscheidung über die Rechtswidrigkeit und die Rechtsverletzung verbunden ist. Diese Tatbestandsmerkmale der Kassation erhalten so eine selbständige Bedeutung. Genau genommen handelt es sich lediglich um eine Konkretisierung der Feststellungswirkung, die ohnehin mit jedem Gestaltungsurteil verbunden ist. Das Besondere ist nur, dass einzelne Elemente des Gestaltungsrechts kraft gesetzlicher Bestimmung von der Feststellungswirkung erfasst werden[873]. Bei verständiger Auslegung zielt dann der auch an das Gericht adressierte prozessuale Anspruch auch auf diese feststellenden Entscheidungen ab, und zwar unabhängig davon, dass die Formulierung des Antrages im Rahmen der Anfechtungsklage regelmäßig nur das Primärziel der Aufhebung zum Ausdruck bringt.

Zu Recht hat SCHENKE auf den systematischen Zusammenhang zwischen der Entscheidung über die Anfechtungsklage gem. § 113 Abs. 1 Satz 1 VwGO und über die Fortsetzungsfeststellungsklage gem. § 113 Abs. 1 Satz 4 VwGO hingewiesen[874]. Die modifizierte Fortsetzung der Anfechtungsklage in der Weise, dass nach Erledigung des Verwaltungsakts die Feststellung seiner Rechtswidrigkeit verlangt werden kann, wäre nicht gerechtfertigt, wenn nicht entscheidende Gemeinsamkeiten zwischen den Klagearten bestünden. Gegen die Annahme einer Teilidentität von Anfechtungs- und Fortsetzungsfeststellungsklage spricht nur scheinbar das in § 113 Abs. 1 Satz 1 VwGO normierte Erfordernis, den Ausspruch der Rechtswidrigkeit des Verwaltungsakts gesondert zu beantragen[875]. Daraus folgt nur, dass die Anfechtungsklage nicht automatisch das Begehren einschließt, im Falle der Erledigung des Verwaltungsakts auszusprechen, dass er rechtswidrig gewesen ist. Ein solches Klagebegehren wäre auch wegen seiner Abhängigkeit von dem Eintritt einer außerprozessualen Bedingung unzulässig[876]. Das schließt es nicht aus, das Anspruchsziel der Anfechtungsklage vor Erledigung des angegriffenen Verwaltungsakts dahin gehend auszulegen, dass mit der Aufhebung gleichzeitig die Feststellung der Rechtswidrigkeit und der Rechtsverletzung ver-

873 Ähnlich HELMUT SCHMIDT, DÖV 1962, 486, 493: Der Gesetzgeber habe zum Ausdruck gebracht, dass mit der Rechtsverletzung auch eine Vorfrage des Aufhebungsbegehrens zum Streitgegenstand gehören soll.

874 KOPP / SCHENKE, § 113 Rn. 8. Im Ansatz auch HELMUT SCHMIDT, DÖV 1962, 486, 493, der die Fortsetzungsfeststellungsklage als Beweis dafür anführt, dass § 113 VwGO Vorfragen der Aufhebung in den Rang des Streitgegenstands erhebe, wobei er aber ohne Auseinandersetzung mit dem Wortlaut des § 113 Abs. 1 S. 4 VwGO die dort erwähnte Rechtswidrigkeit des Verwaltungsakts ausklammert und nur die behauptete Rechtsverletzung als Bestandteil des Streitgegenstands der Anfechtungsklage anerkennt.

875 So aber BETTERMANN, DVBl. 1953, 163, 165; ebenso HAUSTEIN, S. 90 f.

876 Vgl. REDEKER / V.OERTZEN, § 81 Rn. 7; SCHELLHAMMER, Rn. 60, 1247.

langt wird. Wenn dann aber eines dieser Anspruchs(-Teil)ziele nicht mehr erreichbar ist – nämlich die Aufhebung nach Erledigung –, muss ohnehin ein neuer Antrag gestellt werden, der unter den veränderten Umständen sachdienlich ist.

Wenn das Feststellungsbegehren nicht bereits der Anfechtungsklage immanent wäre, könnte die in § 43 Abs. 2 Satz 1 VwGO statuierte Subsidiarität der Feststellungsklage nicht akzeptiert werden. Die Auseinandersetzung mit der Auffassung, die ausschließlich den Aufhebungsanspruch als Streitgegenstand der Anfechtungsklage ansieht, hat gezeigt, dass eine verbindliche Klärung von Vorfragen des Amtshaftungsanspruchs nur möglich ist, wenn die Feststellung der Rechtswidrigkeit des Verwaltungsakts in Rechtskraft erwächst. Insofern kann für die Feststellung im Einzelfall ein praktisches Bedürfnis bestehen, dem mit entsprechenden Rechtsschutzmöglichkeiten Rechnung getragen werden muss. Soweit aber eine Anfechtungsklage möglich ist oder war, ist eine Klage auf Feststellung der Rechtswidrigkeit eines Verwaltungsakts regelmäßig unzulässig, und zwar sowohl in ihrer isolierten Form[877] als auch kumulativ neben einer bereits erhobenen Anfechtungsklage[878]. Diese Subsidiarität ist nicht etwa erst eine Folge des in Rechtsprechung und Literatur vorherrschenden Verständnisses vom Streitgegenstand der Anfechtungsklage, wonach die begehrte Entscheidung über die Rechtswidrigkeit des Verwaltungsakts einbezogen ist. Ausweislich des in § 43 Abs. 2 Satz 1 VwGO normierten Vorrangs der Gestaltungsklage und der ausdrücklichen Erwähnung der Anfechtungsklage in der Gesetzesbegründung[879] entspricht dieses Verhältnis der Klagearten untereinander auch dem Willen des Gesetzgebers. Diesem Willen liegt offenbar die Annahme zu Grunde, dass der mit der Feststellungsklage erzielbare Rechtsschutz vollständig auch mit der Anfechtungsklage zu verwirklichen sei. Andernfalls würde man – z.B. im Falle der Anfechtungsklage im Vorfeld der Amtshaftungsklage – dem Kläger und den Gerichten Möglichkeiten des effektiven und verfahrensökonomischen Rechtsschutzes abschneiden. Daher ist die Unzulässigkeit der Klage auf Feststellung der Rechtswidrigkeit eines Verwaltungsakts nicht erst eine Folge der Streitgegenstandsbestimmung, sondern umgekehrt ein Argument für die Einbeziehung des Anspruchs auf Feststellung der Rechtswidrigkeit des Verwaltungsakts in den Streitgegenstand der Anfechtungsklage.

In das hier gezeichnete Bild vom Streitgegenstand der Anfechtungsklage fügt sich nahtlos die Bestimmung des § 113 Abs. 3 VwGO ein. Nach dem Ergebnis der oben angestellten Untersuchung[880] unterscheidet sich die Aufhebung eines Verwal-

---

877 KOPP / SCHENKE, § 43 Rn. 4; REDEKER / V.OERTZEN, § 43 Rn. 16

878 KOPP / SCHENKE, § 43 Rn. 32. Dies gilt sogar für die ansonsten ausnahmsweise gem. § 43 Abs. 2 S. 2 VwGO zulässige Klage auf Feststellung der Nichtigkeit eines Verwaltungsakts.

879 BT-Drucks. 3/55, S. 32.

880 Siehe oben S. 140 ff.

tungsakts nach dieser Vorschrift von der üblichen Kassation gem. § 113 Abs. 1 Satz 1 VwGO dadurch, dass mit der Aufhebung nach § 113 Abs. 3 Satz 1 VwGO kein Wiederholungsverbot und damit keine abschließende Entscheidung über das Schicksal des angefochtenen Verwaltungsakts verbunden ist und die Sache nicht in diesem Sinne spruchreif gemacht wird. Vielmehr kann der Verwaltungsakt bei entsprechendem Ergebnis der von der Behörde ergänzend vorgenommenen Sachverhaltsermittlung mit identischem Inhalt erneut erlassen werden. Bei der Streitgegenstandsdefinition müssten die Besonderheiten des § 113 Abs. 3 VwGO nur dann Berücksichtigung finden, wenn denkbar wäre, dass der Kläger sein Anspruchsziel darauf ausrichtet und gerade die in dieser Vorschrift vorgesehene Entscheidungsform begehrt. Die Zulässigkeit eines solchen Begehrens gem. § 113 Abs. 3 Satz 1 VwGO wäre aber zu bejahen. Die parallele Situation bei der Verpflichtungsklage ist die, dass der Kläger den Erlass eines – bei fehlender Spruchreife der Verpflichtungssache ergehenden – Bescheidungsurteils begehrt[881]. Es steht außer Frage, dass der Kläger zulässigerweise einen Bescheidungsantrag stellen darf, wenn erkennbar ein Bescheidungsurteil in Betracht kommt[882]. Entsprechend ist ein „Zurückverweisungsantrag" gem. § 113 Abs. 3 Satz 1 VwGO zulässig.

Gegen die „Möglichkeit einer eigenen Antragsform nach § 113 Abs. 3 VwGO" hat sich DEMMEL[883] ausgesprochen. Zwar bedeute bei der Anfechtungsklage der Ausspruch nach § 113 Abs. 3 VwGO, bei dem nicht über die Rechtswidrigkeit des Verwaltungsakts entschieden werden, ebenso wie der Tenor des § 113 Abs. 5 Satz 2 VwGO ein Zurückbleiben hinter der beantragten Entscheidung[884]. Strukturell vergleichbar seien die Situationen allerdings nicht, denn § 113 Abs. 3 VwGO erfasse den Fall des „Nicht-Sollens" der Übernahme von verwaltungsbehördlicher Tätigkeit, wogegen das Bescheidungsurteil gem. § 113 Abs. 5 Satz 2 VwGO „bei Ermessensentscheidungen den Fall des Nicht-Könnens aufgrund der verfassungsrechtlich bedingten Zuständigkeitszuweisungen der Gewalten" erfasse[885]. Bei einer Entscheidung nach § 113 Abs. 3 VwGO werde dem primären Rechtsschutzziel des Klägers – wenn auch vordergründig – stattgegeben und die Kostenentscheidung richte sich nach § 154 Abs. 1 VwGO bzw. § 155 Abs. 5 VwGO unter Annahme eines Unterliegens der Behörde. Des Weiteren stünde der Annahme einer

---

881 Vgl. die auf § 113 Abs. 3 VwGO bezogene Überschrift in der Kommentierung von KUNTZE, in: BADER / FUNKE-KAISER / KUNTZE / V.ALBEDYLL, § 113 Rn. 82: „'Bescheidungsurteil' bei Anfechtungsklagen".

882 Streitig ist nur, ob der Kläger der fehlenden Aussicht auf die Spruchreife der Sache mit einem Bescheidungsantrag Rechnung tragen und bei Stellung eines Vornahmeantrages ein Teilunterliegen in Kauf nehmen muss. Siehe dazu unten S. 263 ff.

883 S. 79 ff.

884 DEMMEL, S. 82.

885 DEMMEL, S. 82.

eigenständigen Antragsform die fakultative Ausgestaltung des § 113 Abs. 3 VwGO entgegen, wonach ihre Anwendung trotz Vorliegens ihrer Voraussetzungen im Ermessen des Gerichts stehe[886]. Ferner bestünde die Gefahr, die grundsätzlich ergebnisorientierte Gerichtskontrolle durch eine reine Verhaltenskontrolle abzulösen[887]. Die Zulässigkeit eines Begehrens gem. § 113 Abs. 3 VwGO könnte schließlich missbraucht werden, um auch bei sicherem Ergehen der belastenden Verwaltungsentscheidung das Verwaltungsverfahren zu blockieren – etwa wenn der Kläger nur einen Zeitaufschub erzielen oder die Behörde disziplinieren will[888].

Die Argumente, die DEMMEL gegen die Zulässigkeit des auf eine Entscheidung gem. § 113 Abs. 3 Satz 1 VwGO ausgerichteten Antrags vorbringt, können nicht überzeugen. Insbesondere der systematische Grundgedanke, dass in Verfahren mit Dispositionsmaxime der Kläger das beantragen darf, was das Gericht zusprechen kann[889], wird durch ihre Beweisführung nicht entkräftet. Die Vergleichbarkeit mit dem an § 113 Abs. 5 Satz 2 VwGO orientierten Bescheidungsantrag ist durchaus gegeben, denn diese Norm erfasst eben nicht nur Ermessensentscheidungen, und dort liegt es keineswegs immer so, dass das Gericht nur aus Gründen der Gewaltenteilung bzw. aufgrund materiell-rechtlicher Kontrollrestriktionen an einer abschließenden Entscheidung gehindert wäre. Vielmehr sind auch dort Fälle mangelnder Spruchreife gerade wegen des Bedarfs weiterer Sachverhaltsermittlungen denkbar, die sachdienlicherweise von der Behörde vorzunehmen sind. In welchen Grenzen man diese Fälle auch immer anerkennen mag – es gibt sie jedenfalls. Mit der „vordergründigen" Stattgabe lässt sich nicht gut argumentieren, denn dem Prozessrecht ist eine solche Kategorie fremd. Entweder gewinnt der Kläger mit einem Urteil gem. §113 Abs. 3 Satz 1 VwGO voll, oder er unterliegt (teilweise). DEMMELs Rechtsauffassung von der Kostenentscheidung kann zur Diskussion ebenfalls nichts Konstruktives beitragen, denn inwieweit ein Obsiegen bzw. Teilunterliegen anzunehmen ist, bestimmt sich erst nach Maßgabe des Streitgegenstands[890]. Der umgekehrte Schluss von der mutmaßlichen Kostenentscheidung auf die (fehlende) Notwendigkeit, dem Gericht ein bestimmtes Begehren antragen zu dürfen, mündet daher in einen Zirkel[891]. Überdies ist DEMMELs Ansicht von der Kostenentscheidung angesichts der anders lautenden Gesetzesbegründung, die

---

886 DEMMEL, S. 82 unter Hinweis auf GERHARDT, in: SCHOCH / SCHMIDT-ASSMANN / PIETZNER, § 113 Rn. 49, wonach kein Beteiligter eine Entscheidung nach § 113 Abs. 3 VwGO beanspruchen könne, weil das Ermessen mit dem Ausnahmecharakter der Vorschrift korrespondiere.

887 DEMMEL, S. 83.

888 DEMMEL, S. 83 f.

889 So bereits BETTERMANN, NJW 1960, 649, 656.

890 KOPP / SCHENKE, § 155 Rn. 2.

891 Ebenso zur „Bescheidungsklage" BRUNN, S. 42.

von § 155 Abs. 1 VwGO bzw. § 155 Abs. 5 VwGO ausgeht[892], zumindest fragwürdig[893].

Die Annahme einer fakultativen Ausgestaltung des § 113 Abs. 3 Satz 1 VwGO ist nicht zwingend. Sie kann nicht aus dem Wortlaut dieser Vorschrift abgeleitet werden, denn z.B. auch die Formulierung des § 113 Abs. 1 Satz 2 VwGO, wonach das Gericht auf Antrag auch die Verpflichtung zur Beseitigung der Vollzugsfolgen aussprechen *kann*, begründet nur scheinbar einen Ermessensspielraum des Gerichts. Soweit dort bei der Entscheidung über die Anfechtungsklage feststeht, dass die Voraussetzungen für die Verurteilung zur Vollzugsfolgenbeseitigung erfüllt sind, muss nämlich die Entscheidung darüber bereits zusammen mit der Kassation ergehen, wenn der Kläger einen entsprechenden Antrag stellt[894]. Im Falle der Anerkennung einer an § 113 Abs. 3 Satz 1 VwGO orientierten Antragsform wäre die Anwendung dieser Vorschrift bei Erfüllung ihrer Voraussetzungen in dem Maße nicht mehr fakultativ, in dem das Gericht an das durch den Antrag konkretisierte Begehren gebunden ist. Auch insofern dürfen daher – wie bei der Argumentation mit den Kostenfolgen – nicht Ursache und Wirkung verwechselt werden. Für die Frage, ob der Kläger berechtigt ist, die sonst im Ermessen stehende Anwendung einer Norm zu beantragen, muss es vielmehr nach allgemeinen Grundsätzen darauf ankommen, ob die Norm auch dem Schutz der Interessen des Antragstellers dient. Das ist dann der Fall, wenn nach dem Zweck der Ermessensermächtigung das Interesse des Betroffenen in das Abwägungsmaterial eingestellt werden soll[895]. Die Erfüllung dieser Voraussetzung kann angesichts der klaren textlichen Fassung des § 113 Abs. 3 Satz 1 VwGO („auch unter Berücksichtigung der Belange der Beteiligten") kaum geleugnet werden.

Dass bei Zulässigkeit eines Antrags gem. § 113 Abs. 3 Satz 1 VwGO die Anfechtungsklage Gefahr laufe, zu einer bloßen Verhaltenskontrolle zu verkommen, ist so nicht richtig. Es geht doch bei dem Verfahren nach § 113 Abs. 3 VwGO um die Frage, ob der Verwaltungsakt als Produkt der Verwaltungstätigkeit eine tragfähige Grundlage in der Lebenswirklichkeit findet oder ob der Sachverhalt derart unklar ist, dass zum Zeitpunkt der gerichtlichen Entscheidung ein Nachermittlungsbedarf besteht, der die Aufrechterhaltung des Verwaltungsakts spekulativ erscheinen lässt. Es kommt gerade nicht darauf an, ob der Behörde ein Verfahrensfehler unterlaufen ist[896], also insbesondere nicht darauf, ob die Behörde die Ermittlungen

---

892 BT-Drucks. 11/7030, S. 30.

893 Siehe unten S. 275 ff.

894 Gerhardt, in: Schoch / Schmidt-Assmann / Pietzner, § 113 Rn. 60; Kopp / Schenke, § 113 Rn. 93; Spannowsky, in: NK-VwGO, § 113 Rn. 111.

895 Faber, § 28 III b).

896 BT-Drucks. 11/7030, S. 30.

schon früher hätte vornehmen müssen und ob ihr deswegen ein Vorwurf zu machen ist. Damit droht keineswegs eine bloße Verhaltensprüfung, sondern es geht um den prozessökonomischen Vergleich zwischen dem angenommenen und dem tatsächlichen Sachverhalt, der zur Aufrechterhaltung des Verwaltungsakts notwendig ist. Schließlich sprechen die Missbrauchsmöglichkeiten nicht gegen die Zulässigkeit. Der Gefahr des Missbrauchs sind wohl alle Rechtsbehelfe ausgesetzt, die eine dem Rechtsstaatsprinzip und der Wirksamkeit des Rechtsschutzes verpflichtete Prozessordnung bereithält. Diese Gefahr ist jedoch kein Grund, für die Abschaffung oder generelle Unzulässigkeit von Rechtsbehelfen zu plädieren. Vielmehr ist durch eine sachgerechte gerichtliche Handhabung der Rechtsbehelfe sicherzustellen, dass der Missbrauch keinen Erfolg hat. Vorliegend kann einem Antrag gem. § 113 Abs. 3 Satz 1 VwGO das Rechtsschutzbedürfnis abgesprochen werden. Die Entscheidung darüber setzt aber eine Einzelfallprüfung voraus und erlaubt kein Pauschalurteil.

Andere Bedenken gegen die Zulässigkeit eines Antrags, der auf eine Entscheidung gem. § 113 Abs. 3 Satz 1 VwGO abzielt, sind nicht ganz von der Hand zu weisen. Es erheben sich Bedenken wegen § 42 Abs. 2 VwGO, wonach grundsätzlich – vorbehaltlich einer anderen gesetzlichen Bestimmung – der Kläger geltend machen muss, durch den Verwaltungsakt in seinen Rechten verletzt zu sein. Diese Geltendmachung kommt in einem an § 113 Abs. 3 Satz 1 VwGO ausgerichteten Klageantrag nicht zum Ausdruck, weil diese Vorschrift nach hiesigem Verständnis keine Entscheidung über die Rechtswidrigkeit oder Rechtsverletzung vorsieht. Allerdings ist es auch nicht zwingend erforderlich, dass der Kläger alles beantragt, worauf er ein Recht zu haben glaubt. Es ist daher möglich, dass der Kläger diese Geltendmachung nicht in seinen Antrag aufnimmt, auch wenn sie sich aus seinem übrigen Vortrag ergibt. An dieser Stelle geht es vorrangig um die Struktur der Normen und weniger um die Relevanz für die Praxis. Unabhängig von der Frage, in welchen Fällen eine solche Vorgehensweise für den Kläger sinnvoll sein kann, ist es jedenfalls nicht logisch ausgeschlossen, dass der Kläger zwar geltend macht, durch einen rechtswidrigen Verwaltungsakt in seinen Rechten verletzt zu sein, dass er aber die gerichtliche Aufhebung ohne abschließende Prüfung der Rechtswidrigkeit und Rechtsverletzung vorzieht, um auf diese Weise – eventuell schneller – die Beseitigung von Belastungen zu erreichen. Auf dem Höhepunkt der Streitgegenstandsdiskussion des Zivilprozessrechts in den 1950er Jahren wurde sorgsam unterschieden zwischen einerseits dem Begehren, d.h. der an das Gericht adressierten Entscheidungsbitte[897], und andererseits der Rechtsbehauptung, die sich aufteilt in eine Behauptung von einem Recht bestimmten Inhalts (z.B.: auf Zahlung von 1.000,- DM) und eine Verfahrensbehauptung (z.B.: Das behauptete

897 SCHWAB, S. 186; später auch HESSELBERGER, S. 196 ff.; für den Verwaltungsprozess HAUSTEIN, S. 157 ff.

Recht müsse dem Kläger in dem eingeschlagenen Verfahren der Leistungsklage zugesprochen werden.)[898]. Inzwischen wird für den Streitgegenstand das Begehren – freilich unter Einbeziehung des Sachverhalts – als maßgeblich erachtet[899]. Die Unterscheidung zwischen dem Begehren und der Rechtsbehauptung ist aber für die hier zu erörternde Frage insoweit hilfreich, als sie deutlich macht, dass derselben inhaltlichen Rechtsbehauptung mit unterschiedlichen Begehren im Sinne von Entscheidungsbitten Rechnung getragen werden kann. Die in § 42 Abs. 2 VwGO geforderte Geltendmachung einer Verletzung in eigenen Rechten entspricht der inhaltlichen Rechtsbehauptung. Die Rechtsverletzung muss möglich sein, um die Zulässigkeit der Klage zu begründen. Diese mögliche Rechtsverletzung ist es auch, die eine weitere Sachaufklärung i.S.d. § 113 Abs. 3 Satz 1 VwGO erforderlich macht. Dann steht es aber im Einklang mit § 42 Abs. 2 VwGO, wenn der Kläger zwar behauptet, in seinen Rechten verletzt zu sein, wenn er aber aus dieser Behauptung für das gerichtliche Verfahren die Konsequenz zieht, nur die Aufhebung des ihn belastenden Verwaltungsakts zu begehren, anstatt dem Gericht darüber hinaus auch die entsprechenden, der Rechtskraft fähigen Feststellungen anzutragen.

Es ergibt sich: Wenn dem Gericht gesetzlich die Möglichkeit der Verfahrensvereinfachung auf diesem Wege eingeräumt ist, muss es auch dem Kläger freistehen, seinerseits die Prüfung der einschlägigen Kriterien des § 113 Abs. 3 Satz 1 VwGO vorzunehmen und seine Klage auf diese Entscheidungsform auszurichten. Dieses Ergebnis liegt in der Konsequenz der Dispositionsmaxime und der in § 113 VwGO normierten Typisierung der verwaltungsgerichtlichen Urteile.

Die Möglichkeit, den Anspruch auf eine Entscheidung nach § 113 Abs. 3 Satz 1 VwGO zum Streitgegenstand zu machen, verlangt dann nach Unterscheidungsmerkmalen zur Abgrenzung gegenüber dem Streitgegenstand der „gewöhnlichen“ Anfechtungsklage, die auf eine Entscheidung nach § 113 Abs. 1 Satz 1 VwGO abzielt. Die beanspruchte Aufhebung selbst ist in beiden Fällen die gleiche und kann keine Unterscheidungsfunktionen erfüllen. Sie wird bei Entscheidungen nach § 113 Abs. 1 Satz 1 VwGO und nach § 113 Abs. 3 Satz 1 VwGO gleichermaßen durch richterliche Gestaltung herbeigeführt. Sie kann auch im Falle fehlender Spruchreife (zur Zeit der gerichtlichen Entscheidung nach § 113 Abs. 3 Satz 1 VwGO) dauerhaft sein, wenn die ergänzenden Sachverhaltsermittlungen den Erlass eines Verwaltungsakts gleichen Inhalts nicht gebieten oder erlauben. Es be-

---

898 HABSCHEID, S. 141 ff.

899 HABSCHEID, in: SCHWAB-FS, S. 183, sieht darin einen Kompromiss der Auffassung SCHWABs, dessen Begriff des Begehrens sich durchgesetzt habe, und seiner eigenen, indem der Sachverhalt als Element des Streitgegenstands anerkannt wird. Zusammenfassend auch ROSENBERG / SCHWAB / GOTTWALD, § 95 IV.

darf daher zusätzlicher Unterscheidungsmerkmale. Wenn die „abgespeckte“ Entscheidung in § 113 Abs. 3 VwGO ausdrücklich geregelt wird, folgt daraus im Umkehrschluss, dass der Ausspruch nach § 113 Abs. 1 Satz 1 VwGO noch eine zusätzliche Bedeutung haben muss. Bei der rechtlichen Würdigung des Anspruchsziels ist dann davon auszugehen, dass es dem Kläger im Zweifel auch auf diese zusätzliche Bedeutung ankommt. Ohne Anhaltspunkte für eine abweichende Auslegung wird davon auszugehen sein, dass der Kläger in traditioneller Weise die umfangreichere Entscheidung nach § 113 Abs. 1 Satz 1 VwGO begehrt, wenn er schlicht die Aufhebung beantragt. Nur die Ausnahme müsste gesondert deutlich gemacht werden, d.h. es muss klar zum Ausdruck gebracht werden, wenn nach § 113 Abs. 3 Satz 1 VwGO verfahren werden soll. Gleiches gilt für den gerichtlichen Ausspruch, der nicht den Normalfall kennzeichnen muss, dass die Aufhebung auch die Feststellung der Rechtswidrigkeit und der Rechtsverletzung beinhaltet, sondern den Ausnahmefall einer ausschließlich aufhebenden Entscheidung gem. § 113 Abs. 3 Satz 1 VwGO[900]. Die Frage ist, wie die Unterscheidung von der üblichen Kassation im Tenor deutlich gemacht werden kann. Die Tenorierung einer „Zurückverweisung“ an die Behörde unter Bezugnahme auf § 113 Abs. 3 VwGO[901] begegnet Bedenken, weil die Verwaltungsgerichte im Verhältnis zu den Behörden gerade keine höheren Instanzen innerhalb derselben Verfahrensart sind[902], weil § 113 Abs. 3 Satz 1 VwGO keine Verpflichtung der Behörde zu neuen Sachverhaltsermittlungen vorsieht – die Behörde kann unter Umständen die Aufhebung akzeptieren und die Akten zuklappen –[903] und weil die Bezugnahme auf eine Rechtsnorm im Tenor einer gerichtlichen Entscheidung Probleme mit dem Bestimmtheitsgebot in sich birgt[904]. Die Tenorierung der „Aufhebung ohne Entscheidung in der Sache selbst“[905] ist unbefriedigend, weil sie nicht aus sich heraus verständlich ist. Die tenorierte Aufhebung ohne abschließende Entscheidung in der Sache selbst „da der/die Beklagte noch weitere Sachaufklärung durch-

900 Ebenso DEMMEL, S. 159 f., unter Feststellung einer entsprechenden Tendenz in der Rechtsprechung.

901 VG Neustadt, Urt. v. 17.10.1994 – 1 K 3744/94.NW –: „Der Bescheid des Bundesamtes ... wird aufgehoben und das Verfahren zur weiteren Sachaufklärung an das Bundesamt zurückverwiesen (§ 113 Abs. 3 VwGO).“, insoweit nicht abgedruckt in InfAuslR 1995, 36, zitiert nach DEMMEL, S. 160 Fn. 739.

902 SCHRÖDER, in: MENGER-FS (1985), S. 489; STÜER, in: MENGER-FS (1985), S. 795.

903 Vgl. GERHARDT, in: SCHOCH / SCHMIDT-ASSMANN / PIETZNER, § 113 Rn. 52.

904 Vgl. VOLLKOMMER, in: ZÖLLER, § 313 Rn. 8.

905 VG Dresden, Urt. v. 17.11.1992 – 3 K 555/92 –: Der Bescheid ... wird – ohne Entscheidung in der Sache selbst – aufgehoben.“, insoweit nicht abgedruckt in VIZ 1993, 213, zitiert nach DEMMEL, S. 160 Fn. 739.

zuführen hat"[906] bricht schließlich mit dem Grundsatz, dass nur die Rechtsfolge in der Urteilsformel ausgesprochen wird und die Gründe der Entscheidung nicht aufgenommen werden[907]. Stattdessen könnte sich die Tenorierung – und folglich auch die Antragsformulierung – bezüglich der Entscheidung gem. § 113 Abs. 3 Satz 1 VwGO an der folgenden Formulierung orientieren: „Der Bescheid des Beklagten vom ... zu dem Aktenzeichen ... wird – ohne abschließende Entscheidung über seine Rechtmäßigkeit oder über eine Verletzung des Klägers in seinen Rechten – aufgehoben." Die einzig denkbaren Unterscheidungsmerkmale der Anspruchsziele im Sinne des § 113 Abs. 1 Satz 1 VwGO bzw. § 113 Abs. 3 Satz 1 VwGO sind nämlich die konkludent erhobenen Ansprüche auf Feststellung der Rechtswidrigkeit und der dadurch verursachten Rechtsverletzung, die bei der Klage gem. § 113 Abs. 3 Satz 1 VwGO fehlen. Daher sollten diese Unterscheidungsmerkmale zur Kennzeichnung eines Streitgegenstands im Sinne des § 113 Abs. 3 Satz 1 VwGO auch konkret benannt werden.

Die ergänzende Feststellung der Aufhebungsentscheidung nach § 113 Abs. 1 Satz 1 VwGO steht im Zusammenhang mit der Aufhebung und kann nicht von ihr isoliert werden. Daher ist nicht zwangsläufig ein Urteil mit feststellendem Tenor zu erlassen, wenn sich die Aufhebung des Verwaltungsakts wegen seiner Erledigung oder aus anderen Gründen nicht realisieren lässt. Stattdessen bedarf es dann einer Fortsetzungsfeststellungsklage gem. § 113 Abs. 1 Satz 4 VwGO[908]. Im Falle der Aufhebung ist mit der Entscheidung aber ausweislich der Formulierung „soweit" in § 113 Abs. 1 Satz 1 VwGO immer die Feststellung der Rechtswidrigkeit und der Rechtsverletzung verbunden. Aus ihrer Verknüpfung mit der Aufhebung folgt der Gegenstand der Feststellung, dass der Verwaltungsakt an einem durchgreifenden Fehler im Sinne von Erfolgsunrecht leidet und nicht nur an einem formellen Fehler, der als Handlungsunrecht bezeichnet werden könnte und gem. § 46 VwVfG nicht zur Aufhebung führt[909]. Das bedeutet nach der hier vertretenen Auffassung nicht, dass nur Verwaltungsakte aufgehoben werden dürften, deren

---

906 DEMMEL, S. 160 im Anschluss an VG Greifswald, Urt. v. 04.04.1995 – 5 A 1530/94 –: „Der Bescheid des Beklagten ... und der Widerspruchsbescheid ... werden ohne abschließende Entscheidung in der Sache insoweit aufgehoben, als der Beklagte aufgrund der in den Entscheidungsgründen getroffenen Feststellungen noch eine weitere Sachaufklärung durchzuführen hat.", zitiert nach DEMMEL, S. 160 Fn. 740.

907 Vgl. VOLLKOMMER, in: ZÖLLER, § 313 Rn. 8.

908 SCHENKE (in: MENGER-FS, S. 476 ff.; ebenso DERSELBE Rn. 326; sowie DERSELBE in: KOPP / SCHENKE, § 113 Rn. 107) befürwortet die Fortsetzungsfeststellungsklage in analoger Anwendung des § 113 Abs. 1 Satz 4 VwGO auch dann, wenn die Aufhebung nicht wegen eines erledigenden Ereignisses, sondern aus materiell-rechtlichen Gründen ausscheidet (z.B. wegen § 46 VwVfG). Dem ist im Hinblick auf Art. 19 Abs. 4 S. 1 GG zuzustimmen.

909 Zur Unterscheidung von Handlungs- und Erfolgsunrecht im Verwaltungsverfahren FABER, § 15 II.

Regelung unter keinem Gesichtspunkt gerechtfertigt werden können[910]. Gemeint ist hier mit „Erfolgsunrecht" die inhaltliche Fehlerhaftigkeit des Verwaltungsakts, d.h. ein Mangel im Produkt der Verwaltungstätigkeit, so wie es der Adressat – meist in schriftlicher Form – nach dem Willen der Behörde hinnehmen soll. Dazu gehört auch eine in tragenden Passagen fehlerhafte Begründung. Indem der feststellende Teil des stattgebenden Urteils über die Anfechtungsklage die inhaltliche Fehlerhaftigkeit und die dadurch hervorgerufene Rechtsverletzung attestiert, ist das Urteil losgelöst von dem zu entscheidenden Fall auch in Folgeprozessen verwertbar. Mit der inhaltlichen Missbilligung ist nämlich das Verbot aufgestellt, einen Verwaltungsakt mit wesentlich gleichem Inhalt erneut zu erlassen, sofern sich die tatsächlichen oder rechtlichen Rahmenbedingungen nicht entscheidend verändert haben. Nach Maßgabe dieses Streitgegenstandsbegriffs wurde mit dem Urteil über die erste Anfechtungsklage die rechtskräftige Entscheidung getroffen, wonach auf Grundlage des Sachverhalts X der Verwaltungsakt mit dem Inhalt Y wegen Verstoßes gegen die Vorschrift Z rechtswidrig ist und den Kläger K in seinen Rechten verletzt. Nur die als Rechtsgestaltung ausgesprochene Aufhebung bezog sich auf einen anderen, d.h. früheren Verwaltungsakt. Daraus folgt zunächst für den Folgeprozess, mit dem die Wiederholung des aufgehobenen Verwaltungsakts angefochten wird, dass nicht derselbe Streitgegenstand vorliegt, denn der geltend gemachte Aufhebungsanspruch ist auf einen neuen Verwaltungsakt bezogen, der jedenfalls so selbständig ist, dass er in Bestandskraft erwachsen könnte und deshalb aus Sicht des Klägers angefochten werden muss. Aus diesem Grunde lassen ja auch die Befürworter der Streitgegenstandsidentität bei der Anfechtung wiederholender Verwaltungsakte die neue Klage zu. Die Verneinung der Streitgegenstandsidentität ist aber deshalb von Vorteil, weil dann keine Konflikte mit dem Verbot jeder neuen Verhandlung und Entscheidung über denselben Streitgegenstand („ne bis in idem") entstehen. Denn dieses Verbot schützt am konsequentesten den Bestand der Rechtskraft[911]. Wenn sich aber weiterhin die Determinanten X, Y, Z und K nicht verändert haben, sind die wesentlichen Streitpunkte der neuen Klage bereits verbindlich entschieden. Es kommt auch für die neue Klage darauf an, ob auf Grundlage des Sachverhalts X der Verwaltungsakt mit dem Inhalt Y wegen Verstoßes gegen die Vorschrift Z rechtswidrig ist und den Kläger K in seinen Rechten verletzt. Daher ist der Vorprozess präjudiziell für die Entscheidung über die nachfolgende Anfechtungsklage. Auch in dem neuen Verfahren ist dann ohne weiteres die Aufhebung des angefochtenen Verwaltungsakts geboten. Damit dienen die feststellenden Elemente des Streitgegenstands der Anfechtungsklage gem. § 113 Abs. 1 Satz 1 VwGO sowohl der Abgrenzung gegenüber der eingeschränkten Klage gem. § 113 Abs. 3 Satz 1 VwGO als auch der Begründung des Verwaltungsakt-Wiederholungsverbots.

910 Siehe oben S. 117 ff.

911 Siehe oben S. 168.

3. Ergebnis

Die von SCHENKE erarbeitete Formel zum Streitgegenstand der Anfechtungsklage vermag prinzipiell zu überzeugen. Sie bedarf aber MEINES Erachtens in drei Punkten der Ergänzung:

- Der prozessuale Anspruch auf Feststellung der Rechtswidrigkeit hat eine selbständige Bedeutung und ist nicht nur in dem Anspruch auf Feststellung der Verletzung des Klägers eingeschlossen.
- Soweit mit der Anfechtungsklage der Feststellungsanspruch erhoben wird, ist er untrennbar mit dem Aufhebungsanspruch verknüpft, was in der Definition durch die Formulierung als „damit verbundene Feststellung" zum Ausdruck kommen soll.
- Der Möglichkeit eines Anfechtungsbegehrens, das sich an § 113 Abs. 3 Satz 1 VwGO orientiert, ist durch die Einklammerung des Feststellungsanspruchs Rechnung zu tragen.

Streitgegenstand der Anfechtungsklage ist der Anspruch des Klägers auf Aufhebung des angefochtenen Verwaltungsakts (sowie auf die damit verbundene Feststellung der Rechtswidrigkeit des Verwaltungsakts und der daraus resultierenden Verletzung des Klägers in seinen Rechten).

III. Verpflichtungsklage

1. Meinungsstand

Die Diskussion um den Streitgegenstand der Verpflichtungsklage verläuft im Wesentlichen parallel zu der Diskussion um den Streitgegenstand der Anfechtungsklage. Sie wird aber weniger kontrovers geführt[912]. Das bedeutet nicht, dass die Positionen hier dichter beieinander lägen. Die Beiträge verzichten nur meist auf eine offene Abgrenzung zu abweichenden Auffassungen und legen sich zum Teil nicht eindeutig fest. So bezeichnet KOPP als Streitgegenstand der Verpflichtungsklage den „Anspruch des Klägers auf Verpflichtung der Behörde zur Vornahme des begehrten VA (bzw. zur Vornahme eines VA nach pflichtgemäßem Ermessen unter Beachtung der Rechtsauffassung des Gerichts)"[913]. Im folgenden Absatz führt er aus, bei der Verpflichtungsklage gehörten die „Rechtswidrigkeit der Ab-

912 DETTERBECK, S. 206: „bei weitem nicht so heftig".
913 In: MENGER-FS, (1985), S. 705.

lehnung oder Unterlassung eines VA und der Umstand, daß der Kläger dadurch in seinen Rechten verletzt ist, in ähnlicher Weise mit zum Streitgegenstand" wie bei der Anfechtungsklage[914]. Bei KOPP / SCHENKE heißt es zur Definition des Streitgegenstandes einerseits deutlich: „Bei der Anfechtungsklage werden dabei verschiedene Standpunkte vertreten."[915] Andererseits werden die Auffassungen zur Verpflichtungsklage mehr aneinandergereiht (... „bzw."...) als gegenübergestellt[916]. Nach REDEKER / V.OERTZEN gehört zum Streitgegenstand einerseits die Behauptung des Klägers, er werde durch die Ablehnung des Verwaltungsakts in seinen Rechten verletzt, und dazu die „Feststellung, ob ein bestimmtes Verhalten der Behörde – gleichbleibende Verhältnisse vorausgesetzt – rechtmäßig ist oder nicht"[917]. Andererseits findet sich in demselben Kommentar an anderer Stelle die Bemerkung, die Verpflichtungsklage sei „stets auf die Verurteilung der Behörde zum Erlaß eines VA gerichtet"[918]. Nicht ganz eindeutig äußern sich auch SCHMITT GLAESER / HORN, die zunächst ausführen, Streitgegenstand sei die Rechtsbehauptung des Klägers, die Ablehnung des beantragten Verwaltungsakts sei rechtswidrig und er werde hierdurch in seinen Rechten verletzt[919]. An anderer Stelle heißt es in diesem Lehrbuch, „Klagegegenstand" sei „das Begehren des Klägers auf Erlaß eines bestimmten VA oder (bei mangelnder Spruchreife) eines sachlichen Bescheids und die Weigerung der Behörde, den beantragten VA zu erlassen"[920]. Nach alledem ist die Zuordnung der Diskussionsteilnehmer schwieriger als bei der Anfechtungsklage und es lässt sich nicht zweifelsfrei von einer herrschenden Meinung sprechen. Insgesamt sind bei Vernachlässigung marginaler Unterschiede der vorgeschlagenen Definitionen im Groben zwei Grundströmungen auszumachen, die mehr oder weniger konsequent vertreten werden.

a. Die Behauptung der Rechtswidrigkeit der Ablehnung und der Rechtsverletzung des Klägers

Vertreten wird die Auffassung, Streitgegenstand sei die Rechtsbehauptung des Klägers, die Ablehnung des beantragten Verwaltungsakts sei rechtswidrig und er werde hierdurch in seinen Rechten verletzt[921]. Soweit formuliert wird, Streitge-

---

914 KOPP, in: MENGER-FS, (1985), S. 705.
915 § 113 Rn. 8 m.w.Nachw.
916 KOPP / SCHENKE, § 113 Rn. 9
917 § 121 Rn. 7.
918 REDEKER / V.OERTZEN, § 113 Rn. 38.
919 Rn. 113.
920 SCHMITT GLAESER / HORN, Rn. 290.
921 REDEKER, DVBl. 1992, 1225; REDEKER / V.OERTZEN, § 121 Rn. 7 (anders aber DIESELBEN, § 113 Rn. 38); SCHROEDER-PRINTZEN, NVwZ 1990, 614, 617; SCHWARTMANN, WiB 1997, 286, 288; SCHMITT GLAESER / HORN, Rn. 113.

genstand sei die Rechtsbehauptung des Klägers, er werde durch die rechtswidrige Ablehnung des beantragten Verwaltungsakts in seinen Rechten verletzt[922], so ist unklar, ob damit eine Unterscheidung von der erstgenannten Definition bezweckt ist. Denn obwohl diese Definition den Eindruck erweckt, als werde die Rechtswidrigkeit nur inzident im Rahmen der Rechtsverletzung streitig gestellt, so gehen ihre Autoren zum Teil ausdrücklich davon aus, dass die Rechtswidrigkeit ein selbständiger Teil des Streitgegenstands sei[923].

b. Der Anspruch auf (Verpflichtung zum) Erlass eines Verwaltungsakts

Nach anderer Auffassung ist Streitgegenstand der Verpflichtungsklage der Anspruch des Klägers auf den Erlass des beantragten Verwaltungsakts[924]. Etwas präziser wird formuliert, der Streitgegenstand der Verpflichtungsklage sei der Anspruch des Klägers auf Verpflichtung der Behörde zum Erlass des begehrten Verwaltungsakts[925]. Auf dieser Linie liegt auch DETTERBECK, der – anders als für die Anfechtungsklage – in seiner Abhandlung keinen wirklich neuen Definitionsvorschlag für die Verpflichtungsklage macht: Streitgegenstand sei „der prozessuale Anspruch des Klägers auf Erlaß des begehrten Verwaltungsakts" [926]. Im Unterschied zu dem übrigen Schrifttum erhält diese Ansicht bei ihm aber eine ausführliche Begründung. Er unterscheidet zwischen dem Anspruch auf Erlass und dem Anspruch auf Verpflichtung zum Erlass des beantragten Verwaltungsakts. Bei der erstgenannten Definition bleibe unklar, wer Adressat des Anspruchs ist: das Gericht, der Beklagte oder beide; bei der zweitgenannten Definition sei das Gericht als Adressat anzusehen[927]. Er selbst will mit der Klarstellung, dass es sich um einen prozessualen Anspruch handelt, das Gericht und den Beklagten gleicherma-

922 SCHUNCK / DE CLERCK, § 113 Anm. 3. c) bb); ULE, § 35 II 4; .

923 So SCHUNCK / DE CLERCK, § 113 Anm. 3. c) cc). Andererseits greift ULE die Rechtswidrigkeit auch in dem Kapitel über die Rechtskraft nicht gesondert auf (§ 59 II 2).

924 BVerwG, Urt. v. 22.05.1987, DVBl. 1987, 1004, 1005, in ausdrücklicher Abgrenzung zu der Rechtsbehauptung des Klägers (auch) durch einen nachgeschobenen Ablehnungsbescheid in seinen Rechten verletzt zu sein: Diese Behauptung sei „lediglich ein unselbständiges Element der weitergehenden, der Klage unverändert zugrundeliegenden Rechtsbehauptung, einen Anspruch auf Erlass des beantragten VA zu haben". Im Ergebnis ähnlich CZERMAK, NJW 1962, 776, 778; WEYREUTHER, in: MENGER-FS (1985), S. 685; BVerwG, Urt. v. 04.06.1970, BVerwGE 35, 234, 236: Aufgrund eines abweisenden Verpflichtungsurteils stehe rechtskräftig fest, dass dem Kläger ein Anspruch auf Anerkennung eines Unfalls als Dienstunfall nicht zusteht.

925 CLAUSING, in: SCHOCH / SCHMIDT-ASSMANN / PIETZNER, § 121 Rn. 63; REDEKER / V.OERTZEN, § 113 Rn. 38 (anders aber DIESELBEN, § 121 Rn. 7).

926 S. 207.

927 DETTERBECK, S. 206.

ßen als Adressaten einbeziehen[928]. Der Notwendigkeit des Verwaltungsakt-Wiederholungsverbots bei der Anfechtungsklage entspreche bei der Verpflichtungsklage das Bedürfnis nach einem Verwaltungsakt-Aufhebungsverbot; dieses lasse sich dogmatisch wesentlich einfacher damit begründen, dass mit dem Ausspruch der Verpflichtung – vorbehaltlich eines grundlegenden Wandels der Sach- oder Rechtslage – der Anspruch auf den Fortbestand feststehe[929]. Der Unterscheidung zwischen den Unterarten der Verpflichtungsklage, nämlich zwischen Untätigkeitsklage, Versagungsgegenklage und Bescheidungsklage entnimmt DETTERBECK keine Anhaltspunkte für Variationen des Streitgegenstandsbegriffs[930]. Insbesondere müssten etwaige ablehnende Bescheide nicht in der Definition berücksichtigt werden, da ihre Aufhebung nicht erforderlich sei und von den Gerichten – wenn überhaupt – nur zur Klarstellung ausgesprochen werde[931]. Im Hinblick auf die Dispositionsmaxime sei zwar auch eine Bescheidungsklage zulässig, die ausdrücklich nur auf ein Bescheidungsurteil und damit nicht auf den Erlass eines Verwaltungsakts mit einem bestimmten Inhalt gerichtet ist[932]. Das modifizierte Begehren gebiete dann aber keine abweichende Definition, denn der konkrete Inhalt des begehrten Verwaltungsakts sei „für die allgemein-abstrakte Bestimmung des Streitgegenstands ohne Bedeutung“[933].

c. Kombination (SCHENKE)

In logischer Fortsetzung der zur Anfechtungsklage entwickelten „Kombinationstheorie“ definiert SCHENKE, Streitgegenstand der Verpflichtungsklage sei die „subjektive Rechtsverletzung des Klägers durch die Ablehnung oder Unterlassung des VA sowie der Anspruch auf dessen Erlass bzw. auf Vornahme eines VA nach pflichtgemäßem Ermessen unter Beachtung der Rechtsauffassung des Gerichts“[934].

---

928 DETTERBECK, S. 207.

929 DETTERBECK, S. 208; ohne Begründung für ein rechtskraftbedingtes Aufhebungsverbot auch MARTENS, DÖV 1970, 476, 481.

930 Vgl. DETTERBECK, S. 208 ff.

931 DETTERBECK, S. 210 f.

932 DETTERBECK, S. 218 ff.

933 DETTERBECK, S. 221.

934 KOPP / SCHENKE, § 90 Rn. 9; SCHENKE, Rn. 611. Ähnlich auch hier RENNERT, in: EYERMANN, § 121 Rn. 28; KUNTZE, in: BADER / FUNKE-KAISER / KUNTZE / V.ALBEDYLL, § 121 Rn. 19: Anspruch auf Erlass des begehrten Verwaltungsakts unter Einbeziehung der Behauptung von der Rechtswidrigkeit der Unterlassung oder Ablehnung.

2. Stellungnahme

Aus den gleichen Gründen wie bei der Anfechtungsklage ist auch bei der Bestimmung des Streitgegenstands der Verpflichtungsklage weitgehend SCHENKE zu folgen und jedenfalls die Kombination der von Rechtsprechung und Literatur herausgearbeiteten Elemente zu übernehmen. Die Formulierung verlangt aber die gleichen Ergänzungen wie bei der Anfechtungsklage und darüber hinaus weitere Abwandelungen.

Anzustreben ist eine Definition, die die Einbeziehung des Gerichts und des Beklagten als Adressaten erkennen lässt, denn gegen beide richtet sich der prozessuale Anspruch[935]. Daher ist die Definition als „Anspruch auf Erlass eines Verwaltungsakts" nicht deutlich genug, weil ein solcher Anspruch auch im Verwaltungsverfahren geltend gemacht wird und sich nicht von dem materiell-rechtlichen Anspruch auf Erlass eines Verwaltungsakts abgrenzt. Die von DETTERBECK vorgeschlagene Klarstellung, dass es sich um einen prozessualen Anspruch handelt, ist nicht ausreichend, weil sie die Kenntnis einer weiteren Definition voraussetzt. Streng genommen sind die Definitionen sogar inkompatibel, denn das Gericht kann einen Anspruch, der unmittelbar auf den Erlass gerichtet ist, schlechthin nicht erfüllen. Es müsste dazu Tätigkeiten des Gesetzesvollzuges vornehmen, die ihm aus Gründen der Gewaltenteilung verwehrt sind. Bei der Anfechtungsklage entsteht dieses Problem nicht, weil mit der Aufhebung auch der operative Teil der Entscheidung in vollem Umfang von dem Gericht allein geleistet werden kann. Für die Verpflichtungsklage ist die Definition als „Anspruch auf Verpflichtung des Beklagten zum Erlass eines Verwaltungsakts" besser. Soweit DETTERBECK meint, dass damit ausschließlich das Gericht als Adressat bezeichnet wäre, kann ihm hier nicht gefolgt werden. Der Beklagte ist als Adressat der gerichtlichen Entscheidung ausdrücklich bereits in die Definition aufgenommen, denn die „Verpflichtung" hat notwendig eine aktive Komponente, soweit sie die durch das Gericht vorzunehmende Handlung bezeichnet, und eine passive, soweit sie einen Adressaten voraussetzt. Richtig ist, dass damit eine primäre Anspruchsrichtung gegen das Gericht und eine sekundäre gegen den Beklagten zum Ausdruck kommt, aber dies entspricht der Natur des prozessualen Anspruchs. Um unmittelbare Beziehungen zwischen den Beteiligten geht es gerade nicht, denn das Gericht ist im Prozess immer zwischen sie geschaltet.

Gegen die Reduktion des Streitgegenstands der Verpflichtungsklage auf den Anspruch auf Verpflichtung zum Erlass des begehrten Verwaltungsakts sprechen die gleichen Argumente, die der Beschränkung des Streitgegenstands der Anfech-

935 Siehe oben S. 157.

tungsklage auf den Aufhebungsanspruch entgegenstehen[936]. Es ist jetzt zu unterscheiden zwischen dem eventuellen ablehnenden Bescheid und der Vorenthaltung (im Sinne eines Oberbegriffs für die Ablehnung und die Unterlassung) des begehrten Verwaltungsakts als solcher. Dass es in der Tat für den Streitgegenstand auf die Existenz eines Ablehnungsbescheides nicht grundlegend ankommen kann, zeigt sich daran, dass in den Normen der §§ 42 Abs. 1, Abs. 2 und 113 Abs. 5 VwGO, die Hinweise auf die Streitgegenstandsbestimmung enthalten, zwischen der ausdrücklichen Ablehnung und der schlichten Unterlassung nicht unterschieden wird. Überdies ist die Aufhebung des Ablehnungsbescheides zwar zur Klarstellung sinnvoll, aber nicht zwingend geboten[937]. Auch wenn die Tatsache der förmlichen Ablehnung insoweit – anderes gilt natürlich z.B. für die Klagefristen – keine Rolle spielt, so schließt das nicht aus, dass es für die gerichtliche Entscheidung auch auf die Würdigung des Inhalts einer vorhandenen Ablehnung oder der Art und Weise der Unterlassung ankommt und bei verständiger Auslegung mit der Klage auch eine verbindliche Würdigung durch das Gericht verlangt wird.

Das Bedürfnis nach einer gerichtlichen Feststellung der Rechtswidrigkeit (hier: der Ablehnung oder Unterlassung eines Verwaltungsakts) und der dadurch verursachten Verletzung des Klägers in seinen Rechten besteht nicht nur bei der Anfechtungsklage, sondern auch bei der Verpflichtungsklage. Dies gilt zum einen für die dem Verwaltungsgerichtsprozess nachfolgende Amtshaftungsklage. Die Verurteilung zum Erlass eines Verwaltungsakts besagt nur, dass eine entsprechende Amtspflicht besteht. Die Verletzung dieser Amtspflicht wird aber konstruktiv verbindlich nur dann festgestellt, wenn sich die Entscheidung auch auf die Rechtswidrigkeit der Ablehnung bezieht. Weiterhin ist an die Ausführungen oben[938] zu dem mit der Anfechtungsklage begründeten Verwaltungsakt-Wiederholungsverbot anzuknüpfen.

DETTERBECK ist zu widersprechen, soweit er davon ausgeht, das Pendant zu dem Verwaltungsakt-Wiederholungsverbot nach erfolgreicher Anfechtungsklage sei das Verwaltungsakt-Aufhebungsverbot nach erfolgreicher Verpflichtungsklage. Denn mit dem Verpflichtungsurteil ist nichts über die Immunität des Verwaltungsakts gegenüber gesetzlichen Bestimmungen gesagt, die seine Aufhebung in der Zukunft zulassen. Für die Aufhebung von Verwaltungsakten durch die Behörde gelten entweder spezielle Vorschriften oder die §§ 48 ff. VwVfG. Im Folgen-

936 Siehe oben S. 214 ff.

937 BVerwG, Urt. v. 21.05.1976, BVerwGE 51, 15, 23; BVerwG, Urt. v. 22.05.1987, DVBl. 1987, 1004, 1005; BETTERMANN, NJW 1960, 649, 651; GERHARDT, in: SCHOCH / SCHMIDT-ASSMANN / PIETZNER, § 113 Rn. 64; KOPP / SCHENKE, § 113 Rn. 179; REDEKER / V.OERTZEN, § 113 Rn. 38; SPANNOWSKY, in: NK-VWGO, § 113 Rn. 219; ULE, § 32 II 2.

938 Siehe S. 214 ff.

den wird zunächst von dem Normalfall der Geltung dieser allgemeinen Bestimmungen ausgegangen, die Grundlagen und Grenzen der Aufhebung enthalten. Die Voraussetzungen sind in einem gesonderten Verwaltungsverfahren zu prüfen, und zwar entweder auf Antrag eines Betroffenen gem. § 51 VwVfG (Wiederaufgreifen im engeren Sinne) oder von Amts wegen gem. §§ 48, 49 VwVfG (Wiederaufgreifen im weiteren Sinne)[939]. Es ist nicht ersichtlich, wie man dem Vornahmeurteil gem. § 113 Abs. 5 Satz 1 VwGO, um das es hier geht, eine Entscheidungswirkung anhängen könnte, die konstruktiv die Unanwendbarkeit dieser Normen begründen und dieses Verfahren ausschalten würde. Grundsätzlich unterliegt jeder Verwaltungsakt kraft Gesetzes dieser Aufhebbarkeit. Zwar kann im Einzelfall bei gestaltenden Verwaltungsakten ihrer Natur nach ein erhöhter Bestandsschutz geboten und die Aufhebung ausgeschlossen sein[940]. An der Grundregel ändert das jedoch nichts. Sofern ein Verpflichtungsurteil nichts anderes bestimmt, führt es nur zum Erlass eines Verwaltungsakts, für den die üblichen gesetzlichen Bestimmungen gelten, und nicht zum Erlass eines Verwaltungsakts „besserer Qualität". Entsprechend stellt die Rechtsprechung klar, dass die rechtskräftige Bestätigung eines Verwaltungsakts unabhängig von den Vorschriften über die Wiederaufnahme des Verfahrens (§ 153 VwGO i.V.m. §§ 578 ff. ZPO) das Wiederaufgreifen des Verfahrens gem. § 51 Abs. 1 Nr. 2 VwVfG nicht ausschließt[941]. Allerdings führt das Bundesverwaltungsgericht in einer Entscheidung über ein Verwaltungsakt-Wiederholungsverbot aus, auch die entsprechende Anwendung der für das Wiederaufgreifen des Verfahrens geltenden Grundsätze rechtfertige einen erneuten belastenden Verwaltungsakt nicht, weil die Rechtskraft nur zu Gunsten der obsiegenden Partei gelte, und nicht zu ihren Ungunsten[942]. Diese Ausführungen könnten bei Übertragung auf die Verpflichtungsklage zu dem Gedanken verleiten, das rechtskräftige Vornahmeurteil schließe die Aufhebung des zugesprochenen Verwaltungsakts gem. §§ 48 ff. VwVfG aus, da es sich notwendig immer um ein Wiederaufgreifen des Verfahrens zu Ungunsten des Klägers handele. Es ist jedoch schon im Rahmen der Anfechtungssituation fraglich, ob sich das „Günstigkeitskriterium" in allen Fällen konsequent anwenden lässt um die sachgerechte analoge

939 Zur Terminologie MAURER, JZ 1993, 574.

940 Vgl. dazu FABER, § 24 I b): Darunter fallen statusbegründende Verwaltungsakte (z.B. die Einbürgerung nach § 8 RuStAG – jetzt § 8 StAG), privatrechtsgestaltende Verwaltungsakte (z.B. die Genehmigung einer Stiftung nach § 80 BGB) und streitentscheidende Verwaltungsakte (z.B. Enteignungsbeschlüsse nach § 113 BauGB).

941 BVerwG, Urt. v. 13.09.1984, BVerwGE 70, 110, 111 f.; BVerwG, Urt. v. 28.07.1989, BVerwGE 82, 272, 274.

942 BVerwG, Urt. v. 08.12.1992, NVwZ 1993, 672, 674 = BVerwGE 91, 256 ff., mit insoweit übereinstimmend ablehnenden Anmerkungen von MAURER, JZ 1993, 574, und KOPP / KOPP, NVwZ 1994, 1.

Anwendung der §§ 48 ff. VwVfG sicherzustellen[943]. Bei Verwaltungsakten mit Drittwirkung ist dieses Kriterium wohl untauglich. Jedenfalls für die hier relevante Frage nach der unmittelbaren Anwendung der §§ 48 ff. VwVfG auf Verwaltungsakte, die nach rechtskräftigem Vornahmeurteil erlassen wurden, ergibt sich nach der hier vertretenen Auffassung die Lösung aus dem Gesetz. Das Wiederaufgreifen des Verfahrens und die damit verbundene Aufhebungsmöglichkeit werden durch die Rechtskraft des Vornahmeurteils nicht generell ausgeschlossen, aber – vorbehaltlich einer spezialgesetzlichen Regelung – auf die engen Voraussetzungen des § 49 VwVfG begrenzt. Wenn nämlich in dem rechtskräftigen Urteil die mit dem Vornahmeausspruch verbundene Feststellung der Rechtswidrigkeit der Ablehnung oder Unterlassung des begehrten Verwaltungsakts getroffen wird, steht damit als kontradiktorisches Gegenteil auch fest, dass der begehrte Verwaltungsakt rechtmäßig ist. Dann kann die verurteilte Behörde nicht im Widerspruch zu dieser Feststellung davon ausgehen, dass der Verwaltungsakt, zu deren Erlass sie verpflichtet wurde, in Wirklichkeit rechtswidrig sei, um sich die Möglichkeit einer Aufhebung nach § 48 VwVfG zu eröffnen[944]. Sie ist stattdessen auf die strengeren Bestimmungen des § 49 VwVfG angewiesen. Zwar dürfte es bei den durch Vornahmeurteil zugesprochenen Verwaltungsakten ausschließlich um Fälle rechtmäßiger begünstigender Verwaltungsakte gehen. Aber gerade die für rechtmäßige belastende Verwaltungsakte geltende Schranke der Aufhebung in § 49 Abs. 1 VwVfG ist dann fruchtbar zu machen: Wenn die im Rahmen der gebundenen Verwaltung geltende Rechtspflicht zum Erlass eines Verwaltungsakts den Widerruf ausschließt („dolo agit, qui petit, quod statim redditurus est"), so muss dies für rechtmäßige begünstigende Verwaltungsakte erst recht gelten[945]. Daher begründet in diesen Fällen die rechtskräftige Verurteilung zum Erlass eines Verwaltungsakts gerade in Verbindung mit § 49 VwVfG das Verbot der Aufhebung. Der gegen den Aufhebungsbescheid gerichteten Anfechtungsklage verhilft deswegen regelmäßig nicht eine etwaige Unanwendbarkeit der nach allgemeinem Verwaltungsrecht geltenden Aufhebungsvorschriften zum Erfolg, sondern ihre Anwendung. Die Anwendung der allgemeinen Vorschriften, die regelmäßig ein Aufhebungsverbot begründen, kann aber durch spezielle Normen ausgeschlossen sein, z.B. durch § 17 Abs. 3 – 5 AtG. Es muss schließlich möglich sein, den überragenden Rechtsgütern, die unter Umständen den Widerruf einer kerntechnischen Anla-

---

943 Stattdessen betonen den Aspekt der Gesetzmäßigkeit der Verwaltung MAURER, JZ 1993, 574, und zusätzlich den Grundsatz der Effizienz staatlichen Handelns KOPP / KOPP, NVwZ 1994, 1, 3. Es geht den genannten Autoren um die Reichweite einer Analogie zu den §§ 48 ff. VwVfG, weil sie nicht die Aufhebung eines gerichtlich bestätigten oder zugesprochenen Verwaltungsakts diskutieren, sondern die Befugnis zum Erlass eines neuen, rechtskräftig aufgehobenen Verwaltungsakts und damit eine Einschränkung des Verwaltungsakt-Wiederholungsverbotes.

944 KUNTZE, in: BADER / FUNKE-KAISER / KUNTZE / V.ALBEDYLL, § 121 Rn. 19.

945 FABER, § 25 II a).

ge erfordern können, ohne Rücksicht auf die Frage einer eventuellen rechtskräftigen Bestätigung der Genehmigung zur Geltung zu verhelfen. Daran zeigt sich: Das Verwaltungsakt-Aufhebungsverbot besteht nur nach Maßgabe des materiellen Rechts. Es ist im Regelfall anzunehmen, aber nicht immer. Es ist daher nicht vergleichbar mit dem nach erfolgreicher Anfechtungsklage bestehenden, allein rechtskraftbedingten Verwaltungsakt-Wiederholungsverbot, das ohne den Umweg über das materielle Recht auskommt.

Mit dem Verwaltungsakt-Wiederholungsverbot nach erfolgreicher Anfechtungsklage korrespondiert vielmehr bei der Verpflichtungsklage das Verbot, bei gleicher Sach- und Rechtslage einen gleichen Verwaltungsakt in gleicher Weise erneut abzulehnen oder zu unterlassen. Beispielsweise ist es denkbar, dass ein Bauunternehmer nacheinander Baugenehmigungen für mehrere gleichartige Reihenhäuser auf dem gleichen Grundstück verlangt. Bei unveränderten Umständen muss seiner Verpflichtungsklage allein unter Hinweis auf ein rechtskräftiges Verpflichtungsurteil stattgegeben werden, falls ihm die Behörde die später beantragten Baugenehmigungen wieder aus den gleichen unzutreffenden Erwägungen heraus verweigert. Insofern würde eine Situation entstehen, die mit der oben[946] behandelten verbotenen Wiederholung eines belastenden Verwaltungsakts vergleichbar ist. Es reicht dann nicht die Rechtskraft eines Ausspruchs über einen Fall, der logischerweise gleich behandelt werden muss, sondern es ist die rechtskräftige Entscheidung über Vorfragen zu verlangen, von denen die nachfolgende Entscheidung konstruktiv abhängig ist. Solche entscheidungserheblichen Vorfragen sind die Rechtswidrigkeit der Ablehnung bzw. Unterlassung des begehrten Verwaltungsakts ebenso wie die entsprechenden Vorfragen im Rahmen der Anfechtungsklage. Es kann der beantragte Verwaltungsakt ein anderer sein, d.h. ein zusätzlicher, der Inhalt der Ablehnung aber die gleiche. Sie kann auf die gleichen unzutreffenden Ausführungen rechtlicher oder tatsächlicher Art gestützt sein. Ebenso kann die Art der Unterlassung die gleiche sein, wenn die Behörde nach einem Zeitraum, der die Erhebung der Untätigkeitsklage rechtfertigt, einen angeblichen Bedarf der gleichen Prüfungen vorschiebt, deren Irrelevanz das Gericht schon im Vorprozess erkannt hat. Dann ist die Unterlassung rechtswidrig wegen des unter anderem aus § 10 VwVfG abgeleiteten Grundsatzes der raschen Durchführung und des raschen Abschlusses von Verwaltungsverfahren, der im Hinblick auf die Vorwirkungen des Art. 19 Abs. 4 Satz 1 GG auch dem Schutz des Betroffenen dient[947]. Im Unterschied zu dem Anspruch auf den Erlass eines Verwaltungsakts sind die Feststellungen, die nach der hier vertretenen Auffassung auch bei der Verpflichtungsklage prozessual beansprucht werden, nicht auf einen einmaligen Vorgang beschränkt. Die Feststellung ist an eine weiter gehende Rechts-

946 Siehe S. 214 ff.
947 KOPP / RAMSAUER, § 10 Rn. 18.

folge, nämlich die Verurteilung des Beklagten zu einer Leistung geknüpft, die der Beklagte schon vor Erlass des Urteils hätte erbringen müssen. Damit wird in gleicher Weise wie bei der Anfechtungsklage Erfolgsunrecht festgestellt, so dass die Feststellung übertragbar ist, wenn der gleiche Unrechtserfolg erneut eintritt. Übertragen auf die Systematik der Feststellungsklage lässt sich davon sprechen, dass die Anfechtungsklage eine negative Feststellungsklage einschließt, nämlich den prozessualen Anspruch auf die Feststellung, dass das durch den rechtswidrigen Verwaltungsakt und die daraus resultierende Verletzung des Klägers in seinen Rechten gekennzeichnete Rechtsverhältnis nicht besteht. Das heißt, es möge festgestellt werden, dass die Behörde bei der Entscheidung über einen belastenden Verwaltungsakt zu Unrecht angenommen hat, dass sie einen Verwaltungsakt dieses Inhalts gegenüber dem Kläger erlassen dürfte. Für die Verpflichtungsklage ergibt sich eine inzidente positive Feststellungsklage, nämlich der prozessuale Anspruch auf die Feststellung, dass das durch die rechtswidrige Ablehnung oder Unterlassung und die daraus resultierende Verletzung des Klägers in seinen Rechten gekennzeichnete Rechtsverhältnis besteht. Das bedeutet, es möge festgestellt werden, dass die Behörde bei der Entscheidung über einen begünstigenden Verwaltungsakt die bestehenden Rechte des Klägers verkannt hat. Die dem Wortlaut des § 113 Abs. 1 Satz 1 bzw. § 113 Abs. 5 Satz 1 VwGO entsprechende Feststellung der Rechtswidrigkeit und der Rechtsverletzung kann als prägnante Kurzformel[948] für die Feststellung dieser Rechtsverhältnisse angesehen werden.

Auch für die Ergänzung des Streitgegenstands der Verpflichtungsklage um einen prozessualen Anspruch auf Feststellung der Rechtswidrigkeit der Ablehnung des beantragten Verwaltungsakts streitet der systematische Zusammenhang mit der Fortsetzungsfeststellungsklage. Im Falle der Erledigung eines Verpflichtungsbegehrens ist § 113 Abs. 1 Satz 4 VwGO analog anwendbar[949]. Diese grundsätzliche Zulässigkeit des Übergangs von einem Klagebegehren zum anderen ist wie bei der Anfechtungsklage nur konsequent, wenn man davon ausgeht, dass der auf die Verpflichtung ausgerichtete Streitgegenstand den auf Feststellung ausgerichteten einschließt. Dies ergibt sich in aller wünschenswerten Klarheit aus einem Urteil des Bundesverwaltungsgerichts: „Eine Fortsetzungsfeststellungsklage liegt ... nur vor, wenn mit der beantragten Feststellung der Streitgegenstand nicht ausgewechselt wird. Auf eine erledigte Verpflichtungsklage hin lautet deshalb in der Regel der – zulässige – Fortsetzungsfeststellungsantrag, festzustellen, daß die

948 Als „Kurzfassung" bezeichnet wird die Tenorierung der Aufhebung bereits bei BACHOF, JZ 1954, 416, 421 Fn. 64: „Der Tenor ‚Der VA wird aufgehoben' beinhaltet m.E. jedenfalls auch die Entscheidung über die Rechtsverletzung des Klägers als untrennbaren Bestandteil, er ist gewissermaßen nur eine Kurzfassung für die Formel ‚Der VA verletzt den Kläger in seinen Rechten und wird deshalb aufgehoben'."

949 KOPP / SCHENKE, § 113 Rn. 109 m.w.Nachw.

Versagung des beantragten Verwaltungsakts (hier des Vorbescheids) rechtswidrig war.“[950] Im Einzelfall kann die Fortsetzungsfeststellungsklage unzulässig sein, weil der Kläger begehrt, die Rechtswidrigkeit der Ablehnung für einen bestimmten Zeitraum festzustellen, auf den es für die Entscheidung über das Verpflichtungsbegehren nicht angekommen wäre; dabei kann der Fall so liegen, dass der Kläger kein berechtigtes Interesse geltend machen kann, entsprechend der Ratio der Fortsetzungsfeststellungsklage, die „Früchte“ der bisherigen Prozessführung zu retten[951]. Das ändert nichts daran, dass im Regelfall der Kläger – sofern nicht eine Änderung der Sach- oder Rechtslage oder der Klageantrag etwas anderes nahe legt – geltend machen wird, dass die Ablehnung des von ihm beantragten Verwaltungsakts rechtswidrig ist und dieser rechtswidrige Zustand bis zur Erfüllung oder anderweitigen Erledigung andauert. Dann werden mit der Verpflichtungsklage und der Fortsetzungsfeststellungsklage identische Feststellungsansprüche erhoben.

Ein weiteres systematisches Argument für die Einbeziehung der Feststellungsansprüche in den Streitgegenstand der Verpflichtungsklage ist die ausdrückliche Erwähnung der Bindung der Behörde an die Rechtsauffassung des Gerichts gem. § 113 Abs. 5 Satz 2 VwGO. Es ist weithin anerkannt, dass diese Direktiven für das weitere Verwaltungsverfahren an der Rechtskraftwirkung des Urteils teilnehmen[952]. Nach überwiegender Auffassung ist nicht einmal die Tenorierung dieser Bindungswirkung erforderlich[953]. Dem ist zuzustimmen, denn ein Zusatz zu der Bescheidungsverpflichtung im Tenor wäre nur dann geboten, wenn er die Art und den Umfang der Bindung konkretisieren könnte. Wenn man aber einen kopflastigen Urteilsaufbau mit unübersichtlichem Tenor vermeiden will, bleibt gar nichts anderes übrig, als die Rechtsauffassung in den Entscheidungsgründen zum Aus-

---

950 Urt. v. 28.08.1987, NJW 1988, 926.

951 Davon ausgehend BVerwG – 7. Senat – in einem Urt. v. 24.01.1992, JZ 1992, 1077, 1078 = BVerwGE 89, 354 = DVBl. 1992, 1223; ablehnend zu den verallgemeinernden Tendenzen des Urteils die Anmerkung von REDEKER, DVBl. 1992, 1225, 1226; ebenso KOPP / SCHENKE, § 113 Rn. 110; ablehnend auch zu den Annahmen des BVerwG im konkreten Fall die Anmerkung von KOPP, JZ 1992, 1078. Das Urteil des BVerwG – 4. Senat – v. 27.03.1998, DVBl. 1998, 896, 897, betont dann auch, der Gedanke der „Fruchterhaltung“ kennzeichne eine typischerweise bei der Fortsetzungsfeststellungsklage bestehende Ausgangslage, sei aber keine normative Voraussetzung.

952 BVerwG, Urt. v. 21.12.1967, BVerwGE 29, 1, 2; CLAUSING, in: SCHOCH / SCHMIDT-ASSMANN / PIETZNER, § 121 Rn. 53; KOPP / SCHENKE, § 113 Rn. 212; REDEKER / v.OERTZEN, § 113 Rn. 41 und § 121 Rn. 8; SCHRÖDER, in: MENGER-FS (1985), S. 499; a.A. DETTERBECK, S. 224.

953 BVerwG, Urt. v. 21.12.1967, BVerwGE 29, 1, 2; CLAUSING, in: SCHOCH / SCHMIDT-ASSMANN / PIETZNER, § 121 Rn. 53; KOPP / SCHENKE, § 113 Rn. 212; a.A. NIEDERMEYER, NJW 1960, 2321, 2323.

druck zu bringen[954]. Da die verbindlichen Ausführungen, in denen das Gericht die von der Behörde bei der Bescheidung zu beachtende Rechtsauffassung darlegt, keine Gestaltungen oder Leistungsaussprüche sein können, kann es sich nur um Feststellungen handeln. Diese Feststellungen werden sich regelmäßig zu einem großen Teil auf eine Auseinandersetzung mit der Ablehnung des Verwaltungsakts durch die Behörde und den von ihr vorgebrachten Argumenten erstrecken. Vor allem bei dem wichtigsten Fall, der Bescheidung eines Antrages auf einen Verwaltungsakt, der im Ermessen der Behörde steht, bleibt dem Gericht kaum eine andere Wahl. Es kann der Behörde nicht im Einzelnen vorschreiben, welche Erwägungen sie anzustellen hat, sondern es kann in erster Linie nur aufzeigen, welche Erwägungen die gesetzlichen Grenzen des Ermessens überschreiten und daher unterbleiben müssen. Anlass zu derartigen Ausführungen wird vor allem die fehlerhafte Ablehnung geben, deren Rechtswidrigkeit mit der daraus resultierenden Rechtsverletzung des Klägers auf diese Weise rechtskräftig festgestellt wird. Bescheidungsurteile ergehen bei fehlender Spruchreife, d.h. wegen Einschränkungen der gerichtlichen Entscheidungskompetenz oder wegen unvollständiger Sachverhaltsaufklärung[955]. Es wäre widersprüchlich, dem Gericht nur in diesen Fällen eingeschränkter Befugnisse bzw. eingeschränkter Möglichkeiten einer abschließenden Sachentscheidung die Aufgabe zu übertragen, die rechtskraftfähigen Feststellungen für das weitere Verfahren zu treffen. Die gleiche Aufgabe muss dem Gericht erst recht auch dann obliegen, wenn es eine abschließende Entscheidung treffen darf und kann. Es mag sein, dass diese Feststellungen dann weniger relevant sind, weil der Leistungsbefehl zum Erlass des beantragten Verwaltungsakts genau vorgezeichnet ist und die Behörde von sich aus die Vorgaben des Vornahmeurteils auch in Zukunft beachten wird. Rechtstheoretisch dürfen die feststellenden Elemente der Entscheidung deswegen aber nicht vernachlässigt werden.

Was die Frage angeht, wie die Unterscheidung zwischen Vornahmeantrag und Bescheidungsantrag und damit die Aussichten auf die Spruchreife der Sache in der Definition des Streitgegenstands der Verpflichtungsklage berücksichtigt werden können, sind zwei Extreme zu verzeichnen.

Einerseits wird der Eindruck erweckt, als hätten Klagen mit Vornahme- bzw. Bescheidungsantrag nichts miteinander zu tun. Dieser Eindruck entsteht bei Formulierung des Streitgegenstands der Verpflichtungsklage als „Rechtsbehauptung des

---

954 Überzeugend ist daher die Praxis, die für das weitere Verfahren maßgeblichen Ausführungen am Ende der Entscheidungsgründe zusammenfasst, vgl. beispielsweise BVerwG, Urt. v. 23.09.1992, BVerwGE 91, 24, 42: „Bei einer (erneuten) Bescheidung des Klägers wird von der Beklagten folgendes zu berücksichtigen sein: ...“; vgl. auch VG Hannover, Urt. v. 23.10.1975, DVBl. 1976, 809 811: „Vor der erneuten Bescheidung des Kl., zu der der Bekl. verpflichtet ist, wird der Bekl. zu prüfen haben, ...“.

955 Siehe oben S. 153.

Klägers, daß er Anspruch auf Verpflichtung der Behörde zum Erlaß des begehrten Verwaltungsakts bzw. zur Neubescheidung habe"[956]. Es wird dann nicht deutlich genug, was das Gemeinsame der mit der Konjunktion „bzw." nebeneinander gestellten Rechtsbehauptungen ist. Gleiches gilt etwa für Formulierung als „Anspruch des Klägers auf Verpflichtung der Behörde zur Vornahme des begehrten VA (bzw. auf Vornahme eines VA nach pflichtgemäßem Ermessen unter Beachtung der Rechtsauffassung des Gerichts)"[957]. Das Problem ist dabei, dass unabhängig von der Fassung des Antrages diese Klagen Unterfälle der Verpflichtungsklage bilden sollen.

Andererseits meint DETTERBECK, es bedürfe keiner Differenzierung innerhalb der Definition als „der prozessuale Anspruch des Klägers auf Erlaß des begehrten Verwaltungsakts", weil auch die (Neu-) Bescheidung einen Verwaltungsakt darstelle und der konkrete Inhalt des begehrten Verwaltungsakts „für die allgemein-abstrakte Bestimmung des Streitgegenstands ohne Bedeutung" sei[958]. Gegen diese Überlegungen ist bereits im Ansatz Protest zu erheben. Das Interesse an dieser Stelle der Untersuchung gilt der Definition für eine bestimmte Klageart. Die allgemein-abstrakte Bestimmung des Streitgegenstands betrifft eine gedankliche Ebene, die auch DETTERBECK nach seiner Konzeption in dieser Phase der Abhandlung bereits verlassen haben wollte. Die entscheidende Frage lautet dann nicht, inwieweit sich Gemeinsamkeiten begrifflich zusammenfassen lassen, sondern inwieweit Unterschiede deutlich gemacht werden können. Wenn man – wie DETTERBECK – mit der h.M. zwischen Vornahme- und Bescheidungsanträgen relevante Unterschiede in den Anspruchszielen konstatiert, so ist es konsequent, diese Unterschiede auch in der jeweiligen Klageart-spezifischen Definition zum Ausdruck zu bringen.

Die von der Spruchreife beeinflussten Unterschiede betreffen nicht wie bei der Anfechtungsklage den (Verzicht auf den) Anspruch, die Rechtswidrigkeit und die Rechtsverletzung festzustellen. Bei der Anfechtungsklage ist unter den Voraussetzungen des § 113 Abs. 3 VwGO auch ohne vollständige Überzeugung des Ge-

---

956 CLAUSING, in: SCHOCH / SCHMIDT-ASSMANN / PIETZNER, § 121 Rn. 53. Nicht ganz präzise ist diese Formulierung bereits deshalb, weil Bescheidungsanträge auch bei Untätigkeitsklagen zulässig sind und dann auf die erstmalige Bescheidung abzielen und nicht auf die *Neu*bescheidung.

957 KOPP, in: MENGER-FS (1985), S. 705. Missverständlich ist auch die Formulierung „Vornahme eines VA nach pflichtgemäßem Ermessen" (übernommen bei KOPP / SCHENKE, § 90 Rn. 9), weil der nur in § 113 Abs. 5 S. 1 VwGO gebrauchte Ausdruck der Vornahme eines Verwaltungsakts nur in den Fällen verwendet werden sollte, in denen das Gericht zum Erlass eines bestimmten Verwaltungsakts verurteilt. Diese Verurteilung scheidet aus, soweit der Behörde ein Ermessensspielraum verbleibt.

958 DETTERBECK, S. 221.

richts von der Erfüllung dieser Tatbestandsmerkmale die Aufhebung des belastenden Verwaltungsakts gerechtfertigt, weil es um die Beseitigung von Eingriffen geht und nur der rechtliche Status quo ante wiederhergestellt wird. Die Verpflichtungsklage dient jedoch der Durchsetzung einer Begünstigung des Klägers, die nur legitim ist, soweit ohne die Begünstigung die Rechtswidrigkeit und die Rechtsverletzung zu bejahen sind. Den gleichen strukturellen Unterschieden ist § 80 Abs. 1 VwGO verpflichtet, demzufolge nur Anfechtungsklagen und -widersprüche aufschiebende Wirkung entfalten. Für die Gewährung einer Leistung „auf Verdacht" ist dagegen regelmäßig kein Raum. Soweit im Einzelfall die Vornahme einer nach öffentlichem Recht zu gewährenden Leistung zur Abwendung schwerer Nachteile vor Abschluss der eingehenden Prüfungen geboten ist, steht dem Betroffenen das Verfahren gem. § 123 VwGO zur Verfügung. Dann kann man von dem Betroffenen aber erwarten, dass er von sich aus einen entsprechenden Antrag stellt und im Verfahren die Initiative ergreift, wie die in § 123 Abs. 3 VwGO angeordnete Geltung der Regeln über die Glaubhaftmachung gem. § 920 Abs. 2 i.V.m. § 294 ZPO verdeutlicht.

Die im Zusammenhang mit der Spruchreife zu berücksichtigende Differenzierung zwischen Vornahme- und Bescheidungsantrag betrifft damit ausschließlich den operativen Teil der Entscheidung über die Verpflichtungsklage. Es ist richtig, dass auch die Verpflichtung zur (Neu-) Bescheidung auf die Verpflichtung zum Erlass eines Verwaltungsakts hinausläuft und der Unterschied in der inhaltlichen Bestimmtheit liegt. Genau dieses Kriterium ist deshalb in die Definition einzufügen.

3. Ergebnis

Die im Grundsatz vorzugswürdige Definition von SCHENKE bedarf in einigen Punkten der Ergänzung.

- Es ist klarzustellen, dass nicht die subjektive Rechtsverletzung des Klägers als solche zum Streitgegenstand gehört, sondern der behauptete Anspruch auf ihre Feststellung. Daneben hat der prozessuale Anspruch auf Feststellung der Rechtswidrigkeit der Ablehnung oder Unterlassung des Verwaltungsakts selbständige Bedeutung.

- Die Feststellung wird nicht gesondert beantragt oder tenoriert, sondern ist mit dem Antrag bzw. dem Ausspruch der Vornahme- oder Bescheidungsverpflichtung verbunden.

- Der gesetzlich den Fällen des § 113 Abs. 5 Satz 1 VwGO vorbehaltene Ausdruck der Vornahme sollte im Zusammenhang mit Verwaltungsakten, die im Ermessen der Behörde stehen, vermieden werden.

Einerseits den Unterschieden und andererseits den Gemeinsamkeiten zwischen den von der Aussicht auf die Spruchreife beeinflussten Anspruchsziele, die auf ein Vornahmeurteil gem. § 113 Abs. 5 Satz 1 VwGO oder ausdrücklich auf ein Bescheidungsurteil gem. § 113 Abs. 5 Satz 2 VwGO ausgerichtet sein können, ist in der Definition Rechnung zu tragen. Dies geschieht durch Einklammerung der Zusätze, die nur für Verpflichtungsklagen mit einem Vornahmebegehren gelten:

Streitgegenstand der Verpflichtungsklage ist der Anspruch des Klägers auf Verpflichtung des Beklagten zum Erlass eines (inhaltlich bestimmten,) den behördlichen Antrag des Klägers bescheidenden Verwaltungsakts sowie auf die damit verbundene Feststellung der Rechtswidrigkeit der Ablehnung des Verwaltungsakts und der daraus resultierenden Verletzung des Klägers in seinen Rechten.

IV. Die Klage auf Vollzugsfolgenbeseitigung gem. § 113 Abs. 1 Satz 2 VwGO

Nachdem oben[959] festgestellt wurde, dass die Klage auf Vollzugsfolgenbeseitigung gem. § 113 Abs. 1 Satz 2 VwGO je nach der Qualität der begehrten Leistung eine Verpflichtungsklage oder eine allgemeine Leistungsklage ist, die die Aufhebung des angefochtenen Verwaltungsakts voraussetzt, beantwortet sich die Frage nach ihrem Streitgegenstand – oder besser: nach ihren Streitgegenständen – aus dieser Struktur. Es handelt sich um eine gesetzlich für zulässig erklärte Klagenhäufung in Form der Stufenklage[960]. Daher hat sie keinen Streitgegenstand eigener Art[961]. Vielmehr liegt entweder die Häufung der soeben definierten Streitgegenstände der Anfechtungs- und der Verpflichtungsklage vor oder die Kombination des Streitgegenstands der Anfechtungsklage mit dem der allgemeinen Leistungsklage. Dieser ist im Verwaltungsprozessrecht nicht nur kaum umstritten, sondern er wird kaum behandelt. Das dürfte daran liegen, dass sich die Definition für die allgemeine Leistungsklage zwanglos aus dem allgemeinen, für alle Klagearten geltenden Streitgegenstands(-Ober)begriff ergibt, der im Verwaltungsprozessrecht – anders als im Zivilprozessrecht – nie ernsthaft umstritten war. Im Unterschied zu den Klagearten, deren Entscheidungsformen in § 113 VwGO aus-

959 Siehe S. 102.

960 BVerwG, Urt. v. 06.09.1988, BVerwGE 80, 178, 183 = NJW 1989, 118; KOPP / SCHENKE, § 113 Rn. 84; KUNTZE, in: BADER / FUNKE-KAISER / KUNTZE / v.ALBEDYLL, § 113 Rn. 43.

961 Auch DETTERBECK, S. 281, konstatiert die „Existenz zweier Streitgegenstände".

drücklich geregelt sind, ist bei der allgemeinen Leistungsklage, die auch die Unterlassungsklage einschließt, kein Raum für eine normative Typisierung und Ergänzung des auf die Verurteilung des Beklagten zu einer bestimmten Leistung oder Unterlassung gerichteten Anspruchsziels. Anders als bei Anfechtungs- und Verpflichtungsklagen bedarf aber der Sachverhalt der ausdrücklichen Erwähnung, da kein den Sachverhalt abgrenzender Verwaltungsakt als Objekt des Anspruchsziels vorhanden ist. Der Streitgegenstand der allgemeinen Leistungs- bzw. Unterlassungsklage ist daher zu definieren als der aufgrund eines bestimmten Sachverhalts erhobene Anspruch des Klägers auf Verurteilung des Beklagten zu einer bestimmten Leistung bzw. Unterlassung[962]. Mit diesem Streitgegenstand oder mit dem der Verpflichtungsklage ist der vorab im Wege der Stufenklage zur Entscheidung gestellte Streitgegenstand der Anfechtungsklage zu kombinieren – je nachdem, ob der Kläger zusätzlich zur Aufhebung den Erlass eines Verwaltungsakts oder die schlichte Vollzugsfolgenbeseitigung begehrt.

962 Vgl. KOPP / SCHENKE, § 90 Rn. 10; SCHUNCK / DE CLERCK, § 121 Anm. 3. c) bb); nur geringfügig anders DETTERBECK, S. 236: „der prozessuale Leistungsanspruch des Klägers"; a.A. SCHMITT GLAESER / HORN, Rn. 113: „die Behauptung, der Kläger sei in einem Recht auf ein bestimmtes Tun, Dulden oder Unterlassen verletzt".

4. Kapitel: Konsequenzen der Streitgegenstandsbestimmung für die Einordnung der Spruchreife

Bei Spruchreife der Sache trifft das Gericht einen anderen Ausspruch als bei fehlender Spruchreife. Die Frage ist nur, welchen Unterschied die Spruchreife ausmacht. Führt sie lediglich zu einer unterschiedlichen aber gleichwertigen Entscheidungsmodalität? Kann die Wahl zwischen den Entscheidungsformen sogar in das Belieben des Gerichts gestellt sein? Stehen die Entscheidungen über spruchreife und nicht spruchreife Sachen in einem Plus-Minus-Verhältnis zueinander? Handelt es sich z.B. bei dem Bescheidungsurteil um ein Aliud im Vergleich zum Vornahmeurteil? Etwas konkreter gefragt: Muss der Kläger berücksichtigen, ob das Gericht Spruchreife annehmen wird? Kann er das immer vorhersagen? Falls er in einem eindeutigen Fall nicht berücksichtigt, dass die Sache nicht spruchreif werden kann: Unterliegt er mit seiner Klage teilweise und muss er einen Teil der Kosten tragen? Wenn der Kläger zunächst ein Bescheidungsurteil beantragt hat – unter welchen Voraussetzungen kann er zu einem Vornahmeantrag wechseln?

Im Folgenden wird versucht, ausgehend von den Erkenntnissen der Streitgegenstandsbestimmung Antworten auf einige dieser prozessualen Fragen zu geben, welche die Spruchreife aufwirft. Im Hinblick auf die Unterschiede zwischen den jeweiligen Verfahrenssituationen erfolgt eine gesonderte Betrachtung der Bestimmungen für die Vollzugsfolgenbeseitigung gem. § 113 Abs. 1 Satz 2, 3 VwGO einerseits und für die Anfechtungsklage gem. § 113 Abs. 3 Satz 1 VwGO sowie die Verpflichtungsklage gem. § 113 Abs. 5 Satz 1 VwGO andererseits.

A. Schlussfolgerungen für die Spruchreife der Vollzugsfolgenbeseitigung

Im Unterschied zu den beiden anderen Erscheinungsformen der Spruchreife ist von der Spruchreife i.S.d. § 113 Abs. 1 Satz 2, 3 VwGO nicht die Wahl alternativer Entscheidungen über denselben Streitgegenstand abhängig, sondern die Beantwortung der Frage, ob gleichzeitig über zwei verschiedene Streitgegenstände entschieden wird. Es geht darum, ob der kombinierten Klage mit einer kombinierten Entscheidung entsprochen wird. Wenn auch der Begriff derselbe ist, so steht doch die Spruchreife hier in einem anderen Zusammenhang und erfüllt eine andere Funktion als bei der Anfechtungsklage bezüglich der Aufhebung und bei der Verpflichtungsklage.

I. Folgerungen aus der Mehrheit der Streitgegenstände

1. Der nachträgliche Antrag auf Vollzugsfolgenbeseitigung gem. § 113 Abs. 1 Satz 2, 3 VwGO bedeutet eine Klageänderung

Es kann vorkommen, dass der Kläger zusätzlich zu dem Aufhebungsantrag erst später einen Antrag auf die (näher bezeichnete) Beseitigung der Vollzugsfolgen stellt. In diesen Fällen zwingt die Erkenntnis, dass eine Kombination zweier selbständiger Streitgegenstände vorliegt, entgegen der h.M., die lediglich eine Klageergänzung annimmt[963], zu der Annahme einer Klageänderung[964]. Die Grundlage dieser Annahme ist unumstritten, nämlich dass eine nachträgliche Klagenhäufung, d.h. die Einführung eines neuen Streitgegenstands, immer eine Klageänderung bedeutet[965]. Es liegt deshalb eine echte Klagenhäufung vor, weil der Streitgegenstand der Anfechtungsklage beibehalten wird und ein weiterer Streitgegenstand hinzukommt (je nach Art der beantragten Folgenbeseitigung entweder der Streitgegenstand einer Verpflichtungsklage oder einer allgemeinen Leistungsklage). Jedenfalls ist die Klage dann auch auf die Verurteilung zu einer Leistung gerichtet, die vorher in keiner Weise Gegenstand des Klagebegehrens war[966]. Es ist kein Grund für eine Ausnahme von der Regel ersichtlich, dass die Einführung eines

963 OVG Saarlouis, Urt. v. 10.12.1980, DVBl. 1981, 836, 837 a.E.; KOPP / SCHENKE, § 113 Rn. 93; REDEKER / V.OERTZEN, § 113 Rn. 18; SCHUNCK / DE CLERCK, § 113 Anm. 2. a) bb); SPANNOWSKY, in: NK-VWGO, § 113 Rn. 114.

964 So auch GERHARDT, in: SCHOCH / SCHMIDT-ASSMANN / PIETZNER, § 113 Rn. 59.

965 Vgl. BGH, Urt. v. 10.01.1985, NJW 1985, 1841, 1842; OVG Lüneburg, Urt. v. 28.08.1956, OVGE 11, 313; KOPP / SCHENKE, § 91 Rn. 5; REDEKER / V.OERTZEN, § 91 Rn. 2.

966 Dabei ist zwar der Leistungsausspruch rechtlich von dem der Entscheidung über die Anfechtungsklage abhängig. Es besteht aber keine denknotwendige Abhängigkeit der prozessualen Ansprüche. Der Kläger könnte theoretisch die Beseitigung der Vollzugsfolgen verlangen und gleichzeitig erklären, die Aufhebung des Verwaltungsakts sei ihm egal, solange die Auswirkungen beseitigt werden. Das wäre zwar rechtlich betrachtet unsinnig, aber aus Sicht des juristischen Laien nicht logisch ausgeschlossen. Für die Selbständigkeit der Streitgegenstände kommt es schließlich nur darauf an, ob sich die behaupteten Ansprüche nicht ausschließen – nicht darauf, ob die Ansprüche berechtigt sind. Insofern besteht ein wesentlicher Unterschied z.B. zu dem Verhältnis zwischen dem prozessualen Anspruch auf ein Vornahmeurteil und dem prozessualen Anspruch auf ein Bescheidungsurteil. Es wäre ein Widerspruch in sich, wenn der Kläger behauptete, er habe einen Anspruch auf Verurteilung des Beklagten zu dem Erlass eines bestimmten Verwaltungsakts, aber es sei ihm egal, ob der Beklagte ihn erneut bescheide. Denn der Erlass des Verwaltungsakts ist mit der Bescheidung identisch.

neuen Streitgegenstandes in ein laufendes Verfahren eine Klageänderung bedeutet. Die h.M., die von einer bloßen Klageergänzung im Falle eines nachträglichen Antrages auf Folgenbeseitigung ausgeht, ist dann wohl auch eher durch den Zweck der Regelung des § 113 Abs. 1 Satz 2, 3 VwGO inspiriert, aus prozessökonomischen Gründen die Erledigung des Vollzugsfolgenbeseitigungsanspruchs im Anfechtungsprozess zuzulassen, wann immer sie sinnvoll ist. Bei der Annahme einer Klageänderung könnten sich – oberflächlich betrachtet – Probleme in der Revisionsinstanz ergeben, in der Klageänderungen gem. § 142 Abs. 1 Satz 1 VwGO unzulässig sind. Das wünschenswerte Ergebnis, ggf. auch in diesem Stadium des Prozesses über den Vollzugsfolgenbeseitigungsanspruch entscheiden zu können, lässt sich aber überzeugender begründen, indem man § 113 Abs. 1 Satz 2 VwGO den Vorrang der Lex specialis vor den allgemeinen Regelungen über die Klageänderung einschließlich des § 142 Abs. 1 Satz 1 VwGO zubilligt[967].

2. Bei fehlender Spruchreife der Vollzugsfolgenbeseitigung muss ein Teilurteil über die Anfechtungsklage ergehen

Für die Einordnung der Spruchreife der Vollzugsfolgenbeseitigung ist es wichtig herauszufinden, wie das Gericht entscheidet, wenn diese Voraussetzung zu verneinen ist. Nur für den Fall, dass die in § 113 Abs. 1 Satz 3 VwGO genannte „Frage" spruchreif ist, nämlich – gem. Satz 2 dieser Vorschrift – „daß und wie die Verwaltungsbehörde die Vollziehung rückgängig zu machen hat", ergibt sich die Entscheidung weitgehend aus dem Wortlaut des Gesetzes. Das Gericht trifft dann bereits im Urteil über die Anfechtungsklage auch den Ausspruch über die beantragte Leistung. Zwar erweckt die Formulierung, wonach das Gericht auf Antrag auch die Verpflichtung zur Beseitigung der Vollzugsfolgen aussprechen *kann*, den Eindruck eines Ermessensspielraums des Gerichts. Der Eindruck täuscht jedoch, denn soweit bei der Entscheidung über die Anfechtungsklage feststeht, dass die Voraussetzungen für die Verurteilung zur Vollzugsfolgenbeseitigung erfüllt sind, muss die Entscheidung darüber bereits zusammen mit der Kassation ergehen[968]. Mit dem Zweck des § 113 Abs. 1 Satz 2, 3 VwGO, „im Sinne einer stärkeren Ausgestaltung des Rechtsschutzes" und aus „prozeßökonomischen Gründen" über die Vollzugsfolgenbeseitigung bereits im Rahmen des Anfechtungsprozesses mitzuentscheiden[969], wäre ein Ermessensspielraum des Gerichts nicht vereinbar[970].

---

967 Ebenso GERHARDT, in: SCHOCH / SCHMIDT-ASSMANN / PIETZNER, § 113 Rn. 59; für das Spezialitätsverhältnis zu § 91 VwGO auch KOPP / SCHENKE, § 113 Rn. 84.

968 GERHARDT, in: SCHOCH / SCHMIDT-ASSMANN / PIETZNER, § 113 Rn. 60; KOPP / SCHENKE, § 113 Rn. 93; SPANNOWSKY, in: NK-VwGO, § 113 Rn. 111.

969 BT-Drucks. 3/55, S. 43.

970 Ebenso SPANNOWSKY, in: NK-VwGO, § 113 Rn. 111.

Zu dem Verfahren bei negativem Befund über die Spruchreife schweigt das Gesetz gänzlich. Insbesondere ist kein Bescheidungsausspruch im Sinne des § 113 Abs. 5 Satz 2 VwGO vorgesehen, obwohl ja ebenfalls über ein Leistungsbegehren entschieden wird und die Gesetzesbegründung sachlich von einer Verpflichtungsklage ausgeht[971]. Eine Analogie zu § 113 Abs. 5 Satz 2 VwGO scheidet aber aus, weil es dort um die Frage geht, wie ein einzelner Streitgegenstand zu behandeln ist. Hier im Rahmen des § 113 Abs. 1 Satz 2, 3 VwGO geht es um die Frage, wie mit der Kombination zweier Streitgegenstände zu verfahren ist. Soweit dem Antrag nicht entsprochen werden kann, gibt es nur zwei Möglichkeiten: Entweder wird er abgewiesen, oder der Ausspruch darüber bleibt einer späteren Entscheidung vorbehalten. Die Alternative der Abweisung kommt grundsätzlich in zwei Varianten vor, nämlich in der Form der Abweisung als unzulässig und als unbegründet. Für eine eigene Kategorie der Abweisung als „nicht spruchreif" bedürfte es einer inhaltlichen Ausgestaltung im Gesetz, die in § 113 Abs. 1 Satz 2, 3 VwGO auch nicht ansatzweise zu erkennen ist.

Gegen die Abweisung als unbegründet[972] spricht, dass im Gesetz ausdrücklich die Rede davon ist, dass der Ausspruch nur *zulässig* ist, wenn die Behörde zur Folgenbeseitigung in der Lage und die Frage spruchreif ist. Diese Formulierung deutet nicht auf eine abweisende Entscheidung in der Sache hin. Die Abweisung als unbegründet kann auch nach der gesetzlichen Konzeption nicht bezweckt sein. Sie würde bedeuten, dass dem Folgenbeseitigungsbegehren insgesamt der Einwand der materiellen Rechtskraft entgegengehalten werden kann. Die Tragweite einer solchen vollumfänglichen und der materiellen Rechtskraft fähigen Abweisung würde dann aber in einem auffälligen Missverhältnis zu dem Maßstab der gerichtlichen Entscheidungsfindung stehen. Denn die fehlende Spruchreife bedeutet, dass dem Gericht eine abschließende Prüfung entweder aufgrund des materiellen Rechts nicht erlaubt oder wegen des Erfordernisses weiterer Ermittlungen nicht möglich ist. Die Beschränkung des gerichtlichen Entscheidungsmaßstabes entspricht der Intention des § 113 Abs. 1 Satz 2, 3 VwGO, den Rechtsschutz zu verstärken und der Prozessökonomie zu dienen. Dieser Zielrichtung wird nur Rechnung getragen, wenn die Entscheidung über die Anfechtungsklage nicht durch Feststellungen zum Vollzugsfolgenbeseitigungsanspruch aufgehalten wird[973]. Konsequent ist es daher, wenn man mit der herrschenden Auffassung in der Kommentarliteratur davon ausgeht, dass es bei Abweisung mangels Spruchreife dem Kläger unbenommen ist, seinen Anspruch in einem neuen Verfahren geltend

971 BT-Drucks. 3/55, S. 43.

972 Dafür – nicht überzeugend – LENZ, S. 77 ff.

973 REDEKER / V.OERTZEN, § 113 Rn. 21; SPANNOWSKY, in: NK-VWGO, § 113 Rn. 115.

zu machen[974]. Dieses Ergebnis lässt sich aber auch nicht mit der Abweisung als „zurzeit unbegründet" erzielen. Denn diese Abweisung ist nur möglich, wenn aufgrund abschließender Prüfung feststeht, dass im Zeitpunkt der gerichtlichen Entscheidung die Voraussetzungen des Anspruchs nicht erfüllt sind, wenn es aber Anhaltspunkte für ihre spätere Erfüllung gibt[975]. Diese Abweisung als „zurzeit unbegründet" darf nicht erfolgen, wenn es nur dem Gericht zurzeit nicht möglich ist, über den Anspruch abschließend zu befinden[976].

Vereinbar mit den Besonderheiten der fehlenden Spruchreife wäre die Abweisung als unzulässig[977]. Dieser Interpretation steht aber der Wortlaut des § 113 Abs. 1 Satz 3 VwGO entgegen, demzufolge der *Ausspruch* zulässig sein muss. Wäre die Abweisung des Antrages als unzulässig bezweckt gewesen, hätte nichts näher gelegen, als den zuvor in Satz 2 genannten Antrag aufzugreifen und in Satz 3 zu formulieren: „Dieser *Antrag* ist nur zulässig, wenn...".

Sachgerecht ist es daher, die Regelung in § 113 Abs. 1 Satz 2, 3 VwGO als Norm über die Modalität des gerichtlichen Verfahrens anzusehen, wonach über die Beseitigung der Vollzugsfolgen entweder bereits im Anfechtungsprozess vollständig entschieden wird oder der Ausspruch darüber einer späteren Entscheidung vorbehalten bleibt. Dazu bieten sich die Verfahrensalternativen an, das Verfahren über

---

974 Vgl. KOPP / SCHENKE, § 113 Rn. 94; REDEKER / V.OERTZEN, § 113 Rn. 21; SPANNOWSKY, in: NK-VwGO, § 113 Rn. 116. Eine entsprechende klare Aussage fehlt bei den Vertretern der Ansicht, die das Gericht auch im Rahmen der Entscheidung gem. § 113 Abs. 1 Satz 2, 3 VwGO für verpflichtet halten, die Spruchreife durch Ermittlungen so weit wie möglich herbeizuführen (vgl. GERHARDT, in: SCHOCH / SCHMIDT-ASSMANN / PIETZNER, § 113 Rn. 60; SCHUNCK / DE CLERCK, § 113 Anm. 2. a] bb]). Dann bleibt aber offen, wie zu verfahren ist, wenn der Behörde ein Gestaltungsspielraum bei der Beseitigung der Vollzugsfolgen nach ihrem Ermessen zuzugestehen ist (für die Anerkennung dieser Fallgruppe ausdrücklich GERHARDT, in: SCHOCH / SCHMIDT-ASSMANN / PIETZNER, § 113 Rn. 60).

975 VOLLKOMMER, in: ZÖLLER, vor § 322 Rn. 56 für den Fall der Abweisung mangels Fälligkeit.

976 Vgl. BVerwG, Urt. v. 06.09.1988, BVerwGE 80, 178, 180.

977 So wohl KOPP / SCHENKE, § 113 Rn. 93: „Ist die Sache insoweit spruchreif und daher der Antrag zulässig,...".

die Vollzugsfolgenbeseitigung gem. § 93 Satz 2 VwGO abzutrennen[978] oder über die Anfechtungsklage durch Teilurteil gem. § 110 VwGO zu entscheiden und formell dasselbe Verfahren zur Frage der Vollzugsfolgenbeseitigung weiterzuführen[979]. Die adäquate Vorgehensweise ist in dem Erlass des Teilurteils zu sehen. Damit wird einerseits dem gesetzlich geschützten Interesse an einer zügigen Entscheidung über die Anfechtungsklage Rechnung getragen[980] und andererseits weitestgehend sichergestellt, dass keine sich widersprechenden Entscheidungen ergehen[981]. Der Vorteil der Entscheidung über die Anfechtungsklage durch Teilurteil ist, dass das anschließende Urteil über die Vollzugsfolgenbeseitigung dann in demselben Verfahren ergeht. Bei Verfahrensidentität ist § 318 ZPO i.V.m. § 173 VwGO anwendbar, der schon vor Eintritt der materiellen Rechtskraft die Gewähr dafür bietet, dass das Gericht bei der Entscheidung über die Vollzugsfolgenbeseitigung dieselbe Beurteilung des Verwaltungsakts zu Grunde legt, wie bei der Anfechtungsklage. Somit kann die Klage auf Vollzugsfolgenbeseitigung nicht mit der Begründung abgewiesen werden, es bestehe kein Anspruch auf Beseitigung der Vollzugsfolgen, weil der Verwaltungsakt rechtmäßig gewesen sei. Freilich besteht auch bei der Aufteilung in Teil- und Schlussurteil wegen der gesonderten Rechtmittelfähigkeit[982] noch abstrakt die Gefahr, dass die erstinstanzliche Ent-

978 Für die Zulässigkeit der Abtrennung VGH Kassel, Urt. v. 11.11.1993, NVwZ 1995, 300, 301; OVG Saarlouis, Urt. v. 10.12.1980, DVBl. 1981, 836, 837; auch KOPP / SCHENKE, § 113 Rn. 93; SPANNOWSKY, in: NK-VwGO, § 113, Rn. 116. SPANNOWSKY ist allerdings nicht zu folgen, soweit er davon ausgeht, dass nach der Abtrennung der Kläger seinen Anspruch auf Beseitigung der Vollzugsfolgen zunächst im Verwaltungsverfahren verfolgen müsse. In den Fällen, in denen man von dem Kläger verlangen kann, sich zunächst an die Behörde zu wenden, wird man schon das Rechtsschutzbedürfnis für einen Antrag auf Beseitigung der Vollzugsfolgen verneinen müssen. In den übrigen Fällen privilegiert § 113 Abs. 1 Satz 2, 3 VwGO den Kläger, der als „Leistung" lediglich die Wiederherstellung des früheren Zustandes vor Durchführung des Eingriffs oder die Herstellung eines gleichwertigen Zustandes verlangt. Daher bleibt der darauf gerichtete Antrag unverändert zulässig. In der Regel ist ja auch wegen des aufzuhebenden Verwaltungsakts ein Vorverfahren durchgeführt worden, so dass die Behörde bereits die Möglichkeit hatte, über die Aufhebung *und* die Vollzugsfolgenbeseitigung von Amts wegen zu entscheiden. Somit ist dem Kläger kein neues Verwaltungsverfahren zuzumuten.

979 Für die Zulässigkeit des Teilurteils REDEKER / V.OERTZEN, § 110 Rn. 1; DIESELBEN, § 113 Rn. 23; ebenso ULE, § 54 IV; a.A. KOPP / SCHENKE, § 110 Rn. 4.

980 Unverständlich ist, weshalb GERHARDT, in: SCHOCH / SCHMIDT-ASSMANN / PIETZNER, § 113 Rn. 60, sowohl die Abtrennung als auch den Erlass eines Teilurteils nicht für ausgeschlossen, aber für „nur in Ausnahmefällen ermessensgerecht" hält. Die Prämisse, dass der Kläger mit seinem Antrag das Interesse gerade auch an tatsächlicher Störungsbeseitigung zu erkennen gegeben habe und darin die Bereitschaft zu sehen sei, Verzögerungen in Kauf zu nehmen, ist nicht überzeugend. Überflüssige Verzögerungen wird niemand gerne in Kauf nehmen, und durch Erlass eines Teilurteils sind sie ohne weiteres vermeidbar.

981 Diese Gefahr sieht das OVG Saarlouis, Urt. v. 10.12.1980, DVBl. 1981, 836, 837.

982 KOPP / SCHENKE, § 110 Rn. 7.

scheidung über den Vollzugsfolgenbeseitigungsanspruch rechtskräftig wird, aber die Entscheidung über die Anfechtungsklage in den Rechtsmittelinstanzen aufgehoben wird. Insofern ist es aber Sache der Beteiligten, entsprechend ihrer der Dispositionsbefugnis folgenden Dispositionslast entweder rechtzeitig Rechtsmittel einzulegen, oder aber die Konsequenzen zu tragen.

II. Die geringe Relevanz der Kombinationsform für die Rechtskraft

Oben[983] ist bereits ausgeführt, dass im Hinblick auf die Spruchreife nicht danach differenziert werden muss, ob die angestrebte Vollzugsfolgenbeseitigung durch Verwaltungsakt erfolgen muss oder durch schlichtes Verwaltungshandeln erfolgen kann. Auch die Betrachtung der kombinierten Streitgegenstände gebietet keine andere Beurteilung, insbesondere ergeben sich keine wesentlichen Unterschiede bei der Rechtskraft. Zwar ist mit der Entscheidung über eine Verpflichtungsklage im Vergleich zur Entscheidung über eine allgemeine Leistungsklage eine zusätzliche Feststellungswirkung verbunden. Diese Feststellung hat aber im Falle der kombinierten Klage auf Vollzugsfolgenbeseitigung keine eigenständige Bedeutung, weil der Kläger die Feststellungen der Rechtswidrigkeit und der Verletzung in seinen Rechten bereits mit der Anfechtungsklage erhält.

B. Schlussfolgerungen für die Spruchreife bei Anfechtungs- und Verpflichtungsklagen

I. Keine Unterscheidung gleichwertiger Entscheidungsmodalitäten

Die von der Spruchreife abhängigen Entscheidungen unterscheiden sich in ihren Wirkungen voneinander und nicht nur in der Art ihres Zustandekommens. Mit den Entscheidungsmodalitäten, die eine inhaltlich gleichwertige Entscheidung nur in anderer Form aussprechen (z.B. durch Erlass eines Gerichtsbescheids gem. § 84 VwGO statt durch Erlass eines Urteils) ist der durch die Spruchreife bedingte Unterschied daher nicht vergleichbar. Gleiches gilt für den Streitgegenstand. Wenn nämlich der Kläger eindeutig zum Ausdruck bringt, auf welche der von der Spruchreife abhängigen Entscheidungsmodalitäten er mit seiner Klage abzielt, z.B. mit einem Antrag auf ein Vornahmeurteil gem. § 113 Abs. 5 Satz 1 VwGO oder auf ein Bescheidungsurteil gem. § 113 Abs. 5 Satz 5 VwGO, darf das Gericht diesen Klägerwillen nicht einfach ignorieren. Wenn man den Willen des Klägers

983 Siehe S. 111.

überginge, der bewusst die Aussichten seiner Klage in Bezug auf die Spruchreife berücksichtigt, würde man die Dispositionsmaxime insoweit außer Kraft setzen. Dafür ist weder eine Notwendigkeit noch eine Rechtfertigung ersichtlich. Ob das Gericht gem. § 86 Abs. 3 VwGO bei der Berücksichtigung der Spruchreife im Rahmen der Antragstellung behilflich sein muss, ist erst unten nach Klärung der Vorhersehbarkeit der jeweiligen Entscheidungen zu erörtern[984]. Jedenfalls aber hat der Kläger bei der Formulierung des Antrags zur Festlegung des Klagebegehrens – im Gegensatz zur Entscheidung darüber – das letzte Wort. Er kann den Antrag so formulieren, dass sich ihm eindeutig das Begehren einer bestimmten Entscheidungsform entnehmen lässt. Wenn dann feststeht, dass aus Sicht des Klägers die von der Spruchreife abhängigen Entscheidungsalternativen nicht gleichwertig sind, so können sie auch aus Sicht des Gerichts nicht gleichwertig sein.

II. Kennzeichnung eines quantitativen Unterschieds

Entscheidungen, die nicht gleichwertig sind, können sich in ihrer Art (qualitativ) unterscheiden, d.h. die eine Entscheidung bedeutet im Vergleich zur anderen ein Aliud, das keine wesentlichen Gemeinsamkeiten aufweist. Die Entscheidungen können ferner in einem (quantitativen) Plus-Minus-Verhältnis zueinander stehen, d.h. die eine Entscheidung bedeutet im Vergleich zu der anderen ein Mehr und schließt sie mit ein. Das letztere Verhältnis betrifft die Spruchreife, denn es geht immer darum, ob sie dem Gericht bei wesentlichen Gemeinsamkeiten der Entscheidungen einen zusätzlichen bzw. weiter reichenden Ausspruch ermöglicht.

1. Die Spruchreife hat nichts mit der Unterscheidung von Klagearten zu tun

a. Die nach der Spruchreife differenzierenden Klagebegehren stehen nicht selbständig nebeneinander

Richtig ist, dass die Annahme unterschiedlicher Klagearten nur bei der Annahme unterschiedlicher Typen von Streitgegenständen logisch denkbar ist[985]. Umgekehrt gilt diese Aussage jedoch nicht, denn die Unterschiede in den Streitgegenstandstypen sind nur eine notwendige, aber keine hinreichende Bedingung für die Annahme einer unterschiedlichen Klageart. So werden z.B. im Zivilprozess auch nicht Zahlungsklagen oder Klagen auf Abgabe einer Willenserklärung unterschieden im Sinne von eigenen Klagearten, sondern solche Klagen werden einheitlich

---

984 Siehe S. 487.

985 Vgl. KOPP / SCHENKE, § 90 Rn. 7.

als Leistungsklagen behandelt. Einen Streitgegenstandstyp zu einer Klageart zu erheben, ist nur dann sinnvoll, wenn damit – gemäß der Trias von Verurteilungen zu einer Leistung, Feststellungen und Gestaltungen – nach der Qualität des begehrten Rechtsschutzes differenziert werden kann (z.B. zwischen Anfechtungs- und Verpflichtungsklagen) oder dann, wenn wesentlichen Besonderheiten in der Zulässigkeitsprüfung Rechnung getragen werden soll (z.B. bei Verpflichtungsklagen im Unterschied zu allgemeinen Leistungsklagen). Keine dieser Alternativen trifft auf die von der Spruchreife erfassten Fälle zu. Bei der Entscheidung über die Vollzugsfolgenbeseitigung gem. § 113 Abs. 1 Satz 2, 3 VwGO entscheidet die Spruchreife darüber, ob eine gleichzeitige Entscheidung über die kombinierten Klagen erfolgt, die freilich unterschiedlichen Klagearten angehören. Die Spruchreife ist dann aber nicht bei der Wahl der Klagearten oder etwa bei einem Wechsel zu berücksichtigen, sondern bei der Frage der Kombination. Die auf die Aufhebung eines Verwaltungsakts gerichteten Anfechtungsklagen gem. § 113 Abs. 1 Satz 1 VwGO bzw. § 113 Abs. 3 Satz 1 VwGO sowie die auf die Verurteilung zum Erlass eines Verwaltungsakts gerichteten Verpflichtungsklagen gem. § 113 Abs. 5 Satz 1 VwGO bzw. § 113 Abs. 5 Satz 2 VwGO werden durch eine gemeinsame Qualität des Rechtsschutzes gekennzeichnet, ohne dass dafür unterschiedliche Zulässigkeitsprüfungen verlangt würden. Bildlich gesprochen lässt sich daher die Spruchreife eher mit einem Signal im Bahnverkehr vergleichen als mit einer Weiche. Es geht nicht um eine Weichenstellung, die den Kläger auf einen anderen Schienenstrang leiten würde, sondern die Spruchreife als Signaleinrichtung entscheidet darüber, wie weit er auf dem Gleis seiner Klage kommt. In keinem Fall wirkt sich die Berücksichtigung der Spruchreife richtungsändernd aus.

b. Es gibt keine „Bescheidungsklage“ als eigene Klageart

Während sich für die Klagenhäufung gem. § 113 Abs. 1 Satz 2, 3 VwGO und für die Anfechtungsklage gem. § 113 Abs. 3 Satz 1 VwGO keine gesonderten Klagebezeichnungen etabliert haben[986], ist für die auf ein Bescheidungsurteil gem. § 113 Abs. 5 Satz 2 VwGO ausgerichtete Klage der Ausdruck „Bescheidungsklage“ gebräuchlich geworden[987]. Diese Terminologie ist deshalb bedenklich, weil sie dazu verleitet, den eigentlich allgemeineren Begriff der Verpflichtungs-

---

986 Nur vereinzelt finden sich Kreationen wie z.B. die „Vollzugsfolgenbeseitigungsklage nach § 113 Abs. 1 S. 2 VwGO“ bei DETTERBECK, S. 281.

987 BVerwG, Urt. v. 21.05.1976, BVerwGE 51, 15, 23; OVG Bremen, Beschl. v. 07.01.1987, JurBüro 1987, 733; OVG Hamburg, Urt. v. 16.06.1964, DVBl. 1966, 39; VGH Mannheim, Urt. v. 23.04.1969, ESVGH 19, 232, 234 ; VGH Mannheim, Urt. v. 11.04.1989, NVwZ-RR 1989, 479; OVG Münster, Urt. v. 19.04.1966, OVGE 22, 183, 185 = MDR 1967, 524, 525; BETTERMANN, NJW 1960, 649, 655; Ivo, S. 139; KOPP / SCHENKE, § 42 Rn. 8; MARX, S. 22; SPANNOWSKY, in: NK-VWGO, § 113 Rn. 237; ablehnend BRUNN, S. 43 ff.

klage nicht als Oberbegriff über den Ausdruck „Bescheidungsklage" zu stellen, sondern daneben, als Begriff für die auf ein Vornahmeurteil abzielende Klage[988]. Damit wird die Gemeinsamkeit verwischt, dass es bei beiden Unterarten[989] der Verpflichtungsklage um die Verpflichtung zum Erlass eines Verwaltungsakts geht. Den Unterschied der Klagen macht nur die inhaltliche Bestimmtheit des beanspruchten Verwaltungsakts aus[990]. Der Ausdruck „Bescheidungsklage" sollte daher vermieden werden.

2. Das Gericht ist gem. § 88 VwGO an die Entscheidung des Klägers für den eingeschränkten Antrag gebunden

Ebenso wenig, wie die Spruchreife im Rahmen der gerichtlichen Entscheidung nur eine gleichwertige Modalität kennzeichnet, so wenig betrifft sie im Rahmen des Klageantrags nur eine Formulierungsfrage. Dieser Umstand ist von Bedeutung für die Anwendung des § 88 VwGO, wonach das Gericht über das Klagebegehren nicht hinausgehen darf, aber an die Fassung der Anträge nicht gebunden ist. Die Berücksichtigung der Spruchreife im Klageantrag betrifft den vorangestellten Hauptsatz dieser Norm, nicht den anschließenden Nebensatz. Es geht um quantitative Unterschiede in dem auch synonym als Klagebegehren zu bezeichnenden Streitgegenstand und nicht um die Fassung der Anträge. Die Differenzierung wird deutlich, wenn z.B. ein anwaltlich nicht vertretener Kläger beantragt, „den Ablehnungsbescheid aufzuheben, damit die Behörde neu entscheidet". Dieser Antrag ist unpräzise, weil er den Anschein einer Anfechtungsklage erweckt, aber das Gericht eine Verpflichtung aussprechen wird, soweit die Klage begründet ist. In der Sache besteht aber kein Unterschied zu einem Bescheidungsbegehren, so dass das Gericht auch dann nicht an dem Erlass eines Bescheidungsurteils gem. § 113 Abs. 5 Satz 2 VwGO gehindert wäre, wenn der Kläger auf seinem Antrag beharrt. Den Erlass eines Vornahmeurteils gem. § 113 Abs. 5 Satz 1 VwGO würde dieses sinngemäß erkennbare Begehren jedoch nicht erlauben. Für die Verpflichtungsklage ist anerkannt, dass der auf den Erlass eines Bescheidungsurteils ausgerichtete Klageantrag wegen § 88 VwGO das Gericht hindert, ein Vornahmeurteil zu erlassen[991]. Dem ist mit Blick auf das festgestellte Plus-Minus-Verhältnis der Streitgegenstände zu folgen, denn das Vornahmeurteil ist im Verhältnis zum Beschei-

---

988 Missverständlich BVerwG, Urt. v. 21.05.1976, BVerwGE 51, 15, 23: „Verpflichtungs- (bzw. Bescheidungs-) Klage". Ausdrücklich wird zwischen Verpflichtung und Bescheidung unterschieden z.B. bei MARX, S. 22; bei REDEKER / V.OERTZEN, § 88 Rn. 6 und SPANNOWSKY, in: NK-VwGO, § 113 Rn. 237.

989 So ausdrücklich z.B. HUFEN, § 15 Rn. 15.

990 Siehe oben S. 247.

991 BVerwG, Urt. v. 02.05.1984, BVerwGE 69, 198, 201; BRUNN, S. 31; CZERMAK, BayVBl. 1981, 427; KOPP / SCHENKE, § 88 Rn. 1, SPANNOWSKY, in: NK-VwGO, § 113 Rn. 239.

dungsurteil ein Mehr, so dass das Gericht mit einem Vornahmeurteil auf einen Bescheidungsantrag unter Verletzung von § 88 VwGO zu viel zusprechen würde. Die gleiche Bindungswirkung ist bei der Anfechtungsklage anzunehmen, denn der Kläger, der neben der Aufhebung auch die Feststellung der Rechtswidrigkeit und der Verletzung in seinen Rechten verlangt, begehrt einen weiter reichenden Ausspruch als der, der sich auf die Frage der Aufhebung beschränkt. Wenn man dem Anfechtungskläger zugesteht, ein Urteil gem. § 113 Abs. 3 Satz 1 VwGO zu beantragen, so ist es daher nur konsequent, dem Gericht den Erlass eines Urteils gem. § 113 Abs. 1 Satz 1 VwGO zu versagen[992].

Die Bindung des Gerichts an das Klagebegehren gem. § 88 VwGO ist aus Sicht des Klägers gewissermaßen die Kehrseite der Medaille, dass er über den Streitgegenstand verfügen kann. Die Bindung ist damit eine zwingende und neben dem Erfordernis eines Antrags zur Einleitung eines gerichtlichen Verfahrens die wichtigste Folge der Dispositionsmaxime[993]. Ausnahmen von der Bindung an das Begehren drohen daher eine tragende Säule des Verwaltungsprozesses ins Wanken zu bringen. So wird auch nur in eng umrissenen Konstellationen im Bereich der Normenkontrolle gem. § 47 VwGO die Bindung an das Rechtsschutzbegehren gelockert[994]. Diese Ausnahme ist im Zusammenhang damit zu sehen, dass es sich nach ganz überwiegender Auffassung bei der Normenkontrolle gem. § 47 VwGO in besonderem Maße (auch) um ein objektives Beanstandungsverfahren handelt[995]. Auf die in aller erster Linie dem Schutz subjektiver Rechte dienenden Klageverfahren ist diese Ausnahme nicht übertragbar. Im Rahmen dieser Klageverfahren markiert das Rechtsschutzbegehren vielmehr die absolute Grenze der richterlichen Entscheidungsbefugnis. Maßgeblich ist dabei freilich nur das klägerische Vorbringen, das sich unmittelbar auf den Streitgegenstand bezieht; irrelevant sind Rechtsausführungen[996] und – insbesondere bei fehlender anwaltlicher

---

992 Das konzediert auch DEMMEL, S. 82 f., für den Fall, dass der Antrag gem. § 113 Abs. 3 S. 1 VwGO als „Präzisierung der Dispositionsmaxime“ für zulässig erachtet wird, was sie nachfolgend allerdings ablehnt.

993 HUFEN, § 35 Rn. 24.

994 Nach BVerwG, Beschl. v. 20.08.1991, UPR 1991, 447 = DVBl. 1992, 37, ist das Hinausgehen über den Antrag in einem gegen einen Bebauungsplan gerichteten Normenkontrollverfahren gem. § 47 VwGO dann zulässig, wenn der antragsgemäß für nichtig zu erklärende Teil mit anderen, nicht angegriffenen Teilen des Bebauungsplans in einem untrennbaren Zusammenhang steht.

995 Vgl. BVerwG, a.a.O.; KOPP / SCHENKE, § 47 Rn. 1 m.w.Nachw.

996 Vgl. BVerwG, Beschl. v. 14.09.1987, DVBl. 1987, 1278.

Vertretung – die Antragsformulierungen, die das aus dem übrigen Vorbringen zu entnehmende „wirkliche Rechtsschutzziel" nicht zutreffend erfassen[997].

3. Ein Wechsel zwischen den von der Spruchreife abhängigen Anspruchszielen bedeutet keine Klageänderung, sondern eine Klagebeschränkung oder -erweiterung

Eine Klageänderung im Sinne des § 91 Abs. 1 VwGO bzw. § 263 ZPO liegt vor, wenn nach Rechtshängigkeit der Streitgegenstand verändert wird, indem der Kläger anstelle des rechtshängigen prozessualen Anspruchs oder neben ihm einen anderen Anspruch erhebt[998]. Im Unterschied dazu bedeutet es gem. § 264 Nr. 2 ZPO, der im Verwaltungsprozess gem. § 173 VwGO anwendbar ist[999], keine Klageänderung in diesem Sinne, wenn der Kläger dasselbe Begehren einschränkt oder erweitert[1000]. In Übereinstimmung mit diesem Grundsatz wird für die Verpflichtungsklage bei einem Übergang von einem Bescheidungsantrag zu einem Vornahmeantrag oder umgekehrt keine Klageänderung gem. § 91 VwGO angenommen[1001]. Gleiches muss für die Anfechtungsklage bei einem Wechsel zwischen den auf eine Entscheidung gem. § 113 Abs. 1 Satz 1 VwGO bzw. gem. § 113 Abs. 3 Satz 1 VwGO ausgerichteten Klagebegehren gelten. Das hat zur Konsequenz, dass diesen Dispositionen des Klägers in der Revisionsinstanz nicht die Vorschrift des § 142 Abs. 1 Satz 1 VwGO entgegengehalten werden kann, wonach Klageänderungen im Revisionsverfahren unzulässig sind. Für die Anfechtungsklage hat dieser Umstand freilich nur theoretische Bedeutung, weil angesichts der Ausschlussfrist von sechs Monaten seit Eingang der Behördenakten bei Gericht gem. § 113 Abs. 3 Satz 4 VwGO[1002] eine Entscheidung gem. § 113 Abs. 3 Satz 1 VwGO im Revisionsverfahren ohnehin nicht möglich sein wird.

---

997 BVerwG, Urt. v. 03.07.1992, Buchholz 310, § 88 Nr. 19, S. 5. Vgl. BVerfG, Beschl. v. 06.08.1992, NJW 1993, 1380, 1381, wonach eine Antragsauslegung unzulässig ist, die sich an der Überschrift eines Schriftsatzes orientiert („Untätigkeitsklage"), ohne den Sinnzusammenhang zu berücksichtigen (die formell ordnungsgemäße Bescheidung war nicht bestritten, aber das Begehren zielte auf einen positiven Bescheid ab).

998 BGH, Urt. v. 10.01.1985, NJW 1985, 1841, 1842; KOPP / SCHENKE, § 91 Rn. 2; REDEKER / v.OERTZEN, § 91 Rn. 2; HARTMANN, in: BAUMBACH / LAUTERBACH / ALBERS / HARTMANN, § 263 Rn. 4.

999 KOPP / SCHENKE, § 91 Rn. 8; REDEKER / v.OERTZEN, § 91 Rn. 2;HARTMANN, in: BAUMBACH / LAUTERBACH / ALBERS / HARTMANN, § 264 Rn. 25.

1000 KOPP / SCHENKE, § 91 Rn. 9; THOMAS / PUTZO, § 264 Rn. 3.

1001 KOPP / SCHENKE, § 91 Rn. 9; REDEKER / v.OERTZEN, § 91 Rn. 2.

1002 Es kommt nur auf den Eingang der Akten bei dem Gericht erster Instanz an (KOPP / SCHENKE, § 113 Rn. 168).

4. Soweit das Gericht nicht antragsgemäß die bei Spruchreife vorgesehene Entscheidung trifft, unterliegt der Kläger teilweise

Auf der Basis der hier vertretenen Streitgegenstandsbegriffe soll geklärt werden, ob der Kläger teilweise unterliegt, soweit das Gericht nicht die bei Spruchreife vorgesehene Entscheidung trifft, die der Kläger begehrt. Bei der Verpflichtungsklage wird für den Fall eines Bescheidungsurteils gem. § 113 Abs. 5 Satz 2 VwGO bei beantragtem Vornahmeurteil gem. § 113 Abs. 5 Satz 1 VwGO ein Teilunterliegen von der h.M. bejaht[1003]. Bei der Anfechtungsklage wird für den Fall einer Aufhebung gem. § 113 Abs. 3 Satz 1 VwGO, wenn ein gewöhnlicher Antrag im Sinne einer Aufhebung gem. § 113 Abs. 1 Satz 1 VwGO gestellt war, von der h.M. dieselbe Frage verneint[1004]. Im Falle der isolierten Aufhebung des Widerspruchsbescheids auf eine Einheitsklage i.S.d. § 79 Abs. 1 Nr. 1 VwGO wird überwiegend ein Teilunterliegen des Klägers angenommen[1005]. Nach MEINER Überzeugung muss die Frage konsequenterweise in allen diesen Fällen gleich beantwortet werden, und zwar im Sinne des Teilunterliegens mit den grundsätzlich nachteiligen Kostenfolgen für den Kläger.

1003 BVerwG, Urt. v. 16.12.1970, BVerwGE 37, 57, 61; BVerwG, Urt. v. 01.12.1978, DVBl. 1979, 424, 429; BVerwG, Urt. v. 19.06.1991, Buchholz 310, § 113 Nr. 234; OVG Lüneburg, Urt. v. 18.07.1994, GewArch. 1995, 75, 77; VGH Kassel, Urt. v. 26.02.1971, ESVGH 21, 201, 207; a.A.(kein Teilunterliegen) VGH München: Urt. v. 12.04.1965, BayVBl.1966, 210, 211; BRUNN, S. 44; FABER, § 30 I a) 2.; KOEHLER, § 113 Anm. F V 4; MARTENS, S. 86; im Ergebnis ebenso CZERMAK, BayVBl. 1981, 427; differenzierend KOPP / SCHENKE, § 42 Rn. 8 und § 155 Rn. 2; REDEKER / V.OERTZEN, § 113 Rn. 42; SCHMITT GLAESER / HORN, Rn. 301 ff.; SCHRÖDER, in: MENGER-FS (1985), S. 487; SPANNOWSKY, in: NK-VWGO, § 113 Rn. 239.

1004 VG Dresden, Urt. v. 17.11.1992 – 3 K 555/92 –, insoweit nicht abgedruckt in VIZ 1993, 213; VG Greifswald, Urt. v. 04.04.1995 – 5 A 1530/94 –; VG Neustadt, Urt. v. 17.10.1994 – 1 K 3744/94.NW –, insoweit nicht abgedruckt in InfAuslR 1995, 36 (jeweils zitiert nach DEMMEL, S. 160); GERHARDT, in: SCHOCH / SCHMIDT-ASSMANN / PIETZNER, § 113 Rn. 51; REDEKER / V.OERTZEN, § 113 Rn. 26; offenbar auch SPANNOWSKY, in: NK-VWGO, § 113 Rn. 207 (keine „Abweisung im Übrigen" im Tenorierungsvorschlag); unklar DEMMEL: einerseits S. 78 („Dem Anfechtungsantrag des Klägers wird durch die Entscheidung nur teilweise entsprochen. Die Urteilsform nach § 113 Abs. 3 VwGO ist daher als ein Zurückbleiben hinter dem Klagebegehren zu werten, steht aber nicht in Widerspruch zu § 88 VwGO."), andererseits S. 157 f. („Beim Verfahren nach § 113 Abs. 3 VwGO wird aber dem Klageantrag in vollem Umfang entsprochen, der Verwaltungsakt wird aufgehoben, ohne daß die Behörde einer Pflicht zur erneuten Tätigkeit unterliegt."); a.A. (Teilunterliegen des Klägers) VG Arnsberg, Urt. v. 28.10.1991 – 8 K 2578/91.A – (zitiert nach DEMMEL, S. 156).

1005 VGH Kassel, Urt. v. 21.07.1966, MDR 1967, 245, 246; OVG Saarlouis, Urt. v. 10.03.1988, FEVS 38, 190, 192; differenzierend DETTERBECK, S. 184.

a. Abweisung im Übrigen

Der Kläger, der auf die bei Spruchreife ergehende Entscheidung abzielt, verlangt nicht abstrakt etwas anderes, aber mehr als der Kläger, der sich mit der bei fehlender Spruchreife ergehenden Entscheidung zufrieden gibt. Das zeigen die Definitionen der Streitgegenstände der Anfechtungs- und Verpflichtungsklagen, die in ihren durch die Spruchreife bedingten Alternativen jeweils gemeinsame Merkmale enthalten aber unter Berücksichtigung der Spruchreife noch zusätzliche Merkmale enthalten können. Wenn sich im Prozess herausstellt, dass der Ausspruch der beantragten Entscheidung an der fehlenden Spruchreife scheitert, bleibt immer noch ein Teil desselben Streitgegenstands, über den jedenfalls teilweise antragsgemäß entschieden werden kann. Dann ist die Klage jedenfalls teilweise begründet. Hinsichtlich des Scheiterns an der Hürde der Spruchreife wird man aber bei der gebotenen streng konstruktiven Betrachtung davon ausgehen müssen, dass der Kläger teilweise unterliegt und die Klage insoweit abgewiesen werden muss. Denn der Kläger hat seine Dispositionsbefugnis zu Gunsten eines weiter gehenden Streitgegenstands ausgeübt, mit dem er nicht voll durchdringt.

Dabei kommt es zunächst noch nicht auf Kostenverteilungsfragen an, denn ihre Beantwortung setzt die Quotierung des Unterliegens und Obsiegens voraus[1006]. Außerdem lässt die Kostenlastentscheidung Raum für Billigkeitserwägungen, die eine von den Unterliegensquoten abweichende Verteilung gebieten können. Das gilt für die Befreiung von der Kostenlast bei Unterliegen zu einem geringen Teil gem. § 155 Abs. 1 Satz 3 VwGO und für die Kostenlast wegen Verschuldens gem. § 155 Abs. 5 VwGO. Daher droht bei einem Vorgriff auf die Kostenverteilungsfragen die Argumentation sich im Kreise zu drehen oder auf Abwege zu geraten.

Ferner kommt es an dieser Stelle noch nicht darauf an, inwieweit der Vorsitzende des erkennenden Spruchkörpers gehalten ist, den Kläger gem. § 86 Abs. 3 VwGO auf das Problem der (möglicherweise) fehlenden Spruchreife hinzuweisen, um so auf einen sachdienlichen Antrag hinzuwirken[1007], der sich bei der Frage des Obsiegens auswirken kann. Denn unabhängig davon, ob ein Hinweis gem. § 86

1006 Eine Abkürzung nimmt die Argumentation zur Notwendigkeit des Bescheidungsantrags allein unter Berufung auf § 155 Abs. 1 VwGO bei IVO, S. 139. Vgl. auch HUFEN, § 15 Rn. 15: „Schon aus Kostengründen" sei dem Kläger nicht zuzumuten, die Klage auf mehr zu erstrecken als er erreichen kann; ähnlich SCHWERDTFEGER, Rn. 163; wie hier für die Trennung der Fragestellungen SCHRÖDER, in: MENGER-FS (1985), S. 490.

1007 Für die Teilabweisung bei Ermessens- und Beurteilungsspielräumen der Behörde, wenn der Kläger trotz Hinweis gem. § 86 Abs. 3 VwGO auf seinem weiter gehenden Antrag beharrt, SPANNOWSKY, in: NK-VWGO, § 113 Rn. 239; ebenso SCHUNCK / DE CLERCK, § 113 Anm. 3. b) ee); ohne Beschränkung auf Ermessens- und Beurteilungsspielräume SCHMITT GLAESER / HORN, Rn. 303.

Abs. 3 VwGO erfolgt ist, muss der Kläger in der mündlichen Verhandlung das Anspruchsziel seiner Klage zu erkennen gegeben haben. Andernfalls wäre die Klage unzulässig. Da das Anspruchsziel sowohl auf die bei Spruchreife ergehende Entscheidung ausgerichtet sein kann als auch auf eine Entscheidung ohne Spruchreife, sind diese Ziele im Hinblick auf die Dispositionsmaxime jedenfalls aus Sicht des Gerichts nicht einfach austauschbar und müssen spätestens am Schluss der letzten mündlichen Verhandlung feststehen. Zwar ist das Gericht gem. § 88 VwGO an die Fassung der Anträge nicht gebunden, aber von der Spruchreife sind gerade nicht nur Antragsformulierungen bzw. Entscheidungsmodalitäten abhängig, sondern unterschiedlich weit gehende Anspruchsziele des Klägers bzw. Zusprüche im Rahmen der gerichtlichen Entscheidung. Das Bundesverwaltungsgericht hat zu dem Verhältnis von Auslegung und Hinwirkungspflichten in aller wünschenswerten Klarheit ausgeführt[1008]:

> „§ 88 VwGO befaßt sich, soweit hier interessiert, mit der Auslegung der ‚Anträge' [es folgen Nachweise] und stellt diese noch über die allgemeine Auslegungsregel des § 133 BGB hinaus frei. Daraus erwächst jedoch keine Legitimation des Richters, die Wesensgrenzen der Auslegung zu überschreiten und (ohne Notwendigkeit einer Erörterung) an die Stelle dessen, was eine Partei erklärtermaßen will, das zu setzen, was sie – nach Meinung des Richters – zur Verwirklichung ihres Bestrebens wollen sollte. Die in § 86 Abs. 3 VwGO geregelte Hinwirkungspflicht des Vorsitzenden bezieht, soweit sie den Inhalt von Anträgen betrifft, ihren wesentlichen Sinn gerade daraus, daß die in § 88 VwGO vorgesehene Freistellung der Auslegung so weit nicht geht."

Das bedeutet hier, dass das Unterbleiben eines notwendigen Hinweises gem. § 86 Abs. 3 VwGO nicht dadurch auszugleichen ist, dass das Gericht dem Kläger diesen Umstand zugute hält und sein Begehren in großzügiger Auslegung der dem Urteil zu Grunde liegenden Rechtsauffassung anpasst. Daher ist z.B. das Begehren einer Vornahmeverpflichtung i.S.d. § 113 Abs. 5 Satz 1 VwGO, das nach Erteilung eines Hinweises gestellt wird, kein anderes als dasselbe Begehren, das ohne vorherigen Hinweis zur Entscheidung gestellt wird. Eine Praxis, die davon ausgeht, dass dem Kläger, der die Vornahmeverpflichtung beantragt hatte, im Zweifel auch ein Bescheidungsurteil recht sei[1009], kann daher nicht überzeugen. Entweder bestehen noch Zweifel an dem wirklichen Anspruchsziel – dann muss diese Frage gem. § 86 Abs. 3 VwGO in der mündlichen Verhandlung geklärt und diese notfalls gem. § 104 Abs. 3 Satz 2 VwGO wieder eröffnet werden – oder das Anspruchsziel ist klar. Letzterenfalls muss konsequent darüber entscheiden werden.

1008 BVerwG, Beschl. v. 29.08.1989, Buchholz 310, § 88 Nr. 17, S. 1.

1009 So der Vorschlag von SCHMITT GLAESER / HORN, Rn. 303; ebenso SPANNOWSKY, in: NK-VwGO, § 113 Rn. 239; ähnlich SCHUNCK / DE CLERCK, § 113 Anm. 3. b) ee).

Da es für die Frage der Erforderlichkeit eines Hinweises gem. § 86 Abs. 3 VwGO auch auf die andernfalls drohenden Konsequenzen[1010] und das Ausmaß der Vorhersehbarkeit der gerichtlichen Entscheidung in Bezug auf die Spruchreife und ihre Herbeiführung[1011] ankommen kann, soll zu den Notwendigkeiten und Auswirkungen eines Hinweises erst zum Schluss dieser Arbeit[1012] Stellung genommen werden, nachdem die vorgeschalteten Fragen geklärt sind. Im Folgenden soll zunächst davon ausgegangen werden, dass die für den Fall der Spruchreife vorgesehene Entscheidung dem erklärten Anspruchsziel des Klägers entspricht und er sich auch nach Hinweis auf die voraussichtliche Unerfüllbarkeit dieser Voraussetzung nicht mit einer anderen Entscheidung zufrieden gibt.

Wenn die Sache nicht spruchreif ist, bleiben nicht nur begriffliche Merkmale des weiter gehenden Streitgegenstands unausgefüllt, sondern die Entscheidung bleibt spürbar bzw. bilanzierbar hinter dem Ziel des Klägers zurück. Das verdeutlicht für die Verpflichtungsklage beispielhaft ein Urteil des Bundesverwaltungsgerichts[1013], wonach die Verpflichtung zur Bescheidung eines Antrags auf Erlass eines Verwaltungsakts, der eine Geldleistung festsetzt, im Unterschied zur Vornahmeverpflichtung keinen Anspruch auf Zahlung von Prozesszinsen gem. § 291 Satz 1 BGB begründet. Dieses Ergebnis wird überzeugend damit begründet, dass eine Klage, die nur auf eine Bescheidungsverpflichtung gerichtet ist, noch keine Geldschuld im Sinne von § 291 Satz 1 BGB rechtshängig mache und außerdem die Fälligkeit erst mit der (konstitutiven) Bestimmung durch den behördlichen Bescheid eintrete[1014]. Diese Ansicht kann sich auf die zivilrechtliche Judikatur und Literatur stützen, wonach auch bei Leistungsbestimmung durch richterliche Gestaltung gem. § 315 Abs. 3 Satz 2 BGB die Fälligkeit der Forderung erst mit der Entscheidung darüber eintritt[1015]. Auch dann, wenn sich der Unterschied zwischen der Bescheidungsverpflichtung und der Vornahmeverpflichtung nicht wie in diesem Beispiel in barer Münze auszahlt, lässt es sich verallgemeinern, dass der Kläger einem einheitlichen Ziel, nämlich dem Erlass eines möglichst begünstigenden Verwaltungsakts, mit den beiden Entscheidungsformen der stattgebenden Verpflichtungsurteile unterschiedlich nahe kommt. Denn nur mit dem Erlass eines Vornahmeurteils lässt sich das Risiko für den Kläger ausschließen, dass er auf dem Weg zu dem angestrebten Verwaltungsakt aus im Gerichtsverfahren nicht geprüften Gründen scheitert. Wenn der Kläger gerade auf diese weiter gehende

1010 Dazu sogleich.
1011 Dazu unten S. 348 ff.
1012 Siehe unten S. 487.
1013 Urt. v. 28.06.1995, Buchholz 310, § 90 Nr.6, S. 2 = NJW 1995, 3153.
1014 BVerwG, Urt. v. 28.06.1995, Buchholz 310, § 90 Nr.6, S. 2 = NJW 1995, 3153.
1015 Vgl. BGH, Urt. v. 07.12.1995, NJW 1996, 1058; HEINRICHS, in: PALANDT, § 291 Rn. 5, § 315 Rn. 17.

Entscheidung abzielt, die Voraussetzungen dafür aber nicht vorliegen, so ist der Kläger teilweise unterlegen.

Entsprechendes gilt für die Anfechtungsklage. Wenn auf eine Einheitsklage gem. § 79 Abs. 1 Nr. 1 VwGO nur der Widerspruchsbescheid aufgehoben wird, erreicht der Kläger erkennbar weniger als mit der einheitlichen Aufhebung des ursprünglichen Verwaltungsakts *und* des Widerspruchsbescheids[1016]. Auch ein Urteil gem. § 113 Abs. 3 Satz 1 VwGO, das zwar den angefochtenen Verwaltungsakt in der Gestalt des Widerspruchsbescheids vollumfänglich aufhebt, aber inhaltlich dazu keine abschließende Aussage trifft, ist weniger wert als ein Urteil, das darüber hinaus endgültig feststellt, dass gerade seine Rechtswidrigkeit und die Verletzung des Klägers in seinen Rechten zu der Kassation führen muss[1017]. Der Wertunterschied wird praktisch, wenn sich der Kläger gegen einen Wiederholungsakt mit gleichem Inhalt zu Wehr setzen muss oder wenn er im Anschluss an die Aufhebung den Ersatz von Schäden im Wege der Amtshaftungsklage begehrt. Vorteile aus dem ersten Verfahren kann er nur ziehen, wenn das Verwaltungsgericht den Verwaltungsakt gem. § 113 Abs. 1 Satz 1 VwGO unter Feststellung der Rechtswidrigkeit und der Rechtsverletzung aufgehoben hat, da die zu Gunsten des Klägers wirkende Präjudizialität an die feststellende Wirkung geknüpft ist[1018]. Im Hinblick auf diese zusätzlichen Entscheidungswirkungen ist also das Interesse des

1016 Vgl. VGH Kassel, Urt. v. 21.07.1966, MDR 1967, 245, 246 (Zurückweisung der Berufung im Übrigen, weil die Klage keinen Erfolg haben könne, soweit sie sich gegen den Ausgangsbescheid richtet); ebenso OVG Saarlouis, Urt. v. 10.03.1988, FEVS 38, 190, 192; KUNTZE, in: BADER / FUNKE-KAISER / KUNTZE / V.ALBEDYLL, § 113 Rn. 10. DETTERBECK, S. 184, befürwortet ein Teilunterliegen ausdrücklich nur für den Fall, dass der Widerspruchsbescheid im Hinblick auf eine darin enthaltene zusätzliche selbständige Beschwer i.S.d. § 79 Abs. 2 rechtswidrig ist und der Kläger die Möglichkeit hatte, den Widerspruchsbescheid isoliert anzufechten. Dazu soll aber nicht der Fall zählen, dass die Widerspruchsbehörde die rechtmäßigen Ermessenserwägungen der Ausgangsbehörde durch fehlerhafte eigene Ermessenserwägungen ersetzt hat (DERSELBE, a.a.O. Fn. 153). Diese Auffassung begegnet Bedenken, weil dann die Frage des Teilunterliegens nicht rein konstruktiv danach beurteilt wird, inwieweit der Kläger mit seinem Streitgegenstand durchdringt, sondern nach wertenden Gesichtspunkten. Insofern erscheint es – ohne hier eine eingehende Stellungnahme abgeben zu können – konsequenter, mit SCHENKE, JZ 1996, 998, 1010 und KOPP / SCHENKE, § 79 Rn. 11, auch den Fall fehlerhafter Ermessenserwägungen der Widerspruchsbehörde unter die „Beschwer" i.S.d. § 79 Abs. 2 S. 1 VwGO zu subsumieren und dem Kläger die Möglichkeit zu geben, auch in diesem Fall allein den Widerspruchsbescheid zum Gegenstand der Anfechtungsklage zu machen. Dann bleibt der hier befürwortete konstruktive Zusammenhang zwischen dem (sachgerecht einschränkbaren) Streitgegenstand und der Frage des Teilunterliegens gewahrt, ohne dass Konflikte mit den für sich genommen zutreffenden Billigkeitserwägungen entstehen.

1017 Davon offenbar ausgehend VG Arnsberg, Urt. v. 28.10.1991 – 8 K 2578/91.A –, zitiert nach DEMMEL, S. 156.

1018 Siehe oben S. 214 ff.

Klägers an der Entscheidung gem. § 113 Abs. 1 Satz 1 VwGO im Vergleich zu dem Interesse an der Entscheidung gem. § 113 Abs. 3 Satz 1 VwGO ein höheres. Mit dem erhöhten Interesse an dem Prozess korrespondiert ein höheres Risiko, d.h. wenn das Interesse des Klägers nicht voll erfüllt wird, verliert er teilweise.

Diese Folge ist konsequent und notwendig auch im Hinblick auf die Zulässigkeit von Rechtsmitteln. Deren Zulässigkeit setzt die Beschwer des Rechtsmittelklägers voraus, die dann gegeben ist, wenn ein ihm nachteiliger Unterschied zwischen seinem Begehren und der Entscheidung besteht[1019]. Das bedeutet z.B., dass der Kläger das Vorliegen der Voraussetzungen des § 113 Abs. 3 Satz 1 VwGO nicht in den Rechtsmittelinstanzen überprüfen lassen könnte, wenn man in der Entscheidung nach dieser Vorschrift ein vollständiges Obsiegen erblickte[1020]. Dabei kann nicht überzeugend argumentiert werden, es komme nur auf die Aufhebung des Verwaltungsakts an, die sowohl nach § 113 Abs. 1 Satz 1 VwGO als auch nach § 113 Abs. 3 Satz 1 VwGO ausgesprochen wird. Für die Verpflichtungsklage ist anerkannt, dass auch wenn der Kläger ein Bescheidungsurteil begehrt hatte, seine Beschwer dann gegeben ist, wenn die das Urteil tragende Rechtsauffassung des Gerichts zu einer weniger weit gehenden Bindung führt, als sie der Kläger erkennbar angestrebt hatte[1021]. Der Grund dafür liegt darin, dass die Rechtsauffassung des Gerichts für die Tragweite der Bescheidungsverpflichtung maßgeblich ist und den Umfang der materiellen Rechtskraft bestimmt[1022]. Dieselbe Ratio greift auch im Falle der Aufhebungsentscheidung gem. § 113 Abs. 3 Satz 1 VwGO ein. Die Tragweite der Entscheidung ist unstreitig geringer als bei der Ent-

---

1019 BVerwG, Urt. v. 03.12.1981, DVBl. 1982, 447, 448; KOPP / SCHENKE, vor § 124 Rn. 41; SCHUNCK / DE CLERCK, § 124 Anm. 2.c); SCHMITT GLAESER / HORN, Rn. 132. Im Hinblick auf die Maßgeblichkeit des wirklichen Klagebegehrens im Unterschied zur Fassung der Anträge (relevant im Fall von BVerwG, Urt. v. 03.12.1981, DVBl. 1982, 447, 448) ist diese Formulierung besser als diejenige, wonach es darauf ankomme, ob dem Kläger etwas versagt wurde, was er beantragt hatte (so aber HUFEN, § 35 Rn.9; REDEKER / V.OERTZEN, § 124 Rn. 4).

1020 Nicht zu folgen ist daher GERHARDT, in: SCHOCH / SCHMIDT-ASSMANN / PIETZNER, § 113 Rn. 49 ff. Er nimmt einerseits an, dass auf einer Fehleinschätzung der Voraussetzungen des § 113 Abs. 3 Satz 1 VwGO die Entscheidung im Ergebnis beruhen könne und außerdem bei Nichterfüllung das Berufungsgericht gem. § 130 Abs. 1 Nr. 1 VwGO die Sache an das Verwaltungsgericht zurückverweisen könne (DERSELBE, a.a.O., Rn. 49). Andererseits nimmt er an, dass der nach § 113 Abs. 3 Satz 1 VwGO obsiegende Kläger durch die Entscheidung nicht beschwert sei (DERSELBE, a.a.O., Rn. 51).

1021 BVerwG, Urt. v. 03.12.1981, DVBl. 1982, 447, 448; BVerwG, Urt. v. 22.04.1987, Buchholz 310, § 121 Nr. 54, S. 2; BVerwG, Urt. v. 03.11.1994, NVwZ 1996, 66; BVerwG, Urt. v. 27.01.1995, NJW 1996, 737, 738: Daher sei auch in diesen Fällen die Klageabweisung „im Übrigen“ folgerichtig. Vgl. auch KOPP / SCHENKE, vor § 124 Rn. 44; REDEKER / V.OERTZEN, § 124 Rn. 4.

1022 BVerwG, Urt. v. 03.12.1981, DVBl. 1982, 447, 448; KOPP / SCHENKE, vor § 124 Rn. 44.

scheidung nach § 113 Abs. 1 Satz 1 VwGO. Andernfalls wäre die Einschränkung der gerichtlichen Sachverhaltsermittlungspflicht auch nicht zu rechtfertigen. Damit ist es bei der Anfechtungsklage ebenso wie bei der Verpflichtungsklage mit Bescheidungsantrag denkbar, dass das Gericht den beantragten Tenor ausspricht, aber dennoch hinter dem Begehren des Klägers zurückbleibt.

Urteilstechnisch ist das hier in Rede stehende Teilunterliegen kenntlich zu machen, indem im Anschluss an die Bescheidungsverpflichtung oder die Aufhebungsentscheidung tenoriert wird: „Im Übrigen wird die Klage abgewiesen."[1023] Andernfalls ruft das Urteil Unsicherheit darüber hervor, ob das Gericht das weiter gehende Klagebegehren zutreffend erfasst hat[1024].

b. Kostenfolgen

Bisher ist erörtert worden, dass die Kostenfolgen nicht vorgreiflich behandelt werden dürfen. Kostenfragen spielen keine Rolle bei der Frage der Zulässigkeit eines eingeschränkten Klageantrages[1025]. Sie dürfen auch nicht mit der Frage nach dem Teilunterliegen gleichgesetzt werden[1026]. Erst recht sind sie irrelevant bei der Frage, ob das Gericht Maßnahmen durchführen muss, die geeignet sind, die Spruchreife herbeizuführen[1027]. Aber auch wenn man die Kosten*folgen* als solche behandelt, bestehen Unsicherheiten und Meinungsverschiedenheiten im Zusammenhang mit der Spruchreife. Schwierigkeiten bei ihrer Behandlung ergeben sich daraus, dass die Auseinandersetzung mit Kostenfragen im Verwaltungsprozess in der veröffentlichten Rechtsprechung und der Literatur deutlich unterrepräsentiert ist[1028].

1023 Vgl. das Tenorierungsbeispiel bei HUFEN, § 38 Rn. 41.

1024 Vgl. BVerwG, Urt. v. 22.03.1994, BVerwGE 95, 260, 270 ff.; VGH Mannheim, Beschl. v. 09.07.1992, NVwZ 1993, 804, 805.

1025 So aber z.B. DEMMEL, S. 82; HUFEN, § 15 Rn. 15; SCHWERDTFEGER, Rn. 163; wie hier für die Trennung der Fragestellungen SCHRÖDER, in: MENGER-FS (1985), S. 490.

1026 So aber offenbar IVO, S. 139.

1027 So aber MENZEL, NJW 1978, 26, 27, der auf den Vorteil einer eindeutigen Kostenentscheidung abstellt, wenn das Gericht Studienplätze im Losverfahren unter den Antragstellern des Verfahrens aufteilt. Im Anschluss an ihn VGH Mannheim, Urt. v. 04.08.1980, NJW 1980, 2773, 2774; später aufgegeben von VGH Mannheim, Urt. v. 09.04.1981, DVBl. 1981, 1010. Zu diesem Komplex unten S. 424 ff.

1028 Das bemerkt OESTREICHER, in: SCHMIDT-FS (1981), S. 123, der sich vor allem mit den hier nicht interessierenden Fragen der Streitwert-Höhe beschäftigt. Ebenso BRÄUTIGAM, NVwZ 1989, 1022; ZIMMER, NVwZ 1988, 706.

i) Der Meinungsstand bei der Anfechtungsklage

Erwähnenswert sind auch im Zusammenhang mit der Kostenlastentscheidung die bereits zitierten Urteile des VGH Kassel[1029] und des OVG Saarlouis[1030], mit denen auf eine einheitliche Anfechtungsklage i.S.d. § 79 Abs. 1 Nr. 1 VwGO der Widerspruchsbescheid aufgehoben wurde, die Klage aber mangels Spruchreife abgewiesen wurde, soweit sie gegen den Ursprungsverwaltungsakt gerichtet war. In diesen Urteilen wurden die Kosten gem. § 154 Abs. 1, Abs. 2 VwGO der beklagten Behörde auferlegt, soweit die Berufung (wegen der Aufhebung des Widerspruchsbescheids) Erfolg hatte; im Übrigen wurden die Kosten gem. § 155 Abs. 5 VwGO der beklagten Behörde auferlegt, weil sie nach Auffassung der Obergerichte die mangelnde Spruchreife durch die ihr im Widerspruchsverfahren unterlaufenen Verfahrensfehler verschuldet hatte[1031].

Zur Kostenlast im Rahmen der Entscheidung gem. § 113 Abs. 3 Satz 1 VwGO ist wenig veröffentlicht. Soweit die Literatur dazu Stellung nimmt, ist sie sich weitestgehend einig darin, dass regelmäßig gem. § 154 Abs. 1 VwGO oder bei Verschulden hinsichtlich der unterbliebenen Sachverhaltsermittlung gem. § 155 Abs. 5 VwGO die Behörde allein die Kosten zu tragen habe[1032]. Die Rechtsprechung folgt überwiegend dieser Einschätzung[1033]. Bemerkenswert ist, dass die Gesetzesbegründung demgegenüber davon ausgeht, es sei „nach Maßgabe der allgemeinen Vorschriften, insbesondere § 155 Abs. 1 und 5, über die Kosten zu entscheiden“[1034]. Demnach wird als Regelfall offenbar die Kostenteilung bei teilweisem Obsiegen und Unterliegen gem. § 155 Abs. 1 Satz 1 VwGO zu Grunde gelegt, denn sowohl bei der Aufhebung der Kosten gegeneinander gem. § 155 Abs. 1 Satz 2 VwGO als auch bei der alleinigen Kostentragung eines Beteiligten wegen

---

1029 Urt. v. 21.07.1966, MDR 1967, 245, 246.

1030 Urt. v. 10.03.1988, FEVS 38, 190 (insoweit nur Leitsatz).

1031 VGH Kassel, Urt. v. 21.07.1966, MDR 1967, 245, 246; OVG Saarlouis; Urt. v. 10.03.1988, FEVS 38, 190 (insoweit nur Leitsatz): Soweit dort hinsichtlich der Kostenentscheidung auf „§ 155 Abs. 3 VwGO“ Bezug genommen wird, kann es sich nur um einen Druckfehler handeln, da die Entscheidung mit einem Antrag auf Wiedereinsetzung in den vorigen Stand nichts zu tun hat. Gemeint ist offenbar § 155 Abs. 5 VwGO (so auch die Veröffentlichung dieser Entscheidung bei JURIS).

1032 DEMMEL, S. 158; GERHARDT, in: SCHOCH / SCHMIDT-ASSMANN / PIETZNER, § 113 Rn. 51; REDEKER / V.OERTZEN, § 113 Rn. 26; offenbar auch SPANNOWSKY, in: NK-VWGO, § 113 Rn. 207.

1033 VG Neustadt, Urt. v. 17.10.1994 – 1 K 3744/94.NW –, insoweit nicht abgedruckt in InfAuslR 1995, 36; VG Dresden, Urt. v. 17.11.1992 – 3 K 555/92 –, insoweit nicht abgedruckt in VIZ 1993, 213; VG Greifswald, Urt. v. 04.04.1995 – 5 A 1530/94 –; jeweils zitiert nach DEMMEL, S. 156; a.A. (§ 155 Abs. 1 VwGO) VG Arnsberg, Urt. v. 28.10.1991 – 8 K 2578/91.A –, ebenfalls zitiert nach DEMMEL, S. 156.

1034 BT-Drucks. 11/7030, S. 30.

Geringfügigkeit des gegnerischen Unterliegens gem. § 155 Abs. 1 Satz 3 VwGO handelt es sich um Ausnahmen[1035], und auch der Anwendungsbereich des § 155 Abs. 5 VwGO lässt sich wegen des subjektiven Kriteriums des Verschuldens nicht verallgemeinern. Es mag zwar häufig so sein, dass bei der Entscheidung gem. 113 Abs. 3 Satz 1 VwGO der Behörde ein Verschuldensvorwurf wegen unzureichender Sachverhaltsermittlungen gemacht werden kann. Dies ist jedoch nicht zwingend, zumal wesentliche Verfahrensmängel (z.B. Verletzungen der Amtsermittlungspflicht gem. § 24 VwVfG) gerade nicht Voraussetzung für die Anwendung dieser Vorschrift sind[1036]. Jedenfalls geht die gesetzgeberische Konzeption von einem regelmäßigen Teilunterliegen des Klägers bei der Entscheidung gem. 113 Abs. 3 Satz 1 VwGO aus, denn das Teilunterliegen ist zwar noch keine hinreichende, aber eine notwendige Bedingung für die ausdrücklich befürwortete Kostenlastentscheidung gem. § 155 Abs. 1 VwGO. Somit steht die inzwischen h.M. auch hinsichtlich der Frage des Teilunterliegens im Widerspruch zu der Konzeption des Gesetzgebers. Es drängt sich der Verdacht auf, dass ein Zusammenhang zwischen den Abweichungen der h.M. von der Gesetzesbegründung besteht: Je mehr man die Überlegung in den Vordergrund stellt, dass die Aufhebung eines Verwaltungsakts gänzlich ohne eine der Rechtskraft fähige Entscheidung über seine Rechtswidrigkeit auskommt, wie die Gesetzesbegründung – im Unterschied zur Kommentarliteratur – hervorhebt[1037], desto eher leuchtet die Konsequenz ein, dass grundsätzlich derjenige Kläger, der dennoch eine solche vollwertige Entscheidung verlangt, mit den entsprechenden Kostenfolgen teilweise unterliegt, und nicht gem. § 154 Abs. 1 VwGO – wie die h.M. annimmt – die Kosten vollständig der Behörde zur Last fallen.

ii) Der Meinungsstand bei der Verpflichtungsklage

Besser dokumentiert ist der die Verpflichtungsklage betreffende Streit darüber, wie im Falle des Bescheidungsurteils gem. 113 Abs. 5 Satz 2 VwGO nach Stellung eines Antrags auf Erlass eines Vornahmeurteils gem. 113 Abs. 5 Satz 1 VwGO die Kostenlast zu verteilen ist.

1035 KOPP / SCHENKE, § 155 Rn. 3 und 5.
1036 BT-Drucks. 11/7030, S. 30.
1037 Siehe oben S. 140.

- Zum Teil wird die Auffassung vertreten, die Spruchreife sei kostenneutral, weil gerade kein Teilunterliegen gegeben sei[1038].

- Vorgeschlagen wird ferner, den Kläger als teilweise unterlegen anzusehen, aber wegen Geringwertigkeit des Unterliegens gem. § 154 Abs. 1 Satz 3 VwGO der beklagten Behörde die Kosten ganz aufzuerlegen[1039].

- Eine weitere Auffassung nimmt an, die fehlende Spruchreife habe regelmäßig keine Auswirkungen auf die Kostenfolgen, differenziert aber nach der Vorhersehbarkeit der Spruchreife; zu Gunsten des Klägers soll dabei berücksichtigt werden, dass er üblicherweise auf die Ermessensentscheidung des Gerichts über die Herstellung der Spruchreife keinen Einfluss nehmen könne, was anders zu beurteilen sein könne, wenn erkennbar nur eine Ermessensentscheidung der Behörde verlangt werden kann[1040].

- Eine ähnliche Ansicht geht von einem teilweisen Unterliegen des Klägers aus und befürwortet insbesondere bei fehlender Spruchreife wegen eines Ermessensspielraums der Behörde die teilweise Kostenlast des Klägers gem. § 155 Abs. 1 VwGO; im Unterschied dazu sollen trotz des Teilunterliegens des Klägers die Kosten gem. § 155 Abs. 5 VwGO der Behörde auferlegt werden, wenn das Vornahmeurteil wegen einer „behebbaren mangelnden Spruchreife" unterbleiben musste[1041].

- Andererseits wird gerade für den Fall eines Ermessens- oder Beurteilungsspielraums der Behörde einschränkend angenommen, dass ein kostenträchtiges Teilunterliegen nur in Betracht komme, wenn der Kläger trotz gerichtlicher

---

1038 Konsequent FABER, § 30 I a) 2.: Die Spruchreife gehöre nicht zu den Voraussetzungen der Begründetheit, sondern steuere lediglich im Interesse der objektiven Rechtsordnung – nämlich der Gewaltentrennung zwischen Justiz und Verwaltung – die Rechtsfolgen der Begründetheit. Ähnlich MARTENS, S. 86. Widersprüchlich dagegen VGH München, Urt. v. 12.04.1965, BayVBl. 1966, 210, 211: Einerseits führt der Senat aus, die Klage sei „insoweit begründet", als die Verpflichtung der Verwaltungsbehörde auszusprechen sei, über den Antrag des Klägers zu entscheiden. Ausdrücklich wird hinzugefügt, dass die Behörde nicht antragsgemäß zur Einbürgerung des Klägers verpflichtet werden könne. Zwei Absätze weiter wird dann unter Berufung auf KOEHLER, REDEKER / V.OERTZEN und LOPPUCH, aber ohne inhaltliche Begründung ausgeführt, dass der Kläger nicht teilweise unterlegen sei, wenn das Gericht in einem Verpflichtungsurteil die Spruchreife verneine und nur die Verpflichtung ausspreche, den Kläger zu bescheiden.

1039 ULE, § 68 III 1.

1040 REDEKER / V.OERTZEN, § 113 Rn. 42; ebenso BACHELIN, GewArch. 1996, 154, 157.

1041 KOPP / SCHENKE, § 155 Rn. 2.

Aufklärung auf seinem „Verpflichtungsantrag" (hier: Vornahmeantrag) beharrt[1042].

- Nach überwiegender Auffassung, vor allem in der Rechtsprechung, ist ohne Differenzierung nach dem Grund für das Fehlen der Spruchreife dem Kläger ein Teil der Kostenlast gem. § 155 Abs. 1 Satz 1 VwGO aufzubürden[1043]. Von dem statistischen Überwiegen dieser Auffassung darf ausgegangen werden, auch wenn bei Entscheidungsveröffentlichungen die Kostenlastentscheidungen zumeist nicht abgedruckt werden und daher bei Bescheidungsurteilen, die ohne Bezugnahme auf die Prozesskosten ein Teilunterliegen des Klägers bzw. nur einen Teilerfolg der Klage oder eine nur teilweise Stattgabe/Begründetheit erwähnen, ohne auf Anhaltspunkte für Billigkeitserwägungen einzugehen[1044], insoweit streng genommen nur spekuliert werden kann. Von einer regelmäßig übereinstimmenden Handhabung ist in diesen Fällen wegen der Abhängigkeit der Kostenlastentscheidung von der Entscheidung in der Hauptsache auszugehen. Besonderheiten der Kostenlastentscheidung, etwa gem. § 155 Abs. 1 Satz 3 oder § 155 Abs. 5 VwGO, müssten gesondert begründet werden und dürften dann auch ihre Mitveröffentlichung Wert sein.

Der Anteil des Klägers an der Kostenlast wird in der Rechtsprechung unterschiedlich beziffert. Soweit die Entscheidungsveröffentlichungen überhaupt die Kostenquoten umfassen, sind sie schwer vergleichbar, weil die Ausgangssituationen insbesondere wegen alternativer Anträgehäufungen höchst unterschiedlich sind. Es

---

1042 SPANNOWSKY, in: NK-VWGO, § 113 Rn. 239; ähnlich SCHUNCK / DE CLERCK, § 113 Anm. 3. b) ee); ohne Beschränkung auf Ermessens- und Beurteilungsspielräume der Behörde für die kostenpflichtige Teilabweisung in dem Fall, dass ein Hinweis gem. § 86 Abs. 3 VwGO erfolgt ist und der Kläger dennoch auf seinem weiter gehenden Antrag beharrt, SCHMITT GLAESER / HORN, Rn. 303.

1043 Mit veröffentlichter Begründung der Kostenlastentscheidung BVerwG, Urt. v. 16.12.1970, BVerwGE 37, 57, 61 – Ermessen –; BVerwG, Urt. v. 16.12.1970, DVBl. 1979, 424, 429 – prüfungsrechtlicher Beurteilungsspielraum –; OVG Münster, Urt. v. 19.04.1966, OVGE 22, 183, 186 = MDR 1967, 524, 525 – Ermessen –; OVG Lüneburg, Urt. v. 18.07.1994, GewArch. 1995, 75, 77 – fehlende Ermittlung der Fachkunde i.S.d. § 8 Abs. 1 S. 1 HandwO –; VG München, Urt. v. 26.09.1995, GewArch. 1996, 173, 176 – fehlende Ermittlung eines Ausschlusstatbestands gem. § 8 Abs. 1 S. 1 UIG; allgemein für die Kostenlastentscheidung gem. § 155 Abs. 1 bei einem Bescheidungsurteil auf einen Vornahmeantrag HUFEN, § 15 Rn. 15; SCHWERDTFEGER, Rn. 163; HAPP, in: EYERMANN, § 42 Rn. 33.

1044 Vgl. VGH Mannheim, Urt. v. 20.05.1985, NVwZ 1987, 66 – fehlende Ermittlungen bei Erforderlichkeit von mitunter mehrjährigen Beobachtungen –; VGH Kassel, Urt. v. 26.02.1971, ESVGH 21, 201, 202 und 207 – fehlende Ermittlungen zu Fragen des Bauordnungsrechts –; VG Gießen, Gerichtsbesch. v. 16.06.1994, NJW 1995, 2430, 2431 – fehlende Ermittlungen über das Sehvermögen eines Fahrerlaubnisbewerbers –.

lässt sich jedoch die Tendenz erkennen, dass der Kläger im Falle des Teilunterliegens einen Anteil von mindestens ½ tragen soll.

- Teils ist ohne nähere Erläuterungen von „Kostenteilung (§ 155 Abs. 1 VwGO)" die Rede[1045], was im Sinne einer hälftigen Teilung zu verstehen sein dürfte.

- Das OVG Münster befürwortete in seiner mehrfach in diesem Zusammenhang zitierten Entscheidung vom 19. April 1966 die Aufhebung der Kosten gegeneinander[1046]. Die Aufhebung der Kosten gegeneinander bedeutet, dass Kläger und Beklagter die gerichtlichen Kosten je zur Hälfte (§ 155 Abs. 1 Satz 2 VwGO) und ihre außergerichtlichen Kosten jeweils selbst tragen[1047]. Das OVG Münster führte aus, es bedürfe keiner mathematisch genauen Ausrechnung der Kostenanteile, sondern sie seien nach pflichtgemäßem Ermessen des Gerichts zu bestimmen; wenn sich Obsiegen und Unterliegen ungefähr die Waage halten – wovon in dem zu entscheidenden Fall eines Bescheidungsurteils auf einen Vornahmeantrag auszugehen sei – gelte der Grundsatz, dass die Kosten gegeneinander aufzuheben sind[1048].

- Eine Quote von ¾ zu Lasten des Klägers nahm das Bundesverwaltungsgericht in einem Fall an, in dem die Widerspruchsbehörde ihren eigenen Beurteilungsspielraum bei der Entscheidung über die beantragte Anhebung einer durch Bescheid festzusetzenden Ausbildungsnote nach den einschlägigen Bestimmungen der Ausbildungs- und Prüfungsverordnung für Juristen nicht erkannt hatte und deswegen zur Neubescheidung zu verurteilen war; die hohe Unterliegensquote des Klägers wurde damit begründet, dass ausschließlich eine neue Widerspruchsentscheidung verlangt werden könne[1049].

- Das OVG Lüneburg kam in einem handwerksrechtlichen Fall zu der gleichen Kostenquote von ¾ zu Lasten des Klägers, zu dessen Gunsten über die Klage auf Verpflichtung zur Erteilung einer Ausnahmebewilligung zur Eintragung in die Handwerksrolle gem. § 8 Abs. 1 Satz 1 HandwO ein Bescheidungsurteil erging, weil es an der Überprüfung fehlte, ob der Kläger die notwendige Fachkunde im Sinne dieser Vorschrift besaß[1050]. Die Besonderheit des Falles lag darin, dass sich die Fassung des § 8 Abs. 1 Satz 1 HandwO geändert hatte und es nicht mehr darauf ankam, ob der Kläger – wie von der Behörde im Ableh-

---

1045 BVerwG, Urt. v. 16.12.1970, BVerwGE 37, 57, 61.

1046 OVGE 22, 183, 186 = MDR 1967, 524, 525.

1047 REDEKER / V.OERTZEN, § 155 Rn. 2; zu § 92 Abs. 1 S. 2 ZPO THOMAS / PUTZO, § 92 Rn. 5.

1048 OVG Münster, Urt. v. 19.04.1966, OVGE 22, 183, 186 = MDR 1967, 524, 525.

1049 BVerwG, Urt. v. 16.12.1970, DVBl. 1979, 424, 428 f.

1050 OVG Lüneburg, Urt. v. 18.07.1994, GewArch. 1995, 75, 77.

nungsbescheid angenommen – es in früheren Jahren trotz Zumutbarkeit versäumt hatte, die Meisterprüfung abzulegen[1051]. Zur Kostenquote führte das OVG Lüneburg aus, das Unterliegen des Klägers mit seinem Hauptantrag auf Verpflichtung zur Vornahme der Ausnahmebewilligung rechtfertige seine anteilige Belastung mit der Hälfte der Verfahrenskosten; bei der stattgebenden Entscheidung über den Hilfsantrag müsse berücksichtigt werden, dass die „angefochtenen Bescheide" nicht zu beanstanden waren, weshalb insgesamt eine Quotierung von ¾ zu Lasten des Klägers angemessen sei[1052].

- Das VG München gelangte in dem Fall eines Bescheidungsurteils über eine Klage auf Zugang zu Informationen über die Umwelt nach dem UIG zu einer Kostenlast des Klägers von $^{5}/_{6}$ und begründete dies neben einer unbedeutenden nachträglichen Beschränkung der beantragten Informationsmasse zum einen mit der Erfolglosigkeit zweier Anträge von insgesamt drei Anträgen, die das Gericht als gleichwertig ansah; zum anderen aber heißt es in der Begründung, der Kläger sei auch mit seinem drittens gestellten Bescheidungsantrag „überwiegend unterlegen"[1053]. Der Hintergrund war der, dass die Behörde noch keine Ermittlungen zu der Frage angestellt hatte, ob dem Umweltinformationsanspruch ein Ausschlusstatbestand gem. § 8 Abs. 1 UIG insbesondere wegen des Schutzes von Betriebs- und Geschäftsgeheimnissen entgegenstand[1054]. Das Gericht betrachtete die Sache deshalb als nicht spruchreif i.S.d. § 113 Abs. 5 Satz 1 VwGO und sah sich nicht in der Lage, durch eigene Ermittlungen für Abhilfe zu sorgen[1055]. Allerdings hatte der Kläger auch nur beantragt, „hilfsweise den Bekl. zu verpflichten, nach pflichtgemäßem Ermessen und unter Beachtung der Rechtsauffassung des Gerichts dem Kl. auf andere geeignete Art und Weise Zugang zu den begehrten Informationen zu gewähren"[1056].

1051 OVG Lüneburg, Urt. v. 18.07.1994, GewArch. 1995, 75, 76.

1052 OVG Lüneburg, Urt. v. 18.07.1994, GewArch. 1995, 75, 77 unter Hinweis auf OVG Münster, Beschl. v. 22.09.1972, NJW 1973, 386. Dazu sogleich.

1053 VG München, Urt. v. 26.09.1995, GewArch. 1996, 173, 176.

1054 VG München, Urt. v. 26.09.1995, GewArch. 1996, 173, 174.

1055 VG München, Urt. v. 26.09.1995, GewArch. 1996, 173, 175.

1056 VG München, Urt. v. 26.09.1995, GewArch. 1996, 173, 173. Daher übt BACHELIN, GewArch. 1996, 154, 157, in seiner Anmerkung deutliche Kritik auch an der Kostenentscheidung und stellt die rhetorische Frage, ob der Kläger, der Umweltinformationen wünscht, bereits bei der Antragstellung wissen muss, was vorhanden und/oder geheim ist. Seiner Ansicht nach hätte es nahe gelegen, dem Kläger wegen des mangelndes Einflusses auf die Entscheidung hinsichtlich der Spruchreife allenfalls die Hälfte der Verfahrenskosten aufzuerlegen (DERSELBE, GewArch. 1996, 154, 157).

iii) Stellungnahme

MEINES Erachtens sind die Kostenfragen im Zusammenhang mit der Spruchreife nur in konsequenter Akzessorietät zur Entscheidung in der Hauptsache lösbar: Wenn man der hier zu Grunde gelegten Prämisse zustimmt, dass das Begehren der bei Spruchreife vorgesehenen Entscheidung den Streitgegenstand erweitert, so muss bei Nichterfüllung dieses Begehrens auch ein Teilunterliegen angenommen werden, und zwar regelmäßig mit den nachteiligen Kostenfolgen für den Kläger. Die vor allem von der Literatur befürworteten Einschränkungen enthalten demgegenüber die richtigen Erwägungen an der falschen Stelle. Der Sache nach ist den Überlegungen beizupflichten, dass die Voraussetzung der Spruchreife im Interesse der objektiven Rechtsordnung im gewaltengeteilten Rechtsstaat und im Interesse einer ökonomischen Verfahrensordnung existiert und daher nicht zu Nachteilen für den Kläger führen darf, wenn er ihre Handhabung nicht einschätzen oder beeinflussen kann. Den damit verbundenen – möglicherweise unvermeidbaren – Unsicherheiten muss aber das Gericht durch sachgerechte Erfüllung der Hinweispflichten gem. § 86 Abs. 3 VwGO begegnen, damit der Kläger sich noch in der Verhandlung darauf einrichten und in Kenntnis aller notwendigen Umstände den Streitgegenstand bestimmen kann[1057]. Das Ausmaß der Vorhersehbarkeit der gerichtlichen Entscheidung spielt dann eine Rolle bei der Frage, inwieweit Hinweise des Gerichts sachdienlich sind. Die Berücksichtigung der Vorhersehbarkeit im Rahmen der Kostenentscheidung wäre dagegen systemwidrig und käme zu spät[1058]. Die Vorschriften über die Kostenlastentscheidung sind nämlich weder geeignet (im Hinblick auf ihre Voraussetzungen), noch wären sie ausreichend (im Hinblick auf ihre Rechtsfolgen), um Nachteile von dem Kläger abzuwenden.

(1) Kein geringfügiges Unterliegen gem. § 155 Abs. 1 Satz 3 VwGO

Der Tatbestand des Unterliegens des Klägers nur zu einem geringen Teil i.S.d. § 155 Abs. 1 Satz 3 VwGO[1059] ist auf die hier zu diskutierenden Fälle nicht anwendbar. Was unter „geringfügig" in diesem Sinne zu verstehen ist, kann nur durch Auslegung unter Berücksichtigung des Einzelfalls ermittelt werden. Das

---

1057 Siehe unten S. 487.

1058 REDEKER / V.OERTZEN, die bei der Verpflichtungsklage danach differenzieren, ob dem Gericht ein Ermessensspielraum hinsichtlich der Herbeiführung der Spruchreife zusteht oder ob erkennbar nur die Bescheidung verlangt werden kann (§ 113 Rn. 42), führen in ihrer Kommentierung zu § 155 Rn. 1 selbst aus, es komme für das Obsiegen und Unterliegen im Sinne dieser Vorschrift allein auf das Verhältnis zwischen Antrag und Urteilsformel an, nicht auf die Entscheidungsgründe.

1059 Für die Anwendbarkeit ULE, § 68 III 1.

Gesetz enthält keine Legaldefinition, und auch die Begründung des Entwurfs zur Verwaltungsgerichtsordnung schweigt insoweit[1060].

Die Vorschrift des § 155 Abs. 1 Satz 3 VwGO ist zwar erkennbar teilweise an § 92 Abs. 2 ZPO angelehnt. Ein Rückgriff auf die gängige zivilprozessuale Handhabung[1061] ist aber bei einem Teilunterliegen wegen fehlender Spruchreife im Verwaltungsprozess nicht möglich, denn die Fassung des § 92 Abs. 2 ZPO ist auf die einfacher zu beurteilenden Fälle betragsmäßiger Zuvielforderungen zugeschnitten. Das ergibt sich daraus, dass § 92 Abs. 2 ZPO teils enger und teils weiter ist als § 155 Abs. 1 Satz 3 VwGO. Enger ist diese Bestimmung insoweit, als sie zusätzlich voraussetzt, dass die verhältnismäßig geringfügige Zuvielforderung keine besonderen Kosten verursacht hat[1062]. Weiter ist sie insofern, als § 92 Abs. 2 ZPO noch einen alternativen Tatbestand enthält, wonach einer Partei die gesamten Prozesskosten auch dann auferlegt werden können, wenn der Betrag der Forderung der anderen Partei von der Festsetzung durch richterliches Ermessen, von der Ausmittlung durch Sachverständige oder von einer gegenseitigen Berechnung abhängig war. Diese Erweiterung lässt aufhorchen, denn sie könnte analog anwendbar sein auf andere Fälle, in denen der Ausspruch von richterlichem Ermessen abhängig ist, mithin auch im Verwaltungsprozess auf Fälle, in denen das Gericht aus Zweckmäßigkeitserwägungen heraus von Maßnahmen zur Herbeiführung der Spruchreife absieht. Allerdings soll diese Alternative im Verwaltungsprozess angesichts der ausdrücklich abweichenden Fassung des § 155 Abs. 1 Satz 3 VwGO nicht entsprechend über § 173 VwGO anwendbar sein[1063]. Diese Begründung ist zwar zweifelhaft, weil es erst noch des Nachweises eines abschließenden Charakters des § 155 Abs. 1 Satz 3 VwGO bedürfte, aber im Ergebnis ist der Unanwendbarkeit zuzustimmen. Da sich § 92 Abs. 2 ZPO lediglich auf betragsmäßig bezifferbare Forderungen bezieht, käme nur eine ausgedehnte Analogie in Frage, unter Berufung auf den darin enthaltenen allgemeinen Rechtsgedanken, dass niemand für eine zu weit gehende Forderung im Prozess belangt werden kann, wenn nicht absehbar ist, welche Forderung angemessenerweise er-

---

1060 Vgl. BT-Drucks. 3/55, S. 47.

1061 Im Zivilprozess wird eine Grenze der Geringfügigkeit bei 10% der ursprünglichen Klageforderung gezogen. So HARTMANN, in: BAUMBACH / LAUTERBACH / ALBERS / HARTMANN, § 92 Rn. 49; THOMAS / PUTZO, § 92 Rn. 8.

1062 An dieser Voraussetzung scheitert die Anwendung des § 92 Abs. 2 ZPO bereits dann, wenn die Zuvielforderung einen Gebührensprung verursacht hat. Darauf verweisen HARTMANN, in: BAUMBACH / LAUTERBACH / ALBERS / HARTMANN, § 92 Rn. 50 und THOMAS / PUTZO, § 92 Rn. 8. Die insofern weitere Fassung des § 155 Abs. 1 S. 3 VwGO betonen KOPP / SCHENKE, § 155 Rn. 5, und SCHUNCK / DE CLERCK, § 155 Anm. 1. b) cc). Letztere gehen allerdings davon aus, dass die Verursachung besonderer Kosten Anlass geben könne, von der Anwendung des § 155 Abs. 1 S. 3 VwGO abzusehen.

1063 HARTMANN, in: BAUMBACH / LAUTERBACH / ALBERS / HARTMANN, § 92 Rn. 60.

hoben werden darf. Für eine solche Analogie besteht aber kein Bedürfnis und daher kein Raum, wenn diesem allgemeinen Rechtsgedanken in anderer Weise besser Rechnung getragen werden kann, wofür sich vorliegend die Hinweispflichten gem. § 86 Abs. 3 VwGO anbieten[1064].

Da keine konkreteren Anhaltspunkte ersichtlich sind, muss sich die Geringfügigkeit i.S.d. § 155 Abs. 1 Satz 3 VwGO nach der objektiv verstandenen Bedeutung der Sache für den Kläger richten, an die gem. § 13 Abs. 1 Satz 1 GKG Werteinschätzungen im Verwaltungsprozess subsidiär geknüpft sind. Somit kommt es darauf an, ob der Unterschied zwischen den von der Spruchreife abhängigen Entscheidung aus Sicht des Klägers nur unwesentlich ist. Das wird man verneinen müssen. Immerhin bringt eine Entscheidung ohne Spruchreife das Risiko mit sich, dass der Kläger sein Ziel im anschließenden Verwaltungsverfahren gar nicht erreicht. Bei Entscheidungen gem. § 113 Abs. 3 Satz 1 VwGO im Rahmen der Anfechtungsklage ist es möglich, dass nach Durchführung der behördlichen Ermittlungen wieder der gleiche belastende Verwaltungsakt ergeht, der Anlass für die Klage war. Auch wenn es nicht dazu kommen sollte, besteht insoweit ein Nachteil für den Kläger, als er sich nicht in einem eventuellen Amtshaftungsanspruch auf die Aufhebungsentscheidung berufen kann, um eine schädigende Amtspflichtverletzung darzulegen. Bei Bescheidungsurteilen gem. § 113 Abs. 5 Satz 1 VwGO ist es denkbar, dass der Kläger wiederum einen ablehnenden Bescheid erhält. Auch wenn der beantragte Verwaltungsakt erlassen wird, können noch wesentliche Unterschiede zwischen den Urteilsformen nachwirken, wie die bereits zitierte Entscheidung des Bundesverwaltungsgerichts[1065] zeigt, wonach das Bescheidungsurteil über die Klage auf Verpflichtung zum Erlass eines Verwaltungsakts, der eine Geldleistung festsetzt, im Unterschied zum Vornahmeurteil keinen Anspruch auf Prozesszinsen begründet. Mithin darf nicht davon ausgegangen werden, dass die Spruchreife nur einen geringfügigen Unterschied i.S.d. § 155 Abs. 1 Satz 3 VwGO ausmache.

(2) Die Anwendung der verschuldensabhängigen Kostenlastentscheidung gem. § 155 Abs. 5 VwGO lässt sich nicht verallgemeinern

Zwar geht die Kostenverteilung gem. § 155 Abs. 5 VwGO als Lex specialis allen anderen Regelungen der Kostenlast vor[1066]. Das Abstellen allein auf die Vor-

1064 Siehe unten S. 487.

1065 Urt. v. 28.06.1995, Buchholz 310, § 90 Nr. 6, S. 2 = NJW 1995, 3153.

1066 KOPP / SCHENKE, § 155 Rn. 19; vgl. VGH Kassel, Beschl. v. 12.01.1988, NVwZ-RR 1989, 54, 55.

schrift des § 155 Abs. 5 VwGO bietet aber keine Handhabe für eine in allen Fällen sachgerechte Lösung der Kostenfragen in Bezug auf die Spruchreife.

Problematisch ist die Anwendung des § 155 Abs. 5 VwGO bereits wegen der darin verlangten unmittelbaren Kausalität zwischen dem Verhalten des Gegners und der Kostenverursachung („Kosten, die *durch* [Hervorhebung nur hier] Verschulden eines Beteiligten entstanden sind"). Wenn man den darin verlangten Ursachenzusammenhang ernst nimmt, sind beispielsweise die Kostenlastentscheidungen im Falle der isolierten Aufhebung des Widerspruchsbescheids abzulehnen, soweit sie die Kosten gem. § 155 Abs. 5 VwGO der beklagten Behörde auferlegen, weil sie die mangelnde Spruchreife durch die ihr im Widerspruchsverfahren unterlaufenen Verfahrensfehler verschuldet habe[1067]. Die Verfahrensfehler sind der Grund für die Aufhebung des Widerspruchsbescheids im Hinblick auf § 79 Abs. 2 Satz 2 VwGO und damit bereits der Grund für die Kostenlastentscheidung, soweit sie auf § 154 Abs. 1, Abs. 2 VwGO zu stützen ist. Die weiteren Kosten in Bezug auf die begehrte Aufhebung des Ausgangsbescheides sind aber nicht deshalb entstanden, weil der Behörde im Widerspruchsverfahren Fehler unterlaufen sind, sondern weil sich der Kläger nicht auf die allein begründete Aufhebung des Widerspruchsbescheides beschränkt hat. Insofern ist ein Ursachenzusammenhang zu dem entscheidenden Fehler im Widerspruchsverfahren (z.B. fehlende Beteiligung sozial erfahrener Personen gem. § 114 Abs. 2 BSHG) nicht erkennbar.

Ferner bietet § 155 Abs. 5 VwGO wegen der Voraussetzung des Verschuldens auf Seiten des Prozessgegners dem Kläger keinen ausreichenden Schutz. Dies gilt nicht einmal in denjenigen Fällen, in denen der Kläger nicht erkennen konnte, ob das Gericht die zur Bejahung der Spruchreife notwendigen Ermittlungen selbst vornehmen oder im Anschluss an die eingeschränkte Entscheidung der Behörde überlassen würde, die dazu bereits im ursprünglichen Verwaltungsverfahren verpflichtet war[1068]. Der Begriff des Verschuldens i.S.d. § 155 Abs. 5 VwGO umfasst nach einer Ansicht nur Verstöße der Beteiligten gegen prozessuale Pflichten zu einer nach den Umständen zumutbaren, sachgerechten und gewissenhaften Prozessführung[1069]. Danach wäre es von vornherein ausgeschlossen, die Verstöße der Behörde gegen ihre – vorprozessuale – Pflicht zur Sachverhaltsermittlung im

1067 Vgl. VGH Kassel, Urt. v. 21.07.1966, MDR 1967, 245, 246; OVG Saarlouis, Urt. v. 10.03.1988, FEVS 38, 190. Konsequent sind diese Entscheidung allerdings insoweit, als sie davon ausgehen, der Verfahrensfehler im Widerspruchsverfahren hindere eine gerichtliche Nachprüfung und Aufhebung des ursprünglichen Verwaltungsakts (dazu ablehnend oben S. 147). Wenn man dieser Auffassung folgt, muss man freilich von der Ursächlichkeit des Verfahrensfehlers für die Abweisung des Aufhebungsbegehrens in Bezug auf den ursprünglichen Verwaltungsakt ausgehen.

1068 Für die Anwendung des § 155 Abs. 5 in diesen Fällen KOPP / SCHENKE, § 155 Rn. 2.

1069 SCHUNCK / DE CLERCK, § 155 Anm. 5. b).

Rahmen einer Entscheidung nach § 155 Abs. 5 VwGO zu berücksichtigen. Überzeugender ist angesichts des allgemein gehaltenen Wortlauts des § 155 Abs. 5 VwGO die Ansicht, wonach auch das vorprozessuale Verhalten der Beteiligten berücksichtigt werden kann[1070]. Das Verschulden im Sinne dieser Vorschrift ist aber nur gegeben, wenn der Beteiligte diejenige Sorgfalt außer Acht lässt, die für einen gewissenhaften und seine Pflichten sachgemäß wahrnehmenden Beteiligten geboten und ihm zumutbar ist[1071]. Nicht in allen Fällen, in denen sich im Prozess der Bedarf zusätzlicher Sachverhaltsermittlungen zeigt, kann der Behörde dieser Vorwurf gemacht werden[1072]. Insbesondere ist der aus der höchstrichterlichen Rechtsprechung zur Amtshaftung bekannte Grundsatz zu berücksichtigen, dass das Verschulden von Amtsträgern bei Verletzung ihrer Amtspflichten dann nicht anzunehmen ist, wenn ein Kollegialgericht ihr Verhalten als rechtmäßig angesehen hat[1073]. Das bedeutet, dass § 155 Abs. 5 VwGO in der zweiten Instanz nicht anwendbar ist, wenn das Verwaltungsgericht z.B. die Verpflichtungsklage abgewiesen hat, weil es in Übereinstimmung mit der Behörde eine Rechtsauffassung vertreten hat, auf deren Grundlage keine weiteren Ermittlungen notwendig waren. Wenn daraufhin das Oberverwaltungsgericht ein Bescheidungsurteil erlässt, steht die das Verhalten der Behörde billigende Entscheidung der Kammer beim Verwaltungsgericht der Annahme eines Verschuldens i.S.d. § 155 Abs. 5 VwGO entgegen. Eine Ausdehnung der Anwendung des § 155 Abs. 5 VwGO auf eine Verursachung ohne Verschulden kommt nicht in Betracht[1074]. Überdies ist die Anwendung des § 155 Abs. 5 VwGO allenfalls in Fällen unzureichender Ermittlungen durch die Behörde in Erwägung zu ziehen und kann nicht für eingeschränkte Entscheidungen bei fehlender Spruchreife wegen eines Ermessensspielraums gelten. Diese Fälle sind aber zumindest für den juristischen Laien, der bei dem Verwaltungsgericht in eigener Sache auftritt, ebenfalls schwer einzuschätzen. Daran zeigt sich, dass auch die Anwendung des § 155 Abs. 5 VwGO die Notwendigkeit eines Hinweises gem. § 86 Abs. 3 VwGO nicht entfallen lässt und das Unterbleiben eines Hinweises nicht kompensieren kann. Wenn aber ein ausreichender Hinweis erfolgt ist, spricht auch unter dem Gesichtspunkt der Billigkeit nichts dagegen, dem teilweise unterlegenen Kläger einen Teil der Kosten aufzuerlegen.

1070 BVerwG, Urt. v. 22.02.1985, BVerwGE 71, 63, 71; KOPP / SCHENKE, § 155 Rn. 20; REDEKER / V.OERTZEN, § 155 Rn. 5.

1071 KOPP / SCHENKE, § 155 Rn. 19, § 60 Rn. 9; REDEKER / V.OERTZEN, § 155 Rn. 5.

1072 Siehe den Beispielfall unten S. 368.

1073 Vgl. BGH, Urt. v. 14.03.1996; NJW 1996, 2422, 2424; BGH, Urt. v. 03.06.1993, NJW 1993, 3061, 3064; BGH, Urt. v. 20.02.1992, BGHZ 117, 240, 250 = NJW 1992, 3229, 3232; BGH, Urt. v. 06.02.1986, BGHZ 97, 97, 107 = NJW 1986, 2309, 2311.

1074 KOPP / SCHENKE, § 155 Rn. 23; REDEKER / V.OERTZEN, § 155 Rn. 6.

(3) § 155 Abs. 1 Satz 1 VwGO: Die Kosten sind in der Regel nicht gegeneinander aufzuheben, sondern verhältnismäßig zu teilen

Die Beteiligung des Klägers an den Verfahrenskosten kann gem. § 155 Abs. 1 Satz 1 VwGO entweder durch die Aufhebung der Kosten gegeneinander oder durch die verhältnismäßige Teilung erfolgen. Die Kosten können gegeneinander aufgehoben werden, wenn sich Obsiegen und Unterliegen in etwa die Waage halten[1075]. Dann tragen die Beteiligten die gerichtlichen Kosten je zur Hälfte (§ 155 Abs. 1 Satz 2 VwGO) und ihre außergerichtlichen Kosten selbst[1076]. Auch wenn man davon ausgeht, dass bei einem Teilunterliegen wegen fehlender Spruchreife ein ausgewogenes Verhältnis zwischen Obsiegen und Unterliegen vorliegt, so darf nicht mit dem OVG Münster[1077] davon ausgegangen werden, dass die Kosten regelmäßig gem. § 155 Abs. 1 Satz 1 Alt. 1 VwGO gegeneinander aufzuheben seien. Die typische Verfahrenssituation ist nämlich die, dass der Kläger ein juristischer Laie ist und sich durch einen Rechtsanwalt vertreten lässt, während die Behörde aufgrund der Spezialisierung und Erfahrung ihrer Mitarbeiter ohne weiteres in der Lage ist, sich im Prozess selbst zu vertreten. Bei dieser Konstellation würde die Aufhebung der Kosten gegeneinander zu einer Schieflage führen, weil trotz der scheinbar hälftigen Teilung auf dem Kläger deutlich höhere Kosten lasten würden als auf der Behörde. Bei wesentlich unterschiedlichen Aufwendungen (für die anwaltliche Vertretung) kommt die Aufhebung der Kosten gegeneinander deswegen nur ausnahmsweise in Betracht, wenn besondere Gründe es rechtfertigen, den Verfahrensgegner an den außergerichtlichen Kosten nicht teilhaben zu lassen[1078]. Solche Gründe bestehen nicht schon darin, dass die Aufhebung der Kosten gegeneinander die „Berechnung im Kostenfestsetzungsverfahren vereinfacht“[1079], denn das Interesse der Rechtspflege an einer einfachen Handhabung kann das Interesse der Beteiligten an einer gerechten Kostenentscheidung nicht überwiegen. Die für den Zivilprozess vertretene Auffassung, dass eine einseitige anwaltliche Vertretung sogar dafür spreche, die Kosten gegeneinander aufzuheben, um die andere Partei nicht für ihre sparsame Prozessführung zu bestrafen[1080], trifft in ihrer Allgemeinheit jedenfalls für den Verwaltungsprozess sicher nicht zu, denn die anwaltliche Vertretung des Bürgers ist regelmäßig unerlässlich, um die viel gerühmte „Waffengleichheit“ mit der Behörde im Prozess herzustellen. Das gilt insbesondere nach der Novellierung des Verwaltungsprozessrechts durch das

---

1075 REDEKER / V.OERTZEN, § 155 Rn. 2.

1076 KOPP / SCHENKE, § 155 Rn. 3.

1077 Urt. v. 19.04.1966, OVGE 22, 183, 187 = MDR 1967, 524, 525.

1078 HARTMANN, in: BAUMBACH / LAUTERBACH / ALBERS / HARTMANN, § 92 Rn. 42; KOPP / SCHENKE, § 155 Rn. 3; a.A. HERGET, in: ZÖLLER, § 92 Rn. 1.

1079 Auch auf diesen Vorteil abstellend OVG Münster, Urt. v. 19.04.1966, OVGE 22, 183, 187 = MDR 1967, 524, 525.

1080 HERGET, in: ZÖLLER, § 92 Rn. 1.

Sechste Gesetz zur Änderung der Verwaltungsgerichtsordnung und anderer Gesetze (6. VwGO-ÄndG) vom 1. November 1996[1081] im Hinblick auf die Einführung der Zulassungsberufung (§§ 124, 124a VwGO) und der Zulassungsbeschwerde (§§ 146 Abs. 4 bis 6 VwGO), angesichts der Möglichkeit der Heilung von Verfahrens- und Formfehlern (§§ 87 Abs. 1 Satz 2 Nr. 7, 94 Satz 2 VwGO) sowie der Ergänzung von Ermessenserwägungen im Prozess (§ 114 Satz 2 VwGO) und in Anbetracht der für die Behörde vorteilhaften Regelung des § 67 VwGO, wonach sich im Verfahren vor den Oberverwaltungsgerichten der Rechtsschutz Suchende durch einen Rechtsanwalt oder Rechtslehrer an einer deutschen Hochschule vertreten lassen muss, während juristische Personen des öffentlichen Rechts und Behörden auf die Vertretung durch Beamte oder Angestellte mit juristischer Befähigung zurückgreifen können[1082].

(4) Im Regelfall sind die Kosten gem. § 155 Abs. 1 Satz 1 Alt. 2 VwGO hälftig zu teilen

Im Regelfall ist die hälftige Teilung der Kosten gem. § 155 Abs. 1 Satz 1 Alt. 2 VwGO angemessen. Bei der Bildung der Kostenquote wird man zu berücksichtigen haben, dass die ohne Spruchreife der Sache ergehende Entscheidung nur einen Etappensieg des Klägers bedeutet. Regelmäßig wird danach offen sein, ob der Kläger das weiter gehende Ziel erreicht, nämlich die dauerhafte Aufhebung des belastenden oder der Erlass eines bestimmten, gewünschten Verwaltungsakts. Wenn nicht besondere Umstände eine abweichende Entscheidung gebieten, wird es daher angemessen sein, dem Kläger, der ein uneingeschränktes Klagebegehren verfolgt hat und daraufhin nur eine Aufhebungsentscheidung gem. § 113 Abs. 3 Satz 1 VwGO oder ein Bescheidungsurteil gem. § 113 Abs. 5 Satz 2 VwGO erhält, einen Anteil von ½ der Verfahrenskosten aufzuerlegen[1083]. Die gleiche Einschätzung dürfte in Bezug auf das Bescheidungsurteil dem Streitwertkatalog für die Verwaltungsgerichtsbarkeit[1084] zu Grunde liegen, da gem. Ziff. I.6. bei Beantragung der Bescheidung der Streitwert einen Bruchteil, mindestens aber ½ des Wertes der entsprechenden „Verpflichtungsklage" beträgt. Dieses Wertverhältnis

---

1081 BGBl. I, S. 1626.

1082 Mit den gleichen Erwägungen befürwortet das OVG Bautzen, Beschl. v. 20.05.1997, NVwZ-RR 1998, 464, die hälftige Kostenteilung anstelle der Aufhebung der Kosten gegeneinander im Rahmen eines Beschlusses gem. § 161 Abs. 2 VwGO, wenn der Rechtsstreit schwierige Fragen aufwirft, die den Ausgang des Verfahrens offen erscheinen lassen. A.A. (Aufhebung der Kosten gegeneinander) aus der Zeit vor der 6.VwGO-Novelle BVerwG, Beschl. v. 30.10.1987, DVBl. 1988, 150, 151.

1083 So offenbar auch BVerwG, Urt. v. 16.12.1970, BVerwGE 37, 57, 61.

1084 DVBl. 1996, 605; abgedruckt auch bei KOPP / SCHENKE, zu § 189; ebenso bei REDEKER / V.OERTZEN, § 165 Rn. 19.

von Vornahme und Bescheidung ist nicht nur angemessen, wenn von vornherein die Klage beschränkt wird, sondern auch dann, wenn der uneingeschränkten Klage nur zum Teil stattgegeben wird. Abweichungen können dann geboten sein, wenn das Bescheidungsurteil Besonderheiten enthält, die die Position des Klägers hinsichtlich der Bescheidung im Vergleich zum Normalfall verbessern oder verschlechtern.

Dies gilt z.B. in dem durch das Bundesverwaltungsgericht[1085] entschiedenen Fall, in dem der Kläger nur die Neubescheidung durch die Widerspruchsbehörde verlangen konnte und daher zu ¾ der Kosten verurteilt wurde. In den gewöhnlichen Fällen der Bescheidungsverpflichtung besteht im Unterschied zu diesem Fall mit der Bescheidung des Klägers durch die Ausgangsbehörde *und* mit der Möglichkeit eines weiteren Widerspruchsverfahrens eine zweifache Chance, den erstrebten Verwaltungsakt zu erlangen. Andererseits müssen Erwägungen außer Betracht bleiben, die mit der Rechtsposition des Klägers hinsichtlich des beantragten Verwaltungsakts nichts zu tun haben.

Abzulehnen ist die Entscheidung des OVG Lüneburg[1086], die dem Kläger im Rahmen des Bescheidungsurteils ¾ der Kosten auferlegte, weil der ursprüngliche Ablehnungsbescheid nach der früheren Rechtslage nicht zu beanstanden war. Diese Sichtweise verkennt, dass es – für die Verpflichtungsklage nach schon immer ganz h.M. – auf die Sach- und Rechtslage im Zeitpunkt der letzten mündlichen Verhandlung ankommt[1087] und dass nicht die Rechtswidrigkeit des Ablehnungsbescheides maßgeblich ist, sondern die Rechtswidrigkeit der Ablehnung[1088]. Zu Unrecht beruft sich diese Entscheidung auf einen Beschluss des OVG Münster vom 22. September 1972[1089]. Dort handelte es sich um den Fall eines nach Änderung der Rechtslage durch übereinstimmende Erledigungserklärungen beendeten Rechtsstreits, bei dem gem. § 161 Abs. 2 VwGO nach billigem Ermessen unter Berücksichtigung des bisherigen Streitstands über die Kosten zu entscheiden war. Gerade diese Alternative der Erledigung zeigt, dass die überwiegende Kostenlast in dem durch das OVG Lüneburg entschiedenen Fall nicht gerechtfertigt war.

1085 Urt. v. 16.12.1970, DVBl. 1979, 424, 429.

1086 Urt. v. 18.07.1994, GewArch. 1995, 75, 77.

1087 BVerwG, Urt. v. 03.11.1994, BVerwGE 97, 79, 81 f. = NJW 1995, 3067, 3068 auch zur Unabhängigkeit dieses Grundsatzes von der Klageart: „Maßgeblich für die Entscheidung eines Gerichts sind die Rechtsvorschriften, die sich im Zeitpunkt der Entscheidung für die Beurteilung des Klagebegehrens Geltung beimessen, und zwar gleichgültig, ob es sich um eine Feststellungsklage, eine Leistungsklage, eine Anfechtungsklage oder Verpflichtungsklage handelt." Vgl. auch KOPP / SCHENKE, § 113 Rn. 33; REDEKER / V.OERTZEN, § 108 Rn. 22 m.w.Nachw.

1088 FABER, § 28 I und § 30 I 2.

1089 NJW 1973, 386.

Auch hier hätte ja die beklagte Behörde durch den Erlass eines der geänderten Rechtslage entsprechenden Verwaltungsakts den Weg für eine unstreitige Erledigung ebnen können.

Unverständlich ist auch die Entscheidung des VG München[1090], derzufolge der Kläger auch in Bezug auf seinen hilfsweise gestellten Bescheidungsantrag wegen überwiegenden Unterliegens einen Teil der Kosten tragen sollte, „da über das Vorliegen von Ausschlußtatbeständen von den Behörden erst noch zu befinden" war. Es besteht ja der Sinn der Bescheidungsverpflichtung gerade darin, dass sich die Behörde noch einmal mit dem Antrag auf Erlass des Verwaltungsakts beschäftigen und darüber befinden soll. Ausnahmen von der hälftigen Kostenteilung bei einem Urteil ohne Spruchreife über ein uneingeschränktes Klagebegehren sind vielmehr nur dann denkbar, wenn die im Rahmen der Bescheidung des Klägers zu treffende Entscheidung schon in Teilen zu Gunsten oder zu Ungunsten des Klägers vorgegeben ist.

(5) Soweit der Kläger sein Begehren spätestens bei der Antragstellung in der mündlichen Verhandlung sachgerecht einschränkt, trägt er keine Kosten gem. § 155 Abs. 2 VwGO

Keine Kosten trägt der Kläger, der entgegen den Ausführungen in der Klageschrift oder anderen vorbereitenden Schriftsätzen bei der Antragstellung in der mündlichen Verhandlung – ggf. nach Hinweis gem. § 86 Abs. 3 VwGO – die fehlende Spruchreife berücksichtigt und sein Klagebegehren entsprechend einschränkt. Im Verwaltungsprozess kommt es nämlich für die Kosten allein auf das durch die Anträge in der mündlichen Verhandlung zum Ausdruck gebrachte Klagebegehren an und nicht auf ein Klagebegehren, auf das vorher in Schriftsätzen angekündigte Anträge hindeuten. Daher ist die in diesen Fällen in Betracht kommende Anwendung des § 155 Abs. 2 VwGO ausgeschlossen.

Nach § 155 Abs. 2 VwGO hat die Kosten zu tragen, wer eine Klage, ein Rechtsmittel oder einen anderen Rechtsbehelf zurücknimmt. Diese Vorschrift gilt auch für die nachträgliche Beschränkung eines Klagebegehrens[1091], d.h. für die Klageteilrücknahme. Bei der Klageteilrücknahme ergeht grundsätzlich mit dem Urteil eine einheitliche Kostenentscheidung, die die Klagerücknahme im Verhältnis zu

[1090] Urt. v. 26.09.1995, GewArch. 1996, 173, 177.
[1091] KOPP / SCHENKE, § 155 Rn. 8.

dem vorherigen Streitgegenstand berücksichtigt[1092]. Es handelt sich um einen weiteren Fall, in dem die Kostenentscheidung abweichend von der Frage des teilweisen Obsiegens bzw. Unterliegens zu betrachten ist, denn das Gericht belastet den Kläger mit einem Teil der Kosten, obwohl es die Klage nicht im Übrigen abweist. Die Abweisung im Übrigen ist nicht möglich, denn soweit die Klage zurückgenommen ist, fehlt es an der Rechtshängigkeit. Die Vorschrift über die Kostenlast bei Rücknahme eines Rechtsbehelfs ist aber gerade deshalb notwendig, weil sonst der Kläger dem Ausspruch seines Unterliegens zuvorkommen könnte. Der Kläger könnte es sonst z.B. auf eine Beweisaufnahme ankommen lassen und je nach deren Ergebnis die Klage ohne nachteilige Kostenfolgen zurücknehmen.

Der Fall der teilweisen Klagerücknahme ist zunächst von dem Fall zu unterscheiden, dass das in den Schriftsätzen nur nebulös zum Ausdruck kommende Klagebegehren in der mündlichen Verhandlung im Wege der Auslegung und Erläuterung klargestellt werden muss[1093]. Es ist nur dann gerechtfertigt, von einer teilweisen Klagerücknahme auszugehen, wenn das anfänglich zum Ausdruck gebrachte Begehren eindeutig weiter reicht als das in der mündlichen Verhandlung zur Entscheidung gestellte Begehren. Vor allem aber gilt im Verwaltungsprozess: Auch soweit unmissverständlich eine Klageteilrücknahme vorliegt, hat sie dann keine nachteiligen Kostenfolgen, wenn sie spätestens bei der Antragstellung in der mündlichen Verhandlung erklärt wird. Die Quotierung wegen § 155 Abs. 2 VwGO scheitert nämlich daran, dass das ursprüngliche Klagebegehren keine Kosten verursacht hat und damit auch an die Teilrücknahme keine Kostenlast geknüpft werden kann. Anders als im Zivilprozess ist im Verwaltungsprozess auch für die Kostenlastentscheidung im Zweifel allein das in der mündlichen Verhandlung durch die Anträge zum Ausdruck gebrachte Klagebegehren maßgebend.

Im Zivilprozess richtet sich grundsätzlich die im Rahmen der Kostenentscheidung grundlegende Wertberechnung gem. § 12 GKG nach dem „für die Zuständigkeit des Prozeßgerichts oder die Zulässigkeit des Rechtsmittels maßgeblichen Wert des Streitgegenstands". Gem. § 2 ZPO gelten sowohl für die (örtliche) Zuständigkeit nach der Zivilprozessordnung als auch für die (sachliche) Zuständigkeit nach dem GVG als Grundlage für die Wertberechnung die Vorschriften der §§ 3 ff. ZPO. Nach § 4 Abs. 1 ZPO kommt es für die Klage auf den Zeitpunkt der Einreichung bei Gericht an. Dieser Wert kann dann im Verlaufe des Verfahrens infolge

---

1092 KOPP / SCHENKE, § 155 Rn. 10 und § 92 Rn. 27; GREGER, in: ZÖLLER, § 269 Rn. 18a; THOMAS / PUTZO, § 269 Rn. 13. Etwas anderes gilt bei Ausscheiden eines Beteiligten aufgrund der Teilrücknahme; dann ergeht insoweit ein gesonderter Beschluss über die Kostenlast (KOPP / SCHENKE, § 155 Rn. 8 und § 92 Rn. 27; GREGER, in: ZÖLLER, § 269 Rn. 19a).

1093 Vgl. VGH Mannheim, Urt. v. 01.02.1996, NuR 1996, 607 = ESVGH 46, 139 ff. (Präzisierung des Klagebegehrens im Unterschied zur Klagerücknahme).

einer Erweiterung des Streitgegenstands steigen, dagegen bleibt eine Wertverminderung im Verlauf der Instanz unbeachtet[1094]. Das bedeutet, dass sich die regelmäßig gem. Ziff. 1201 des Kostenverzeichnisses zu § 11 Abs. 1 GKG i.V.m. der Gebührentabelle zu § 11 Abs. 2 GKG zu erhebenden 3,0 Verfahrensgebühren aus dem höchsten Wert desjenigen Streitgegenstands errechnen, der zu irgend einem Zeitpunkt in das Verfahren eingeführt worden war. Das gleiche gilt für die Summe der Werte mehrerer selbständiger Streitgegenstände. Dies gilt auch, wenn der Kläger in der mündlichen Verhandlung die Klage teilweise zurücknimmt und einen verminderten Antrag stellt, mit dem er voll durchdringt[1095]. Es wäre regelmäßig unbillig, dem Beklagten auch insoweit die vollen Kosten aufzuerlegen, weil der Kläger den Streitgegenstand erst angepasst hat, nachdem er bereits zusätzliche Kosten ausgelöst hat. Das führt zu der Notwendigkeit einer differenzierten Betrachtung bei der Kostenlastentscheidung[1096]: Man differenziert für jeden Verfahrensabschnitt nach dem jeweiligen Streitwert und berechnet auf dieser Grundlage, welche Gebühren angefallen sind. Für jede Position wird anschließend berechnet, wie viel der Kläger hiervon (in DM[1097]) verloren hat. Das Ergebnis (in DM) wird dann ins Verhältnis gesetzt zu den Gebühren, die insgesamt angefallen sind.

Dazu folgendes Beispiel[1098]: K verklagt B auf Zahlung von 8.000,- DM. Vor Antragstellung nimmt er die Klage in Höhe von 4.000,- DM zurück und gewinnt die Klage in Höhe der restlichen 4.000,- DM. K und B sind anwaltlich vertreten. Bei dieser Konstellation hat K 37% und B 63% der Kosten zu tragen. Die Rechnung lässt sich am besten durch eine Tabelle verdeutlichen.

1094 HARTMANN, in: BAUMBACH / LAUTERBACH / ALBERS / HARTMANN, § 4 Rn. 1.

1095 Vgl. HARTMANN, KostG, KV 1201 Rn. 26; GREGER, in: ZÖLLER, § 269 Rn. 24.

1096 SCHNEIDER, Kostenentscheidung, S. 193 ff.

1097 Die Betrachtung erfolgt in dieser Währung, weil die für die Berechnung maßgeblichen Tabellen in den gängigen Gesetzesausgaben noch nicht auf Euro umgestellt sind.

1098 Angelehnt an SCHNEIDER, Kostenentscheidung, S. 198 f. Wie dort werden hier aus Gründen der Übersichtlichkeit die Auslagenpauschalen und die Umsatzsteuer nicht berücksichtigt. Darüber hinaus wird das Beispiel ohne Beweisgebühren gebildet.

	Wert in DM	Gebühr in DM	Unterliegen des K	Unterliegen des B
Gerichtskosten				
= 3 Verfahrensgebühren	8.000,-	3 x 205,- = 615,-	4.000,- = 1/2 = 307,50	4.000,- = 1/2 = 307,50
Kosten des K				
Prozessgebühr	8.000,-	485,-	= 1/2 = 242,50	= 1/2 = 242,50
Verhandlungsgebühr	4.000,-	265,-		265,-
Kosten des B				
Prozessgebühr	8.000,-	485,-	= 1/2 = 242,50	= 1/2 = 242,50
Verhandlungsgebühr	4.000,-	265,-		265,-
Summe		2.115,-	792,50 = *37 %*	1322,50 = *63 %*

Im Verwaltungsprozess kommt es gem. § 13 Abs. 1 Satz 1 GKG für den Streitwert grundsätzlich auf den „sich aus dem Antrag des Klägers für ihn ergebenden Bedeutung der Sache" an. Damit kann nicht ein eventuell in der Klageschrift enthaltener Antrag gemeint sein, denn gem. § 82 Abs. 1 Satz 2 VwGO gehört ein bestimmter Antrag gerade nicht zu den in § 82 Abs. 1 Satz 1 VwGO genannten zwingend erforderlichen Bestandteilen der verwaltungsgerichtlichen Klage. Es wäre sinnwidrig, wenn die Vorschrift über die Wertberechnung auf einen Antrag zur Zeit der Einreichung der Klage abstellen würde, wenn nicht gewährleistet ist, dass ein solcher Antrag existiert. § 15 GKG, wonach für die Wertberechnung der Zeitpunkt der die Instanz einleitenden Antragstellung entscheidend ist, gebietet keine andere Beurteilung. Denn diese Norm ist nicht anwendbar, wenn sich der Streitgegenstand selbst ändert, sondern erfasst nur Wertänderungen eines gleichbleibenden Streitgegenstands, z.B. in Folge der Veränderung wirtschaftlicher Verhältnisse[1099]. In Ermangelung einer anderweitigen Bestimmung kann im Zweifel nur ein in der mündlichen Verhandlung gestellter Antrag gemeint sein[1100]. Der Unterschied zum Zivilprozess liegt in der Konsequenz des Umstandes, dass dort gem. § 253 Abs. 2 Nr. 2 ZPO der Antrag unerlässlicher Bestandteil der Klageschrift ist und an seinen Wert sachliche Zuständigkeiten innerhalb der Zivilgerichtsbarkeit geknüpft werden. Entsprechend werden auch nur in der Zivilgerichtsbarkeit gem. § 61 GKG die Gerichtsgebühren bereits mit der Einreichung der Klage-, Antrags-, Einspruchs- oder Rechtsmittelschrift oder mit der Abgabe der entsprechenden Erklärung zu Protokoll fällig. Im Übrigen werden die Gebühren sowie die Auslagen gem. § 63 Abs. 1 GKG erst fällig, sobald eine unbedingte

1099 HARTMANN, KostG, § 15 Rn. 2.

1100 VGH München, Beschl. v. 19.06.1991, NVwZ 1991, 1198, 1199, hält den Antrag für maßgeblich, den das Gericht seinem Urteil zu Grunde gelegt hat. Dabei kommt es darauf an, wie der Antrag nach Durchführung der mündlichen Verhandlung zu verstehen ist.

Entscheidung über die Kosten ergangen ist oder eine Beendigung des Verfahrens eingetreten ist. Unter den Anwendungsbereich des § 63 Abs. 1 GKG fällt auch das Verfahren vor den Verwaltungsgerichten[1101]. Damit gibt es auch kein praktisches Bedürfnis, hinsichtlich der Kosten an einen Antrag vor der mündlichen Verhandlung anzuknüpfen.

Aus § 13 GKG folgt, dass sich die regelmäßig gem. Ziff. 2110, 2115 des Kostenverzeichnisses zu § 11 Abs. 1 GKG i.V.m. der Gebührentabelle zu § 11 Abs. 2 GKG zu erhebenden 1,0 Verfahrens- und 2,5 Urteilsgebühren aus dem Wert des in der mündlichen Verhandlung festgelegten Streitgegenstands errechnen. Der für die Gerichtsgebühren maßgebliche Streitwert ist somit der Höhe nach auf den Wert des in der mündlichen Verhandlung bestimmten Streitgegenstands begrenzt. Gleiches gilt für die anwaltlichen Gebühren, deren Gegenstandswert sich gem. § 8 Abs. 1 Satz 1 BRAGO im gerichtlichen Verfahren ebenfalls nach den für die gerichtlichen Gebühren geltenden Wertvorschriften richtet. Ebenso wie die gerichtliche Verfahrensgebühr gem. Ziff. 1201 des Kostenverzeichnisses zu § 11 Abs. 1 GKG bezieht sich die anwaltliche Prozessgebühr gem. § 31 Abs. 1 Nr. 1 BRAGO auf das gesamte Verfahren[1102]. Der Streitwert bzw. Gegenstandswert, der diesen Gebühren zu Grunde liegt, ist daher der Höhe nach der gleiche. Folglich wird auch der Gegenstandswert für die Prozessgebühr erst durch die Antragstellung in der mündlichen Verhandlung bestimmt. Zwar braucht der Gegenstandswert für die verschiedenen Gebühren nach § 31 BRAGO nicht jeweils derselbe zu sein, wenn es z.B. um eine Beweisaufnahme über einen Teil des Klageanspruchs geht[1103]. Dann ist die Beweisgebühr gem. § 31 Abs. 1 Nr. 3 BRAGO nach einem niedrigeren Wert zu berechnen, weil sich der Gegenstand der anwaltlichen Tätigkeit (§ 7 Abs. 1 BRAGO) nur auf einen Teil des Streitgegenstands bezieht. Der für die Prozessgebühr maßgebliche Gegenstandswert definiert aber die Obergrenze für die logisch nachrangigen weiteren Anwaltsgebühren, denn es ist ausgeschlossen, z.B. eine streitige Verhandlung oder eine Beweisaufnahme über etwas durchzuführen, was nicht Gegenstand des Verfahrens ist. Daher können die Verhandlungsgebühr gem. § 31 Abs. 1 Nr. 2 BRAGO und die Beweisgebühr gem. § 31 Abs. 1 Nr. 3 BRAGO niedriger, aber nicht höher sein als die Prozessgebühr[1104]. Somit ist es im Verwaltungsprozess ausgeschlossen, dass ein Antrag, der rechtzeitig in der mündlichen Verhandlung auf ein begründetes Maß beschränkt wird, Kostenfolgen zu Lasten des Klägers auslöst. Folglich besteht im Falle einer solchen Klageteilrücknahme – weil der zurückgenommene Teil keine Kosten verursacht hat – kein Anlass zu einer Kostenlast des Klägers gem. § 155 Abs. 2 VwGO.

1101 HARTMANN, KostG, GKG § 63 Rn. 1.
1102 HARTMANN, KostG, KV 1201 Rn. 9; BRAGO § 31 Rn. 11.
1103 HARTMANN, KostG, BRAGO § 31 Rn. 10.
1104 HARTMANN, KostG, BRAGO § 31 Rn. 91 und Rn. 217.

5. Dem eingeschränkten Klageantrag steht nicht generell ein Gebot der umfassenden Klageerhebung entgegen

Vor dem Hintergrund der Streitgegenstandsbestimmung ist zu untersuchen, inwieweit der Kläger mit einem eingeschränkten Klagebegehren die Problematik der Spruchreife ausklammern darf, indem er seine Klage von vornherein nur auf eine Entscheidung gem. § 113 Abs. 5 Satz 2 VwGO oder § 113 Abs. 3 Satz 1 VwGO anlegt. Soweit eine abschließende Entscheidung in der Sache möglich ist, verlangt vornehmlich die Rechtsprechung von dem Kläger, dass er auch eine solche abschließende Entscheidung begehrt; einem im Vergleich dazu eingeschränkten Begehren fehle das Rechtsschutzbedürfnis. Auf diese Weise wird über das Rechtsschutzbedürfnis eine Pflicht des Klägers zur umfassenden Klageerhebung konstruiert[1105]. Danach wäre es unzulässig, ein Bescheidungsurteil gem. § 113 Abs. 5 Satz 2 VwGO zu begehren, wenn sich die Erteilung des beantragten Verwaltungsakts nach zwingendem Recht bestimmt und die Vornahmeverpflichtung nicht offensichtlich ausgeschlossen ist[1106]. Prinzipiell unzulässig wäre dann unter dem Gesichtspunkt des Rechtsschutzbedürfnisses das Begehren einer Entscheidung gem. § 113 Abs. 3 Satz 1 VwGO, weil eine weiter gehende gerichtliche Aufhebungsentscheidung unter Feststellung der Rechtswidrigkeit und der Rechtsverletzung nie offensichtlich ausgeschlossen ist, sondern nur bei Abwägung der jeweiligen Belange der Beteiligten an der Sachdienlichkeit scheitern kann. Konkret wird das Gebot der umfassenden Klageerhebung in Fällen, in denen ein Kriegsdienstverweigerer erfolglos versucht, gegen die behördliche Ablehnung seines Anerkennungsantrages als unzulässig vorzugehen, um eine Entscheidung zur Sache im Verwaltungsverfahren zu erhalten[1107]; ebenso in Fällen, in denen der Kläger eine erneute Bescheidung des rechtswidrig zurückgewiesenen Widerspruchs abzielt[1108]. Aktuell spielen diese Fragen der Dispositionsbefugnisse des Klägers auch im Asylverfahrensrecht eine Rolle bei Klagen gegen die rechtswidrige Ver-

---

1105 So bezeichnet bei MARTENS, DÖV 1988, 949, 953.

1106 Für die Zulässigkeit der „Bescheidungsklage“ aber – wegen der „Komplexität der Sache“ ohne Erörterung der Frage, ob bei einem Vornahmeantrag das Gericht Ermittlungen zur Herbeiführung der Spruchreife hätte vornehmen müssen – BVerwG, Beschl. v. 23.07.1991, NVwZ 1991, 1180, 1181. Für die prinzipielle Zulässigkeit des Bescheidungsantrags auch bei gebundenen Verwaltungsakten VG Weimar, Urt. v. 16.12.1992, VIZ 1993, 209; KOPP / SCHENKE, § 42 Rn. 8; SCHENKE, DÖV 1996, 529, 538; a.A. KOPP, VwGO, 10. Aufl., § 42 Rn. 5a (bei gebundenem Verwaltungshandeln fehle der „Bescheidungsklage“ in der Regel das Rechtsschutzinteresse).

1107 BVerwG, Urt. v. 07.09.1987, BVerwGE 78, 93, 94 = DÖV 1988, 128; BVerwG, Urt. v. 29.06.1992, BVerwGE 90, 265, 270 = NVwZ 1993, 270, 271; VG Kassel, Urt. v. 19.12.1983, NVwZ 1985, 217.

1108 BVerwG, Urt. v. 05.11.1975, BVerwGE 49, 307, 308; BVerwG, Urt. v. 07.10.1980, BVerwGE 61, 45, 48; BVerwG, Urt. v. 14.03.1984, BVerwGE 69, 90, 92.

fahrenseinstellung gem. §§ 32, 33 AsylVfG[1109] und bei den auf das Wiederaufgreifen des Verfahrens gem. § 71 AsylVfG i.V.m. § 51 VwVfG gerichteten Folgeanträgen[1110]. Allerdings wird der Grundsatz der umfassenden Klageerhebung auch innerhalb der Rechtsprechung nicht immer strikt beachtet und erfährt Durchbrechungen, die keine einheitliche Linie erkennen lassen[1111]. Die an den Grundsätzen der Streitgegenstandsbestimmung orientierte Betrachtung ergibt dann auch, dass ein generelles Gebot der umfassenden Klageerhebung nicht akzeptiert werden kann.

a. Die Beschränkung der Klage ist eine grundsätzlich zulässige Ausübung der Dispositionsbefugnis, der keine gesetzlichen Verfahrenskonkurrenzregelungen entgegenstehen

Die Dispositionsmaxime bedeutet, dass der Kläger die Herrschaft über den Streitgegenstand ausübt, indem er bestimmt, ob und in welchem Umfang ein Verfahren eingeleitet und beendet wird[1112]. Zur Ausübung dieses Herrschaftsrechts gehört auch die Befugnis, im Prozess weniger zu beanspruchen als verlangt werden könnte[1113]. Andernfalls gäbe es keine Notwendigkeit für die Vorschrift des § 88 VwGO, die den Ausspruch des Gerichts auf das Begehren des Klägers begrenzt.

1109 Für die abschließende Entscheidung in diesen Fällen VG Oldenburg, Beschl. v. 23.08.1993 – 2 B 1877/93 – (zitiert nach VG Freiburg, Urt. v. 08.09.1993, VBlBW 1993, 487, 488); ebenso STEGEMEYER, VBlBW 1995, 180, 181; a.A. (gegen ein grundsätzliches „Durchentscheiden") BVerwG, Urt. v. 07.03.1995, DVBl. 1995, 857, 858 = NVwZ 1996, 80.

1110 Für ein „Durchentscheiden" über das Wiederaufgreifen und das Anerkennungsbegehren sowie gegen eine auf das Wiederaufgreifen beschränkte Klage: BVerwG, Urt. v. 10.02.1998, BVerwGE 106, 171, 173 = DVBl. 1998, 725, 726 = NVwZ 1998, 861, 862; kritisch dazu CLAUSING, JuS 1999, 474, 476; a.A. (gerichtliche Entscheidung nur über die Durchführung eines weiteren Asylverfahrens) OVG Münster, Urt. v. 05.09.1995, DVBl. 1996, 214 = NVwZ-RR 1996, 549.

1111 Vgl. die soeben schon zitierte Entscheidung BVerwG, Beschl. v. 23.07.1991, NVwZ 1991, 1180, 1181 für die Zulässigkeit der „Bescheidungsklage" wegen der „Komplexität der Sache"; ähnlich BVerwG, Urt. v. 15.09.1988, Buchholz 310, § 113 Nr. 215 zu einem ausnahmsweise zulässigen Bescheidungsantrag in einer Lastenausgleichssache; BVerwG, Urt. v. 28.02.1962, DVBl. 1962, 414, 415 zur Befugnis des Klägers, seinen Antrag auf ein Grundurteil zu beschränken; BVerwG, Urt. v. 07.03.1995, DVBl. 1995, 857, 858 = NVwZ 1996, 80 auch mit allgemeinen Erwägungen (Gewaltenteilung und „Rechtsgedanke aus § 113 Abs. 3 VwGO") gegen die Annahme, dass nur eine auf die Anerkennung als Asylberechtigter ausgerichtete Verpflichtungsklage, auf die das Verwaltungsgericht die spruchreif zu machen hätte, in Betracht käme.

1112 BVerwG, Urt. v. 24.06.1982, BVerwGE 66, 53, 56; BERG, in: MENGER-FS (1985), S. 542; HUFEN, § 35 Rn. 24; SCHENKE, Rn. 19.

1113 GRUNSKY, § 47 IV 1. b) Fn. 72; LAUBINGER, in: MENGER-FS (1985), S. 453; MAETZEL, DÖV 1955, 397, 398; SCHWARTMANN, WiB 1997, 286, 288.

Sie kommt nur dann zum Tragen, wenn ohne die Begrenzung ein anderer oder weiter reichender Ausspruch in Betracht käme.

In vielen Fällen gibt es kein Patentrezept dergestalt, dass der Kläger zwingend ein bestimmtes Begehren in einem bestimmten Umfang verfolgen müsste und davon abweichende Begehren unzulässig wären. Beispielsweise hat das Bundesverwaltungsgericht für den Rechtsschutz gegen straßenrechtliche Planfeststellungsbeschlüsse ausgeführt[1114]:

> „Zwar trifft es zu, daß der Planfeststellungsbeschluß nicht nur wegen des Fehlens einer Planrechtfertigung, wegen eines Verstoßes gegen Planungsleitsätze oder wegen einer Verletzung des Abwägungsgebots, sondern unter Umständen auch wegen des Fehlens einer nach § 17 Abs. 4 FStrG notwendigen Schutzanordnung rechtswidrig sein kann und dass es dem davon Betroffenen in allen diesen Fällen freisteht, sich mit der auf Aufhebung des Planfeststellungsbeschlusses gerichteten Anfechtungsklage gegen die Planung zur Wehr zu setzen [Nachweis]. Aus dieser Erkenntnis lassen sich aber weder die verfahrensrechtliche Notwendigkeit herleiten, im Streit um fehlende oder nicht ausreichende Schutzmaßnahmen immer die Anfechtungsklage gegen den Planfeststellungsbeschluß zu erheben, noch rechtlich beachtliche Einwände gegen die Zulässigkeit der Verpflichtungsklage anführen, mit der das Begehren auf Anordnung von Schutzmaßnahmen im Sinne des § 17 Abs. 4 FStrG für sich allein verfolgt wird. Die Wahl zwischen diesen Möglichkeiten wird vielmehr im jeweiligen Einzelfall vom Betroffenen bestimmt; und sie wird sich zweckmäßigerweise nach seinem durch sein Interesse bestimmten Klageziel richten. Erstrebt er nicht die Aufhebung des Planfeststellungsbeschlusses, sondern lediglich dessen Ergänzung durch Schutzmaßnahmen im Sinne des § 17 Abs. 4 FStrG, so ist er weder aus materiellrechtlichen noch aus verfahrensrechtlichen Gründen gehalten, dennoch die Anfechtungsklage zu erheben, sondern frei darin, sein Begehren mit der Verpflichtungsklage zu verfolgen und dadurch mit den Wirkungen des § 88 VwGO auf dieses Begehren auch zu beschränken."

Von diesem weitgehenden Grundsatz der Wahlfreiheit des Klägers bei der – erfolgversprechenden – Disposition über den Streitgegenstand ist das Bundesverwaltungsgericht zwar in späteren Entscheidungen abgerückt, indem es ausführte, einen mittels der Anfechtungsklage durchsetzbaren Anspruch auf (Teil-)Aufhebung des Planfeststellungsbeschlusses habe der Betroffene nur dann, wenn der Mangel für die Planentscheidung insgesamt von so großem Gewicht ist, dass davon nicht nur der einzelne Betroffene benachteiligt, sondern die Ausgewogenheit der Gesamtplanung (oder des abtrennbaren Planungsteils) überhaupt in Frage gestellt wird[1115]. Ferner hat der Gesetzgeber diese Rechtsprechung aufgegriffen,

---

1114 BVerwG, Urt. v. 21.05.1976, BVerwGE 51, 15, 21 f.

1115 BVerwG, Urt. v. 07.07.1978; BVerwGE 56, 110, 133 (Einschränkung der früheren Rechtsprechung „aus materiell-rechtlichen Gründen").

indem in § 75 Abs. 1a VwVfG nunmehr positiv-gesetzlich bestimmt ist, dass erhebliche Mängel bei der Abwägung nur dann zur Aufhebung des Planfeststellungsbeschlusses führen, wenn sie nicht durch Planergänzung oder durch ein ergänzendes Verfahren behoben werden können. Mit diesen Einschränkungen ist jedoch die Begründetheit der Anfechtungsklage gegen einen Planfeststellungsbeschluss angesprochen. Diese Entwicklungen können daher nur auf dem Umweg über die Klagebefugnis den Kläger in seiner Wahlfreiheit bei der Erhebung der Klage einschränken. Zudem liefern gerade die gesetzlichen Bestimmungen einen Beweis dafür, dass die Wahlfreiheit der Grundsatz und ihre Beschränkung die Ausnahme ist, die einer ausdrücklichen Regelung bedarf.

Ebenso wenig, wie der Kläger grundsätzlich nur ein Begehren einer bestimmten Art zur Entscheidung unterbreiten darf, so wenig ist er gezwungen, ein Klagebegehren in einem ganz bestimmten Umfang zu erheben, denn § 88 VwGO spricht allgemein davon, dass das Gericht nicht über das Begehren des Klägers hinausgehen darf, ohne zwischen einer qualitativen und einer quantitativen Überschreitung zu differenzieren. Auch wenn das Gericht der Ansicht ist, dass der Kläger das Ziel seiner Klage nicht optimal bestimmt und nicht alle Möglichkeiten ausgeschöpft habe, bleibt sein Entschluss für das Verfahren dennoch bindend. Denn § 88 VwGO legitimiert den Richter nicht, den Wesensgehalt der Auslegung zu überschreiten und an die Stelle dessen, was eine Partei erklärtermaßen will, das zu setzen, was sie – nach Meinung des Richters – zur Verwirklichung ihres Bestrebens wollen sollte[1116].

Freilich sind dem Kläger in seiner Dispositionsfreiheit insofern Grenzen gesetzt, als er die einschlägigen Normen der Verwaltungsgerichtsordnung nicht außer Acht lassen darf. Entsprechende Beschränkungen lassen sich als Verfahrenskonkurrenzregelungen bezeichnen[1117]. Dieser Begriff ist zutreffend und zweckmäßig für spezielle gesetzliche Regelungen, die der Kläger bei der Disposition über den Streitgegenstand beachten muss, weil sie ein Vorrangverhältnis zwischen mehreren an sich anwendbaren Rechtsschutzformen bestimmen[1118]. Beispielsweise ist einer Klage auf Feststellung der Rechtswidrigkeit eines Verwaltungsakts die Unzulässigkeit gem. § 43 Abs. 2 Satz 1 VwGO entgegenzuhalten. Ebenso scheitert

---

1116 BVerwG, Beschl. v. 29.08.1989, Buchholz 310, § 88 Nr. 17, S. 1.

1117 So in Abgrenzung zu der Voraussetzung des allgemeinen Rechtsschutzbedürfnisses SCHENKE, Rn. 564; ebenso SODAN, in: NK-VwGO, § 42 Rn. 328.

1118 Weiter dagegen wegen der Einbeziehung ungeschriebener Verfahrenskonkurrenzregelungen SCHENKE, Rn. 564: „Von solchen Verfahrenskonkurrenzregelungen spricht man dann, wenn an und für sich verschiedene im Gesetz vorgesehene Verfahren von ihren Tatbestandsvoraussetzungen her zur Realisierung eines als schutzwürdig anzuerkennenden Rechtschutzanliegens in Betracht kämen, der Gesetzgeber aber (ausdrücklich oder konkludent) vorschreibt, daß nur ein Verfahren statthaft sein soll.“

der Kläger an der Schranke des § 44a Satz 1 VwGO, soweit er versucht, isoliert gegen einzelne behördliche Verfahrenshandlungen vorzugehen. Wo aber vergleichbare Regelungen nicht existieren, gebietet grundsätzlich Art. 19 Abs. 4 Satz 1 GG, das jeweilige Rechtsschutzbegehren zuzulassen, d.h. im Zweifel spricht eine verfassungsrechtlich verankerte Vermutung für die Zulässigkeit. Diese Vermutung kann bei fehlendem Rechtsschutzbedürfnis widerlegt werden. Dieser Lösungsweg orientiert sich dann aber an den Umständen des Einzelfalls und erlaubt keine Pauschalurteile[1119]. Unnötig kompliziert ist es, das allgemeine Rechtsschutzbedürfnis auch gegenüber ungeschriebenen Verfahrenskonkurrenzregelungen abzugrenzen, z.B. um die Zulässigkeit vorbeugenden Rechtsschutzes und der „isolierten Anfechtungsklage" einzuschränken[1120]. Die entsprechenden Erwägungen lassen sich in ausreichender dogmatischer Klarheit unter der Überschrift des allgemeinen Rechtsschutzbedürfnisses erörtern. Daher ist es überflüssig, die übergesetzlichen Sachurteilsvoraussetzungen um eine weitere Kategorie anzureichern.

Für eingeschränkte Klagen, die das Problem der Spruchreife von vornherein ausklammern, sind keine gesetzlich normierten Schranken ersichtlich. Die Klagen, die auf eine Entscheidung gem. § 113 Abs. 3 Satz 1 VwGO bzw. § 113 Abs. 5 Satz 2 VwGO abzielen, werden von dem Wortlaut des § 42 Abs. 1 VwGO erfasst[1121] und sind daher als Anfechtungs- bzw. als Verpflichtungsklage statthaft[1122]. Die begehrten Entscheidungen richten sich gegen Sachentscheidungen der Behörde i.S.d. § 42 Abs. 1 VwGO und betreffen nicht nur behördliche Verfahrenshandlungen, so dass sich auch mit § 44a VwGO keine Probleme ergeben. Zwar ist die Entscheidung gem. § 113 Abs. 3 Satz 1 VwGO keine Entscheidung „in der Sache" i.S.d. § 113 Abs. 1 Satz 1 VwGO, sie richtet sich aber dennoch gegen die Sachentscheidung der Behörde i.S.d. § 42 Abs. 1 VwGO, d.h. gegen den Verwaltungsakt als solchen. Sie ist daher eine Entscheidung zur Sache. Entsprechendes gilt für die Verpflichtungsklage mit dem Begehren eines Bescheidungsurteils. Auf Verpflichtungsklagen ist § 44a VwGO analog anwendbar[1123]. Die Festlegung des Streitgegenstands auf eine Entscheidung nach § 113 Abs. 5 Satz 2

1119 Dazu sogleich.

1120 So aber SCHENKE, Rn. 564 und 569 f.: „Im Interesse rechtsdogmatischer Klarheit".

1121 Die Entscheidung nach § 113 Abs. 3 Satz 1 VwGO betrifft die Aufhebung eines Verwaltungsakts und lässt sich daher ohne weiteres unter § 42 Abs. 1 VwGO subsumieren. Dazu, dass auch mit der Bescheidung gem. § 113 Abs. 5 Satz 2 VwGO die Verurteilung zu einem bisher abgelehnten oder unterlassenen Verwaltungsakt begehrt wird, siehe oben S. 81.

1122 Dass die Statthaftigkeit der Anfechtungs- und Verpflichtungsklagen nach der Abschaffung des Enumerationsprinzips ohnehin nur noch klageartbestimmend und nicht mehr rechtsschutzeröffnend wirkt und die Klage wegen der Wahl einer unstatthaften Klageart nicht als unzulässig abgewiesen werden darf, betonen HUFEN, § 13 Rn. 1 ff., und SCHENKE, Rn. 171.

1123 KOPP / SCHENKE, § 44a Rn. 4.

VwGO wird aber dadurch nicht gehindert, weil es nicht nur um den formellen Akt einer irgendwie gearteten Bescheidung, sondern um eine Bescheidung unter Beachtung der Rechtsauffassung des Gerichts geht. Damit stehen den im Hinblick auf die Spruchreife eingeschränkten Klagen keine Vorschriften der Verwaltungsgerichtsordnung entgegen.

b. Ausnahmsweise hindert der Einwand des fehlenden Rechtsschutzbedürfnisses die Einschränkung der Klage

i) Die Ratio des allgemeinen Rechtsschutzbedürfnisses

Im Einzelfall kann Gestaltungs- und Leistungsklagen unter dem Gesichtspunkt des Rechtsschutzbedürfnisses auch dann die Zulässigkeit abgesprochen werden, wenn ihnen keine spezialgesetzlichen Hindernisse entgegenstehen[1124]. Der Geltungsgrund des allgemeinen Rechtsschutzbedürfnisses ist am überzeugendsten in dem im Grundsatz von Treu und Glauben wurzelnden Verbot des institutionellen Missbrauchs prozessualer Rechte zu sehen[1125]. Bei dieser Herleitung wird deutlich, dass es sich bei der Voraussetzung des allgemeinen Rechtsschutzbedürfnisses um ein Korrektiv handelt, das nur ausnahmsweise die Zulässigkeit der Klage hindert. Das allgemeine Rechtsschutzbedürfnis ist zunächst zu den soeben behandelten Verfahrenskonkurrenzregelungen abzugrenzen, unter denen hier normative Hürden verstanden werden, an denen die Zulässigkeit eines Begehrens im Hinblick auf ein gesetzlich bestimmtes Vorrangverhältnis generell scheitert: Das Gesetz bestimmt in Verfahrenskonkurrenzregelungen, dass ein bestimmtes Begehren *unzulässig* ist. Es bedarf ferner der Abgrenzung zu den Bestimmungen eines besonderen Rechtsschutzbedürfnisses, z.B. in §§ 43 Abs. 1, 113 Abs. 1 Satz 4 VwGO („berechtigtes Interesse“): Das Gesetz bestimmt mit der Voraussetzung eines besonderen Rechtsschutzbedürfnisses, dass ein bestimmtes Begehren *nur zulässig* ist, *soweit* der Kläger besondere Umstände dafür anführen kann. Im Unterschied zu diesen speziellen Regelungen findet das allgemeine Rechtsschutzbedürfnis in der Verwaltungsgerichtsordnung keine Erwähnung. Daher ist die Prü-

1124 SCHENKE, Rn. 587.

1125 OVG Schleswig, 09.02.1993, NVwZ-RR 1993, 437, 438; SCHMITT GLAESER / HORN, Rn. 118. Vgl. auch BVerwG, Urt. v. 12.07.1985, BVerwGE 72, 15, 16: Der Erwerb eines Grundstücks gerade zur prozessualen Geltendmachung von Rechten gegen eine Planfeststellung hindert nicht die Berufung auf Eigentumsrechte, es sei denn, mit der Geltendmachung werden missbilligenswerte Zwecke verfolgt. Die Ableitung der Sachentscheidungsvoraussetzung des Rechtsschutzbedürfnisses aus Art. 19 Abs. 4 GG bei HUFEN, § 23 Rn. 10, ist dagegen nicht überzeugend, weil dieses Grundrecht die Grundlage und gerade keine Grenze des gerichtlichen Rechtsschutzes gegen Staatsakte bildet.

fung des allgemeinen Rechtsschutzbedürfnisses nur bei Vorliegen von Umständen angezeigt, die die Erfüllung dieser Voraussetzung fraglich erscheinen lassen, so dass sich ein Umkehrschluss ziehen lässt: Indem das Gesetz nur bei bestimmten Klagearten den Nachweis eines (besonderen) Rechtsschutzbedürfnisses verlangt, geht es im Übrigen von dem Normalfall aus, dass derjenige, der die Verletzung von Rechten geltend machen kann[1126], auch gerade die gerichtliche Durchsetzung dieser Rechte anstreben darf[1127], d.h. die Klage ist *nur ausnahmsweise unzulässig, soweit* sie von dem Normalfall abweicht.

Es haben sich die folgenden Fallgruppen zur Verneinung des allgemeinen Rechtsschutzbedürfnisses gebildet[1128]:

- Es gibt einfachere oder effektivere Rechtsschutzmöglichkeiten.

- Die Verfolgung des Rechtsschutzbegehrens ist nutzlos, weil sie dem Kläger keinen Vorteil bringt.

- Der Kläger verfolgt missbilligenswerte Ziele, z.B. indem er Beteiligte schikanieren will oder weil er sich in Widerspruch zu seinem früheren Verhalten setzt.

Im Zusammenhang mit der Spruchreife ist vor allem die erste Fallgruppe von Interesse. Es stellt sich die Frage, ob der Kläger aus Gründen der Effektivität „aufs Ganze gehen" muss, damit das Gericht die Möglichkeit erhält, über den Fall im Detail abschließend zu entscheiden, ohne durch § 88 VwGO daran gehindert zu werden. Die zweite Fallgruppe lässt sich nicht allgemein auf die hier diskutierten Konstellationen übertragen, weil der Kläger, der mit einem eingeschränkten Begehren durchdringt, immerhin einen Teilerfolg erzielt, dem nicht grundsätzlich der Makel der Nutzlosigkeit angehängt werden kann. So wahrt der Kläger, der ein Bescheidungsurteil gem. § 113 Abs. 5 Satz 2 VwGO erstreitet, seine Chance auf eine – nach eigenverantwortlicher Tätigkeit der Behörde mögliche – günstige Entscheidung in der Sache. Auch mit der Aufhebung gem. § 113 Abs. 3 Satz 1 VwGO erlangt der Kläger zumindest vorübergehend eine günstige Rechtsposition. Die dritte Fallgruppe ist wegen der subjektiven Komponenten einer Verallgemeinerung nicht zugänglich. Die folgenden Überlegungen konzentrieren sich deshalb

1126 Daher ist das allgemeine Rechtsschutzbedürfnis bei Anfechtungs- und Verpflichtungsklagen zweckmäßig nach der Klagebefugnis zu prüfen. Vgl. die Schemata bei HUFEN, § 14 Rn. 155, § 15 Rn. 38; SCHENKE, Rn. 724a; SCHMITT GLAESER / HORN, Rn. 240, 310.

1127 Vgl. BVerwG, Urt. v. 17.01.1989, BVerwG 81, 164, 165 f.; REDEKER / V.OERTZEN, § 42 Rn. 28.

1128 Vgl. HUFEN, § 23 Rn. 11; KOPP / SCHENKE, vor § 40 Rn. 37; SCHMITT GLAESER / HORN, Rn. 119 ff.

auf die Frage, ob mit dem Effektivitätsargument den in Rede stehenden eingeschränkten Klagen das Rechtsschutzbedürfnis abgesprochen werden kann.

ii) Die Sachurteilsvoraussetzung in Form des allgemeinen Rechtsschutzbedürfnisses begründet kein allgemeines Gebot der umfassenden Klageerhebung – Auseinandersetzung insbesondere mit der gegenteiligen Rechtsprechung des 6. Senats des Bundesverwaltungsgerichts in Kriegsdienstverweigerungssachen

(1) Kein absolutes Verbot der „isolierten Anfechtungsklage"

Das Effektivitätsargument ist vor allem bemüht worden, um – im Hinblick auf ein fehlendes Rechtsschutzbedürfnis – die Unzulässigkeit der „isolierten Anfechtungsklage" zu begründen. Unter dieser Überschrift wird allerdings eine sehr heterogene Ansammlung verschiedener Streitgegenstände erörtert[1129]: die Anfechtung der Ablehnung einer vom Kläger beantragten Leistung[1130] – insbesondere bei Ablehnung aus formellen Gründen ohne behördliche Entscheidung in der Sache[1131] –, die Anfechtung des Widerspruchsbescheides[1132] sowie die Anfechtung einer von mehreren in einem Bescheid ausgesprochenen Belastungen[1133]. Auf die Einzelheiten dieser Konstellationen kann hier nicht eingegangen werden. Darauf kommt es jedoch auch nicht an, sondern es geht um die Gemeinsamkeiten der Fallgestaltungen und die Überschneidungen mit der Einschränkung einer Klage im Hinblick auf den Aspekt der Spruchreife, z.B. wenn der Kläger im Rahmen einer gebundenen Entscheidung nur die Verpflichtung der Behörde zur Bescheidung begehrt. Es gibt insofern eine gemeinsame Schnittmenge, als in allen diesen Fällen der Klage keine ausdrückliche Verfahrenskonkurrenzregelung entgegen-

---

1129 Kritisch zusammenfassend LAUBINGER, in: MENGER-FS (1985), S. 445; MARTENS, DÖV 1988, 949, 950.

1130 BVerwG, Urt. v. 30.04.1971, BVerwGE 38, 99, 100; OVG Hamburg, Urt. v. 14.05.1954, MDR 1954, 567. In seiner Anmerkung zu diesem Urteil verwendete SIEVEKING, MDR 1954, 568, den Ausdruck „isolierter Aufhebungsantrag" und gab der späteren Begriffsbildung damit die entscheidende Prägung. FABER, § 30 I a) 1., verweist darauf, dass die Bezeichnung als „kupierte Verpflichtungsklage" genauer ist.

1131 BVerwG, Urt. v. 07.09.1987, BVerwGE 78, 93, 94 = DÖV 1988, 128.

1132 BVerwG, Urt. v. 05.11.1975, BVerwGE 49, 307, 308; VGH München, Urt. v. 10.01.1983, BayVBl. 83, 530.

1133 BVerwG, Urt. v. 22.04.1982, Buchholz 451.16, § 17 Nr. 2.

steht[1134], die Statthaftigkeit unzweifelhaft ist[1135] und mithin die Unzulässigkeit nur aus Gründen des fehlenden Rechtsschutzbedürfnisses ausgesprochen werden könnte[1136]. Das Rechtsschutzbedürfnis wiederum könnte in den genannten Fällen am ehesten deshalb fehlen, weil eine effektivere Rechtsschutzform zur Verfügung steht. Die eingeschränkte Klage ist dann nicht effektiv genug, wenn zu erwarten ist, dass es zu einer zusätzlichen Inanspruchnahme der Gerichte kommt, weil die eingeschränkte Entscheidung dem Streitpotential nicht ausreichend Rechnung trägt. Dazu hat das Bundesverwaltungsgericht in einer – die Zulässigkeit bejahenden – Grundsatzentscheidung zur „isolierten Anfechtungsklage" ausgeführt[1137]:

> „Ist allerdings – über die abstrakte Möglichkeit hinaus – damit zu rechnen oder wenigstens ernsthaft zu besorgen, daß mit der Sachentscheidung über die isolierte Anfechtungsklage neue Streitpunkte auf dem Wege zu dem vom Kläger letztlich erstrebten Ziel heraufbeschworen werden und daß sich deshalb eine neuerliche Inanspruchnahme des Gerichts abzeichnet, so wird ein Rechtsschutzbedürfnis für die Wahl jener Klageart anstelle einer die potentiellen weiteren Streitpunkte bereits einbeziehenden Verpflichtungsklage in der Tat regelmäßig zu verneinen sein. (Nur) mit dieser Maßgabe ist also der in BVerwGE 25, 357 (als obiter dictum) aufgestellten Regel beizupflichten."

Indem in dieser Entscheidung Anhaltspunkte für eine übermäßige Inanspruchnahme der Gerichte „über die abstrakte Möglichkeit hinaus" verlangt werden, ist klargestellt, dass die Frage des Rechtsschutzbedürfnisses der „isolierten Anfechtungsklage" nur anhand des Einzelfalles beantwortet werden kann. Dem ist im Hinblick auf die Ratio des allgemeinen Rechtsschutzbedürfnisses als Ausprägung des Grundsatzes von Treu und Glauben zuzustimmen. Mit dem in BVerwGE 25, 357 veröffentlichten Urteil des 8. Senats des Bundesverwaltungsgerichts ist diese Entscheidung durchaus nicht so unvereinbar wie es zunächst scheint. Dort wird – in nicht entscheidungstragender Weise, weil das Klagebegehren bei sachgerechter Auslegung auf eine Verpflichtung abzielte – der grundsätzliche Vorrang der Verpflichtungsklage vor der Anfechtungsklage gegen einen Ablehnungsbescheid gerade deshalb propagiert, weil im Rahmen der Verpflichtungsklage bei fehlender Spruchreife auch ein Bescheidungsurteil möglich ist. Der 8. Senat zeigt in diesem Urteil zunächst die Entscheidungsalternativen des § 113 Abs. 5 auf und führt un-

---

1134 Nicht gefolgt werden kann hier KOPP / SCHENKE, vor § 40 Rn. 30, wonach in § 42 Abs. 1 VwGO eine Verfahrenskonkurrenzregelung mit einem darin begründeten Vorrang der Verpflichtungsklage (Versagungsgegenklage) vor der isolierten Anfechtungsklage zu sehen sei. Diese Norm konstituiert nebeneinander die Statthaftigkeit der Anfechtungs- und Verpflichtungsklagen und besagt nichts über das Verhältnis der Klagearten untereinander.

1135 Vgl. BVerwG, Urt. v. 30.04.1971, BVerwGE 38, 99, 101; HUFEN, § 14 Rn. 21.

1136 In allen soeben genannten Entscheidungen wird die Zulässigkeit unter dem Aspekt des allgemeinen Rechtsschutzbedürfnisses problematisiert.

1137 BVerwG, Urt. v. 30.04.1971, BVerwGE 38, 99, 103.

mittelbar im Anschluss daran aus: „Bei dieser Verfahrensgestaltung kommt grundsätzlich nur eine Verpflichtungsklage in Betracht, wenn ein Ablehnungsbescheid angegriffen wird.“[1138] Mit den dortigen Ausführungen wird nicht die Forderung an den Kläger verbunden, grundsätzlich die weitestgehende Klage zu erheben, das hieße im Rahmen der Verpflichtungsklage die Vornahme anstelle der Bescheidung zu begehren. Es geht dem 8. Senat also mehr um das systematische Verhältnis zwischen Anfechtungs- und Verpflichtungsklage als um eine Maxime, wonach das Gericht durch eine möglichst weit gehende Klage in die Lage versetzt werden soll, eine möglichst abschließende Entscheidung zu treffen. Die Entscheidung lässt sich daher nicht ohne weiteres gegen BVerwGE 38, 99 für ein Postulat umfassender Klageerhebung in Anspruch nehmen. Das stattdessen angesprochene Verhältnis zwischen isolierter Anfechtung und Bescheidungsbegehren ist weiter unten[1139] zu erörtern.

In ihrer Allgemeinheit abzulehnen ist die spätere Rechtsprechung des 6. Senats des Bundesverwaltungsgerichts zur regelmäßigen Unzulässigkeit der „isolierten Anfechtungsklage“ in Kriegsdienstverweigerungssachen[1140]. In ständiger Rechtsprechung nimmt der für das Wehrpflichtrecht zuständige 6. Revisionssenat seit den 1970er Jahren an, der Kriegsdienstverweigerer müsse im gerichtlichen Verfahren stets das uneingeschränkte Ziel der Anerkennung verfolgen – ungeachtet der Umstände, unter denen die Behörde den Antrag auf Anerkennung als Kriegsdienstverweigerer abgelehnt hat: Der Kläger könne sich nicht auf die Anfechtung von Entscheidungen der Behörde beschränken, um im Anschluss an die Aufhe-

---

1138 BVerwG, Urt. v. 15.12.1966, BVerwGE 25, 357, 358 f. im Anschluss an BETTERMANN, NJW 1960, 649.

1139 Siehe S. 308.

1140 Bei der Durchsicht von Entscheidungen, die zu diesem Rechtsgebiet ergangen sind, fällt auf, dass insgesamt eine strenge Verfahrensgestaltung einhergeht mit einer extrem restriktiven Judikatur im Bereich des materiellen Rechts. Beispielsweise stützte sich das VG Bremen, Urt. v. 23.01.1981, NJW 1981, 1110, 1111, bei der Abweisung eines Kriegsdienstverweigerers auf dessen Bekenntnis zum Autofahren, weil die Teilnahme am motorisierten Straßenverkehr wegen der latenten Gefährdung von Menschenleben inkonsequent sei. FABER, in: RAV-Hannover-FS (1981), S. 85, bezeichnete diese Entscheidung treffend als einen „makabren Höhepunkt“ der Diskrepanzen zwischen der grundrechtlichen Bedeutung der Kriegsdienstverweigerungsverfahren und der bei der Sachverhaltserforschung aufgewendeten Sorgfalt. Einen weiteren Höhepunkt in dieser Entwicklung bildete die Entscheidung des BVerwG – 6. Senat – vom 30.11.1987, Buchholz 448.6, § 15 KDVG Nr. 5 (Leitsatz 2), wonach bei der Entscheidung über das Anerkennungsbegehren des Kriegsdienstverweigerers u.a. auch berücksichtigt werden konnte, dass er „trotz Eintretens für den Umweltschutz Abfahrtsskilauf betreibt“.

bung eine Klärung im Verwaltungsverfahren herbeizuführen[1141]. Dies gelte auch dann, wenn der Kriegsdienstverweigerer wegen einer falsch adressierten Terminsladung von der Prüfungskammer im Widerspruchsverfahren nicht angehört worden war[1142]. Nichts anderes ergebe sich aus den Regelungen der §§ 45, 46 VwVfG, auf die in einer Entscheidung die Vorinstanz abgestellt hatte, um mit Blick auf die Möglichkeit einer anderen Entscheidung im Widerspruchsverfahren – wegen unterschiedlicher Darstellungsmöglichkeiten vor den verschiedenen Prüfungsgremien – die isolierte Anfechtung und eine neue Widerspruchsentscheidung zuzulassen; damit verkenne das Verwaltungsgericht den Sinn und Zweck der §§ 45, 46 VwVfG[1143]. Unerheblich sei, ob der Kläger neben der Aufhebung der ergangenen Verwaltungsentscheidungen auch die Verpflichtung der Behörde zur erneuten Bescheidung des Anerkennungsbegehrens beantragt[1144]. Der 6. Senat des Bundesverwaltungsgerichts hielt an dieser Rechtsprechung auch in einem Fall fest, in dem das Bundesamt für den Zivildienst den von einem Bevollmächtigten des Klägers gestellten Antrag auf Anerkennung als Kriegsdienstverweigerer ohne Sachprüfung abgelehnt hatte, weil es sich auf den – auch von dem Senat als rechtswidrig erkannten – Standpunkt stellte, ein solcher Antrag müsse von dem Kriegsdienstverweigerer persönlich gestellt werden; obwohl praktisch kein Verwaltungsverfahren stattgefunden hatte, meinte das Bundesverwaltungsgericht, es bestehe kein Rechtsschutzbedürfnis für die „isolierte Anfechtung" dieses Ablehnungsbescheides[1145]. Im Zweifel begehre der Kläger, um nicht angesichts dieser ständigen Rechtsprechung nicht an der Hürde des Rechtsschutzbedürfnisses zu scheitern, zumindest hilfsweise seine Anerkennung als Kriegsdienstverweigerer; das gelte auch dann, wenn in der mündlichen Verhandlung nur ein Aufhebungsantrag und ein Antrag auf Verpflichtung des Beklagten zum Wiederaufgreifen des Verfahrens zu Protokoll genommen wurden[1146]. In diesem Zusammenhang argumentiert das Bundesverwaltungsgericht regelmäßig damit, dass für eine (erneute) Behördenentscheidung kein Bedürfnis bestehe, weil sich die Anerkennung des

---

1141 BVerwG, Urt. v. 25.07.1973, BVerwGE 44, 17, 19; BVerwG, Urt. v. 05.11.1975, BVerwGE 49, 307, 308; BVerwG, Urt. v. 07.10.1980, BVerwGE 61, 45, 48; BVerwG, Urt. v. 14.03.1984, BVerwGE 69, 90, 92; BVerwG, Urt. v. 07.09.1987, BVerwGE 78, 93, 94 = DÖV 1988, 128; BVerwG, Urt. v. 29.06.1992, BVerwGE 90, 265, 271 = NVwZ 1993, 270, 271; a.A. noch BVerwG – 7. Senat –, Urt. v. 11.05.1962, BVerwGE 14, 151, 153: Angriffsziel der Klage könne nur der Widerspruchsbescheid sein (§ 79 Abs. 2 VwGO). Diese Entscheidung wird – soweit ersichtlich – von dem später in diesen Angelegenheiten zuständigen 6. Senat nicht berücksichtigt.

1142 BVerwG, Urt. v. 05.11.1975, BVerwGE 49, 307, 308; BVerwG, Urt. v. 14.03.1984, BVerwGE 69, 90, 92.

1143 BVerwG, Urt. v. 07.10.1980, BVerwGE 61, 45, 49.

1144 BVerwG, Urt. v. 14.03.1984, BVerwGE 69, 90, 92.

1145 BVerwG, Urt. v. 07.09.1987, BVerwGE 78, 93, 94 = DÖV 1988, 128.

1146 BVerwG, Urt. v. 06.09.1990, NVwZ 1991, 272.

Kriegsdienstverweigerers nach zwingendem Recht bestimme und der Behörde kein Ermessens- oder Beurteilungsspielraum zustehe; ferner trage nur die abschließende gerichtliche Entscheidung über das Anerkennungsbegehren dem Beschleunigungsinteresse im Kriegsdienstverweigerungsverfahren hinreichend Rechnung, weil sonst eine doppelte Inanspruchnahme der Gerichte nicht ausgeschlossen werden könne[1147].

Diese Rechtsprechung führte früher dazu, dass der Kläger die Abänderung der von der Behörde getroffenen ablehnenden Feststellung gem. § 113 Abs. 2 VwGO a.F. begehren musste[1148]. Diese Bestimmung ermöglichte dem Verwaltungsgericht bei allen feststellenden Verwaltungsakten in Ausnahme von der grundsätzlich kassatorischen Natur des Anfechtungsurteils die Feststellung durch eine andere zu ersetzen, d.h. unmittelbar selbst den Verwaltungsakt durch einen anderen zu ersetzen[1149]. Mit der Änderung des § 113 Abs. 2 VwGO durch das 4. VwGO-Änderungsgesetz ist dieser Rechtsprechung – obwohl der Gesetzgeber diese Konsequenz ersichtlich nicht bedacht hat – die Grundlage entzogen worden, da § 113 Abs. 2 VwGO n.F. aufgrund des eindeutigen Wortlauts nunmehr nur noch für *auf Geldleistungen bezogene* Feststellungen gilt[1150]. Seitdem wird nicht mehr die als „ergänzte Anfechtungsklage"[1151] bezeichnete Klage gem. § 113 Abs. 2 VwGO als richtige Klageart angesehen, sondern die (gewöhnliche) Verpflichtungsklage[1152]. Zwar ging das Bundesverwaltungsgericht in einer früheren Entscheidungen nicht nur wegen der ausdrücklichen Nennung der Anfechtungsklage in § 35 des Wehrpflichtgesetzes (WPflG) a.F., sondern gerade auch im Hinblick auf Art. 4 Abs. 3 GG von der Zulässigkeit der Anfechtungsklage aus, weil die Ablehnung des von dem Kriegsdienstverweigerer beantragten feststellenden Verwaltungsakts der Durchsetzung dieses Grundrechts entgegenstehe und im Wege der Anfech-

---

1147 BVerwG, Urt. v. 05.11.1975, BVerwGE 49, 307, 308 f.; BVerwG, Urt. v. 07.10.1980, BVerwGE 61, 45, 47; BVerwG, Urt. v. 14.03.1984, BVerwGE 69, 90, 92; BVerwG, Urt. v. 07.09.1987, BVerwGE 78, 93, 95 = DÖV 1988, 128.

1148 Vgl. z.B. BVerwG, Urt. v. 03.05.1982, BVerwGE 65, 287, 288; BVerwG, Urt. v. 14.03.1984, BVerwGE 69, 90, 92; BVerwG, Urt. v. 07.09.1987, BVerwGE 78, 93, 99 = DÖV 1988, 128, 129.

1149 SCHUNCK / DE CLERCK, § 113 Anm. 2. d).

1150 BVerwG, Urt. v. 29.06.1992, BVerwGE 90, 265, 267 f. = NVwZ 1993, 270, 271.

1151 Zur umstrittenen Zuordnung dieser Klage zur Anfechtungs- bzw. Verpflichtungsklage siehe oben S. 138.

1152 BVerwG, Urt. v. 29.06.1992, BVerwGE 90, 265, 271 = NVwZ 1993, 270, 271.

tungsklage beseitigt werden müsse[1153]. Allerdings dürfte diese Konstruktion nicht mehr tragfähig sein, da inzwischen anerkannt ist, dass das Grundrecht auf Verweigerung des Kriegsdienstes mit der Waffe aus Gewissensgründen unter einem Verfahrensvorbehalt steht[1154] und den vollen Schutz dieses Grundrechts nur derjenige für sich in Anspruch nehmen kann, dessen Berechtigung in dem dafür vorgesehenen Verfahren förmlich festgestellt worden ist[1155]. Gerichtlich muss die begünstigende Rechtsposition der Anerkennung als berechtigter Kriegsdienstverweigerer daher – sofern das Klageziel darauf ausgerichtet ist – mit der Verpflichtungsklage erstritten werden. Somit entzünden sich die gleichen Probleme, die früher zu dem Stichwort „isolierte Anfechtungsklage" erörtert wurden, nach aktueller Rechtslage an der Frage, ob der Kriegsdienstverweigerer eine Vornahmeverpflichtung beantragen muss oder ggf. auch die Bescheidungsverpflichtung beantragen darf.

Unabhängig davon, welche weiter reichende Entscheidungsform der 6. Senat des Bundesverwaltungsgerichts für einschlägig erachtet, steht seine Rechtsprechung zur Unzulässigkeit der „isolierten Anfechtungsklage" (im weiteren Sinne) im Widerspruch zu seinem oben zitierten Grundsatzurteil vom 30. April 1971[1156]. Die dort erhobene Forderung nach Anhaltspunkten für die Gefahr einer doppelten Inanspruchnahme der Gerichte „über die abstrakte Möglichkeit hinaus" findet in den späteren Urteilen keine Beachtung mehr. Dabei wird allein dieses Erfordernis der Ratio des allgemeinen Rechtsschutzbedürfnisses gerecht. Ein Pauschalurteil über die Unzulässigkeit der Klagebeschränkung auf die „isolierte Anfechtung" oder auf ein Bescheidungsbegehren – und sei es auch nur für das Rechtsgebiet der Kriegsdienstverweigerungssachen – ist damit nicht vereinbar.

Es handelt sich bei diesem Wandel in der Rechtsprechung des 6. Senats auch nicht etwa um den Widerruf der in dem Urteil vom 30. April 1971 vorgenommenen Abgrenzung zu BVerwGE 25, 357. Die späteren Entscheidungen des 6. Senats

---

1153 BVerwG – 7. Senat –, Urt. v. 11.05.1962, BVerwGE 14, 151, 152. Unter Berufung auf dieses Urteil halten SCHLINK / WIELAND, DÖV 1982, 426, 430, die Anfechtungsklage für die einzig richtige Form der prozessualen Geltendmachung. Zur Abgrenzung von Anfechtungsklage und Verpflichtungsklage in Wehrpflichtsachen nachdem die Zuständigkeit nach der Geschäftsverteilung des BVerwG von dem 7. Senat – zeitweilig – auf den 8. Senat übergegangen war: BVerwG – 8. Senat –, Urt. v. 28.03.1968, BVerwGE 29, 239, 242: Die „Verpflichtungsklage in Form der Vornahme- oder Bescheidungsklage" entspreche auch im Wehrpflichtrecht der Verfahrenslage dort, wo Gegenstand des Rechtsstreits nicht ein Eingriffsakt, sondern ein von dem Wehrpflichtigen erstrebter, von der Behörde jedoch abgelehnter oder unterlassener Verwaltungsakt ist.

1154 BVerfG, Urt. v. 25.04.1985, BVerfGE 69, 1, 25.

1155 BVerwG, Urt. v. 17.08.1988, BVerwGE 80, 62, 63 im Anschluss an BVerfG, Urt. v. 25.04.1985, BVerfGE 69, 1, 25.

1156 BVerwGE 38, 99 ff.

nehmen darauf nicht Bezug und knüpfen auch inhaltlich nicht daran an, denn in BVerwGE 25, 357 ging es um das systematische Verhältnis von Anfechtungs- und Verpflichtungsklage und nicht um eine Maxime, wonach das Gericht durch eine möglichst weit gehende Klage in die Lage versetzt werden soll, eine möglichst abschließende Entscheidung zu treffen[1157]. Nur auf den letzteren Aspekt hat aber der 6. Senat später abgestellt, denn es heißt in einer Entscheidung ausdrücklich, es sei „unerheblich, ob der Kläger neben der Aufhebung der ergangenen Verwaltungsentscheidung auch die Verpflichtung der Behörde zur erneuten Bescheidung des Anerkennungsbegehrens beantragt“[1158]. Damit sind aus Sicht des 6. Senats „isolierte Anfechtungsklagen“ und Verpflichtungsklagen mit Bescheidungsantrag gleichermaßen unzulässig – nicht aus dogmatischen Gründen der Abgrenzung verschiedener Klagearten, sondern weil sie als eingeschränkte Klagen einer abschließenden gerichtlichen Entscheidung über die Anerkennung des Kriegsdienstverweigerers entgegenstehen.

In BVerwGE 38, 99 ging es um einen Verwaltungsakt in dem unverändert gebliebenen Anwendungsbereich des § 113 Abs. 2 VwGO, nämlich um die Festsetzung eines Besoldungsdienstalters, die von dem Gericht im Falle einer abschließenden Entscheidung selbst hätte getroffen werden können[1159]. Dass aber ein solches Vorgehen nicht in allen Fällen sinnvoll ist, verdeutlicht nunmehr § 113 Abs. 2 Satz 2 VwGO, wonach das Gericht die Änderung des Verwaltungsakts durch Angabe der zu Unrecht berücksichtigten oder nicht berücksichtigten tatsächlichen oder rechtlichen Verhältnisse so bestimmen kann, dass die Behörde den Betrag auf Grund der Entscheidung errechnen kann, wenn die Ermittlung des festzusetzenden oder festzustellenden Betrags einen nicht unerheblichen Aufwand erfordert. Wäre diese Norm schon bei der Entscheidung des Bundesverwaltungsgerichts in BVerwGE 38, 99 Gesetz gewesen, so hätte das Gericht wohl mit den gleichen Argumenten, die zur Zulassung der „isolierten Anfechtungsklage“ in diesem Fall geführt haben, die Anwendung dieser Bestimmung begründen können, um nicht dem Gericht verwaltungstypische Tätigkeiten aufzubürden[1160]:

> „Zwischen den Parteien ist nur eine Rechtsfrage streitig, und diese kann schon im Anfechtungsprozeß entschieden werden. Daß auf Grund dieser Entscheidung dann u.U. das Besoldungsdienstalter und darauf fußend wieder die Besoldung neu errechnet werden muß, gibt den Parteien ersichtlich keinen Anlaß, auch noch für dieses Rechenwerk den Richter in Anspruch zu nehmen; und es ist nach Lage des Falles auch nicht einzusehen, warum in diesen beiden Punkten oder auch nur

---

1157 Siehe soeben S. 297.

1158 BVerwG, Urt. v. 14.03.1984, BVerwGE 69, 90, 92.

1159 Für die Anwendbarkeit auch des § 113 Abs. 2 VwGO n.F. in diesen Fällen KOPP / SCHENKE, § 113 Rn. 154; REDEKER / v. OERTZEN, § 113 Rn. 8.

1160 BVerwG, Urt. v. 30.04.1971, BVerwGE 38, 99, 104.

in einem von ihnen das Gericht etwa notwendig werdenden behördlichen Festsetzungen vorgreifen sollte."

Diese Ausführungen machen deutlich, dass die Regelung in § 113 Abs. 2 Satz 2 VwGO im Grunde genommen nur deklaratorisch die Beschränkung der Klage und der Entscheidung auf einzelne Streitfragen anerkennt, die sich auch mit verfahrensimmanenten Zwecken überzeugend begründen lässt. Daher sprechen auch dort, wo spezielle Regelungen wie § 113 Abs. 2 Satz 2 VwGO nicht anwendbar sind, die besseren Argumente für eine einzelfallbezogene Entscheidung über das Vorliegen eines Rechtsschutzbedürfnisses für die „isolierte Anfechtungsklage". Es mag so sein, dass sich dabei typische Fallgestaltungen der Zulässigkeit oder Unzulässigkeit aufgrund typischer Merkmale der Fälle zusammenfassen lassen. Dass aber die nähere Betrachtung z.B. in Kriegsdienstverweigerungssachen generell das Urteil der Unzulässigkeit nach sich ziehen müsste, widerlegen gerade die in der zitierten Rechtsprechung entschiedenen Fälle. Sie weisen zum Teil gerade die im Folgenden behandelten Merkmale auf, die die Einschränkung des Klagebegehrens sachdienlich erscheinen lassen.

(2) Gesetzliche Anerkennung eingeschränkter Streitgegenstände

Zu den „Verfahrenskonkurrenzregelungen" ist festgestellt worden, dass der um den Aspekt der Spruchreife reduzierten Klage und der „isolierten Anfechtungsklage" im weiteren Sinne keine normativen Bestimmungen entgegenstehen[1161]. Bei weiterer Untersuchung lässt sich erkennen, dass das Gesetz teilweise sogar positiv die Zulässigkeit der in diesen Klagen zum Ausdruck kommenden Einschränkungen bestätigt.

(a) § 79 Abs. 2 Satz 1 VwGO

Nach § 79 Abs. 2 Satz 1 VwGO kann der Widerspruchsbescheid auch dann alleiniger Gegenstand der Anfechtungsklage sein, wenn und soweit er gegenüber dem ursprünglichen Verwaltungsakt eine zusätzliche selbständige Beschwer enthält. Gem. § 79 Abs. 2 Satz 2 VwGO gilt als eine zusätzliche Beschwer auch die Verletzung einer wesentlichen Verfahrensvorschrift, sofern der Widerspruchsbescheid auf dieser Verletzung beruht.

Wenn der 6. Senat des Bundesverwaltungsgerichts dennoch dem Kriegsdienstverweigerer, der zu Unrecht vor der Prüfungskammer als Widerspruchsbehörde wegen eines wesentlichen Verfahrensfehlers nicht angehört worden war, das

1161 Siehe oben S. 289.

Rechtsschutzbedürfnis für eine auf die Anfechtung des Widerspruchsbescheides beschränkte Klage abspricht, erscheint diese Rechtsprechung bereits vor dem Hintergrund dieser speziellen Vorschrift höchst fragwürdig[1162]. Die Bundesrichter meinen dazu, Zweck dieser Vorschrift sei „nicht so sehr, ein objektiv einwandfreies Verfahren der Widerspruchsbehörde zu garantieren"; die Regelung diene vielmehr der Gewährleistung effektiven Rechtsschutzes, und es bestehe ein Bedürfnis für die Möglichkeit der „isolierten Anfechtung" eines verfahrensfehlerhaft zu Stande gekommenen Widerspruchsbescheids „vor allem dann, wenn die Widerspruchsbehörde – wie vielfach – weiter gehende Befugnisse bei der Überprüfung der in Frage stehenden Maßnahme der Verwaltungsbehörde hat als das Verwaltungsgericht, so bei Ermessens- und sonstigen Entscheidungen, bei denen Zweckmäßigkeitsgesichtspunkte eine Rolle spielen können"[1163].

Diese Begründung überzeugt nicht, denn wenn § 79 Abs. 2 Satz 2 „vor allem" bei Zweckmäßigkeitsentscheidungen Anwendung findet, folgt daraus noch lange nicht, dass damit andere Anwendungsbereiche ausgeschlossen wären. § 79 Abs. 2 Satz 2 VwGO enthält keine Anhaltspunkte dafür, dass die „isolierte Anfechtung" des Widerspruchsbescheids nicht auch bei rechtlich gebundenen Entscheidungen anwendbar sein soll[1164]. Auch der Gesetzesbegründung lässt sich eine solche Beschränkung nicht entnehmen[1165]. Freilich muss der Widerspruchsbescheid auf der Verletzung der Verfahrensvorschrift „beruhen". Die Zurückweisung eines Widerspruchs im Kriegsdienstverweigerungsverfahren beruht aber bei zu Unrecht unterbliebener Anhörung des Widerspruchsführers regelmäßig schon deshalb auf der Verletzung der Verfahrensvorschrift, weil die Prüfungskammer dann annehmen wird, dass der Widerspruchsführer der Anhörung unentschuldigt ferngeblieben ist, so dass die Kammer gem. § 18 Abs. 1 Satz 1 HS. 1 i.V.m. § 15 Abs. 1 des Kriegsdienstverweigerungs-Neuordnungsgesetzes (KDVNG) zu entscheiden hat, dass der Widerspruchsführer nicht berechtigt ist, den Kriegsdienst mit der Waffe zu verweigern. Auch sofern eine Entscheidung nach Lage der Akten getroffen

---

1162 SCHENKE, JZ 1996, 998, 1011, bezeichnet es als „höchst problematisch", den Anwendungsbereich dieser Vorschrift mittels des Rückgriffs auf die insoweit ungeschriebene Zulässigkeitsvoraussetzung des allgemeinen Rechtsschutzbedürfnisses wesentlich einzuengen. REDEKER / V. OERTZEN, § 79 Rn. 7: „bedenklich"; MARTENS, DÖV 1988, 949, 950, meint sogar, dass „die Beschränkung auf den *Anfechtungsgegenstand* 'Widerspruchsbescheid' [Hervorhebung im Original zur Differenzierung gegenüber der Isolierung von Anfechtungsgründen] nach der Struktur der Anfechtungsklage schon angesichts der Regelung des § 79 VwGO keine prinzipiellen Zweifel wecken" könne.

1163 BVerwG, Urt. v. 05.11.1975, BVerwGE 49, 307, 308.

1164 KOPP / SCHENKE, § 79 Rn. 14; REDEKER / V. OERTZEN, § 79 Rn. 7; SCHENKE, DÖV 1996, 529, 537; a.A. wegen des Kausalitätserfordernisses, dass der Widerspruchsbescheid auf der Verletzung beruht PIETZCKER, in: SCHOCH / SCHMIDT-ASSMANN / PIETZNER, § 79 Rn. 15.

1165 Vgl. BT-Drucks. 3/1094, S. 8.

wird[1166] ergeht sie zumindest auf einer anderen tatsächlichen Grundlage als bei Berücksichtigung des – im Kriegsdienstverweigerungsverfahren besonders wichtigen – persönlichen Eindrucks von dem Widerspruchsführer und beruht damit auf dem Verfahrensfehler.

(b) § 44a Satz 2 VwGO

Eine weitere Anerkennung eines eingeschränkten Begehrens, das sich nur auf einzelne Verfahrenshandlungen bezieht, beinhaltet § 44a Satz 2 VwGO für solche Verfahrenshandlungen, die vollstreckt werden können oder gegen einen Nichtbeteiligten ergehen. Für die Vollstreckbarkeit genügt es, dass auf die Befolgung der Verfahrenshandlung mit den Mitteln des Disziplinarrechts hingewirkt werden kann[1167]. Daher ist die Anwendung des § 44a Satz 2 VwGO wegen Vollstreckbarkeit der Verfahrenshandlung im Sinne dieser Vorschrift z.B. dann denkbar, wenn ein Soldat der Bundeswehr den Kriegsdienst mit der Waffe verweigert und von ihm im Zusammenhang mit der Entscheidung über seinen Antrag auf Anerkennung als Kriegsdienstverweigerer eine ärztliche Untersuchung verlangt wird. Der Widerspruchsausschuss könnte sich auf den Standpunkt stellen, der Sinneswandel des Soldaten beruhe auf depressiven Verstimmungen, welche die dauerhafte Dienst- oder Verwendungsunfähigkeit begründen könnten, nicht aber das Recht auf Verweigerung des Kriegsdienstes mit der Waffe; der Soldat habe die ärztlichen Untersuchungen gem. § 17 Abs. 4 Satz 3 des Soldatengesetzes auch dann zu dulden, wenn sie Eingriffe in seine körperliche Unversehrtheit bedeuten. In dieser Situation wäre es nicht sachgerecht, wenn sich der Kriegsdienstverweigerer nur mit einer auf seine Anerkennung gerichteten Klage gegen die Anordnung ärztlicher Untersuchungen zur Wehr setzen könnte.

(c) „Entscheidung in der Sache" gem. § 46 VwVfG

Von Interesse ist hier auch die Vorschrift des § 46 VwVfG. Diese Norm schränkt zwar die Aufhebbarkeit von Verwaltungsakten ein und ist Ausdruck einer verfahrensökonomischen Konzentration der gerichtlichen Nachprüfung auf die behördliche Entscheidung in der Sache[1168]. Mit der „Entscheidung in der Sache" ist aber wiederum eine einschränkende Voraussetzung der Einschränkung normiert. MARTENS[1169] ist darin zuzustimmen, dass diese – insoweit durch das Gesetz zur

---

1166 So noch im Fall von BVerwG, Urt. v. 05.11.1975, BVerwGE 49, 307.

1167 BVerwG, Urt. v. 28.11.1969, BVerwGE 34, 248, 250; KOPP / SCHENKE, § 44a Rn. 8.

1168 BT-Drucks. 7/910, S. 66.

1169 DÖV 1988, 949, 956; im Anschluss an ihn auch VG Freiburg, Urt. v. 08.09.1993, VBlBW 1995, 487, 488.

Beschleunigung von Genehmigungsverfahren vom 12. September 1996 (GenBeschlG)[1170] nicht veränderte – Formulierung des § 46 VwVfG an eine bereits ergangene Sachentscheidung anknüpft und nicht Situationen erfasst, in denen sich die Verwaltung aus verfahrensrechtlichen Gründen an einer materiell-rechtlichen Regelung gehindert sah, mithin noch gar keine Sachentscheidung getroffen hat. Daher kann diese Bestimmung nicht für die Rechtsprechung des 6. Senats des Bundesverwaltungsgerichts in Anspruch genommen werden, wenn das Verwaltungsverfahren zu Unrecht bereits aus formellen Gründen abgebrochen wurde[1171], sondern vielmehr für die Gegenansicht. Genau genommen betont § 46 VwVfG sogar die Funktionsverteilung zwischen Behörden und Verwaltungsgerichten, wonach die Gerichte erst dann und nur soweit tätig werden sollen, wenn und soweit bereits eine behördliche Sachentscheidung zur Nachprüfung ansteht. Es kann jedenfalls nicht Aufgabe der Verwaltungsgerichte sein, ein in seinen Anfängen stecken gebliebenes oder praktisch unterbliebenes Verwaltungsverfahren wie im Fall von BVerwGE 78, 93 nachzuholen[1172].

(3) Schützenswerte Motive für die Einschränkung der Klage

Erstaunlich ist die in den Judikaten des 6. Senats des Bundesverwaltungsgerichts regelmäßig anzutreffende Argumentation, im Hinblick auf die sonst nicht auszuschließende doppelte Inanspruchnahme der Gerichte trage nur die gerichtliche Entscheidung über das uneingeschränkte Anerkennungsbegehren der sowohl im öffentlichen Interesse als auch im Interesse des Wehrpflichtigen gewollten Beschleunigung des Kriegsdienstverweigerungsverfahrens hinreichend Rechnung[1173]. Diese Argumentation ist in dreifacher Hinsicht angreifbar. Erstens reicht es für die Verneinung des allgemeinen Rechtsschutzbedürfnisses nicht aus, dass die mehrfache Inanspruchnahme der Gerichte lediglich nicht ausgeschlossen werden kann, mithin nur abstrakt möglich ist[1174]. Zweitens ist es fraglich, ob der Beschleunigung durch die abschließende gerichtliche Entscheidung wirklich besser gedient ist[1175]. Drittens ist es – wenn man einmal unterstellt, dass die anderen beiden Prämissen zutreffen – denkbar, dass der Kläger sein eigenes Beschleunigungsinteresse aus guten Gründen hinter andere Interessen zurückstellt. Bei ge-

---

1170 BGBl. I, S. 1354.

1171 BVerwG, Urt. v. 07.10.1980, BVerwGE 61, 45, 49 f.; BVerwG, Urt. v. 07.09.1987, BVerwGE 78, 93, 95 = DÖV 1988, 128.

1172 MARTENS, DÖV 1988, 949, 956 f.

1173 BVerwG, Urt. v. 05.11.1975, BVerwGE 49, 307, 309; BVerwG, Urt. v. 07.10.1980, BVerwGE 61, 45, 47; BVerwG, Urt. v. 14.03.1984, BVerwGE 69, 90, 92; BVerwG, Urt. v. 07.09.1987, BVerwGE 78, 93, 95 = DÖV 1988, 128.

1174 Siehe oben S. 295.

1175 Siehe unten S. 308.

nauerer Betrachtung kann man sich daher des Eindrucks nicht erwehren, dass mit der zitierten Rechtsprechung des 6. Senats eine Bevormundung des Klägers gerechtfertigt und ihm ein in Wirklichkeit bundesrichterliches Interesse untergeschoben werden soll. Es lässt sich nicht einmal allgemein von einem Unterschieben öffentlicher Interessen sprechen, weil u.U. auch die Behörde nur an der Klärung einzelner Streitfragen interessiert ist, die Angelegenheit im Übrigen aber in bewährter Verwaltungspraxis selbst erledigen möchte. So findet sich in dem früheren Urteil des 6. Senats, in dem die Zulässigkeit der „isolierten Anfechtungsklage" bejaht wurde, die Bemerkung, es sei „kennzeichnend, daß nicht etwa die Beklagte, sondern der Oberbundesanwalt Bedenken gegen die Anfechtungsklage erhoben hat"[1176].

(a) Einschränkung des Kostenrisikos

Auf Seiten des Klägers ist das Interesse zu berücksichtigen, mit der Einschränkung der Klage das Kostenrisiko zu reduzieren[1177]. Wie oben[1178] ausgeführt, ist der Streitwert bei Klagen, die Fragen der Spruchreife ausklammern, geringer als bei weiter gehenden Klagen. Gleiches muss für die „isolierte Anfechtungsklage" gelten. Das unter dem Gesichtspunkt des Kostenrisikos bestehende Interesse des Klägers an der Einschränkbarkeit seiner Klage wird in den von der Dispositionsmaxime dominierten Rechtsgebieten des Zivilprozesses und des Verwaltungsprozesses allgemein anerkannt[1179]. In dem Bereich des Kriegsdienstverweigerungsverfahrens, das anlässlich der dazu ergangenen Entscheidungen besondere Beachtung finden muss, besteht sogar ein gesteigertes Interesse an der Einschränkbarkeit der Klage, weil gem. § 12 Abs. 1 KDVNG das Verfahren vor den Ausschüssen und Kammern im Unterschied zum Gerichtsverfahren kostenfrei ist.

Dieser Umstand der Kostenfreiheit (früher nach §§ 33 Abs. 7, 19 Abs. 8 WPflG) veranlasste dann auch den 6. Senat zu merkwürdig gekünstelten Ausführungen: Zwar sei das Verfahren vor der Prüfungskammer im Gegensatz zum Gerichtsverfahren kostenfrei, jedoch erlange der zur Verweigerung des Kriegsdienstes mit der Waffe berechtigte Kläger seine Anerkennung im Gerichtsverfahren ebenfalls ohne kostenmäßige Belastung (§ 154 Abs. 1 VwGO); auch sei der Kläger bei erneuter Entscheidung der Prüfungskammer nicht von jedem Kostenrisiko frei, sei es dass er nach einem wiederum auf Zurückweisung lautenden Widerspruchsbescheid

1176 BVerwG, Urt. v. 30.04.1971, BVerwGE 38, 99.
1177 Ebenso SCHENKE, JZ 1996, 998, 1011.
1178 Siehe S. 281.
1179 GRUNSKY, § 47 IV 1 b).

selbst Klage erhebt, sei es dass er nach einem stattgebenden Widerspruchsbescheid von der Wehrbereichsverwaltung in einen Rechtsstreit gezogen wird[1180].

Diese Ausführungen können nicht unwidersprochen bleiben. Dass der obsiegende Kläger keine Kosten trägt, ist eine prozessrechtliche Binsenweisheit und hat nichts mit der für das Kosten*risiko* entscheidenden Frage zu tun, inwieweit der Kläger Kosten tragen muss, falls er mit seinem Begehren nicht durchdringt. Dass die Alternative zu der umfassenden gerichtlichen Entscheidung nicht die Befreiung von jedem Kostenrisiko vorsieht, ist ebenfalls belanglos, denn es kommt nur darauf an, dass das Kostenrisiko jedenfalls ein deutlich geringeres ist. Insofern ist auch zu berücksichtigen, dass es der Kläger bei einer abweisenden Sachentscheidung anhand der ihm mitgeteilten Begründung über das Einlegen weiterer Rechtsbehelfe befinden kann. Sofern er von der Wehrbereichsverwaltung „in einen Rechtsstreit gezogen wird“ (vgl. nunmehr § 18 Abs. 2 KDVNG), wäre er in der Position eines Beigeladenen und hätte es dann in der Hand, ob er einen eigenen Antrag stellt und damit ein weiteres Kostenrisiko trägt (vgl. § 154 Abs. 3 VwGO).

(b) Nichtöffentlichkeit des Verwaltungsverfahrens

Ein weiterer Umstand, der das Interesse des Klägers an einer eingeschränkten Klage schützenswert erscheinen lässt, ist die Nichtöffentlichkeit des Verwaltungsverfahrens. Beispielsweise strebte in einem von dem Bundesverwaltungsgericht[1181] entschiedenen Fall ein Pharmaunternehmen die Zulassung eines Arzneimittels an, begehrte aber nur ein Bescheidungsurteil gegen die untätige Behörde. Es ist gut vorstellbar, dass die Motivation für diese Beschränkung darin bestand, dass das Unternehmen nicht Gefahr laufen wollte, dass – um eine abschließende Entscheidung des Gerichts zu ermöglichen – in dem öffentlichen Gerichtsverfahren Geschäfts- und Betriebsgeheimnisse im Zusammenhang mit der Entwicklung des Arzneimittels erörtert werden müssten. Anlass für eine Auseinandersetzung darüber bot der Fall nicht, weil die Gerichte mit Billigung des Bundesverwaltungsgericht bereits aus Gründen der „Komplexität“ der Materie den eingeschränkten Antrag für zulässig erachteten[1182]. Für das Kriegsdienstverweigerungsverfahren ist § 10 Abs. 1 Satz 1 KDVNG zu beachten, wonach das Verfahren vor den Ausschüssen und Kammern nicht öffentlich ist. Die Nichtöffentlichkeit hat ihren Grund darin, dass im Kriegsdienstverweigerungsverfahren höchstpersönliche, intime Beweggründe des Kriegsdienstverweigerers zu erörtern sind,

---

1180 BVerwG, Urt. v. 05.11.1975, BVerwGE 49, 307, 310.
1181 Beschl. v. 23.07.1991, NVwZ 1991, 1180, 1181.
1182 BVerwG, Beschl. v. 23.07.1991, NVwZ 1991, 1180, 1181.

und schützt daher gerade auch den Antragsteller[1183]. Es ist daher nicht einzusehen, weshalb dem Widerspruchsführer wegen eines der Behörde unterlaufenen Verfahrensfehlers die Chance genommen werden sollte, seine Beweggründe in der nichtöffentlichen Sitzung der Prüfungskammer vorzutragen – beispielsweise ohne kichernde Schulklasse im Saal.

(4) Effizienz statt bloßer Effektivität – das verfahrensökonomische Prinzip

Wenn es in den hier zu diskutierenden Entscheidungen heißt, es sei allein sachgerecht, eine abschließende Entscheidung des Verwaltungsgerichts selbst herbeizuführen, um dem Beschleunigungsgedanken Rechnung zu tragen[1184], so ist damit die Effektivität des Rechtsschutzes unmittelbar angesprochen. Auch ohne ausdrückliches Zitat soll damit offenbar die Rechtsschutzgarantie des Art. 19 Abs. 4 Satz 1 GG für diese Rechtsprechung in Anspruch genommen werden. Gegen eine solche Verknüpfung müssen aber bereits deshalb Bedenken erhoben werden, weil der Schutzbereich des Art. 19 Abs. 4 Satz 1 GG auch das rechtlich geschützte Interesse des Einzelnen einschließt[1185] und ein rechtlich geschütztes Interesse des Klägers an einer weniger weit reichenden Entscheidung bestehen kann[1186].

Richtig ist, dass Art. 19 Abs. 4 Satz 1 GG zu gerichtlichem Schutz in angemessener Zeit verpflichtet[1187]. Es ist jedoch in tatsächlicher Hinsicht fraglich, ob die abschließende Entscheidung durch das Gericht in allen von der Rechtsprechung angenommenen Fällen zu einer schnelleren Erledigung des Streits insgesamt führt als die Zurückverweisung in das Verwaltungsverfahren[1188]. Die Fragwürdigkeit der Berufung auf den Beschleunigungsgedanken wird dann besonders deutlich, wenn die abschließende Entscheidung Ermittlungen außerhalb des Gerichtssaals erfordert, welche im Verwaltungsverfahren unter Umständen schneller zu bewerkstelligen sind. Entgegen der Auffassung des 6. Senats des Bundesverwaltungsgerichts kann aber auch im Kriegsdienstverweigerungsverfahren nicht generell da-

1183 FRITZ, in: FRITZ / BAUMÜLLER / BRUNN, § 10 Rn. 3.

1184 BVerwG, Urt. v. 05.11.1975, BVerwGE 49, 307, 309; BVerwG, Urt. v. 07.10.1980, BVerwGE 61, 45, 47; BVerwG, Urt. v. 14.03.1984, BVerwGE 69, 90, 92; BVerwG, Urt. v. 07.09.1987, BVerwGE 78, 93, 95 = DÖV 1988, 128.

1185 KRÜGER, in: SACHS, Art. 19 Rn. 128; PAPIER, in: HStR VI, § 154 Rn. 40.

1186 Siehe oben S. 305.

1187 BVerfG, Beschl. v. 20.04.1982, BVerfGE 60, 253, 269; BVerfG, Beschl. v. 27.03.1980, BVerfGE 54, 39, 41; PAPIER, in: HStR VI, § 154 Rn. 77.

1188 Allgemein für die vorrangige Sachverhaltsaufklärung im Verwaltungsverfahren aus Gründen der Prozessökonomie KOPP, Verfassungsrecht und Verwaltungsverfahrensrecht, S. 101 f., u.a. mit Hinweis auf VG Bremen, Urt. v. 03.04.1957, NJW 1957, 1207.

von ausgegangen werden, dass die Entscheidung über das Anerkennungsbegehren im Gerichtsverfahren die zügigere Form der Erledigung sei. Dies ergibt sich daraus, dass die gerichtliche Entscheidung über das Anerkennungsbegehren die persönliche Anhörung des Klägers und die Würdigung seines mündlichen Vorbringens erfordert. Die zumeist rein rechtlichen Fragen im Zusammenhang mit den Umständen, die zum Abbruch des Verwaltungsverfahrens geführt haben, können ohne weiteres – notfalls in Abwesenheit des Klägers – in der mündlichen Verhandlung kurz erörtert oder bei Verzicht der Beteiligten gem. § 101 Abs. 2 VwGO sogar ohne mündliche Verhandlung entschieden werden. Beispielsweise lässt sich bei der Terminsvorbereitung schnell überblicken, dass der Kläger lediglich den Widerspruchsbescheid anficht, der wegen falscher Adressierung ohne seine Anhörung ergangen war[1189]. Ebenso überschaubar ist der Rechtsstreit, wenn der Antrag des Klägers nur deshalb von der Behörde als unzulässig abgelehnt und kein weiteres Verwaltungsverfahren durchgeführt wurde, weil die Behörde zu Unrecht den von einem Bevollmächtigten Antrag nicht akzeptierte[1190]. Eine ggf. notwendige mündliche Verhandlung über derartige Fälle lässt sich auch bei vollem Terminkalender der Kammer „dazwischenschieben", und die Abfassung der schriftlichen Entscheidung nimmt weniger gerichtliche Ressourcen – sowohl auf der Richterbank als auch im Schreibdienst – in Anspruch als ein Verfahren mit Anhörung, Protokollierung und Würdigung des klägerischen Vorbringens zu den Beweggründen für die Verweigerung des Kriegsdienstes mit der Waffe.

Auch wenn die abschließende gerichtliche Entscheidung zügiger zu erlangen wäre als eine erneute oder erstmalige Sachentscheidung der Behörde, käme es noch entscheidend darauf an, um welchen Preis dem Gerichtsverfahren der Vorrang vor dem Verwaltungsverfahren eingeräumt wird. Da der Kläger mit seiner eingeschränkten Klage zu erkennen gegeben hat, dass die abschließende gerichtliche Entscheidung seinen Interessen nicht entspricht, wäre sie nur dann zu befürworten, wenn gewichtige öffentliche Interessen – im Lichte des Art. 19 Abs. 4 Satz 1 GG betrachtet – dafür sprächen. Dies wäre der Fall bei einer sonst drohenden Gefahr der mehrfachen Inanspruchnahme des gerichtlichen Rechtsschutzes. Denn exzessive Wahrnehmungen des knappen Gutes „Rechtsschutz" an der einen Stelle können zu faktischen Verhinderungen, Verzögerungen und damit zu Vorenthaltungen an anderer Stelle führen[1191]. In Ermangelung gesetzlicher Bestimmungen ist diese Gefahr aber nur dann gewichtig und geeignet, die berechtigten Interessen des Klägers an der Einschränkung aufzuwiegen, wenn es sich – polizeirechtlich gesprochen – um eine konkrete Gefahr handelt, d.h. wenn eine Sachlage vorliegt, bei der im einzelnen Fall die hinreichende Wahrscheinlichkeit besteht, dass es in

---

1189 Vgl. den Fall von BVerwG, Urt. v. 05.11.1975, BVerwGE 49, 307.

1190 Vgl. den Fall von BVerwG, Urt. v. 07.09.1987, BVerwGE 78, 93, 94 = DÖV 1988, 128.

1191 PAPIER, in: HStR VI, § 154 Rn. 8.

absehbarer Zeit zu einer erneuten Inanspruchnahme der Gerichte kommen wird. Wenn der Kläger berechtigt gegen die behördliche Abweisung seines Antrags als unzulässig oder gegen einen ohne persönliche Anhörung ergangenen Widerspruchsbescheid vorgeht, wäre es nicht gerechtfertigt, ihm von vornherein zu unterstellen, er werde sich voraussichtlich auch gegen eine Entscheidung in der Sache, soweit sie – was im Übrigen bei der Entscheidung über die Zulässigkeit keineswegs sicher ist – zu seinem Nachteil ergeht, gerichtlich zur Wehr setzen. Eine konkrete Gefahr der übermäßigen Inanspruchnahme der Gerichte lässt sich auch nicht mit dem Hinweis auf § 18 Abs. 2 KDVNG begründen, wonach gegen Entscheidungen der Ausschüsse und Prüfungskammern im Kriegsdienstverweigerungsverfahren auch die Wehrbereichsverwaltung Rechtsbehelfe einlegen kann. Denn es wäre ohne konkrete Anhaltspunkte eine sachlich nicht begründete Unterstellung, davon auszugehen, die Wehrbereichsverwaltung würde sich nicht mit der Entscheidung des Ausschusses oder der Kammer abfinden.

PAPIER hat formuliert, Art. 19 Abs. 4 Satz 1 GG garantiere die Effizienz des Verfahrens und die Effektivität des Rechtsschutzes[1192]. In dieser feinen Differenzierung dürfte auch ein passender Schlüssel zu der Lösung der hier zu erörternden Probleme liegen. Maßgeblich ist nicht allein die Effektivität der Entscheidung im Sinne der Erzielung einer größtmöglichen Wirkung, sondern auch die Effizienz des Verfahrens im Sinne eines ausgewogenen Verhältnisses zwischen Aufwand und Nutzen. Diese Erkenntnis kann ergänzt werden durch die Berücksichtigung des – hier so genannten – verfahrensökonomischen Prinzips. Das ökonomische Prinzip beinhaltet das Streben, mit einer gegebenen Menge an Produktionsfaktoren den größtmöglichen Gütererertrag zu erwirtschaften oder für einen gegebenen Gütererertrag die geringstmögliche Menge an Produktionsfaktoren einzusetzen[1193]. Übertragen auf das Gerichtsverfahren lässt sich damit die Einsicht gewinnen, dass es verfahrensökonomisch gleichwertig ist, ob mit einem vorgegebenen Aufwand eine möglichst wirkungsvolle Entscheidung erzielt werden soll oder ob eine vorgegebene Entscheidung mit einem möglichst geringen Aufwand erlangt werden soll. Mit dieser verfahrensökonomischen Argumentation kann man nicht nur einer Klage das Rechtsschutzbedürfnis absprechen, wenn sich die begehrte Entscheidung oder eine gleichwertige mit geringerem Aufwand erstreiten lässt, sondern auch dann, wenn bei dem ohnehin zu leistenden Verfahrensaufwand eine weiter gehende Entscheidung möglich und sinnvoll ist. Verfahrensökonomisch unhaltbar ist es dagegen, den Kläger auf ein Begehren zu verweisen, das mit seinen erklärten Interessen nicht vollständig übereinstimmt und dem nur mit erhöhtem Aufwand entsprochen werden kann.

1192 In: HStR VI, § 154 Rn. 15.

1193 BROCKHAUS-ENZYKLOPÄDIE, 24. Band, Stichwort „Wirtschaftlichkeitsprinzip, ökonomisches Prinzip, wirtschaftliches Prinzip".

Daraus folgt, dass z.B. dem Bescheidungsantrag das Rechtsschutzbedürfnis abgesprochen werden kann, weil die Entscheidung über die Rechtswidrigkeit der Ablehnung ohne weiteres mit der Feststellung eines gebundenen Anspruchs auf die erstrebte Leistung zusammenfällt. Ebenso ist es denkbar und in der Praxis sicher noch häufiger der Fall, dass das Gericht der Entscheidung über eine Anfechtungsklage gem. § 113 Abs. 3 Satz 1 VwGO zur Beantwortung der Frage, ob eine Aufhebung im Sinne dieser Vorschrift „sachdienlich" ist, so tief in die Prüfung einsteigen muss, dass es bereits ein Urteil über die Rechtswidrigkeit und die Rechtsverletzung treffen, mithin ein Urteil gem. § 113 Abs. 1 Satz 1 VwGO aussprechen kann. In diesen Fällen kann die Klage wegen des fehlenden Rechtsschutzbedürfnisses als unzulässig abgewiesen werden, soweit der Kläger sie auch nach Hinweis gem. § 86 Abs. 3 VwGO nicht in einem sachgerechten Umfang erweitert. Die Entscheidung darüber muss sich jedoch an dem jeweiligen Einzelfall orientieren.

Eine allgemeine Aussage lässt sich aber zum Verhältnis zwischen der „isolierten Anfechtung" des Ablehnungsbescheides und dem Bescheidungsbegehren treffen. Das Bescheidungsbegehren verdeutlicht im Interesse der systematischen Klarheit, dass es sich zwar um ein limitiertes Begehren im Prozess handelt, dass die Auseinandersetzung zwischen dem Kläger und der Behörde sich aber nicht auf die Frage der Beseitigung einer Belastung beschränkt, sondern im Anschluss an das Urteil die Behörde unter Beachtung der Rechtsauffassung des Gerichts noch eine Entscheidung treffen muss[1194]. Da ferner bei beiden Klagen die notwendige Bearbeitungstiefe identisch ist, das Bescheidungsurteil aber das Plus der Vollstreckbarkeit bietet, fehlt dem isolierten Aufhebungsbegehren regelmäßig das Rechtsschutzbedürfnis. Insofern ist der h.M. darin Recht zu geben, dass die „isolierte Anfechtung" des Ablehnungsbescheides nur in sehr seltenen Fällen zulässig sein wird, z.B. ausnahmsweise dann, wenn der Antrag des Klägers auf eine gewerberechtliche Genehmigung rechtswidrig abgelehnt wird, der Kläger aber im Hinblick auf eine andere von ihm zwischenzeitlich ausgeübte gewerbliche Tätigkeit an der (gebührenpflichtigen) Genehmigung derzeit kein Interesse hat und sich nur die Möglichkeit einer späteren Erteilung ohne Zeitverlust offen halten will[1195]. Der Grund für die – abgesehen von diesen Ausnahmen – zu befürwortende Unzulässigkeit liegt nicht darin, dass der Kläger dem Gericht die Möglichkeit geben müsste, eine in jeder Hinsicht abschließende Entscheidung zu treffen, sondern darin, dass eine bei gleichem Aufwand effektivere eingeschränkte Klageform zur Verfügung steht.

1194 Insoweit ist BVerwG, Urt. v. 15.12.1966, BVerwGE 25, 357, 358, darin zuzustimmen, dass *grundsätzlich* nur die zu einem Vornahme- oder Bescheidungsurteil führende Verpflichtungsklage in Betracht kommt, wenn ein Ablehnungsbescheid angegriffen wird.

1195 So das Beispiel bei SCHENKE, Rn. 284.

Nicht vollständig überzeugend ist die in BVerwGE 38, 99, 101 f. gezogene Parallele zu der zivilgerichtlichen Rechtsprechung, wonach von dem Grundsatz des Vorrangs der Leistungsklage vor der Feststellungsklage dann Ausnahmen gemacht werden können, wenn sich die Feststellungsklage gegen öffentlich-rechtliche Körperschaften richtet, von denen man „angesichts ihrer verfassungsmäßig verankerten Bindung an Recht und Gesetz die Respektierung von Gerichtsurteilen auch ohne dahinterstehenden Vollstreckungsdruck erwarten darf"[1196]. Hätte der Gesetzgeber der Verwaltungsgerichtsordnung diesen Standpunkt vorbehaltlos geteilt, so hätte er – da sich Rechtsbehelfe in öffentlich-rechtlichen Streitigkeiten regelmäßig gegen Körperschaften des öffentlichen Rechts richten – die Feststellungsklage in den Mittelpunkt des Regelwerks gestellt, nicht aber diese Klageart mit der Subsidiarität gem. § 43 Abs. 2 VwGO belegt. Man darf daher durchaus davon ausgehen, dass die Verwaltungsgerichtsordnung die Vollstreckbarkeit einer Entscheidung über eine Leistungspflicht – ungeachtet der Frage, inwieweit sie in der Praxis zum Tragen kommt – als Vorteil gegenüber der reinen Feststellung wertet. Freilich ist die Vollstreckbarkeit des Bescheidungsurteils gem. § 172 VwGO mittels Androhung, Festsetzung und Vollstreckung eines Zwangsgeldes gegen die Behörde in Höhe von – seit Erlass der Verwaltungsgerichtsordnung unverändert – 2.000,- DM nicht gerade die schärfste Waffe in der Hand des erfolgreichen Klägers[1197]. Dennoch gibt es Fälle, die belegen, dass allein die Drohung mit der Zwangsvollstreckung zielführend sein kann[1198]. Der zivilprozessuale Grundsatz, wonach – auch ohne eine dem § 43 Abs. 2 VwGO vergleichbare Vorschrift – einer Feststellungsklage das Feststellungsinteresse fehlt, soweit eine Klage auf fällige und bezifferbare Leistung möglich und zumutbar ist[1199], bedeutet vielmehr einen weiteren Beleg dafür, dass es verfahrensökonomischen Regeln entspricht, einer Klage das Rechtsschutzbedürfnis abzu-

---

1196 BVerwG, Urt. v. 30.04.1971, BVerwGE 38, 99, 101 f.

1197 KELLNER, MDR 1968, 965, meint sogar, bei der Zuständigkeit einer Landesbehörde für die Erteilung des beantragten Verwaltungsakts erschöpfe sich der Zwang des § 172 VwGO in einem Buchungsvorgang, weil das vom Land (z.B. Etatposten: Genehmigungsbehörde) beizutreibende Zwangsgeld wieder in den Landessäckel fließt (Etatposten Verwaltungsjustiz). Dem ist entgegenzuhalten, dass der Fall der verpflichteten Landesbehörde nicht repräsentativ ist und der finanzielle Zwang bei der Zuständigkeit von Behörden der Gemeinden, der Landkreise oder des Bundes stärker sein kann; im Übrigen rechtfertigt die unzureichende gesetzliche Ausgestaltung nicht die prinzipielle Absage an die Vollstreckbarkeit.

1198 Vgl. OVG Münster, Beschl. v. 20.02.1992, NVwZ-RR 1992, 518, 519. Mit der Vollstreckbarkeit eines Bescheidungsurteils beschäftigt sich auch BVerfG, Beschl. v. 23.12.1983, NVwZ 1983, 432. Allgemein hält es SENDLER, DVBl. 1982, 812, 819, für möglich, dass „Druckmittel-Vorschriften" gerade dann am wirksamsten sind, wenn sie nicht eingesetzt zu werden brauchen.

1199 BGH, Urt. v. 06.05.1993, NJW 1993, 2993 m.w.Nachw. aus der Rechtsprechung; BAUMBACH / LAUTERBACH / ALBERS / HARTMANN, § 256 Rn. 77; THOMAS / PUTZO, § 256 Rn. 18; GREGER, in: ZÖLLER, § 256 Rn. 7a.

sprechen, wenn eine *bei gleichem Aufwand* rechtsschutzintensivere Klage zur Verfügung steht. Denn für den prozessualen Aufwand bedeutet es keinen Unterschied, ob das Gericht eine Leistungspflicht feststellt oder zur Leistung verurteilt.

Bemerkenswert ist schließlich aus verfahrensökonomischer Sicht, dass die Forderungen nach einer umfassenden Klageerhebung ebenso wie die Impulse zur Intensivierung der Pflicht, die Sache spruchreif zu machen, in erster Linie von der Rechtsprechung des Bundesverwaltungsgerichts ausgehen, für das als Revisionsgericht damit zwar ein Mehr an Entscheidungsgewalt, aber wenig zusätzlicher Aufwand verbunden ist[1200]. Denn objektiv führt die Unzulässigkeit eingeschränkter Klagen bzw. der Erfolg von Verfahrensrügen (§ 132 Abs. 2 Nr. 3 VwGO), welche die Revision mit der Verletzung des Untersuchungsgrundsatzes (§ 86 Abs. 1 VwGO) wegen fehlender „Herbeiführung der Spruchreife" begründet hat, langfristig dazu, dass die Tatsachengerichte verstärkt ermittelnd tätig werden und Beweisaufnahmen durchführen. Auf diese Weise verschaffen sie dem Bundesverwaltungsgericht umfangreichere Entscheidungsgrundlagen, die ihm eher eine abschließende Entscheidung in der Sache gem. § 144 Abs. 3 Nr. 1 VwGO oder § 144 Abs. 4 VwGO ermöglichen. Das ändert aber nichts daran, dass die verfahrensökonomische Betrachtung aus der Sicht des Tatsachengerichts durchgeführt werden muss.

(5) Die Zulässigkeit des auf die Widerspruchsbescheidung gerichteten Klagebegehrens

Eine zulässige Beschränkung des Klagebegehrens ist regelmäßig insbesondere dann gegeben, wenn der Kläger die Aufhebung des Widerspruchsbescheids oder die (Neu-)Bescheidung durch die Widerspruchsbehörde beansprucht.

Für die Aufhebung wird die Zulässigkeit insbesondere durch § 79 VwGO indiziert. Nach § 79 Abs. 1 Nr. 2 VwGO *muss* sich der Kläger unter Durchbrechung der sonst gem. § 79 Abs. 1 Nr. 1 VwGO statuierten Einheitlichkeit von Ausgangs- und Widerspruchsbescheid sogar auf die Anfechtung des Widerspruchsbescheides beschränken, wenn er dadurch erstmalig beschwert wird. Nach § 79 Abs. 2 VwGO *kann* er sich darauf beschränken, wenn der Widerspruchsbescheid eine gegenüber dem Ausgangsbescheid eine zusätzliche selbständige Beschwer enthält. Dabei gilt als zusätzliche Beschwer gem. § 79 Abs. 2 Satz 2 VwGO auch die Verletzung einer wesentlichen Verfahrensvorschrift, sofern der Widerspruchsbescheid darauf beruht. Da sich dieser Norm keine Anhaltspunkte für einen Ausschluss der An-

---

1200 Unterschiedliche Tendenzen bei den Tatsachen- und Revisionsgerichten in der Verwaltungs- und Finanzgerichtsbarkeit konstatiert auch MARTENS, DÖV 1988, 949, 953 Fn. 43.

wendbarkeit auf gebundene Verwaltungsakte entnehmen lässt, sind insoweit keine Einschränkungen der Dispositionsbefugnisse des Klägers anzunehmen.

SCHENKE[1201] hat mit einer die Gegenansichten[1202] geradezu erdrückenden Argumentationsdichte die Existenz eines Anspruchs auf den Erlass eines Widerspruchsbescheids und dessen klageweise Durchsetzbarkeit nachgewiesen. Ihm ist auf ganzer Linie darin zuzustimmen, dass der Anspruch auf Erlass eines Widerspruchsbescheids nicht nur dem Verpflichtungs-Widerspruchsführer zusteht, sondern auch dem Anfechtungs-Widerspruchsführer[1203], dass der Bundesgesetzgeber in kompetenzkonformer Weise einen solchen Anspruch in §§ 68 Abs. 1 Satz 1, 73 Abs. 1 Satz 1 VwGO normiert hat[1204], dass sich der Anspruch zusätzlich aus dem jeweils geschützten materiellen Recht[1205], aus Art. 19 Abs. 4 GG[1206] und aus § 79 VwVfG[1207] ergibt, dass weder dieser Anspruch noch seine Klagbarkeit durch die Option der unmittelbaren Klageerhebung gem. § 75 VwGO ausgeschlossen wird[1208], dass die Voraussetzung des Rechtsschutzbedürfnisses die gerichtliche Durchsetzung des Anspruchs auf den Widerspruchsbescheid nicht hindert[1209], ebenso wenig der – sogar dafür sprechende – Gesichtspunkt der Prozessökonomie[1210], und dass eine auf die Bescheidung des Widerspruchs gerichtete Klage aus den gleichen Gründen zulässig ist wie die auf Bescheidung des bei der Ausgangsbehörde gestellten Antrags gerichtete Klage[1211].

An dieser Stelle gilt das Interesse insbesondere dem allgemeinen Rechtsschutzbedürfnis. Diese Voraussetzung ist der Grund dafür, dass es sich bei der Klage auf Erlass eines Widerspruchsbescheids immer um ein Bescheidungsbegehren handeln muss. Ein Vornahmeurteil, mit dem die Widerspruchsbehörde verpflichtet würde, den Bescheid der Ausgangsbehörde aufzuheben oder – noch umständlicher – eine Verpflichtung der Widerspruchsbehörde auf Verpflichtung der Ausgangsbehörde zum Erlass des beantragten Verwaltungsakts würde die gleiche Bearbeitungstiefe verlangen wie ein Urteil, mit dem unmittelbar der angefochtene Ver-

---

1201 DÖV 1996, 529 ff.
1202 Nachweise bei SCHENKE, DÖV 1996, 529, 530 Fn. 3.
1203 SCHENKE, DÖV 1996, 529, 530 ff. gegen VGH Mannheim, Urt. v. 10.10.1993, NVwZ 1995, 280.
1204 SCHENKE, DÖV 1996, 529, 531 ff.
1205 SCHENKE, DÖV 1996, 529, 533.
1206 SCHENKE, DÖV 1996, 529, 533 f.
1207 SCHENKE, DÖV 1996, 529, 534 f.
1208 SCHENKE, DÖV 1996, 529, 535 ff.; vgl. außer den Nachweisen bei SCHENKE auch KOPP, Verfassungsrecht und Verwaltungsverfahrensrecht, S. 127 ff.
1209 SCHENKE, DÖV 1996, 529, 537 ff.
1210 SCHENKE, DÖV 1996, 529, 538.
1211 SCHENKE, DÖV 1996, 529, 538 ff.

waltungsakt kassiert werden oder die Ausgangsbehörde ohne Zwischenschritte zum Erlass des beantragten Verwaltungsakts verpflichtet werden kann. Dem Gericht würde die gleiche Ermittlungsarbeit abverlangt werden wie zur Herbeiführung der Spruchreife, ohne dass eine dem Aufwand angemessene wirkungsvolle Entscheidung getroffen werden könnte. Die auf diese Weise mit der weiter gehenden Klage und Entscheidung herbeigeführte Spruchreife wäre nur eine scheinbare. Ein solches Vorgehen entbehrte daher jeder prozessualen Vernunft.

Für das Verhältnis zwischen isolierter Anfechtung des Widerspruchsbescheids und dem auf Bescheidung des Widerspruchs gerichteten Begehren gilt das gleiche wie für das Verhältnis zwischen isolierter Anfechtung des Ablehnungsbescheids und dem auf die Bescheidung durch die Ausgangsbehörde gerichteten Begehren: Das Bescheidungsbegehren ist erstens dogmatisch vorzuziehen, weil es zum Ausdruck bringt, dass sich der Rechtsstreit nicht mit der Beseitigung einer Entscheidung beilegen lässt, sondern eine – unter Beachtung der Rechtsauffassung des Gerichts zu treffende – Entscheidung der Behörde noch aussteht. Zweitens ist das Bescheidungsurteil wegen seiner Vollstreckbarkeit, die sich auch gegen die Widerspruchsbehörde richten kann[1212], im Vergleich zur Kassation rechtsschutzintensiver. Damit wäre in einigen der von dem 6. Senat des Bundesverwaltungsgericht entschiedenen Kriegsdienstverweigerungssachen[1213] nicht die Möglichkeit einer „isolierten Anfechtung“ des Widerspruchsbescheids zu erörtern gewesen, sondern die Bescheidungsverpflichtung der Widerspruchsbehörde unter Beachtung der Rechtsauffassung des Gerichts, insbesondere im Anschluss an eine persönliche Anhörung durch die Prüfungskammer. Dies hätte der später auch von dem Bundesverwaltungsgericht befürworteten Einordnung der Klage des Kriegsdienstverweigerers als Verpflichtungsklage[1214] entsprochen.

c. Kritische Würdigung der Rechtsprechung zum Asylverfahrensrecht

Während die bisher behandelten Entscheidungen zum Kriegsdienstverweigerungsrecht gegenwärtig weniger aktuell sind, geht es um ähnliche Streitfragen derzeit in Fällen, die das Asylverfahrensrecht betreffen. Die Überschneidungen der Problemkreise zeigen sich bereits daran, dass in Entscheidungen und Veröffentlichungen zum Asylverfahrensrecht auf die Rechtsprechung des 6. Senats des Bundes-

---

1212 BRUNN, S. 213.

1213 BVerwG, Urt. v. 05.11.1975, BVerwGE 49, 307, 308; BVerwG, Urt. v. 14.03.1984, BVerwGE 69, 90, 92; BVerwG, Urt. v. 07.10.1980, BVerwGE 61, 45, 49.

1214 BVerwG, Urt. v. 29.06.1992, BVerwGE 90, 265, 271 = NVwZ 1993, 270, 271.

verwaltungsgerichts zur weitestgehenden Unzulässigkeit der „isolierten Anfechtungsklage“ Bezug genommen wird[1215].

i) Rückblick: Das Klagebegehren bei unterbliebener Anhörung des Asylbewerbers durch das Bundesamt für die Anerkennung ausländischer Flüchtlinge gem. § 31 Abs. 1 AuslG a.F.

Auch im Asylverfahrensrecht ist die Fragestellung nicht neu, ob der klagende Asylbewerber in bestimmten Verfahrenssituationen dem Gericht ein ganz bestimmtes Begehren unterbreiten muss. Insbesondere interessiert hier eine Kontroverse zwischen dem VG Wiesbaden und dem VGH Kassel aus den frühen 1980er Jahren. Sie betrifft zwar eine überholte Rechtslage nach dem Ausländergesetz vom 28. April 1965[1216], ist aber für das Verständnis der gegenwärtigen Auseinandersetzung hilfreich, zumal in Entscheidungen und Stellungnahmen neueren Datums an die frühere Rechtsprechung angeknüpft wird[1217] bzw. Abgrenzungen dazu vorgenommen werden[1218].

(1) Der Fall

Der Fall sei kurz geschildert: Als die Zahl der in der Bundesrepublik aufgenommenen Asylbewerber gegen Ende der 1970er Jahre sprunghaft anstieg, ging das Bundesamt für die Anerkennung ausländischer Flüchtlinge (im Folgenden: Bundesamt) dazu über, die Entscheidung über Asylanträge formularmäßig zu treffen – ohne die in § 31 Abs. 1 Satz 1 AuslG a.F. vorgesehene persönliche Anhörung und im Wesentlichen gestützt auf die bloße Zugehörigkeit des Asylbewerbers zu einer bestimmten Ausländergruppe. Ein Widerspruch gegen die Entscheidung des Bundesamts fand gem. § 30 Abs. 1 Satz 3 AuslG a.F. nicht statt. Der praktische Hintergrund für die Inkongruenz von Gesetzeskonzeption und Verwaltungspraxis be-

---

1215 Ablehnend VG Freiburg, Urt. v. 08.09.1993, VBlBW 1993, 487, 488; befürwortend STEGEMEYER, VBlBW 1995, 180, 181; referierend SCHERER, VBlBW 1995, 175, 176 Fn. 7, 177 Fn. 15; früher bereits daran anknüpfend BVerwG, Beschl. v. 09.03.1982, DÖV 1982, 744, 745; BVerwG, Beschl. v. 14.05.1982, DVBl. 1983, 33, 34; BVerwG, Beschl. v. 28.05.1982, NVwZ 1982, 630; VGH Kassel, Urt. v. 11.08.1981, NVwZ 1982, 136, 137; dazu kritisch SCHLINK / WIELAND, DÖV 1982, 429, 430.

1216 BGBl. I, S. 353, u.a. geändert durch das AsylVfG vom 16.07.1982 (BGBl. I, S. 946) und das AuslG vom 09.07.1990 (BGBl. I, S. 1354).

1217 VG Oldenburg, Beschl. v. 23.08.1993 – 2 B 1877/93 – (zitiert nach VG Freiburg, Urt. v. 08.09.1993, VBlBW 1993, 487, 488) mit Hinweis auf BVerwG, Beschl. v. 28.05.1982, NVwZ 1982, 630; STEGEMEYER, VBlBW 1995, 180, 182 mit Hinweis auf BVerwG, Beschl. v. 10.06.1982, ZAR 1982, 204.

1218 BVerwG, Urt. v. 07.03.1995, DVBl. 1995, 857, 858; VG Freiburg, Urt. v. 08.09.1993, VBlBW 1993, 487, 488.

stand darin, dass der anzuwendende § 31 Abs. 1 Satz 1 AuslG a.F. zu einer Zeit erlassen wurde, als nur ein einziges Sammellager für Asylsuchende existierte und sich in unmittelbarer Nähe des Bundesamtes in Berlin/Zirndorf befand, so dass die persönliche Anhörung selbstverständlich war; als die Zahl der Asylbewerber die auf 600 Personen beschränkte Aufnahmekapazität des Sammellagers mehr und mehr überschritt und die Bewerber zur Unterbringung auf die Bundesländer verteilt wurden, scheuten die Behörden den Aufwand, der mit der regelmäßigen Durchführung der persönlichen Anhörung in Berlin verbunden gewesen wäre[1219]. Der Fall eines mit pauschaler Begründung ohne persönliche Anhörung abgelehnten Asylbewerbers aus Bangladesh wurde in allen Instanzen der Verwaltungsgerichtsbarkeit ausgetragen. Dabei war die gerade auch im Hinblick auf den grundrechtlichen Schutz des Asylrechts erhebliche Verfahrensfehlerhaftigkeit der Praxis des Bundesamts nicht zweifelhaft. Unterschiedlich wurde aber die Frage beantwortet, wie im gerichtlichen Verfahren mit diesem Fehler umzugehen sei.

(2) Die Entscheidungen der Rechtsprechung

Das VG Wiesbaden[1220] sah die Klage als ergänzte Anfechtungsklage an und gab das Verfahren an das Bundesamt zurück, indem es den ablehnenden Bescheid aufhob, ohne über das Anerkennungsbegehren als solches zu entscheiden. Es fehle an der „positiven Feststellungsreife nach § 113 Abs. 2 VwGO (oder Spruchreife im Sinne des § 113 Abs. 4 Satz 1 VwGO [a.F.]) hinsichtlich des Asylbegehrens"; diese dürfe die Kammer nicht herstellen, weil sie sonst in unangemessener Weise in die Kompetenz einer Fachbehörde eingreifen würde[1221]. Das Bundesamt habe „etwa seit Anfang 1980 bezüglich *aller* [Hervorhebung im Original] in Hessen verweilender Asylbewerber aus Bangladesh systematisch, planvoll und massenhaft von jeglicher individueller Einvernahme abgesehen", was die Kammer „aus der Kenntnis von ca. 500 Bangladesh-Akten" schloss, die in einem Zeitraum von etwa sechs Monaten bei ihr eingegangen waren[1222]. Bei einer diesbezüglichen Verlagerung der vollen Ermittlungslast in das verwaltungsgerichtliche Verfahren werde das verfassungsrechtliche Gewaltenteilungsprinzip im Sinne des Art. 20 Abs. 2 GG „geradezu auf den Kopf gestellt"[1223].

Demgegenüber sah der VGH Kassel in der Klage des Asylbewerbers nicht eine ergänzte Anfechtungsklage, sondern eine Verpflichtungsklage; da der Kläger die Verpflichtung der Bundesrepublik Deutschland zum Erlass des von ihm beantrag-

1219 SCHLINK / WIELAND, DÖV 1982, 426 f.
1220 Urt. v. 22.04.1981, InfAuslR 1981, 161.
1221 VG Wiesbaden, Urt. v. 22.04.1981, InfAuslR 1981, 161, 162.
1222 VG Wiesbaden, Urt. v. 22.04.1981, InfAuslR 1981, 161, 162.
1223 VG Wiesbaden, Urt. v. 22.04.1981, InfAuslR 1981, 161, 163.

ten und durch das Bundesamt abgelehnten Verwaltungsakts über die Anerkennung als Asylberechtigter begehre, sei § 113 Abs. 4 VwGO [a.F.] einschlägig[1224]. Ein Bescheidungsurteil komme nicht in Betracht, da die Entscheidung über den Asylantrag eine gebundene Entscheidung sei und die notwendige Tatsachenermittlung von dem Verwaltungsgericht in eigener Verantwortung gem. § 86 Abs. 1 Satz 1 VwGO zu leisten sei; das Bundesamt sei auch keine Fachbehörde, in deren gesetzlich bestimmten Kompetenzbereich das Verwaltungsgericht im Falle eigener Ermittlungen in unzulässiger Weise eingreifen würde[1225]. Ein Verstoß gegen den Grundsatz der Gewaltenteilung liege nicht vor; zwar sei es „zu mißbilligen, daß das Bundesamt – wie etwa in der Zeit von April bis Oktober 1980 bei allen Asylbewerbern aus Bangladesh, Ghana, Indien und der Türkei – Asylsuchende ohne die gesetzlich vorgeschriebene vorherige Anhörung der Antragsteller ablehnt und damit den Gerichten nahezu die gesamte Ermittlungstätigkeit aufbürdet", jedoch dürften die Gerichte „diesem Mißstand nicht dadurch begegnen, daß sie ihrerseits verfahrensfehlerhaft handeln, indem sie eine in der Verwaltungsgerichtsordnung nicht vorgesehene Zurückverweisung der Sache aussprechen"[1226]. Ungeachtet der Befürwortung einer Verpflichtungsklage, die von dem Gericht weit reichende Sachverhaltsermittlungen verlange, gelangte der Senat selbst nicht zu einer abschließenden Entscheidung in der Sache, sondern machte von der Möglichkeit der Zurückverweisung wegen eines wesentlichen Verfahrensmangels i.S.d. § 130 Nr. 2 VwGO Gebrauch. Bemerkenswert ist in diesem Zusammenhang, dass der VGH unter Hinweis darauf, dass „bereits annähernd 200 ähnliche Verfahren bei dem erkennenden Senat anhängig" waren, seine eigene Überlastung und darüber hinaus den andernfalls drohenden Verlust einer Tatsacheninstanz zur Begründung der Zurückverweisung anführte[1227].

In der Revisionsinstanz wurde diese Auffassung des VGH durch das Bundesverwaltungsgericht – wie auch in anderen, vergleichbaren Verfahren – gebilligt[1228]. Das Bundesverwaltungsgericht verwies auf seine ständige Rechtsprechung, wonach das Tatsachengericht grundsätzlich den Sachverhalt in dem zur Sachentscheidung erforderlichen Umfang selbst aufzuklären habe und ferner der Asylsuchende seinen Anspruch auf Anerkennung als Asylberechtigter mit der Verpflichtungsklage verfolgen müsse[1229]. Unter Hinweis auf die Rechtsprechung des 6. Senats in Kriegsdienstverweigerungssachen betont das Bundesverwaltungsgericht,

---

1224 VGH Kassel, Urt. v. 11.08.1981, NVwZ 1982, 136.

1225 VGH Kassel, Urt. v. 11.08.1981, NVwZ 1982, 136, 138.

1226 VGH Kassel, Urt. v. 11.08.1981, NVwZ 1982, 136, 139.

1227 VGH Kassel, Urt. v. 11.08.1981, NVwZ 1982, 136, 139.

1228 Zu diesem Verfahren BVerwG, Beschl. v. 10.06.1982, ZAR 1982, 204 (nur Leitsätze).

1229 BVerwG, Beschl. v. 09.03.1982, DÖV 1982, 744 f.; BVerwG, Beschl. v. 14.05.1982, DVBl. 1983, 33.

dass diese Verfahrensweise allein sachgerecht sei, um eine andernfalls nicht auszuschließende doppelte Inanspruchnahme des Gerichts zu vermeiden und dem öffentlichen Interesse an der Beschleunigung des Anerkennungsverfahrens Rechnung zu tragen[1230]. Ausdrücklich trat das Bundesverwaltungsgericht auch der Auffassung entgegen, eine Ausnahme von der gerichtlichen Sachverhaltsermittlungspflicht könne gemacht werden, weil mit der Zuständigkeit des Bundesamts die Prüfung einer besonders fachkundigen und speziell ausgestatteten Behörde übertragen sei; das Bundesamt sei keine Fachbehörde in diesem Sinne[1231].

(3) Die Resonanz in der Literatur

Im Schrifttum fand die Linie des VG Wiesbaden mehr Zustimmung. Zum Teil wurde in der Auseinandersetzung mit den Entscheidungen die Frage des richtigen Klagebegehrens ausgeklammert und allein der Aspekt der Sachverhaltsermittlungspflichten des Gerichts aufgegriffen; insoweit wurde dem VG Wiesbaden beigepflichtet, dass der Untersuchungsgrundsatz im Gerichtsverfahren seine durch die Rechtsschutzgarantie des Art. 19 Abs. 4 Satz 1 GG geprägte Kontrollfunktion verliert und den Charakter eines bloßen Tatsachensammlungsinstruments erhält, wenn das Gericht die im Verwaltungsverfahren gänzlich unterbliebene Anhörung und sonstige Sachverhaltsermittlung nachholt[1232]. Bereits auf einer früheren Ebene, nämlich bei der Bestimmung des Klagebegehrens, setzt die Analyse und die Kritik von SCHLINK / WIELAND[1233] an: Mit dem VG Wiesbaden gehen sie davon aus, dass der abgelehnte Asylbewerber eine Anfechtungsklage erhebt und untermauern diese Auffassung mit dem Hinweis auf den abwehrrechtlichen Status des Art. 16 Abs. 2 Satz 2 GG [a.F.]. Schon wegen des in dieser Weise bestimmten Klagebegehrens sei das Verwaltungsgericht auf die Aufhebung der formularmäßigen Verwaltungsentscheidung beschränkt, denn sie sei das eigentliche Klageziel, während die allenfalls ergänzend begehrte Feststellung im Ermessen des Gerichts stehe[1234]. Im Übrigen folge aber auch aus der Gewaltenteilungs- und -kontrollproblematik, dass die Gerichte bei fehlender Sachentscheidung der Behörde nicht

---

1230 BVerwG, Beschl. v. 09.03.1982, DÖV 1982, 744, 745; BVerwG, Beschl. v. 14.05.1982, DVBl. 1983, 33, 34; BVerwG, Beschl. v. 28.05.1982, NVwZ 1982, 630.

1231 BVerwG, Beschl. v. 09.03.1982, DÖV 1982, 744, 745; BVerwG, Beschl. v. 14.05.1982, DVBl. 1983, 33.

1232 CREUTZFELD, NVwZ 1982, 88, 89; MARX, S. 144 Fn. 24; STELKENS, NVwZ 1982, 81, 83; zustimmend zu der Entscheidung des VGH Kassel aber SPANNOWSKY, in: NK-VwGO, § 113 Rn. 237.

1233 DÖV 1982, 426 ff.

1234 SCHLINK / WIELAND, DÖV 1982, 426, 432.

gehalten seien, die Spruchreife durch Nachholung der im Verwaltungsverfahren unterbliebenen Anhörung spruchreif zu machen[1235].

(4) Stellungnahme

Die Ausführungen des VG Wiesbaden sowie von SCHLINK / WIELAND weisen in die richtige Richtung, indem sie verdeutlichen, dass sich erst nach Klärung des Klagebegehrens darüber diskutieren lässt, inwiefern das Gericht verpflichtet ist, anstelle der Verwaltung eine gesetzlich vorgeschriebene persönliche Anhörung des Klägers oder sonstige Ermittlungen durchzuführen, die geeignet sind, die Spruchreife herbeizuführen. Allerdings kann hier der Ansicht nicht gefolgt werden, dass sich für „den Asylbewerber" schlechthin die Einschlägigkeit der ergänzten Anfechtungsklage bestimmen ließe. Der Schluss von dem grundrechtlich geschützten Abwehrstatus auf die Anfechtungssituation ist nicht überzeugend. Auch das Asylrecht nach Art. 16 Abs. 2 Satz 2 GG a.F. war unter einen Verfahrensvorbehalt gestellt und bedurfte der konstitutiven Anerkennung[1236]. Den vollen Schutz dieses Grundrechts konnte daher nur für sich in Anspruch nehmen, wer das dazu geregelte Verfahren erfolgreich durchlaufen hatte. Es gab lediglich die abwehrrechtliche Vorwirkung dergestalt, dass dem Asylbewerber für die Dauer des Verfahrens ein vorläufiges Bleiberecht mit regelmäßigem Abschiebeverbot zustand[1237]. Um einen solchen abwehrrechtlichen Teilaspekt ging es aber im Rahmen der hier behandelten Kontroverse nicht, sondern es ging um das volle Asylrecht, das im Klageweg mit der Verpflichtungsklage geltend gemacht werden konnte. Die Frage war vorliegend nur, ob die inhaltliche Prüfung – gerade im Hinblick auf den Verfahrensvorbehalt des geltend gemachten Grundrechts – durch die Beseitigung der ablehnenden Formalentscheidung an das Bundesamt zurückgegeben werden konnte. Dazu ist es zunächst erforderlich, den wirklichen Willen des Klägers zu ermitteln, denn das Klagebegehren hängt in erster Linie davon ab. Nur in zweiter Linie, nämlich im Hinblick auf die Notwendigkeit eines von dem Kläger ggf. umzusetzenden Hinweises gem. § 86 Abs. 3 VwGO, kommt es darauf an, welches Klagebegehren dem jeweiligen Fall aus Sicht des Gerichts am besten gerecht wird[1238]. Sowohl die Argumentation zum Klagebegehren bei SCHLINK / WIELAND als auch die gegenläufige Argumentation in dem Urteil des VGH leidet somit daran, dass sie darauf hinausläuft, eine Diskussion über die Köpfe der Kläger hinweg zu führen, obwohl jenen insoweit die Schlüsselrolle zukommt. Das

---

1235 SCHLINK / WIELAND, DÖV 1982, 426, 433 f.

1236 BVerfG, Beschl. v. 20.04.1982, BVerfGE 60, 253, 295; BVerfG, Beschl. v. 16.07.1982, BVerfGE 65, 76, 94.

1237 Vgl. BVerfG, 02.05.1985, BVerfGE 67, 43, 56; BVerfG, Beschl. v. 02.02.1988, BVerfGE 78, 7, 18.

1238 Vgl. BVerwG, Beschl. v. 29.08.1989, Buchholz 310, § 88 Nr. 17, S. 1.

„wahre“ Begehren des Klägers ist unter seiner Beteiligung im Gerichtssaal zu ermitteln, nicht im Besprechungszimmer der Kammer bzw. des Senats und nicht in der Universitätsbibliothek. In dem hier behandelten Fall hätte sich bei einem auf die Aufhebung der Ablehnung oder die Neubescheidung durch das Bundesamt beschränkten Klagebegehren wegen § 88 VwGO nicht die Frage gestellt, ob das Verwaltungsgericht dennoch zur Durchführung der Anhörung verpflichtet ist. Dann wäre allerdings das Rechtsschutzbedürfnis für die Beschränkung zu erörtern gewesen. Die Ausführungen in dem Urteil des VG Wiesbaden zu dem „wahren Klageersuchen“ lassen darauf schließen, dass ihm eine derartige Lösung lieber gewesen wäre[1239]. Da aber der Bevollmächtigte des Klägers (in Kenntnis der Rechtsprechung des Bundesverwaltungsgerichts?) die Anerkennung als Asylberechtigter in den Hauptantrag aufnahm, musste auch die Frage der dazu notwendigen Anhörung und sonstigen Sachverhaltsermittlung erörtert werden. Auf die Argumentation des VG Wiesbaden ist daher dann zurückzukommen, wenn die Frage erörtert wird, in welchen Fällen die Gerichte von der Sachverhaltsermittlung zur Herbeiführung der Spruchreife trotz eines weiter gehenden Klagebegehrens absehen können[1240]. An dieser Stelle ist festzuhalten, dass der Fall der unterbliebenen Anhörung ein weiteres Beispiel dafür bildet, dass vor allem die höchstrichterliche und die obergerichtliche Rechtsprechung dem Gebot, die Spruchreife herbeizuführen, Vorwirkungen schon bei der Bestimmung des Klagebegehrens zumisst. Beachtenswert ist in diesem Zusammenhang die Reihenfolge, in der das Bundesverwaltungsgericht betonte, es entspreche seiner ständigen Rechtsprechung, dass [erstens] das Tatsachengericht verpflichtet sei, den Sachverhalt in dem zur Sachentscheidung erforderlichen Umfang aufzuklären und dass [zweitens] der Asylsuchende seinen Anspruch auf Anerkennung als Asylberechtigter mit der Verpflichtungsklage verfolgen müsse[1241]. Dieser Aufbau überzeugt deshalb nicht, weil sich erst aus der Bestimmung des Klagebegehrens ergibt, um welche Sachentscheidung gestritten wird und – in Abhängigkeit davon – in welchem Umfang die Aufklärung des Sachverhalts erforderlich ist. Indem diese Rechtsprechung das „richtige“ Klagebegehren abstrakt anhand allgemeingültiger Erwägungen bestimmt und dabei an die oben kritisierte Rechtsprechung des 6. Senats des Bundesverwaltungs-

1239 Vgl. VG Wiesbaden, Urt. v. 22.04.1981, InfAuslR 1981, 161, 162: „Um etwa bestehende Unklarheiten zu vermeiden, hat die Kammer nach § 86 Abs. 3 VwGO jedoch auf die Stellung von Haupt- und Hilfsanträgen hingewirkt, die das wahre Klageersuchen zutreffend widerspiegeln: In erster Linie will der Kläger nach Art. 16 Abs. 2 S. 2 GG, § 28 Ausländergesetz (AuslG) als Asylberechtigter anerkannt werden, sofern das Gericht zu dieser positiven Feststellung nicht vordringt, erschöpft sich sein Klageziel darin, zumindest seinen Rechtsanspruch auf ein rechtmäßiges und sachgerechtes *Verwaltungsverfahren* [Hervorhebung im Original] durchzusetzen, dessen Ausgang dann immerhin noch offen ist.“

1240 Siehe dazu unten S. 443.

1241 Vgl. BVerwG, Beschl. v. 09.03.1982, DÖV 1982, 744 f.; BVerwG, Beschl. v. 14.05.1982, DVBl. 1983, 33.

gerichts in Kriegsdienstverweigerungssachen anknüpft, begegnet sie denselben Bedenken, soweit sie nicht nur die Ermittlungspflichten des Gerichts ausweitet, sondern darüber hinaus die Dispositionsbefugnisse des Klägers einschränkt[1242]. Hinzu kommt, dass diese Rechtsprechung offenbar verwaltungspraktische Missstände zu heilen versuchte, letztlich aber dazu beitrug, dass die Beseitigung der Ursachen noch weiter verzögert wurde: Den Ausführungen des VGH, wonach sich die systematische Verweigerungshaltung des Bundesamts vor allem auf die Zeit von April 1980 bis Oktober 1980 konzentrierte[1243], lässt sich entnehmen, dass danach die aufhebenden Entscheidungen der Verwaltungsgerichte erster Instanz Wirkung zeigten und das Bundesamt wenigstens teilweise sachgerechte Prüfungen der Asylanträge durchführte. Nach Erlass des VGH-Urteils war jedoch eine Rückkehr zu der rechtswidrigen Praxis des pauschalen Verzichts auf die persönliche Anhörung durch das Bundesamt zu beobachten[1244]. Besonders fragwürdig ist diese Rechtsprechung in dem konkreten Fall auch deshalb, weil nicht nur das Bundesverwaltungsgericht als Revisionsinstanz, sondern auch der VGH Kassel als Tatsacheninstanz einerseits die ungeschriebene Prozessmaxime einer möglichst umfassenden, abschließenden Streitentscheidung hochhielt, aber andererseits der VGH die Möglichkeit der Zurückverweisung gem. § 130 Nr. 2 VwGO ausschöpfte, um sich unter Hinweis auf den durch etwa 200 ähnliche anhängige Verfahren verursachten Arbeitsanfall des eigenen Ermittlungsaufwandes zu entledigen. Das VG Wiesbaden hatte auf ca. 500 derartige, innerhalb von sechs Monaten bei der Kammer anhängig gewordene Verfahren hingewiesen und war deshalb sicher nicht weniger überlastet. Unter diesen Umständen verblasst das zu Gunsten der gerichtlichen Anhörung und Ermittlung angeführte Argument der Beschleunigung, denn durch die Zurückverweisung in eine untergeordnete Gerichtsinstanz, die längst an die Grenzen ihrer Leistungsfähigkeit gestoßen ist, lässt sich keine Beschleunigung verwirklichen. Inkonsequent ist schließlich der Hinweis des VGH auf den ohne Zurückverweisung drohenden Verlust einer Tatsacheninstanz. Dieses Argument spricht gerade für die Zulässigkeit einer Klage, die auf eine adäquate Befassung der Behörde mit der Sache abzielt – mithin für die Argumentation des VG Wiesbaden.

ii) Das Klagebegehren bei Verfahrenseinstellung gem. §§ 32, 33 AsylVfG

Gem. § 33 Abs. 1 Satz 1 AsylVfG gilt der Asylantrag als zurückgenommen, wenn der Ausländer das Verfahren trotz Aufforderung des Bundesamts länger als einen Monat nicht betreibt. Gem. § 32 AsylVfG entscheidet das Bundesamt in diesen

---

1242 Siehe dazu oben S. 288 ff.

1243 VGH Kassel, Urt. v. 11.08.1981, NVwZ 1982, 136, 139.

1244 Creutzfeld, NVwZ 1982, 88, 90.

Fällen nach Aktenlage und stellt in seiner Entscheidung fest, dass das Asylverfahren eingestellt ist und ob Abschiebungshindernisse nach § 53 des Ausländergesetzes vorliegen. In der Praxis treten immer wieder Fälle auf, in denen sich der Asylbewerber – ausweislich des Eingangsstempels des Bundesamts – fristgerecht meldet und die Gründe seines Ersuchens um Asyl darlegt, dieses Schriftstück aber nicht rechtzeitig zum Aktenvorgang genommen wird und es zu einer rechtswidrigen Verfahrenseinstellung kommt. Die Frage nach der prozessualen Behandlung dieser Fälle wird unterschiedlich beantwortet.

(1) Erste Meinung: Anerkennungsverpflichtung (ausschließlich)

STEGEMEYER tritt dafür ein, im Falle der Verfahrenseinstellung gem. §§ 32, 33 AsylVfG nur die Klage auf Verpflichtung des Bundesamts zur Anerkennung des Asylbewerbers für zulässig zu erachten und in der Sache „durchzuentscheiden"; dafür sprächen insbesondere Gründe der Einheitlichkeit des Asylverfahrens und der Verfahrensökonomie[1245].

Die Einheitlichkeit des Asylverfahrens ergebe sich daraus, dass der Aufenthalt des Asylbewerbers allein auf die Anerkennung seiner Berechtigung gerichtet sei[1246]. Eine Begrenzung des Streitgegenstands auf die „Verfahrensfrage", ob die Einstellungsverfügung rechtmäßig gewesen ist, komme demgegenüber nicht in Betracht; denn für die „isolierte Anfechtung" der Einstellungsentscheidung fehle es am Rechtsschutzbedürfnis des Klägers, was vom Bundesverwaltungsgericht in den vergleichbar gelagerten Verfahren auf Anerkennung als Kriegsdienstverweigerer in ständiger Rechtsprechung entschieden worden sei[1247]. Nur so könne die doppelte Inanspruchnahme der Gerichte vermieden werden; gerade in Asylverfahrenssachen bestehe im Hinblick auf die bekannten Anerkennungsquoten diese Gefahr nicht bloß abstrakt[1248].

Die Argumentation, die gerichtliche Prüfung wiederhole sich nicht, sondern könne auch im Falle eines neuen Prozesses aufeinander aufbauen, verkenne den Umstand, dass mit dem gerichtlichen Verfahren nicht allein die richterlichen Mitarbeiter befasst sind, sondern der gesamte Aufwand eines Klageverfahrens doppelt anfällt[1249]. Damit würde eine isolierte Entscheidung dem mit der Novelle des A-

---

1245 VBlBW 1995, 180.

1246 STEGEMEYER, VBlBW 1995, 180, 181 unter Hinweis auf BVerfG, Beschl. v. 02.06.1992, NVwZ 1992, 1080, 1081.

1247 STEGEMEYER, VBlBW 1995, 180, 181 mit Nachweisen aus der Rechtsprechung.

1248 STEGEMEYER, VBlBW 1995, 180, 181.

1249 STEGEMEYER, VBlBW 1995, 180, 181 gegen MARTENS, DÖV 1988, 949, 954.

sylverfahrensrechts von 1992 angestrebten Beschleunigungseffekt zuwiderlaufen[1250].

Der Grundsatz der Gewaltenteilung sei nicht verletzt; auch die Entscheidung des Bundesverfassungsgerichts vom 13. März 1993[1251], wonach bei Entscheidungen über die Beachtlichkeit von Asylfolgeanträgen die „Asylerfolgswürdigung" dem mit besonderer Sachkunde versehenen Bundesamt vorbehalten sein müsse, sei nicht einschlägig, denn sie betreffe die frühere Rechtslage mit getrennten Zuständigkeiten der Ausländerbehörden und des Bundesamts[1252]. Das Bundesamt sei aber gegenüber dem Tatsachengericht nicht als Fachbehörde anzusprechen[1253].

Da der Einstellungsbescheid gerade keine Bestandskraft erlangt habe, fehle der Verpflichtungsklage nicht wegen der Fiktion der Antragsrücknahme das Rechtsschutzbedürfnis[1254]. Die Einstellungsentscheidung habe auch keine andere Qualität als ein Ablehnungsbescheid, denn sie ziehe auch hinsichtlich des Erlöschens der Aufenthaltsgestattung keine andere Rechtsfolge nach sich als eine Ablehnungsentscheidung als „offensichtlich unbegründet" nach § 30 AsylVfG[1255].

Das Gericht werde deshalb darauf hinzuwirken haben, dass in Verfahren dieser Art zumindest hilfsweise die Verpflichtung des Bundesamts zur Anerkennung als Asylberechtigter beantragt wird; werde trotz des richterlichen Hinweises am „isolierten Anfechtungsantrag" festgehalten, sei die Klage als unzulässig abzuweisen[1256].

(2) Zweite Meinung: Anfechtung (ausschließlich)

Gegensätzlich zu der erstgenannten Meinung haben sich z.B. das VG Karlsruhe und das OVG Münster geäußert, indem sie wegen systematischer Bedenken gegen die Verpflichtungsklage nur die Anfechtungsklage gegen die Verfahrenseinstellung gem. §§ 32, 33 AsylVfG für zulässig halten.

Das VG Karlsruhe hebt zunächst hervor, dass es sich bei dem Einstellungsbescheid um einen feststellenden und rechtsgestaltenden Verwaltungsakt handele,

---

1250 STEGEMEYER, VBlBW 1995, 180, 181.
1251 DVBl. 1993, 601.
1252 STEGEMEYER, VBlBW 1995, 180, 181.
1253 STEGEMEYER, VBlBW 1995, 180, 182 unter Hinweis auf BVerwG, Beschl. v. 10.06.1982, ZAR 1982, 204.
1254 STEGEMEYER, VBlBW 1995, 180, 182 gegen VG Karlsruhe, Urt. v. 10.11.1993, VBlBW 1994, 289, 290.
1255 STEGEMEYER, VBlBW 1995, 180, 182.
1256 STEGEMEYER, VBlBW 1995, 180, 182.

der nicht nur deklaratorische Bedeutung habe[1257]. Dieser Verwaltungsakt müsse mit der Anfechtungsklage angefochten werden, denn deren Streitgegenstand sei der Anspruch auf Aufhebung des angefochtenen Verwaltungsakts[1258]. Die Verpflichtungsklage sei dazu nicht geeignet, denn die Aufhebung eines Ablehnungsbescheides erfolge im Wege der Verpflichtungsklage nur zur Klarstellung und habe keine selbständige prozessuale Bedeutung[1259]. Wegen der Rücknahmefiktion des § 33 AsylVfG erweise sich die Verpflichtungsklage als unzulässig; der Kläger könne nicht geltend machen, durch die Ablehnung oder Unterlassung des (nicht mehr) beantragten Verwaltungsakts in seinen Rechten verletzt zu sein[1260]. Die stattdessen zur Beseitigung des Einstellungsbescheides einschlägige Anfechtungsklage könne zwar gem. § 113 Abs. 4 VwGO mit dem Leistungsbegehren der Anerkennung verbunden werden, jedoch sei das nicht zwingend[1261]. Von der Einstellung gingen sogar weiter reichende Rechtswirkungen aus als von einem gewöhnlichen Ablehnungsbescheid, so dass von einer regelmäßig unzulässigen „isolierten Anfechtungsklage" keine Rede sein könne[1262]. Diese unmittelbaren Rechtswirkungen ergäben sich daraus, dass im Hinblick auf das Erlöschen der Aufenthaltsgestattung gem. § 67 Abs. 1 Nr. 3 AsylVfG die Position des Asylbewerbers bei der Abwehr aufenthaltsbeendender Maßnahmen verschlechtert werde[1263]. Die Annahme, in den Fällen des § 32 AsylVfG sei das Verwaltungsgericht anstelle des Bundesamtes zur Sachverhaltsaufklärung und persönlichen Anhörung des Klägers auch zu den Asylgründen verpflichtet, liefe ersichtlich dem mit § 74 Abs. 2 AsylVfG auch für das verwaltungsgerichtliche Verfahren verfolgten Beschleunigungszweck zuwider[1264].

Das OVG Münster betont, grundsätzlich bestehe in Asylangelegenheiten gem. § 113 Abs. 5 VwGO die Möglichkeit und die Pflicht des Verwaltungsgerichts, die Sache spruchreif zu machen mit der Folge, dass ein nicht auf die entsprechende Verpflichtung gerichteter Klageantrag unzulässig sei[1265]. Entsprechendes gelte jedoch nicht, wenn das Bundesamt eine sachliche Prüfung des Asylbegehrens verweigert[1266]. Es sei zweifelhaft, ob der Schluss auf eine Ausnahme bereits aus den Erwägungen gezogen werden könne, mit denen das Bundesverfassungsgericht

1257 Urt. v. 10.11.1993, VBlBW 1994, 289.
1258 VG Karlsruhe, Urt. v. 10.11.1993, VBlBW 1994, 289.
1259 VG Karlsruhe, Urt. v. 10.11.1993, VBlBW 1994, 289, 290.
1260 VG Karlsruhe, Urt. v. 10.11.1993, VBlBW 1994, 289, 290.
1261 VG Karlsruhe, Urt. v. 10.11.1993, VBlBW 1994, 289, 290.
1262 VG Karlsruhe, Urt. v. 10.11.1993, VBlBW 1994, 289, 290.
1263 VG Karlsruhe, Urt. v. 10.11.1993, VBlBW 1994, 289, 290.
1264 VG Karlsruhe, Urt. v. 10.11.1993, VBlBW 1994, 289, 291.
1265 Urt. v. 18.11.1994, DVBl. 1995, 578, 579 unter Hinweis auf BVerwG, Beschl. v. 09.03.1982, DÖV 1982, 744 und BVerwG, Beschl. v. 14.05.1982, DVBl. 1983, 33.
1266 OVG Münster, Urt. v. 18.11.1994, DVBl. 1995, 578, 579.

in seinem Beschluss vom 13. März 1993[1267] die Prüfungskompetenz der Ausländerbehörde und des gegen eine Maßnahme der Ausländerbehörde angerufenen Verwaltungsgerichts bei Asylfolgeanträgen gem. § 14 AsylVfG a.F. beschränkt hat; die Notwendigkeit einer vorrangigen Befassung des Bundesamts mit dem sachlichen Anliegen ergebe sich aber daraus, dass das AsylVfG für eine Entscheidung durch das Bundesamt Beschleunigungsmöglichkeiten bereithalte, die dem Verwaltungsgericht nicht zur Verfügung stünden[1268]. Wenn nämlich das Bundesamt zu dem Schluss gelange, dass das Begehren „offensichtlich unbegründet" ist im Sinne der §§ 29a und 30 AsylVfG, so komme § 36 AsylVfG zur Anwendung – mit einer erheblichen Beschleunigung der gerichtlichen Kontrolle und ggf. einer kurzfristigen Beendigung des Aufenthalts des Ausländers; eine entsprechende Kompetenz stehe dem Verwaltungsgericht nicht zu, da die Abweisung einer Klage als „offensichtlich unbegründet" im Sinne des § 78 Abs. 1 AsylVfG sich nur in einem Rechtsmittelausschluss auswirke, nicht aber in einer Beschleunigung aufenthaltsbeendender Maßnahmen[1269]. Unabhängig von den Besonderheiten bei offensichtlich unbegründeten Asylbegehren ergebe sich, dass das Verwaltungsgericht bei sonstiger Unbegründetheit nur zur Asylgewährung und zum Vorliegen der Voraussetzungen des § 51 AuslG entscheiden könne; die von dem Bundesamt bei ablehnenden Entscheidungen stets zu treffende Feststellung zu Abschiebungshindernissen gem. §§ 53 AuslG, 31 Abs. 3 AsylVfG müsse nicht zwingend Gegenstand des Gerichtsverfahrens sein, so dass unter Umständen ohnehin noch eine behördliche Prüfung und Entscheidung zu erfolgen habe und die in § 34 AsylVfG vorgesehene Verbindung von Asylablehnung und Abschiebungsandrohung aufgehoben werde – mit der Konsequenz einer weiteren Klagemöglichkeit[1270]. Lediglich im Fall der Berechtigung des Asylbegehrens könnte bei einer Verpflichtungsklage eine mit dem System des AsylVfG vereinbare Entscheidung ergehen und zu einer Beschleunigung zu Gunsten des Asylbewerbers führen, doch reiche diese Möglichkeit nicht aus, die systematischen Bedenken gegen die Verpflichtungsklage auszuräumen[1271].

(3) Dritte Meinung: Anfechtung (regelmäßig)

Etwas weniger weit gehend als die vorgenannte Ansicht wird eine dritte Auffassung vertreten, die nicht von der ausschließlichen Zulässigkeit, sondern von der regelmäßig gegebenen Zulässigkeit und Sachdienlichkeit der Anfechtungsklage

---

1267 DVBl. 1993, 601.
1268 OVG Münster, Urt. v. 18.11.1994, DVBl. 1995, 578, 579.
1269 OVG Münster, Urt. v. 18.11.1994, DVBl. 1995, 578, 580.
1270 OVG Münster, Urt. v. 18.11.1994, DVBl. 1995, 578, 580.
1271 OVG Münster, Urt. v. 18.11.1994, DVBl. 1995, 578, 580.

gegen die Einstellungsverfügung gem. §§ 32, 33 AsylVfG ausgeht. Diese Auffassung kann als herrschend bezeichnet werden.

Das VG Freiburg hat entschieden, es fehle dem (vom Gericht als sachdienlich empfohlenen) Antrag auf „isolierte Anfechtung" des gem. §§ 32, 33 AsylVfG ergangenen Bescheides nicht am Rechtsschutzbedürfnis[1272]. Es begründet diese Ansicht weniger mit speziellen Ausführungen zum Asylverfahrensrecht, sondern mehr mit der prinzipiellen Erwägung, dass der Verpflichtung des Gerichts zur Herbeiführung von Spruchreife jedenfalls dann Grenzen gesetzt seien, wenn die zuständige Behörde aufgrund eines ihr unterlaufenen Verfahrensfehlers noch gar nicht zur Sache entschieden hat[1273]. Das Prinzip, dass die Verwaltungsgerichte nur „Streitigkeiten" (vgl. § 40 Abs. 1 VwGO) entscheiden und nicht Aufgaben der Verwaltung wahrnehmen, wäre durchbrochen und die durch den Grundsatz der Gewaltenteilung (Art. 20 Abs. 2 Satz 2 GG) gebotene Balance zwischen der Verwaltung und den Verwaltungsgerichten wäre gestört, wenn die Gerichte durch eine erste Sachentscheidung in den genannten Fällen dazu beitrügen, dass das Verwaltungsverfahren zu einer formalen Durchlaufstation auf dem Weg zum Gericht degeneriert und die gewährleisteten Verfahrensgarantien leer laufen[1274]. Im Übrigen sei es keineswegs sicher, ob es sich bei der „isolierten" Aufhebung nicht sogar um den effektiveren Rechtsschutz handelt, weil sie dem Gericht unter Umständen eine möglicherweise überflüssige Prüfung erspart[1275]. Dem auf die Verpflichtungsklage analog anwendbaren § 113 Abs. 3 VwGO lasse sich der Rechtsgedanke entnehmen, dass die Verwaltungsgerichte auch bei gebundenen Verwaltungsentscheidungen nicht in jedem Fall die Spruchreife selbst herbeiführen müssen, sondern zunächst der Behörde Gelegenheit geben können, unter Beachtung der einschlägigen Verfahrensgarantien eine Sachentscheidung zu treffen[1276]. Für eine das Rechtsschutzbedürfnis bejahende Auffassung spreche auch der Beschluss des Bundesverfassungsgerichts vom 13. März 1993[1277], der zwar einen nach früherem Recht zu entscheidenden Fall mit getrennten Zuständigkeiten des Bundesamts und der Ausländerbehörde betreffe, aber eine abweichende Behandlung inkonsequent erscheinen lasse, wenn die Zuständigkeit der streitigen Entscheidung allein bei dem Bundesamt liegt[1278]. Die Rechtsprechung des Bundesverwaltungsgerichts in Kriegsdienstverweigerungssachen stehe nicht entgegen, da sie erheblichen Bedenken begegne und außerdem § 113 Abs. 3 VwGO nicht habe berücksichtigen kön-

1272 Urt. v. 08.09.1993, VBlBW 1993, 487.
1273 VG Freiburg, Urt. v. 08.09.1993, VBlBW 1993, 487.
1274 VG Freiburg, Urt. v. 08.09.1993, VBlBW 1993, 487 unter Bezugnahme auf MARTENS, DÖV 1988, 949, 954, 957.
1275 VG Freiburg, Urt. v. 08.09.1993, VBlBW 1993, 487.
1276 VG Freiburg, Urt. v. 08.09.1993, VBlBW 1993, 487 f.
1277 DVBl. 1993, 601.
1278 VG Freiburg, Urt. v. 08.09.1993, VBlBW 1993, 487, 488.

nen[1279]. Das VG Freiburg sieht sich auch durch die Rechtsprechung zu den Fällen fehlender Anhörung von Asylbewerbern gem. § 31 AuslG a.F. nicht an seiner Entscheidung gehindert, denn dort sei durch das Bundesamt immerhin (wenn auch nur nach Aktenlage) eine Sachentscheidung getroffen worden[1280]. Mit § 46 VwVfG ergäben sich keine Konflikte, denn dessen Formulierung knüpfe an eine bereits ergangene Sachentscheidung an, die vorliegend fehle[1281].

Zu dem gleichen Ergebnis gelangt der VGH München mit einer dezidiert asylverfahrensrechtlichen Argumentation. Der Senat referiert zunächst den Grundsatz, dass bei einer Vorentscheidung des Bundesamts in der Sache eine „Zurückverweisung" an die Behörde nicht in Betracht komme, woran sich auch durch die Neufassung des § 113 Abs. 3 VwGO nichts geändert haben dürfte[1282]. Bei Formalentscheidungen habe sich jedoch inzwischen die Rechtslage durch das Asylverfahrensgesetz dahin gehend geändert, dass nach verwaltungsgerichtlicher Aufhebung solcher Entscheidungen das Verfahren zunächst vom Bundesamt und nicht vom Gericht fortzuführen sei, wobei es nicht darauf ankomme, welchen diesbezüglichen Antrag der Kläger gestellt hat[1283]. Das Verbot einer Sachprüfung nach der Aufhebung der Formalentscheidung des Bundesamts ergebe sich erstens aus einer Analogie zu § 37 Abs. 1 und Abs. 2 AsylVfG: Mit der in § 37 Abs. 1 Satz 2 AsylVfG vorgesehenen gesetzlichen Verweisung des Verfahrens an das Bundesamt im Falle einer stattgebenden Entscheidung nach § 80 Abs. 5 VwGO nur gegen die auf Unbeachtlichkeit des Asylantrags lautende Entscheidung des Bundesamts (§ 37 Abs. 1 AsylVfG), nicht aber gegen die Ablehnung des Asylantrags als „offensichtlich unbegründet" (§ 37 Abs. 2 AsylVfG) sei klargestellt, dass das Gesetz insoweit zwischen Formalentscheidungen und Sachentscheidungen differenziere[1284]. Zweitens scheide ein „Durchentscheiden" deswegen aus, weil der Entscheidungsrahmen für das Bundesamt und für die Gerichte nicht derselbe sei: Da unter den zwingenden Voraussetzungen des § 30 AsylVfG das Bundesamt den Asylantrag als „offensichtlich unbegründet" ablehnen müsse, das Gericht diese Möglichkeit aber nicht habe, widerspreche eine abweisende gerichtliche Entscheidung in der Sache dem Gesetz; die gerichtliche Abweisung als „offensichtlich unbegründet" (§ 78 Abs. 1 AsylVfG) habe nicht die gleichen Rechtsfolgen wie die behördliche Ablehnung als unbegründet, die mit dem Verfahrensweg des § 36 A-

---

1279 VG Freiburg, Urt. v. 08.09.1993, VBlBW 1993, 487, 488 auch unter Bezugnahme auf MARTENS, DÖV 1988, 949.

1280 VG Freiburg, Urt. v. 08.09.1993, VBlBW 1993, 487, 488.

1281 VG Freiburg, Urt. v. 08.09.1993, VBlBW 1993, 487, 488 im Anschluss an MARTENS, DÖV 1988, 949, 956.

1282 VGH München, Beschl. v. 17.05.1994, NVwZ-RR 1994, 695 unter Hinweis auf BVerwG, Beschl. v. 28.05.1982, NVwZ 1982, 630.

1283 VGH München, Beschl. v. 17.05.1994, NVwZ-RR 1994, 695.

1284 VGH München, Beschl. v. 17.05.1994, NVwZ-RR 1994, 695.

sylVfG wesentliche Auswirkungen auf die Ausreisefristen und den Rechtsschutz habe[1285]. Ausnahmen von dieser Regel seien denkbar, z.B. für den Fall, dass gegen eine lang andauernde Verzögerung der Sachentscheidung durch das Bundesamt Rechtsschutz begehrt werden muss, jedoch gebe die vorliegende fehlerhafte Formalentscheidung keinen Anlass zu einer Erörterung[1286].

Das Bundesverwaltungsgericht liegt mit seiner Entscheidung vom 7. März 1995[1287] im Wesentlichen auf der Linie des VGH München. Bemerkenswert ist aber, dass das Bundesverwaltungsgericht nicht nur auf die asylverfahrensrechtliche Argumentation zurückgreift, sondern auch grundsätzliche Erwägungen mit einer über dieses Rechtsgebiet hinaus reichenden Tragweite anstellt. Zwar gelte auch für das Asylverfahren der Grundsatz, dass im Bereich gebundener begünstigender Verwaltungsakte die dem Rechtsschutzbegehren des Klägers allein entsprechende Verpflichtungsklage die richtige Klageart sei mit der Konsequenz, dass das Verwaltungsgericht die Sache spruchreif zu machen habe; dieser Grundsatz erfahre jedoch Ausnahmen[1288]. Es könne dahingestellt bleiben, ob eine Ausnahme bereits aus den Erwägungen anzunehmen sei, mit denen das Bundesverfassungsgericht die Prüfungskompetenz des gegen eine Maßnahme der Ausländerbehörde angerufenen Verwaltungsgerichts bei Asylfolgeanträgen gem. § 14 AsylVfG a.F. beschränkt hat, denn jedenfalls die folgenden Überlegungen stünden der Festlegung auf eine Verpflichtungsklage mit dem Ziel der Asylanerkennung entgegen[1289]:

> „Der hier anzuwendenden Prozeßordnung selbst läßt sich in § 113 Abs. 3 VwGO – unabhängig davon, ob diese Vorschrift auf Anfechtungsklagen beschränkt ist – jedenfalls der Rechtsgedanke entnehmen, daß die Verwaltungsgerichte auch bei der Kontrolle eines rechtlich gebundenen Verwaltungsakts nicht in jedem Falle selbst die Spruchreife herbeiführen müssen, sondern bei erheblichen Aufklärungsdefiziten der Behörde Gelegenheit geben können, eine den Streitstoff erschöpfende Sachentscheidung zu treffen. Wenn nicht allein diese allgemeinen Erwägungen, so steht doch die besondere – auf Beschleunigung und Konzentration auf eine Behörde gerichtete – Ausgestaltung des Asylverfahrens durch das AsylVfG im Falle versäumter Sachentscheidung durch das Bundesamt der Annahme entgegen, daß nur eine auf die Asylanerkennung gerichtete Verpflichtungsklage, auf die hin das VG die Sache spruchreif zu machen hätte, in Betracht käme."

1285 VGH München, Beschl. v. 17.05.1994, NVwZ-RR 1994, 695, 696.
1286 VGH München, Beschl. v. 17.05.1994, NVwZ-RR 1994, 695, 696.
1287 DVBl. 1995, 857 = NVwZ 1996, 80.
1288 BVerwG, Urt. v. 07.03.1995, DVBl. 1995, 857, 858 unter Hinweis auf BVerwG, Beschl. v. 14.05.1982, DVBl. 1983, 33 und BVerwG, Beschl. v. 28.05.1982, NVwZ 1982, 630.
1289 BVerwG, Urt. v. 07.03.1995, DVBl. 1995, 857, 858.

Hinsichtlich der Gefahr des Unterlaufens der dem Bundesamt im Bemühen um Verfahrensbeschleunigung zugewiesenen Gestaltungsmöglichkeiten verweist das Bundesverwaltungsgericht wie die zitierten Obergerichte auf die Ablehnung als „offensichtlich unbegründet“ gem. §§ 29a und 30 AsylVfG mit dem anschließenden Verfahren nach § 36 AsylVfG sowie auf die Notwendigkeit, gem. § 34 AsylVfG eine Ablehnungsandrohung unter Fristsetzung bereits in dem ablehnenden Bescheid auszusprechen[1290]. Darüber hinaus ginge dem Antragsteller bei einer gerichtlichen Nachholung der Sachentscheidung zum Asylantrag eine mit umfassenden Verfahrensgarantien ausgestattete Tatsacheninstanz verloren, die z.B. die Sachverhaltsaufklärung durch persönliche Anhörung des Antragstellers (§ 24 Abs. 1 Satz 2 AsylVfG) und die Beweiserhebung von Amts wegen (§ 24 Abs. 1 Satz 1 AsylVfG) ohne die im Gerichtsverfahren geltende einmonatige Präklusionsfrist (§ 74 Abs. 2 AsylVfG i.V.m. § 87b Abs. 3 VwGO) vorsieht[1291]. Auch § 37 Abs. 1 Satz 2 AsylVfG verlautbare einen übertragbaren Rechtsgedanken, dass bei einer zu Unrecht unterbliebenen Sachentscheidung das Verfahren von dem Bundesamt fortzusetzen sei[1292]. Die besondere Struktur des Asylverfahrens stehe daher in den Fällen der Verfahrenseinstellung durch das Bundesamt nach den §§ 32, 33 AsylVfG einer auf Asylanerkennung gerichteten Verpflichtungsklage, auf die das Verwaltungsgericht „durchzuentscheiden“ hätte, regelmäßig entgegen; Ausnahmen seien denkbar, bräuchten aber nicht erörtert zu werden[1293].

(4) Stellungnahme: Bescheidungsverpflichtung (regelmäßig)

Abzulehnen ist die Auffassung, auch nach einer Einstellungsverfügung gem. §§ 32, 33 AsylVfG dürfe sich der Asylbewerber nur mit dem auf seine Anerkennung ausgerichteten Verpflichtungsbegehren an das Gericht wenden. Nicht überzeugend ist zunächst der für diese Ansicht angeführte Verweis STEGEMEYERs auf eine Bemerkung des Bundesverfassungsgerichts[1294], wonach der gesamte Aufenthalt des Asylbewerbers auf den Asylbescheid hin ausgerichtet sei. Es würde zu weit gehen, daraus einen solchen Grundsatz der Einheitlichkeit des Asylverfahrens abzuleiten, dass der Asylbewerber ungeachtet der unterschiedlichen und eben nicht stets einheitlichen Verfahrenssituationen immer auf ein bestimmtes Begehren im Verwaltungsprozess festgelegt wäre.

Nicht tragfähig ist nach dem hier vertretenen Standpunkt auch die Argumentation des Bundesverwaltungsgerichts zur Unzulässigkeit der „isolierten Anfechtungs-

---

1290 BVerwG, Urt. v. 07.03.1995, DVBl. 1995, 857, 858.
1291 BVerwG, Urt. v. 07.03.1995, DVBl. 1995, 857, 858.
1292 BVerwG, Urt. v. 07.03.1995, DVBl. 1995, 857, 859.
1293 BVerwG, Urt. v. 07.03.1995, DVBl. 1995, 857, 859.
1294 Beschl. v. 02.06.1992, NVwZ 1992, 1080, 1081.

klage“ bzw. des Bescheidungsbegehrens in Kriegsdienstverweigerungssachen[1295], so dass auch ihre Übertragung auf andere Rechtsgebiete ausscheiden muss. Von einer mehr als abstrakten Möglichkeit der doppelten Inanspruchnahme der Gerichte kann auch unter Hinweis auf geringe Anerkennungsquoten und hohe Zahlen von Folgeantragsverfahren nicht ohne weiteres ausgegangen werden. Denn mit der Statistik wird nicht der erforderliche Nachweis im konkreten Einzelfall geführt.

Wenn eine inhaltliche Prüfung des Asylersuchens durch das Bundesamt noch gar nicht stattgefunden hat, ist der gerichtliche Aufwand – auch von Seiten der nichtrichterlichen Mitarbeiter – wegen der Notwendigkeit der Anhörung, Protokollierung und Würdigung der vorgebrachten Asylgründe derart erhöht, dass selbst im Hinblick auf ein nicht auszuschließendes weiteres Verfahren nicht von einer rationellen Verfahrensweise gesprochen werden kann. Bezeichnend ist insofern, dass alle hier gegenübergestellten Meinungen Gesichtspunkte der Verfahrensbeschleunigung für ihre Richtigkeit in Anspruch nehmen.

Die Aspekte der Gewaltenteilung können entgegen STEGEMEYER nicht einfach mit dem Hinweis auf die fehlende Fachbehördeneigenschaft beiseite geschoben werden. Erstens ist der Grundsatz der Gewaltenteilung nicht nur im Verhältnis zwischen Gerichten und besonders qualifizierten Behörden zu beachten, und zweitens hat das Bundesverfassungsgericht in dem Beschluss vom 13. März 1993 die besondere Sachkunde des Bundesamts gerade auch im Verhältnis zu dem Verwaltungsgericht hervorgehoben[1296]. Insofern erscheint die Rechtsprechung des Bundesverwaltungsgerichts aus dem Jahre 1982 widerlegt bzw. überholt.

Die zweit- und drittgenannten Meinungen unterscheiden sich nur marginal. Überzeugender ist es jedoch, mit der letzteren das eingeschränkte Klagebegehren deswegen als sachdienlich zu erachten, weil das Durchdringen des Klägers zu einer Anerkennungsverpflichtung nicht in jedem Fall ausgeschlossen ist, sondern nur regelmäßig. Dass sich die Zulässigkeit des eingeschränkten Klagebegehrens an der Sachurteilsvoraussetzung des allgemeinen Rechtsschutzbedürfnisses entscheidet, kommt in dem Urteil des VG Freiburg explizit und in den Entscheidungen des VGH München und des Bundesverwaltungsgerichts konkludent zum Ausdruck, denn darin wird auf die Möglichkeit von Ausnahmen hingewiesen und es ist außer

---

1295 Siehe oben S. 288 ff.

1296 DVBl. 1993, 601: „Es kann in diesem Stadium des Verfahrens nicht Aufgabe des VG sein, anstelle des mit besonderer Sachkunde versehenen Bundesamtes, das mit der Sache selbst noch gar nicht befaßt war und demgemäß eine Entscheidung über das Asylbegehren noch gar nicht treffen konnte, über diesen Asylanspruch zu befinden [es folgen Nachweise].“

dem allgemeinen Rechtsschutzbedürfnis keine andere Sachurteilsvoraussetzung ersichtlich, die eine solche situationsbedingte Handhabung zulassen würde.

Nicht zu folgen ist dagegen dem VG Karlsruhe, das meint, wegen der Rücknahmefiktion des § 33 AsylVfG sei kein Antrag mehr existent, so dass der Verpflichtungsklage das Rechtsschutzbedürfnis fehle[1297]. Soweit die Klage fristgerecht erhoben worden ist, hat die Einstellungsverfügung keine Bestandskraft erlangt. Deswegen ist die Rücknahmefiktion für das Verwaltungsgericht nicht bindend. Wenn das Verwaltungsgericht das Bundesamt zu einer neuen Entscheidung verpflichtet, ist damit die Entscheidung eingeschlossen, dass der Einstellungsverfügung und der Rücknahmefiktion keine Wirkung zukommt.

Dem Bundesverwaltungsgericht ist darin zuzustimmen, dass § 113 Abs. 3 VwGO unabhängig von der Frage der analogen Anwendung auf Verpflichtungsklagen jedenfalls ein Indiz dafür bedeutet, dass die Verwaltungsgerichte auch bei gebundenen Verwaltungsentscheidungen die im Verwaltungsverfahren unterbliebene Sachverhaltsermittlung nicht in jedem Fall selbst nachholen müssen, sondern dass es sachdienlich sein kann, die Sache zur Ermittlung an die Behörde zurückzugeben. Dies gilt insbesondere dann, wenn – wie hier – nicht die Frage im Raum steht, ob das Gericht Ermittlungen durchführen muss, um ggf. einem weiter gehenden Klagebegehren zu entsprechen, sondern die Frage, ob der Kläger mit seinem eingeschränkten Begehren die Sachdienlichkeit quasi vorwegnehmen darf.

Von wesentlicher Bedeutung sind die dem Bundesamt vorbehaltenen Möglichkeiten und Pflichten der Verfahrensgestaltung nach dem Asylverfahrensgesetz, auf die das OVG Münster, der VGH München und das Bundesverwaltungsgericht abstellen. Wenn der Kläger im Rahmen einer Verpflichtungsklage einen Vornahmeantrag stellt und damit die Verpflichtung des Bundesamts begehrt, ihn als Asylberechtigten anzuerkennen, muss grundsätzlich – positiv oder negativ – über seine Anerkennung abschließend in der Sache entschieden werden. Der Umfang der dazu notwendigen Sachverhaltsermittlungen ist erheblich, weil eine inhaltliche Prüfung und Vorentscheidung durch das Bundesamt nicht stattgefunden hat. Im Falle der Unbegründetheit des Anerkennungsbegehrens fehlen dem Gericht aber die Kompetenzen, mit denen der Gesetzgeber das Bundesamt im Interesse der Verfahrensbeschleunigung ausgestattet hat – sei es das Verfahren gem. § 36 AsylVfG bei offensichtlicher Unbegründetheit oder die jedenfalls bei allen Entscheidungen über unbegründete Asylbegehren gebotene Verbindung mit der Abschiebungsandrohung gem. § 34 AsylVfG. Unter diesen Umständen ist es regelmäßig verfahrensökonomisch sinnvoller, die notwendigen Ermittlungen von vornherein dem Bundesamt zu überlassen.

1297 Insoweit berechtigt ist die Kritik von STEGEMEYER, VBlBW 1995, 180, 182.

Somit spricht im Normalfall eine Trias von Gründen dafür, die Entscheidung über die Anerkennung im Verwaltungsverfahren anzusiedeln:

- Das Bundesamt ist als Fachbehörde aufgrund seiner Spezialisierung besser geeignet für die Sachentscheidung.
- Der Grundsatz der Gewaltenteilung gebietet eine erstmalige Zusammenstellung der entscheidungserheblichen Tatsachen und Sachentscheidung durch die Behörde, bevor die Kontrolle durch das Gericht eingreifen kann.
- Die Entscheidung der Behörde ist im Falle der Ablehnung effektiver als es die Entscheidung des Gerichts sein könnte.

Zu betonen ist, dass eine Verpflichtungsklage, die den Vorrang der Sachentscheidung durch die Behörde nicht berücksichtigt und auf die Verpflichtung des Bundesamts zur Anerkennung ausgerichtet ist, nicht etwa ihrerseits unzulässig wäre, sondern teilweise unbegründet, weil mit ihr eine weiter gehende Entscheidung des Gerichts in der Sache verlangt wird, deren Voraussetzungen nicht gegeben sind. Das Urteil des Bundesverwaltungsgerichts vom 7. März 1995[1298] ist in diesem Punkt nicht ganz eindeutig, denn an einer Stelle tritt es der „Annahme entgegen, daß *nur* [Hervorhebung nur hier] eine auf die Asylanerkennung gerichtete Verpflichtungsklage, auf die das VG die Sache spruchreif zu machen hätte, in Betracht käme“[1299]. An anderer Stelle heißt es, die besondere Struktur des Asylverfahrens stehe „in den Fällen der Verfahrenseinstellung durch das Bundesamt nach den §§ 32, 33 AsylVfG einer auf Asylanerkennung ausgerichteten Verpflichtungsklage, auf die das VG ‚durchzuentscheiden' hätte, *regelmäßig* [Hervorhebung nur hier] entgegen“[1300]. Präziser formuliert steht die Struktur des Asylverfahrensgesetzes – in Verbindung mit allgemeinen Erwägungen – nicht bereits der Verpflichtungsklage als solcher entgegen (im Sinne der Zulässigkeit), sondern erst ihrem vollen Erfolg hinsichtlich des „Durchentscheidens“ (d.h. der Begründetheit). Auf eine Verpflichtungsklage mit einem Vornahmeantrag müsste daher – ggf. nach Hinweis gem. § 86 Abs. 3 VwGO – kein abweisendes Prozessurteil ergehen, sondern ein Bescheidungsurteil gem. § 113 Abs. 5 Satz 2 VwGO.

Allerdings erlauben diese Grundsätze keine schematische Anwendung. Auch das Bundesverwaltungsgericht und der VGH München verweisen auf denkbare Ausnahmen. Dagegen ist es inkonsequent, wenn das OVG Münster zwar einerseits erwähnt, dass bei stattgebenden Entscheidungen keine Konflikte mit dem Asylver-

---

1298 DVBl. 1995, 857.
1299 BVerwG, Urt. v. 07.03.1995, DVBl. 1995, 857, 858.
1300 BVerwG, Urt. v. 07.03.1995, DVBl. 1995, 857, 859.

fahrensgesetz bestünden und sogar Beschleunigungseffekte zu Gunsten des Asylbewerbers nicht auszuschließen seien, andererseits aber – ohne Ausnahmen in Betracht zu ziehen – die „aus der Systematik des AsylVfG abzuleitenden Bedenken gegen eine Verpflichtungsklage" uneingeschränkt aufrechterhält[1301]. Der Erfolg einer auf die Verpflichtung des Bundesamts zur Anerkennung des Asylbewerbers ausgerichteten Klage lässt sich nicht absolut ausschließen. Die Gründe für die Sachdienlichkeit der Beschränkung von Klage und gerichtlicher Entscheidung würden nämlich bei einer – insbesondere bei der hier behandelten Formalentscheidung gem. §§ 32, 33 AsylVfG immerhin denkbaren – offensichtlichen Begründetheit des Asylantrags bei eindeutigem und überschaubarem Sachverhalt nicht zum Tragen kommen.

Zurück zum Regelfall: Auch wenn das Anerkennungsbegehren üblicherweise nicht sachdienlich ist, stellt sich die Frage, ob das von der inzwischen h.M. befürwortete Anfechtungsbegehren gegen die Einstellungsverfügung gem. §§ 32, 33 AsylVfG das Maß der Dinge ist. Nach der hier vertretenen Auffassung ist ein Bescheidungsbegehren vorzuziehen, gerichtet auf eine Bescheidung gem. § 113 Abs. 5 Satz 2 VwGO, wonach unter klarstellender Aufhebung der Einstellungsverfügung das Bundesamt verpflichtet wird, den Asylantrag des Klägers zu bescheiden. Dieses Begehren verdeutlicht, dass der Kläger letztlich eine Begünstigung anstrebt, aber aus Gründen der Sachdienlichkeit nur einen eingeschränkten Streitgegenstand anhängig macht. Ein solches Verfahren bietet bei identischem Aufwand den Vorteil einer vollstreckbaren Entscheidung und entspricht daher verfahrensökonomischen Anforderungen in besserer Weise. Freilich verlangt die Zulassung eines solchen Begehrens das Eingeständnis, dass die Verwaltungsgerichte bei Verpflichtungsklagen auch im Zusammenhang mit gebundenen Verwaltungsakten nicht in jedem Fall verpflichtet sind, alle Sachverhaltsermittlungen durchzuführen, die zur Herbeiführung der Spruchreife geeignet sind.

iii) Das Klagebegehren bei Asylfolgeanträgen gem. § 71 AsylVfG

Teilweise ähnliche Fragen wie bei der Verfahrenseinstellung gem. §§ 32, 33 AsylVfG werden dann aufgeworfen, wenn das Bundesamt auf einen Folgeantrag gem. § 71 AsylVfG bereits die Durchführung eines weiteren Asylverfahrens ablehnt. § 71 AsylVfG bestimmt, dass ein weiteres Asylverfahren nur durchzuführen ist, wenn die Voraussetzungen des § 51 Abs. 1 bis 3 VwVfG vorliegen. Die Auffassungen über die adäquate Rechtsschutzform gegen Entscheidungen des Bundesamts, wonach die Voraussetzungen des Wiederaufgreifens nicht erfüllt seien, gehen auseinander.

1301 OVG Münster, Beschl. v. 18.11.1994, DVBl. 1995, 578, 580.

(1) Erste Meinung: Wahlrecht des Klägers

SCHERER[1302] untersucht die Alternativen
- der auf die Aufhebung des ablehnenden Bescheids und die Verpflichtung zur Durchführung eines weiteren Asylverfahrens gerichteten „Wiederaufgreifensklage“,
- der nur auf die Aufhebung des ablehnenden Bescheids gerichteten Anfechtungsklage und
- der auf die Verpflichtung zur Anerkennung als Asylberechtigter gerichteten „Anerkennungsklage“.

Er kommt zu dem Ergebnis, dass „sämtliche Anträge rechtsschutzbedürftige Begehren artikulieren“ und befürwortet ein Wahlrecht des Klägers[1303].

Die „Wiederaufgreifensklage“ sei als Verpflichtungsklage statthaft, denn sie artikuliere ein über die unselbständige Aufhebung der Ablehnung hinausgehendes Leistungsbegehren[1304]. Sowohl für diese Klageform als auch für die bloße Anfechtungsklage sei ein Rechtsschutzbedürfnis zu konstatieren, dem insbesondere nicht die Verpflichtung des Gerichts zur Herbeiführung der Spruchreife entgegenstünde[1305]. Zum einen lasse sich aus § 113 Abs. 3 VwGO entnehmen, dass das Gericht unter bestimmten Voraussetzungen das Gericht auch bei gebundenen Verwaltungsakten nicht immer die Spruchreife herbeiführen muss, zum anderen könne der Folgeantragsteller ein berechtigtes Interesse daran haben, das behördliche Verfahren mit seinen Verfahrensgarantien zu durchlaufen, bevor er gerichtlichen Rechtsschutz in Anspruch nimmt[1306]. Dies gelte insbesondere für die Anhörung vor dem Bundesamt im Hinblick auf die gem. § 25 Abs. 6 AsylVfG mögliche Teilnahme des Hohen Flüchtlingskommissars der Vereinten Nationen und des Sonderbevollmächtigten für Flüchtlingsfragen beim Europarat und angesichts des Umstandes, dass es im Asylverfahren – anders als im Kriegsdienstverweigerungsverfahren – nicht nur auf die Person des Antragstellers ankomme, sondern auch auf die Verhältnisse im Herkunftsland, so dass die spezifischen Kenntnisse der Behördenvertreter und der teilnahmeberechtigten Personen von großem Nutzen für den Folgeantragsteller sein könne; auch angesichts der restriktiven Rechtsmit-

---

1302 VBlBW 1995, 175.
1303 SCHERER, VBlBW 1995, 175.
1304 SCHERER, VBlBW 1995, 175, 176.
1305 SCHERER, VBlBW 1995, 175, 176.
1306 SCHERER, VBlBW 1995, 175, 176 unter Hinweis auf VG Freiburg, Urt. v. 08.09.1993, VBlBW 1993, 487.

telvorschriften des Asylverfahrensgesetzes sei ein Anspruch auf den Erhalt der behördlichen Tatsacheninstanz zu bejahen[1307].

Die Existenzberechtigung der Anfechtungsklage sei zwar bei Berücksichtigung der Alternative in Form der Wiederaufgreifensklage zweifelhaft, weil die ausdrückliche Verpflichtung zur Durchführung eines weiteren Asylverfahrens – anders als das bloße Aufhebungsurteil – vollstreckbar sei, jedoch sei für die Praxis davon auszugehen, dass das Bundesamt sich rechtstreu verhält und im Falle der Aufhebung seiner gesetzlichen Verpflichtung zur Sachentscheidung über das Asylbegehren nachkommen wird, ohne dass es einer ausdrücklichen Verpflichtung bedürfe[1308]. Beide Klagen seien daher zulässig, allerdings sei der Wiederaufgreifensklage im Interesse der Rechtsklarheit „eindeutig der Vorzug zu geben“[1309].

Auch der Anerkennungsklage liege ein rechtsschutzbedürftiges Begehren zu Grunde, insbesondere weil bei Erfüllung der Voraussetzungen des Wiederaufgreifens mit einer Verfahrensbeschleunigung im Vergleich zu den anderen Klageformen zu rechnen sei[1310]. Bedenken gegen die gerichtliche Sachentscheidung über den Asylanspruch im Hinblick auf den Grundsatz der Gewaltenteilung könnten nicht durchgreifen; das Bundesamt habe sich seiner Sachkompetenz bewusst selbst begeben, es handele sich um eine gebundene Entscheidung, und die in diesem Zusammenhang häufig zitierten Entscheidungen des Bundesverfassungsgerichts (u.a. vom 13. März 1993[1311]) beträfen Fälle, in denen bei getrennten Zuständigkeiten nach alter Rechtslage das Bundesamt in keiner Weise beteiligt worden war[1312]. Konflikte mit der Einbuße von Verfahrensrechten entstünden jedenfalls dann nicht, wenn der Kläger vor der entsprechenden Antragstellung von dem Gericht einen klarstellenden Hinweis erhält[1313]. Nach alledem müsse die Wahl des richtigen Klagebegehrens dem Kläger überlassen bleiben, je nachdem, ob er unter Zeitverlust das behördliche Verfahren erneut durchlaufen oder unter Verzicht auf die damit verbundenen Garantien eine schnelle und abschließende – gerichtliche – Entscheidung über sein Asylbegehren erwirken will; die Zubilligung dieses Wahlrechts entspreche der humanitären Zielsetzung des Asylgrundrechts[1314].

1307 SCHERER, VBlBW 1995, 175, 176; unter Hinweis auf die Teilnahmerechte gem. § 25 Abs. 6 AsylVfG auch FUNKE-KAISER, in: GK-AsylVfG, § 71 Rn. 178.

1308 SCHERER, VBlBW 1995, 175, 176 f. unter Hinweis auf BVerwG, Urt. v. 30.04.1971, BVerwGE 38, 99, 102.

1309 SCHERER, VBlBW 1995, 175, 177.

1310 SCHERER, VBlBW 1995, 175, 177.

1311 DVBl. 1993, 601.

1312 SCHERER, VBlBW 1995, 175, 177 f.

1313 SCHERER, VBlBW 1995, 175, 178.

1314 SCHERER, VBlBW 1995, 175, 178.

(2) Zweite Meinung: Beschränkung auf das Wiederaufgreifen des Asylverfahrens

Das OVG Münster hat das Klagebegehren, den ablehnenden Bescheid aufzuheben und das Bundesamt zur Durchführung eines weiteren Asylverfahrens zu verpflichten, für zulässig erachtet und den entsprechenden Antrag als einen mit einer Anfechtungsklage kombinierten, auf die Vornahme einer Verfahrenshandlung zielenden Verpflichtungsantrag interpretiert, der deshalb nicht an § 44a VwGO scheitere, weil § 71 Abs. 4 AsylVfG den allgemeinen verwaltungsprozessualen Vorschriften vorgehe[1315]. Die Verwaltungsgerichte hätten bei Folgeanträgen nach § 71 AsylVfG nicht in der Sache durchzuentscheiden, sondern nur über die Verpflichtung zur Durchführung eines weiteren Asylverfahrens zu befinden; die Zulässigkeit des auf die Durchführung eines weiteren Asylverfahrens beschränkten Antrags folge aus historischen, systematischen und teleologischen Gründen[1316].

Bei der Neuregelung des Asylverfahrensgesetzes habe der Gesetzgeber das Folgeantragsverfahren in weitgehender Anlehnung an §§ 10, 14 AsylVfG a.F. ausgestaltet; die Novellierung habe zwar die Aufteilung der Prüfung auf zwei verschiedene Behörden – Beachtlichkeitsprüfung durch die Ausländerbehörde und weitere materielle Prüfung durch das Bundesamt – beseitigt, abgesehen von der jetzt verwirklichten Zuständigkeitskonzentration auf das Bundesamt habe sich aber an der Struktur des Folgeantragsverfahrens nichts geändert[1317].

Die Systematik der Neuregelungen habe die zentrale Stellung des Bundesamts noch verstärkt, indem ihm jetzt auch der Erlass der Abschiebungsandrohung und bestimmter Entscheidungen nach dem Ausländergesetz obliege; damit habe der Gesetzgeber dem Bundesamt Gestaltungsmöglichkeiten gegeben, die weit über diejenigen eines in der Sache durchentscheidenden VG hinausgingen[1318]. Aus dieser auf die zentrale Stellung des Bundesamts hin ausgerichteten Ausgestaltung des Asylverfahrens habe das Bundesverwaltungsgericht für die Fälle der §§ 32, 33 AsylVfG die Zulässigkeit der Beschränkung des Klageantrages abgeleitet (DVBl. 1995, 857 = NVwZ 1996, 80), was für die Konstellation des Folgeantragsverfahrens entsprechend gelte[1319].

1315 Urt. v. 05.09.1995, NVwZ 1996, 549 = DVBl. 1996, 214.

1316 OVG Münster, Urt. v. 05.09.1995, NVwZ 1996, 549.

1317 OVG Münster, Urt. v. 05.09.1995, NVwZ 1996, 549, 550 unter Hinweis auf BT-Drucks. 12/2062, S. 39 für die Anlehnung an §§ 10, 14 AsylVfG a.F. und auf BVerfG, InfAuslR 1993, 229, 232 für die Anerkennung der Rechtsprechung, dass das VG nach altem Recht im Folgeantragsverfahren eine abschließende materielle Prüfung des Asylbegehrens nicht treffen durfte.

1318 OVG Münster, Urt. v. 05.09.1995, NVwZ 1996, 549, 550.

1319 OVG Münster, Urt. v. 05.09.1995, NVwZ 1996, 549, 550.

Bei einer solchen Verfahrensweise werde dem von dem Gesetzgeber mit der Novellierung verfolgten Konzentrations- und Beschleunigungsanliegen Rechnung getragen; insbesondere dann, wenn das VG nach einer abschließenden Prüfung des Asylersuchens zu dem Ergebnis der Unbegründetheit des Folgeantrags komme, müsse andernfalls durch das Bundesamt eine isolierte Abschiebungsandrohung ergehen, die neue Rechtsschutzmöglichkeiten eröffne und so zu Verzögerungen führen könne[1320]. Die von dem Bundesamt mit der ursprünglichen Ablehnung des Folgeantrags verbundene Abschiebungsandrohung sei regelmäßig nicht mehr haltbar, und auch § 37 Abs. 2 AsylVfG, wonach ggf. die Ausreisefrist kraft Gesetzes einen Monat nach dem Abschluss des Gerichtsverfahrens enden würde, sei mangels Verweisung in § 71 Abs. 4 AsylVfG nicht analog anwendbar[1321].

Der VGH München hielt die Klage eines abgelehnten Folgeantragstellers auf Verpflichtung des Bundesamts zur Feststellung der Abschiebungshindernisse des § 51 Abs. 1 AuslG[1322] teilweise für unbegründet, denn das Verwaltungsgericht dürfe nicht in der Sache durchentscheiden, sondern nur zur Durchführung eines weiteren Verfahrens verpflichten[1323].

Das Wiederaufnahmeverfahren gem. § 51 Abs. 1 - 3 VwVfG (i.V.m. § 71 AsylVfG) gliedere sich grundsätzlich in drei Stufen, nämlich die Prüfungen der
- Zulässigkeit des Antrages (vom Antragsteller darzulegen durch schlüssige und fristgerechte Behauptung, dass ein Wiederaufnahmegrund vorliegt),
- Begründetheit des Antrages (bei Vorliegen von Wiederaufnahmegründen, die geeignet sind, die Bestandskraft des ursprünglichen Verwaltungsakts zu durchbrechen) und der
- Sachentscheidung nach materiellem Recht[1324].

Im Falle der behördlichen Ablehnung des Antrages auf einer der ersten beiden Stufen dürfe das Verwaltungsgericht, das die Erfolgsaussichten des Asylfolgeantrags anders beurteilt als das Bundesamt, nicht bis zur dritten Stufe durchentscheiden[1325].

1320 OVG Münster, Urt. v. 05.09.1995, NVwZ 1996, 549, 550.

1321 OVG Münster, Urt. v. 05.09.1995, NVwZ 1996, 549, 550 unter Hinweis auf BVerwG, Urt. v. 07.03.1995, DVBl. 1995, 857 = NVwZ 1996, 80.

1322 Gem. § 13 Abs. 2 AsylVfG gilt der Antrag auf Feststellung, dass die Voraussetzungen des § 51 Abs. 1 AuslG vorliegen, auch dann als Asylantrag, wenn die Anerkennung als Asylberechtigter nicht beantragt wird.

1323 VGH München, Urt. v. 24.04.1997, NVwZ-Beil. 1997, 75.

1324 VGH München, Urt. v. 24.04.1997, NVwZ-Beil. 1997, 75.

1325 VGH München, Urt. v. 24.04.1997, NVwZ-Beil. 1997, 75.

Grundsätzlich widerstreitend seien bei dieser Verfahrenssituation die allgemeine Pflicht der Verwaltungsgerichte, die Sache spruchreif zu machen, und das Prinzip, den Aufgaben der primär zuständigen Exekutive seitens der Gerichte nicht unnötig und unangemessen vorzugreifen; dabei sei anerkannt, dass die Pflicht zur Herbeiführung der Spruchreife dann zurücktrete, wenn einer Behörde im Vergleich zum Gericht weiter gehende Befugnisse zustehen[1326]. Dies sei der Fall bei Entscheidungen über Asylfolgeanträge gem. § 71 AsylVfG i.V.m. § 51 Abs. 1 - 3 VwVfG – auch wenn es sich bei den sodann ergehenden Verwaltungsakten um gebundene Entscheidungen handelt –, denn das Gesetz schreibe eine Konzentration asyl- und ausländerrechtlicher Entscheidungen bei dem Bundesamt vor (vgl. § 71 Abs. 4 und 5 sowie §§ 34 ff. AsylVfG)[1327]. Im konkreten Fall würde die ursprünglich von dem Bundesamt nach § 71 Abs. 4 i.V.m. § 34 Abs. 1 AsylVfG erlassene einwöchige Abschiebungsandrohung obsolet, da diese Frist nur zur Anwendung komme, sofern die Voraussetzungen des § 51 Abs. 1 - 3 VwVfG nicht vorliegen (§ 71 Abs. 4 HS. 1 AsylVfG); daher müsste bei Unbegründetheit der Klage nach § 38 Abs. 1 AsylVfG eine neue Ausreisefrist (von einem Monat) gesetzt werden, wogegen der Kläger neue Rechtsschutzmöglichkeiten hätte[1328]. Im Übrigen würde dem Kläger bei gerichtlichem Durchentscheiden eine potentiell günstige behördliche Verfahrensstufe entzogen[1329].

(3) Dritte Meinung: Anerkennungsverpflichtung (ausschließlich)

Auf die – von dem Beklagten eingelegte – Revision hob das Bundesverwaltungsgericht[1330] die vorgenannte Entscheidung des VGH München auf und verwies die Sache zurück an das Berufungsgericht.

Das angefochtene Urteil verletze § 113 Abs. 5 Satz 1 VwGO, denn das Berufungsgericht habe seine Pflicht missachtet, die Streitsache spruchreif zu machen; diese Pflicht gelte nach ständiger Rechtsprechung auch in Verfahren um die Erteilung eines Zweitbescheids unter Durchbrechung der Bestandskraft im Wege des Wiederaufgreifens nach § 51 VwVfG[1331]. Es sei nicht gerechtfertigt, hinsichtlich der Pflicht, die Sache spruchreif zu machen, zwischen den in § 51 Abs. 1 Nrn. 1 bis 3 VwVfG normierten Voraussetzungen des obligatorischen Wiederaufgreifens

1326 VGH München, Urt. v. 24.04.1997, NVwZ-Beil. 1997, 75.
1327 VGH München, Urt. v. 24.04.1997, NVwZ-Beil. 1997, 75.
1328 VGH München, Urt. v. 24.04.1997, NVwZ-Beil. 1997, 75 f. unter Hinweis auf OVG Münster, Urt. v. 05.09.1995, DVBl. 1996, 214, 215 = NVwZ-RR 1996, 549, 550.
1329 VGH München, Urt. v. 24.04.1997, NVwZ-Beil. 1997, 75, 76 unter Hinweis auf BVerwG, Urt. v. 07.03.1995, DVBl. 1995, 857, 858 f.
1330 Urt. v. 10.02.1998, BVerwGE 106, 171 = DVBl. 1998, 725 = NVwZ 1998, 861.
1331 BVerwG, Urt. v. 10.02.1998, BVerwGE 106, 171, 172.

und den in Art. 16a GG, § 51 Abs. 1, § 53 AuslG aufgeführten Voraussetzungen für die Gewährung von Asyl und Abschiebeschutz andererseits zu unterscheiden und die Pflicht zur Herbeiführung der Spruchreife nur für die Wiederaufgreifensvoraussetzungen gelten zu lassen, denn die Ansprüche seien nicht in dieser Weise trennbar[1332]. Damit könne, „ebenso wie vom Kläger nicht lediglich auf ‚Wiederaufgreifen' geklagt werden kann, auch vom Gericht nicht ‚isoliert' über die Frage, ob wiederaufzugreifen ist, entschieden werden"[1333].

Die Rechtsauffassung des Berufungsgerichts lasse sich auch nicht auf die gesetzliche Regelung über die besonderen, auf beschleunigte Abwicklung des Asylfolgeverfahrens ausgerichteten Kompetenzen des Bundesamts nach § 71 AsylVfG stützen, denn der Beschleunigung des Asylverfahrens diene es mehr, wenn das Verwaltungsgericht in den Fällen, in denen es abweichend vom Bundesamt die Voraussetzungen nach § 71 Abs. 1 AsylVfG i.V.m. § 51 Abs. 1 - 3 VwVfG als erfüllt ansieht, eine abschließende Sachentscheidung trifft[1334]. Mit dem Gesetz zur Neuregelung des Asylverfahrens vom 26. Juni 1992[1335] habe der Gesetzgeber die bis dahin geltende – der Kompetenzaufteilung zwischen Ausländerbehörde und Bundesamt folgende – Zweiteilung der Erfolgsvoraussetzungen eines Asylfolgeantrags beseitigt; deshalb seien die aus der damaligen Konzeption des Asylfolgeverfahrens gewonnenen Erkenntnisse zur Abgrenzung zwischen Beachtlichkeitsprüfung und Asylerfolgswürdigkeit für die Auslegung des § 71 AsylVfG n.F. ohne Bedeutung[1336].

Insbesondere die Unhaltbarkeit der von dem Bundesamt gem. § 71 Abs. 4 i.V.m. §§ 34, 36 AsylVfG getroffenen Verbindung der Ablehnung des Asylfolgeantrags mit einer Abschiebungsandrohung mit einer Ausreisefrist von einer Woche rechtfertige es ebenfalls nicht, die Gerichte von der Verpflichtung freizustellen, die Streitsache spruchreif zu machen[1337]. Es müsse offen bleiben, ob das Verwaltungsgericht die Abschiebungsandrohung aufheben muss mit der Folge, dass das Bundesamt nach § 38 Abs. 1 AsylVfG eine neue Abschiebungsandrohung mit einer Ausreisefrist von einem Monat zu erlassen hat, oder ob dieses Ergebnis durch eine analoge Anwendung des § 37 Abs. 2 AsylVfG erreicht werden kann; denn selbst wenn in diesen seltenen Fällen eine neue Abschiebungsandrohung erlassen werden müsste und der Abschluss des Folgeverfahrens verzögert würde, rechtfertige dies auch unter dem Gesichtspunkt der Beschleunigung aller Verfahren keine

---

1332 BVerwG, Urt. v. 10.02.1998, BVerwGE 106, 171, 173.
1333 BVerwG, Urt. v. 10.02.1998, BVerwGE 106, 171, 173.
1334 BVerwG, Urt. v. 10.02.1998, BVerwGE 106, 171, 174.
1335 BGBl. I, S. 1126.
1336 BVerwG, Urt. v. 10.02.1998, BVerwGE 106, 171, 174 f.
1337 BVerwG, Urt. v. 10.02.1998, BVerwGE 106, 171, 175.

Ausnahme von der prozessualen Pflicht, zur Herstellung der Spruchreife[1338]. Aus den Überlegungen des Senats in dem Urteil vom 7. März 1995 lasse sich nichts für die Rechtsauffassung des Verwaltungsgerichtshofs herleiten; das ergebe sich – unbeschadet der Besonderheiten der Fiktion der Antragsrücknahmen gem. § 33 AsylVfG – schon daraus, dass der Gesetzgeber den Asylfolgeantrag ausdrücklich als Antrag auf Wiederaufgreifen des Verfahrens ausgestaltet und damit den allgemeinen Regeln für Anträge nach § 51 VwVfG – unter Ausschluss prozessualen Sonderrechts – unterstellt habe[1339].

(4) Stellungnahme: Bescheidungsverpflichtung (regelmäßig)

Im Falle des ohne neue Sachprüfung durch das Bundesamt abgelehnten Asylfolgeantrags ist MEINES Erachtens regelmäßig davon auszugehen, dass die eingeschränkte Klage, die eine gerichtliche Entscheidung in der Sache ausklammert, zulässig ist. Wie im Falle der Klage nach Verfahrenseinstellung gem. §§ 32, 33 AsylVfG ist diese Klage als Verpflichtungsklage mit einem Bescheidungsbegehren einzuordnen.

Gegen die von SCHERER vorgeschlagene unbegrenzte Wahlmöglichkeit des Klägers spricht, dass sie zu einem unausgewogenen Verhältnis zwischen dem prozessualen Aufwand und der Wirksamkeit der Entscheidung führen kann. Seine Ausführungen berücksichtigen zu wenig die Besonderheiten des Asylverfahrensgesetzes mit den darin im Interesse der Verfahrensbeschleunigung vorgesehenen Gestaltungsmöglichkeiten und -pflichten des Bundesamts. Zuzustimmen ist ihm allerdings darin, dass die „Wiederaufgreifensklage" als Verpflichtungsklage zulässig ist, dass sie im Erfolgsfalle gegenüber der Anfechtungsklage den Vorteil einer vollstreckbaren Entscheidung bezüglich des notwendigen Verfahrensfortgangs bietet und dass sie – hinzuzufügen ist: unter anderem – im Interesse der Rechtsklarheit eindeutig vorzuziehen ist.

Beizupflichten ist SCHERER auch darin, dass der Erfolg einer auf die Verpflichtung des Bundesamts zur Anerkennung des Folgeantragstellers gerichteten Klage nicht absolut an dem Grundsatz der Gewaltenteilung scheitern würde, denn die zur Sachentscheidung notwendigen Ermittlungen gehören nicht zu einem unverrückbaren Kernbereich der Verwaltungskompetenzen. Insbesondere ergäbe sich – wie auch in den Fällen der Verfahrenseinstellung gem. §§ 32, 33 AsylVfG betont wird – bei einer stattgebenden Entscheidung kein Konflikt mit den Besonderheiten des AsylVfG, so dass bei offensichtlicher Begründetheit des Asylfolgeantrags das Be-

---

1338 BVerwG, Urt. v. 10.02.1998, BVerwGE 106, 171, 175.
1339 BVerwG, Urt. v. 10.02.1998, BVerwGE 106, 171, 176.

gehren der Anerkennungsverpflichtung zulässig, begründet und im Interesse der beschleunigten Erledigung sachdienlich sein kann. Für den Normalfall des offenen Sachverhalts ist aber zu berücksichtigen, dass mit den umfangreichen Tatsachensammlungen zwar nicht alleinige aber typische Verwaltungstätigkeiten auf die Gerichte verlagert würden. Daher ist nicht eine unmittelbare Verletzung der Gewaltenteilung als Argument gegen die Zulässigkeit des Anerkennungsbegehrens anzuführen, sondern – für den Regelfall – die mittelbare Verletzung gegen die Sachdienlichkeit. Denn die unsachdienliche Verlagerung von Aufgabenbereichen führt jedenfalls langfristig dazu, dass im Hinblick auf die knappen personellen Kapazitäten die Erledigung der aufgebürdeten Aufgaben auch zu Lasten der Kernbereiche geht.

Dem OVG Münster ist prinzipiell zuzustimmen, was die Zulässigkeit der Klagebeschränkung anbetrifft. Die dazu angeführten historischen, systematischen und teleologischen Argumente vermögen zu überzeugen. Nicht überzeugend ist allerdings die Interpretation des eingeschränkten Klagebegehrens als Kombination einer Anfechtungsklage mit einer auf eine Verfahrenshandlung gerichteten Verpflichtungsklage. Der Kläger begehrt gerade nicht die Vornahme bloßer Verfahrenshandlungen, sondern eine behördliche Entscheidung zur Hauptsache, was der Bescheidungsverpflichtung gem. § 113 Abs. 5 Satz 2 VwGO entspricht. Bei der Einordnung als Verpflichtungsklage mit einem Bescheidungsbegehren ergeben sich daher von vornherein nicht die Konflikte mit § 44a VwGO, die das OVG über die – höchst angreifbare – Annahme des Vorrangs von § 71 Abs. 4 AsylVfG vor § 44a VwGO zu entschärfen versucht. Auch der gesonderten Anfechtung bedarf es dann nicht, weil bei der Verpflichtung des Bundesamts zur Neubescheidung die Entscheidung über die Wirkungslosigkeit der Ablehnung eingeschlossen ist. Offenbar meint das OVG, mit der ständigen Rechtsprechung zur Verpflichtung des Tatsachengerichts, die Spruchreife herbeizuführen, sei es eher vereinbar, wenn der Kläger die Vornahme einer Verfahrenshandlung begehrt als wenn er die Bescheidung eines Antrages in der Sache begehrt.

Die der Entscheidung des VGH München zu Grunde liegende Konstellation ist insofern eine andere, als dort nicht die Auslegung und Zulässigkeit des Klagebegehrens zu problematisieren, sondern die Teilabweisung des auf eine Vornahme zielenden Verpflichtungsantrages zu begründen war. Die Ausführungen zeigen, dass die Argumentation für das Rechtsschutzbedürfnis der eingeschränkten Klage die gleiche ist wie für die teilweise Unbegründetheit der Vornahmeverpflichtung. Das Urteil veranschaulicht die Dreistufigkeit des Wiederaufgreifens und zeigt hinsichtlich der gebotenen Zurückhaltung des Gerichts, zur dritten Stufe vorzudringen, zahlreiche Parallelen zu den Fällen der Verfahrenseinstellung gem. §§ 32, 33 AsylVfG auf.

Dem Urteil des Bundesverwaltungsgerichts vom 10. Februar 1998[1340] zum gerichtlichen „Durchentscheiden" über Asylfolgeanträge kann hier nicht gefolgt werden. Die Argumentation ist weniger überzeugend als die der Obergerichte, und das Bundesverwaltungsgericht setzt sich bei Berücksichtigung des Urteils vom 7. März 1995[1341] dem Vorwurf der Widersprüchlichkeit aus.

Bezeichnend ist zunächst, dass die Revision nicht von dem teilweise unterlegenen Kläger eingelegt worden war, sondern von dem Beklagten. Es ging mithin im Revisionsverfahren weniger um die Verwirklichung wirkungsvollen Rechtsschutzes i.S.d. Art. 19 Abs. 4 Satz 1 GG, sondern mehr um die Frage, ob sich das Bundesamt mit einer erfolgreichen Verfahrensrüge auf Kosten der Verwaltungsgerichte Entlastung verschaffen konnte.

Die These von der Untrennbarkeit der Ansprüche auf das Wiederaufgreifen des Verfahrens und auf die Gewährung von Asyl und Abschiebeschutz entbehrt jeder Auseinandersetzung mit fundierten abweichenden Literaturmeinungen[1342]. Soweit das Bundesverwaltungsgericht in dieser Entscheidung als Obiter dictum die Auffassung vertritt, dass vom Kläger „nicht lediglich auf ‚Wiederaufgreifen' geklagt werden" könne[1343], steht sie im Widerspruch zu früheren Urteilen[1344]. Es ist zwar denkbar, dass das Gericht bei der Prüfung der Voraussetzungen des Anspruchs auf Wiederaufgreifen des Verfahrens gem. § 51 Abs. 1 Nr. 1 (Veränderung der Sach- oder Rechtslage zu Gunsten des Betroffenen) und insbesondere gem. § 51 Abs. 1 Nr. 2 VwVfG (neue Beweismittel, die eine dem Betroffenen günstigere Entscheidung herbeigeführt haben würden) wegen der darin enthaltenen Günstigkeitsprognose eine derart aufwendige Erfolgsprüfung hinsichtlich des sachlichen Begehrens durchführen muss, dass ohnehin eine abschließende Entscheidung getroffen werden kann und so dem eingeschränkten Begehren bei ver-

---

1340 BVerwGE 106, 171 ff.

1341 DVBl. 1995, 857 ff. = NVwZ 1996, 80 ff.

1342 Vgl. KOPP / RAMSAUER, § 51 Rn. 12; SACHS, in: STELKENS / BONK / SACHS, § 51 Rn. 71 f.; kritisch insoweit auch CLAUSING, JuS 1999, 474, 476 und FUNKE-KAISER, in: GK-AsylVfG, § 71 Rn. 177.

1343 BVerwG, Urt. v. 10.02.1998, BVerwGE 106, 171, 173.

1344 BVerwG – 2. Senat –, Urt. v. 13.09.1984, BVerwGE 70, 110, 112 = NJW 1985, 280 mit einer dezidierten Festlegung des Streitgegenstandes: „Anspruch auf Wiederaufgreifen des Verwaltungsverfahrens"; ebenso BVerwG – 6. Senat –, Urt. v. 05.11.1985, NVwZ 1986, 293, 294 (dazu sogleich). FUNKE-KAISER, in: GK-AsylVfG, § 71 Rn. 177, meint sogar, im Hinblick auf diese Divergenz hätte das BVerwG gem. § 11 VwGO den großen Senat anrufen müssen. Dem kann jedoch nicht zugestimmt werden, da die Frage, ob der Kläger sich auf einen Anspruch auf Wiederaufgreifen des Verfahrens beschränken darf, nicht entscheidungserheblich war und in dem Urteil des BVerwG vom 10.02.1998 folglich nur als Obiter dictum behandelt wurde (vgl. zur Verneinung der Vorlagepflicht bei fehlender Entscheidungserheblichkeit KOPP / SCHENKE, § 11 Rn. 5).

fahrensökonomischer Betrachtung das Rechtsschutzbedürfnis fehlt[1345]. Die darauf beruhende Unzulässigkeit der eingeschränkten Klage lässt sich jedoch nicht verallgemeinern.

Beispielsweise der von dem VGH München und dem Bundesverwaltungsgericht entschiedene Fall belegt, dass die Günstigkeitsprognose nicht mit der abschließenden Sachentscheidung zusammenfallen muss[1346]. Es ging um einen Asylfolgeantragsteller aus Vietnam, der eine Verfolgungsgefahr wegen exilpolitischer Tätigkeiten geltend machte. Dass er an Kundgebungen und Demonstrationen gegen die kommunistische Regierung Vietnams teilgenommen und sich in einigen Beiträgen zu Exilzeitschriften regimekritisch geäußert hatte, stand fest. Damit lag eine neue Sachlage i.S.d. § 51 Abs. 1 Nr. 1 VwVfG vor. Es konnte auch davon ausgegangen werden, dass diese Tätigkeiten grundsätzlich geeignet waren, im Falle der Rückkehr nach Vietnam eine Verfolgungsgefahr zu begründen. Damit war die Veränderung der Sachlage „zu Gunsten“ (bezogen auf den geltend gemachten Anspruch) des Folgeantragstellers zu bejahen. Ob eine zur Begründung des beantragten Abschiebeschutzes führende, mit beachtlicher Wahrscheinlichkeit gegebene Gefahr einer Bestrafung wegen seiner politischen Überzeugung anzunehmen war, hing vor allem davon ab, inwiefern damit gerechnet werden musste, dass exilpolitische Aktivitäten auf dem Gebiet der Bundesrepublik Deutschland von der vietnamesischen Regierung wahrgenommen werden. Für das Wiederaufgreifen des Verfahrens reichte es aus, dass diese Möglichkeit bestand. Da für die abschließende Sachentscheidung eine beachtliche Wahrscheinlichkeit erforderlich war und diese Fragestellung eigenen Ermittlungsbedarf verursachte, war es durchaus sinnvoll, die Ansprüche auf das Wiederaufgreifen und die Gewährung von Abschiebeschutz getrennt zu behandeln.

1345 Vgl. BVerwG, Urt. v. 21.04.1982, NJW 1982, 2204. Dort hatte der Kläger einen Vornahmeantrag gestellt, so dass die Frage des Rechtsschutzbedürfnisses nicht zu erörtern war. Das BVerwG stellt in diesem Urteil aber hohe Anforderungen an die Erfolgsprüfung im Rahmen der Entscheidung über das Wiederaufgreifen als solches. Konkret ging es um einen Wiederaufnahmegrund gem. § 51 Abs. 1 Nr. 2 VwVfG. Das BVerwG verlangt unter Berufung auf den Wortlaut dieser Vorschrift hinsichtlich der Begründetheit des Anspruchs auf Wiederaufgreifen, dass bereits feststeht, dass das neue Beweismittel tatsächlich eine für den Betroffenen *günstigere Entscheidung herbeigeführt haben würde*. Insofern ist der unterschiedliche Wortlaut des § 51 Abs. 1 Nr. 1 VwVfG bemerkenswert (Veränderung der Sach- oder Rechtslage *zu Gunsten* des Betroffenen). Überdies sind dann geringere Anforderungen an die Erfolgsprüfung auch deshalb gerechtfertigt, weil bei einer Veränderung der Sach- oder Rechtslage der zeitlich begrenzte Bereich der materiellen Rechtskraft verlassen wird (siehe oben S. 165).

1346 Vgl. dazu die Auseinandersetzung mit dem Sachverhalt bei VGH München, Urt. v. 24.04.1997, NVwZ-Beil. 1997, 75, 77.

Das Bundesverwaltungsgericht stützt seine gegenteilige Ansicht dann auch sehr abstrakt auf die Annahme, dass die entscheidungserheblichen Aspekte den Asylanspruch selbst, nicht aber einen selbständig neben diesem stehenden und eigenständig einklagbaren Wiederaufgreifensanspruch beträfen. Indem es als Beleg für diese These allein auf die Rechtsprechung des 6. Senats in Kriegsdienstverweigerungssachen[1347] verweist, macht es sich eine Argumentation zu eigen, die sich nicht gerade durch ein gesteigertes Maß an Überzeugungskraft und insbesondere nicht durch eine angemessene Wertschätzung der Dispositionsmaxime im Verwaltungsprozess auszeichnet[1348]. Im Übrigen hat gerade auch der 6. Senat des Bundesverwaltungsgerichts schon entschieden, dass der Anspruch auf Wiederaufgreifen des Verfahrens von dem sachlichen Anspruch zu trennen sei[1349].

Zu der früheren Rechtslage nach §§ 10, 14 AsylVfG a.F. hatte das Bundesverwaltungsgericht selbst detailliert ausgeführt, dass es Sache der Ausländerbehörde sei, die schlüssige Darlegung der Gründe für das Wiederaufgreifen zu prüfen, während die Einschätzung, ob der neue Vortrag des Folgeantragstellers tatsächlich zutrifft und die Annahme einer asylrechtlich relevanten politischen Motivierung der begründet befürchteten Verfolgung im Sinne von Art. 16 Abs. 2 Satz 2 GG [a.F.] rechtfertigt, allein „dem hierzu geschaffenen und mit besonderer Sachkompetenz versehenen Bundesamt vorbehalten bleiben muß“[1350]. Wenn das Bundesverwaltungsgericht nunmehr von der Beseitigung der Teilbarkeit von Erfolgsvoraussetzungen des Asylfolgeanspruchs durch die Novellierung des Asylverfahrensgesetzes und von der daraus angeblich folgenden Bedeutungslosigkeit früherer Erkenntnisse insbesondere des Bundesverfassungsgerichts ausgeht, ist auf die Entscheidung des OVG Münster vom 5. September 1995[1351] zu verweisen. Nach den dortigen Ausführungen – u.a. unter Hinweis auf die Gesetzesbegründung – sollte mit der Neufassung zwar die Aufspaltung der Zuständigkeiten beseitigt werden, nicht aber die Struktur des Wiederaufgreifens im Übrigen. Auch die zu der früheren Rechtslage ergangenen Entscheidungen des Bundesverfassungsgerichts[1352] äußern sich nicht ausschließlich zu der Aufteilung von Zuständigkeiten zwischen Bundesamt und Ausländerbehörde, sondern auch zu dem Verhältnis zwischen Verwaltungsgericht und Bundesamt als Fachbehörde und sind daher auch für die Auslegung des § 71 AsylVfG n.F. nicht bedeutungslos.

1347 BVerwG – 6. Senat –, Urt. v. 06.09.1990, NVwZ 1991, 272.
1348 Siehe dazu oben S. 288 ff.
1349 BVerwG – 6. Senat –, Urt. v. 05.11.1985, NVwZ 1986, 293, 294.
1350 BVerwG, Urt. v. 23.06.1987, BVerwGE 77, 323, 326 f.
1351 NVwZ 1996, 549.
1352 Vgl. Beschl. v. 13.03.1993, DVBl. 1993, 601.

Das Bundesverwaltungsgericht lässt ferner eine klare Linie in seiner Rechtsprechung vermissen, indem es nunmehr die aus der Rechtswidrigkeit der gesetzten einwöchigen Frist resultierende Unhaltbarkeit der von dem Bundesamt erlassenen Abschiebungsandrohung nicht als Hinderungsgrund für eine abschließende Sachentscheidung des Gerichts anerkennt und sogar die Möglichkeit einer Art Heilung durch analoge Anwendung des § 37 Abs. 2 AsylVfG offen lässt. Die analoge Anwendung des § 37 AsylVfG hat das Bundesverwaltungsgericht in seinem Urteil vom 7. März 1995[1353] ausdrücklich verneint, weil § 71 Abs. 4 AsylVfG für das Folgeantragsverfahren nur die §§ 34 bis 36 AsylVfG, nicht aber § 37 AsylVfG, für entsprechend anwendbar erklärt. Die Notwendigkeit, nach § 38 Abs. 1 AsylVfG eine neue Abschiebungsandrohung mit einer einmonatigen Ausreisefrist auszusprechen, führt das Bundesverwaltungsgericht dort ebenfalls als Argument für eine vorrangige Sachentscheidung durch das Bundesamt an.

Bei genauerer Betrachtung kann schließlich auch die Aussage, aus den Überlegungen des Senats in dem Urteil vom 7. März 1995 lasse sich nichts für die Rechtsauffassung des VGH herleiten, nicht unwidersprochen bleiben[1354]. Der Senat hat dort neben der asylverfahrensrechtlichen Argumentation, die nur zum Teil an die Besonderheiten des § 33 AsylVfG anknüpft, auch allgemeine Erwägungen zu sachdienlichen Ausnahmen von der Pflicht des Gerichts zur Herbeiführung der Spruchreife und zur Zulässigkeit eines eingeschränkten Klagebegehrens angestellt: Dafür spreche der Rechtsgedanke aus § 113 Abs. 3 VwGO und der andernfalls drohende Verlust einer potentiell günstigen Tatsacheninstanz.

Zusammenfassend sprechen die besseren Argumente dafür, in Asylfolgesachen dem Kläger das auf die Verpflichtung des Bundesamts zur Bescheidung des Folgeantrags (§ 113 Abs. 5 Satz 2 VwGO) gerichtete Begehren nahe zu legen. Die in diese Richtung weisende Rechtsprechung des OVG Münster und des VGH München vermag im Ergebnis zu überzeugen und kann sich durchaus auf einschlägige Ausführungen des Bundesverwaltungsgerichts in dem Urteil vom 7. März 1995 berufen. Es ist zu bedauern, dass das Bundesverwaltungsgericht nach der zwischenzeitlichen Lockerung im Asylverfahrensrecht wieder dazu übergegangen ist, von dem Kläger die umfassende Klageerhebung und von dem Tatsachengericht die umfassende Ermittlungsarbeit zur Herbeiführung einer abschließenden Entscheidung zu verlangen. Dieser Trend in der höchstrichterlichen Judikatur ist damit ungeachtet der allgemeinen Andeutungen in der Entscheidung vom 7. März 1995 ungebrochen. Dass nur die jüngere Entscheidung mit dem Festhalten an den strengen Grundsätzen der Herbeiführbarkeit und der Herbeiführung der Spruchreife Eingang in die amtliche Sammlung des Bundesverwaltungsgerichts gefunden

1353 BVerwG, Urt. v. 07.03.1995, DVBl. 1995, 857, 858.

1354 Ebenso FUNKE-KAISER, in: GK-AsylVfG, § 71 Rn. 178.

hat, kann als Indiz dafür gewertet werden, wie in den Kreisen der Bundesrichter die Sympathien verteilt sind.

5. Kapitel: Gerichtliche Herbeiführung der Spruchreife bei uneingeschränktem Streitgegenstand – Möglichkeiten und Grenzen

In dem vorangegangenen Kapitel ist dargestellt worden, dass der entsprechend limitierte Streitgegenstand verhindert, dass das Gericht zu der bei Spruchreife der Sache vorgesehenen Entscheidung durchdringt, wobei hier weiter gehende Befugnisse des Klägers zur Beschränkung des Streitgegenstands befürwortet werden als in weiten Teilen der Rechtsprechung und des Schrifttums. Nachfolgend geht es um die Frage, inwieweit das Gericht trotz fehlender Beschränkung des Streitgegenstands auf Bemühungen zur Herbeiführung der Spruchreife verzichten und damit hinter dem Begehren des Klägers zurückbleiben darf oder muss.

Soweit hier von einem „Verzicht" des Gerichts die Rede ist, kann sich dieser nur auf die „Bemühungen" des Gerichts zur Herbeiführung der Spruchreife beziehen, nicht unmittelbar auf die Herbeiführung selbst. Denn nach der hiesigen Definition wird der Begriff der Spruchreife im Sinne einer positiven Entscheidung verstanden, die dem Antrag des Klägers stattgibt („Zuspruch-Reife")[1355]. Er ist zu unterscheiden von dem dazu antonymen Begriff der Abweisungsreife und dem neutralen Begriff der Entscheidungsreife. Bei dieser Terminologie bedeutete der Verzicht des Gerichts auf die Herbeiführung der Spruchreife selbst eine Parteinahme zu Gunsten des Beklagten, weil diese Formulierung implizierte, dass das Gericht die von ihm erkannte Möglichkeit, die Voraussetzungen für eine Stattgabe im Sinne der Spruchreife zu schaffen, nicht umsetzt. Zu erörtern sind an dieser Stelle aber die Fälle, in denen sich das Gericht nicht sicher sein kann, ob im Anschluss an die gerichtliche Tätigkeit im Laufe des Prozesses die Spruchreife zu bejahen sein wird. Es geht daher um Tätigkeiten, die *geeignet* sind, die Spruchreife herbeizuführen. Diese Tätigkeiten können je nach ihrem Ergebnis auch zur Herbeiführung der Abweisungsreife in der Sache führen, z.B. wenn die von dem Gericht nachgeholten Prüfungen der Sachkunde und der Zuverlässigkeit des Klägers – abweichend von der Begründung der Behörde – die Überzeugung begründen, dass die beantragte Genehmigung zu versagen ist.

Wenn demgegenüber davon gesprochen wird, das Gericht sei grundsätzlich verpflichtet, die Sache „spruchreif zu machen"[1356], so ist damit die Spruchreife nicht in dem hier befürworteten Sinne einer positiven Entscheidung aus der Sicht des

1355 Siehe oben S. 67.

1356 Ständige Rechtsprechung, vgl. BVerwG, Urt. v. 07.03.1995, DVBl. 1995, 857, 858; BVerwG, Urt. v. 06.07.1998, NVwZ 1999, 65, 66.

Klägers gemeint, sondern ein neutraler Begriff im Sinne (irgend) einer abschließenden Entscheidung. Diese Terminologie wird hier jedoch wegen der Gefahr der Verwechslung mit der Entscheidungsreife des Rechtsstreits abgelehnt[1357].

A. Vollzugsfolgenbeseitigung

Die geringsten Probleme ergeben sich bei der Frage, ob das Gericht Anstrengungen unternehmen muss, um ggf. die Spruchreife der Vollzugsfolgenbeseitigung gem. § 113 Abs. 1 Satz 2, 3 VwGO feststellen zu können. Diese Frage stellt sich dann, wenn für das Gericht feststeht, dass der vollzogene Verwaltungsakt aufgehoben werden muss, wenn aber damit noch nicht geklärt ist, ob und wie die Vollzugsfolgen beseitigt werden müssen. Das Gericht könnte also nicht ohne zusätzliche Prüfungen dem ergänzend zur Anfechtungsklage gestellten Antrag auf Verurteilung zur Vollzugsfolgenbeseitigung stattgeben.

Die Verpflichtung des Gerichts, im Rahmen dieser Klage zusätzliche Prüfungen durchzuführen, ist deshalb zu verneinen, weil die gem. § 113 Abs. 1 Satz 2, 3 VwGO beanspruchte Vollzugsfolgenbeseitigung einen selbständigen Streitgegenstand betrifft, der nur einen Annex zu dem Streitgegenstand der Anfechtungsklage bildet[1358]. Der Zweck des § 113 Abs. 1 Satz 2, 3 VwGO besteht vor allem darin, aus „prozeßökonomischen Gründen" über die Vollzugsfolgenbeseitigung bereits im Rahmen des Anfechtungsprozesses mitzuentscheiden[1359]. Dieser Zweck würde nicht erreicht, bzw. es wäre sogar kontraproduktiv, wenn das Gericht in dem kombinierten Verfahren den vorrangigen Ausspruch über die Aufhebung des angefochtenen Verwaltungsakts zurückstellen würde, nur um nach weiteren Prüfungen über beide Streitgegenstände gemeinsam zu entscheiden[1360]. Stattdessen ist ein Teilurteil über die Anfechtungsklage zu erlassen und der Kläger hinsichtlich der Vollzugsfolgenbeseitigung auf die Fortsetzung des Verfahrens zu verweisen[1361]. Dann bemisst sich aber die Pflicht des Gerichts, die notwendigen Prüfungen im Hinblick auf die Voraussetzung der Spruchreife durchzuführen, nach § 113 Abs. 5 VwGO. Für diese Verfahrensweise spricht auch, dass der Gesetzesentwurf ursprünglich formulierte: „Dieser Ausspruch ist nur zulässig, wenn die Behörde rechtlich dazu in der Lage und diese Frage *ohne weiteres* [Hervorhebung

---

1357 Siehe oben S. 73.

1358 Siehe oben S. 248.

1359 BT-Drucks. 3/55, S. 43.

1360 Vgl. REDEKER / V. OERTZEN, § 113 Rn. 21; KOPP / SCHENKE, § 113 Rn. 93; SPANNOWSKY, in: NK-VWGO, § 113 Rn. 116; a.A. GERHARDT, in: SCHOCH / SCHMIDT-ASSMANN / PIETZNER, § 113 Rn. 60.

1361 Siehe oben S. 252.

nur hier] spruchreif ist."[1362] Aus dem Zusatz „ohne weiteres" wird ersichtlich, dass diese Vorschrift gerade keinen weiteren Prüfungsbedarf im Rahmen der Anfechtungsklage aufwerfen sollte. In Ermangelung einer inhaltlichen Auseinandersetzung über diese Formulierung im Verlauf des Gesetzgebungsverfahrens ist davon auszugehen, dass sie lediglich aus kosmetischen Gründen gestrichen wurde.

B. Anfechtungsklage

I. Die materiell-rechtlich bedingte isolierte Aufhebung des Widerspruchsbescheids

Bei der Anfechtungsklage lässt sich die Frage nach Möglichkeiten und Grenzen der Herbeiführbarkeit der Spruchreife in den Fällen eindeutig beantworten, in denen auf eine einheitliche Anfechtungsklage (§ 79 Abs. 1 Nr. 1 VwGO) nur der Widerspruchsbescheid aufzuheben ist, weil nur dieser rechtswidrig ist und den Kläger in seinen Rechten verletzt, nicht aber auch der ursprüngliche Verwaltungsakt[1363]. Der dann mit der isolierten Aufhebung des Widerspruchsbescheids verursachte „Schwebezustand"[1364] kommt dadurch zu Stande, dass der ursprüngliche Verwaltungsakt zwar im erneut durchzuführenden Widerspruchsverfahren aufgehoben werden könnte, nicht aber – weil er nicht rechtswidrig ist – im gerichtlichen Verfahren. Die Spruchreife fehlt dann aus Gründen des materiellen Rechts, denn die Aufhebung gem. § 113 Abs. 1 Satz 1 VwGO setzt die Rechtswidrigkeit voraus, die sich nach materiellem Recht bestimmt.

Soweit feststeht, dass die Aufhebung des ursprünglichen Verwaltungsakts mangels Rechtswidrigkeit ausscheidet, darf das Gericht auch keine weiteren Anstrengungen unternehmen, um die Entscheidung in der Sache voranzubringen. Denn die Antwort auf die Frage der Rechtswidrigkeit ist durch die anzuwendenden Normen vorgegeben und jeder Einflussnahme durch das Gericht oder die Beteiligten entzogen. Im Unterschied zu den Fällen, in denen aus tatsächlichen Gründen die Spruchreife zu verneinen ist, lässt sich daher im Prozess auch mit der engagiertesten Aufklärungsarbeit kein weiter gehendes Ergebnis erzielen. Eine Tätigkeit des Gerichts, die sich nicht auf den Prozess auswirken kann, kommt nicht in Betracht. So ist es nicht etwa die Aufgabe des Gerichts, mit Sachverhaltsermittlungen eine Ermessensentscheidung der Widerspruchsbehörde über die Zweckmäßigkeit oder Unzweckmäßigkeit des rechtmäßigen ursprünglichen Verwal-

1362 BT-Drucks. 3/55, S. 15.
1363 Siehe oben S. 146 ff.
1364 BVerwG, Urt. v. 29.11.1961, BVerwGE 13, 195, 198.

tungsakts vorzubereiten. Es kommt auch keine selbständig bedeutsame Reduktion des Entscheidungsspielraums bei der Zweckmäßigkeitsprüfung in Betracht[1365]. Denn wäre etwa bei Ermessensverwaltungsakten aufgrund der Umstände des Einzelfalls das Ermessen in der Weise auf „null" reduziert, dass jede andere Entscheidung als die Aufhebung unzweckmäßig wäre, so wird man gleichzeitig annehmen müssen, dass der dennoch erlassene Verwaltungsakt bereits rechtswidrig ist weil er sich nicht in den von § 114 Satz 1 VwGO gezogenen Grenzen des Ermessens hält. Dann besteht aber nicht der hier behandelte Schwebezustand. Das Gericht muss sich vielmehr hinsichtlich der Zweckmäßigkeitsprüfungen immer einer weiteren Beschäftigung mit der Angelegenheit enthalten, weil es sonst der Entscheidung der Behörde unangemessen vorgreifen würde. Folglich scheidet bei isolierter Aufhebung des Widerspruchsbescheids die Durchführung von Maßnahmen, die zur Herbeiführung der Spruchreife geeignet sind, von vornherein aus.

II. Die Entscheidung gem. § 113 Abs. 3 Satz 1 VwGO

Schwieriger zu beantworten ist die Frage, inwieweit die Verwaltungsgerichte die Entscheidungsreife des Rechtsstreits bejahen und das gerichtliche Verfahren beenden dürfen, weil aus tatsächlichen Gründen die Spruchreife der Sache zu verneinen ist und die abschließende Entscheidung im Verwaltungsverfahren getroffen werden soll. Zwar bestimmt die spezielle gesetzliche Regelung des § 113 Abs. 3 Satz 1 VwGO, unter welchen Voraussetzungen ein Mangel bei der Sachverhaltsaufklärung nicht von dem Gericht behoben werden muss und dennoch ein (instanzbeendendes) Endurteil möglich ist. Die Tatbestandsmerkmale dieser Norm sind jedoch höchst auslegungsbedürftig und zwangsläufig umstritten.

1. Erheblichkeit der Ermittlungen nach Art oder Umfang

Unzweifelhaft kommt § 113 Abs. 3 Satz 1 VwGO nur zur Anwendung, wenn die Ermittlung des entscheidungserheblichen Sachverhalts zum Zeitpunkt der Befassung des Gerichts mit dem Fall Defizite aufweist („Hält das Gericht eine weitere Sachaufklärung für erforderlich, ..."). Die in dieser Norm vorgesehene Aufhebung des angefochtenen Verwaltungsakts ohne Entscheidung in der Sache steht aber zunächst unter der einschränkenden Voraussetzung, dass „nach Art oder Umfang die noch erforderlichen Ermittlungen erheblich" sein müssen.

Die Novellierung der Absätze 2 und 3 des § 113 VwGO folgt weitgehend dem Vorbild der für die Finanzgerichtsbarkeit geltenden Bestimmungen des Entwurfs

---

1365 Vgl. zu der andersartigen Konstellation bei der Verpflichtungsklage unten S. 413 f.

einer Neufassung des § 100 Abs. 2 , Abs. 3 FGO und Art. 3 § 4 des Gesetzes zur Entlastung der Gerichte in der Verwaltungs- und Finanzgerichtsbarkeit (VGFG EntlastG) vom 31. März 1978[1366]. Danach war es dem Finanzgericht erlaubt, den angefochtenen Verwaltungsakt teilweise aufzuheben und die zu Unrecht berücksichtigten oder unberücksichtigten tatsächlichen oder rechtlichen Verhältnisse so zu bestimmen, dass die Finanzbehörde den Betrag auf Grundlage der Entscheidung neu berechnen kann. Besonders eng ist daher die Verwandtschaft mit § 113 Abs. 2 Satz 2 VwGO, der für Verwaltungsakte gilt, die einen Geldbetrag festsetzen oder eine darauf bezogene Feststellung treffen. REDEKER[1367] hat es zu Recht als Unebenheit im Wege der übereilten Verabschiedung des 4. VwGO-Änderungsgesetzes bezeichnet, dass diese Voraussetzung für die Rückverweisung der Sache an die Verwaltung in den sie betreffenden Bestimmungen unterschiedlich formuliert wird, obwohl diese Bestimmungen inhaltlich das gleiche meinen: § 4 VGFG EntlastG sprach von einem „besonderen Aufwand", § 100 Abs. 2 Satz 2 FGO a.F. setzte eine „erheblichen Aufwand an Kosten und Zeit erfordernde Aufklärung" voraus, § 100 Abs. 2 Satz 2 FGO n.F. sowie § 113 Abs. 2 Satz 2 VwGO sprechen von einem „nicht unerheblichen Aufwand" und § 100 Abs. 3 Satz 1 FGO n.F. sowie § 113 Abs. 3 Satz 1 VwGO davon, dass „nach Art oder Umfang die noch erforderlichen Ermittlungen erheblich" sein müssen. Übereinstimmend geht es in diesen Vorschriften darum, ob die gerichtliche Ermittlung zu einer beachtenswerten Belastung des Gerichts führen würde[1368].

Beispielsweise hat das VG Neustadt/Weinstraße die Anwendung des § 113 Abs. 3 VwGO in einem asylrechtlichen Verfahren damit begründet, dass der von den Klägern gegen den Widerruf ihrer Anerkennung geltend gemachte Status nach dem Gesetz über Maßnahmen für im Rahmen humanitärer Hilfsaktionen aufgenommene Flüchtlinge – HumAG – vom 22. Juli 1980[1369] sich nicht allein mit ihrer fehlenden Aufnahme im Ausländerzentralregister (§ 2 Abs. 2 HumAG) widerlegen lasse, weil die Aufnahme lediglich deklaratorische Bedeutung habe; daher sei im Hinblick auf den möglichen Status nach dem HumAG zu ermitteln, ob und in welcher Art und Weise und mit welchen Zusagen die Kläger als Botschaftsflüchtlinge nach Deutschland gelangt seien[1370]. Diese Ausführungen betreffen die Erheblichkeit der erforderlichen Ermittlungen, denn sie wäre zu verneinen, wenn

---

1366 BGBl. I, S. 446.

1367 DVBl. 1992, 972, 973; ebenso REDEKER / V.OERTZEN, § 113 Rn. 10.

1368 REDEKER / V.OERTZEN, § 113 Rn. 10; im Anschluss an diese MARX, S. 20; zu § 113 Abs. 3 Satz 1 VwGO auch GERHARDT, in: SCHOCH / SCHMIDT-ASSMANN / PIETZNER, § 113 Rn. 48; SPANNOWSKY, in: NK-VWGO, § 113 Rn. 203.

1369 BGBl. I, S. 1057, geändert durch Art. 5 des Gesetzes zur Neuregelung des Ausländerrechts vom 09. 07.1990 (BGBl. I, S. 1354).

1370 VG Neustadt/Weinstraße, Urt. v. 17.10.1994, InfAuslR 1995, 36, 37; siehe dazu auch OVG Koblenz, Beschl. v. 26.11.1999, DÖV 2000, 253, 254.

die bloße Einsichtnahme in das Ausländerzentralregister Klarheit verschaffen würde.

Unterschiedlich wird die Frage der Erheblichkeit i.S.d. § 113 Abs. 3 Satz 1 VwGO beantwortet, wenn (behördenexterne) Sachverständigengutachten notwendig sind[1371]. MEINES Erachtens ist auch dieser Fall unter die Erheblichkeit i.S.d. § 113 Abs. 3 Satz 1 VwGO zu subsumieren. Das Gesetz betont, dass die Ermittlungen nach Art *oder* Umfang erheblich sein müssen. Daher kommt es nicht darauf an, ob die Masse der notwendigen Tatsachenerhebungen oder die – bei der erforderlichen Einholung eines Sachverständigengutachtens notwendig zu bejahende – Schwierigkeit der Fragen tatsächlicher Art einer zügigen Erledigung durch das Gericht entgegensteht. Wie die Ermittlungen in sinnvoller Weise zu leisten sind, ist dagegen eine Frage der Sachdienlichkeit i.S.d. § 113 Abs. 3 Satz 1 VwGO.

Kriterium der Erheblichkeit sollte sein, ob eine sofortige Verhandlung über die entscheidungserheblichen Tatsachen möglich wäre. Darauf kommt es nach weithin anerkannter Auffassung auch für die Frage an, ob eine mehr als unerhebliche Verzögerung der Erledigung des Rechtsstreits durch verspätetes Vorbringen i.S.d. § 296 Abs. 1 bzw. § 528 Abs. 1 ZPO vorliegt[1372]. Damit wäre die hypothetische Betrachtung anzustellen, dass das Gericht bei der ersten Befassung mit dem Fall unter Beachtung der gesetzlichen Ladungsfristen einen Termin zur mündlichen Verhandlung anberaumt; dann wäre die Erheblichkeit i.S.d. § 113 Abs. 3 Satz 1 VwGO zu bejahen, wenn nicht voraussichtlich die Erledigung des Rechtsstreits in diesem Termin möglich ist. Das schließt regelmäßig eine Beweiserhebung z.B. durch Einsichtnahme in Urkunden oder durch Vernehmung präsenter Zeugen nicht aus, wohl aber eine Beweiserhebung durch Augenscheineinnahme vor Ort oder durch Einholung eines Sachverständigengutachtens.

2. Sachdienlichkeit auch unter Berücksichtigung der Belange der Beteiligten

Besonders auslegungsbedürftig und problematisch ist das Tatbestandsmerkmal der Sachdienlichkeit i.S.d. § 113 Abs. 3 Satz 1 VwGO. Die Konturen dieses Merkmals ergeben sich nicht unmittelbar aus der Norm selbst. Der Begriff ist zwar nicht neu, aber auch soweit er an anderer Stelle im Gesetz auftaucht (vgl. § 86

1371 Bejahend SPANNOWSKY, in: NK-VwGO, § 113 Rn. 203; verneinend GERHARDT, in: SCHOCH / SCHMIDT-ASSMANN / PIETZNER, § 113 Rn. 48.

1372 BGH, Urt. v. 09.11.1990, NJW 1991, 1181, 1182; GREGER, in: ZÖLLER, § 296 Rn. 13; HARTMANN, in: BAUMBACH / LAUTERBACH / ALBERS / HARTMANN, § 296 Rn. 39.

Abs. 3 VwGO[1373], 91 Abs. 1 VwGO[1374], 97 VwGO[1375], § 45 FGO[1376]), ist er höchst ausfüllungsbedürftig, nicht konstant und nicht geeignet, das Profil der Sachdienlichkeit i.S.d. § 113 Abs. 3 Satz 1 VwGO zu schärfen. Diese Schwierigkeiten sind jedoch kein Anlass, von der Überflüssigkeit dieses Merkmals auszugehen[1377]. Es handelt sich vielmehr um das zentrale Kriterium, auf das bei der Auslegung und Anwendung des § 113 Abs. 3 Satz 1 VwGO besondere Sorgfalt verwendet werden muss.

a. Abwägungsentscheidung

Die Beurteilung der Sachdienlichkeit erfordert eine Abwägungsentscheidung[1378], denn die für und gegen eine zurückverweisende Aufhebung sprechenden Argumente sind einander gegenüber zu stellen und zu gewichten. Da die gem. § 113 Abs. 3 Satz 1 VwGO auszusprechende Aufhebung „auch unter Berücksichtigung der Belange der Beteiligten sachdienlich" sein muss, sind deren – regelmäßig widerstreitende – Interessen besonders zu berücksichtigen.

i) Argumente gegen die Sachdienlichkeit

(1) Untersuchungsgrundsatz gem. § 86 Abs. 1 Satz 1 VwGO?

Gegen die Sachdienlichkeit der zurückverweisenden Aufhebung könnte grundsätzlich die Geltung des Untersuchungsgrundsatzes im Verwaltungsprozess gem. § 86 Abs. 1 Satz 1 VwGO sprechen, denn namentlich das Bundesverwaltungsgericht hat mehrfach betont, dass § 86 Abs. 1 Satz 1 VwGO das Verwaltungsgericht

---

1373 Sachdienliche Anträge sind solche, mit denen der Kläger im Rahmen seiner Möglichkeiten „das erstrebte Ziel am besten und zweckmäßigsten erreichen" kann (KOPP / SCHENKE, § 86 Rn. 23).

1374 Maßstab für die Sachdienlichkeit der Klageänderung ist die kaum weniger definitionsbedürftige Prozesswirtschaftlichkeit (vgl. REDEKER / V.OERTZEN, § 91 Rn. 7) und bestimmt sich im Übrigen nach den Umständen des Einzelfalls (vgl. auch die Kasuistik bei KOPP / SCHENKE, § 91 Rn. 19 f.).

1375 Sachdienlich sind Fragen der Beteiligten an Zeugen und Sachverständige, wenn sie sich im Rahmen des Beweisthemas halten und geeignet sind, das Verfahren zu fördern (KOPP / SCHENKE, § 97 Rn. 3).

1376 Die Sprungklage im Finanzprozess ist sachdienlich, wenn sie für den Verfahrensfortgang förderlich ist (V.GROLL, in: GRÄBER, § 45 Rn. 27).

1377 So aber MARX, S. 36. Ebenso v. GROLL, in: GRÄBER, § 100 Rn. 49 zu § 100 Abs. 3 Satz 1 FGO, obwohl die dortige Kommentierung ausführliche Hinweise zu einer zweckdienlichen Handhabung dieses Kriteriums enthält.

1378 v. GROLL, in: GRÄBER, § 100 Rn. 49 zu § 100 Abs. 3 Satz 1 FGO.

dazu verpflichte, die notwendigen Prüfungen und Feststellungen selbst vorzunehmen und sodann in der Sache selbst zu entscheiden[1379]. Zu § 113 Abs. 3 VwGO heißt es in einer neueren Entscheidung des Bundesverwaltungsgerichts, diese Bestimmung sehe eine Ausnahme von dem Grundsatz der abschließenden Streitentscheidung durch die Gerichte vor[1380]. Diese Entscheidung betrifft allerdings die von dem Bundesverwaltungsgericht verneinte Frage der analogen Anwendbarkeit des § 113 Abs. 3 VwGO auf Verpflichtungsklagen[1381], und es wird nicht ganz klar, ob der Grundsatz der abschließenden Streitentscheidung durch die Gerichte, den das Bundesverwaltungsgericht der Anwendung des § 113 Abs. 3 VwGO entgegenhält, auch in § 86 Abs. 1 Satz 1 VwGO wurzeln soll.

Der Grundsatz der abschließenden Streitentscheidung durch die Gerichte dürfte sich bereits aus dem Wesen der Rechtsprechung mit ihrer Funktion im gewaltengeteilten Rechtsstaat ergeben[1382]. Der Untersuchungsgrundsatz des § 86 Abs. 1 Satz 1 VwGO ist dann nur ein – keineswegs zwingend erforderliches – Mittel zur Umsetzung dieses Prinzips. Die neu in das Gesetz aufgenommene Bestimmung des § 113 Abs. 3 Satz 1 VwGO bildet zweifellos eine Ausnahme, und zwar von diesen beiden Grundsätzen. Wenn aber der Gesetzgeber eine solche Ausnahme ausdrücklich normiert hat, würde es nicht genügen, ihre Anwendung mit dem Hinweis auf das Regel-Ausnahme-Verhältnis als solches abzulehnen. Vielmehr kommt es dann darauf an, zu welchen Zwecken das Regel-Ausnahme-Verhältnis besteht und ob im Hinblick auf diese Zwecke der Regel oder der Ausnahme zur Geltung verholfen werden sollte.

(a) Vermeidung eines weiteren Prozesses

Ausschlaggebende Bedeutung kann zunächst dem Umstand zukommen, dass die Sachverhaltsermittlung durch das Gericht die Voraussetzung für eine abschließende Entscheidung durch das Gericht ist. Die Alternative besteht ja nicht darin, dass das Gericht wie im Zivilprozess einen formell wahren Sachverhalt einer abschließenden Entscheidung zu Grunde legt. Statt dessen bleibt der Sachverhalt gänzlich offen, und die beteiligte Behörde trägt die Verantwortung für die weiteren Ermittlungen und Entscheidungen. Diese Vorgehensweise verbietet sich dann, wenn anzunehmen ist, dass die eingeschränkte Entscheidung das Streitpotential zwischen den Beteiligten nicht ausreichend entschärfen kann und ein neues Klageverfahren im Anschluss an die erneute Behördentätigkeit vorprogrammiert ist. Denn es ist zu

1379 Vgl. aus jüngerer Zeit BVerwG, Urt. v. 10.02.1998, BVerwGE 106, 171, 172 = DVBl. 1998, 725, 726 = NVwZ 1998, 861, 862 m.w.Nachw.

1380 BVerwG, Urt. v. 06.07.1998, BVerwGE 107, 128, 130 = NVwZ 1999, 65, 66.

1381 Siehe dazu unten S. 462.

1382 Vgl. ACHTERBERG, in: MENGER-FS (1985), S. 135.

berücksichtigen, dass jede gerichtliche Entscheidung einen Beitrag zum Rechtsfrieden leisten sollte[1383]. Das ist bei einer fehlenden Aufklärung des Sachverhalts durch das Gericht dann nicht gewährleistet, wenn das Vertrauensverhältnis zwischen Behörde und Bürger in jeder Hinsicht zerstört ist[1384]. Die Gründe dafür können sowohl in einer Interessenparallelität zwischen der Behörde und dem Beigeladenen liegen[1385] als auch in einer querulatorischen Veranlagung des Klägers. Jedenfalls ist es in diesen Fällen angezeigt, die spezielle Funktion der Rechtsprechung zur „Streitentscheidung durch einen unbeteiligten Dritten"[1386] zu nutzen.

(b) Besondere Leistungsfähigkeit der gerichtlichen Sachverhaltsaufklärung

Für eine Sachverhaltsermittlung durch das Gericht und gegen eine an die Verwaltung zurückverweisende Entscheidung können auch die unterschiedlichen Qualitäten der gerichtlichen und behördlichen Sachverhaltsermittlung sprechen.

Das Verwaltungsverfahren ist u.a. durch Beweiserleichterungen, Zusammenfassungen, Typisierungen und vergleichbare Instrumente schnellen Entscheidens gekennzeichnet, während die besondere Qualität gerichtlicher Verfahren in ihrer Präzision liegt, die „unter bewußter Inkaufnahme zeitlicher Dauer durch sorgfältig-individualisierendes Vorgehen erzielt wird"; daher kann das Gerichtsverfahren seine Funktion nur dort – aber auch gerade dort – sinnvoll erfüllen, wo die Zahl der Beteiligten und der Streitstoff begrenzt bleiben[1387]. Mit diesen Überlegungen ist die Sachdienlichkeit einer Anwendung des § 113 Abs. 3 Satz 1 VwGO für die Fälle auszuschließen, in denen zur Beurteilung des Sachverhalts nur geringe Informationsmengen vorhanden sind, die dafür um so genauer gewürdigt werden müssen, z.B. wenn es auf die Glaubwürdigkeit weniger Zeugen ankommt. Für diese Fälle ist der Richter der beste Experte.

Ferner kann unter Umständen die gebotene Gründlichkeit bei der behördlichen Sachverhaltsaufklärung entweder darunter leiden, dass öffentlich-rechtliche Streitigkeiten zwischen Privaten (z.B. im Bereich der Baunachbarklage) nur zu einer eher gelangweilten Teilnahme der Behörde führen und sie „als eigenes (‚öffentliches'!) Interesse nur noch den Ersatz der Reisekosten verfolgt", oder aber darun-

1383 BT-Drucks. 11/7030, S. 30.

1384 DEMMEL, S. 146 unter Hinweis auf SENDLER, DVBl. 1982, 812, 818 f.

1385 GERHARDT, in: SCHOCH / SCHMIDT-ASSMANN / PIETZNER, § 113 Rn. 48; ebenso DEMMEL, S. 146; allgemein zum Strukturwandel im Verwaltungsprozess durch Verflechtung industrieller und bürokratischer Interessen FABER, in: RAV-Hannover-FS (1981), S. 92.

1386 ACHTERBERG, in: MENGER-FS (1985), S. 141.

1387 SCHMIDT-ASSMANN, in: MENGER-FS (1985), S. 117.

ter, dass die von der Behörde aufgrund bürokratischer Arbeitsteilung verfolgten Interessen nicht mit den weiter gefassten öffentlichen Interessen identisch sind; daher kann es geboten sein, dass die gerichtliche Untersuchungspflicht des § 86 Abs. 1 Satz 1 VwGO auflebt, um die Gefahr der nachlässigen oder nur ausschnittsweise erfolgenden Berücksichtigung öffentlicher Interessen zu kompensieren[1388]. Auch in diesen Fällen ist die Sachdienlichkeit der zurückverweisenden Aufhebung gem. § 113 Abs. 3 Satz 1 VwGO zu verneinen.

(2) Irreparable Nachteile

Die Sachdienlichkeit i.S.d. § 113 Abs. 3 Satz 1 VwGO ist auch dann ausgeschlossen, wenn die Gefahr besteht, dass wegen einer Änderung der Sach- und/oder Rechtslage der aufgehobene Verwaltungsakt – obwohl er ursprünglich vielleicht rechtmäßig war – nicht erneut erlassen werden kann[1389]. Es handelt sich dabei vor allem um ein Problem bei begünstigenden Verwaltungsakten mit belastender Drittwirkung, wenn die Möglichkeit besteht, dass der belastete Dritte die Aufhebung eines rechtmäßigen Verwaltungsakts erreicht, der zu Gunsten des Antragstellers nicht mehr erneut oder nur mit erheblichen, den Antragsteller belastenden Nebenbestimmungen erlassen werden darf, weil sich inzwischen die Sach- und/oder Rechtslage geändert hat[1390]. Insofern erfordert die Anwendung des § 113 Abs. 3 Satz 1 VwGO bei Drittanfechtungsklagen eine besondere Sorgfalt, ist jedoch keineswegs ausgeschlossen[1391]. Das Problem der Betroffenheit Dritter verdeutlicht, dass es möglicherweise näher gelegen hätte, dem Verwaltungsgericht die Möglichkeit zu geben, von Amts wegen (nur) die Vollziehung des Verwaltungsakts auszusetzen, ohne ihn (schon) aufzuheben; diese Lösung scheidet angesichts der Entscheidung des Gesetzgebers für die Regelung in § 113 Abs. 3 Satz 1 VwGO jedoch aus[1392].

1388 FABER, in: RAV-Hannover-FS (1981), S. 93.

1389 GAENTZSCH, in: REDEKER-FS (1993), S. 407.

1390 GAENTZSCH, in: REDEKER-FS (1993), S. 407; DEMMEL, S. 146.

1391 KUNTZE, in: BADER / FUNKE-KAISER / KUNTZE / v.ALBEDYLL, § 113 Rn. 88, bezeichnet Drittanfechtungsklagen, bei denen die Rechtsverletzung der nachteilig Betroffenen nicht mit ausreichender Sicherheit feststellbar ist, als Hauptanwendungsbereich des § 113 Abs. 3 VwGO.

1392 GAENTZSCH, in: REDEKER-FS (1993), S. 407 f.

ii) Argumente für die Sachdienlichkeit

(1) Spezielle Kenntnisse und Fähigkeiten der Behörde

In der Begründung des Entwurfs zu § 113 Abs. 3 VwGO heißt es: „Nur wenn nach Lage der Dinge zweifelsfrei Ermittlungen vorzunehmen sind, welche die Behörde nach ihrer personellen und sachlichen Ausstattung besser durchführen kann als das Gericht, und wenn es unter übergeordneten Gesichtspunkten vernünftiger und sachgerechter ist, die Behörde tätig werden zu lassen, wird nach Satz 1 vorzugehen sein."[1393]

Es leuchtet ein, dass der typische Anwendungsbereich der Vorschrift die Fälle betrifft, in denen gerade die besonderen Qualitäten und Ressourcen der Behörde bei der Sachverhaltsermittlung genutzt werden können, denn dann ist die notwendige Klarheit am schnellsten, zuverlässigsten und kostengünstigsten durch die Ermittlungsarbeit der bereits mit dem Fall vertrauten Behörde zu erlangen. Die Gesetzesbegründung dürfte aber nicht so zu verstehen sein, dass damit der einzige Anwendungsbereich dieser Norm umschrieben wäre. Es ist davon auszugehen, dass § 113 Abs. 3 VwGO angewendet werden kann, wenn damit der besondere Sachverstand der Behörde fruchtbar gemacht wird und (darüber hinaus) in den Fällen, in denen es „unter übergeordneten Gesichtspunkten vernünftiger und sachgerechter ist, die Behörde tätig werden zu lassen". Wäre eine Regelung bezweckt, derzufolge die notwendigen Sachverhaltsaufklärungen gerade mit den Mitteln der Behörde zu bewerkstelligen sein müssen, und z.B. nicht durch externe Sachverständigengutachten, so wäre im Gesetz eine Formulierung zu erwarten, die die Sachdienlichkeit der behördlichen *Ermittlungen* verlangt. Voraussetzung ist jedoch, dass die *Aufhebung* sachdienlich ist, was sich nicht allein nach den Möglichkeiten der Behörde bestimmt.

Die Ermittlungsvorteile der Behörde selbst dürften allerdings eine starke Indizwirkung zu Gunsten der Anwendbarkeit des § 113 Abs. 3 Satz 1 VwGO entfalten. Sie ist beispielsweise zu bejahen, wenn es darum geht, wegen eines feststellenden Verwaltungsakts im Zusammenhang mit dem Ausschluss eines Rückübertragungsanspruchs nach dem Vermögensgesetz (VermG) aus einer Fülle von Aktenmaterial Tatsachen über den Umfang von Gesellschaftsvermögen und Gesellschaftsbeteiligungen aus der Zeit vor 1956 zu ermitteln, um die (Nicht-)Berechtigung einer eventuellen Rechtsnachfolgerin gem. § 6 Abs. 1a Satz 4 VermG beurteilen zu können[1394]. Zur Beantwortung derartiger Fragen ist das spezialisierte

[1393] BT-Drucks. 11/7030, S. 30.
[1394] VG Dresden, Urt. v. 17.11.1992, VIZ 1993, 213, 215.

Landesamt zur Regelung offener Vermögensfragen besser geeignet als das Verwaltungsgericht. Vergleichbares gilt z.B. für den Fall, in dem aus tatsächlichen Gründen im Prozess noch nicht beurteilt werden konnte, ob es gerechtfertigt war, die Anerkennung der Kläger als Asylberechtigte zu widerrufen[1395]: Es kam darauf an, mit welchen Zusagen und in welchem Verfahren die Kläger – möglicherweise als Flüchtlinge im Sinne des HumAG – in der Bundesrepublik Deutschland aufgenommen worden waren; mithin waren Umstände erheblich, die unmittelbar in der Sphäre des beklagten Bundesamts zu klären waren.

(2) Die Berücksichtigung der Informationskosten

Verschiedentlich wird darauf hingewiesen, dass bei der Entscheidung über die Anwendung des § 113 Abs. 3 Satz 1 VwGO auch Kostenfaktoren zu berücksichtigen sind[1396]. Diese Hinweise geben Anlass zu einigen grundsätzlichen Erwägungen zu den Informationskosten im Verwaltungsprozess. Hilfreich für die Beurteilung der Sachdienlichkeit i.S.d. § 113 Abs. 3 Satz 1 VwGO ist nämlich die Überlegung, dass der Untersuchungsgrundsatz im Verwaltungsprozess unabhängig von dieser Vorschrift nicht schrankenlos gewährleistet ist und nicht schrankenlos gewährleistet sein kann.

(a) Der Wirtschaftlichkeitsvorbehalt des Untersuchungsgrundsatzes

FABER[1397] hat lange vor der Novellierung des § 113 Abs. 3 VwGO nachgewiesen, dass man einen „Wirtschaftlichkeitsvorbehalt der Inquisitionsmaxime" anerkennen muss, soweit man den Verwaltungsprozess nicht dem Vorwurf der Realitätsferne aussetzen will. Nähme man § 86 Abs. 1 Satz 1 HS. 1 VwGO wörtlich („Das Gericht erforscht den Sachverhalt von Amts wegen"), so verlangte man von dem Verwaltungsgericht, vor der Entscheidung über die Klage eines abgelehnten Asylbewerbers – und sogar vor dessen Vernehmung zu Beweiszwecken (weil alle Beweismittel erschöpft sein müssen[1398]) – einen Dolmetscher beizuziehen, Sachverständige zu befragen und möglicherweise den Berichterstatter zur Einvernahme wichtiger Zeugen in den Herkunftsstaat des Asylbewerbers zu entsenden[1399]. Ein

---

1395 VG Neustadt/Weinstraße, Urt. v. 17.10.1994, InfAuslR 1995, 36, 37.

1396 Vgl. DEMMEL, S. 161; GERHARDT, in: SCHOCH / SCHMIDT-ASSMANN / PIETZNER, § 113 Rn. 48; KUNTZE, in: BADER / FUNKE-KAISER / KUNTZE / V.ALBEDYLL, § 113 Rn. 90; SPANNOWSKY, in: NK-VwGO, § 113 Rn. 203.

1397 In RAV-Hannover-FS (1981), S. 79 ff.

1398 REDEKER / V.OERTZEN, § 98 Rn. 16; HARTMANN, in: BAUMBACH / LAUTERBACH / ALBERS / HARTMANN, Übersicht § 445 Rn. 9.

1399 FABER, in: RAV-Hannover-FS (1981), S. 79.

solches Vorgehen wird niemand ernsthaft fordern, zumal sich bei der Sachverhaltsaufklärung die Schere zwischen dem Machbaren und dem Zumutbaren immer weiter öffnet: Einerseits sind die Erkenntnisgrenzen durch den wissenschaftlich-technischen Fortschritt weit hinausgeschoben worden, aber andererseits haben die Kosten der Informationsbeschaffung explosionsartig zugenommen[1400]. Daraus folgt, dass der Untersuchungsgrundsatz seinen zwingenden, abwägungsfeindlichen Charakter verliert und generalklauselartigen Charakter annimmt, weil die Aufklärung nicht an naturwissenschaftlichen Grenzen scheitert, sondern an der Unzumutbarkeit unverhältnismäßiger Informationsbeschaffungskosten[1401]. Dem Untersuchungsgrundsatz sind aber nicht nur durch die faktischen Zwänge Grenzen gesetzt, sondern auch der Gesetzgeber selbst hat mit der Aufforderung an das Gericht, die Beteiligten zur Erforschung des Sachverhalts heranzuziehen (§ 86 Abs. 1 Satz 1 HS. 2 VwGO), „exemplarisch die Berücksichtigung der Informationskosten verlangt"[1402].

Vor diesem Hintergrund erscheint § 113 Abs. 3 Satz 1 VwGO als konsequente Fortführung bei der Anerkennung eines Wirtschaftlichkeitsvorbehalts des Untersuchungsgrundsatzes im Verwaltungsprozess. Es geht zunächst um das ehrliche Eingeständnis, dass in einigen Fällen das Gericht mit vertretbarem Aufwand den Sachverhalt nicht aufklären kann, aber dennoch die Entscheidung des Rechtsstreits angezeigt ist. Eine gesteigerte Bedeutung erhalten diese Aspekte der Verfahrenswirtschaftlichkeit dann, wenn anzunehmen ist, dass das Gericht zur Sachverhaltsaufklärung wenig beisteuern kann und die weiteren Ermittlungen ohne weiteres in der Verantwortung der Behörde fortgeführt werden können. Unter diesen Umständen kann das gerichtliche Verfahren frühzeitig und kostengünstig nach § 113 Abs. 3 Satz 1 VwGO beendet werden, ohne dass das Gericht auch nur den Versuch einer abschließenden Aufklärung durch eine Beweisaufnahme unternehmen müsste.

(b) Der Vergleich mit der Problematik der Beweislast-Verteilung

Soweit das Gericht trotz Unerweislichkeit entscheidungserheblicher Tatsachen – oder besser: trotz zulässiger Unerwiesenheit entscheidungserheblicher Tatsachen – den Rechtsstreit entscheidet, greifen gewöhnlich die Regeln über die Verteilung der Beweislast ein. Im Falle des § 113 Abs. 3 Satz 1 VwGO kommen sie nicht unmittelbar zur Anwendung, denn das würde voraussetzen, dass zumindest der

---

1400 FABER, in: RAV-Hannover-FS (1981), S. 82.
1401 FABER, in: RAV-Hannover-FS (1981), S. 82 f.
1402 FABER, in: RAV-Hannover-FS (1981), S. 95.

Versuch einer Aufklärung erfolgt ist[1403]. Die Parallelität zwischen der Anwendung dieser Vorschrift und der praktischen Unaufklärbarkeit des Sachverhalts besteht aber darin, dass es einer Rechtfertigung bedarf, wenn der Rechtsstreit zu Gunsten eines Beteiligten entschieden wird, obwohl es möglich ist, dass der wahre Sachverhalt diese Entscheidung nicht trägt. Die Rechtfertigung besteht im Falle des „non liquet" darin, dass die (geschriebenen und ungeschriebenen) Beweislastnormen als zusätzliche Entscheidungsnormen herangezogen werden[1404]. Daher wird man die Anwendung des § 113 Abs. 3 Satz 1 VwGO mangels Sachdienlichkeit tendenziell dann ablehnen müssen, wenn eine hypothetische Betrachtung ergibt, dass der Anfechtungskläger, der ja mit der Aufhebung nach dieser Norm zumindest einen Teilerfolg erzielen würde, bei Unaufklärbarkeit des Sachverhalts nach Ausschöpfung der Beweismittel die Beweislast zu tragen hätte. Umgekehrt spricht es für die Sachdienlichkeit i.S.d. § 113 Abs. 3 Satz 1 VwGO, wenn den Gründen für eine Beweislast der Behörde auch Argumente zu Gunsten des Verzichts auf die gerichtliche Sachverhaltsaufklärung abgewonnen werden können.

Bei der Entscheidung nach der Beweislast sind vorrangig die – allerdings selten anzutreffenden – gesetzlichen Beweislastregelungen zu beachten[1405]. Abseits der gesetzlichen Bestimmungen kommen die allgemeinen Grundsätze über die Verteilung der Beweislast zur Anwendung. Die dazu entwickelten Formeln bedürfen jedoch der Überprüfung und der gegenseitigen Ergänzung[1406]. Die Ansicht, dass im Verwaltungsprozess grundsätzlich der Anfechtungskläger die Beweislast trage[1407], kann als überholt gelten, denn die Beweislast ist von den Parteirollen der Beteiligten unabhängig[1408]. Vor allem wird heute davon ausgegangen, dass die Beweislast für die Voraussetzungen einer Norm grundsätzlich derjenige zu tragen

---

1403 Vgl. GRUNSKY, § 41 III 1; REDEKER / V.OERTZEN, § 108 Rn. 10.

1404 ROSENBERG / SCHWAB / GOTTWALD, § 117 II 1 und § 117 III 1.

1405 BERG, S. 208 unter Hinweis z.B. auf § 41 Abs. 2 HS. 2 VwVfG, auf die im Grundsatz dem § 830 Abs. 1 Satz 2 BGB vergleichbare Norm des § 22 Abs. 1 S. 2 WHG und auf § 31 Abs. 3 Satz 1 BeamtVG, wonach ein Unfall als Dienstunfall „gilt", wenn ein Beamter der Gefahr bestimmter Erkrankungen ausgesetzt ist und sich mit einer solchen Krankheit infiziert, „es sei denn, daß der Beamte sich die Krankheit außerhalb des Dienstes zugezogen hat". DERSELBE, S. 219 betont, dass es sich dabei gesetzestechnisch vielfach um Vermutungen handelt. Hervorgehoben wird die Bedeutung gesetzlicher Vermutungen auch bei KOPP / SCHENKE, § 108 Rn. 12.

1406 BERG, S. 221 ff.; FABER, in: RAV-Hannover-FS (1981), S. 96.

1407 So BVerwG, Urt. v. 18.04.1956, BVerwGE 3, 245, 246.

1408 BVerwG, Urt. v. 27.02.1973, DÖV 1973, 649; BERG, S. 178, berichtet, dass die These von der objektiven Beweislast des Anfechtungsklägers auf dem 46. Deutschen Juristentag (1966) für unhaltbar erklärt wurde. Vgl. ferner KOPP / SCHENKE, § 108 Rn. 10; REDEKER / V.OERTZEN, § 108 Rn. 11.

habe, der daraus eine ihm günstige Rechtsfolge herleiten will[1409]. Bei genauerem Hinsehen bereitet dieser Ansatz jedoch massive Schwierigkeiten, denn es ist – im Verwaltungsrecht mehr noch als im Zivilrecht – meist keineswegs eindeutig, wem eine Norm „günstig" ist[1410]. Auch die von der h.M. in diesem Zusammenhang vorgenommene Unterscheidung zwischen rechtsbegründenden und rechtserhaltenden Merkmalen einerseits und rechtshindernden, rechtsvernichtenden und rechtshemmenden Merkmalen andererseits[1411] ist nicht der Weisheit letzter Schluss, denn es gibt keine zuverlässigen Erkenntnismöglichkeiten, die Aufschluss über den Verlauf der Grenzen zwischen diesen Kategorien geben könnten[1412]. Beispielsweise kann das Fehlen der Geschäftsfähigkeit eines Vertragspartners sowohl einen Mangel im rechtsbegründenden Teil des Rechtsgeschäfts bilden als auch den rechtshindernden Merkmalen zuzurechnen sein[1413]. Im öffentlichen Recht ist es neben den Schwierigkeiten bei der Auslegung der einfachen Gesetzesnormen[1414] besonders problematisch, ob der Bürger die Voraussetzungen eines Grundrechts beweisen muss (weil ihm die Grundrechtsnorm günstig ist) oder ob die Behörde die Beschränkung des Grundrechts beweisen muss (weil ihr die Eingriffsermächtigung einen „Vorteil" verschafft)[1415]. Etwa die Überlegungen der Rechtsprechung zur Beweislast für die Gewissensgründe des sich auf Art. 4

1409 Ständige Rechtsprechung, vgl. BGH, Urt. v. 11.10.1994, NJW 1995, 49, 50; BGH, Urt. v. 14.01.1991, BGHZ 113, 225 = NJW 1991, 1052, 1053; ausführlich zu Beweislast und Beweismaß im Zivilprozess BGH, Urt. v. 17.02.1972 („Anastasia"), BGHZ 53, 245, 247 ff. = NJW 1970, 946, 947 ff.; ferner BVerwG, Beschl. v. 23.06.1995, BVerwGE 99, 18, 20; BVerwG, Urt. v. 27.11.1980, BVerwGE 61, 176, 189; weitere Nachw. bei BERG, S. 180 ff.; vgl. ferner GREGER, in: ZÖLLER, vor § 284 Rn. 17; HARTMANN, in: BAUMBACH / LAUTERBACH / ALBERS / HARTMANN, Anhang zu § 286 Rn. 13; KOPP / SCHENKE, § 108 Rn. 13; REDEKER / V.OERTZEN, § 108 Rn. 12; ROSENBERG / SCHWAB / GOTTWALD, § 117 II 2; SCHMITT GLAESER / HORN, Rn. 544; SCHUNCK / DE CLERCK, § 86 Anm. 1 c) bb); STERN, Rn. 385; THOMAS / PUTZO, vor § 284 Rn. 23; ULE, § 50 II 3.

1410 BERG, S. 182 ff.; FABER, in: RAV-Hannover-FS (1981), S. 96; GRUNSKY, § 41 III 2, S. 427.

1411 So BGH, Urt. v. 16.06.1983, BGHZ 87, 393, 399 = NJW 1983, 2499, 2500; BGH, Urt. v. 20.03.1986, NJW 1986, 2426, 2427; BVerwG, Beschl. v. 23.06.1995, BVerwGE 99, 18, 19; GREGER, in: ZÖLLER, vor § 284 Rn. 17; REDEKER / V.OERTZEN, § 108 Rn. 12; ROSENBERG / SCHWAB / GOTTWALD, § 117 II 2; SCHUNCK / DE CLERCK, § 86 Anm. 1 c) bb); ULE, § 50 II 3; unter Hinweis auf die Schwierigkeiten bei der Differenzierung KOPP / SCHENKE, § 108 Rn. 13; STERN, Rn. 386; THOMAS / PUTZO, vor § 284 Rn. 23.

1412 GRUNSKY, § 41 III 2, S. 427 f.

1413 GRUNSKY, § 41 III 2, S. 428.

1414 Vgl. BERG, S. 180 Fn. 94, mit dem Hinweis auf BVerwG, Urt. v. 28.01.1965, BVerwGE 20, 211, 214 f.: Klägerin, Vorinstanz, BVerwG und Oberbundesanwalt vertraten jeweils unterschiedliche Standpunkte zu der Frage, welche Qualität das Merkmal „nichtzuvertretende Zwangslage" gem. § 3 Abs. 1 Satz 1 BVFG habe.

1415 FABER, in: RAV-Hannover-FS (1981), S. 96.

Abs. 3 Satz 1 GG berufenden Kriegsdienstverweigerers[1416] erinnern sehr an die Diskussion über die Frage, ob das Ei oder das Huhn zuerst vorhanden war. Den gleichen Einwänden sind die Ausführungen ausgesetzt, dass in Anfechtungssachen die Behörde die Voraussetzungen ihres Eingriffs beweisen müsse[1417], in Verpflichtungssachen aber der Antragsteller die Beweislast für die anspruchsbegründenden Umstände trage[1418]. Diese Thesen dienen offenbar dazu, das Günstigkeitsprinzip für den Verwaltungsprozess zu konkretisieren[1419]. Sie mögen zwar im Ergebnis vielfach zutreffen, tendieren aber dazu, die Beweislastverteilung noch stärker zu pauschalisieren. Sie verbergen die Erkenntnis, dass Eingriffe und Leistungen interdependent sind[1420], und machen damit die Beweislast von gesetzestechnischen Zufälligkeiten abhängig oder missdeuten z.B. ein nur als „formelle Schranke“ im Interesse der Verwaltungsvereinfachung normiertes, präventives Verbot mit Erlaubnisvorbehalt als gesetzliche Beweislastregel[1421].

Es kann hier nicht geklärt werden, ob überhaupt ein System der ungeschriebenen Beweislastregeln existiert[1422]. Jedenfalls ist die Problematik zu komplex, als dass sie mit einer griffigen Faustformel erschlagen werden könnte[1423]. Zu begrüßen sind daher neuere Stellungnahmen, wonach bei der Bestimmung der Beweislast bzw. – dem Ansatz der h.M. folgend – bei der Bestimmung der „Günstigkeit“ unter anderem berücksichtigt werden müssen[1424]:

1416 BVerwG, Urt. v. 24.07.1959, BVerwGE 9, 97, 99; BVerwG, Urt. v. Urt. v. 21.10.1975, BVerwGE 49, 252, 258; entschieden ablehnend dazu BERG, S. 189.

1417 OVG Koblenz, Urt. v. 29.12.1994, DVBl. 1995, 1026, 1027; KOPP / SCHENKE, § 108 Rn. 15; REDEKER / V.OERTZEN, § 108 Rn. 13; SCHMITT GLAESER / HORN, Rn. 544; SCHUNCK / DE CLERCK, § 86 Anm. 1 c) bb); STERN, Rn. 387; ULE, § 50 II 3.

1418 KOPP / SCHENKE, § 108 Rn. 14; REDEKER / V.OERTZEN, § 108 Rn. 13; SCHMITT GLAESER / HORN, Rn. 544; SCHUNCK / DE CLERCK, § 86 Anm. 1 c) bb); ULE, § 50 II 3; differenzierend STERN, Rn. 402.

1419 Vgl. nur REDEKER / V.OERTZEN, § 108 Rn. 13 im Anschluss an die Befürwortung des Günstigkeitsprinzips: „In Anfechtungssachen muß *deshalb* [Hervorhebung nur hier] die Behörde die tatbestandlichen Voraussetzungen ihres Eingriffs, gegen den sich die Klage richtet, beweisen“.

1420 BERG, S. 202 f.

1421 FABER, in: RAV-Hannover-FS (1981), S. 96. SCHUNCK / DE CLERCK, § 86 Anm. 1 c) bb), machen im Falle des präventiven Verbots mit Erlaubnisvorbehalt eine Ausnahme von den zuvor aufgestellten Grundsätzen; insoweit ausdrücklich a.A. REDEKER / V.OERTZEN, § 108 Rn. 13.

1422 Dagegen BERG, S. 221 ff.; DERSELBE, in: MENGER-FS (1985), S. 552.

1423 Vgl. FABER, in: RAV-Hannover-FS (1981), S. 97.

1424 Vgl. zu allem BERG, in: MENGER-FS (1985), S. 550; KOPP / SCHENKE, § 108 Rn. 13a.

- die Zwecke der anzuwenden Vorschriften des materiellen Rechts, insbesondere auch des Verfassungsrechts, mit ihren grundlegenden Rechtsgedanken und Gerechtigkeitsvorstellungen [1425],
- Verfahrensgarantien, vor allem Erfordernisse des wirksamen Rechtsschutzes[1426],
- Regel-Ausnahme-Verhältnisse[1427]
- und Aspekte der Zumutbarkeit und Billigkeit unter Berücksichtigung der Verfügungs- und Verantwortungsbereiche der Beteiligten[1428].

Ausgehend von der Prämisse, dass die Ratio der Beweislast auch in der Vermeidung unverhältnismäßiger Informationsbeschaffungskosten liegt, kommt im Rahmen dieser wertenden Betrachtung und im Einklang mit den bereits genannten Kriterien ein weiterer Aspekt zum Tragen: Es kommt für die Verteilung der Beweislast auch darauf an, wer die Informationskosten spart[1429]. Das bedeutet für den Verwaltungsprozess insbesondere, dass der Behörde, der in standardisierten Verfahren die Anlegung und Unterhaltung eines umfangreichen Informationsbestands zuzumuten ist, auch die Beweislast für die damit zu erfassenden Tatsachen aufgebürdet werden kann; umgekehrt ist sowohl die Informationsbeschaffung als auch die Beweislast für individuelle Umstände im Verantwortungsbereich des Bürgers eher diesem zuzumuten[1430].

Ein Beispiel bietet die Abwandlung eines Falles, den das Bundesverwaltungsgericht in einem Urteil vom 24. September 1992[1431] zu entscheiden hatte. Dabei kam es auf Fragen der Beweislast (noch) nicht an, allerdings ist es bereits im Hin-

---

1425 BVerfG, Beschl. v. 25.07.1979, BVerfGE 52, 131, 143 ff.; BGH, Urt. v. 18.09.1984, BGHZ 92, 143, 149 = NJW 1985, 47, 48; BVerwG, Urt. v. 20.09.1984, BVerwGE 70, 143, 148 = NVwZ 1985, 187; BVerwG, Urt. v. 18.12.1987, BVerwGE 78, 367, 370 = DVBl. 1988, 404; HARTMANN, in: BAUMBACH / LAUTERBACH / ALBERS / HARTMANN, Anhang zu § 286 Rn. 11; STERN, Rn. 386.

1426 BVerfG, Beschl. v. 25.07.1979, BVerfGE 52, 131, 143 ff.; BVerwG, Urt. v. 18.12.1987, BVerwGE 78, 367, 370 = DVBl. 1988, 404.

1427 BGH, Urt. v. 25.01.1989, BB 1989, 658; BVerwG, Urt. v. 20.09.1984, BVerwGE 70, 143, 148 = NVwZ 1985, 187; HARTMANN, in: BAUMBACH / LAUTERBACH / ALBERS / HARTMANN, Anhang zu § 286 Rn. 13; THOMAS / PUTZO, vor § 284 Rn. 23.

1428 BVerfG, Beschl. v. 25.07.1979, BVerfGE 52, 131, 143 ff.; BGH, Urt. v. 18.09.1984, BGHZ 92, 143, 149 = NJW 1985, 47, 48; BVerwG, Urt. v. 20.09.1984, BVerwGE 70, 143, 148 = NVwZ 1985, 187; BVerwG, Urt. v. 14.01.1998 („Mülheim-Kärlich"), BVerwGE 106, 115, 122: „Dabei geht die Nichterweislichkeit von Tatsachen, die für die dargelegten Genehmigungsvoraussetzungen des § 7 Abs. 2 Nr. 3 AtG von Bedeutung sind, zu Lasten der Genehmigungsbehörde".

1429 FABER, in: RAV-Hannover-FS (1981), S. 97.

1430 FABER, in: RAV-Hannover-FS (1981), S. 97.

1431 BVerwGE 91, 92.

blick auf den in der Revisionsentscheidung mitgeteilten Sachverhalt durchaus möglich, dass nach der ausgesprochenen Zurückverweisung gem. § 144 Abs. 3 Satz 1 Nr. 2 VwGO auf die erneute Verhandlung eine Entscheidung nach der Beweislast getroffen werden musste. Es ging um nächtliche Lärmbelästigungen, die von einer rund um die Uhr betriebenen Tankstelle ausgingen und die vor dem Schlafzimmerfenster des Nachbarn gemessenen Lärmrichtwerte überschritten. Für die Frage, ob zum Schutz des Nachbarn vor Gesundheitsbeeinträchtigungen eine Untersagung des nächtlichen Betriebes gem. § 25 Abs. 2 BImSchG geboten war, kam es auf die zweifelhafte Tatsache an, ob das Schlafzimmerfenster des Nachbarn baurechtlich genehmigt war, denn: „Die durch das baurechtswidrige Fenster eindringenden Geräusche sind keine schädlichen Umwelteinwirkungen im Sinne des § 22 Abs. 1 und des § 25 Abs. 2 BImSchG."[1432] Wenn man sich den Fall nun so vorstellt, dass sich die Frage der Existenz einer baurechtlichen Genehmigung für das Fenster nicht aufklären lässt, stellt sich die Frage nach der Beweislast. Die Konstellation soll so sein, dass der die Verpflichtung der Behörde zum Erlass einer Verfügung gem. § 25 Abs. 2 BImSchG begehrende Kläger zur Miete in dem benachbarten Wohnhaus lebt, das als solches lange Zeit vor der Tankstelle legal errichtet wurde. Fraglich ist nur, ob später ohne Genehmigung das Fenster nachträglich eingebaut wurde. Wenn man den Standpunkt des Bundesverwaltungsgerichts teilt, gehört die baurechtliche Legalität des Fensters zu dem Tatbestandsmerkmal der schädlichen Umwelteinwirkungen im Sinne des § 22 Abs. 1 und des § 25 Abs. 2 BImSchG, mithin zu den anspruchsbegründenden Voraussetzungen eines Anspruchs auf Erlass einer Untersagungsverfügung. Das bedeutet, dass nach klassischer Lesart der Kläger die Beweislast für die Existenz einer Baugenehmigung für das Fenster tragen müsste. Bei einer weniger starren Betrachtung sieht die Lösung anders aus: Zunächst würde wohl eine Güterabwägung der gesundheitlichen Belange des Klägers gegen die gewerblichen Interessen des beigeladenen Tankstellenbetreibers zu Gunsten des Klägers ausfallen. Das wäre zwar bei einer Gefährdung der wirtschaftlichen Existenz des Tankstellenbetreibers möglicherweise anders zu beurteilen; jedoch gibt es dafür keine Anhaltspunkte, zumal nur die Untersagung des Betriebes zur Nachtzeit in Rede steht. Unter Berücksichtigung des typischen Regel-Ausnahme-Verhältnisses spricht weiterhin mehr für die Annahme, dass das Fenster bereits bei Errichtung des Hauses eingebaut wurde und dass nicht diese Tatsache, sondern ihr Gegenteil bewiesen werden müsste. Schließlich darf man von der Behörde erwarten, dass sie die Bauakten archiviert, mit denen sich die entscheidungserhebliche Frage klären ließe. Bei entsprechender Sorgfalt wären daher die notwendigen Informationen im Verantwortungsbereich der Behörde ohne großen Aufwand an Zeit und Kosten zu beschaffen, d.h. die Behörde müsste die Nachteile in Kauf nehmen, wenn sie an dieser Stelle gespart hat.

1432 BVerwG, Urt. v. 24.09.1992, BVerwGE 91, 92, 97.

Dagegen hat der Kläger als Mieter der benachbarten Wohnung nie Zugriff auf die erforderlichen bautechnischen Unterlagen gehabt. Folglich ist nicht ihm, sondern der Behörde die Beweislast zuzumuten.

(c) § 113 Abs. 3 Satz 1 VwGO als gesetzlicher Beitrag zur Senkung und gerechten Verteilung der Informationskostenlast

Der Aspekt der Beweislast wegen der Informationskostenlast ist auch für die Anwendung des § 113 Abs. 3 Satz 1 VwGO bedeutsam. Die Kostendämpfung erfolgt nämlich nicht nur bei dem Abbruch der Sachverhaltsermittlungen, sondern erst recht auch bei dem Verzicht auf die Sachverhaltsermittlung. Allerdings ist dann auch zu berücksichtigen, welche Kosten bei der Sachverhaltsaufklärung außerhalb des Prozesses entstehen und wie diese zu verteilen sind. Für die Sachdienlichkeit der zurückverweisenden Aufhebung spricht es beispielsweise, wenn die notwendigen Informationen im Verwaltungsverfahren billiger zu beschaffen sind. Außerdem kann ausschlaggebend sein, dass die Kosten im Verwaltungsverfahren gerechter verteilt werden können[1433]. Das ist unter Umständen der Fall bei Drittanfechtungen[1434]. Wenn nämlich ein Begünstigter des angefochtenen Verwaltungsakts vorhanden ist, können diesem möglicherweise die Kosten nach Maßgabe des Verwaltungskostenrechts als Auslagen in Rechnung gestellt werden (vgl. §§ 10, 13 Abs. 1 Nr. 1 Bundes-VwKostG). Zu berücksichtigen sind auch spezialgesetzliche Regelungen der Kostenlast. Beispielsweise bestimmt § 30 Abs. 1 Satz 1 BImSchG, dass der Betreiber einer genehmigungsbedürftigen Anlage die Kosten für Ermittlungen der Emissionen und Immissionen zu tragen hat, z.B. wenn sie aus besonderem Anlass von der Behörde gem. § 26 BImSchG angeordnet werden. Diese Kostenlast gilt unabhängig von dem Ergebnis der Ermittlungen, was sich bereits aus dem Umkehrschluss zu § 30 Abs. 1 Satz 2 BImSchG ergibt, der nur für nicht genehmigungsbedürftige Anlagen die Kostenlast von dem Ergebnis abhängig macht. Diese Kostenlast ist mit der Gefährlichkeit der genehmigungsbedürftigen Anlagen zu rechtfertigen[1435]. Falls diese Ermittlungen im Prozess auf Anordnung des Gerichts durch einen Sachverständigen durchgeführt werden, so fallen sie dem Kläger zur Last, soweit sie die Rechtmäßigkeit des angefochtenen Bescheids bestätigen. Denn im Gerichtsverfahren wären die §§ 154 ff. VwGO anzuwenden, die für eine Berücksichtigung des § 30 Abs. 1 Satz 1 BImSchG keinen Raum lassen. Im Verwaltungsprozess könnten dem begünstigten Dritten als Beigeladenem Kosten nur im Falle seines Unterliegens auferlegt werden, d.h. im Fal-

---

1433 Allgemein dazu, dass Nachermittlungen im Prozess zu ungerechten Kostenfolgen führen können, GERHARD SEIBERT, in: ZEIDLER-FS (1987), S. 485.

1434 Siehe dazu das Beispiel unten S. 368.

1435 JARASS, BImSchG, § 30 Rn. 3.

le der Aufhebung des angefochtenen Bescheids . Gem. § 154 Abs. 3 VwGO wäre dies auch nur dann möglich, wenn er einen Antrag gestellt hat. Die öffentliche Hand würde dann anteilig ebenfalls mit den Kosten für die Ermittlungen belastet. Diese Ergebnisse stünden aber im Widerspruch zu der spezialgesetzlichen Wertung, wonach der Betreiber die Kosten der Ermittlung unabhängig von ihrem Ergebnis alleine tragen muss.

(3) Die Möglichkeit einstweiliger Regelungen gem. § 113 Abs. 3 Satz 2, 3 VwGO

Zu berücksichtigen ist zu Gunsten der Anwendung des § 113 Abs. 3 Satz 1 VwGO auch die dem Gericht in § 113 Abs. 3 Satz 2, 3 VwGO eingeräumte Möglichkeit, für die Zeit zwischen gerichtlicher Aufhebung und dem erneuten Erlass eines Verwaltungsakts[1436] einstweilige Regelungen zu treffen. Die Bestimmung spricht von zu gewährenden oder bestehen bleibenden Sicherheiten und von Leistungen, die zunächst nicht zurückgewährt werden müssen. Sie ist damit – allerdings nicht ausschließlich („insbesondere") – auf die Abgabenerhebung zugeschnitten[1437]. Beispielsweise käme im Falle des Widerrufs der Anerkennung der Asylberechtigung[1438] eine Regelung in Betracht, wonach die Kläger ihren Pass bis zur erneuten Entscheidung des Bundesamts abgeben müssen, damit im Falle der Rechtmäßigkeit des Widerrufs die dann ggf. notwendige Abschiebung nicht wegen des Fehlens eines Reisedokuments verzögert wird (vgl. § 42 Abs. 6 AuslG). Mit derartigen einstweiligen Regelungen kann das Risiko vollendeter Tatsachen kompensiert und dieses Argument gegen die Sachdienlichkeit entkräftet werden.

1436 Im Falle eines den Kläger belastenden Beschlusses nach § 113 Abs. 3 Satz 2, 3 VwGO muss die Behörde erneut tätig werden, obwohl sie es ansonsten bei der Aufhebung nach § 113 Abs. 3 Satz 1 VwGO belassen kann (REDEKER / V.OERTZEN, § 113 Rn. 28).

1437 So ausdrücklich das Beispiel in BT-Drucks. 11/7030, S. 30. Wie hier GERHARDT, in: SCHOCH / SCHMIDT-ASSMANN / PIETZNER, § 113 Rn. 53. Diese Erwähnung der Abgabenbescheide im Zusammenhang mit § 113 Abs. 3 spricht gegen die Auffassung, die von der Spezialität des § 113 Abs. 2 Satz 2 VwGO gegenüber den Regelungen des § 113 Abs. 3 VwGO ausgeht (so aber KOPP / SCHENKE, § 113 Rn. 163; REDEKER / V.OERTZEN, § 113 Rn. 24; SPANNOWSKY, in: NK-VWGO, § 113 Rn. 203; a.A. GERHARDT, in: SCHOCH / SCHMIDT-ASSMANN / PIETZNER, § 113 Rn. 47; KOPP, 10. Aufl., § 113 Rn. 68). Dem ist zuzustimmen, denn nach der hier vertretenen Auffassung betrifft § 113 Abs. 2 Satz 2 VwGO nur die Frage, wie ein als rechtswidrig erkannter Verwaltungsakt abzuändern ist, während § 113 Abs. 3 Satz 1 VwGO die vorgelagerte Frage betrifft, ob ein Verwaltungsakt trotz ungeklärter Rechtswidrigkeit aufzuheben ist.

1438 VG Neustadt/Weinstraße, Urt. v. 17.10.1994, InfAuslR 1995, 36.

b. Anwendungsbeispiel

Zur möglichen Anwendung des § 113 Abs. 3 Satz 1 VwGO unter besonderer Berücksichtigung der Frage der Sachdienlichkeit folgt ein Beispiel, angelehnt an einen Fall aus der Praxis:

> Es wird ein gerichtlicher Vergleich geschlossen zwischen dem Betreiber eines Flugplatzes für Sportflieger – einem Verein von Fallschirmspringern –, einem Nachbarn und der für die Erteilung von Start- und Landeerlaubnissen zuständigen Behörde. Der Vergleich beinhaltet eine Vereinbarung, mit der sich die Behörde dem Nachbarn gegenüber verpflichtet, Start- und Landeerlaubnisse nur für Luftfahrzeuge zu erteilen, die im Flugbetrieb unter Volllast in einer Höhe von 2000 Fuß zum Schutz des Nachbarn vor gesundheitlichen Gefahren den am Boden gemessenen Lärm-Immissionsgrenzwert von 65 dB(A) einhalten. Der Betreiber verpflichtet sich sicherzustellen, dass die Luftfahrzeuge, für die eine Start- und Landeerlaubnis beantragt wird, diese Anforderungen einhalten. Die Behörde erteilt eine allgemeine Start- und Landeerlaubnis für ein Luftfahrzeug, das diesen Wert laut Bescheinigung des Luftfahrtbundesamtes typischerweise einhält. Darauf beruft sich die Behörde auch in der Begründung gegenüber dem Nachbarn. Die Erlaubnis ist mit der Anordnung der sofortigen Vollziehung versehen, weil auf diesem Flugplatz und mit diesem Luftfahrzeug in wenigen Wochen die deutschen Meisterschaften im Fallschirmspringen ausgetragen werden sollen. Der Nachbar erhebt zunächst Widerspruch mit der nicht näher erläuterten Begründung, das Flugzeug komme ihm zu laut vor. Nach unverzüglicher Zurückweisung des Widerspruchs stellt er bei Messungen Schallpegel fest, die darauf schließen lassen, dass das auf dem Flugplatz eingesetzte Luftfahrzeug den Grenzwert wahrscheinlich überschreitet. Genau kann er das nicht feststellen, weil er die Flughöhe nur schätzen kann. Der Nachbar erhebt Anfechtungsklage, aber – aus Unkenntnis und weil der Vollziehungsanordnung kein entsprechender Hinweis beigefügt war – ohne einen Antrag auf Wiederherstellung der aufschiebenden Wirkung zu stellen.

In dieser Situation hängt die Rechtmäßigkeit des Verwaltungsakts davon ab, ob sich der Lärmgrenzwert tatsächlich in dem festgelegten Rahmen hält, denn falls dies zu bejahen ist, steht die getroffene Regelung im Einklang mit dem materiellen Recht einschließlich der Vergleichsvereinbarungen, und auch die Begründung ist dann zutreffend und ausreichend. Die Behörde hat auch die ihr obliegende Amtsermittlungspflicht gem. § 24 VwVfG nicht verletzt, denn es gab ohne konkrete Anhaltspunkte keinen Anlass, nicht die Angaben des Luftfahrtbundesamtes der Entscheidung zu Grunde zu legen. Dann ist trotz der ungewissen Rechtmäßigkeit die Aufhebung sinnvoll, weil auf diese Weise die Behörde und der Begünstigte dafür gewonnen werden, die notwendigen Schallmessungen unverzüglich vorzunehmen bzw. daran mitzuwirken.

Zwar ist bei Verwaltungsakten mit Drittwirkung eine besonders sorgfältige Abwägung der Interessen der Beteiligten geboten, jedoch ist die Anwendung des § 113 Abs. 3 Satz 1 VwGO nicht prinzipiell ausgeschlossen[1439]. Die Gefahr, dass Änderungen der Sach- oder Rechtslage zum dauerhaften Entzug einer ursprünglich rechtmäßigen Begünstigung führen könnten[1440], ist nicht vorliegend gegeben.

Wenn bei dem ungewissen Sachverhalt gesundheitliche Gefahren gegenüber dem Interesse an der Sportfliegerei abzuwägen sind, spricht auch unter Berücksichtigung der widerstreitenden Interessen Überwiegendes für die Aufhebung der Erlaubnis. Dem besonderen öffentlichen Interesse an der Durchführung der deutschen Meisterschaften im Fallschirmspringen kann analog § 113 Abs. 3 Satz 2 VwGO dadurch Rechnung getragen werden, dass die Start- und Landeerlaubnis erst mit Wirkung ab dem Tag nach der Meisterschaft aufgehoben wird.

Die endgültige Entscheidung über die Einhaltung der Grenzwerte wird erst nach Einholung eines Sachverständigengutachtens zu treffen sein, d.h. es liegt eine der Rechtsstreitigkeiten vor, die nicht von Juristen, sondern von Technikern entschieden wird. Es wird ein behördenexternes Sachverständigengutachten notwendig sein und somit keiner der von der Gesetzesbegründung ins Auge gefassten typischen Fälle des § 113 Abs. 3 Satz 1 VwGO vorliegen, in denen gerade wegen der sachlichen und personellen Ausstattung der Behörde die Sachverhaltsermittlungen in das Verwaltungsverfahren verlagert werden sollen[1441]. Dennoch ist die Sachdienlichkeit zu bejahen, denn es sind auch Kostenfaktoren zu berücksichtigen[1442]. Es ist darauf abzustellen, dass der Ermittlungsbedarf in der Sphäre des Begünstigten entstanden ist. Auch er ist an der Vereinbarung beteiligt, dass die erforderliche Erlaubnis nur unter der Voraussetzung erteilt wird, dass die Lärmgrenzwerte eingehalten sind. Er hat sich dazu verpflichtet, die Einhaltung der vereinbarten Werte sicherzustellen. Daher können ihm im Verwaltungsverfahren die Lärmmessungen bei begründeten Zweifeln auch dann aufgegeben oder die Kosten als Auslagen in Rechnung gestellt werden, wenn sich dabei die Einhaltung der Werte herausstellen sollte. Allein der Umstand, dass die Genehmigung erteilt wurde, bevor sich die begründeten Zweifel erhoben, ist dagegen kein hinreichender Grund, den Begünstigten von seiner Verantwortung für den Nachweis anspruchsbegründender Tatsachen zu befreien. Der Kläger ist bereits in Vorleistung getreten, indem er auf seine Kosten im Rahmen seiner Möglichkeiten die bisher zu Grunde gelegten Annahmen erschüttert hat. Dagegen wäre es ihm nicht zuzumuten, das Kostenrisiko der gerichtlichen Sachverhaltsermittlung zu tragen. Dieses Risiko ist nicht unerheb-

1439 Siehe soeben S. 357.
1440 Dazu GAENTZSCH, in: REDEKER-FS (1993), S. 407.
1441 Vgl. BT-Drucks. 11/7030, S. 30.
1442 Siehe soeben S. 359.

lich, wenn man berücksichtigt, dass zu den Kosten des Sachverständigen bei typischer Verfahrenskonstellation noch die Beweisgebühren von zwei Rechtsanwälten[1443], nämlich des Klägers und des beigeladenen Flugplatzbetreibers, hinzukommen. Dieses Kostenrisiko ist nicht nur für den Kläger, sondern für alle Beteiligten unverhältnismäßig, wenn man berücksichtigt, dass sich der Streit allein an der Frage entscheidet, welchen Schallpegel das Messgerät bei der korrekten Flughöhe des umstrittenen Luftfahrzeugs anzeigt.

Falls die Messungen die behauptete Überschreitung der Lärmgrenzwerte bestätigen, verbleibt es bei der Aufhebung; anderenfalls ist die Behörde nicht daran gehindert, die aufgehobene Erlaubnis in ihrer ursprünglichen Fassung erneut zu erteilen.

3. Frist gem. § 113 Abs. 3 Satz 4 VwGO

Gem. § 113 Abs. 3 Satz 4 VwGO kann eine Entscheidung nach § 113 Abs. 3 Satz 1 VwGO „nur binnen sechs Monaten seit Eingang der Akten der Behörde bei Gericht ergehen“.

Der Sinn dieser zeitlichen Begrenzung besteht darin, eine verzögerliche Behandlung der Sache durch das Gericht auszuschließen und die Gerichte dazu anzuhalten, von der Entlastungsmöglichkeit des § 113 Abs. 3 Satz 1 VwGO Gebrauch zu machen[1444]. In der Tat hat diese in ihren Wirkungen limitierte Entscheidungsform nur dann eine Berechtigung, wenn sie zu einem schnelleren Abschluss des Gerichtsverfahrens führt als bei Entscheidung gem. § 113 Abs. 1 Satz 1 VwGO. Denn es wäre den Beteiligten schwer zu vermitteln, wenn zu der gewöhnlichen Verfahrensdauer des Verwaltungsprozesses noch die Phase der Nachermittlungen durch die Behörde hinzukäme, bevor dann schließlich die endgültige Entscheidung feststeht. Allerdings geht die Frist von sechs Monaten an den Realitäten in der Verwaltungsgerichtsbarkeit vorbei. Dieser Zeitraum wird vielfach bereits für die Terminierung der Hauptsacheverfahren benötigt[1445]. Die Kürze dieser zeitlichen Beschränkung hat dann auch überwiegend Kritik erfahren. Die Vorteile behördlicher Sachverhaltsaufklärung seien unabhängig davon, wie lange das Verfahren bei Gericht anhängig war[1446]. Als Kompromiss wird für eine praxistaugliche

---

1443 Vgl. § 32 Abs. 1 Nr. 2 BRAGO.

1444 GAENTZSCH, in: REDEKER-FS (1993), S. 408; SPANNOWSKY, in: NK-VWGO, § 113 Rn. 206.

1445 DEMMEL, S. 159.

1446 GERHARDT, in: SCHOCH / SCHMIDT-ASSMANN / PIETZNER, § 113 Rn. 50; ähnlich KOPP / SCHENKE, § 113 Rn. 168; REDEKER / V. OERTZEN, § 113 Rn. 27.

Beschleunigungsdirektive eine Frist von einem Jahr vorgeschlagen[1447]. Eine dahin gehende Novellierung wäre zu befürworten.

Unterschiedlich wird der Zeitpunkt bestimmt, in dem die Frist des § 113 Abs. 3 Satz 4 VwGO zu laufen beginnt. Die Gesetzesbegründung spricht insoweit allgemein von dem Eingang der „Verwaltungsvorgänge", der die Frist auslöse[1448]. Nach einer Meinung kommt es dabei allein auf den Eingang der Akten der beklagten Behörde an[1449], nach anderer Auffassung auf den Eingang aller entscheidungserheblicher Akten (z.B. auch der Widerspruchsbehörde)[1450]. Sachgerecht dürfte eine Auslegung sein, derzufolge die Frist zu laufen beginnt, wenn die auf erste Anforderung des Gerichts übersandten Akten bei Gericht eingegangen sind[1451]. Damit ist der Fristablauf weder durch das Gericht noch durch die Behörden manipulierbar. Die Entscheidung ergeht innerhalb der Frist, wenn sie innerhalb von sechs Monaten verkündet oder den Beteiligten zugestellt wird[1452]. Nach allgemeiner Meinung führt die Befristung gem. § 113 Abs. 3 S. 4 VwGO dazu, dass die Aufhebung gem. § 113 Abs. 3 S. 1 VwGO in den Rechtsmittelinstanzen praktisch ausgeschlossen wird[1453].

4. Ergebnis

Für die Anfechtungsklage bestimmt die spezielle gesetzliche Regelung des § 113 Abs. 3 Satz 1 VwGO, unter welchen Voraussetzungen ein Mangel bei der Sachverhaltsaufklärung nicht von dem Gericht behoben werden muss und dennoch ein (instanzbeendendes) Endurteil möglich ist. Die Tatbestandsmerkmale dieser Norm sind jedoch höchst auslegungsbedürftig und erfordern eine Abwägung zur Sachdienlichkeit einer eingeschränkten Entscheidung nach dieser Vorschrift.

- Gegen die Sachdienlichkeit sprechen unter Umständen
    - die Vermeidung eines weiteren Prozesses,
    - die besondere Leistungsfähigkeit der gerichtlichen Aufklärung
    - und drohende irreparable Nachteile im Falle der Aufhebung ohne abschließende Ermittlungen.

1447 DEMMEL, S. 159.

1448 BT-Drucks. 11/7060, S. 30

1449 GERHARDT, in: SCHOCH / SCHMIDT-ASSMANN / PIETZNER, § 113 Rn. 50; SPANNOWSKY, in: NK-VwGO, § 113 Rn. 206; REDEKER / v. OERTZEN, § 113 Rn. 27; v. GROLL, in: GRÄBER, § 100 Rn. 49 zu § 100 Abs. 3 Satz 1 FGO.

1450 STELKENS, NVwZ 1991, 209, 217.

1451 KOPP / SCHENKE, § 113 Rn. 168.

1452 SPANNOWSKY, in: NK-VwGO, § 113 Rn. 206,

1453 GERHARDT, in: SCHOCH / SCHMIDT-ASSMANN / PIETZNER, § 113 Rn. 50; SPANNOWSKY, in: NK-VwGO, § 113 Rn. 206; REDEKER / v. OERTZEN, § 113 Rn. 27.

- Argumente für die Sachdienlichkeit sind unter Umständen
  - die speziellen Kenntnisse und Fähigkeiten der Behörde,
  - die Möglichkeit der Senkung und gerechteren Verteilung der Informationskosten im Verwaltungsverfahren,
  - die entsprechende Anwendung der Regeln über die materielle Beweislast im Verwaltungsprozess
  - und die Möglichkeit einstweiliger Regelungen gem. § 113 Abs. 3 Satz 2, 3 VwGO.

C. Verpflichtungsklage

Anders als bei der Anfechtungsklage fehlt es für die Verpflichtungsklage gänzlich an unmittelbaren Hinweisen des Gesetzes darauf, unter welchen Umständen die Gerichte nicht versuchen müssen, den Mangel der Spruchreife zu beheben. Daher stellt sich die Frage, wie die Herausarbeitung der maßgeblichen Kriterien systematisiert werden kann.

Man könnte vorab danach differenzieren, ob die Behörde eine vollständige Vorentscheidung getroffen hat (die sich als unrichtig darstellt) oder ob sie untätig geblieben ist bzw. nur eine unvollständige Vorentscheidung getroffen hat (die sich als unzureichend darstellt)[1454]. Gegen eine solche Unterscheidung spricht aber, dass das Gesetz für den Extremfall, dass die Verwaltung noch keine Vorentscheidung getroffen hat und die Verpflichtungsklage als Untätigkeitsklage gem. § 75 VwGO zulässig ist, keinerlei Anhaltspunkte für eine abweichende Behandlung durch das Gericht im Vergleich zur Weigerungsgegenklage enthält[1455].

Die Untersuchungen zur Definition der Spruchreife haben gezeigt, dass diese Voraussetzung des Vornahmeurteils aus Gründen des materiellen Rechts sowie aus tatsächlichen Gründen fehlen kann. Hier knüpft die folgende Untersuchung an.

1454 KOPP, Verfassungsrecht und Verwaltungsverfahrensrecht, S. 114, meint, bei Untätigkeitsklagen könne grundsätzlich keine Sachentscheidung ergehen und der Kläger nur ein Urteil erhalten, durch das die Verwaltung zur Verbescheidung seines Antrags verpflichtet wird, weil die Gerichte den Entscheidungen der Verwaltung nicht vorgreifen und nicht gegen die in der Verfassung begründeten Wertentscheidungen für eine leistungsfähige und eigenverantwortliche Verwaltung verstoßen dürften. Die Untätigkeitsklage sei ein Rechtsmittel zur Erzwingung eines Verwaltungsverfahrens (DERSELBE, a.a.O. Fn. 309). Im Aufbau trennt auch BRUNN zwischen unterbliebenen oder unvollständigen Entscheidungen der Verwaltung (S. 54 ff.) und vollständigen Vorentscheidungen (S. 119 ff.), ohne aber KOPP zu folgen oder sonstige Konsequenzen an die Unterscheidung zu knüpfen.

1455 BVerwG, Urt. v. 13.04.1961, BVerwGE 12, 186, 189; zustimmend BRUNN, S. 67 ff. und 101 f.

Denn es geht um die Frage, ob die Hindernisse auf dem Weg zum Vornahmeurteil ausgeräumt werden können; insoweit muss danach unterschieden werden, ob das materielle Recht Barrieren aufstellt oder ob dem Gericht aufgrund der tatsächlichen Umstände des konkreten Falles Steine in den Weg gelegt sind, die möglicherweise mit entsprechendem Aufwand beiseite geräumt werden können.

I. Materiell-rechtliche Restriktionen

Im Zuge der Auslegung des § 113 Abs. 5 VwGO sind oben[1456] normative Beschränkungen der gerichtlichen Entscheidungskompetenzen mit ihrer die Spruchreife hindernden Wirkung grundsätzlich anerkannt worden. Im Folgenden geht es darum, diese Beschränkungen und ihre Konsequenzen für das gerichtliche Verfahren etwas näher zu beleuchten.

1. Erscheinungsformen

Literatur und Rechtsprechung über die Kontrolldichte im Verwaltungsprozess haben unüberschaubare Ausmaße erreicht. Die seit Jahrzehnten geführte Diskussion[1457] hat durch einige Entscheidungen des Bundesverfassungsgerichts[1458] zu Anfang der 1990er Jahre gehaltvolle neue Nahrung erhalten[1459]. Die vorliegende Arbeit kann die vorgeschlagenen Theorien und ihre Umsetzungen in der Praxis nicht einmal ansatzweise im Einzelnen analysieren oder bewerten, die verschiedenen Kategorien materiell-rechtlicher Kontrollrestriktionen nicht scharf voneinander abgrenzen und erst recht nicht einen eigenen Beitrag zur Neuordnung leisten. Langfristig ist die Reorganisation notwendig, da die Kasuistik auch in der jüngeren Judikatur nicht immer nachvollziehbar ist und vielfach offen bleibt, inwieweit die neueren Tendenzen der verfassungsrechtlichen Rechtsprechung zu berücksichtigen sind[1460]. Da es insofern aber auch vorwiegend um Fragen des materiellen

---

1456 Siehe S. 97.

1457 Vgl. beispielsweise die historischen Darstellungen und die Stellungnahmen bei BACHOF, JZ 1955, 97 ff.; FABER, § 14; HANS HEINRICH RUPP, Grundfragen, S. 177 ff.; ferner die umfangreichen Nachweise allein zu den in diesem Zusammenhang stehenden Tagungen der Vereinigung der Deutschen Staatsrechtslehrer bei SCHOLZ, VVDStRL 34 (1976), 145, 146 Fn. 1.

1458 Beschl. v. 27.11.1990 („Josefine Mutzenbacher"), BVerfGE 83, 130 ff.; Beschl. v. 17.04.1991 (Prüfungsrecht), BVerfGE 84, 34 ff. = NJW1991, 2005 ff.; Beschl v. 16.12.1992 („Privatgrundschule"), BVerfGE 88, 40 ff. = NVwZ 1993, 666 ff.

1459 Vgl. die Darstellung bei SCHWERDTFEGER, Rn. 79.

1460 SCHULZE-FIELITZ, JZ 1993, 772, 773.

Rechts geht[1461], scheint es vertretbar, im Rahmen des hier behandelten verwaltungsprozessualen Themas die detaillierte Auseinandersetzung mit Zweifelsfragen auszusparen und statt dessen vor allem die möglichen Erscheinungsformen – ohne jeden Anspruch auf Trennschärfe oder Vollständigkeit – grob zu sortieren und speziell mit ihren Bezügen zur Verpflichtungsklage aufzuzeigen, für die sie praktisch besonders relevant werden[1462]. Es geht dabei weniger um die Dogmatik der gerichtsfreien Verwaltungsspielräume, sondern mehr um die prozessualen Konsequenzen in den Fällen, in denen das Gericht solche Spielräume festgestellt hat.

a. Rechtsfolgenermessen

Unter den gerichtsfreien Enklaven auf dem Gebiet der grundsätzlich überprüfbaren verwaltungsbehördlichen Entscheidungsfindung sind am häufigsten diejenigen anzutreffen, die der Behörde auf der Rechtsfolgenseite einer Norm Ermessen einräumen, z.B. indem der Wortlaut bestimmt, dass die Behörde unter bestimmten Voraussetzungen eine Maßnahme treffen „kann". Das bedeutet, dass der Ermessenstatbestand im Gesetz abschließend geregelt und gerichtlich voll überprüfbar ist, aber bei Erfüllung der Voraussetzungen verschiedene Entscheidungen der Behörde gleichermaßen rechtmäßig sein können[1463]. Diese Formen verwaltungsbehördlicher Spielräume werden durch die neueren Tendenzen in der verfassungs- und verwaltungsgerichtlichen Rechtsprechung sowie in der neueren Literatur nicht in Frage gestellt[1464].

1461 SCHMIDT-ASSMANN / GROSS, NVwZ 1993, 617, 619; zustimmend REDEKER / V.OERTZEN, § 114 Rn. 38; a.A. (vor allem funktionell-rechtliche Betrachtung unter Berücksichtigung der unterschiedlichen Aufgaben von Justiz und Verwaltung) OSSENBÜHL, in: REDEKER-FS (1993), S. 64 f.; vermittelnd SCHULZE-FIELITZ, JZ 1993, 772, 778 f.; ebenso KOPP / SCHENKE, § 114 Rn. 24. Den zuletzt genannten Autoren folgend, wird hier davon ausgegangen, dass bei der Bestimmung von Kontrollrestriktionen ein normativer Ansatz zu wählen ist, d.h. dass Ausnahmen von dem Grundsatz der vollen gerichtlichen Überprüfbarkeit durch Auslegung des anzuwendenden materiellen Rechts ermittelt werden müssen. Im Rahmen der Auslegung sind aber auch Funktionsgrenzen der rechtsprechenden Gewalt zu berücksichtigen, denn teleologisch kommt es darauf an, wie der Zweck einer Norm am besten verwirklicht werden kann.

1462 Vgl. REDEKER, DÖV 1971, 757, 761; ERNST GÜNTHER RICHTER, DVBl. 1960, 885, 887.

1463 FABER, § 14 II a.E.; PAPIER, in: HStR VI, § 154 Rn. 63; SCHMIDT-ASSMANN, in: MAUNZ / DÜRIG, Art. 19 IV Rn. 186; WOLFF / BACHOF / STOBER, § 31 Rn. 31; zur Typologie unterschiedlicher Formen des Ermessens SCHOLZ, VVDStRL 34 (1976), 145, 167.

1464 Vgl. nur die Abgrenzung in BVerfG, Beschl. v. 17.04.1991, BVerfGE 84, 34, 50 = NJW 1991, 2005, 2006: „die Regeln über die eingeschränkte Kontrolle des Verwaltungsermessens gelten nicht für die Auslegung und Anwendung unbestimmter Rechtsbegriffe".

Bei Anfechtungsklagen besteht die Konsequenz darin, dass das Gericht eine rechtmäßige Verwaltungsentscheidung, die sich im Rahmen der Ermessensermächtigung hält, als letztverbindlich respektieren muss und sie nicht aufheben darf; das gilt auch dann, wenn das Gericht eine andere Entscheidung für zweckmäßiger hält[1465]. Die Aufhebung ist dem Gericht nur erlaubt, soweit die gesetzlichen Grenzen des Ermessens oder der Zweck der Ermächtigung verletzt sind (vgl. § 114 Satz 1 VwGO). Das führt mit der wohl weitgehend unumstrittenen Ermessensfehlerlehre zu einer Überprüfung auf eine (objektive) Ermessensüberschreitung und einen (subjektiven) Ermessensfehlgebrauch[1466].

Bei Verpflichtungsklagen ist die Ermessensermächtigung in zweifacher Hinsicht bedeutsam. Zum einen ist sie unter Anwendung der gleichen Ermessensfehlerlehre wie bei der Anfechtungsklage bei der Frage zu berücksichtigen, ob die Ablehnung oder Unterlassung rechtswidrig ist; das ist dann nicht der Fall, wenn die Behörde dem Antragsteller die Ablehnung mit nicht zu beanstandenden Erwägungen mitgeteilt hat[1467] oder wenn die Behörde ausnahmsweise nicht verpflichtet ist, den

---

1465 KOPP / SCHENKE, § 114 Rn. 4.

1466 FABER, § 21 I c); KOPP / SCHENKE, § 114 Rn. 7 f.; WOLFF / BACHOF / STOBER, § 31 Rn. 44 ff.

1467 Vgl. als Beispiel für eine ermessensfehlerfreie Ablehnung BVerwG, Urt. v. 09.05.1956, BVerwGE 3, 279, insbesondere 286 ff.: Die Behörde hatte ein Aufbaudarlehen gem. § 254 des Lastenausgleichsgesetzes – LAG – vom 14. August 1952 (BGBl. I, S. 446) mit der Begründung abgelehnt, das Vorhaben des Klägers, an seinem Wohnort in einem Stadtteil von Berlin einen Tabakladen zu betreiben, sei nicht förderungswürdig, weil sich in der Nähe des gewählten Geschäfts vier weitere Unternehmen der gleichen Art befänden und ein ausreichender Umsatz daher nicht gewährleistet sei. Das VG sah darin eine fehlerhafte Ermessenshandhabung, weil es in einer großstädtischen Laufgegend nicht ausgeschlossen sei, dass eine gewisse Massierung branchegleicher Geschäfte den Umsatz steigern kann. Dem widersprach das BVerwG (als zweite Instanz in Lastenausgleichssachen, vgl. § 339 Abs. 3 LAG) mit der Überlegung, dass die Umsatzsteigerung durch Konzentration gleichartiger Geschäfte nur für bestimmte Artikel geeignet sei (zu denken sei an die seit langem bestehende Anhäufung von Antiquitätengeschäften in bestimmten Stadtteilen von Berlin), dagegen nicht für reine Konsumartikel wie sie in einem Tabakwarengeschäft gehandelt würden.

Antragsteller überhaupt zu bescheiden[1468]. Zum anderen hat die Ermessensermächtigung im Falle der rechtswidrigen und den Kläger in seinen Rechten verlet-

1468 Beispielsweise ist die Unterlassung eines Verwaltungsakts unter Verzicht auf die Erteilung eines Ablehnungsbescheides nicht rechtswidrig, wenn die Antragstellung rechtsmissbräuchlich ist, etwa weil bereits eine unanfechtbare Ablehnung vorliegt und offensichtlich keinerlei Anhaltspunkte für eine Änderung der Sach- oder Rechtslage oder für ein Wiederaufgreifen aus sonstigen Gründen bestehen (vgl. KOPP / RAMSAUER, § 22 Rn. 57 a.E. unter Hinweis auf BVerfG, [Beschl. v. 30.06.1981,] NJW 1981, 1896). In dieser Situation steht es im Ermessen der Behörde, ob sie im Interesse der Bürgerfreundlichkeit und zur erneuten Erläuterung ihrer Position dem Antragsteller erneut eine Mitteilung zukommen lässt oder ob sie im Interesse der Einsparung ihrer Kapazitäten den missbräuchlichen Antrag unbeantwortet lässt. Klarzustellen ist, dass es sich bei dem Fall der Rechtsmissbräuchlichkeit des Antrags um eine Ausnahme von der Regel handelt, dass die Behörde in nachprüfbarer Weise ihr Ermessen ausüben muss, ob sie dem Gebot der Rechtssicherheit den Vorrang einräumt und sich auf die Unanfechtbarkeit der Erstentscheidung beruft, oder ob sie den Gedanken der materiellen Gerechtigkeit höher bewertet und in eine erneute Prüfung einsteigt (vgl. BVerfG, Beschl. v. 17. 12.1969, BVerfGE 27, 297, 306). Die Nachprüfbarkeit erfordert zwar keine Darstellung der Ermessenserwägungen, gebietet aber grundsätzlich eine Reaktion der Behörde, entweder durch wiederholende Verfügung oder durch Erlass eines Zweitbescheides (vgl. FABER, § 21 III c]).
Zu widersprechen ist im Interesse der weiteren Klarstellung BETTERMANN, NJW 1960, 649, 652, der meint, den in § 114 mitbehandelten Fall der ermessensüberschreitenden oder ermessensmissbräuchlichen Unterlassung einer nicht abgelehnten Amtshandlung gebe es gar nicht, sondern es käme nur auf die Frage der Rechtswidrigkeit der Nichtbescheidung an, die sich nach materiellem Verwaltungsrecht richte und von der danach zu bestimmenden subjektiven Zielrichtung der anzuwendenden Normen abhängig sei. Dem ist entgegenzuhalten, dass die VwGO gerade diesen Fall meint und in §§ 113, 114 VwGO mit der Rechtswidrigkeit der Unterlassung bezeichnet. In diesen Vorschriften werden die Fälle der rechtswidrigen Ablehnung und der rechtswidrigen Unterlassung ohne Differenzierung nebeneinander behandelt. Damit sieht die VwGO auch im Falle der Unterlassung die Möglichkeit eines Bescheidungsurteils vor. Dies ergäbe aber keinen Sinn, wenn man wie BETTERMANN die Rechtswidrigkeit der Unterlassung erfolgsbezogen definierte und sie erst dann annähme, wenn feststeht, dass der beantragte VA ergehen muss. Dann müsste nämlich § 113 Abs. 5 VwGO für die rechtswidrige und den Kläger in seinen Rechten verletzende Unterlassung immer ein Vornahmeurteil vorsehen, was erkennbar nicht der Fall ist. Vielmehr ist die Unterlassung verhaltensbezogen zu definieren und die Rechtswidrigkeit zu bejahen, soweit die Behörde hätte tätig werden müssen. Soweit die Behörde hätte tätig werden müssen, ist die Unterlassung auch dann rechtswidrig, wenn die Art und Weise der behördlichen Entscheidung nur beschränkt nachprüfbar ist. So kann man mit BRUNN (S. 173) formulieren: „Die Nichtbescheidung eines beantragten Verwaltungsakts, der im Ermessen der Behörde steht, ist der gröbste Ermessensfehler".

zenden Ablehnung oder Unterlassung zur Folge, dass sich das Gericht von vornherein eines Vorgriffs auf die dann ausstehende (erneute) Verwaltungsentscheidung enthalten muss, d.h. der Ermessensspielraum der Verwaltung ist nicht erst in Form einer Letztentscheidungsbefugnis zu berücksichtigen, sondern bereits in Form einer Alleinentscheidungsbefugnis[1469].

Soweit die übrigen Voraussetzungen des § 113 Abs. 5 VwGO erfüllt sind, führt der Ermessensspielraum der Verwaltung regelmäßig zum Erlass eines Bescheidungsurteils gem. § 113 Abs. 5 Satz 1 VwGO und verbietet eine weiter gehende

---

Allerdings kann auch BRUNN hier insoweit nicht gefolgt werden, als er meint, die Pflicht der Behörde zum Tätigwerden, d.h. zur Bescheidung, bestehe nur, soweit der Antragsteller aus den anzuwendenden Normen ein subjektives Recht ableiten kann (S. 173 f. unter Hinweis auf BVerwG, Urt. v. 07.01.1972 – „Schleusenurteil" –, BVerwGE 39, 235). Dem ist entgegenzuhalten, dass die subjektive Zielrichtung nur entscheidend ist für die Frage, ob die *Ablehnung* den Adressaten in seinen Rechten verletzt. Daraus kann aber nicht geschlossen werden, dass in Fällen einer fehlenden Schutzrichtung der geltend gemachten Normen der gestellte Antrag unbeachtlich wäre. Der Antragsteller, der nicht zum bloßen Objekt des Verfahrens gemacht werden darf, hat schließlich ein Recht darauf, zu erfahren, dass die Rechtsordnung die angestrebte Leistung nicht in seinem Interesse vorsieht. Ein solcher formeller Bescheidungsanspruch findet sogar eine verfassungsrechtliche Absicherung in dem Petitionsrecht des Art. 17 GG, das nach ganz überwiegender Auffassung nicht nur die selbstverständliche Pflicht der „zuständigen Stellen" zur Entgegennahme von Petitionen und den Schutz des Petenten vor Repressalien im Zusammenhang mit seinem Anliegen beinhaltet, sondern auch einen Anspruch auf sachliche Prüfung und Beantwortung (BVerfG, Beschl. v. 22.04.1953, BVerfGE 2, 225, 229 f. = NJW 1953, 817; BVerwG, Urt. v. 28.11.1975, NJW 1976, 637 = DÖV 1976, 315; BACHOF, S. 75 f.; KRÜGER, in: SACHS, Art. 17 Rn. 13; MAUNZ / DÜRIG, Art. 17 Rn. 4; RAUBALL, in: v.MÜNCH / KUNIG, Art. 17 Rn. 14; WOIKE, DÖV 1984, 419; WOLFF / BACHOF / STOBER, § 33 Rn. 31; a.A. BRUNN, S. 6 ff., 172). Es ist kein Grund ersichtlich, diese formellen Prinzipien nicht auch im Verwaltungsverfahren anzuwenden, wenn der Antragsteller zusätzlich ein materielles Recht geltend macht (BACHOF, S. 76: „erst recht"). Die Anerkennung dieses formellen Rechts auf Bescheidung führt auch keineswegs zwingend zum Erlass eines unter Umständen überflüssigen Bescheidungsurteils in allen Fällen der Unterlassung eines beantragten Verwaltungsakts. Beispielsweise kann das Gericht, soweit es feststellt, dass der Ermessensspielraum der geltend gemachten Norm die Möglichkeit der Erteilung des beantragten Verwaltungsakts nicht zu Gunsten des Klägers vorsieht, nach dem Grundsatz „dolo agit, qui petit, quod statim redditurus est" dem formellen Bescheidungsanspruch mit der Urteilsbegründung Genüge tun, da auch bei Entscheidung durch die Behörde in der Sache keine andere Entscheidung ergehen dürfte. Die durch die Unterlassung hervorgerufenen Kosten sind dann gem. § 161 Abs. 3 VwGO ohnehin der Behörde aufzuerlegen.

1469 Siehe oben S. 71 f.

Entscheidung[1470]. In diesem Zusammenhang ist nicht nur anerkannt, dass die Spruchreife zum Zeitpunkt der ersten Befassung des Gerichts mit der Sache fehlt, sondern auch, dass sie typischerweise nicht hergestellt werden kann[1471]. Das ist einleuchtend, denn wenn der Grund für das Fehlen der Spruchreife im materiellen Recht verankert ist (nämlich in der Ermessensermächtigung), existiert ein statisches Hindernis, das nicht zur Disposition der Beteiligten oder des Gerichts steht. Insofern besteht ein entscheidender Unterschied zu den Fällen, in denen aus tatsächlichen Gründen die Spruchreife zu verneinen ist, denn die tatsächlichen Entscheidungsgrundlagen sind dynamisch angelegt und können im Laufe des Prozesses durch die Sachverhaltsaufklärung des Gerichts oder durch die Mitwirkung der Beteiligten erweitert werden.

Beispielsweise sind Bescheidungsurteile wegen eines Rechtsfolgenermessens der Behörde zu verzeichnen infolge von Anträgen
- auf bauaufsichtliches Einschreiten nach den Generalklauseln der Landesbauordnungen[1472],
- auf Erteilung einer wasserrechtlichen Erlaubnis gem. § 34 WHG[1473]
- auf Gewährung einer beamtenrechtlichen Beihilfe[1474]
- auf Gewährung von Sozialhilfe[1475]
- und auf Einschreiten gegen lärmintensive Betriebe nach Vorschriften des Bundes-Immissionsschutzgesetzes[1476].

1470 Grundlegend zur Rechtslage nach In-Kraft-Treten der VwGO BVerwG, Urt. v. 18.08.1960 („Bandsäge"), BVerwGE 11, 95, 99 = DVBl.1961, 125, 127 mit auch insoweit zustimmender Anm. BACHOF, DVBl.1961, 128, 131; zusammenfassend BVerwG, Urt. v. 20.02.1992, BVerwGE 90, 18, 24; FABER, § 30 I a) 2.; KOPP, VwGO, 10. Aufl., § 113 Rn. 3; PAPIER, in: HStR VI, § 154 Rn. 62; STÜER, in: MENGER-FS (1985), S. 790 f.; ULE, § 54 VI 2; für den Erlass eines Bescheidungsurteils ausschließlich auf die Trennung zwischen gebundenen und Ermessensentscheidungen abstellend BETTERMANN, NJW 1960, 649, 655; ähnlich SCHRÖDER, in: MENGER-FS (1985), S. 491.

1471 Vgl. nur BVerwG, Urt. v. 18.08.1960, DVBl.1961, 125, 127: „nicht weiter spruchreif sein oder gemacht werden".

1472 BVerwG, Urt. v. 19.06.1991, BayVBl. 1991, 696 = Buchholz 310, § 113 Nr. 234; BVerwG, Urt. v. 12.12.1991, NVwZ 1992, 878; OVG Münster, Beschl. v. 20.02.1992, NVwZ-RR 1992, 518. Nach BVerwG, Beschl. v. 10.11.1992, UPR 1993, 68, 69, scheitert allerdings der Anspruch eines Nachbarn auf Neubescheidung seines Antrages auf Erlass eines Abbruchgebotes gem. § 179 BauGB schon an dem fehlenden Drittschutz dieser Norm.

1473 VGH Mannheim, Urt. v. 07.03.1980, ESVGH 30, 177, 180 f.

1474 BVerwG, Urt. v. 16.12.1970, BVerwGE 37, 57, 61.

1475 BVerwG, Urt. v. 22.05.1975, BVerwGE 48, 237, 241 f. mit der Unterscheidung, dass einerseits unter dem Aspekt des „Ob" der Lebensunterhalt des Klägers gerade die Vermittlung des Fernsehens notwendig macht, aber andererseits über das „Wie" der Hilfe zum Lebensunterhalt der Träger der Sozialhilfe gem. § 4 Abs. 2 BSHG nach pflichtgemäßem Ermessen zu entscheiden hat.

1476 VG Hannover, Urt. v. 23.10.1975, DVBl. 1976, 809, 810.

b. Beurteilungsspielräume

Von dem Ermessen, das der Behörde auf der Rechtsfolgenseite eingeräumt ist, sind nach traditioneller Sichtweise die Beurteilungsspielräume zu unterscheiden, die es der Behörde erlauben, die Grundlagen ihres Handelns teilweise frei von gerichtlicher Kontrolle selbst zu definieren[1477]. Dabei geht es nicht nur um die Frage von Beurteilungsspielräumen der Verwaltung bei der Auslegung unbestimmter Rechtsbegriffe, sondern um die Bestimmung der Voraussetzungen des Verwaltungshandelns im weiteren Sinne, z.B. auch im Falle der Rechtsgestaltung durch Planung[1478]. Diese Systematik erscheint bei der hier allein möglichen summarischen Prüfung im Bereich der materiell-rechtlichen Kontrollrestriktionen überzeugend, da es für die Legitimation der Entscheidungsspielräume und damit auch für die gerichtliche Nachprüfbarkeit der Entscheidungen auf die normativ vorgezeichneten Entscheidungsstrukturen und -zwecke ankommt[1479]. Diese sind verschieden, je nachdem, ob die Behörde eine Entscheidung über die Rechtsfolgen einer Norm trifft oder die Voraussetzungen der weiter gehenden Verwaltungsentscheidung konkretisiert. Besonders deutlich wird der Unterschied, wenn man als Extremfälle Auswahlentscheidungen der Behörde in Bezug auf gesetzlich vorgegebene Alternativen einerseits mit rechtsgestaltenden Planungen andererseits vergleicht: Wenn z.B. § 4 Abs. 1 Satz 2 UIG bestimmt, dass die Behörde zur Erfüllung des umweltrechtlichen Informationsanspruchs Auskunft erteilen, Akteneinsicht gewähren oder Informationsträger in sonstiger Weise zur Verfügung stellen kann, so kann diese Auswahl ohne aufwendige Abwägung durch einen einzelnen Sachbearbeiter bei der Behörde getroffen werden. Dagegen erfordert z.B. die öffentliche Straßenwegeplanung im Planfeststellungsverfahren gem. § 17 Abs. 1 FStrG einen ungleich höheren Abwägungsbedarf hinsichtlich der möglichen Alternativen und einen ungleich höheren Abstimmungsbedarf zwischen den betroffenen Behörden und sonstigen Beteiligten. Obwohl die Beurteilungsspielräume der Verwaltung prinzipiell die gleichen, die Spruchreife hindernden Wirkungen haben wie das Rechtsfolgenermessen[1480], ist es daher möglich, dass bei der Frage der Überwindung dieser materiell-rechtlichen Hindernisse Differenzierungen vorgenommen werden müssen. Im Hinblick auf die Entscheidungsstrukturen mit ih-

---

1477 Die Terminologie geht wohl im Wesentlichen zurück auf BACHOF, JZ 1955, 97, 102. Vgl. ferner FABER, § 14 III; PAPIER, in: HStR VI, § 154 Rn. 63; SCHMIDT-ASSMANN, in: MAUNZ / DÜRIG, Art. 19 IV Rn. 186; WOLFF / BACHOF / STOBER, § 31 Rn. 31; gegen die Beibehaltung dieser Struktur bei grundsätzlicher Anerkennung der gerichtsfreien Entscheidungsspielräume SCHOLZ, VVDStRL 34 (1976), 145, 167.

1478 Dazu FABER, § 14 III c); zur terminologischen Unterscheidung der Beurteilungen im weiteren und engeren Sinne auch SCHMIDT-ASSMANN, in: MAUNZ / DÜRIG, Art. 19 IV Rn. 191.

1479 Vgl. WAECHTER, VerwArch. 88 (1997), 298, 303.

1480 BVerwG, Urt. v. 20.02.1992, BVerwGE 90, 18, 24; STÜER, in: MENGER-FS (1985), S. 790 f.; ULE, § 54 VI 2.

ren Konsequenzen für die gerichtliche Nachprüfung ist auch innerhalb der Beurteilungsspielräume eine Untergliederung geboten.

i) Originäre Bewertungen

Beurteilungsspielräume sind vor allem in den Bereichen anerkannt, in denen von der Verwaltung eine wertende Beurteilung eines Produkts, einer Person oder einer von ihr erbrachten Leistung verlangt wird. Die Maßstäbe der Bewertung ergeben sich dabei häufig nicht aus dem Gesetz, sondern müssen von der Verwaltung selbst entwickelt werden. In Abgrenzung zu Entscheidungen, die gesetzliche Wertungen lediglich nachvollziehen[1481], werden sie hier als originäre Bewertungen bezeichnet.

(1) Prüfungen

Der Leitgedanke der Beurteilungsspielräume stammt ursprünglich aus dem Prüfungswesen[1482], das gleichzeitig den praktisch wohl bedeutsamsten Anwendungsbereich der Beurteilungspielräume bietet[1483]. In prozessualer Hinsicht besteht ganz überwiegend Einigkeit darin, dass bei Verpflichtungsklagen wegen fehlender Spruchreife ein Bescheidungsurteil ergehen muss, soweit der Prüfungsbehörde ein Beurteilungsspielraum zuzubilligen ist[1484].

Die Einschränkung der gerichtlichen Kontrolle ist dadurch legitimiert, dass Prüfungsentscheidungen schwer nachzuvollziehen sind, denn die „Prüfer müssen bei ihrem wertenden Urteil von Einschätzungen und Erfahrungen ausgehen, die sie im Laufe ihrer Examenspraxis bei vergleichbaren Prüfungen entwickelt haben und allgemein anwenden.“[1485] Daraus folgt, dass „Prüfungsentscheidungen nicht isoliert gesehen werden dürfen, sondern in einem Bezugssystem zu finden sind, das

---

1481 Vgl. WAECHTER, VerwArch. 88 (1997) 1997, 298, 309: „nachvollziehende Abwägung“.

1482 FABER, § 14 III c); HERZOG, NJW 1992, 2601, 2602.

1483 ROZEK, NVwZ 1992, 33, 34.

1484 BVerwG, Urt. v. 01.12.1978, DVBl. 1979, 424, 429; BVerwG, Urt. v. 03.12.1981, DVBl. 1982, 447, 448 = DÖV 1982, 765; BVerwG, Beschl. v. 22.04.1987, Buchholz 310, § 121 Nr. 54; BVerwG, Urt. v. 24.02.1993, NVwZ 1993, 686, 688; OVG Münster, Urt. v. 16.07.1992, NVwZ 1993, 95; JAKOBS, VBlBW 1981, 173, 176; ROZEK, NVwZ 1992, 33, 34; a.A. VG Frankfurt, Urt. v. 14.11.1961, DÖV 1962, 150, 151 mit insoweit ablehnender Anm. BETTERMANN, DÖV 1962, 151; allgemein gegen verbindliche Wertungen der Behörden BRUNN, S. 143 ff.

1485 BVerfG, Beschl. v. 17.04.1991, BVerfGE 84, 34, 51 = NJW 1991, 2005, 2007; als „Akt wertender Erkenntnis“ wird die Prüfungsentscheidung schon bezeichnet bei BVerwG, Urt. v. 29.09.1960, BVerwGE 11, 139, 140.

durch die persönlichen Erfahrungen und Vorstellungen der Prüfer beeinflußt wird"[1486]. Diese praktischen Schwierigkeiten münden in ein verfassungsrechtliches Problem, denn die auf gerichtliche Veranlassung vorgenommene Abänderung von berufsbezogenen Prüfungsentscheidungen drohte mit Art. 3 Abs. 1 GG in Konflikt zu geraten: „Nach dem Grundsatz der Chancengleichheit, der das Prüfungsrecht beherrscht [es folgen Nachweise], müssen für vergleichbare Prüflinge so weit wie möglich vergleichbare Prüfungsbedingungen und Bewertungskriterien gelten"; mit diesem Grundsatz wäre es „unvereinbar, wenn einzelne Kandidaten, indem sie einen Verwaltungsgerichtsprozess anstrengen, die Chance einer vom Vergleichsrahmen unabhängigen Bewertung erhielten"[1487]. Aus diesen Grundsätzen wurde früher ein sehr weit gehender prüfungsrechtlicher Beurteilungsspielraum der Behörden gefolgert, der den Gerichten nur eine Willkürkontrolle erlaubte[1488]. In seinem wegweisenden Beschluss vom 17. April 1991 betont das Bundesverfassungsgericht dagegen die im Hinblick auf Art. 19 Abs. 4 Satz 1 GG gebotenen Grenzen des „prüfungsrechtlichen Bewertungsspielraums": „Nur prüfungsspezifische Wertungen – vielfach mit fachlichen Urteilen untrennbar verknüpft – bleiben der Letztentscheidungskompetenz der Prüfungsbehörden überlassen"; davon zu unterscheiden sind die „fachspezifischen Fragen", die das Gericht notfalls unter Zuhilfenahme von Sachverständigengutachten klären muss, um dem Prüfling wirksamen Rechtsschutz zu gewähren[1489].

Zwar hat die neuere Rechtsprechung des Bundesverfassungsgerichts die gerichtliche Nachprüfbarkeit erheblich erweitert[1490]. Allerdings führen die Erweiterungen nicht dazu, dass das Gericht mit einer eigenen oder sonstigen sachverständigen Beurteilung der wissenschaftlich-fachlichen Annahme des Prüflings die Spruchreife bei einer prüfungsrechtlichen Verpflichtungsklage herbeiführen dürfte. Denn auch dann, wenn sich auf diese Weise herausstellt, dass der von der Prüfungsbehörde vorgenommenen Beurteilung eine fehlerhafte Wertung zu Grunde liegt, die sich auf die Notengebung ausgewirkt haben kann, so ist damit nur die Rechtswid-

1486 BVerfG, Beschl. v. 17.04.1991, BVerfGE 84, 34, 51 = NJW 1991, 2005, 2007; ebenso in seiner ersten grundlegenden Entscheidung zum prüfungsrechtlichen Beurteilungsspielraum BVerwG, Urt. v. 25.04.1959, BVerwGE 8, 272, 273.

1487 BVerfG, Beschl. v. 17.04.1991, BVerfGE 84, 34, 52 = NJW 1991, 2005, 2007.

1488 Vgl. BVerwG, Beschl. v. 12.11.1979, Buchholz 421.0 Nr. 121, S. 195 = DÖV 1983, 380.

1489 BVerfG, Beschl. v. 17.04.1991, BVerfGE 84, 34, 55 = NJW 1991, 2005, 2007.

1490 Nach BVerwG, Urt. v. 24.02.1993, NVwZ 1993, 686, 687, bedarf es zur Kontrolle fachspezifischer Fragen im Zusammenhang mit juristischen Prüfungen auch nicht der Erhebung des Sachverständigenbeweises, sondern vielmehr sei „regelmäßig von der erforderlichen Qualifikation der Verwaltungsgerichte zur Klärung der Frage der Vertretbarkeit juristischer Ausführungen auszugehen". Zu den Konsequenzen für beamtenrechtliche Laufbahn-Prüfungen BVerwG, Urt. v. 01.06.1995, BVerwGE 98, 324, 330; für Meister-Prüfungen im Handwerk VGH Mannheim, Urt. v. 12.10.1999, DÖV 2000, 162.

rigkeit des Prüfungsbescheides nachgewiesen, z.B. des Bescheides, mit dem die Behörde die Zulassung des Kandidaten zur mündlichen Prüfung und/oder die Anerkennung des Bestehens der Prüfung abgelehnt hat[1491]. Der Erlass des beantragten Prüfungsbescheids setzt nämlich neben der erneuten fachspezifischen Wertung auch eine neue prüfungsspezifische Wertung (eine neue Benotung) voraus, die dem Gericht auch nach der neueren Rechtsprechung des Bundesverfassungsgerichts versagt ist[1492]. Die Neubewertung hat regelmäßig durch die ursprünglichen Prüfer zu erfolgen, damit sichergestellt ist, dass – nach Klärung der fachspezifischen Fragen – der prüfungsspezifischen Wertung die gleichen Maßstäbe, Vorstellungen und Erfahrungen zu Grunde gelegt werden, wie der im Vergleichsrahmen vorgenommenen Erstbewertung[1493]. Eine Neubewertung durch bisher unbeteiligte Prüfer kann jedoch dann notwendig sein, wenn die Prüfungsordnung dies verlangt[1494] oder wenn Zweifel an der Unvoreingenommenheit der ursprünglichen Prüfer bestehen[1495]. Dieses Regel-Ausnahme-Verhältnis ist im Hinblick auf die Chancengleichheit im Prüfungsverfahren auch deshalb sachgerecht, weil sonst der klagende Kandidat einerseits vor einer Verschlechterung seiner Note geschützt wäre durch das Verbot einer Veränderung der Bewertungsmaßstäbe[1496] sowie

---

1491 JAKOBS, VBlBW 1981, 173, 176, unterscheidet zwischen Fehlern, die das Erbringen der Prüfungsleistung betreffen (z.B. Baulärm im Prüfungsraum), und solchen, die die Bewertung der Prüfungsleistung betreffen (z.B. das Übersehen von Ausführungen des Prüflings in einer schriftlichen Aufsichtsarbeit).

1492 BVerfG, Beschl. v. 17.04.1991, BVerfGE 84, 34, 55 f. = NJW 1991, 2005, 2008: „Ist die Ursächlichkeit des Fehlers nicht auszuschließen, kann das Gericht die Leistungsbewertung grundsätzlich nicht ersetzen, sondern den Prüfungsbescheid nur aufheben. Das hat dann zur Folge, daß die zuständigen Prüfer eine neue fehlerfreie Bewertung nachholen müssen. Je nach der Art des Fehlers sind auch Fälle denkbar, in denen dem Prüfling eine Wiederholungsmöglichkeit einzuräumen ist."

1493 BVerwG, Urt. v. 09.12.1992, DÖV 1993, 480, 483; BVerwG, Urt. v. 24.02.1993, NVwZ 1993, 686, 688; OVG Münster, Urt. v. 16.07.1992, NVwZ 1993, 95; ROZEK, NVwZ 1992, 33, 34; a.A. (grundsätzlich neue Prüfer) VGH Mannheim, Urt. v. 15.02.1991, NVwZ 1991, 1205, 1207 f. Für die Ansicht des BVerwG spricht, dass das BVerfG, Beschl. v. 17.04.1991, BVerfGE 84, 34, 56 = NJW 1991, 2005, 2008, eine Nachholung durch die „zuständigen Prüfer" für geboten erachtet, ohne auf eine Ersetzung der ursprünglich zuständigen Prüfer einzugehen. Für eine Einzelfallbetrachtung RAUSCHNING, JuS 1993, 551, 555, der bei Leistungen ohne unmittelbare Vergleichsgruppe (z.B. bei juristischen Examenshausarbeiten im Unterschied zu Klausurbearbeitungen) eher eine Neubewertung durch neue Prüfer für vorzugswürdig hält.

1494 Vgl. BVerwG, Urt. v. 03.12.1981, DVBl. 1982, 447, 448 = DÖV 1982, 765, 766; zu dieser Möglichkeit auch BVerwG, Urt. v. 09.12.1992, DÖV 1993, 480, 483; BVerwG, Urt. v. 24.02.1993, NVwZ 1993, 686, 688.

1495 Vgl. BVerwG, Urt. v. 24.02.1993, NVwZ 1993, 686, 688; ebenso die Vorinstanz OVG Münster, Urt. v. 16.07.1992, NVwZ 1993, 95, 97.

1496 Dazu BVerwG, Urt. v. 14.07.1999, DÖV 2000, 78, 79; BVerwG, Urt. v. 24.02.1993, NVwZ 1993, 686, 688.

durch die Bestandskraft des bereits erlangten (positiven) Prüfungsergebnisses[1497], andererseits aber die Chance auf eine wohlwollendere Bewertung durch einen weiteren Prüfer erstreiten könnte. Von der Frage der Zuständigkeit neuer Prüfer ist die Frage zu unterscheiden, ob die Neubewertung im Klageverfahren stattfinden darf[1498].

Freilich kommt unter Umständen bei Prüfungsentscheidungen als Vornahmeurteil die Verpflichtung der Behörde in Betracht, die Prüfung mit einer bestimmten Note für bestanden zu erklären, z.B. wenn die Behörde unter Verletzung rechnerischer Maßstäbe eine falsche Gesamtnote festgesetzt hatte[1499]. Dann werden aber Fragen des prüfungsrechtlichen Beurteilungsspielraums gar nicht berührt[1500], denn die Anwendung rechnerischer Maßstäbe bei der Bildung der Gesamtnote bestimmt sich – außerhalb behördlicher Freiräume – nach allgemeinen Verfahrensgrundsätzen[1501] oder nach speziellen Vorschriften des materiellen Rechts[1502], deren Anwendung uneingeschränkt gerichtlicher Nachprüfung unterliegt.

(2) Beamtenrechtliche Beurteilungen

Ähnliche Beurteilungsermächtigungen wie im Prüfungsrecht existieren bei beamtenrechtlichen Leistungs- und Befähigungsurteilen[1503]. Dazu zählen vor allem dienstliche Beurteilungen gem. § 40 f. der landesrechtlichen Beamten-Laufbahnverordnungen, die sich besonders auf allgemeine geistige Veranlagung, Charakter, Bildungsstand, Arbeitsleistung, soziales Verhalten und Belastbarkeit des Beamten erstrecken soll[1504]. Vergleichbar mit dem Prüfungsrechtsstreit, in dem die persönlichen Maßstäbe, Vorstellungen und Erfahrungen der Prüfer nicht einfach durch das Gericht ersetzt werden können, kommt es für die beamtenrechtliche Beurteilung häufig unabdingbar auf die längere Zusammenarbeit mit dem Dienstvorge-

---

1497 OVG Münster, Urt. v. 16.07.1992, NVwZ 1993, 95 f.

1498 Siehe dazu unten S. 398 ff.

1499 So das Beispiel bei KOPP / SCHENKE, § 113 Rn. 195.

1500 Zur Abgrenzung der Beurteilungsspielräume von einem Rechenverfahren zur Bildung der Gesamtnote RAUSCHNING, JuS 1993, 551, 553.

1501 In Ermangelung besonderer Vorschriften wird man davon ausgehen müssen, dass sich die Gesamtnote nach dem arithmetischen Mittel der Einzelnoten bestimmt.

1502 Vgl. z.B. §§ 24 - 27 BayJAPO, § 9 Abs. 1 NJAG.

1503 Ständige Rechtsprechung seit BVerwG, Urt. v. 27.02.1959, BVerwGE 8, 192, 195. Dies gilt unbeschadet der sich aus Art. 97 Abs. 1 GG und § 25 DRiG ergebenden Besonderheiten auch für Richter (BVerwG, Urt. v. 02.04.1981, BVerwGE 62, 135, 138). Diese Rechtsprechung hat das BVerwG auch unter Berücksichtigung der neueren Rechtsprechung des BVerfG aufrechterhalten (BVerwG, Beschl. v. 17.03.1993, DVBl. 1993, 956).

1504 SCHMIDT-ASSMANN, in: MAUNZ / DÜRIG, Art. 19 IV Rn. 194.

setzten und auf dessen persönlichen Eindruck von dem Beamten an[1505]. Der Austausch von Erwägungen des Dienstvorgesetzten könnte ebenso wie im Prüfungsverfahren zu einer Durchbrechung des Vergleichsrahmens und somit zu einer Verletzung des Art. 3 Abs. 1 GG führen. Damit ergeben sich für die gerichtliche Kontrolle weitgehend die gleichen Restriktionen wie im Bereich des Prüfungswesens.

(3) Fachbegutachtungen

Eine uneinheitliche Gruppe bilden Entscheidungen, die Werturteile z.B. wissenschaftlicher oder künstlerischer Art voraussetzen. Die Übergänge zu den klassischen Prüfungsentscheidungen sind dabei vielfach fließend[1506]. Die Anerkennung eines gerichtsfreien Beurteilungsspielraums erfordert stets Anhaltspunkte im Gesetz; Indizwirkung entfaltet die Übertragung der Entscheidung auf ein weisungsunabhängiges Gremium, das sowohl fachspezifischen Sachverstand als auch pluralistische Interessen repräsentiert[1507].

1505 BVerwG, Urt. v. 02.04.1981, BVerwGE 62, 135, 138; WOLFF / BACHOF / STOBER, § 31 Rn. 21; SCHULZE-FIELITZ, JZ 1993, 772, 778 f., geht in diesen Fällen von der Zulässigkeit der Beurteilungsspielräume „aus sachlich gebotener Eigengesetzlichkeit" aus.

1506 SCHMIDT-ASSMANN, in: MAUNZ / DÜRIG, Art. 19 IV Rn. 195: „prüfungsähnliche Entscheidungen". Eine besonders enge Verbindung zum Prüfungsrecht – quasi in dessen Vorfeld – zeigt beispielsweise das Urt. des VGH Mannheim v. 26.03.1996, ESVGH 46, 214, 218: Danach kann ein Student der Biologie wegen der nur eingeschränkt überprüfbaren Lehrfreiheit der Hochschullehrer nicht von der Universität verlangen, zoologische Praktika „tierverbrauchsfrei" absolvieren zu dürfen. Nach VGH Kassel, Urt. v. 29.12.1993, NJW 1994, 1608, darf dem Hochschullehrer die Durchführung von Tierversuchen nicht untersagt werden.

1507 KOPP / SCHENKE, § 114 Rn. 24a – 2. Spiegelstrich –; TETTINGER, DVBl. 1982, 421, 425; WOLFF / BACHOF / STOBER, § 31 Rn. 23; differenzierend SCHMIDT-ASSMANN, in: MAUNZ / DÜRIG, Art. 19 IV Rn. 196: Es komme mehr auf Weisungsunabhängigkeit und Sachverstand als auf die pluralistische Zusammensetzung an; ebenso PAPIER, in: ULE-FS (1987), S. 247; vgl. auch VG Hannover, Beschl. v. 14.09.1995, ZUM-RD 1997, 202, 203. Wenn SENDLER, DVBl. 1994, 1089, 1100, meint, das BVerfG habe diesen Auslegungstopos gänzlich „verworfen", so kann dem hier nicht gefolgt werden. Das BVerfG betont sogar, dass die Regelung des § 9 Abs. 2 GjS dem Ziel verpflichtet sei, dass Entscheidungen, die die Presse- und Kunstfreiheit betreffen, „möglichst in einer gewissen Staatsferne und aufgrund einer pluralistischen Meinungsbildung ergehen sollen" (BVerfG, Beschl. v. 27.11.1990, BVerfGE 83, 130, 150). Das BVerwG knüpft in den Urteilen v. 26.11.1992 (BVerwGE 91, 211, 217 = NJW 1993, 1490 1491 f.) und v. 25.11.1993 (BVerwGE 94, 307, 311) daran an.

(a) Indizierungen

Eine eindrucksvolle Entwicklung ist im Bereich der verwaltungsgerichtlichen Kontrolle von Indizierungen nach dem Gesetz über die Verbreitung jugendgefährdender Schriften und Medieninhalte (GjSM)[1508] zu verzeichnen[1509]. Nachdem das Bundesverwaltungsgericht die Generalklauseln dieses Gesetzes als unbestimmte Rechtsbegriffe zunächst voll nachgeprüft hatte[1510], kam es mit dem Urteil vom 16. Dezember 1971[1511] zu einer markanten Wende in seiner Rechtsprechung. Die Anerkennung der Generalklauseln als Beurteilungsspielräume (insbesondere „Jugendgefährdung" und „Kunst") wurde nicht nur mit einer Analyse der Gesetzesziele begründet, sondern darüber hinaus auch mit der Zusammensetzung der Bundesprüfstelle, d.h. mit der Verbindung von Fachkenntnis und Elementen gesellschaftlicher Repräsentanz[1512]. Von der daraus gefolgerten Beschränkung der gerichtlichen Kontrolle musste das Bundesverwaltungsgericht teilweise wieder abrücken, nachdem das Bundesverfassungsgericht in seinem Beschluss vom 27. November 1990[1513] einer Verfassungsbeschwerde gegen die Indizierung des pornographischen Romans „Josefine Mutzenbacher" stattgegeben hatte. Da das Bundesverfassungsgericht in dieser Entscheidung aber klarstellte, die im Hinblick auf Art. 19 Abs. 4 Satz 1 GG gebotene Erweiterung der Justitiabilität gehe nicht so weit, dass der Bundesprüfstelle überhaupt kein Beurteilungsspielraum verbleiben könnte[1514], war eine Modifizierung der höchstrichterlichen Rechtsprechung möglich, wonach die Generalklauseln „Jugendgefährdung" und „Kunst" gerichtlich überprüfbar sind, die Abwägung dieser widerstreitenden Belange aber der in verfassungskonformer Weise pluralistisch zusammengesetzten Bundesprüfstelle[1515] vorbehalten ist[1516].

Prozessual betrachtet dürfte die Indizierung wohl ausschließlich den Gegenstand von Anfechtungsklagen bilden. Ein von der Rechtsprechung entschiedener Fall, in dem ein der Bundesprüfstelle verbleibender Beurteilungsspielraum die Spruchrei-

---

1508 Früher: Gesetz über die Verbreitung jugendgefährdender Schriften (GjS). Gesetzestitel neu gefasst durch Gesetz vom 22.07.1997 (BGBl. I, S. 1870).

1509 Vgl. zum Folgenden die Darstellung bei FABER, § 14 III c).

1510 Vgl. BVerwG, Urt. v. 12.01.1966, BVerwGE 23, 112, 114; BVerwG, Urt. v. 15.11.1967, BVerwGE 28, 223, 225.

1511 BVerwGE 39, 197 ff.

1512 BVerwG, Urt. v. 16.12.1971, BVerwGE 39, 197, 204.

1513 BVerfGE 83, 130 ff.

1514 BVerfG, Beschl. v. 27.11.1990, BVerfGE 83, 130, 148.

1515 Zur Notwendigkeit einer gesetzlichen Regelung über die Zusammensetzung der Bundesprüfstelle BVerfG, Beschl. v. 27.11.1990, BVerfGE 83, 130, 151 ff; ebenso bereits PAPIER, in: ULE-FS (1987), S. 248.

1516 So nunmehr BVerwG, Urt. v. 26.11.1992, BVerwGE 91, 211, 217 = NJW 1993, 1490, 1491.

fe bei einer Klage auf Verpflichtung zur Indizierung gehindert hätte, ist nicht ersichtlich. Ein solcher Fall ist auch im Hinblick auf das Erfordernis der Klagebefugnis kaum denkbar.

(b) Prädikatierungen

Praktische Relevanz für die Spruchreife bei Verpflichtungsklagen entfalten die Vorschriften, die eine dem Antragsteller potentiell günstige Entscheidung einem pluralistisch zusammengesetzten, weisungsunabhängigen und sachverständigen Gremium vorbehalten. Erwähnenswert sind in diesem Zusammenhang die z.T. höchstrichterlichen Anerkennungen von Bewertungsspielräumen z.B.

- bei der Beurteilung der durch langjährige praktische Tätigkeit erworbenen „Berufsbefähigung" zur Eintragung in die Architektenliste nach § 4 des Architektengesetzes Baden-Württemberg[1517],
- bei der Bewertung der „Geeignetheit" eines Künstlers zur Aufnahme in eine nach einer Landessatzung geführten Liste von Kunstschaffenden, denen mit Landesmitteln geförderte Aufträge zur „Kunst am Bau" übertragen werden können („Baueignungsliste")[1518],
- bei der Entscheidung der Sortenausschüsse des Bundessortenamts über den „landeskulturellen Wert" einer angemeldeten Sorte nach den Vorschriften des Saatgutverkehrsgesetzes (§ 42 SaatVG 1975 bzw. § 34 SaatVG 1985)[1519],
- bei der im Falle der Ablehnung bindenden Stellungnahme des Richterwahlausschusses zu den sachlichen und persönlichen Voraussetzungen eines Richters

1517 BVerwG, Urt. v. 13.12.1979, BVerwGE 59, 213, 215. Wegen der elementaren Auswirkungen dieser Eintragung auf die Berufsfreiheit des Antragstellers ist allerdings in besonderem Maße fraglich, ob diese Rechtsprechung angesichts der neueren Vorgaben des BVerfG aufrecht erhalten werden könnte (ebenso SCHULZE-FIELITZ, JZ 1993, 772, 776).

1518 OVG Lüneburg – 8. Senat –, Urt. v. 27.05.1982, NJW 1983, 1218, 1219; a.A. noch OVG Lüneburg – 5. Senat –, Urt. v. 09.02.1972, OVGE 28, 378, 383.

1519 BVerwG, Urt. v. 26.06.1981, BVerwGE 62, 330, 336 = DVBl. 1982, 29, 30: Im Zusammenhang mit der Spruchreife i.S.d. § 113 Abs. 5 VwGO ist dieses Urteil auch deshalb interessant, weil sowohl der Kläger als auch die Beklagte Revision gegen das Bescheidungsurteil des in erster Instanz zuständigen VG Hannover eingelegt hatten. Die Revision der Beklagten hatte keinen Erfolg, weil die ablehnenden Beschlüsse des Bundessortenamts den Kläger in seinen Rechten verletzten. Die Revision des Klägers hatte keinen Erfolg, weil die Sache wegen des von den Gerichten bejahten Beurteilungsspielraums nicht spruchreif werden und kein Vornahmeurteil ergehen konnte. Vgl. ferner BVerwG, Urt. v. 16.01.1986, BVerwGE 72, 339: Darin wird unterschieden zwischen der gerichtlich voll überprüfbaren Feststellung der wertbestimmenden Eigenschaften einer angemeldeten Sorte (a.a.O., S. 341) und der eigentlichen Bewertung unter Gewichtung der wertbestimmenden Eigenschaften, wobei den Sortenausschüssen ein nur eingeschränkt nachprüfbarer Beurteilungsspielraum zusteht (a.a.O., S. 347).

der ehemaligen DDR bei der Bewerbung um die Berufung in ein neues Richterverhältnis gem. der nach dem Einigungsvertrag zu Grunde zu legenden Ordnung über die Bildung und Arbeitsweise der Richterwahlausschüsse (ORWA)[1520]

- und bei der Bewertung von Filmen als „guter Unterhaltungsfilm" bzw. „wertvoll" oder „besonders wertvoll" i.S.d. Filmförderungsgesetzes (FFG)[1521].

Abgelehnt hat die Rechtsprechung dagegen Beurteilungsspielräume der gesonderten Gremien im Zusammenhang mit

- der Entscheidung über die Zuteilung eines Weinprädikats gem. § 12 Abs. 1 Satz 2 WeinG bzw. das Vorliegen von Fehlern gem. § 11 Abs. 2 Nr. 3 WeinG[1522] und

1520 BVerwG, Urt. v. 06.11.1995, BVerwGE 99, 371, 377.

1521 VGH Kassel, Urt. v. 23.01.1997, NJW 1998, 1426, 1427, im Anschluss an VGH Kassel, Urt. v. 22.10.1985, DÖV 1986, 661, 663 = NJW 1987, 1436, 1437. Ebenso OVG Berlin, Urt. v. 19.03.1987, NJW 1988, 365, 366; VG Berlin, Urt. v. 25.10.1972, DVBl. 1974, 375, 376 = NJW 1973, 1148, 1149. Mit ausführlicher Begründung VG Wiesbaden, Urt. v. 25.09.1986, NJW 1988, 356, 363: Rechtfertigungsgrund für eine Ausnahme von der verwaltungsgerichtlichen Letzterkenntnisbefugnis sei nur die Kunstfreiheitsgarantie des Art. 5 Abs. 3 Satz 1 GG (Beurteilungsspielraum im Sinne eines „Kunstfreiheitsraums"), nicht aber die Weisungsunabhängigkeit der Bewertungsstelle oder ihre Zusammensetzung. Das BVerwG hatte in seiner – soweit ersichtlich – einzigen Entscheidung zur Filmförderung noch die volle Überprüfbarkeit von Entscheidungen der Filmbewertungsstelle angenommen (Urt. v. 28.01.1966, BVerwGE 23, 194, 200 = NJW 1966, 1286). Von dieser Entscheidung sind die später judizierenden Gerichte zumeist mit dem Hinweis auf den Wandel in der Rechtsprechung des BVerwG zur Indizierung jugendgefährdender Schriften (vgl. BVerwG, Urt. v. 16.12.1971, BVerwGE 39, 197) abgewichen. Der VGH Kassel, Urt. v. 23.01.1997, NJW 1998, 1426, 1427, hebt insoweit hervor, dass das BVerwG seine Rechtsprechung nicht aufrecht erhalten habe, obwohl anlässlich einer Beschwerde gegen die Nichtzulassung der Revision in einer früheren, einen Beurteilungsspielraum bejahenden Entscheidung des VGH Kassel (Urt. v. 13.06.1967 – OS II 69/66 –, nicht veröff.) Gelegenheit dazu bestanden hätte. Nach OVG Münster, Urt. v. 04.02.1992, NVwZ 1993, 76, 79, steht der Exekutive allerdings im Unterschied zur Festlegung von Qualitätsmerkmalen kein Beurteilungsspielraum bei der Prüfung zu, ob ein Film das religiöse Gefühl verletzt.

– dem Beschluss der Versammlung bei einer Landesmedienanstalt darüber, ob eine Rundfunksendung die Menschenwürde verletzt i.S.d. Vorschriften des anzuwendenden Landesrundfunkgesetzes[1523].

Im Falle der Anerkennung eines Beurteilungsspielraums im Hinblick auf die Übertragung der Entscheidung auf ein unabhängiges Gremium überprüft das Gericht nur, ob die Entscheidungsträger von einem zutreffenden Sachverhalt ausgegangen sind, die Grenzen ihrer Ermächtigung eingehalten und die richtigen – soweit sie erkennbar sind: insbesondere die gesetzlichen – Wertmaßstäbe angelegt haben; die Entscheidung ist in einer die gerichtliche Nachprüfung ermöglichenden Weise zu begründen und muss die zu Grunde gelegten Beurteilungsmaßstäbe erkennen lassen[1524]. Besondere Bedeutung gewinnen auch (sonstige) Verfahrensvorschriften[1525].

Erweist sich bei diesen gerichtlichen Prüfungsmaßstäben die Verwaltungsentscheidung in einer Weise als fehlerhaft, die den Verpflichtungskläger in seinen Rechten verletzt, so kann das Gericht grundsätzlich nicht die Entscheidung des

---

1522 BVerwG, Urt. v. 25.11.1993, BVerwGE 94, 307, 308. Zwar könne kennzeichnend für die Einschränkung der gerichtlichen Prüfung „insbesondere die Übertragung der Entscheidung auf ein pluralistisch und staatsfern besetztes Kollegialorgan sein“ (BVerwG, a.a.O., S. 311, im Anschluss an BVerwG, Urt. v. 26.11.1992, BVerwGE 91, 211, 216 f.). Das BVerwG lehnt nach einer ausführlichen Auseinandersetzung mit den normierten Entscheidungsstrukturen auch unter Berücksichtigung der Verordnung (EWG) Nr. 2236/73 der Kommission zur Festlegung von Vorschriften für die Prüfung von Wein v. 16.08.1973 (ABlEG L 229, S. 26) einen solchen Fall ab. Damit bestätigte das BVerwG die Entscheidung des OVG Koblenz, Urt. v. 30.04.1991, DÖV 1992, 410, 411, das – anders als der VGH Mannheim, Urt. v. 10.04.1979, ZLR 1979, 520, 524 – bereits früher einen Beurteilungsspielraum der Behörde abgelehnt hatte (OVG Koblenz, Urt. v. 06.02.1979, ES Weinrecht 1 [1979], 11, 13). Kritisch dazu MONIKA BÖHM, DÖV 2000, 990, 994.

1523 VG Hannover, Beschl. v. 14.09.1995, ZUM-RD 1997, 202, 203: „Ein Beurteilungsspielraum, der zu einer nur eingeschränkten gerichtlichen Überprüfbarkeit führen würde, steht der Versammlung trotz ihrer pluralistischen Zusammensetzung nicht zu.“ Gleiches gilt für Fragen des Jugendschutzes (VG Hannover, Beschl. v. 14.11.1996, ZUM 1997, 667). Anders ist es bei der Kabelbelegungsentscheidung, z.B. nach § 52 Abs. 4 des Nds. LRG, bei der es auf die Vielfalt des Programmangebots ankommt (VG Hannover, Beschl. v. 23.01.1996, ZUM 1997, 410, 412).

1524 BVerwG, Urt. v. 16.12.1971, BVerwGE 39, 197, 204.

1525 BVerwG, Urt. v. 13.12.1979, BVerwGE 59, 213, 217. Nach SCHULZE-FIELITZ, JZ 1993, 772, 776 f. ist eine „verfahrensrechtliche Kompensation von Beurteilungsspielräumen“ erforderlich.

Gremiums ersetzen, sondern muss ein Bescheidungsurteil gem. § 113 Abs. 5 Satz 2 VwGO erlassen[1526].

ii) Politische Einschätzungsprärogativen

Zweckmäßig erscheint die Bildung einer eigenen Kategorie von Einschätzungsprärogativen mit stark politischem Einschlag: Es ist eine „allgemeine Beobachtung, daß sich Einschätzungsprärogativen desto eher finden, je deutlicher die Begriffsumsetzung von der Verwaltungs- auf die Regierungsebene verlagert ist"[1527]. Keine Schwierigkeiten bereitet die Anerkennung eines politisch geprägten Spielraums, wenn das Gesetz die Nachprüfung der Voraussetzungen einer Behördenentscheidung explizit ausschließt, wie im Falle des § 71 Abs. 5 Satz 2 des Gesetzes gegen Wettbewerbsbeschränkungen (GWB)[1528]. Im Übrigen kann diese Erkenntnis durch eine normative Analyse gewonnen werden, die die Zwecke des Gesetzes und die darin zum Ausdruck kommenden Entscheidungsstrukturen berücksichtigt. Ähnlich wie bei den Entscheidungen der weisungsunabhängigen und pluralistisch zusammengesetzten Fachgremien[1529] sind Entscheidungen der Exekutive in dem Umfang, in dem sie auf eine gewählte Regierung verlagert werden, in besonderem Maße demokratisch legitimiert und geben mehr als sonstige Verwaltungsentscheidungen Anlass zu einer Beschränkung der richterlichen Kontrolldichte[1530]. Häufig geht es um Programmsätze, deren Missbilligung durch die

---

1526 Um Bescheidungsurteile handelte es sich in den folgenden Fällen: BVerwG, Urt. v. 26.06.1981, BVerwGE 62, 330 ff. = DVBl. 1982, 29 ff.; VGH Kassel, Urt. v. 22.10.1985, DÖV 1986, 661 ff. = NJW 1987, 1436 ff.; VG Berlin, Urt. v. 25.10.1972, DVBl. 1974, 375 ff. = NJW 1973, 1148 ff.; VG Wiesbaden, Urt. v. 25.09.1986, NJW 1988, 356 ff.

1527 SCHMIDT-ASSMANN, in: MAUNZ / DÜRIG, Art. 19 IV Rn. 197; TETTINGER, DVBl. 1982, 421, 426 f.

1528 § 71 Abs. 5 Satz 2 GWB bestimmt: „Die Würdigung der gesamtwirtschaftlichen Lage und Entwicklung ist hierbei der Nachprüfung des Gerichts entzogen."

1529 Vgl. FABER, § 14 III c), zu den Ansätzen einer demokratietheoretischen Ableitung von kognitivem Ermessen in dem Urt. des BVerwG v. 16.12.1971, BVerwGE 39, 197, 204.

1530 Die Verfassungsgerichtsbarkeit übt sich in diesen Fällen in „judicial self-restraint"; vgl. BVerfG, Urt. v. 18.12.1984, BVerfGE 68, 1, 2 (LS Nr. 3): „Einschätzungen und Wertungen außen- und verteidigungspolitischer Art obliegen der Bundesregierung." Für die Fachgerichtsbarkeit ist dieser Terminus schief und eine darauf aufbauende Grundlehre verfassungsrechtlich bedenklich, weil die Fachgerichtsbarkeit nicht etwa in Form von „Taktgefühl" oder dergleichen über ihre eigenen Befugnisse entscheiden kann (vgl. PAPIER, in: ULE-FS [1987], S. 249; REDEKER / V.OERTZEN, § 114 Rn. 16 m.w.Nachw.). Man darf aber annehmen, dass in den Fällen, in denen das BVerfG von der Überprüfung einer Entscheidung der Exekutive Abstand nehmen würde, erst recht auch die Auslegung des materiellen Rechts einen gerichtsfreien Beurteilungsspielraum rechtfertigt.

Rechtsprechung zu konzeptionellen Unstimmigkeiten führen würde[1531]. Beispiele bieten insoweit

- die Importquotenentscheidung über die Einfuhr bestimmter Waren unter „Berücksichtigung der handels- und sonstigen wirtschaftspolitischen Erfordernisse" gem. § 12 AußenwirtschaftsG[1532],
- die Zulässigkeit militärischer Tiefflüge, die voraussetzt, dass die Abweichungen von den Vorschriften über das Verhalten im Luftraum „zur Erfüllung hoheitlicher Aufgaben zwingend notwendig" ist gem. § 30 Abs. 1 Satz 3 LuftVG[1533]
- und die ministerielle Regelung der Höhe des Kaufkraftausgleichs für Beamte mit dienstlichem und tatsächlichem Wohnsitz im Ausland gem. §§ 7 Satz 2, 54 Satz 1 BBesG[1534].

Höchstrichterlich abgelehnt wurden allerdings fragliche Beurteilungsspielräume mit politischem Charakter

- im Zusammenhang mit der bergrechtlichen Betriebsplanzulassung gem. § 55 Abs. 1 BBergG unter Berücksichtigung der öffentlichen Interessen gem. § 48 Abs. 2 Satz 1 BBergG[1535],
- für die Kriterien der Krankenhausbedarfsplanung („Bedarfsgerechtigkeit, Leistungsfähigkeit und Kostengünstigkeit") gem. § 8 Abs. 1 Satz 1 i.V.m. § 1 KHG[1536]
- und bei der Entscheidung darüber, ob „erhebliche Belange der Bundesrepublik Deutschland" i.S.d. § 9 Abs. 1 RuStAG (jetzt StAG) der Einbürgerung eines Ausländers entgegenstehen[1537].

1531 REDEKER, DÖV 1971, 757, 761.

1532 BVerwG, Urt. v. 21.01.1972, DVBl. 1972, 895.

1533 BVerwG, Urt. v. 14.12.1994, BVerwGE 97, 203, 209: Den für das Verteidigungswesen zuständigen Organen stehe ein Beurteilungsspielraum zu, denn sie handelten „nach politischen Erwägungen und in eigener Verantwortung". Vgl. ferner BVerwG, Urt. v. 06.08.1993, DÖV 1994, 41 = NJW 1994, 595. Im Anschluss daran auch OVG Koblenz, Urt. v. 20.09.1994 – 7 A 12407/90 –, JURIS: Die Einschätzung der Voraussetzungen des § 30 Abs. 1 LuftVG sei „von der Beurteilung der zeitgeschichtlichen und politischen Lage abhängig, die vorrangig zur Regierungsgewalt gehört".

1534 BVerwG, Urt. v. 26.10.1995, BVerwGE 99, 355, 357.

1535 BVerwG, Urt. v. 02.11.1995 („Gorleben"), BVerwGE 100, 1, 17, gegen entsprechende Überlegungen der Vorinstanz: § 48 Abs. 2 BBergG gebe „keinen Raum für politische Bewertungen".

1536 BVerwG, Urt. v. 21.03.1981, BVerwGE 62, 86, 91; vgl. auch die Ablehnung von Planungsermessen (BVerwG a.a.O., S. 92 ff.); ferner die Ablehnung von Handlungsermessen (BVerwG a.a.O., S. 97 ff.); i.E. ebenso BVerwG, Urt. v. 25.07.1985, BVerwGE 72, 38, 50 = NJW 1986, 796; a.A. (die Bedarfskriterien gewährten einen Beurteilungsspielraum) OVG Koblenz, Urt. v. 13.04.1982, DVBl. 1982, 1010, 1011; zustimmend KOPP / SCHENKE, § 114 Rn. 26 Fn. 49.

Aufgrund der ähnlichen Legitimation ergeben sich im Falle der Anerkennung einer politischen Einschätzungsprärogative für die gerichtliche Kontrolle keine wesentlichen Unterschiede im Vergleich zu den Fällen mit Entscheidungsvorbehalten zu Gunsten weisungsunabhängiger Gremien. Das Verwaltungsgericht prüft, ob die Verwaltungsentscheidung auf der „Bandbreite der Entscheidungsmöglichkeiten" bleibt[1538].

iii) Prognosen und Risikoentscheidungen

Eine Norm, deren Anwendung eine Prognose oder eine Risikoentscheidung erfordert, kann der Behörde einen Beurteilungsspielraum zubilligen. Prognosen sind Wahrscheinlichkeitsurteile über den zukünftigen Eintritt eines Ereignisses oder die zukünftige Entwicklung eines Sachverhalts[1539]. Soweit von Risikoentscheidungen die Rede ist, sind Entscheidungen gemeint, die durch ein besonderes Maß an Unsicherheit bei der Beurteilung der Schadenswahrscheinlichkeit oder auch durch die Lockerung der Konnexität von Ursache und Schadenserfolg gekennzeichnet sind[1540]. Eine Differenzierung ist hier nicht angezeigt[1541], denn es geht jedenfalls um Konstellationen, die eine sachgerechte Entscheidung erschweren, weil gesicherte Erkenntnisse fehlen und die Entscheidungsträger auf Schätzungen und Wahrscheinlichkeitsmaßstäbe angewiesen sind[1542]. Zwar rechtfertigen prognostische Elemente einer Verwaltungsentscheidung nicht automatisch einen Beurteilungsspielraum der Behörde, weil die Notwendigkeit einer Prognose allen unbestimmten Rechtsbegriffen immanent ist und bei einem Junktim von Prognose und Beurteilungsspielraum die Unbestimmtheit selbst zum Legitimationsgrund

---

1537 BVerwG, Urt. v. 31.03.1987, BVerwGE 77, 165, 167 ff.

1538 REDEKER, DÖV 1971, 757, 762.

1539 SCHMIDT-ASSMANN, in: MAUNZ / DÜRIG, Art. 19 IV Rn. 198; TETTINGER, DVBl. 1982, 421, 423.

1540 Vgl. DI FABIO, S. 115 f.

1541 Vgl. auch BERG, S. 73; SCHULZE-FIELITZ, JZ 1993, 772, 776.

1542 Vgl. KOPP / SCHENKE, § 114 Rn. 38: Es „gilt dasselbe wie auch sonst bei Prognoseentscheidungen, weil auch die Risikobeurteilung letztlich auf Prognosen beruht". Vgl. auch DI FABIO, S. 78 mit dem Hinweis auf die Parallelität zu Prognoseentscheidungen mit politischem Einschlag; a.A. (für eine eigene Kategorie der „Risikoentscheidung") OSSENBÜHL, in: REDEKER-FS (1993), S. 61.

erhoben würde, was mit Art. 19 Abs. 4 Satz 1 GG unvereinbar wäre[1543]. Andererseits ist zu berücksichtigen, dass die richterliche Kontrollierbarkeit um so weniger einen Qualitätsvorsprung der Entscheidung sichert, je mehr die Entscheidung zwangsläufig mit den Unsicherheiten von Prognosen belastet ist. Die Garantie wirksamen Rechtsschutzes gem. Art. 19 Abs. 4 Satz 1 GG setzt aber voraus, dass von einer gerichtlichen Entscheidung die gleiche Sachqualität zu erwarten ist wie von der Verwaltungsentscheidung[1544]. Ein Kompromiss dürfte darin liegen, den prognostischen Charakter einer Verwaltungsentscheidung als Indiz zu werten, dem allein keine ausreichende Beweiskraft zu Gunsten eines Beurteilungsspielraums der Behörde zukommt, das aber zusammen mit anderen Aspekten eine Ausnahme von dem Grundsatz der uneingeschränkten Überprüfbarkeit rechtfertigt[1545]. In Betracht kommen etwa die Aspekte der Folgenverantwortung der Behörde[1546], der größeren Sachkunde und besseren Informationsverarbeitungskapazität der Behörde im Verhältnis zur Justiz[1547], die besondere Affinität zu politischen Entscheidungen[1548] sowie die Einbindung in Planungszusammenhänge[1549].

Als Beispiele sind zu erwähnen:

- die Entscheidung darüber, ob die „öffentlichen Verkehrsinteressen dadurch beeinträchtigt werden, daß durch die Ausübung des beantragten Verkehrs das ört-

---

1543 TETTINGER, DVBl. 1982, 421, 424 f.; ebenso SCHMIDT-ASSMANN, in: MAUNZ / DÜRIG, Art. 19 IV Rn. 198; ähnlich BERG, S. 73; BRUNN, S. 148, hebt hervor, dass „Prognoseentscheidungen tägliches Brot für die Gerichte“ seien und verweist auf BVerwG, Urt. v. 21.05.1976 – IV C 49-52.74 –, DVBl. 1976, 788: Die Frage der durch eine Straße zu erwartenden Geräuschbelästigung müsse „notwendigerweise anhand einer Prognose beantwortet werden, die im verwaltungsgerichtlichen Verfahren letzten Endes vom Gericht – erforderlichenfalls unter Hinzuziehung geeigneter Sachverständiger – zu treffen“ sei.

1544 HERZOG, NJW 1992, 2601, 2604; kritisch SENDLER, DVBl. 1994, 1089, 1099, der meint, dass derartige Ehrlichkeit beim BVerfG keine mehrheitliche Billigung finden werde.

1545 Zusammenfassend OSSENBÜHL, in: MENGER-FS (1985), S. 736 ff.; TETTINGER, DVBl. 1982, 421, 425.

1546 BACHOF, JZ 1955, 97, 100; zustimmend OSSENBÜHL, in: MENGER-FS (1985), S. 736 mit dem exemplarischen Hinweis darauf, dass bei der Realisierung von befürchteten gewalttätigen Ausschreitungen bei einer Demonstration die Behörde und nicht das Gericht Entschädigungsansprüche befriedigen und mit der Unsicherheit in der Bevölkerung fertig werden müsse. Ablehnend zu einem funktionalen „Orientierungshinweis der Verwaltungsverantwortung“ TETTINGER, DVBl. 1982, 421, 425.

1547 FABER, § 14 III c); REDEKER, DÖV 1971, 757, 760.

1548 SCHMIDT-ASSMANN, in: MAUNZ / DÜRIG, Art. 19 IV Rn. 197.

1549 WAECHTER, VerwArch. 88 (1997), 298, 306: In „Planungszusammenhängen“ finde „nur eine beschränkte Kontrolle statt, in anderen Fällen Vollkontrolle“. Weiter gehend SCHOLZ, VVDStRL 34 (1976), 145, 184: Eingeschränkt sei die „Kontrolle von planerischen wie (sonstigen) *Prognoseentscheidungen* [Hervorhebung im Original]“.

liche Taxengewerbe in seiner Funktionsfähigkeit bedroht wird", § 13 Abs. 4 PBefG[1550],

- die „nach dem Stand von Wissenschaft und Technik erforderliche Vorsorge gegen Schäden durch die Errichtung und den Betrieb" einer Atomanlage gem. § 7 Abs. 2 Nr. 3 AtG[1551],
- der „erforderliche Schutz gegen Störmaßnahmen oder sonstige Einwirkungen Dritter" im Zusammenhang mit Atomanlagen gem. § 7 Abs. 2 Nr. 5 AtG[1552]
- das „besondere pädagogische Interesse" an dem Konzept einer privaten Grundschule, soweit für dessen Beurteilung die Vorausschau erforderlich ist, ob seine „Erprobung zu einer Bereicherung des Schulwesens führt und ob es unter den vorhandenen Rahmenbedingungen das Interesse der Schüler an einer vernünftigen Erziehung gefährdet"[1553]
- die Vorsorge nach dem „Stand von Wissenschaft und Technik" gem. § 6 Abs. 2 GenTG[1554]

Voll nachprüfbar sind dagegen die Beurteilungen

- der gewerberechtlichen „Zuverlässigkeit", z.B. nach § 11 Abs. 2 des Schornsteinfegergesetzes[1555],
- ob Anlagen zum Schutz vor Fluglärm, d.h. „für das öffentliche Wohl oder zur Sicherung der Benutzung der benachbarten Grundstücke gegen Gefahren oder Nachteile notwendig" sind gem. § 9 Abs. 2 LuftVG[1556],

---

1550 BVerwG, Urt. v. 07.09.1989, BVerwGE 82, 295, 299; BVerwG, Urt. v. 15.04.1988, BVerwGE 79, 208, 213; daran anknüpfend auch VGH Mannheim, Urt. v. 22.10.1996, GewArch. 1997, 251, 252, für das Rettungsdienstwesen.

1551 BVerwG, Urt. v. 19.12.1985 („Wyhl"), BVerwGE 72, 300, 316 f. BADURA, DVBl. 1998, 1197, 1201 bezeichnet dieses Urteil als das „Kreuzberg-Urteil" des Atomrechts, was im Hinblick auf die Bedeutung zutreffend sein mag, in der Sache aber irreführend ist, weil in dem „Kreuzberg-Urteil" des Pr.OVG (v.14.06.1882, PrOVGE 9, 353 ff.; neu veröffentlicht in DVBl. 1985, 219 ff.) die Aufhebung eines Bauverbots ausgesprochen wurde, das durch Polizeiverordnung zum Schutz der Ansicht eines Denkmals erlassen worden war; die damals bahnbrechende Erkenntnis, dass der Polizei nur die Abwehr von Gefahren obliege, nicht aber die Förderung des Wohlstandes, hatte gerade eine Intensivierung der richterlichen Kontrolldichte zur Folge. Zu § 7 Abs. 2 Nr. 3 AtG ferner BVerwG, Urt. v. 22.10.1987 („Brokdorf"), BVerwGE 78, 177, 180; Beschl. v. 13.07.1989, DVBl. 1990, 67; BVerwG, Urt. v. 14.01.1998, BVerwGE 106, 115, 120 („Mülheim-Kärlich"); erstmals VG Schleswig, Urt. v. 14.12.1979, NJW 1980, 1296; zur Verfassungsmäßigkeit des § 7 Abs. 2 AtG BVerfG, Beschl. v. 08.08.1978, BVerfGE 49, 89, 138 ff.

1552 BVerwG, Urt. v. 19.01.1989 („bewaffneter Werksschutz"), BVerwGE 81, 185, 190.

1553 BVerfG, Beschl. v. 16.12.1992, BVerfGE 88, 40, 61= NVwZ 1993, 666, 670; weiter gehend die aufgehobene Entscheidung des BVerwG, Urt. v. 10.12.1986, NVwZ 1987, 318 ff.

1554 OVG Hamburg, Urt. v. 27.01.1995, ZUR 1995, 93, 94; ebenso schon VG Neustadt, Beschl. v. 16.12.1991, NVwZ 1992, 1008, 1012; VG Gießen, Beschl. v. 02.09.1992, NVwZ-RR 1993, 534, 539; VG Berlin, Beschl. v. 07.05.1993, NVwZ-RR 1994, 150, 152.

1555 BVerwG, Beschl. v. 08.03.1991, GewArch. 1991, 271, 272.

- der „schädlichen Umwelteinwirkungen“ i.S.d. § 5 Abs. 1 Nr. 1, Nr. 2 BImSchG[1557]
- und ob die Auswirkungen eines Pflanzenschutzmittels nach wissenschaftlichen Erkenntnissen unvertretbar sind i.S.d. § 15 Abs. 1 Ziff. 3 Buchst. b) PflSchG (1986)[1558].

Prognosen mit Beurteilungsspielraum unterliegen insofern einer eingeschränkten Nachprüfung, als sich die gerichtliche Kontrolle nur darauf erstreckt, ob die Behörde den Sachverhalt zutreffend und vollständig ermittelt, die entscheidungserheblichen Gesichtspunkte erkannt und den möglichen Verlauf der Entwicklung nicht offensichtlich fehlerhaft eingeschätzt hat, d.h. sich dazu einer wissenschaftlich vertretbaren Methode bedient hat[1559]. Negativ formuliert bedeutet dies, dass es „nicht Sache der nachträglichen verwaltungsgerichtlichen Kontrolle sein kann, die der Exekutive zugewiesene Wertung wissenschaftlicher Streitfragen einschließlich der daraus folgenden Risikoabschätzung durch eine eigene Wertung zu ersetzen“[1560]. Entsprechend kann auch bei erkannten Fehlern keine abschließende Entscheidung durch das Gericht erfolgen, also bei Verpflichtungsklagen kein Vornahmeurteil ergehen. Allerdings sind die Fälle, in denen der Prognosecharakter als Rechtfertigung der Kontrollrestriktion im Vordergrund steht und nur durch weitere Aspekte ergänzt wird, wenig geeignet für Verpflichtungsklagen. Beispielsweise sind im Atomrecht die Sachverhalte derart komplex, dass die potentiellen Verpflichtungskläger eher die Kooperation mit den Genehmigungsbehörden suchen und die unsichere Verfolgung eines Genehmigungsanspruchs im Klagewege vermeiden werden. So finden sich dann auch in Prozessen um atomrechtliche Genehmigungen auf der Angreiferseite typischerweise Kernkraftgegner aus Überzeugung oder betroffene Gemeinden als (Anfechtungs-)Kläger und nicht Energiekonzerne als (Verpflichtungs-)Kläger[1561]. Es verbleibt daher nur eine ge-

---

1556 BVerwG, Urt. v. 29.01.1991, BVerwGE 87, 332, 360 ff.

1557 BVerwG, Urt. v. 17.02.1978, BVerwGE 55, 250, 253; OVG Münster, Urt. v. 07.07.1976, BB 1976, 1391; a.A. OVG Lüneburg, Urt. v. 28.02.1985, DVBl. 1985, 1322, 1323; anders auch VG Berlin, Urt. v. 20.09.1991 – 13 A 125.89 –, JURIS, zu § 3 Abs. 1 und Abs. 2 der 12. BImSchV (Störfallverordnung).

1558 BVerwG, Urt. v. 10.11.1988, BVerwGE 81, 12, 17.

1559 BVerfG, Beschl. v. 16.12.1992, BVerfGE 88, 40, 60= NVwZ 1993, 666, 670; BVerwG, Urt. v. 15.04.1988, BVerwGE 79, 208, 213; BVerwG, Urt. v. 26.01.1981, BVerwGE 62, 86, 108.

1560 BVerwG, Urt. v. 19.12.1985 („Wyhl“), BVerwGE 72, 300, 316.

1561 Immerhin um einen Antrag auf Anordnung der sofortigen Vollziehung einer atomrechtlichen Teilgenehmigung eines Energieversorgers ging es in dem außergewöhnlichen Fall von OVG Koblenz, Beschl. v. 15.07.1993 („Mülheim-Kärlich“), NVwZ-RR 1994, 381 ff. Der dortige Antragsteller war jedoch wieder nur beigeladen in dem späteren Verfahren vor dem BVerwG, Urt. v. 14.01.1998, BVerwGE 106, 115 ff. Dazu BADURA, DVBl. 1998, 1197 ff.

ringe Zahl von Fällen, in denen der prognostische Einschlag der Verwaltungsentscheidung einerseits so stark ist, dass er als Hauptgrund einen Beurteilungsspielraum zu rechtfertigen vermag, in denen er andererseits nicht die komplexen Formen annimmt, bei denen die Verpflichtungsklage praktisch nicht mehr relevant ist[1562].

iv) Planungen

Gewissermaßen als Vereinigung aller zuvor genannten Aspekte, die Einschränkungen der richterlichen Kontrolldichte legitimieren können, erscheinen die Vorschriften, die die Behörde zur planerischen Gestaltung ermächtigen. Die planerische Gestaltungsfreiheit wird häufig als „Planungsermessen" bezeichnet[1563]. Es geht jedoch nicht erst um vollziehende Entscheidungen auf der Rechtsfolgenseite einer Norm[1564], sondern um die „Aufstellung des darin vorausgesetzten Präferenzsystems"[1565]. Die Planungsermächtigungen ergeben sich aus Abwägungsklauseln bzw. – als unverzichtbare Elemente eines Planungsmandats – regelmäßig aus der Ermächtigung zur Durchführung eines Planfeststellungsverfahrens[1566], z.B. aus

- § 1 Abs. 6 BauGB für die Bauleitplanung[1567],
- § 1 Abs. 1 Satz 2 FStrG[1568],

1562 Mögliche Anwendungsbereiche für Bescheidungsurteile, in denen die fehlende Spruchreife vorrangig mit dem Prognosecharakter der begehrten Entscheidung begründet werden kann, bilden die „Taxi-Entscheidungen": In BVerwG, Urt. v. 07.09.1989, BVerwGE 82, 295 ff. wurde allerdings ausnahmsweise eine Reduktion des Beurteilungsspielraums auf „null" angenommen. In BVerwG, Urt. v. 15.04.1988, BVerwGE 79, 208 ff. wurde die Sache wegen unzureichender Sachaufklärung zurückverwiesen. Als Beispiel für ein Bescheidungsurteil, bei dem die fehlende Spruchreife mit einem „prognostischen Einschätzungsspielraum" begründet wurde: VGH Mannheim, Urt. v. 22.10.1996, GewArch. 1997, 251, 252.

1563 Vgl. BVerwG, Urt. v. 12.12.1969, BVerwGE 34, 301, 309; BVerwG, Urt. v. 05.07.1974 („Flachglas" bzw. „Floatglas"), BVerwGE 45, 309, 316; BVerwG, Urt. v. 24.11.1994, BVerwGE 97, 143, 149 (Verpflichtung zur Neubescheidung des Planfeststellungsantrags für eine Abfallentsorgungsanlage); BVerwG, Urt. v. 05.12.1986, BVerwGE 75, 214, 237; BVerwG, Urt. v. 21.03.1981, BVerwGE 62, 86, 92; dagegen BVerwG, Urt. v. 07.07.1978, BVerwGE 56, 110, 122: Das zentrale Element der Planungsermächtigung sei die mit ihr verbundene „Einräumung eines Planungsermessens, das in seinem Wesen zutreffender mit dem Begriff der planerischen Gestaltungsfreiheit umschrieben" sei.

1564 Vgl. die Abgrenzung in BVerwG, Urt. v. 21.03.1981, BVerwGE 62, 86, 94.

1565 FABER, § 14 III c).

1566 BVerwG, Urt. v. 14.02.1975, BVerwGE 48, 56, 59; BVerwG Urt. v. 07.07.1978, BVerwGE 56, 110, 122; SCHMIDT-ASSMANN, in: MAUNZ / DÜRIG, Art. 19 IV Rn. 208.

1567 Vgl. BVerwG, Urt. v. 12.12.1969, BVerwGE 34, 301, 309; BVerwG, Urt. v. 05.07.1974 („Flachglas" bzw. „Floatglas"), BVerwGE 45, 309, 316.

1568 Vgl. BVerwG, Urt. v. 14.09.1992, BVerwGE 91, 17 ff.

- § 7 Abs. 1 Satz 1 AbfG (1986)[1569],
- § 31 Abs. 1 Satz 1 WHG a.F.[1570] oder
- § 8 Abs. 1 Luft VG[1571].

Allerdings ist die planerische Abwägung zu unterscheiden von dem Nachvollzug insbesondere gesetzlicher Wertungen („nachvollziehende Abwägung"), die der gerichtlichen Vollkontrolle unterliegt[1572], z.B.
- bei der Anwendung der §§ 34, 35 BauGB[1573] und
- bei der Aufnahme von Krankenhäusern in einen Krankenhausbedarfsplan gem. § 8 Abs. 1 Satz 1 i.V.m. § 1 KHG[1574].

Die im Falle einer Planungsermächtigung reduzierte gerichtliche Kontrolle erstreckt sich nach der von dem Bundesverwaltungsgericht entwickelten Abwägungsfehlerlehre[1575] auf die Prüfung, 1. ob überhaupt eine sachgerechte Abwägung stattgefunden hat (Abwägungsausfall?), 2. ob in die Abwägung alle entscheidungserheblichen Belange eingestellt worden sind (Abwägungsdefizit?), 3. ob die Belange nicht außer Verhältnis zu ihrer objektiven Bedeutung gewichtet worden sind (Abwägungsfehlgewichtung?) und 4. ob die Belange zu einem angemessenen Ausgleich gebracht worden sind (Abwägungsdisproportionalität?). Der eigentliche Abwägungsvorgang vollzieht sich erst auf der dritten und vierten Stufe. Jedenfalls in diesem Stadium der Planung ist der Behörde ein Beurteilungsspielraum zuzubilligen[1576]. Planungsnormen bieten eine wesentlich größere Anzahl von zulässigen Entscheidungsmöglichkeiten als andere Rechtsnormen, was mit der unterschiedlichen Normstruktur zu begründen ist: Während Rechtsnormen

---

1569 BVerwG, Urt. v. 24.11.1994, BVerwGE 97, 143, 145; BVerwG, Urt. v. 27.03.1992, BVerwGE 90, 96, 99. Entsprechendes gilt nach § 31 Abs. 2 Satz 1 KrW-/AbfG.

1570 BVerwG, Urt. v. 18.05.1990, BVerwGE 85, 155, 156.

1571 BVerwG Urt. v. 07.07.1978, BVerwGE 56, 110, 122; BVerwG, Urt. v. 30.01.1984, BVerwGE 69, 256 ff.; BVerwG, Urt. v. 05.12.1986, BVerwGE 75, 214, 237.

1572 WAECHTER, VerwArch. 88 (1997), 298, 309.

1573 BVerwG, Beschl. v. 24.02.1978, BVerwGE 55, 272, 276; zur Abgrenzung des § 35 BauGB von planerischen Instrumentarien BVerwG, Urt. v. 16.06.1994, BVerwGE 96, 95, 107 ff.

1574 BVerwG, Urt. v. 21.03.1981, BVerwGE 62, 86, 94 ff: Eine Gestaltungshoheit (Planungshoheit) komme nur auf der Stufe der Planaufstellung in Betracht, dagegen orientiere sich die Aufnahme der Krankenhäuser als strikt gebundene Entscheidung an den darin festgelegten Zielen und den Vorgaben des Gesetzes.

1575 Zunächst für die Bauleitplanung BVerwG, Urt. v. 12.12.1969, BVerwGE 34, 301, 309; BVerwG, Urt. v. 05.07.1974 („Flachglas" bzw. „Floatglas"), BVerwGE 45, 309, 316; später auch für die Planfeststellung BVerwG, Urt. v. 14.02.1975, BVerwGE 48, 56, 59; BVerwG, Urt. v. 07.07.1978, BVerwGE 56, 110, 122; dazu BENDER / SPARWASSER / ENGEL, Rn. 3/160 ff.

1576 BENDER / SPARWASSER / ENGEL, Rn. 3/167; KOPP / SCHENKE, § 114 Rn. 36; SCHMIDT-ASSMANN, in: MAUNZ / DÜRIG, Art. 19 IV Rn. 213.

gewöhnlich konditionalen Charakter haben, also an das Vorliegen eines Tatbestandes eine bestimmte Rechtsfolge knüpfen, sind Planungsnormen final strukturiert, d.h. sie setzen Ziele und regeln nur die Mittel, mit denen diese erreicht werden können[1577]. Aus dieser weitgehenden Offenheit der Normen folgt, dass es dem Gericht verwehrt ist, eine eigene Entscheidung an die Stelle der Verwaltungsentscheidung zu setzen, zumal zur Ausfüllung der Planungsnormen regelmäßig ein ganzes Bündel von außerjuristischen Bewertungen, politischen Einschätzungen und Prognosen erforderlich ist.

Für die Verpflichtungsklage ergibt sich, dass das Verwaltungsgericht regelmäßig auch dann nicht die Spruchreife herbeiführen darf, wenn es die Unhaltbarkeit der Ablehnung erkannt hat. Gerade im Hinblick auf die Vielzahl der Entscheidungsmöglichkeiten darf das Gericht die Gestaltungsfreiheit der Behörde nicht ausschalten und der eigenverantwortlichen Erfüllung ihres gesetzlichen Planungsauftrages nicht vorgreifen. Praktische Relevanz im Rahmen der Verpflichtungsklage[1578] entfalten die planerischen Gestaltungs- bzw. Beurteilungsspielräume vor allem dort, wo der Kläger einen Planergänzungsanspruch gelten macht[1579]. Allerdings sind auch (Klagen auf) Verpflichtungen zur Neubescheidung von Planfeststellungsanträgen zu verzeichnen[1580].

c. Fehlen behördlicher Mitwirkungshandlungen?

Es ist denkbar, dass die für den Erlass zuständige Behörde den beantragten Verwaltungsakt aus Gründen abgelehnt hat, die aus ihrer Sicht die sonst gebotene Be-

---

1577 HOPPE, in: MENGER-FS (1985), S. 774.

1578 Dagegen BRUNN, S. 151 f., der meint, die von ihm anhand des „Floatglas-Falles“ (Urt. v. 05.07.1974, BVerwGE 45, 309 ff.) erörterte Abwägungsfehlerlehre habe nichts mit der Frage des Bescheidungsurteils zu tun, da kaum ein Fall denkbar sei, in dem diese Frage im Rahmen der Verpflichtungsklage eine Rolle spielen könne. Er entnimmt diesem Urteil nur eine mittelbare Bedeutung für die Verpflichtungsklage: Es steuere „ganz bewußt gegen alle Versuche, dem Institut des Beurteilungsspielraums zu größerer und umfangreicherer Geltung zu verhelfen“ (DERSELBE, S. 152).

1579 BVerwG, Urt. v. 21.05.1976 – 4 C 80.74 –, BVerwGE 51, 15, 23; BVerwG, Urt. v. 30.01.1984, BVerwGE 69, 256, 277 f.: „Je nach dem verfolgten Klageziel ist über den rechtshängigen Planergänzungsanspruch möglichst abschließend zu entscheiden. Das Gericht hat die Sache mit den ihm zur Verfügung stehenden Mitteln spruchreif zu machen [...]. Für ein Bescheidungsurteil bleibt insoweit im wesentlichen nur Raum, wie die Auswahl unter mehreren geeigneten Lärmschutzmaßnahmen der planerischen Gestaltungsfreiheit des Beklagten unterliegt.“

1580 BVerwG, Urt. v. 24.11.1994, BVerwGE 97, 143, 144 (Verpflichtung zur Neubescheidung des Planfeststellungsantrags für eine Abfallentsorgungsanlage); BVerwG, Urt. v. 18.05.1990, BVerwGE 85, 155, 156 ff. (Versagung einer wasserrechtlichen Planfeststellung – Nassauskiesungsvorhaben).

teiligung einer anderen Behörde entbehrlich erscheinen ließen. Eine solche Beteiligung kann gesetzlich vorgesehen sein als Anhörung (vgl. z.B. § 73 Abs. 2 VwVfG) bzw. Benehmen (vgl. z.B. § 16 Abs. 1 FStrG) oder in den stärkeren Beteiligungsformen der Zustimmungsbedürftigkeit (vgl. z.B. § 9 Abs. 2 und 3 FStrG) bzw. der Notwendigkeit des Einvernehmens (vgl. z.B. § 36 Abs. 1 Satz 1 BauGB)[1581]. Wenn sich im Prozess herausstellt, dass die Ablehnung den Kläger in seinen Rechten verletzt, hindert das Fehlen der Anhörung bzw. des Benehmens der zu beteiligenden Behörde unproblematisch nicht die Verurteilung der federführenden Behörde zum Erlass des beantragten Verwaltungsakts. Die in Anspruch genommene Behörde ist dann nämlich zu der begehrten Vornahme auch berechtigt, wenn die – nachträglich freilich anzufordernde – Stellungnahme ausbleibt oder ablehnend ausfällt, denn sie entfaltet keine bindende Wirkung. Aber auch wenn eine Mitwirkungshandlung mit bindender Wirkung vorgeschrieben ist, z.B. durch Erteilung der Zustimmung bzw. des Einvernehmens, sind die entsprechenden Vorschriften keine Hinderungsgründe, die der Herbeiführung der Spruchreife entgegenstehen[1582]. Denn mit dem Instrument der notwendigen Beiladung gem. § 65 Abs. 2 VwGO wird sichergestellt, dass auch die weitere Behörde an die Vornahmeverpflichtung gebunden ist[1583]. Etwas anderes gilt nur dann, wenn der Erlass des beantragten Verwaltungsakts eine solche Entscheidung einer anderen Behörde voraussetzt, die für sich genommen rechtlich nach außen wirkt und eine eigene Verwaltungsakt-Qualität besitzt, wie z.B. im Falle des § 9 Abs. 8 Satz 1 FStrG[1584]. Dann geht es ohnehin nicht wie bei einer notwendigen Mitwirkungshandlung einer anderen Behörde um einen mehrstufigen Verwaltungsakt, sondern um mehrere, in einem Stufenverhältnis stehende Verwaltungsakte.

2. Keine Ersetzung der behördlichen Erwägungen auf Betreiben des Gerichts

Nicht zu folgen ist CZERMAK[1585], der meint, der Erlass eines Bescheidungsurteils im Falle von Ermessens- oder Beurteilungsspielräumen der Verwaltung sei „keineswegs eine systematische oder sonstige Notwendigkeit“, denn das Gericht könne alles, wozu es die Verwaltungsbehörde in einem Bescheidungsurteil verpflich-

1581 Zu diesen Klassifizierungen FABER, § 9 IV; WOLFF / BACHOF / STOBER, Band 2, § 45 Rn. 66 ff.

1582 Ebenso BRUNN, S. 113 ff.

1583 MEYER, DVBl. 1961, 75, 78, führt dazu aus: „Es liegt also ein selten glücklicher Fall der Entsprechung von materiellem Recht (Zustimmungserfordernis) und prozessualem Institut (Beiladung) vor.“

1584 Vgl. dazu BVerwG, Urt. v. 17.09.1964, BVerwGE 19, 238, 241 f.

1585 BayVBl. 1981, 427, 428; auch für eine besonders weit gehende gerichtliche Kontrolle von Prüfungsentscheidungen DERSELBE, NJW 1992, 2612, 2613.

ten kann, der Verwaltungsbehörde auch durch prozessleitende Verfügungen oder Auflagenbeschlüsse aufgeben. Der Rechtsstreit bleibe dann anhängig und die Ergebnisse der der Behörde aufgetragenen Ermittlungen und Beurteilungen würden später in die gerichtliche Sachentscheidung einbezogen[1586]. In dieser Weise könnten „auch solche Klageansprüche ‚spruchreif gemacht' werden, die auf Verwaltungsakte mit behördlichem Ermessens- oder Beurteilungsspielraum gerichtet sind"[1587].

Soweit diese Ausführungen implizieren, dass auch im Falle von materiellrechtlichen Kontrollrestriktionen ein Vornahmeurteil möglich sei, sind ihnen zunächst praktische Überlegungen entgegenzuhalten: Regelmäßig ist die Behörde wohl kaum geneigt, die allein ihr obliegenden Erwägungen mit Wirkung für den Prozess in einer Weise auszuüben, die über einen Bescheidungsausspruch hinaus zu ihrer weiter gehenden Verurteilung führt. Die Behörde wird unter Umständen unbewusst in dem Entscheidungszwang vor Gericht eher versuchen, im Ergebnis ihre alte Entscheidung aufrecht zu erhalten und es vermeiden, dem Kläger einen Anspruch zu gewähren[1588]. Auf diese Weise wäre die Unabhängigkeit der Behörde bei der Wahrnehmung ihrer Alleinkompetenzen und der Ausschluss einer äußeren Beeinflussung nicht gewährleistet. Systematisch ist die „Herbeiführung der Spruchreife" im Wege prozessbegleitender Erwägungen der Behörde deswegen nicht hinnehmbar, weil die notwendigen Erwägungen nicht ohne Vorwegnahme des Ergebnisses erfolgen könnten. Dies würde den Prinzipien des auf die Streitentscheidung durch einen unbeteiligten Dritten[1589] angelegten Prozessrechts widersprechen. Es macht auch keinen Sinn, das Gericht erneut mit der Sache zu befassen, nachdem die Behörde die in ihrer Alleinkompetenz stehende Entscheidung bereits getroffen hat. Mit anderen Worten: Es wäre wenig sachdienlich, die Behörde zu einer Entscheidung zu verpflichten, zu der sie sich selbst gerade verpflichtet hat.

Hinter den Ausführungen CZERMAKs kommt vor allem die Überlegung zum Ausdruck, dass die zügige Herbeiführung der Abweisungsreife möglich sein soll, wenn die Behörde unabhängig von den rechtswidrigen Erwägungen im ersten Ablehnungsbescheid nicht gewillt ist, den beantragten Verwaltungsakt zu erlassen[1590]. Insoweit ist ihm aber entgegenzuhalten, dass die Berücksichtigung der

---

1586 CZERMAK, BayVBl. 1981, 427, 428 f.

1587 CZERMAK, BayVBl. 1981, 427, 429.

1588 BRUNN, S. 168.

1589 So zur Rechtsprechung im materiellen Sinn ACHTERBERG, in: in: MENGER-FS (1985), S. 141.

1590 Vgl. CZERMAK, BayVBl. 1981, 427, 429: „Der offensichtliche Vorteil ist die Beschleunigung des Verfahrens und das Vermeiden des zweiten Prozesses, der vielfach einem Bescheidungsurteil nachfolgt."

nachgeschobenen behördlichen Erwägungen im Prozess einer rechtfertigenden Norm bedarf, die inzwischen möglicherweise in § 114 Satz 2 VwGO zu sehen ist[1591], aber jedenfalls nicht in § 113 Abs. 5 VwGO oder der Systematik des Verwaltungsprozessrechts angelegt ist. Vielmehr unterstreicht § 113 Abs. 5 Satz 2 VwGO die Trennung des gerichtlichen Verfahrens von dem anschließenden Verwaltungsverfahren. Überdies ist zu beachten, dass auch im Zusammenhang mit der Einfügung des § 114 Satz 2 VwGO durch das 6. VwGO-Änderungsgesetz vom 1. November 1996[1592] im Gesetzgebungsverfahren einschränkend klargestellt wurde, dass die Neutralitätspflicht des Gerichts nicht in Frage gestellt werden dürfe und der Anschein einer Parteinahme zu Gunsten der Verwaltung vermieden werden müsse; insbesondere wurde ein Entwurf zu § 87 Abs. 1 Satz 2 Nr. 7 und § 94 Satz 2 VwGO abgelehnt, wonach der gerichtliche Hinweis auf die Gelegenheit zur Nachbesserung im vorbereitenden Verfahren und die Aussetzung zum Zwecke der Nachbesserung über Verfahrens- und Formfehler hinaus auch zum Ausgleich materiell-rechtlicher Fehler vorgesehen waren[1593].

Daraus folgt im Grundsatz, dass originäre Verwaltungsentscheidungen im Verwaltungsverfahren getroffen werden und – vorbehaltlich einer gesetzlichen Regelung – nicht in den Prozess zu verlagern sind. Hinzu kommt, dass die Verwaltungsgerichtsordnung für den Fall einer ermessensfehlerhaften Ablehnung oder Unterlassung eines beantragten Verwaltungsakts ausdrücklich die Konsequenz des Bescheidungsurteils vorsieht. Das bedeutet, dass grundsätzlich über das Vorliegen eines Ermessensfehlers im Rahmen einer Verpflichtungsklage auch durch (Bescheidungs-)Urteil entschieden werden muss und nicht durch prozessleitende Verfügung, verbunden mit der Aufforderung an die beteiligte Behörde zu einer Stellungnahme, die den festgestellten Fehler heilen könnte[1594].

1591 Dazu sogleich. Diese mit dem 6. VwGO-ÄndG vom 01.11.1996 (BGBl. I, S. 1626) eingefügte Norm konnte CZERMAK freilich noch nicht in seiner Überlegungen einbeziehen.

1592 BGBl. I, S. 1626.

1593 Siehe dazu oben S. 131 ff.

1594 BRUNN, S. 168 mit dem Hinweis darauf, dass beide Beteiligte, Kläger und Beklagte, gemäß § 107 VwGO einen Anspruch darauf haben, dass über die Frage des Vorliegens von Ermessensfehlern durch Urteil entschieden wird und nicht durch eine „Auskunft" des Gerichts. Allgemein berichtet STELKENS, NVwZ 1982, 81, 83, dass die Behörde im Hinblick auf die zukünftige Verwaltungspraxis häufig mehr an einem Urteil interessiert ist, das sich mit der [Anm.: bei Ermessensentscheidungen besonders wichtigen] Begründung der Verwaltungsentscheidung im Einzelnen auseinandersetzt, als an einer Entscheidung, die das Ergebnis der Verwaltungsentscheidung aufrecht erhält. Auch CZERMAK, BayVBl. 1981, 427, 429, konzediert als Nachteil seines Vorschlages, dass die entsprechende gerichtliche Anordnung (Aufklärungsverfügung, Beweis- oder Auflagenbeschluss) keiner Begründung bedarf und nicht anfechtbar ist.

Ein praktisches Diskussionsbeispiel bilden die Prüfungsentscheidungen. Folgte man CZERMAK, so wäre es denkbar, dass die Gerichte bei erkanntermaßen fachlich fehlerhaften Bewertungen eine Stellungnahme der Prüfer über eine eventuelle neue Benotung einholen und dann erst über eine Verpflichtung zur erneuten Bescheidung urteilen. Es ist bereits nicht bedenkenfrei, wenn das Gericht nachgeschobene Bewertungen berücksichtigt, die die Prüfungsbehörde von sich aus zum Gegenstand des Verfahrens macht[1595]. Denn der Grundsatz der Chancengleichheit verlangt, dass aufgetretene Bewertungsfehler in möglichst formal gleicher Art und Weise beseitigt werden wie im normalen Prüfungsverfahren[1596]. Mit diesem Grundsatz ist es jedenfalls nicht vereinbar, wenn die Prüfer ihre Stellungnahme in dem Bewusstsein abgeben, dass sie über das Prüfungsverfahren hinaus entscheidende Bedeutung für das Klageverfahren haben wird[1597]. Auch das Bundesverfassungsgericht tendiert zu dieser Handhabung, wenn es in dem Beschluss vom 17. April 1991[1598] davon ausgeht, dass die Neubewertung erst im Anschluss an die gerichtliche Entscheidung zu erfolgen habe: „Ist die Ursächlichkeit des Fehlers nicht auszuschließen, kann das Gericht die Leistungsbewertung grundsätzlich nicht ersetzen, sondern den Prüfungsbescheid nur aufheben. Das hat dann zur Folge, daß die zuständigen Prüfer eine neue fehlerfreie Bewertung nachholen müssen." Damit muss unter dem Gesichtspunkt der das gesamte Prüfungsverfahren beherrschenden Chancengleichheit eine Prozessleitung ausscheiden, bei der die Behörde zu einem Nachschieben von Bewertungen aufgefordert wird.

3. Abgrenzung: Herbeiführung der Abweisungsreife durch die Behörde gem. § 114 Satz 2 VwGO

Von der soeben verneinten Frage, ob das Gericht die der Behörde vorbehaltenen Erwägungen im Prozess anfordern darf, ist die Frage zu unterscheiden, ob die Behörde von sich aus mit Wirkung für das gerichtliche Verfahren neue Erwägungen anstellen darf. Praktisch relevant wird diese Frage in den Fällen, in denen die Behörde die im Rahmen der Rechtskraft endgültige richterliche Bestätigung der Ablehnung erreichen möchte, also nach hiesiger Terminologie die Abweisungsreife herbeiführen will. Die Zulässigkeit richtet sich nunmehr grundsätzlich nach der

1595 Dazu sogleich.

1596 VGH Mannheim, Urt. v. 20.09.1988, NJW 1989, 1379, 1381.

1597 VGH Mannheim, Urt. v. 15.02.1991, NVwZ 1991, 1205, 1207; OVG Münster, Urt. v. 16.07.1992, NVwZ 1993, 95, 97; OVG Lüneburg, Urt. v. 18.02.1992 – 10 L 277/89 –, JURIS; a.A. BVerwG, Urt. v. 09.12.1992, DÖV 1993, 480, 483; BVerwG, Urt. v. 24.02.1993, NVwZ 1993, 686, 688; ROZEK, NVwZ 1992, 33, 34.

1598 BVerfGE 84, 34 55 f. = NJW 1991, 2005, 2008.

durch das 6. VwGO-Änderungsgesetz vom 1. November 1996[1599] eingefügten Vorschrift des § 114 Satz 2 VwGO.

§ 114 Satz 2 VwGO wird als Heilungsvorschrift bezeichnet[1600]. Es kann hier aus Raum- und Zeitgründen nicht darauf eingegangen werden, inwieweit für die Anwendung des § 114 Satz 2 VwGO zwischen einer rein prozessualen Berücksichtigung nachgeschobener Erwägungen der Behörde und einer darüber hinausgehenden materiell-rechtlichen Heilung unterschieden werden kann[1601]. Jedenfalls hat eine gem. § 114 Satz 2 VwGO zulässige Ergänzung prozessrechtlich die Wirkung, dass das Gericht die neuen Erwägungen der Behörde zu Grunde legt und zur streitigen Erledigung einer Verpflichtungsklage erst unter ihrer Berücksichtigung eine Entscheidung durch Vornahme-, Bescheidungs- oder abweisendes Urteil trifft. Das Bundesverwaltungsgericht geht davon aus, § 114 Satz 2 VwGO habe die Folge, dass eine der Vorschrift entsprechende Ergänzung der Ermessenserwägungen nicht zu einer Änderung des Streitgegenstands führe, so dass sie weder eine Klageänderung noch die Durchführung eines erneuten Widerspruchsbescheids erforderlich mache[1602]. Da der Streitgegenstand jedoch nicht von dem Inhalt des angefochtenen oder begehrten Verwaltungsakts unabhängig ist[1603], ist es überzeugender, in § 114 Satz 2 eine gesetzliche Klageänderung zu sehen[1604].

Zwar spricht § 114 Satz 2 VwGO nur davon, dass die Verwaltungsbehörde ihre „Ermessenserwägungen" ergänzen kann. Daraus kann jedoch nicht geschlossen werden, dass dieser Anwendungsbereich innerhalb der materiell-rechtlichen Kontrollrestriktionen Exklusivität beanspruchen könnte. Vielmehr stellt sich die Frage der Ergänzungsmöglichkeit gleichermaßen bei allen Entscheidungen, die in der Alleinkompetenz der Verwaltung stehen, also auch bei den diversen Formen der Beurteilungsspielräume. Wenn sich dabei für die Anwendung des § 114 Satz 2 VwGO Differenzierungsbedarf ergibt, spricht das nicht grundsätzlich gegen die Anwendbarkeit. Daher gilt § 114 Satz 2 VwGO analog für Entscheidungen, die die Behörde aufgrund einer Beurteilungsermächtigung trifft[1605].

Es geht in § 114 Satz 2 VwGO um einen Teilbereich des Nachschiebens von Gründen, d.h. um die inhaltliche Nachbesserung des streitgegenständlichen Verwaltungsakts, bei dessen Erlass der Behörde ein Entscheidungsspielraum zu-

1599 BGBl. I, S. 1626.
1600 Vgl. REDEKER, NVwZ 1997, 625 ff.; SCHMIESZEK, NVwZ 1996, 1151, 1155.
1601 Zum Streitstand s.o. Fn. 474.
1602 BVerwG, Urt. v. 05.05.1998, BVerwGE 106, 351, 364.
1603 Siehe oben S. 214 ff. und S. 238 ff.
1604 So KOPP / SCHENKE, § 114 Rn. 51.
1605 REDEKER, NVwZ 1997, 625, 627.

steht[1606]. Die davon zu unterscheidende Nachholung einer fehlenden oder unvollständigen Begründung, d.h. die Nachbesserung in formeller Hinsicht, wird dagegen von § 45 Abs. 2 VwVfG erfasst, der in seiner durch das Gesetz zur Beschleunigung von Genehmigungsverfahren vom 12. September 1996 (GenBeschlG)[1607] geänderten Fassung die nachträgliche Begründung eines Verwaltungsakts bis zum Abschluss eines verwaltungsgerichtlichen Verfahrens zulässt[1608]. Bei der Verpflichtungsklage kann die inhaltliche Nachbesserung der Ablehnung eines nicht strikt gebundenen Verwaltungsakts vor allem dazu führen, dass das Gericht anstelle eines Bescheidungsurteils ein abweisendes Urteil erlässt. Das kann dann der Fall sein, wenn die ursprüngliche Ablehnung den Kläger in seinen Rechten verletzt, weil die Behörde Aspekte übersehen hat, die im Rahmen der Ermessensentscheidung über den Erlass des beantragten Verwaltungsakts für den Kläger sprechen. Wenn die Behörde dann im verwaltungsgerichtlichen Verfahren ermessensfehlerfrei darlegt, warum sie auch unter Berücksichtigung der bisher vernachlässigten Gesichtspunkte den beantragten Verwaltungsakt nicht erlassen will, so ist die Ablehnung bei Einbeziehung dieser zusätzlichen Erwägungen nicht rechtswidrig und es besteht auch für ein Bescheidungsurteil kein Raum.

Eine entscheidende Einschränkung erfährt die Anwendung des § 114 Satz 2 VwGO dadurch, dass diese Norm nur erlaubt, die bisherigen Erwägungen zu „ergänzen“. Darunter lässt sich weder die Nachholung einer bisher vollständig unterbliebenen Ermessensbetätigung noch die Ersetzung von tragenden Erwägungen subsumieren[1609]. Im Prozess korrigierbar ist daher – in den Termini der klassischen Ermessensfehlerlehre – weder ein totaler Ermessensausfall noch ein Ermessensfehlgebrauch, sondern nur ein partielles Ermessensdefizit[1610]. Entsprechend kann die Behörde bei der Bewertung von Prüfungsleistungen zwar neue Gesichtspunkte in die Korrekturänderung einfließen lassen, nicht aber nachträglich die Bewertungsmaßstäbe ändern. Konkret dürfen beispielsweise die Prüfer bei der

---

1606 BVerwG, Urt. v. 05.05.1998, BVerwGE 106, 351, 363; KOPP / SCHENKE, § 114 Rn. 49; SCHMITT GLAESER / HORN, Rn. 529 f.

1607 BGBl. I, S. 1354.

1608 Soweit allerdings die Länder § 45 Abs. 2 VwVfG nicht übernommen haben, ist bei der gerichtlichen Kontrolle landesrechtlicher Verwaltungsakte die Anwendung des § 114 Satz 2 VwGO erst recht geboten, um die Heilung formeller Mängel zu berücksichtigen (KOPP / SCHENKE, § 114 Rn. 51).

1609 BT-Drucks. 13/3993, S. 13; BVerwG, Urt. v. 05.05.1998, BVerwGE 106, 351, 365; OVG Koblenz, Urt. v. 04.09.1997, NVwZ-RR 1998, 315, 316; VGH Mannheim, Urt. v. 16.05.1997, NVwZ-RR 1998, 682, 683; VG Leipzig, Beschl. v. 22.09.1997, LKV 1998, 248; VG München, Urt. v. 14.10.1997, NVwZ 1998, 1325, 1326; REDEKER, NVwZ 1997, 625, 627; SCHMITT GLAESER / HORN, Rn. 535.

1610 KOPP / SCHENKE, § 113 Rn. 72, in Abgrenzung zu der früheren, engeren Auffassung (nur Präzisierungen, die für die Beurteilung der Rechtmäßigkeit ohne Bedeutung sind) bei SCHENKE, NJW 1997, 81, 89.

Bewertung einer schriftlichen Prüfungsleistung die Lösung eines Aufgabenteils auf ihre sachgerechte Durchführung überprüfen, wenn dies bisher unterblieben war, dabei darf aber die Beibehaltung einer Note „nicht darauf beruhen, dass die Prüfer im Rahmen der Neubewertung ‚beliebige Gründe' nachschieben“[1611]. Scheitern müsste die Anwendung des § 114 Satz 2 VwGO auch dann, wenn ein bestehender Bewertungsspielraum gänzlich verkannt wurde, z.B. weil sich ein Prüfer an ein erstes Votum gebunden glaubte[1612]. Bei Prognoseentscheidungen ist eine Differenzierung zu befürworten, wonach die Behörde nachträglich zusätzliche Gesichtspunkte in die Prognose einstellen darf, aber die Ersetzung einer unhaltbaren Prognosemethode ebenso wie die Nachholung einer komplett unterbliebenen Prognose ausgeschlossen ist. In den Kategorien der Abwägungsfehlerlehre, die sich besonders eng an die durch § 114 VwGO geprägte Ermessensfehlerlehre anlehnt[1613], sind bei Planungsentscheidungen Abwägungsdefizite ausgleichbar, nicht aber die übrigen Abwägungsfehler. Freilich ist insbesondere bei komplexen Prognose- und Planungsentscheidungen zu berücksichtigen, dass eine unvollständige Zusammenstellung der abwägungserheblichen Gesichtspunkte häufig den Kern der Abwägung betrifft und eine nachträgliche Korrektur ausscheiden muss, weil sie zur Unausgewogenheit der Entscheidung insgesamt führen würde[1614].

Klarzustellen ist, dass die Ergänzung von Ermessenserwägungen auf Initiative der Behörde im Prozess nicht zu Verzögerungen führen darf. Im Gesetzgebungsverfahren zur sechsten Novellierung der Verwaltungsgerichtsordnung konnte sich der Bundesrat nicht mit seinem Vorschlag durchsetzen, die Vorschriften des § 87 Abs. 1 Satz 2 Nr. 7 VwGO und des § 94 Satz 2 VwGO (betreffend die Nachbesserung im vorbereitenden Verfahren und die Aussetzung zum Zwecke der Nachbesserung) über Verfahrens- und Formfehler hinaus auch auf materiell-rechtliche Fehler auszudehnen, die von § 114 Satz 2 VwGO erfasst werden[1615]. Ausweislich der Beschränkung der Gesetz gewordenen Vorschriften auf Verfahrens- und Formfehler kommt es nicht in Frage, dass sich die Behörde über eine richterliche Verfügung im vorbereitenden Verfahren oder über eine Aussetzung des Prozesses einen Zeitgewinn zur inhaltlichen Korrektur ihrer Ablehnung des beantragten Verwaltungsakts verschafft[1616].

1611 BVerwG, Urt. v. 14.07.1999, DÖV 2000, 78, 79, im Anschluss an BVerwG, Urt. v. 24.02.1993, NVwZ 1993, 686, 688, allerdings ohne Bezugnahme auf § 114 Satz 2 VwGO.

1612 Vgl. den Fall bei BVerwG, Urt. v. 01.12.1978, DVBl. 1979, 424, 428 f.

1613 BVerwG, Urt. v. 12.12.1969, BVerwGE 34, 301, 309; BVerwG, Urt. v. 05.07.1974 („Flachglas“ bzw. „Floatglas“), BVerwGE 45, 309, 316.

1614 Vgl. BVerwG, Urt. v. 25.02.1988, DVBl. 1988, 844, 845.

1615 BT-Drucks. 13/3993, S. 20; siehe dazu auch oben S. 131 ff.

1616 KOPP / SCHENKE, § 114 Rn. 51; SCHENKE, NJW 1997, 81, 86 f.; a.A. REDEKER, NVwZ 1997, 625, 627; REDEKER / V.OERTZEN, § 114 Rn. 10b; GERHARDT, in: SCHOCH / SCHMIDT-ASSMANN / PIETZNER, § 113 Rn. 60.

Mit den vorstehenden Überlegungen abzulehnen ist die Behandlung eines prüfungsrechtlichen Falles durch den VGH München[1617]:

> Die Klägerin nahm als Wiederholerin an der Ersten Juristischen Staatsprüfung ohne Erfolg teil. Gegen den Bescheid über das Nichtbestehen der Prüfung gem. § 24 Abs. 3 Satz 2 BayJAPO erhob sie Klage mit dem Antrag, den Bescheid hinsichtlich der Bewertung der Aufgabe 8 und der Gesamtnote aufzuheben und den beklagten Freistaat Bayern zu verpflichten, die Klägerin unter Beachtung der Rechtsauffassung des Gerichts erneut zu bescheiden. Die Klage begründete sie vor allem damit, dass der Erstprüfer mit Zustimmung der Zweitprüferin negativ hervorgehoben hätte, es fehlten bei der Bearbeitung des ersten Teils der Aufgabe 8 Ausführungen zu § 548 Abs. 3 RVO. Tatsächlich befanden sich auf Seite 4 der Prüfungsarbeit zutreffende Ausführungen zu dieser Vorschrift. Auf Veranlassung der Behörde gaben die Prüfer nach Klageerhebung „Ergänzungen" zu ihren früheren Bewertungen ab. Danach sei das „Versehen" zu § 548 Abs. 3 RVO ohne Einfluss auf das Ergebnis der Bewertung geblieben, weil der zweite und dritte Teil der Bearbeitung weitgehend an den Aufgabenstellungen vorbeigingen und der erste Teil im Übrigen die bisher schon dargelegten Schwächen zeige. Das VG gab der Klage statt. Die Berufung des Beklagten hatte Erfolg. Der VGH kam zu dem Ergebnis, dass der Prüfungsbescheid rechtmäßig ist und die Klägerin keinen Anspruch auf erneute Bescheidung hat. Dabei stützt sich der VGH auf zwei voneinander unabhängige Begründungen: 1. Bei dem Sachverhaltsirrtum der Prüfer handele es sich um einen nach § 46 BayVwVfG zu beurteilenden Verfahrensfehler, der nicht zur Aufhebung der Prüfungsentscheidung und zur Neubescheidung führen könne, weil nach der fehlerfreien Neubewertung durch die Prüfer feststehe, dass dieser Fehler sich auf das Ergebnis der Bewertung nicht ausgewirkt hat. 2. Die Klage sei auch deshalb nicht begründet, weil der Beklagte durch die Neubewertung während des gerichtlichen Verfahrens den „Klageanspruch im wesentlichen bereits erfüllt" habe; mehr könne die Klägerin nicht verlangen, so dass es am Rechtsschutzbedürfnis für den Erlass eines neuen Prüfungsbescheids mangele.

Auf die erste Begründung soll hier nicht näher eingegangen werden[1618]. Es braucht hier auch nicht entschieden zu werden, ob der VGH zum Zeitpunkt seiner Entscheidung berechtigt war, nachgeschobene Erwägungen der Behörde zur Aufrechterhaltung der Prüfungsentscheidung – ohne eine dem § 114 Satz 2 VwGO vergleichbare Vorschrift – überhaupt zu berücksichtigen. Entscheidend ist, dass

---

1617 Urt. v. 12.09.1990, NVwZ 1991, 499 ff. Die Einwände von ROZEK, NVwZ 1992, 33 ff. richten sich nur dagegen, dass der VGH den Sachverhaltsirrtum der Prüfer als nach § 46 BayVwVfG zu behandelnden Verfahrensfehler qualifiziert und im Übrigen von der Erfüllung des Klageanspruchs durch Neubewertung ausgeht, statt von der Erledigung der Hauptsache; im Ergebnis habe der VGH die Klage aber zu recht abgewiesen. Diese Kritik geht MEINES Erachtens nicht weit genug.

1618 ROZEK, NVwZ 1992, 33, 35, hat überzeugend nachgewiesen, dass es sich bei dem Sachverhaltsirrtum der Prüfer um einen materiellen Rechtsfehler handelt, auf den der mit § 46 VwVfG identische § 46 BayVwVfG nicht anwendbar ist.

selbst bei Berücksichtigung dieser Norm, mit der zu Gunsten der Verwaltung die Möglichkeiten der Mängelbehebung im gerichtlichen Verfahren erweitert werden sollten[1619], eine erfolgreiche Nachbesserung in diesem Beispielfall nicht anzunehmen und stattdessen ein Bescheidungsurteil zu befürworten ist. Das ergibt sich daraus, dass die vorgenommene Nachkorrektur nicht mehr als Ergänzung im Sinne des § 114 Satz 2 VwGO angesehen werden kann[1620]. Vielmehr stehen die nachträglich eingeholten Stellungnahmen der Prüfer in einem Widerspruch zu den ursprünglichen Bewertungen. Indem der Erstprüfer mit Zustimmung der Zweitprüferin in der zusammenfassenden Kommentierung auf das angebliche Fehlen von Ausführungen zu § 548 Abs. 3 RVO abgestellt hatte, brachte er zum Ausdruck, dass dieser Aspekt für die Benotung wesentlich war, denn sonst hätte es keinen Grund gegeben, darauf explizit einzugehen. Die Beibehaltung wurde auch nicht mit inhaltlichen Schwächen in den bisher übersehenen Ausführungen begründet, sondern mit den schon zuvor erkannten Mängeln der Bearbeitung. Es liegt daher nahe anzunehmen, dass die Bewertungsmaßstäbe nachträglich verschoben wurden. Jedenfalls ist die Rücknahme einer nachweisbar falschen Erwägung im Rahmen der Prüfungsentscheidung keine Ergänzung i.S.d. § 114 Satz 2 VwGO.

4. Konsequenzen der Kontrollrestriktionen für die Sachverhaltsermittlung des Gerichts

Die Beschränkung der gerichtlichen Kontrolldichte durch das materielle Recht hat unmittelbare Auswirkungen auf den Umfang der notwendigen Sachverhaltsermittlungen im Prozess. Das Bundesverwaltungsgericht hat dazu schon vor dem In-Kraft-Treten der Verwaltungsgerichtsordnung einige Leitentscheidungen getroffen, und zwar vornehmlich auf dem damals für die – nach heutiger Systematik so zu bezeichnende – Verpflichtungsklage besonders praxisrelevanten Gebiet des Lastenausgleichsgesetzes vom 14. August 1952[1621]. Die letztlich dazu entwickelten Grundzüge sind ungeachtet ihres Ursprungs in einem auslaufenden Rechtsgebiet und unabhängig von den jeweiligen Prozessordnungen auch heute noch aufschlussreich[1622].

1619 BT-Drucks. 13/3993, S. 9.

1620 Bezeichnend ist in diesem Zusammenhang, dass der VGH München, Urt. v. 12.09.1990, NVwZ 1991, 499, in dem veröffentlichen Auszug aus dem Tatbestand der Entscheidung die Nachbewertungen zwar als „Ergänzungen" bezeichnet – offenbar im Anschluss an den Vortrag des Beklagten –, diesen Begriff aber in Anführungszeichen setzt und somit seine Distanzierung zum Ausdruck bringt.

1621 BGBl. I, S. 446.

1622 Vgl. zur Entwicklung dieser Rechtsprechung auch BRUNN, S. 55 ff.

Den Ausgangspunkt jener Entwicklung markiert das Urteil des Bundesverwaltungsgerichts vom 26. Mai 1955[1623], mit dem der auch für Lastenausgleichsachen zuständige 3. Senat den Grundsatz betonte, dass nach allen Verwaltungsgerichtsordnungen der Nachkriegszeit die Verwaltungsgerichte verpflichtet seien, den Sachverhalt von Amts wegen aufzuklären, und dass eine Zurückverweisung an die Behörde zum Zwecke der weiteren Aufklärung regelmäßig nicht in Betracht komme. Der Sache nach ging es um die Feststellung eines Kriegsschadens und die Bewilligung einer Hausratentschädigung, d.h. um gebundene begünstigende Verwaltungsentscheidungen[1624]. Diese Entscheidung ist allerdings mit Vorsicht zu genießen, soweit darin ausgeführt wird: „Im verwaltungsgerichtlichen Verfahren gelten die Untersuchungsmaxime und das Offizialprinzip."[1625] Diese Parallelität entsprach zwar der Tradition des in dem konkreten Fall noch anzuwendenden preußischen Landesverwaltungsgesetzes[1626], jedoch war in den Verwaltungsgerichtsgesetzen der Nachkriegszeit lediglich der Untersuchungsgrundsatz übereinstimmend verankert, während sich bereits damals eine Abkehr von der Offizialmaxime hin zu einer stärkeren Betonung der Dispositionsmaxime im Verwaltungsprozess abzeichnete[1627]. Die Entscheidung stieß dann auch früh auf Widerspruch, der darauf gestützt war, dass sie die Begrenzung der gerichtlichen Sachaufklärung durch die Entscheidungserheblichkeit im Zusammenhang mit der Dispositionsfreiheit der Parteien und mit den speziellen gerichtlichen Aufgaben außer Acht lasse[1628] und dass sie die besondere Bedeutung der behördlichen Sachverhaltsaufklärung in Lastenausgleichsachen vernachlässige[1629].

1623 BVerwGE 2, 135 f. = NJW 1955, 1247.

1624 Es ging bei der beantragten Hausratentschädigung (§§ 293 - 297 LAG) um eine Ausgleichsleistung mit Rechtsanspruch (§§ 231 Nr. 1, 232 Abs. 1 Nr. 3 LAG), nicht um Ausgleichsleistungen ohne Rechtsanspruch (§§ 231 Nr. 2, 233 LAG). Zur prozessualen Konstellation bemerkt BRUNN, S. 56, es habe sich nicht um eine Verpflichtungsklage gehandelt; soweit ersichtlich habe die Klägerin nämlich lediglich die Aufhebung der Ablehnung beantragt. Dies erklärt sich aber daraus, dass § 338 LAG bestimmte, dass gegen den Beschluss des Beschwerdeausschusses die „Anfechtungsklage" gegeben war. Dem entsprach, dass etwa nach den süddeutschen Verwaltungsgerichtsgesetzen noch keine Verpflichtungsklage als eigene Klageart vorgesehen war und daher die Klage gegen die Ablehnung eines begünstigenden Verwaltungsakts der Anfechtungsklage zugerechnet wurde (siehe oben S. 84). Nach der VwGO wäre eine entsprechende Klage als Verpflichtungsklage zu behandeln.

1625 BVerwG, Urt. v. 26.05.1955, BVerwGE 2, 135, 136 = NJW 1955, 1247.

1626 Dazu MARTIN RICHTER, S. 25 ff.

1627 Siehe zu diesen Verfahrensgrundsätzen oben S. 173 ff.

1628 RAUTENBERG, NJW 1955, 1545 f.

1629 VG Bremen, NJW 1957, 1207, im Anschluss an RAUTENBERG, NJW 1955, 1545, 1546. In Lastenausgleichsachen war gem. § 339 Abs. 3 LAG die Berufung ausgeschlossen und stand somit nur eine einzige gerichtliche Tatsacheninstanz zur Verfügung.

Für Ermessensentscheidungen konzedierte das Bundesverwaltungsgericht bald darauf mit Urteil vom 9. Mai 1956[1630] zur Aufklärungspflicht des Verwaltungsgerichts:

> „Seine grundsätzlich bestehende Pflicht zur Aufklärung des Sachverhalts ist daher gegenüber Ermessensentscheidungen auf die Umstände begrenzt, die die Verwaltungsbehörde selbst ihrer Ermessensentscheidung zugrunde gelegt hat. Hinsichtlich aller anderen Umstände dagegen – etwa solcher, die die Verwaltungsbehörde bei ihrer (ersten) Ablehnung nicht berücksichtigt hat, weil sie ihre anderen Erwägungen für ausschlaggebend hielt – muß ihr zunächst Gelegenheit gegeben werden, ihr Ermessen zu betätigen und sie zu diesem Zweck aufzuklären. Schon aus diesen Erwägungen ergibt sich eine Begrenzung der Aufklärungspflicht des Verwaltungsgerichts bei Ermessensentscheidungen der Verwaltungsbehörden, ohne daß es im vorliegenden Falle einer Überprüfung des dem Urteil des erkennenden Senats vom 26. Mai 1955 (BVerwGE 2, 135) zugrunde liegenden grundsätzlichen Standpunktes bedarf."

Bemerkenswert ist auch die spätere Klarstellung des in dem Urteil vom 26. Mai 1955 statuierten Grundsatzes durch das Urteil des Bundesverwaltungsgerichts vom 4. Juli 1956[1631], worin der 3. Senat feststellte, dass die Aufklärungspflicht auf das zur Entscheidung über den Klageantrag Erforderliche begrenzt sei. Trotz mehrerer Beteuerungen, an der Entscheidung vom 26. Mai 1955 festhalten zu wollen[1632], zeichnete sich so zumindest eine Präzisierung und Fortbildung ab.

Die Rechtsprechung des Bundesverwaltungsgerichts ist in diesen Punkten nicht immer eindeutig und nicht ganz widerspruchsfrei[1633]. Beispielsweise hielt in einem Urteil vom 15. November 1956[1634] der 3. Senat die Vorinstanz für verpflichtet, die von der Behörde verneinte Erfüllung der in § 254 LAG genannten Voraussetzungen eines nach Ermessen der Behörde zu gewährenden Aufbaudarlehens aufzuklären. Das Verwaltungsgericht hatte erkannt, dass die Annahmen der Behörde zu der Eignung des Vorhabens, den Lebensunterhalt des Klägers zu sichern, nicht tragfähig waren. Es hatte deshalb den ablehnenden Verwaltungsakt aufgehoben, um der Behörde die weiteren Ermittlungen zu überlassen und erneut eine Ermessensentscheidung zu treffen. Dem trat das Bundesverwaltungsgericht mit der Argumentation entgegen, der erkannte Fehler der Verwaltungsentscheidung betreffe nicht die Ermessensausübung, sondern einen unbestimmten Rechtsbegriff

---

1630 BVerwGE 3, 279, 281 f.

1631 BVerwGE 4, 20, 22.

1632 BVerwG, Urt. v. 15.11.1956, NJW 1957, 515, u.a. gegen RAUTENBERG, NJW 1956, 1545 f.; BVerwG, Urt. v. 12.06.1958, BVerwGE 7, 100, 101 gegen „Angriffe [...] aus den Kreisen der Verwaltungsrichter".

1633 Ebenso die Einschätzung bei BRUNN, S. 55.

1634 NJW 1957, 515.

auf der Tatbestandsseite der Norm, so dass das Verwaltungsgericht die für die Eignung zur Sicherung der Lebensgrundlage maßgeblichen Tatsachen selbst ermitteln müsse[1635]. MEINES Erachtens war die Behandlung durch das Verwaltungsgericht zutreffend und orientierte sich an den in BVerwGE 3, 279, 281 f. aufgestellten Grundsätzen. Denn das Verwaltungsgericht war seiner Pflicht zur umfassenden Kontrolle aller gerichtlich überprüfbaren gesetzlichen Merkmale nachgekommen, indem es die Unhaltbarkeit der behördlichen Annahmen zu den tatbestandlichen Voraussetzungen der Darlehensgewährung nachgewiesen hatte. Damit stand fest, dass die von der Behörde ausgesprochene Ablehnung den Kläger in seinen Rechten verletzte und nach neuen Ermittlungen eine neue Ermessensentscheidung ergehen musste, die nur die Behörde treffen durfte. Daher war, um mit den Ausführungen in BVerwGE 3, 279, 281 f. zu sprechen, die gerichtliche Pflicht zur Aufklärung des Sachverhalts auf die Umstände begrenzt, die die Behörde selbst ihrer Ermessensentscheidung zu Grunde gelegt hatte. Dabei ist zu berücksichtigen, dass die tatbestandlichen Voraussetzungen notwendig die Grundlage der Ermessensentscheidung bilden. Diese Voraussetzungen sind zwar im Unterschied zur Ermessensausübung uneingeschränkt *nachprüfbar*. Das heißt aber nicht, dass das Gericht bei Ermessensentscheidungen der Behörde *vorgreifend* Ermittlungen zur Erfüllung der tatbestandlichen Voraussetzungen anstellen müsste. Die gegenteilige Ansicht beruht zumeist unausgesprochen auf der Überlegung, es sei vorteilhaft, die Klage ggf. sofort abweisen zu können[1636]. Dem ist zu widersprechen, denn die Ermittlung der bisher unberücksichtigten Tatsachen ist eine Aufgabe, der die Behörde besser gerecht wird[1637], und in einer Vielzahl von Fällen, in denen die Ermittlungen die Erfüllung der tatbestandlichen Voraussetzungen für die Ermessensausübung ergeben, ist eine abschließende gerichtliche Entscheidung ohnehin nicht möglich.

Später äußerte sich das Bundesverwaltungsgericht in dem „Bandsäge-Urteil" vom 18. August 1960[1638] – mithin wenige Monate nach In-Kraft-Treten der Verwaltungsgerichtsordnung – zu den gerichtlichen Sachaufklärungspflichten bei Ermes-

---

1635 BVerwG, Urt. v. 15.11.1956, NJW 1957, 515. In Abgrenzung dazu führt das BVerwG (a.a.O.) aber auch aus, die Revision habe „die falsche Auffassung zugrunde gelegt, das VerwGer. habe auch die Ermittlungen anzustellen, die erforderlich seien, um bei falscher Ermessensausübung durch die Verwaltungsbehörden das Ermessen richtig ausüben zu können".

1636 BRUNN, S. 58, stellt fest, man könne aus der Entscheidung vom 15.11.1956 ersehen, dass sich „damals der 3. Senat wenig darum kümmerte, ob die Verwaltungsgerichte überlastet waren oder ob die Verwaltungsgerichte dadurch, daß sie fehlende Sachaufklärung nachholen, den Grundsatz der Gewaltenteilung verletzten". DERSELBE, S. 59, hält dies aber insgesamt für unbedenklich und meint, die Möglichkeit einer sofortigen Klageabweisung stütze das Ergebnis.

1637 Siehe oben S. 117 ff.

sensentscheidungen der Behörde. Es ging in einem Nachbarstreit um einen Antrag auf Untersagung eines Gewerbebetriebes. Der erkennende 1. Senat des Bundesverwaltungsgerichts fasste zunächst die bis dahin ergangene höchstrichterliche Rechtsprechung über den Umfang der Pflichten und Befugnisse der Verwaltungsgerichte zur Sachaufklärung und -entscheidung zusammen und stellte fest, das „Gericht brauche dabei nicht durch eigene Sachaufklärung die Grundlage für die neue Ermessensentscheidung der Behörde zu schaffen“[1639]. Sodann präzisierte der 1. Senat diese Leitlinien, ausgehend von der Überlegung, dass nicht pauschal eine Entscheidung über die beantragte Untersagung des Betriebes getroffen werden konnte[1640]:

> „Im hier gegebenen Falle einer komplexen und teilbaren, aber summarisch beantragten Amtshandlung, die unter bestimmten Voraussetzungen ganz oder zum Teil rechtlich zulässig sein kann, dann aber noch im Ermessen der Behörde steht, ist es denkbar, daß die Verpflichtungsklage auch bei Beschränkung des Klageantrags auf ein Bescheidungsurteil nicht in vollem Umfang begründet oder unbegründet, sondern möglicherweise nur hinsichtlich eines Teiles des begehrten Komplexes begründet, hinsichtlich des Restes aber unbegründet ist. Dann muß das Gericht klären und entscheiden, für welchen Teil der summarisch begehrten Amtshandlung die gesetzlichen Zulässigkeitsvoraussetzungen nach der tatsächlichen und rechtlichen Seite vorliegen und für welchen Teil sie fehlen. Andernfalls kann es zu einem Urteil kommen, das auch dem unbegründeten Teil des Klagebegehrens stattgibt. Allerdings mag es Fälle geben, in denen dieser Umfang der verwaltungsgerichtlichen Aufklärungs- und Entscheidungspflicht aus dem Gesichtspunkt der Prozeßökonomie überspannt erscheinen kann; so kann nach Widerlegung eines von der Behörde als alleinentscheidend geltend gemachten Ablehnungsgrundes die Begründetheit der Klage von bisher nicht berücksichtigten Umständen abhängen, deren Klärung umfangreiche und daher besser von der Behörde als vom Gericht zu treffende Ermittlungen erfordert.“

Dass diese Differenzierungen angebracht sind, wird insbesondere dann deutlich, wenn man sich vorstellt – was in der zitierten Entscheidung, soweit sie veröffentlicht ist, nicht vollständig überliefert wird –, dass der aus Sicht des Klägers störende Betrieb in höchst unterschiedliche Teile aufgeteilt ist. Beispielsweise ist es denkbar, dass dort ein Eisenwarengeschäft geführt wird, durch dessen Unterhaltung der Nachbar nicht in drittschützenden Rechten verletzt ist (was insoweit zu einem abweisenden Urteil führt), dass dort eine Kohlenhandlung betrieben wird, gegen die ein Einschreiten nach pflichtgemäßem Ermessen der Behörde gerechtfertigt ist, z.B. durch Beschränkung des Lieferverkehrs (was insoweit zu einem Bescheidungsurteil führt) und dass der Betrieb eine Bandsäge einsetzt, die derartige Emissionen verursacht, dass den Rechten des Nachbarn nur durch eine Unter-

1638 BVerwGE 11, 95 ff. = DVBl.1961, 125 ff.
1639 BVerwG, Urt. v. 18.08.1960, BVerwGE 11, 95, 100 = DVBl.1961, 125, 127.
1640 BVerwG, Urt. v. 18.08.1960, BVerwGE 11, 95, 100 = DVBl.1961, 125, 127 f.

sagung Rechnung getragen werden kann und die Ausübung des pflichtgemäßen Ermessens auf diese eine Maßnahme reduziert ist (was insoweit zu einem Vornahmeurteil führt[1641]).

Damit gibt das „Bandsäge-Urteil“ Hinweise auf zwei Voraussetzungen, unter denen die gerichtliche Aufklärung der im Verwaltungsverfahren noch nicht berücksichtigten Umstände bei Verpflichtungsklagen im Zusammenhang mit Ermessensverwaltungsakten geboten ist: 1. wenn die Aufklärung einer differenzierten Behandlung des teilbaren Klagebegehrens dient, 2. wenn gerade nicht feststeht, dass allenfalls eine erneute Ermessensentscheidung der Behörde möglich ist, sondern offensichtlich auch eine Verurteilung zur Vornahme in Betracht kommt. In dem konkreten Fall waren beide Voraussetzungen erfüllt, es ist jedoch auch denkbar, dass die Erfüllung dieser Voraussetzungen jede für sich genommen – alternativ – die weiter gehende Sachverhaltsaufklärung gebietet. Bei der Anwendung des erstgenannten Kriteriums dürften aber in der Praxis – in Fällen, die weniger eindeutig gestrickt sind als das hier teilweise konstruierte Beispiel – die Schwierigkeiten darin bestehen, die Teilbarkeit des Klagebegehrens zu bestimmen. Dies gilt etwa für Anträge auf Verpflichtung der Behörde zum Einschreiten gegen Betriebe nach §§ 17, 24 BImSchG; dabei wären sowohl der Kläger als auch das Gericht regelmäßig überfordert, wenn man von ihnen verlangte, die Verpflichtung der Behörde zu Maßnahmen nach pflichtgemäßem Ermessen gegen genau bezeichnete Anlagenteile – womöglich unter Angabe von Anlagenzweck, Maschinen-Nummer und Standort auf dem Werksgelände – im Einzelnen zu beantragen bzw. auszuurteilen[1642]. In diesen Fällen ist es im Zweifel sinnvoller, der Behörde die Ermittlung der genauen Störungsquellen zu überlassen, zumal sie sich im Rahmen der Ermessensausübung ohnehin ein genaues Bild machen muss und häufig als Genehmigungsbehörde aufgrund von archivierten Unterlagen bereits einen Informationsvorsprung vor dem erkennenden Gericht hat. Derartige Überlegungen stehen im Einklang mit dem in BVerwGE 11, 95, 101 gegebenen Hinweis auf den Gesichtspunkt der Prozessökonomie.

Nicht zuzustimmen ist allerdings der weiteren Begründung in diesem Urteil, wonach überdies § 113 Abs. 4 Satz 2 VwGO [a.F.] auch zu einer weitgehenden tatsächlichen Klärung durch das Gericht nötige[1643]. Dass dort die Bindung an die *Rechts*auffassung des Gerichts vorgesehen wird, lässt den Umkehrschluss darauf zu, dass jedenfalls der primäre Zweck des Bescheidungsurteils nicht darin bestehen kann, die Behörde an tatsächliche Feststellungen des Gerichts zu binden.

1641 Zu dieser prozessualen Konsequenz der Ermessensreduzierung sogleich.
1642 Anschaulich dazu VG Hannover, Urt. v. 23.10.1975, DVBl. 1976, 809, 810.
1643 BVerwG, Urt. v. 18.08.1960, BVerwGE 11, 95, 101 = DVBl.1961, 125, 128.

Auch die spätere Rechtsprechung ist nicht ganz einheitlich. Einerseits finden sich – vergleichbar mit dem zitierten Urteil des Bundesverwaltungsgerichts vom 16. November 1956[1644] – Entscheidungen, die dem Tatsachengericht auch bei unteilbarem Klagebegehren und bei offensichtlichem Ausschluss eines Vornahmeurteils die Aufklärung solcher bisher zu Unrecht nicht berücksichtigter Umstände aufbürden, die maßgeblich sind für die tatbestandliche Ausfüllung einer Ermessensnorm[1645]. Andererseits sind Entscheidungen zu verzeichnen, die in solchen Fällen auch die bisher unterbliebene Ermittlung der tatbestandlichen Voraussetzungen einer Ermessensnorm der Behörde überlassen[1646].

MEINES Erachtens ist der zweitgenannten Auffassung zu folgen. Diese Einschränkungen der Sachaufklärungspflichten gelten entsprechend für Beurteilungsspielräume, z.B. bei Prognoseentscheidungen[1647] und in Bereichen planerischer Gestaltungsfreiheit[1648]. Dabei stellt sich freilich nicht die Frage einer Unterscheidung der tatbestandlichen Voraussetzungen von den gerichtsfreien Spielräumen

---

1644 NJW 1957, 515.

1645 Vgl. BVerwG, Beschl. v. 16.03.1993, NVwZ 1994, 266, 268 (insoweit nicht abgedruckt in DVBl. 1993, 884 ff.). Interessant ist an dieser Entscheidung aber auch, dass die Beschwerde der beklagten Behörde gegen die Nichtzulassung der Revision gegen ein Bescheidungsurteil trotz Bejahung eines Verfahrensfehlers zurückgewiesen wurde, weil das Urteil keine einschränkende Rechtsauffassung zum Nachteil der Beklagten beinhalte und diese dadurch nicht materiell beschwert sei (BVerwG, a.a.O.).

1646 Vgl. VGH Mannheim, Urt. v. 07.03.1980, ESVGH 30, 177, 181: Die Ablehnung der Erlaubnis zur Benutzung des Grundwassers zum Betreiben einer Wärmepumpenanlage verletzte den Kläger in seinen Rechten; die notwendige Ermessensentscheidung der Behörde setzte gem. § 34 Abs. 1 WHG – gerichtlich überprüfbar (BVerwG, Urt. v. 12.09.1980, DÖV 1981, 104, 105) – voraus, dass eine schädliche Verunreinigung des Grundwassers oder eine sonstige nachteilige Veränderung seiner Eigenschaften nicht zu besorgen war, wozu das Gericht eine erstmalige Entscheidung der Behörde für erforderlich hielt. Nach dem Bescheidungsurteil des VG Hannover, Urt. v. 23.10.1975, DVBl. 1976, 809, 810, hatte die beklagte Behörde auf den Antrag des Klägers, der ihr Einschreiten gegen einen lärmintensiven Betrieb begehrte, zu prüfen, von welchen Anlagenteilen schädlicher Lärm ausging, um dann nach pflichtgemäßem Ermessen Maßnahmen gem. §§ 17, 24 BImSchG zu treffen.

1647 Vgl. VGH Mannheim, Urt. v. 22.10.1996, GewArch. 1997, 251, 252.

1648 Vgl. BVerwG, Urt. v. 29.01.1991 („Münchener Flughafen II“), zu 2.2.b) (2) (d), JURIS (insoweit nicht abgedruckt bei BVerwGE 87, 332): Die im Berufungsurteil ausgesprochene Verpflichtung des Beklagten zu weiter gehenden Schutzauflagen an die beigeladene Trägerin des Vorhabens hatte Bestand. Das Berufungsgericht hatte die Rechtsfrage geklärt, dass alle zur Zeit des Planfeststellungsbeschlusses bebaubaren Grundstücke in den Schutzbereich einzubeziehen waren. Die Ermittlung dieser Grundstücke blieb dem Beklagten überlassen. Deren Rüge einer Verletzung des § 113 Abs. 4 Satz 1 VwGO a.F. wegen mangelnder Sachaufklärung hielt das BVerwG für unbegründet. Vgl. auch BVerwG, Urt. v. 25.02.1988, DVBl. 1988, 844, 845; VGH Mannheim, Urt. v. 15.11.1994, ESVGH 45, 109, 116.

der Verwaltung, denn diese sind ja selbst dem Tatbestand der Normen zuzurechnen. Vergleichbare Probleme entstehen aber dann, wenn man berücksichtigt, dass Aufklärungsarbeit im Vorfeld der Beurteilungsspielräume notwendig sein kann, z.B. wenn man bei der Entscheidung über die Sortenzulassung zwischen der uneingeschränkt nachprüfbaren Feststellung wertbestimmender Eigenschaften und dem den Sortenausschüssen vorbehaltenen Wertprüfungsvergleich unterscheidet[1649], oder bei der Indizierung jugendgefährdender Schriften zwischen der sachverständigen Einschätzung als Kunstwerk und des von ihm ausgehenden schädigenden Einflusses auf Jugendliche einerseits und der durch die Bundesprüfstelle vorzunehmenden Abwägung dieser widerstreitenden Belange andererseits[1650]. Dabei gelten analog die hier befürworteten Einschränkungen der gerichtlichen Sachaufklärungspflichten in den Fällen, in denen feststeht, dass die Ablehnung den Kläger in seinen Rechten verletzt, aber wegen des Beurteilungsspielraums der Behörde nur ein Bescheidungsurteil in Betracht kommt. Für den Bereich des Ermittlungs- und Bewertungsdefizites im Zusammenhang mit der Genehmigung atomarer Anlagen hat das Bundesverwaltungsgericht ausdrücklich festgestellt, dass es nicht darauf ankommt, ob ohne den erkannten Fehler unter sicherheitstechnischen Gesichtspunkten anders entschieden worden wäre, so dass gerichtliche Ermittlungen zur Ergebnisrelevanz nicht angezeigt sind[1651].

5. Ausnahme: Überwindung der materiell-rechtlichen Hindernisse bei Reduktion der Entscheidungsspielräume auf „null“

Die materiell-rechtlichen Kontrollrestriktionen können ihre Wirkung verlieren, wenn im Einzelfall die Entscheidungsspielräume der Verwaltung derart reduziert sind, dass nur noch eine einzige Entscheidung rechtmäßig ist. Dieses Phänomen wird als Reduktion auf „null“ bezeichnet, soweit – wie hier – auf den üblicherweise bestehenden Spielraum abgestellt wird[1652], bzw. als Reduktion auf „eins“, soweit man auf die verbleibenden Entscheidungsalternativen Bezug nimmt[1653].

Am häufigsten sind Reduktionen des Rechtsfolgenermessens, jedoch können sich auch Beurteilungsspielräume auf „null“ verdichten, beispielsweise bei der Bewer-

---

1649 Vgl. BVerwG, Urt. v. 16.01.1986, BVerwGE 72, 339, 341 ff.

1650 BVerwG, Urt. v. 26.11.1992, BVerwGE 91, 211, 215.

1651 BVerwG, Urt. v. 14.01.1998 („Mülheim-Kärlich“), BVerwGE 106, 115, 121 f.

1652 BVerwG, Urt. v. 04.06.1996, NVwZ-RR 1997, 271, 273; HAIN / SCHLETTE / SCHMITZ, AöR 122 (1997), 32, 41, mit dem Anspruch auf alleinige Richtigkeit; KOPP / SCHENKE, § 114 Rn. 6; STERN, Rn. 359.

1653 MENGER / ERICHSEN, VerwArch. 58 (1967), 175, 179; ähnlich BVerwG, Urt. v. 18.08.1960, BVerwGE 11, 95, 99 = DVBl.1961, 125, 126; vgl. auch FABER, § 28 II a) 4.: Verdichtung der rechtmäßigen Ermessensentscheidungen auf eine einzige.

tung eines Kandidaten im Hinblick auf seine Zulassung zu einer Prüfung[1654], bei der von einem Medienrat vorzunehmenden Rangfolgeabwägung im Zusammenhang mit einer Kanalbelegungsentscheidung[1655] oder bei der Erteilung einer Personenbeförderungsgenehmigung trotz der Notwendigkeit einer Prognose über die Funktionsfähigkeit des örtlichen Taxengewerbes[1656]. Dabei ist allerdings zu berücksichtigen, dass die Reduktion auf „null" um so weniger in Betracht kommen wird, je vielschichtiger die Verwaltungsentscheidung ist und je mehr Entscheidungsmöglichkeiten die Behörde im Normalfall hat. Daher sind z.B. Reduktionen der planerischen Gestaltungsfreiheit – wenn auch nicht völlig ausgeschlossen[1657] – zumindest seltener anzutreffen als Reduktionen des klassischen Rechtsfolgenermessens.

Für die Reduktionen der Entscheidungsspielräume auf „null" ist wesentlich, dass sie nur im Einzelfall aufgrund besonderer tatsächlicher Umstände angenommen werden können[1658]. Damit sind sie abzugrenzen gegenüber den teleologischen – norminterpretierenden – Reduktionen scheinbarer Entscheidungsfreiräume der Verwaltung wie im Falle des § 35 Abs. 2 BauGB[1659] oder des § 16 Abs. 3 Satz 1 HandwO[1660]; erst recht ist dieses Rechtsinstitut zu unterscheiden von der Anwendung von Soll-Vorschriften wie z.B. § 25 Abs. 2 BImSchG[1661]. In jenen Fällen geht es um die abstrakte Bestimmung des Regelungsgehalts einer Norm – unabhängig von ihrer jeweiligen Anwendung – durch Rechtsfortbildung oder sogar eine reine Wortlautauslegung. Dagegen kann die Beurteilung, ob grundsätzlich anzuerkennende Entscheidungsfreiräume der Verwaltung auf „null" reduziert sind, nur anhand des konkreten Einzelfalls getroffen werden. Dabei ist es aber wiederum nicht zu beanstanden, wenn die Rechtsprechung beispielsweise für die Ansprüche von Baunachbarn gegen die Bauaufsichtsbehörde auf Einschreiten wegen der Verletzung drittschützender Vorschriften allgemeine Kriterien für die Annahme einer Ermessensreduktion auf „null" entwickelt, solange die genaue Würdi-

1654 Vgl. VGH Mannheim, Beschl. v. 20.03.1990, NVwZ-RR 1991, 82, 83 f.

1655 Vgl. VG Berlin, Beschl. v. 03.02.1997, ZUM-RD 1997, 312, 317 ff.

1656 Vgl. BVerwG, Urt. v. 15.04.1988, BVerwGE 79, 208, 214.

1657 Vgl. BVerwG, Urt. v. 16.03.1984, NVwZ 1985, 108, 109.

1658 HAIN / SCHLETTE / SCHMITZ, AöR 122 (1997), 32, 40.

1659 Vgl. zu der entsprechenden früheren Vorschrift des § 35 Abs. 2 BBauG BVerwG, Urt. v. 29.04.1964, BVerwGE 18, 247, 250.

1660 Missverständlich daher VGH Kassel, Urt. v. 20.02.1990, NVwZ 1991, 280, 281 m.w.Nachw.: Im Falle des § 16 HandwO sei „im Regelfall das Ermessen entsprechend dem Zweck der Ermächtigung auf ‚Null' reduziert".

1661 Zu dieser normativen „Ermessensreduktion" BVerwG, Urt. v. 19.01.1989, BVerwGE 81, 197, 212; BVerwG, Urt. v. 24.09.1992, BVerwGE 91, 92, 94.

gung des Einzelfalls nicht darunter leidet[1662]. Anzuerkennen ist die Notwendigkeit, die Reduktionen der Entscheidungsspielräume auf „null“ angesichts des gesetzlichen Regel-Ausnahme-Verhältnisses restriktiv zu handhaben[1663]; nicht bestritten werden sollte aber auch das Gebot, gleichartige Fälle gleich zu entscheiden[1664].

Freilich können die besonderen Umstände des Einzelfalls nur in Verbindung mit einem Rechtssatz Ausnahmen von den normativen Entscheidungsvorbehalten zu Gunsten der Exekutive rechtfertigen. Dabei kommen vor allem die rechtshierarchisch höher stehenden (Verfassungs-)Normen in Betracht, insbesondere Grundrechte, die geeignet sind, die gesetzliche Alleinkompetenz der Verwaltung zu verdrängen[1665]. Aber auch gesetzesimmanente Zwecke können im Einzelfall die Anwendung einer Vorschrift in einem ganz bestimmten Sinne verlangen. Unter diesen Gesichtspunkten kann die Reduktion auf „null“ insbesondere geboten sein:

- bei einem Anspruch auf polizeiliches Einschreiten zur menschenwürdigen Unterbringung einer obdachlosen Familie im Hinblick auf Art. 1 Abs. 1 und Art. 6 Abs. 1 GG[1666],
- bei der Ermessenseinbürgerung gem. § 8 Abs. 1 StAG zur Herstellung der durch Art. 6 Abs. 1 grundsätzlich gebotenen staatsangehörigkeitsrechtlichen Einheit in der Familie[1667],
- bei einem Anspruch auf Überlassung eines Saales für eine Parteiveranstaltung wegen ständiger Verwaltungsübung wegen Art. 3 Abs. 1 GG[1668],

---

1662 Vgl. OVG Lüneburg, Urt. v. 29.10.1993, MDR 1994, 62, 63, mit Ausführungen dazu, dass sich in dem entschiedenen Fall die Errichtung des Grenzbaus wegen des Ausmaßes seiner Überhöhung (um 54 bis 68 cm), wegen seiner zu spürbaren Einschränkungen der Besonnung führenden Südlage und wegen seiner Position vor schutzbedürftigen Wohnbereichen mit erheblichen Beeinträchtigungen des Verpflichtungsklägers verbunden war; ferner dazu, dass die Beigeladene im Hinblick auf die Durchführung ihres Bauvorhabens trotz des unverzüglich eingelegten Widerspruchs und angesichts einer fehlenden vergleichbaren Inanspruchnahme einer Grenzbebauung durch den Kläger nicht schutzwürdig war. Weitere Beispiele und Nachweise bei SARNIGHAUSEN, NJW 1993, 1623, 1624 ff.

1663 HAIN / SCHLETTE / SCHMITZ, AöR 122 (1997), 32, 57; PAPIER, in: ULE-FS (1987), S. 251.

1664 Zu weit gehend daher die Kritik an der Rechtsprechung zum Baunachbarschutz bei HAIN / SCHLETTE / SCHMITZ, AöR 122 (1997), 32, 60.

1665 Vgl. HAIN / SCHLETTE / SCHMITZ, AöR 122 (1997), 32, 46.

1666 Vgl. VGH Kassel, Beschl. v. 04.10.1983, NJW 1984, 2305, 2306.

1667 Zu dem weitgehend unveränderten § 8 Abs. 1 RuStAG BVerwG, Urt. v. 27.09.1988, NJW 1989, 1446, 1447; anders aber wegen der engen Voraussetzungen eines Anspruchs auf Einbürgerung, wenn der Bewerber dem Interesse an der Vermeidung der Mehrstaatigkeit zumutbar Rechnung tragen könnte BVerwG, Urt. v. 27.09.1988, NJW 1989, 1445 (nur LS).

1668 Erwogen, aber im konkreten Fall verneint von VGH Kassel, Beschl. v. 20.01.1993, NJW 1993, 2331.

- im Baurecht nach dem Gebot der Folgenbeseitigung sowohl bei Ansprüchen auf bauaufsichtliches Einschreiten[1669] als auch in den Fällen, in denen ein früher bestehender Anspruch auf Erteilung einer Baugenehmigung zu Unrecht vorenthalten wurde und nach einer Rechtsänderung nur noch ein Recht auf ermessensfehlerfreie Bescheidung geltend gemacht werden kann[1670] und
- bei einem Anspruch auf Förderung einer Einrichtung, die in die Bedarfsplanung aufgenommen ist, um den Anspruch auf einen Kindergartenplatz zu erfüllen[1671].

Prozessual besteht bei der Verpflichtungsklage, wenn der Spielraum der Behörde bei Entscheidung über den beantragten Verwaltungsakt zu Gunsten des Klägers auf „null" reduziert ist, die Konsequenz darin, dass nicht nur ein Bescheidungsurteil gem. § 113 Abs. 5 Satz 2 VwGO ergeht, sondern ein Vornahmeurteil gem. § 113 Abs. 5 Satz 1 VwGO[1672]. Der Grund dafür wird in der „Verfahrenswirtschaftlichkeit" gesehen[1673]. Überzeugender dürfte die Berufung auf Art. 19 Abs. 4 Satz 1 GG sein, denn ohne ein Vornahmeurteil bliebe die Entscheidung hinter dem Begehren des Klägers zurück und machte überdies das Ergebnis der materiell-rechtlichen Prüfung nicht hinreichend deutlich. Klarzustellen ist allerdings, dass die lediglich abstrakte Möglichkeit, über eine Reduktion des Entscheidungsspielraums zu einem Vornahmeurteil zu gelangen, das Gericht nicht dazu nötigt, den Sachverhalt vorsichtshalber in eigener Verantwortung aufzuklären[1674]. Da die Reduktion auf „null" der gesetzlichen Konzeption zuwiderläuft, d.h. nicht den Regelfällen gerecht wird, die der Gesetzgeber vor Augen hatte, kann sie ohnehin nur in eng umrissenen Grenzen bei besonderen Auffälligkeiten des Sachverhalts angenommen werden. Mithin kommt die umfassende Aufklärung, die für den Erlass eines Vornahmeurteils notwendig ist, nur dann in Betracht, wenn bereits die Nachprüfung der von der Behörde angenommenen Umstände bzw. eine

1669 Vgl. OVG Lüneburg, Urt. v. 29.10.1993, MDR 1994, 62, 63.

1670 Vgl. BVerwG, Urt. v. 20.08.1992, NVwZ-RR 1993, 65.

1671 Vgl. OVG Lüneburg, Beschl. v. 16.06.1997, Nds.VBl. 1997, 238.

1672 BVerwG, Urt. v. 18.08.1960, BVerwGE 11, 95, 101 = DVBl.1961, 125, 128; BVerwG, Urt. v. 12.07.1973, BVerwGE 16, 214, 218; REDEKER / v.OERTZEN, § 113 Rn. 40; STERN, Rn. 399.

1673 Vgl. BVerwG, Urt. v. 12.07.1963, BVerwGE 16, 214, 219.

1674 KOPP / SCHENKE, § 114 Rn. 6; a.A. BRUNN, S. 165.

summarische Prüfung deutliche Anhaltspunkte für eine Reduktion des Entscheidungsspielraums auf „null“ ergibt[1675].

6. Ergebnis

Auf den ersten Blick scheint das materielle Recht als sicherer Indikator für oder gegen die Herbeiführbarkeit der Spruchreife zu dienen. Bei genauerem Hinsehen erweist es sich als weniger verlässlich. Zwar kann regelmäßig davon ausgegangen werden, dass das Gericht die Sache nicht spruchreif machen darf, wenn eine Ermessensnorm bestimmt, dass die Behörde den beantragten Verwaltungsakt erlassen „kann“. Allerdings ist eine entsprechende Aussage schwieriger, wenn die Grenze zwischen gerichtlicher Kontrolle und administrativen Freiräumen nicht entlang der Linie zwischen Tatbestand und Rechtsfolge verläuft. Die Beurteilungsspielräume, die regelmäßig den Erlass eines Vornahmeurteils ebenso hindern wie ein der Behörde eingeräumtes Rechtsfolgenermessen, sind meist weniger allgemein anerkannt. Auch wenn man versucht, die einzelnen Erscheinungsformen der möglichen Beurteilungsspielräume zu sortieren, so stößt man in jeder Gruppe auf Meinungsverschiedenheiten und sich ähnelnde Fälle, die in der Rechtsprechung bereits unterschiedlich entschieden wurden. Erschwerend kommt hinzu, dass das Bundesverfassungsgericht mit seiner Rechtsprechung seit Anfang der 1990er Jahre einen Umbruch und eine Tendenz zu mehr verwaltungsgerichtlicher Kontrolle bewirkt hat. Angesichts dessen ist es unsicher, inwieweit die bisher anerkannten Beurteilungsspielräume Bestand haben werden. Schließlich ist selbst bei Klarheit über die Auslegung des materiellen Rechts eine Überwindung der Kontrollrestriktionen möglich, wenn die Entscheidungsfreiräume der Exekutive aufgrund der Umstände des Einzelfalls auf „null“ reduziert sind.

II. Hindernisse aus tatsächlichen Gründen

Ebenso wie rechtliche Hindernisse, können Hindernisse tatsächlicher Art – mit unterschiedlicher Intensität – die Herbeiführung der Spruchreife erschweren oder ausschließen. Zu den Ausmaßen und den Auswirkungen dieser Hindernisse aus tatsächlichen Gründen sollen zunächst die Fallgruppen untersucht werden, die sich dazu in der Praxis herausgebildet haben. Sodann soll versucht werden, diese Fälle

---

1675 Das BVerwG geht in seinem Urt. v. 19.06.1991, Buchholz 310, § 113 Nr. 234, S. 72 = BayVBl. 1991, 696, in einem Obiter dictum davon aus, das Berufungsgericht hätte sich durch eigene Sachverhaltsaufklärung die Überzeugung davon verschaffen müssen, ob die von dem Kläger behauptete Ermessensschrumpfung eingetreten war; insoweit gab es aber tatsächliche Anhaltspunkte für die Berechtigung dieser Annahme, denn das Berufungsgericht hatte ausgeführt, das Ermessen habe sich „‚noch nicht‘ auf Null reduziert“.

zu sezieren, um eventuelle Gemeinsamkeiten sichtbar zu machen und möglichst allgemeingültige Kriterien für die Möglichkeiten und Grenzen einer gerichtlichen Herbeiführung der Spruchreife zu entwickeln.

1. Fallgruppen in der Rechtsprechung

Die in der Rechtsprechung entschiedenen Fälle lassen sich zunächst in zwei Kategorien aufteilen: Bei der Herbeiführung der Spruchreife werden Hindernisse aus tatsächlichen Gründen zum einen dann anerkannt, wenn – im Falle begrenzter Kontingente – ein rechtlich strikt gebundener Anspruch auf die beantragte Leistung nicht realisierbar ist; zum anderen werden Hindernisse darin gesehen, dass die gerichtliche Sachverhaltsaufklärung an die Grenzen ihrer Leistungsfähigkeit stößt.

a. Erschöpfung von Kontingenten

Begrenzte Kontingente in dem hier zu behandelnden Sinne bestehen dann, wenn wegen faktischer Ressourcenknappheit oder wegen bindender Reglementierung nur ein vorgegebenes Quantum der beanspruchten Leistungen existiert. Unter diesen Voraussetzungen ist es denkbar, dass der Bewerber zwar einen Anspruch auf die gewünschte Leistung hat, aber die Behörde diesen Anspruch beim besten Willen nicht erfüllen kann. Unter Umständen resultiert die fehlende Verfügbarkeit gerade daraus, dass die Behörde zu Unrecht einem Mitbewerber die kontingentierte Leistung gewährt hat. Dann kann sie aus rechtlichen Gründen daran gehindert sein, diesem Mitbewerber die Leistung wieder zu entziehen. Selbst dann bestehen im Verhältnis zu dem klagenden Bewerber aber Hindernisse tatsächlicher Art, denn sein Anspruch ist rechtlich nicht begrenzt und scheitert erst in seiner Durchsetzung an der Tatsache, dass die Leistung nicht (mehr) zur Verfügung steht.

i) Differenzierung

Vorab bedarf es einer Unterscheidung der Konstellationen, in denen sich die Fragen der prozessualen Konsequenzen der Kontingentierung stellen.

(1) Vorläufiger Rechtsschutz

Den Bewerbern um eine kontingentierte Leistung ist die Knappheit der angestrebten Begünstigungen und das Konkurrenzverhältnis zu ihren Mitbewerbern meist bekannt. Zudem geht es häufig gerade bei diesen begrenzten Leistungen um solche, die einen erheblichen wirtschaftlichen Wert haben (z.B. die Personenbeförderungsgenehmigung) oder denen eine besondere Bedeutung etwa für den beruflichen Werdegang des Bewerbers zukommt (z.B. die Zulassung zum Hochschulstudium). Überdies droht in vielen Fällen die Erledigung durch Zeitablauf. So käme beispielsweise bei der Zulassung zum Hochschulstudium die Entscheidung im Klageverfahren so spät, dass z.B. der zunächst abgelehnte Medizinstudent den bis dahin behandelten Stoff nicht aufholen könnte und je nach dem regulärem Turnus an seiner Universität mindestens ein Semester oder ein Jahr verlöre. Daher sind in diesen Fällen die gerichtlichen Verfahren des vorläufigen Rechtsschutzes nach § 123 VwGO besonders relevant.

Bei der einstweiligen Anordnung nach § 123 VwGO stellt sich nicht unmittelbar die Frage nach der Herbeiführbarkeit der Spruchreife, da ein wesentliches Merkmal der Spruchreife der abschließende Charakter der Entscheidung ist[1676], der den Entscheidungen im Verfahren des vorläufigen Rechtsschutzes wie z.B. nach § 123 VwGO gerade fehlt. Denn das Verfahren nach § 123 VwGO hat grundsätzlich einen anderen Streitgegenstand als die Verpflichtungsklage, d.h. das Begehren ist nur auf eine vorläufige Anordnung in Bezug auf den Streitgegenstand gerichtet[1677]. Die einstweilige Anordnung präjudiziert auch die Entscheidung in der Hauptsache nicht[1678]. Damit stellt sich regelmäßig nicht die Frage, ob das Gericht die Sache spruchreif machen kann, sondern es geht vielmehr darum, ob das Gericht nach seinem freien Ermessen (§ 123 Abs. 3 VwGO i.V.m. § 938 Abs. 1 ZPO) zur Erreichung des Anordnungszwecks eine – hier so genannte – „Vornahmeanordnung“ analog § 113 Abs. 5 Satz 1 VwGO[1679] im Unterschied zur „Bescheidungsanordnung“ analog § 113 Abs. 5 Satz 2 VwGO[1680] für geboten hält.

Bei Vorläufigkeit der Anordnung ist dann auch der Entscheidungsmaßstab ein anderer als in der Hauptsache, so dass nicht starr davon ausgegangen werden kann, das Gericht dürfe im Wege des § 123 VwGO nichts zusprechen, wozu es die Be-

---

1676 Siehe oben S. 153.

1677 OVG Münster, Beschl. v. 18.03.1983, NJW 1984, 1577, 1578; Detterbeck, S. 297.

1678 QUARITSCH, VerwArch. 51 (1960), 210, 342, 358.

1679 Typischerweise wird man davon ausgehen können, dass – wenn schon die strengen Anforderungen eines Anordnungsanspruchs und eines dringenden Anordnungsgrundes gegeben sind – dem Zweck des § 123 VwGO nur Genüge getan wird, wenn das Gericht eine eigene inhaltlich bestimmte Anordnung trifft, die keinen weiteren Entscheidungsbedarf auf Seiten der Behörde verursacht (vgl. KOPP / SCHENKE, § 123 Rn. 12 m.w.Nachw.).

1680 In Einzelfällen wird gerade die Bescheidungsanordnung – ggf. unter Bestimmung einer Frist – dem Zweck des vorläufigen Rechtsschutzes am besten gerecht (vgl. VGH Mannheim, Beschl. v. 21.02.1997, DÖV 1997, 694; VG Gelsenkirchen, Beschl. v. 09.03.1988, NVwZ-RR 1988, 73, 74 m.w.Nachw.; BRUNN, S. 224; KOPP / SCHENKE, § 123 Rn. 12; REDEKER / V.OERTZEN, § 123 Rn. 8). A.A. SCHUNCK / DE CLERCK, § 123 Anm. 3 a) a.E.: Eine einstweilige Anordnung „auf Bescheidung schlechthin ist unzulässig“.

hörde nicht auch im Klageverfahren verurteilen kann[1681]. Es geht in erster Linie darum, wie am besten bis zur endgültigen Entscheidung eine „Interimsgestaltung" vorgenommen werden kann[1682]. Beispielsweise hindert der Beurteilungsspielraum der Gesamtkonferenz einer Schule das Gericht keineswegs, bei Zweifeln an der Rechtmäßigkeit der Ablehnungsentscheidung die vorläufige Versetzung eines Schülers in die nächsthöhere Klasse anzuordnen, denn damit sind weit weniger vollendete Tatsachen und im Falle einer späteren abweichenden Entscheidung weit weniger irreparable Nachteile verbunden als mit der Nichtversetzung, die den Schüler von seinem gewohnten Umfeld in der Schule trennt und ihm den neuen Lernstoff vorenthält[1683]. Auch bei der Entscheidung über die vorläufige Zulassung zum Hochschulstudium kann ein unterschiedlicher Maßstab im Vergleich zur entgültigen Entscheidung geboten sein. Denn regelmäßig stehen der Immatrikulation der Kläger nur die Zulassungshöchstzahlen entgegen, die zur Aufrechterhaltung des Lehrbetriebs unbedingt notwendig sind. Die Festsetzung dieser Höchstzahl kann aber in Abhängigkeit von der Dauer der Belastung für die Hochschule unterschiedlich ausfallen, d.h. vorübergehend ist im Zweifel eine weiter gehende Überschreitung der von der Hochschule zu Unrecht zu niedrig angenommenen Kapazitätsbegrenzung geboten als bei der endgültigen Entscheidung. Denn der Lehrbetrieb bricht nicht schon dann zusammen, wenn für eine überschaubare Zeit die Kapazitäten überschritten werden, sondern erst wenn die Überschreitung zu einem Dauerzustand wird[1684].

Allerdings gibt es Verfahren, bei denen sich die vorläufige und die endgültige Entscheidung nicht trennen lassen. Wenn beispielsweise der Antragsteller einen Anspruch auf Erteilung einer straßenrechtlichen Sondernutzungserlaubnis für die Dauer eines kurz bevorstehenden Volksfestes geltend macht, so ist davon auszugehen, dass die Entscheidung in der Hauptsache zu spät käme, weil das Volksfest dann abgeschlossen und die Streitsache durch Zeitablauf erledigt ist[1685]. In solchen Fällen kann die Vorwegnahme der Hauptsache im Verfahren des vorläufigen Rechtsschutzes geboten sein, weil sonst wirksamer Rechtsschutz i.S.d. Art. 19 Abs. 4 Satz 1 GG nicht zu erlangen wäre[1686]. In diesen Fällen sind die Grundsätze

---

1681 So aber QUARITSCH, VerwArch. 51 (1960), 210, 342, 358 f.; gegen ihn BRUNN, S. 225.

1682 ROHMEYER, DVBl. 1968, 265, 267.

1683 VGH Mannheim, Beschl. v. 28.09.1992, NVwZ-RR 1993, 359; BRUNN, S. 226; KOPP / SCHENKE, § 123 Rn. 5. Dass es unter Umständen auch im Verfahren des einstweiligen Rechtsschutzes schon für eine Versetzungsentscheidung zu spät sein kann, verdeutlicht VGH Kassel, Beschl. v. 05.02.1993, NVwZ-RR 1993, 386, 389.

1684 Vgl. OVG Berlin, Urt. v. 03.02.1977, DVBl. 1977, 647, 652.

1685 So das Beispiel bei SCHENKE, Rn. 1035.

1686 BVerfG, Beschl. v. 19.10.1977, BVerfGE 46, 166, 167; BVerfG, Beschl. v. 25.10.1988, NJW 1989, 827; BVerwG, Beschl. v. 21.01.1999, NVwZ 1999, 650; KOPP / SCHENKE, § 123 Rn. 14.

über die Spruchreife analog anzuwenden, d.h. das Gericht kann nur eine „Vornahmeanordnung" treffen, wenn es im Hauptsacheverfahren die Sache spruchreif machen kann.

(2) Ebenen der Verteilungsprobleme

(a) Ungewissheit und Beurteilungsspielräume bei der Überprüfung freier Kapazitäten

Probleme mit begrenzten Kontingenten stellen sich bei der Verpflichtungsklage zuallererst dann, wenn es um die Überprüfung geht, ob die Ablehnung einer Zuteilung aus dem Kontingent rechtswidrig ist und den Bewerber in seinen Rechten verletzt. Das ist dann der Fall, wenn die Behörde die Erfüllung eines Anspruchs auf die kontingentierte Leistung mit der Begründung versagt, die Kapazitäten seien erschöpft, obwohl in Wirklichkeit noch Kapazitäten vorhanden sind. Die Schwierigkeiten bestehen aber in der Führung des Nachweises von Restkapazitäten. Bei der Festlegung von Kapazitäten besteht ein Freiraum des Normgebers, der aber im Hinblick auf höherrangige Gebote, insbesondere Grundrechte, und in Bezug auf die für die Konkretisierung wesentlichen Erkenntnisse und Erfahrungen gerichtlich zu überprüfen ist[1687].

(b) Mehr Kapazitäten als Bewerber

Keine weiteren Schwierigkeiten ergeben sich dann, wenn nach Aufdeckung weiterer Kapazitäten (z.B. von der Universität „verschwiegener" Studienplätze) feststeht, dass mehr freie Kapazitäten als Bewerber vorhanden sind[1688].

(c) Mehr Kapazitäten als Verfahrensbeteiligte, aber weniger als Bewerber

Weitgehend unproblematisch ist inzwischen auch der Fall, dass sich im gerichtlichen Verfahren herausstellt, dass die Restkapazität nur die Zahl der ursprünglichen Bewerber übersteigt, nicht aber derjenigen, die gegen ihre Ablehnung um Rechtsschutz nachgesucht haben. Zu Studienplätzen mit Numerus clausus hat das

---

1687 BVerfG, Beschl. v. 22.10.1991, BVerfGE 85, 36, 54 zu hochschulrechtlichen Kapazitätsverordnungen.

1688 OVG Münster, Beschl. v. 20.05.1976, DVBl. 1976, 881 dazu, dass unter diesen Umständen – in dem zu entscheidenden Fall aber „nicht überwiegend wahrscheinlich" – ohne weiteres ein Anspruch auf vorläufige Zulassung zum Studium gegeben wäre.

Bundesverfassungsgericht mit Beschluss vom 9. April 1975 entschieden, dass es für die gerichtliche Entscheidung nur darauf ankommt, ob für die Kläger ausreichend Plätze zur Verfügung stehen[1689]. Das Bundesverfassungsgericht beanstandete in diesem Beschluss über die Verfassungsbeschwerde eines abgewiesenen Studienplatzbewerbers die Rechtsprechung des Bundesverwaltungsgerichts[1690] und einiger Obergerichte[1691], wonach die Rangziffer eines Bewerbers im Verhältnis zu seinen Mitbewerbern für den geltend gemachten Zulassungsanspruch ausschlaggebend sein sollte und demzufolge die Prüfung für notwendig gehalten wurde, ob dem Rechtsschutz suchenden Bewerber ein Ausbildungsplatz zugestanden hätte, wenn der vom Gericht ermittelte Kapazitätsrest von Anfang an in das Zulassungsverfahren einbezogen worden wäre. Diese zitierte fachgerichtliche Rechtsprechung stand im Widerspruch zu der dezidierten Auffassung des VGH Mannheim[1692]. Sie war auch in der Literatur auf Ablehnung gestoßen[1693]. Das Bundesverfassungsgericht schloss sich dieser Kritik an und argumentierte, die gegenteilige Auffassung führe dazu, dass Klagen selbst dann erfolglos bleiben könnten, wenn ungenutzte Kapazitäten nachgewiesen werden; im Ergebnis müsse sie sich dahin auswirken, dass eine gerichtliche Kapazitätsüberprüfung gänzlich unterbleibt, denn gut platzierte Bewerber würden Klagen mit dem schwierigen Nachweis mangelnder Kapazitätsauslastung nicht erheben, sondern auf einen Platz im Nachrückverfahren oder im nachfolgenden Semester warten[1694]. Die Auffassung des Bundesverwaltungsgerichts sei mit Art. 12 Abs. 1 GG nicht vereinbar, denn der verfassungsrechtlich gewährleistete Zulassungsanspruch eines hochschulreifen Bewerbers sei rechtlich unabhängig von dessen Rangstelle zu sehen; diese könnte zwar das Verhältnis der Mitbewerber untereinander kennzeichnen, nicht aber den Zulassungsanspruch im Verhältnis zu dem Ausbildungsträger erst konstituieren[1695]. Gerade wenn der Ausbildungsträger seine Pflicht zur Kapazitätsausnutzung nicht erfüllt habe, dürfe nicht außer Acht gelassen werden, dass jedes Auswahlverfahren eine Ungleichbehandlung prinzipiell Gleichberechtigter unter Anwendung problematischer Kriterien[1696] sowie eine situationsbedingte

1689 BVerfGE 39, 258, 270 = NJW 1975, 1504, 1506.

1690 BVerwG, 22.06.1973, BVerwGE 42, 296, 303 ff.

1691 OVG Münster, Urt. v. 01.10.1970 – V/A 569/70 – (zitiert nach HAAS, DVBl. 1974, 22, 23 Fn. 3); OVG Berlin, 16.06.1971, OVGE 11, 210, 216.

1692 Beschl. v. 03.11.1969, DVBl. 1969, 935, 938. Der VGH Mannheim, Beschl. v. 05.03.1970, DVBl. 1970, 933, 934, behandelte die Rangziffer nur als Hilfsauslesemaßstab dann, wenn die im jeweiligen Prozess ermittelte Zahl noch freier Ausbildungsplätze geringer war als die der gerichtlich geltend gemachten Zulassungsansprüche.

1693 Vgl. HAAS, DVBl. 1974, 22, 23 m.w.Nachw.

1694 BVerfG, Beschl. v. 09.04.1975, BVerfGE 39, 258, 269 = NJW 1975, 1504, 1505.

1695 BVerfG, Beschl. v. 09.04.1975, BVerfGE 39, 258, 271 = NJW 1975, 1504, 1506.

1696 BVerfG, Beschl. v. 09.04.1975, BVerfGE 39, 258, 271 = NJW 1975, 1504, 1506, unter Hinweis auf BVerfG, Urt. v. 18.07.1972, BVerfGE 33, 303, 349 ff. = NJW 1972, 1561 ff.

Notmaßnahme zur „Verwaltung eines Mangels“ darstelle, so dass die Anwendung solcher Notmaßnahmen nicht dazu führen dürfe, den Mangel noch zu vergrößern[1697]. Auch der Gleichheitssatz sei nicht verletzt, weil ein rechtlich erheblicher Unterschied bestehe zwischen den klagenden Bewerbern und solchen, die den Ablehnungsbescheid haben bestandskräftig werden lassen[1698]. Dieses Ergebnis stehe auch im Einklang mit der Ausgestaltung des verwaltungsgerichtlichen Rechtsschutzes als eines Individualrechtsschutzes[1699].

Dem Beschluss des Bundesverfassungsgerichts ist zuzustimmen. Etwas anderes kann allerdings dann gelten, wenn das Gesetz ausdrücklich das Rangverhältnis unter den Bewerbern regelt, wie beispielsweise in § 13 Abs. 5 PBefG. Dann ist die zitierte verfassungsgerichtliche Rechtsprechung nicht ohne weiteres übertragbar und die Verpflichtung zur Erteilung der beantragten Personenbeförderungsgenehmigung ausgeschlossen, wenn die bereitstehende Kapazität eindeutig nicht zur Befriedigung derjenigen Bewerber ausreicht, die dem Kläger im Rang vorgehen[1700]. Auch im Anwendungsbereich des Personenbeförderungsgesetzes ist aber im Zweifel – wenn der Kläger einen nicht aussichtslosen Platz auf der Liste der Bewerber einnimmt – bei Erfüllung der Voraussetzungen im Übrigen die Behörde zur Vornahme zu verpflichten[1701].

(d) Weniger Kapazitäten als Rechtsschutz suchende Bewerber

Die eigentlichen Probleme im Verpflichtungsrechtsstreit liegen dort, wo die aufgedeckten Kapazitäten nicht ausreichen, um auch nur den Bedarf der Kläger bzw. Antragsteller des zu entscheidenden gerichtlichen Verfahrens zu befriedigen. Diese Problematik wird sogleich am Beispiel der Zulassung zum Hochschulstudium erörtert.

1697 BVerfG, Beschl. v. 09.04.1975, BVerfGE 39, 258, 271 = NJW 1975, 1504, 1506, im Anschluss an HAAS, DVBl. 1974, 22, 24. Deswegen können Bewerber um Restkapazitäten auch nicht mit der Begründung abgewiesen werden, sie hätte den vorgeschriebenen Auswahltest bei der ZVS nicht absolviert (OVG Greifswald, Beschl. v. 04.02.1993, LKV 1994, 225).

1698 BVerfG, Beschl. v. 09.04.1975, BVerfGE 39, 258, 271 = NJW 1975, 1504, 1506.

1699 BVerfG, Beschl. v. 09.04.1975, BVerfGE 39, 258, 272 = NJW 1975, 1504, 1506.

1700 BVerwG, Urt. v. 07.09.1989, BVerwGE 82, 295, 301.

1701 BVerwG, Urt. v. 15.04.1988, BVerwGE 79, 208, 217 f.; BVerwG, Urt. v. 07.09.1989, BVerwGE 82, 295, 299 f.

(e) Der klagende Anspruchsteller ist bei Erschöpfung der Kapazitäten zu Unrecht nicht berücksichtigt worden

Es treten Konstellationen auf, in denen nicht nachträglich freie Kapazitäten aufgedeckt werden, sondern der Anspruchsteller geltend macht, ihm seien zu Unrecht andere Bewerber vorgezogen worden, obwohl er vorrangig hätte begünstigt werden müssen. Entsprechende Klageverfahren lassen sich als „Verdrängungsklagen" bezeichnen[1702]. Auf die damit verbundenen Probleme wird unten[1703] am Beispiel des Wirtschaftsverwaltungsrechts eingegangen.

ii) Studienplätze mit Numerus clausus

Die hier angesprochenen Probleme stellen sich bei der Vergabe von Studienplätzen mit Numerus clausus. Sie resultieren aus dem Konflikt zwischen verfassungsrechtlichen Vorgaben und den wirklichen Verhältnissen: Einerseits gewährt Art. 12 Abs. 1 GG i.V.m. Art. 3 Abs. 1 GG und dem Sozialstaatsprinzip für jeden Bürger, der die subjektiven Zulassungsvoraussetzungen erfüllt, ein Recht auf Zulassung zum Hochschulstudium seiner Wahl; andererseits hängt die Inanspruchnahme dieses Rechts „von tatsächlichen Voraussetzungen ab, deren Fehlen das Recht wertlos machen kann"[1704].

Der sachgerechte Ausgleich in diesem Konflikt ist auch eine prozessrechtliche Angelegenheit, wie die dazu ergangene Judikatur zeigt. Auch nach der Entscheidung des Bundesverfassungsgerichts vom 9. April 1975[1705] blieb die gerichtliche Praxis der Verteilung „verschwiegener Studienplätze" unter einer Überzahl von Rechtsschutz suchenden Bewerbern höchst uneinheitlich, was nicht verwundern kann, denn das Bundesverfassungsgericht hatte nur einen Fall entschieden, in dem die im Prozess ermittelte Kapazität für alle Kläger ausreichte. Für die schwieriger zu beurteilenden Fälle eines Überhangs von verfahrensbeteiligten Bewerbern hatte sich das Bundesverfassungsgericht einer Aussage enthalten, und auch die als Normgeber zuständigen Länder konnten sich nicht zu Regelungen dieser Fälle

---

1702 HÖSCH, Die Verwaltung 1997, 211, 212.

1703 Siehe S. 430 ff.

1704 BVerfG, Beschl. v. 22.10.1991, BVerfGE 85, 36, 53 f.; im Anschluss an die erste Numerus-clausus-Entscheidung des BVerfG: Urt. v. 18.07.1972, BVerfGE 33, 303, 331 f. = NJW 1972, 1561 ff.

1705 BVerfGE 39, 258 ff. = NJW 1975, 1504 ff.

durchringen[1706]. Einige Obergerichte hielten die Durchführung von Losverfahren für sachgerecht, wozu sie teilweise die Hochschulen verpflichteten[1707], teilweise aber auch die Gerichte selbst für berufen hielten[1708]. Andere sahen die gerichtliche Herbeiführung der Auswahlentscheidung zwischen den beteiligten Bewerbern unter Zugrundelegung der ZVS-Kriterien[1709] als zutreffende Lösung an[1710].

Das OVG Münster entnahm dem § 24 der Verordnung zur Durchführung des Staatsvertrages über die Vergabe von Studienplätzen i.d.F. vom 2. Juni 1975[1711] den allgemeinen Rechtsgedanken, dass „außerhalb des von der ZVS durchgeführten zentralen Vergabeverfahrens die Universitäten angesichts ihrer für komplizierte Zulassungsverfahren mit einer Vielzahl von Bewerbern kaum ausreichenden Verwaltungskraft und im Interesse einer zügigen Vergabe der noch freien Studienplätze das relativ unkomplizierte und schnell zu verwirklichende Losverfahren veranstalten sollen“[1712]. Diese für das reguläre Nachrückverfahren geschaffene Norm sei bei der Ausfüllung freier Kapazitäten jenseits der Höchstzahlenfestsetzungen entsprechend anzuwenden[1713]. Hingegen würde in diesen Fällen die Anwendung der ZVS-Kriterien zu einem unangemessenen Verwaltungsaufwand an den dafür nicht ausgerüsteten Hochschulen und damit zu Verzögerungen bei der Vergabe der freien Plätze führen[1714]. Das Losverfahren stehe auch im Ein-

---

1706 Kritisch zur Untätigkeit des niedersächsischen Normgebers: OVG Lüneburg, Beschl. v. 24.10.1977, NJW 1978, 1340. Andererseits meint CZERMAK, NJW 1978, 1342, in seiner Anmerkung zu dieser Entscheidung, diese fehlerhaften Fälle seien einer abstrakt-generellen Regelung nicht zugänglich. Dem kann nicht zugestimmt werden, denn offenbar handelte es sich nicht um stark differierende Einzelfälle, sondern um regelmäßig anzutreffende Tendenzen an den Hochschulen, die Kapazitäten möglichst niedrig auszuweisen. Die Reaktionsmöglichkeiten können durchaus normativ geregelt werden.

1707 OVG Münster, Beschl. v. 20.05.1976, DVBl.1976, 881, 882; OVG Berlin, Urt. v. 03.02.1977, DVBl. 1977, 647, 652; VGH Mannheim, Urt. v. 09.04.1981, DVBl. 1981, 1011, 1012.

1708 OVG Lüneburg, Beschl. v. 24.10.1977, NJW 1978, 1340; VGH München, Beschl. v. 11.03.1977, VGHE 30, 51, 52.

1709 Die Zentralstelle für die Vergabe von Studienplätzen mit Sitz in Dortmund wurde als rechtsfähige Anstalt des öffentlichen Rechts auf der Grundlage des Staatsvertrages der Länder vom 20.10.1972 zur Koordination der Zulassungspraxis eingerichtet und hat die Aufgabe, für einheitliche Maßstäbe zur Festsetzung von Zulassungszahlen zu sorgen und die Vergabe von Studienplätzen zu übernehmen (vgl. BVerfG, Beschl. v. 22.10.1991, BVerfGE 85, 36, 38).

1710 VGH Mannheim, Urt. v. 04.08.1980, NJW 1980, 2773, 2774; OVG Hamburg, Beschl. v. 30.03.1979 – OVG Bs. III 531/78 –, zitiert nach der diese Praxis billigenden Entscheidung des BVerwG, Urt. v. 08.02.1980, BVerwGE 60, 24, 34.

1711 GV NW, S. 456, zitiert nach OVG Münster, Beschl. v. 20.05.1976, DVBl.1976, 881.

1712 OVG Münster, Beschl. v. 20.05.1976, DVBl.1976, 881.

1713 OVG Münster, Beschl. v. 20.05.1976, DVBl.1976, 881 f.

1714 OVG Münster, Beschl. v. 20.05.1976, DVBl.1976, 881, 882.

klang mit dem Grundsatz, dass an sich *jedem* hochschulreifen Bewerber ein Recht auf Zulassung zum Studium seiner Wahl zusteht und die Auswahl zwischen „prinzipiell Gleichberechtigten" notwendig eine Ungleichbehandlung darstellen muss[1715]. Dagegen könne nicht an den Zeitpunkt des Eingangs der Anträge bei Gericht als Auswahlkriterium angeknüpft werden, denn für die Begründung des Rechtsverhältnisses zwischen Bürger und Verwaltung sei ein dort gestellter Antrag notwendig; auch die Reihenfolge des Eingangs der Anträge bei der Verwaltung sei als Auswahlkriterium ungeeignet, denn voraussichtlich würde der Andrang am ersten Tag einer Meldefrist zu chaotischen Verhältnissen führen[1716]. Dieser Auffassung schloss sich das OVG Berlin an und fügte ergänzend hinzu, dass auf die Reihenfolge der Antragseingänge bei Gericht auch deshalb nicht angeknüpft werden könne, weil häufig mehrere Anträge durch denselben Verfahrensbevollmächtigten zur gleichen Zeit eingereicht würden oder mehrere Anträge gemeinsam im Nachtbriefkasten landeten, so dass eine Reihenfolge nicht feststellbar sei[1717]. Der Argumentation dieser beiden Obergerichte folgte im Wesentlichen auch das OVG Lüneburg[1718], wobei es allerdings in seiner Entscheidung, soweit sie veröffentlicht ist, nicht darauf einging, dass in dem von ihm zu entscheidenden Fall im Unterschied zu den beiden zuvor erwähnten Fällen nicht die Hochschule zur Durchführung des Losverfahrens verpflichtet worden war, sondern das Verwaltungsgericht selbst die Auslosung durchgeführt hatte. Das ist deshalb verwunderlich, weil diese Alternativen – wie noch auszuführen ist – im Hinblick auf die unterschiedlichen Funktionen von Verwaltung und Rechtsprechung sowie angesichts der praktischen Konsequenzen für das Verfahren durchaus bedeutsam sind[1719].

Besonders interessant ist in diesem Zusammenhang die Entwicklung der Rechtsprechung des VGH Mannheim. Der VGH war zunächst in ständiger Rechtsprechung davon ausgegangen, dass die Verwaltungsgerichte die nicht ausreichenden „verschwiegenen" Studienplätze in eigener Verantwortung unter den Rechtsschutz suchenden Bewerbern verteilen müssten, indem sie nach den auch im Verwal-

---

1715 OVG Münster, Beschl. v. 20.05.1976, DVBl.1976, 881, 882 im Anschluss an BVerfG, Beschl. v. 09.04.1975, BVerfGE 39, 258, 271 = NJW 1975, 1504, 1506.

1716 OVG Münster, Beschl. v. 20.05.1976, DVBl.1976, 881, 882.

1717 OVG Berlin, Urt. v. 03.02.1977, DVBl. 1977, 647, 651 f. gegen die Anwendung dieses Kriteriums durch das VG Hannover, Beschl. v. 27.11.1975 – VI D 208/75 –.

1718 Beschl. v. 24.10.1977, NJW 1978, 1340 ff.

1719 MENZEL, NJW 1978, 26, 27, hält diese Frage für wichtiger als die, ob die ZVS-Kriterien zur Anwendung kommen oder ein Losverfahren durchgeführt wird.

tungsverfahren maßgeblichen Kriterien eine Rangfolge unter ihnen bilden[1720]. Diese Praxis des VGH Mannheim hatte das Bundesverwaltungsgericht zwar nicht als die allein richtige angesehen, aber ausdrücklich gebilligt[1721]. Dabei hatte das Bundesverwaltungsgericht auch die Begründung gelten lassen, dass die Erstellung einer Rangfolge nach ZVS-Kriterien im Gerichtsverfahren der Befugnis des Gerichts entspreche, die „Sache spruchreif zu machen"; sie gehöre zur Rechtsanwendung und stelle keinen Übergriff in Verwaltungskompetenzen zur Verfahrensgestaltung dar[1722]. Trotz dieser höchstrichterlichen Bestätigung gab der VGH wenig später seine bisherige Rechtsprechung in dieser Frage auf und schloss sich der von dem OVG Münster geprägten Linie an[1723]. Bemerkenswert ist dabei zunächst, dass der VGH die Auswahl nach ZVS-Kriterien zu Gunsten des Losverfahrens aufgab. Insoweit werden die Gründe in der veröffentlichten Entscheidung nicht mitgeteilt, es ist jedoch davon auszugehen, dass die beschleunigte und stark vereinfachte Zuteilung der Studienplätze per Losentscheid den Ausschlag gab, zumal mit den Ausführungen des OVG Münster auch auf eine normative Absegnung dieses Verfahrens zurückgegriffen werden konnte. Ferner bezieht das Urteil des VGH Mannheim eine klare Position dazu, dass die Verlosung nur von der Hochschule durchzuführen ist[1724]:

> „Eine Verlosung von Studienplätzen durch das Gericht ist aber der Sache nach kein ‚Spruchreifmachen'. Denn es handelt sich dabei nicht um eine im Rahmen der Verfahrensordnung zulässige *Feststellung* von Entscheidungsgrundlagen, sondern um die *Schaffung* völlig neuer *Tatsachen* durch das Gericht selbst, die nicht Gegenstand der mündlichen Verhandlung bzw. des entsprechenden schrift-

---

1720 VGH Mannheim, Beschl. v. 05.03.1970, DVBl. 1970, 933, 934; VGH Mannheim, Urt. v. 04.08.1980, NJW 1980, 2773, 2774. In der zweitgenannten Entscheidung musste als Argument für die Entscheidung in eigener Verantwortung des Gerichts auch der Praktikabilitätsvorteil einer klaren „Trennung von zusprechenden und abweisenden Entscheidungen mit eindeutiger Kostenfolge" herhalten (VGH Mannheim, a.a.O., im Anschluss an MENZEL, NJW 1978, 27). Verwunderlich ist auch, dass dieses Urteil von HAAS mitgeteilt wurde, der wenige Jahre zuvor in demselben Zusammenhang den markanten Ausdruck der „*Verwaltung* des Mangels" geprägt hatte (DVBl. 1974, 22, 23 [Hervorhebung nur hier], zustimmend zitiert von BVerfG, Beschl. v. 09.04.1975, BVerfGE 39, 258, 269 ff. = NJW 1975, 1504, 1506), aber offenbar als Vorsitzender des erkennenden Senats die Verteilung von Studienplatz-Restkapazitäten den Aufgaben der Rechtsprechung zurechnete. Zutreffend hat dagegen BERG, Der Staat 1976, 1 ff., in seinem gleichnamigen Aufsatz die „Verwaltung des Mangels" als Problem der Exekutive beschrieben.

1721 BVerwG, Urt. v. 08.02.1980, BVerwGE 60, 24, 32 ff. Allerdings offenbarte dieses Revisionsverfahren auch die Schwierigkeiten, die mit der Anwendung der ZVS-Kriterien verbunden waren, denn dem VGH waren bei der Anfertigung der Ranglisten Fehler unterlaufen (BVerwG, a.a.O., S. 33).

1722 BVerwG, Urt. v. 08.02.1980, BVerwGE 60, 24, 34.

1723 VGH Mannheim, Urt. v. 09.04.1981, DVBl. 1981, 1011.

1724 VGH Mannheim, Urt. v. 09.04.1981, DVBl. 1981, 1011 (Hervorhebungen im Original).

lichen Verfahrens (§ 101 Abs. 2 VwGO) waren und nicht zum Gesamtergebnis des Verfahrens gehören (§ 108 VwGO). Dies ist im Gegensatz zu der gerichtlichen Erkenntnis, daß die durch das Fehlen einer Verteilungsregelung bestehende Lücke im gesetzten Recht durch das Zufallsprinzip zu schließen ist, keine Rechtsanwendung, sondern kompetenzüberschreitende Gestaltung von Verwaltungsverfahren."

Diesem Urteil des VGH Mannheim ist zuzustimmen, und zwar zunächst darin, dass es die unterschiedlichen Konsequenzen der Verlosung durch das Gericht und der Verlosung durch die Hochschule prozessrechtlich zurückführt auf den Unterschied zwischen Abweisungen bzw. Vornahmeverpflichtungen einerseits und Bescheidungsverpflichtungen andererseits, mithin auf die Unterscheidung, die im Klageverfahren von der Spruchreife abhängt[1725]. Diese Differenzierung war offenbar zuvor in der rechtlichen Diskussion vernachlässigt worden, weil die einschlägigen gerichtlichen Entscheidungen zu Verfahren des einstweiligen Rechtsschutzes und nicht – wie im Falle der zuletzt zitierten Entscheidung des VGH Mannheim – in Klageverfahren ergangen waren, so dass die in § 113 Abs. 5 Satz 1 und Satz 2 VwGO vorgenommene Unterscheidung vorher nicht unmittelbar zum Tragen kam. Die Unterscheidung ist aber für das funktionale Verständnis der Aufgaben von Justiz und Verwaltung, im Hinblick auf die Rechtskraft der jeweiligen Entscheidung und wegen der Kostenfolgen von erheblicher Bedeutung.

Dem VGH Mannheim ist auch weitgehend beizupflichten, soweit er in den Fällen der Verteilung einer unzureichenden Anzahl von Studienplätzen zu Gunsten eines Bescheidungsurteils votiert. Insbesondere widerlegt die Unterscheidung zwischen der Feststellung vorhandener Tatsachen und der rechtsgestaltenden Schaffung neuer Tatsachen überzeugend die Tauglichkeit des von MENZEL[1726] unternommenen Versuchs, den Untersuchungsgrundsatz gem. § 86 Abs. 1 Satz 1 VwGO für die Notwendigkeit einer gerichtlichen Auswahlentscheidung in Anspruch zu nehmen. Die Entscheidung des VGH Mannheim erschöpft die Problematik allerdings noch nicht. Zuvor schon hatte sich CZERMAK[1727], der sonst stets weitgehende Entscheidungspflichten und -befugnisse des Gerichts im Verhältnis zur Behörde befürwortet, in ähnlicher Weise überzeugend geäußert und auf einen weiteren Aspekt aufmerksam gemacht: Auszugehen sei von der Erkenntnis, dass es die Aufgabe des Gerichts ist, in *Einzelfällen* Recht zu sprechen und nicht eine gestaltende

---

1725 Die gleiche Systematisierung findet sich auch schon – insoweit zutreffend – bei MENZEL, NJW 1978, 26, der auf die Ausführungen zum Bescheidungsurteil bei BVerfG, NJW 1975, 1504, 1506 verweist. Ganz korrekt hatte allerdings auch das BVerfG die prozessuale Konstellation nicht erfasst, denn in diesem Beschl. v. 09.04.1975, BVerfGE 39, 258, 269 und 273= NJW 1975, 1504, 1506 ist von der „Klage auf Anfechtung eines Ablehnungsbescheides" bzw. einer „Anfechtungsklage eines Bewerbers mit ungünstiger Rangstelle" die Rede.

1726 NJW 1978, 26, 27.

1727 NJW 1978, 1342.

Verteilung von Prozesssiegen vorzunehmen. Dann komme es aber darauf an, die Zulassungsprozesse wie andere Verwaltungsstreitsachen auch *nacheinander* zu erledigen und in jedem Einzelfall festzustellen, ob der Zulassungsanspruch erfüllt werden könne[1728]. Diese Sichtweise entspricht auch der in der Entscheidung des Bundesverfassungsgerichts vom 9. April 1975 hervorgehobenen Bedeutung des Individualrechtsschutzes[1729]. Damit kommt es für die gerichtliche Entscheidung vorab auf den Eingang des Antrages bei Gericht an[1730]. Die dringende Notwendigkeit, Studienplätze zeitnah zu verteilen, und damit den hohen Stellenwert der Priorität als Verteilungskriterium hat das Bundesverwaltungsgericht stets betont[1731]. Gegen die Ablehnung dieses Kriteriums durch das OVG Münster[1732] spricht, dass zumeist bereits ein Antrag bei der Universität bzw. bei der zuständigen ZVS eingereicht und damit diese Voraussetzung für ein daran anknüpfendes Rechtsverhältnis zwischen dem Bewerber und der Verwaltung erfüllt ist. Überdies spricht in Eilfällen nichts dagegen, auch einen bei Gericht eingereichten Antrag zu akzeptieren, denn die Antragstellung bei der Behörde wäre ohnehin nicht zielführend und daher eine reine Förmlichkeit[1733]. Erst wenn das Kriterium des Eingangs bei Gericht versagt, z.B. in den von dem OVG Berlin[1734] skizzierten Fällen, stellt sich das Problem der „Verwaltung des Mangels". Wie aber bereits diese treffende Bezeichnung deutlich macht, handelt es sich um ein Problem, zu dessen Lösung die Exekutive berufen ist. Das Gericht kann dabei die seiner Funktion entsprechende Hilfestellung geben, d.h. es kann und sollte seine Rechtsauffassung zum Ausdruck bringen, ob gegen ein bestimmtes Verteilungsverfahren Einwände bestehen, inwieweit Spielräume der Verwaltung zu sehen sind oder ob ein bestimmtes Verfahren sogar geboten ist. Beispielsweise bietet es sich in den hier diskutierten Fällen an, dass das Gericht in der Bescheidungsverpflichtung klarstellt, dass unter rechtlichen Gesichtspunkten nichts gegen eine Verlosung durch die Hochschule spricht, weil sie dem Zweck der unkomplizierten und zügigen Ausfüllung von Restkapazitäten gerecht wird, weil sie mit verfassungsrechtlichen Vorgaben im Einklang steht und weil sich in den Vergabebestimmungen Anhaltspunkte für eine – von der Universität vorzunehmende – Verlosung finden[1735]. Damit erhält

---

1728 CZERMAK, NJW 1978, 1342.

1729 Beschl. v. 09.04.1975, BVerfGE 39, 258, 269 ff. = NJW 1975, 1504, 1506.

1730 VG Hannover, Beschl. v. 27.11.1975 – VI D 208/75 –, zitiert nach OVG Berlin, Urt. v. 03.02.1977, DVBl. 1977, 647, 651.

1731 BVerwG, Urt. v. 01.12.1978, BVerwGE 148, 149; BVerwG, Urt. v. 14.12.1990, NVwZ-RR 1991, 362; KARPEN / HILLERMANN, JZ 1997, 234, 244, sehen darin eine allgemeine Tendenz zur Vergabe von Studienplätzen „auf den ersten Zugriff hin".

1732 Siehe soeben S. 426.

1733 OVG Lüneburg, Beschl. v. 24.10.1977, NJW 1978, 1340, 1341; HAMMER / NAGEL, NJW 1976, 654, 660.

1734 Siehe soeben S. 426.

1735 Insbesondere zur verfassungsrechtlichen Zulässigkeit auch BERG, Der Staat 1976, 1, 23.

die Hochschule die notwendige Rechtssicherheit, und es wird erneuten Angriffen auf die Zulässigkeit des Vergabeverfahrens vorgebeugt. Die Durchführung obliegt dann aber allein der Behörde, was auch unter verfahrensökonomischen Gesichtspunkten sinnvoll ist. Auch insofern ist der gegenteiligen Auffassung MENZELs zu widersprechen, der meint, das Gericht sei aus Gründen der Praktikabilität gehalten, die ermittelten Studienplätze selbst unter die Antragsteller zu verteilen, weil das Verfahren in einer Hand bleibe, weil sich die Hinzuziehung eines Notars erübrige, weil es keiner zusätzlichen Korrespondenz zwischen der Hochschule und den (Hunderten von) Antragstellern bedürfe und weil im gerichtlichen Verfahren die Kostenentscheidung dann eindeutig sei[1736]. Dem ist entgegenzuhalten, dass auch bei einer Verlosung durch die Hochschule das Verfahren teilweise „in einer Hand" bleibt. Denn das Gericht kann die zuweisenden Bescheide keinesfalls selbst erlassen. Dagegen kann die Hochschule diese Bescheide an die glücklichen Verlosungsteilnehmer gemeinsam mit den Immatrikulationsunterlagen versenden. Nicht nachvollziehbar ist, weshalb die gerichtliche Überwachung sinnvoller sein soll, als die des Notars. Regelmäßig gibt der Arbeitsanfall an den Verwaltungsgerichten keinen Anlass zu der Annahme, dass die Richterschaft – MENZEL musste seinerzeit sogar noch von der üblichen Zuständigkeit in kompletter Kammer-Besetzung ausgehen – nichts Besseres zu tun habe, als Verlosungen zu beaufsichtigen. Ferner ist, soweit überhaupt *zusätzliche* Korrespondenz zu erwarten ist, nichts dagegen einzuwenden, die Universität damit zu belasten, denn schließlich hat sie es zu verantworten, dass Studienplätze verschwiegen wurden und nachträglich verteilt werden müssen. So gesehen hat die Übertragung der Verantwortung für das weitere Verfahren sogar einen wünschenswerten edukatorischen Nebeneffekt, der die Hochschule dazu anhalten kann, in zukünftigen Fällen sorgfältigere Kapazitätsberechnungen anzustellen. Schließlich ist das Argument aus der Eindeutigkeit der gerichtlichen Kostenlastentscheidung wertlos, denn diese streng akzessorische Entscheidung darf die Beurteilung der Haupt-Streitsache nicht beeinflussen.

iii) Verdrängungsklagen im Wirtschaftsverwaltungsrecht

Erschöpfte Kontingente beeinflussen maßgeblich die prozessrechtliche Beurteilung von Verpflichtungsklagen in Form von „Verdrängungsklagen"[1737], mit denen ein Bewerber geltend macht, er sei bei der Bewilligung öffentlicher Leistungen gegenüber mindestens einem Konkurrenten zu Unrecht benachteiligt worden und habe einen Anspruch auf die beantragte Leistung, notfalls unter Aufhebung der zu Gunsten eines Mitbewerbers erteilten Bewilligung. Solche Klagen betreffen meist das Wirtschaftsverwaltungsrecht und sind z.B. entschieden für Güterkraft-

1736 MENZEL, NJW 1978, 26, 27.
1737 HÖSCH, Die Verwaltung 1997, 211, 212.

verkehrsgenehmigungen nach §§ 8 ff. GüKG a.F.[1738] und den Betrieb einer Spielbank[1739]. Parallelitäten ergeben sich zu Klagen auf Erteilung einer Personenbeförderungsgenehmigung für den Taxenverkehr[1740] bzw. auf Erteilung einer Rettungsdienstgenehmigung[1741], aber auch zu beamtenrechtlichen Konkurrentenklagen[1742].

(1) Zulässigkeit

Die h.M. gelangt bei Verdrängungsklagen gar nicht erst zu dem hier behandelten Problem der Herbeiführbarkeit der Spruchreife, sondern verneint bereits die Zulässigkeit einer isolierten (d.h. nicht mit einer Anfechtungsklage kombinierten) Verpflichtungsklage bei erschöpftem Kontingent[1743].

1738 BVerwG, Urt. v. 07.10.1988, BVerwGE 80, 270 ff. = NJW 1989, 1749 f.; OVG Lüneburg, Urt. v. 03.06.1991, NJW 1991, 1979 ff.; OVG Magdeburg Urt. v. 22.02.1995, DVBl. 1996, 162 f. = GewArch. 1995, 201 f. Die frühere Kontingentierung in Form von Höchstzahlen aufgrund von § 9 Abs. 1 GüKG a.F. ist allerdings bei Novellierung des GüKG vom 22.06.1998 (BGBl. I, S. 1485) entfallen. Mit der Gesetzesänderung sollte den Vorgaben des Europäischen Rechts Rechnung getragen und der Abbau von staatlicher Bürokratie in diesem Bereich des Wirtschaftsverwaltungsrechts gefördert werden (BT-Drucks. 13/9314, S. 2; dazu LAMMICH, TranspR 1997, 363, 365).

1739 BVerwG, Urt. v. 23.08.1994, NVwZ 1995, 478 ff.

1740 Vgl. BVerwG, Urt. v. 15.04.1988, BVerwGE 79, 208 ff., wonach der Prognosespielraum der Behörde gem. § 13 Abs. 4 PBefG (siehe dazu oben S. 391) derart reduziert war, dass das Vornahmeurteil Bestand hatte. Denkbar ist eine Abwandlung dieses Falles dahin gehend, dass ein nach den Kriterien des § 13 Abs. 5 PBefG vorrangiger Bewerber an sich die Erteilung der Genehmigung verlangen könnte, aber nach der fehlerfreien Prognose der Behörde alle Kapazitäten ausgeschöpft sind, so dass seine Zulassung zum Taxenverkehr nur nach Aufhebung der Genehmigung eines zu Unrecht zugelassenen Konkurrenten in Betracht kommt.

1741 Vgl. VGH Mannheim, Urt. v. 22.10.1996, GewArch. 1997, 251, 252, wonach die zu den Klagen auf Erteilung einer Personenbeförderungsgenehmigung für den Taxenverkehr entwickelten Grundsätze im Bereich des Rettungsdienstwesens entsprechend gelten. Ebenso VGH Mannheim, Beschl. 21.02.1997, DÖV 1997, 694.

1742 Vgl. v.MUTIUS, VerwArch. 69 (1978), 103, 112.

1743 OVG Lüneburg, Urt. v. 03.06.1991, NJW 1991, 1979, 1980; OVG Magdeburg Urt. v. 22.02.1995, DVBl. 1996, 162 = GewArch. 1995, 201 f.; HÖSCH, Die Verwaltung 1997, 211, 230 f.; QUAAS, DÖV 1982, 434, 438; STERN, Rn. 115; a.A. (für die Zulässigkeit eines Bescheidungsantrags) BVerwG, Urt. v. 07.10.1988, BVerwGE 80, 270, 271 f. = NJW 1989, 1749; weiter gehend SCHENKE, NVwZ 1993, 718, 720 ff.; DERSELBE, Rn. 276; DERSELBE, DVBl. 1996, 388; ebenso HUFEN, § 15 Rn. 6. Entgegen HÖSCH, Die Verwaltung 1997, 211, 230 Fn. 105, kein tauglicher Beleg für die h.M. ist die Entscheidung des BVerwG, Urt. v. 23.08.1994, NVwZ 1995, 478, mit Ausführungen zur Zulässigkeit der zusätzlich erhobenen Anfechtungsklage, nicht aber zu deren Notwendigkeit.

Festzuhalten ist zunächst, dass diese Auffassung dem übergangenen Bewerber die Inanspruchnahme gerichtlichen Rechtsschutzes massiv erschwert, worauf bereits das Bundesverwaltungsgericht[1744] und in Anlehnung an diese Entscheidung in einer ausführlichen Darstellung SCHENKE[1745] hingewiesen haben: Dem Übergangenen ist zumeist nicht bekannt, welchen Konkurrenten z.B. die gewünschten Genehmigungen erteilt worden sind. Die Zahlen können in die Hunderte gehen[1746]. Auch wenn er die notwendigen Kenntnisse – etwa im Wege der Auskunftsklage gegen die Behörde – erlangt hat, muss er einen erheblichen Ermittlungsaufwand betreiben, um die ihm übermittelten Daten zu sichten und herauszufinden, welche Mitbewerber zu Unrecht bevorzugt worden sind; damit wird auf den Kläger ein Ermittlungsrisiko abgewälzt, das an sich in den Verantwortungsbereich der Behörde fällt und dem sie auch sehr viel besser gewachsen ist. Die Schwierigkeiten potenzieren sich noch, wenn der Behörde bei der Auswahlentscheidung bzw. bei der Bestimmung der Rangfolge zwischen den Bewerbern ein Ermessens- bzw. Beurteilungsspielraum eingeräumt ist[1747]. Bei einer vorsorglichen Anfechtung mehrerer Genehmigungen erhöht sich mit den Chancen auf einen „Treffer" auch das Kostenrisiko, denn im Ergebnis kann der Kläger nur die Aufhebung einer einzigen Genehmigung verlangen, da er nur durch eine von ihnen in seinen Rechten verletzt wird. Nachteilig ist die Anfechtung im Übrigen auch für die wirtschaftspolitische Situation im Allgemeinen und die betroffenen Mitbewerber im Besonderen, da die ihnen erteilten Genehmigungen dann gem. § 80 Abs. 1 VwGO suspendiert werden[1748].

Die aufgezeigten Konflikte, insbesondere mit der in Art. 19 Abs. 4 Satz 1 GG garantierten Wirksamkeit des Rechtsschutzes, wären nur hinnehmbar, wenn es sich um unvermeidbare Begleiterscheinungen des verdrängenden Konkurrentenschut-

---

1744 Urt. v. 07.10.1988, BVerwGE 80, 270, 273 = NJW 1989, 1749.

1745 NVwZ 1993, 718, 720 f.

1746 So im Falle von BVerwG, Urt. v. 07.10.1988, BVerwGE 80, 270, 273 = NJW 1989, 1749.

1747 Vgl. § 13 Abs. 5 Satz 2 PBefG, wonach innerhalb der zu bildenden Gruppen die Bewerber nach der zeitlichen Folge ihrer Anträge berücksichtigt werden „sollen". Dieses Kriterium lässt Raum für weitere Differenzierungen (BVerwG, Urt. v. 07.09.1989, BVerwGE 82, 295, 298).

1748 Abzulehnen ist daher die Auffassung von HÖSCH, Die Verwaltung 1997, 211, 231, für die h.M. sprächen Gründe der Rechtssicherheit und der wirtschaftlichen Praktikabilität, weil Investitionen und der Sinn der Genehmigungen in Frage gestellt würden, wenn man die Verwaltungsakte „in der Schwebe" ließe. Diese Situation entsteht ja gerade dann, wenn der Unternehmer infolge der Anfechtung von seiner Genehmigung keinen Gebrauch machen kann. Im Falle der Aufhebung nach Eintritt der Unanfechtbarkeit wird dem schutzwürdigen Unternehmer dagegen gem. § 48 Abs. 3 VwVfG der erlittene Vermögensnachteil auszugleichen sein. Diese Lösung ist im Zweifel volkswirtschaftlich sinnvoller als die Situation, in der eine ganze Reihe von Unternehmern keinen Gebrauch von ihren angefochtenen Genehmigungen machen können.

zes handelte. Die Unvermeidbarkeit ist dann zu bejahen, wenn – was praktisch selten vorkommt – dem übergangenen Bewerber bekanntgegeben worden ist, welchen Mitbewerbern Genehmigungen erteilt wurden, denn dann muss er dagegen Rechtsbehelfe einlegen, um den Eintritt der Bestandskraft ihm gegenüber zu verhindern[1749]. Im Übrigen aber sprechen auch aus rechtsdogmatischer Sicht die besseren Argumente für die Gegenansicht, die eine alleinige Erhebung der Verpflichtungsklage befürwortet.

Für die Unzulässigkeit der isolierten Verpflichtungsklage wird angeführt, dass mit ihr etwas erstrebt werde, wozu die beklagte Behörde rechtlich nicht in der Lage sei[1750]. Soweit die rechtliche Unmöglichkeit sogar für die begehrte Bescheidung gelten soll[1751], ist dieser Auffassung entgegenzuhalten, dass selbst bei unantastbar ausgeschöpftem Kontingent die (erneute) Bescheidung des Klägers unter Beachtung der Rechtsauffassung des Gerichts weder rechtlich noch tatsächlich unmöglich sein kann, sondern allenfalls das darauf gerichtete Begehren rechtsmissbräuchlich wäre, wenn die Bescheidung dem Kläger keinen Vorteil bringt, weil sie nicht zu seinen Gunsten ausfallen kann. In diesem Zusammenhang stellt sich aber eine Tatsachenfrage und keine Rechtsfrage. Ob nämlich die Bescheidung zu Gunsten des Klägers ausfallen kann – und gleiches gilt bei Vornahmeanträgen gem. § 113 Abs. 5 Satz 1 VwGO für die Frage, ob das Gericht die Behörde zur Erteilung der beantragten Vergünstigung verurteilen kann – hängt in erster Linie davon ab, ob noch Genehmigungskapazitäten vorhanden sind. Dabei handelt es sich um eine Tatsachenfrage und nicht um eine Rechtsfrage. Es handelt sich auch um eine solche Tatsachenfrage, die – notfalls im Wege der Beweisaufnahme – der gerichtlichen Überprüfung bedarf, z.B. indem von der Behörde Nachweise über das Zustandekommen der Kontingentierung und über die Ausfüllung zu verlangen sind. Mithin handelt es sich nicht um eine Tatsachenfrage, die mit einer solchen Offensichtlichkeit und Eindeutigkeit beantwortet werden könnte, dass dem Kläger die Klagebefugnis abzusprechen wäre[1752]. Vielmehr kann der Verpflichtungskläger regelmäßig geltend machen, dass die einschlägigen Genehmigungstatbestände insbesondere im Hinblick auf die durch Art. 12 GG geschützte Gewerbefreiheit auch seine rechtlichen Interessen schützen. Macht der Kläger geltend, er hätte bei rechtmäßiger Verteilung der Genehmigungen zum Zuge kommen müssen, so hat er daher einen Anspruch darauf, dass das Gericht in der Sache entscheidet[1753].

1749 SCHENKE, NVwZ 1993, 718, 724.

1750 OVG Lüneburg, Urt. v. 03.06.1991, NJW 1991, 1979, 1980; OVG Magdeburg Urt. v. 22.02.1995, DVBl. 1996, 162 = GewArch. 1995, 201.

1751 So ausdrücklich OVG Lüneburg, Urt. v. 03.06.1991, NJW 1991, 1979, 1980.

1752 Vgl. zu diesen hohen Anforderungen an die Versagung der Klagebefugnis BVerwG, Urt. v. 20.03.1964, BVerwGE 18, 154, 157.

1753 BVerwG, Urt. v. 07.10.1988, BVerwGE 80, 270, 271 f. = NJW 1989, 1749.

(2) Begründetheit

Fraglich ist allein die Begründetheit der Verdrängungsklagen bei erschöpftem Kontingent. Die Begründetheit ist zu verneinen, soweit der Kläger die Verurteilung zu einer Leistung begehrt, zu der die Behörde aus tatsächlichen oder rechtlichen Gründen nicht in der Lage ist. Diese Frage der Unmöglichkeit des Leistungsanspruchs bedarf einer differenzierten Betrachtung.

Die h.M., die – wie soeben dargestellt – die Kombination der Verpflichtungsklage mit der Anfechtungsklage verlangt, entscheidet über den Leistungsantrag erst, wenn die im Wege der Stufenklage vorangestellte Anfechtungsklage erfolgreich war. Diese Auffassung ist aus den oben stehenden Gründen abzulehnen. Auch eine abgeschwächte Form dieser h.M., nämlich die Auffassung, derzufolge es Sache des Klägers sei, mit einer zusätzlichen Anfechtungsklage im Hinblick auf die Begründetheit seiner Verpflichtungsklage für die Realisierbarkeit des Leistungsanspruchs zu sorgen[1754], vermag nicht zu überzeugen.

Klarzustellen ist, dass die vorstehenden Meinungen, die sich bei einigen Entscheidungen über Güterkraftverkehrsgenehmigungen gebildet haben, unabhängig von der gezogenen Konsequenz der Unzulässigkeit bzw. der Unbegründetheit der isolierten Verpflichtungsklage ganz wesentlich auf die inzwischen aufgehobene Vorschrift des § 102b GüKG a.F. abstellen, die die Rücknahme und den Widerruf der nach diesem Gesetz erteilten Genehmigung nur aus in der Person des Begünstigten liegenden Gründen vorsah[1755]. Daraus wurde geschlossen, die Vorschrift des § 48 VwVfG sei unanwendbar und die behördliche Aufhebung aus anderen als den in § 102b GüKG a.F. aufgezählten Gründen ausgeschlossen, so dass sich der Behörde keine Handhabe böte, um eine Korrektur der Verteilung aus dem Kontingent zu erreichen; die Aufhebung einer bereits erteilten Genehmigung wegen rechtswidriger Verteilung des Kontingents könne daher nur im Wege der Anfechtungsklage erfolgen, wobei sich die Aufhebungsbefugnisse des Gerichts aus § 113 Abs. 1 Satz 1 VwGO ergäben[1756].

SCHENKE[1757] ist darin zuzustimmen, dass diese Auffassung nicht überzeugt: Denn der Folgenbeseitigungsanspruch des in seinen Rechten verletzten Mitbewerbers ist

1754 Nachweise bei SCHENKE, NVwZ 1993, 718, 720 Fn. 20 zu unveröffentlichten Urteilen des VGH Mannheim.

1755 OVG Lüneburg, Urt. v. 03.06.1991, NJW 1991, 1979, 1980; OVG Magdeburg Urt. v. 22.02.1995, DVBl. 1996, 162 = GewArch. 1995, 201 f.; QUAAS, DÖV 1982, 434, 439 zu der noch älteren Fassung des § 78 GüKG.

1756 OVG Lüneburg, Urt. v. 03.06.1991, NJW 1991, 1979, 1980; OVG Magdeburg Urt. v. 22.02.1995, DVBl. 1996, 162 = GewArch. 1995, 201 f.

1757 SCHENKE, NVwZ 1993, 718, 722 ff.

verfassungsrechtlich verbürgt und kann grundsätzlich nicht durch den einfachen Gesetzgeber ausgeschlossen werden. Widersprüchlich ist es zudem, wenn die Aufhebung einer Drittbegünstigung im Zuge der Verpflichtungsklage versagt wird, aber infolge einer Anfechtungsklage möglich sein soll. Denn bereits aus kompetenzrechtlichen Gründen konnte der Bundesgesetzgeber in § 113 Abs. 1 Satz 1 VwGO nur die prozessualen Fragen der Aufhebung eines Verwaltungsakts regeln, nicht aber einen Aufhebungsanspruch erst begründen, so dass diese Norm zur Rechtfertigung einer im Übrigen ausgeschlossenen Aufhebung nicht in Betracht kommt. In der Konsequenz der herrschenden Auffassung läge es dann, die Konkurrentenklage wie im Beamtenrecht (dort nach h.M. unter Berufung auf das verfassungsrechtlich abgesicherte Prinzip der Ämterstabilität) zum Schutz höherrangiger Rechtsgüter gänzlich auszuschließen und den zu Unrecht übergangenen Bewerber auf einen Amtshaftungsanspruch zu verweisen[1758]. So weit geht aber die h.M. bei wirtschaftsverwaltungsrechtlichen Klagen zu Recht nicht.

Allerdings ist entgegen SCHENKE der h.M. MEINES Erachtens zuzugeben, dass zur Korrektur der rechtswidrigen Verteilung im Verhältnis zum Adressaten der Aufhebungsentscheidung eine Eingriffsermächtigung notwendig ist, die der für das Verhältnis zwischen dem übergangenen Bewerber und der Behörde maßgebliche Folgenbeseitigungsanspruch nicht einschließen oder ersetzen kann. Insofern stellt sich die Frage, ob § 102b GüKG a.F. nicht zur Vermeidung der Verfassungswidrigkeit dieser Norm dahin gehend ausgelegt werden musste, dass § 48 VwVfG durch sie nicht ausgeschlossen wird. Wie aber im Einzelnen diese Konflikte unter Geltung des § 102b GüKG a.F. aufzulösen waren, braucht hier nicht entschieden zu werden, denn diese Norm ist bei der Novellierung des GüKG ebenso weggefallen wie die Kontingentierung gem. § 9 GüKG a.F. Inzwischen ist in § 3 Abs. 5 GüKG n.F. klargestellt, dass neben den speziellen Aufhebungstatbeständen dieses Gesetzes die §§ 48 bis 50 VwVfG anwendbar sind. § 48 VwVfG ist auch sonst regelmäßig die einschlägige Eingriffsermächtigung, mit der die Korrektur einer rechtswidrigen Verteilungsentscheidung (z.B. die Vergabe von Taxikonzessionen unter Verstoß gegen die Rangkriterien des § 13 Abs. 5 PBefG) im Verhältnis zu den zu Unrecht Begünstigten gerechtfertigt werden kann.

SCHENKE geht davon aus, dass der in seinen Rechten verletzte Mitbewerber regelmäßig ein Vornahmeurteil erhalten müsste[1759]. MEINES Erachtens ist aber die

---

1758 Allgemein zu den Fällen irreversibel ausgeschöpfter Kontingente SPANNOWSKY, in: NK-VwGO, § 113 Rn. 235 f.

1759 Er geht zwar auf die Unterscheidung zwischen Vornahmeurteil und Bescheidungsurteil nicht ausdrücklich ein, befürwortet aber die Erhebung der Verpflichtungsklage des benachteiligten Bewerbers in Form der Bescheidungsklage nur für den Fall, dass sich noch nicht absehen lässt, ob er im Verhältnis zu anderen übergangenen Bewerbern vorrangig zum Zuge kommen wird (SCHENKE, NVwZ 1993, 718, 723 f.).

mit dem Ziel der Verdrängung erhobene Verpflichtungsklage mit einem Vornahmeantrag nur insoweit begründet, als die Behörde gem. § 113 Abs. 5 Satz 2 VwGO zur Bescheidung des Klägers unter Beachtung der Rechtsauffassung des Gerichts zu verurteilen ist. Dies gilt jedenfalls in den hier interessierenden Fällen, in denen die Behörde vor der nachträglichen Beteiligung des Klägers an der Vergabe die einem Konkurrenten zu Unrecht gewährte Begünstigung aufheben muss.

Der Grund für die hier vertretene Ansicht ist nicht schon allein darin zu sehen, dass die regelmäßig auf der Grundlage von § 48 VwVfG zu treffende Aufhebungsentscheidung im Ermessen der Behörde steht[1760]. Dieses Ermessen betrifft nur das Verhältnis zwischen der Behörde und den bislang zu Unrecht begünstigten Konkurrenten bei der Rückabwicklung der rechtswidrigen Verteilung. Dagegen ist das für die Klage maßgebliche Verhältnis zwischen der Behörde und dem Verpflichtungskläger durch einen (gebundenen) Anspruch gekennzeichnet, der klar definiert, welche Entscheidung ihm gegenüber ergehen muss[1761].

Allerdings setzt die Vornahmeverpflichtung gem. § 113 Abs. 5 Satz 1 VwGO voraus, dass die Sache spruchreif ist. Diese Spruchreife hat insofern auch eine zeitliche Dimension, als sie verlangt, dass die Vornahme der Leistung, zu der die Behörde verurteilt wird, bereits im Zeitpunkt der letzten mündlichen Verhandlung möglich *ist* und nicht erst infolge von notwendig vorgeschalteten Behördenentscheidungen möglich werden kann. Genau diese zeitliche Komponente ist im Falle der Verdrängungsklagen problematisch, denn die Aufhebung einer Begünstigung, mit der die beantragte Leistung erst wieder verfügbar wird, müsste ja ebenfalls durch Verwaltungsakt erfolgen und unterläge dann der Anfechtung durch den bislang berücksichtigten Konkurrenten. Unter Umständen können Jahre vergehen, bis über die Anfechtungsklage gegen die Aufhebung der zu Unrecht gewährten Begünstigung rechtskräftig entschieden ist. In dieser Situation kommt die Verur-

---

1760 Darauf abstellend BVerwG, Urt. v. 07.10.1988, BVerwGE 80, 270, 271 f. = NJW 1989, 1749.

1761 Insofern besteht ein entscheidender Unterschied zu den Fällen des Vollzugsfolgenbeseitigungsanspruchs, der nach den Ausführungen oben (siehe S. 107 ff.) Raum für Ermessen bei der Entscheidungen darüber lässt, was die Behörde zur Beseitigung des rechtswidrigen Zustandes unternimmt. Im Unterschied zu der dortigen Situation besteht die Rechtsverletzung hier nicht in einem rechtswidrigen Eingriff, dessen Vornahme sich ohnehin nicht mehr ungeschehen machen lässt, sondern in der Vorenthaltung eines Anspruchs, dessen Erfüllung nachholbar ist. In den Fällen des Vollzugsfolgenbeseitigungsanspruchs bestimmt das Gesetz also nur, was nicht hätte passieren dürfen, aber nicht, was zu tun ist, um eine Verletzung des gesetzlichen Verbots zu kompensieren. Daher besteht dann zwangsläufig ein größerer Freiraum der Behörde bei der Auswahl von Folgenbeseitigungsmaßnahmen. Im Falle des übergangenen Konkurrenten lässt sich seine Rechtsverletzung dagegen allein durch die Befolgung dessen, was das Gesetz zu seinen Gunsten vorschreibt, bereits vollständig beseitigen.

teilung zur Vornahme der beantragten Leistung nicht in Betracht, sondern nur ein Bescheidungsurteil gem. § 113 Abs. 5 Satz 2 VwGO. Andernfalls könnte der Kläger mit den Mitteln der Zwangsvollstreckung die Leistung erzwingen, obwohl die Voraussetzungen für ihre Vornahme (noch) nicht erfüllt sind. Im Zivilprozess ließe sich der zu weit gehende Anspruch in solchen Fällen als „zurzeit unbegründet" abweisen[1762]. Im Verwaltungsprozess ist bei der Entscheidung über die Verpflichtungsklage dafür kein Raum, weil die in § 113 Abs. 5 Satz 2 VwGO ausdrücklich vorgesehene Bescheidungsverpflichtung die gleiche Funktion erfüllt.

Die Bescheidungsverpflichtung ist auch unter praktischen Gesichtspunkten das adäquate Mittel zur Bewältigung der mit den wirtschaftsverwaltungsrechtlichen Verdrängungsklagen verbundenen Probleme. Die Behörde wird dann verurteilt, den Antrag des Klägers auf eine Zuteilung aus dem Kontingent *nach* einer eventuell notwendigen Aufhebungsentscheidung zu Lasten eines Konkurrenten zu bescheiden. Dadurch werden die Vollstreckungsprobleme vermieden, die bei einem Vornahmeurteil dadurch entstehen würden, dass der Kläger schon einen Titel auf die beantragte Leistung besitzt, deren Erfüllung von der Aufhebung einer anderweitig bereits gewährten Leistung abhängt. Im Hinblick auf die damit verbundenen Anfechtungsmöglichkeiten ist es unter prozessökonomischen Gesichtspunkten dann zweckmäßig, die für eine Aufhebung in Betracht kommenden Konkurrenten (z.B. diejenigen, die nach Auskunft der Behörde die untersten Rangstellen unter den Begünstigten einnehmen) im Verfahren zur Entscheidung über die Verpflichtungsklage des übergangenen Bewerbers gem. § 65 Abs. 1 VwGO beizuladen. Sie sind zwar nicht notwendig beizuladen gem. § 65 Abs. 2 VwGO, denn die Aufhebung ihrer Leistung ist nicht unmittelbar von dem Urteil über die Verpflichtungsklage abhängig, sondern bedarf noch einer Verwaltungsentscheidung. Diese richtet sich aber nach dem Urteil über die Verpflichtungsklage, das damit die rechtlichen Interessen der begünstigten Konkurrenten i.S.d. § 65 Abs. 1 VwGO betrifft. Die Beiladung führt dann – unabhängig davon, ob sie als einfache oder notwendige Beiladung erfolgt – dazu, dass die Beigeladenen als Beteiligte gem. § 63 Nr. 1 VwGO die Rechtskraft der Entscheidung gem. § 121 Nr. 1 VwGO gegen sich gelten lassen müssen. Die Rechtskraft des Urteils gem. § 113 Abs. 5 Satz 2 VwGO erstreckt sich auch auf die für die Bescheidung maßgebliche Rechtsauffassung des Gerichts[1763]. Wenn daher das Gericht der Behörde als verbindliche Rechtsauffassung aufgibt, bei der Bescheidung zu beachten, dass der Verpflichtungskläger nicht hinter anderen Bewerbern zurückzutreten braucht und nach welchen Kriterien sich dies bestimmt, so sind auch die beigeladenen Konkurrenten daran gebunden. Sie könnten dann zur Anfechtung einer gegen sie gerichteten Aufhebungsentscheidung nicht geltend machen, ihnen gebühre der Vorrang vor dem

---

1762 Beispielsweise bei mangelnder Fälligkeit, siehe oben S. 164.
1763 Siehe oben S. 244.

Bewerber, zu dessen Gunsten die Verteilung korrigiert werden soll. Angesichts dieser Bindungswirkungen wäre es dann auch regelmäßig gerechtfertigt, wenn die Behörde die Aufhebungsentscheidung zu Lasten des bislang begünstigten Konkurrenten und die neue Leistungsgewährung zu Gunsten des Verpflichtungsklägers mit der Anordnung der sofortigen Vollziehung gem. § 80 Abs. 2 Nr. 4 VwGO versieht. Aufgrund dieser Möglichkeiten in verfahrenstechnischer Hinsicht ist der Erlass eines Bescheidungsurteils auch vorzugswürdig gegenüber einer Prozessleitung, wonach das Verfahren zur Entscheidung über den Vornahmeantrag ausgesetzt wird, bis eine Aufhebungsentscheidung vorliegt. Bis zur Bestandskraft oder rechtskräftigen Bestätigung der Aufhebung würde in solchen Fällen zu viel Zeit verstreichen und für das Interim böte die Aufhebung, die der Behörde lediglich im Wege eines prozessbegleitenden Hinweises des Gerichts anheim gestellt wurde, weniger Rechtssicherheit als die Aufhebung, die sich auf die – an der Rechtskraft des Bescheidungsurteils teilnehmende – Rechtsauffassung des Gerichts stützen kann.

b. Fehlende Sachverhaltsaufklärung

Auch wenn der Erfüllung des prozessualen Anspruchs auf ein Vornahmeurteil keine materiell-rechtlichen Restriktionen oder Kontingentierungen entgegenstehen, kann sie an der mangelnden Aufklärung des Sachverhalts scheitern. Wann ein solcher Fall vorliegt, lässt sich nur schwer sagen, denn die Aufklärung des Sachverhalts ist gem. § 86 Abs. 1 Satz 1 VwGO auch eine gerichtliche Aufgabe, so dass ein Mangel in diesem Bereich grundsätzlich behebbar ist. Andererseits kann es vorkommen, dass die gerichtliche Sachverhaltsaufklärung gerade dort an ihre Leistungsgrenzen stößt, wo spezielle Qualitäten der behördlichen Sachverhaltsaufklärung in besonderem Maße zum Tragen kommen. Dann wäre die Ermittlung durch das Gericht kontraproduktiv. Da insoweit normative Vorgaben fehlen und die Probleme im Bereich der Sachverhaltsaufklärung in den unterschiedlichsten Formen auftreten, sind die Fallgruppen hier besonders schwer fassbar und entsprechend umstritten. Die Rechtsprechung hat sich auf die Formel verständigt, dass das Tatsachengericht bei gebundenen Verwaltungsentscheidungen von der Sachverhaltsaufklärung zur Herbeiführung der Spruchreife nur dann absehen dürfe, wenn die sachliche Prüfung besonderen Behörden übertragen ist oder wenn es zur abschließenden Sachaufklärung einer mit den erforderlichen Mitteln ausgerüsteten Behörde bedarf[1764]. Die folgende Darstellung der Fallgruppen richtet sich daher nach dieser Unterteilung.

1764 BVerwG, Urt. v. 20.02.1992, BVerwGE 90, 18, 24; BVerwG, Beschl. v. 14.05.1982, DVBl. 1983, 33, 34; diese Rechtsprechung wird gebilligt von BVerfG, Beschl. v. 01.07.1986, BVerfGE 73, 301, 313.

i) Übertragung der Ermittlungspflichten auf besondere Fachbehörden

Soweit ersichtlich, taucht der Gedanke der Zuständigkeit einer besonderen Fachbehörde für eine gebundene Verwaltungsentscheidung erstmalig in einem Beschluss des Bundesverwaltungsgerichts vom 8. Januar 1963[1765] auf. Dort wird im Anschluss an MEYER[1766] ausgeführt, bei der Herbeiführung der Spruchreife seien die Vorschriften über das Verwaltungsverfahren zu beachten; wenn für eine fachliche Prüfung eine besondere Behörde vorgesehen ist, dürfe das Gericht diese Prüfung der Fachbehörde nicht aus der Hand nehmen, sondern habe sich auf ihre spätere Nachprüfung zu beschränken[1767]. In dem konkreten Fall ging es um den Nachweis der Kenntnisse und Fähigkeiten des klagenden Bewerbers um eine Erlaubnis zur Ausübung der Heilkunde. Nach der anzuwendenden Durchführungsverordnung zum Heilpraktikergesetz oblag die fachliche Prüfung dem Gesundheitsamt. Der entscheidende Gesichtspunkt war dabei nicht Umstand, dass die Verfahrensvorschriften die Beteiligung einer von der Beklagten zu unterscheidenden Behörde vorsahen, sondern dass ihr eine Prüfung übertragen war, die spezielle Fachkenntnisse voraussetzte[1768]. Diese Überlegungen haben sich in der Rechtsprechung später in verschiedenen Bereichen durchgesetzt.

(1) Bauordnungsrecht

Eine typische baurechtliche Fallkonstellation ist die, dass die Behörde die bauplanungsrechtliche Zulässigkeit des Vorhabens verneint hat und den bauordnungsrechtlichen Fragen noch gar nicht nachgegangen ist, wenn es zur Verpflichtungsklage kommt. Soweit ersichtlich, ist es unbestritten, dass die Verwaltungsgerichte dann nicht verpflichtet sind, die Sache durch die erstmalige Überprüfung der bautechnischen Angaben (z.B. baustatischer Berechnungen) – die Rechtsverletzung

---

1765 DVBl. 1963, 263 f.

1766 DVBl. 1961, 75, 77.

1767 BVerwG, Beschl. v. 08.01.1963, DVBl. 1963, 263, 264.

1768 Dies ergibt sich aus der zustimmenden Bezugnahme auf MEYER, DVBl. 1961, 75, 77, der in dem zitierten Aufsatz beispielhaft zwischen den rein naturwissenschaftlichen Prüfungen der Baustatik durch die Bauämter einerseits und den Prüfungen der in § 9 Abs. 2, Abs. 3 FStrG genannten Merkmale durch die oberste Landesstraßenbaubehörde andererseits unterscheidet: In beiden Fällen werde eine überwiegend technisch orientierte Behörde tätig, aber nur im ersten Fall gehe es um eine Prüfung, die durch Verfahrensvorschriften zu einem Sonderkomplex ausgestaltet sei; bei § 9 Abs. 2, Abs. 3 FStrG gehe es dagegen um die Prüfung unbestimmter Rechtsbegriffe (Sicherheit und Leichtigkeit des Verkehrs u.s.w.), hinsichtlich derer die Sache – unter Einbeziehung der mitwirkenden Behörde im Wege der notwendigen Beiladung gem. § 65 Abs. 2 VwGO – „spruchreif zu machen" sei. Die notwendige Beteiligung einer weiteren Behörde als solche wird damit im Hinblick auf die Beiladungsmöglichkeit nicht als Hinderungsgrund angesehen.

des Klägers vorausgesetzt – spruchreif zu machen. Einige obergerichtliche Entscheidungen gehen insoweit offenbar von einem gefestigten Grundsatz aus[1769]. Auffällig ist dabei, dass diese Frage in Revisionsverfahren anscheinend nicht thematisiert wird[1770]. Die Ursache dürfte darin zu sehen sein, dass ein klagender Bauherr, dessen Vornahmeklage lediglich wegen ausstehender Statik-Prüfungen teilweise abgewiesen wird, gegen das im Übrigen in seinem Sinn ausgefallene Bescheidungsurteil kaum jemals Rechtsmittel einlegen wird[1771], denn an der Statik wird sein Vorhaben als solches nicht scheitern[1772].

Zwar gibt es auch normative Ansatzpunkte für eine herausgehobene Stellung der Bauaufsichtsbehörden, die in dem von MEYER[1773] beschriebenen und vom Bundesverwaltungsgericht befürworteten Sinne die Ausnahme von den Grundsätzen der gerichtlichen Sachverhaltsermittlung rechtfertigen können. Dazu zählen die Vorschriften der Landesbauordnungen, wonach grundsätzlich den Bauaufsichtsbehörden Bedienstete angehören müssen, die die erforderlichen Kenntnisse der Bautechnik haben[1774]. Im Übrigen aber sind gerade im Bauordnungsrecht kontinuierlich Vorschriften über das Verwaltungsverfahren abgebaut worden, so dass sich die These von einem durch die Verfahrensvorschriften ausgestalteten, der Behörde vorbehaltenen Komplex für diesen Bereich schwerlich aufrecht erhalten

---

1769 Vgl. VGH Kassel, Urt. v. 26.02.1971, ESVGH 21, 201, 207; VGH Mannheim, Urt. v. 23.04.1969, ESVGH 19, 231, 234; JÄDE, Rn. 219 Fn. 115, konstatiert eine „weitherzige Praxis“: „Weshalb auch soll sich etwa ein Verwaltungsgericht mit den Problemen der Statik eines Hochhauses herumschlagen, wenn ‚eigentlich‘ nur dessen planungsrechtliche Zulässigkeit dem Grunde nach im Streit war?“.

1770 Vgl. den Tatbestand zu BVerwG, Urt. v. 25.11.1983, JURIS (insoweit nicht abgedruckt in BVerwGE 68, 213 ff.), der die Ausführungen des OVG Münster, Urt. v. 19.01.1983 – 11 A 2171/82 –, wiedergibt: „Im Hinblick darauf, daß bisher nur über die planungsrechtlichen Fragen der Nutzungsänderung gestritten und die Sache im übrigen nicht aufbereitet worden sei, sei nur über die planungsrechtliche Zulässigkeit der vorgesehenen Nutzung zu entscheiden. In bauordnungsrechtlicher Sicht sei die Sache nicht spruchreif.“ Ähnlich VGH Mannheim, Urt. v. 27.04.1979 – V 3209/78 –, zitiert nach dem Tatbestand zu BVerwG, Urt. v. 18.06.1982, JURIS (insoweit nicht abgedruckt in BauR 1982, 455): „Nach der Rechtsauffassung des Berufungsgerichts ist das Vorhaben der Kläger bauplanungsrechtlich zulässig; da aber keine Veranlassung bestehe, das Verfahren im Hinblick auf das Bauordnungsrecht spruchreif zu machen, komme lediglich eine Verpflichtung der Behörde zur Neubescheidung in Betracht.“

1771 In den soeben (Fn. 1770) zitierten Entscheidungen hatten die beklagte Behörde bzw. die Beigeladene Revision eingelegt, nicht aber die Verpflichtungskläger.

1772 MEYER, seinerzeit Senatspräsident am OVG Lüneburg, berichtet (DVBl. 1961, 75, 77), es seien „Fälle, in denen etwa das Ergebnis der statischen Prüfung im verwaltungsgerichtlichen Verfahren angegriffen worden wäre, bisher nicht bekannt geworden“.

1773 DVBl. 1961, 75, 77, maßgeblich abstellend auf damals noch anwendbare Vorschriften des preußischen Baupolizeirechts.

1774 Vgl. z.B. § 64 Abs. 2 NBauO.

lässt. Es wäre nämlich widersprüchlich, ausgerechnet diejenigen technischen Fragen, die der moderne Normgeber des Bauordnungsrechts bei Vorhaben geringen Umfangs mittels „Prüfeinschränkungsverordnung“[1775] sogar dem privaten Verantwortungsbereich zugewiesen hat, außerhalb der Anwendbarkeit dieser Vereinfachungsvorschriften im Wege der Norminterpretation aus der gerichtlichen Überprüfung auszuklammern, weil sie der alleinigen Zuständigkeit der Behörde vorzubehalten bleiben müssten. Den Verfahrensvorschriften lässt sich gerade nicht positiv entnehmen, dass der Normgeber besonderen Wert auf die behördliche Ermittlung legte, sondern es lässt sich vielmehr die negative Schlussfolgerung ziehen, dass der Bereich der technischen Bauprüfung nicht mehr in vollem Umfang der staatlichen Kontrolle unterliegen soll. Wenn damit die Einschränkungen der behördlichen Prüfungen dem Ziel des Gesetzgebers entsprechen, gilt dies erst recht auch für Einschränkungen der gerichtlichen Prüfungen. Die Begründung für den Verzicht auf die gerichtliche Kontrolle fachlich-technischer Fragen des Bauordnungsrechts ist dann aber eher in nüchternen pragmatischen Erwägungen zu finden als in verfahrensrechtlich-dogmatischen Konstruktionen.

(2) Sonstige fachbehördliche Zuständigkeiten

(a) „Wehrfliegerverwendungsfähigkeit“

Einem Beschluss des 1. Wehrsenats des Bundesverwaltungsgerichts vom 4. Dezember 1974[1776] lag der Fall eines Antragstellers zu Grunde, der die Verpflichtung begehrte, ihm im Rahmen der „Wehrfliegerverwendungsprüfung“ durch das Flugmedizinische Institut der Luftwaffe wenigstens die Wertung „zeitlich verwendungsunfähig“ zu erteilen, nachdem er zuvor die Wertung „dauernd verwendungsunfähig“ erhalten hatte. Das Bundesverwaltungsgericht führte aus, es sei dem Senat verwehrt, eigene Ermittlungen darüber anzustellen, ob der Antragsteller die begehrte Wertung erhalten müsse, denn zur Beurteilung der Anforderungen, die speziell die Luftwaffe in gesundheitlicher Hinsicht an ihre Flugzeugführer zu stellen hat, sei allein das Flugmedizinische Institut berufen[1777]. Die Aufklärungspflichten des Gerichts fänden ihre Grenze jedenfalls dort, wo Verfahrensvorschriften eine bestimmte fachliche Prüfung einer besonderen Behörde übertra-

---

1775 Vgl. § 2 Abs. 2 Nr. 1 Nds. PrüfeVO vom 06.06.1996 (Nds. GVBl., S. 287), wonach unter den näher bezeichneten Voraussetzungen Nachweise über die Standsicherheit baulicher Anlagen nicht zu prüfen sind.

1776 BVerwGE 46, 356 ff.

1777 BVerwG, Beschl. v. 04.12.1974, BVerwGE 46, 356, 359.

gen[1778]. Dies gelte vorliegend im besonderen militärischen Pflichtverhältnis, wenn die vorzunehmende Prüfung um ihrer Eigenart willen durch eine zulässige und sachlich gerechtfertigte Dienstvorschrift einem besonderen Fachgremium übertragen ist[1779].

Der Entscheidung ist im Ergebnis zuzustimmen. Allerdings sind Zweifel angebracht, ob die Einschränkung der Sachaufklärungspflichten gerade damit zu erklären ist, dass bei gebundenen Entscheidungen aufgrund von Verfahrensvorschriften Ausnahmen von dem Grundsatz der gerichtlichen Herbeiführung der Spruchreife geboten seien. Es liegt näher anzunehmen, dass dem Flugmedizinischen Institut der Luftwaffe ein materiell-rechtlicher Beurteilungsspielraum bei der Entscheidung über die „Wehrfliegerverwendungsfähigkeit" zustand. In diese Richtung weisen die Ausführungen des Bundesverwaltungsgerichts dazu, dass allein das Flugmedizinische Institut zur Beurteilung der speziellen Anforderungen an die Flugzeugführer berufen und die Entscheidung einem besonders qualifizierten Fachgremium übertragen sei. Damit kommen nicht die hier untersuchten Besonderheiten bei der Überprüfung gebundener Entscheidungen zum Tragen, sondern die oben behandelten materiell-rechtlichen Kontrollrestriktionen[1780], die der Herbeiführung der Spruchreife entgegenstehen. Ein Beurteilungsspielraum ist in Fällen dieser Art gerechtfertigt, denn zum einen muss es der Luftwaffe erlaubt sein, die Anforderungen an ihre Flugzeugführer zum Teil selbst zu definieren (verteidigungspolitische Einschätzungsprärogative) und zum anderen werden die Bewerber von einem qualifizierten Fachgremium an diesen Anforderungen gemessen (Bewertungsspielraum bei einer sachverständigen Fachbegutachtung).

(b) Waffenrechtliche Sachkundeprüfung

In einem Urteil des Bundesverwaltungsgerichts vom 8. Dezember 1992[1781] heißt es, zwar habe das Gericht „grundsätzlich die Spruchreife herbeizuführen", etwas anderes gelte jedoch dann, wenn – wie vorliegend – für die Erteilung der erstrebten waffenrechtlichen Erlaubnis der Nachweis der Sachkunde durch eine Prüfung vor einer dafür bestimmten Stelle (Prüfungsausschuss) vorgeschrieben ist (vgl. §§ 30 Abs. 1 Nr. 2, 31 Abs. 1 WaffG, §§ 29 f. der 1. WaffV); das Gericht könne eine bisher unterbliebene Sachkundeprüfung weder selbst noch unter Hinzuziehung eines Sachverständigen durchführen[1782].

1778 BVerwG, Beschl. v. 04.12.1974, BVerwGE 46, 356, 359 unter Bezugnahme auf seinen Beschl. v. 08.01.1963 (DVBl. 1963, 263 f.) und MEYER (DVBl. 1961, 75, 77).

1779 BVerwG, Beschl. v. 04.12.1974, BVerwGE 46, 356, 359.

1780 Siehe S. 379 ff.

1781 NVwZ-RR 1993, 619 f.

1782 BVerwG, Urt. v. 08.12.1992, NVwZ-RR 1993, 619.

Dieses Urteil lässt nicht eindeutig erkennen, ob das Bundesverwaltungsgericht wie in den zuvor zitierten Entscheidungen nur auf die verfahrensrechtlichen Besonderheiten im Zusammenhang mit der waffenrechtlichen Sachkundeprüfung abstellt. Im Gegensatz zu der „Wehrflieger"-Entscheidung fehlt es an einer Bezugnahme auf einschlägige Entscheidungen oder die Ausführungen MEYERs. Wie dort ist auch hier von einem Beurteilungsspielraum auszugehen, denn die waffenrechtliche Sachkundeprüfung ist vor dem dafür zuständigen Prüfungsausschuss abzulegen, der – auch unter dem Gesichtspunkt der Gleichbehandlung – zur Entscheidung über dieses Tatbestandsmerkmal der waffenrechtlichen Erlaubnis berufen ist. Daraus ergibt sich ein Beurteilungsspielraum in der Form eines prüfungsrechtlichen Bewertungsspielraums[1783]. Zwar dürften diese Bewertungsspielräume des waffenrechtlichen Prüfungsausschusses seltener zum Tragen kommen als beispielsweise die einer Prüfungskommission bei der Bewertung juristischer Examensarbeiten, denn es geht nicht um Benotungsfragen, sondern nur darum, ob die Sachkunde des Bewerbers ausreicht oder nicht. Dennoch sind Bewertungsspielräume nicht ausgeschlossen, beispielsweise im Zusammenhang mit der Gewichtung nachweisbar richtiger oder falscher Antworten. Überdies führen auch die in der jüngeren Rechtsprechung befürworteten Einschränkungen prüfungsrechtlicher Bewertungsspielräume[1784] nicht dazu, dass der Kandidat verlangen könnte, seine Kenntnisse im gerichtlichen Verfahren vor dem erkennenden Gericht oder vor Sachverständigen unter Beweis zu stellen. Im Gerichtsverfahren ist aufgrund dieser Rechtsprechung nur die erweiterte Kontrolle der Prüfungsentscheidungen möglich, nicht aber die Ersetzung der vorgeschriebenen Prüfungsverfahren. Mithin spricht hier eine Kombination von materiell-rechtlichen Beurteilungsspielräumen und verfahrensrechtlichen Notwendigkeiten dafür, von abschließenden Ermittlungen im Prozess Abstand zu nehmen.

(3) Entscheidungen des Bundesamts für die Anerkennung ausländischer Flüchtlinge?

Umstritten ist die Fachbehördeneigenschaft des Bundesamts für die Anerkennung ausländischer Flüchtlinge. Das VG Wiesbaden hat sie in der oben[1785] behandelten Kontroverse um die massenhaft fehlende Anhörung von Asylbewerbern durch das Bundesamt zu Anfang der 1980er Jahre bejaht[1786]. Der VGH Kassel wies diese Auffassung mit der Begründung zurück, die Zielsetzung des Gesetzgebers, mit dem Bundesamt eine zentrale und spezialisierte Behörde für das Anerkennungs-

---

1783 Siehe oben S. 380 ff.
1784 Siehe oben S. 380 ff.
1785 Siehe S. 316 ff.
1786 VG Wiesbaden, Urt. v. 22.04.1981, InfAuslR 1981, 161, 162.

verfahren der Asylbewerber einzurichten, sei auf das Verwaltungsverfahren beschränkt; eine Kompetenzbeschneidung der Gerichte zu Gunsten der Verwaltung sei auch nicht gerechtfertigt, denn die notwendigen Erkenntnisquellen könne sich der Verwaltungsrichter in gleicher Weise zugänglich machen wie der Bedienstete des Bundesamts[1787]. Ebenso entschied damals das Bundesverwaltungsgericht[1788]. In neueren Entscheidungen betont dagegen auch die höchstrichterliche Rechtsprechung die herausgehobene verfahrensrechtliche Stellung und die besondere Sachkompetenz des Bundesamts jedenfalls im Verhältnis zu den Ausländerbehörden[1789], zum Teil auch im Verhältnis zu den Verwaltungsgerichten[1790]. Das Bundesverfassungsgericht verwendet in einer Entscheidung zu dem Verhältnis von Ausländerbehörde und Bundesamt für die letztere Institution ausdrücklich den Terminus der „Fachbehörde"[1791]. In der Literatur ist insoweit keine klare Mehrheitsbildung ersichtlich[1792].

Unabhängig von der Frage, ob die Fachbehördeneigenschaft überhaupt ein geeignetes Kriterium für eine sachgerechte Begrenzung der gerichtlichen Aufklärungspflicht im Hinblick auf die Herbeiführung der Spruchreife ist, wäre es MEINES Erachtens auf der Basis der bisher in diesem Zusammenhang zitierten Rechtsprechung konsequent, dem Bundesamt für die Anerkennung ausländischer Flüchtlinge diesen Status zuzusprechen. Das Asylverfahrensgesetz beinhaltet eine Fülle von ausschließlichen Entscheidungskompetenzen zu Gunsten dieser zentralen fachkundigen Einrichtung[1793]. Entgegen dem VGH Kassel ist es auch unschädlich, dass diese Kompetenzen das Verwaltungsverfahren betreffen, denn genau dahin wird durch ein Bescheidungsurteil die abschließende Entscheidung über-

---

1787 VGH Kassel, Urt. v. 11.08.1981, NVwZ 1982, 136, 138.

1788 BVerwG, Beschl. v. 09.03.1982, DÖV 1982, 744, 745; die Vergleichbarkeit mit BVerwGE 46, 356 („Wehrfliegerverwendungsfähigkeit") ablehnend BVerwG, Beschl. v. 14.05.1982, DVBl. 1983, 33, 34; BVerwG, Beschl. v. 28.05.1982, NVwZ 1982, 630.

1789 BVerwG, Urt. v. 23.06.1987, BVerwGE 77, 323, 327.

1790 BVerwG, Urt. v. 07.03.1995, DVBl. 1995, 857, 858; ebenso OVG Münster, Urt. v. 05.09.1995, NVwZ 1996, 549, 550; VGH München, Urt. v. 24.04.1997, NVwZ-Beil. 1997, 75; einschränkend dagegen wieder BVerwG, Urt. v. 10.02.1998, BVerwGE 106, 171, 174 ff. = DVBl. 1998, 725, 726 = NVwZ 1998, 861, 862.

1791 BVerfG, Beschl. v. 13.03.1993, DVBl. 1993, 601. Die Entscheidung erging vor der Neufassung des AsylVfG. Wie das OVG Münster, Urt. v. 05.09.1995, NVwZ 1996, 549, 550, ausführt, ist durch die Neufassung die zentrale Stellung des Bundesamts aber noch weiter gestärkt worden.

1792 STEGEMEYER, VBlBW 1995, 180, 182, lehnt die Fachbehördeneigenschaft des Bundesamts ab. MARX, S. 155, hält die Ablehnung durch die Rechtsprechung für inkonsequent und das Kriterium für fragwürdig. SCHLINK / WIELAND, DÖV 1982, 426, 433, halten den Abtausch von Argumenten zur Fachbehördeneigenschaft bereits im Ansatz für falsch.

1793 Siehe oben S. 322 ff.

führt, und an die Vorschriften über das Verwaltungsverfahren knüpft die Lehre von der Fachbehörde erklärtermaßen an.

ii) Besonderheiten der notwendigen Sachverhaltsermittlungen

Während es bisher um Besonderheiten der Behördenstruktur und des Verfahrensrechts ging, stellt sich nunmehr die Frage, ob Besonderheiten des zu entscheidenden Sachverhalts und vor allem Besonderheiten der vorzunehmenden Ermittlungstätigkeiten für die Verlagerung der Sachverhaltsaufklärung auf die Behörde sprechen. Die Rechtsprechung formuliert für diese Fälle, eine Ausnahme von der Pflicht, die Spruchreife herbeizuführen, bestehe dann, wenn es zur abschließenden Sachaufklärung einer mit den erforderlichen Mitteln ausgestatteten Behörde bedarf[1794].

(1) „Steckengebliebene" Genehmigungsverfahren

Das Bundesverwaltungsgericht[1795] hatte über eine Klage zu entscheiden, mit der die Klägerin die Erteilung einer immissionsschutzrechtlichen Genehmigung erstrebte, die ihr zu Unrecht mit der Begründung versagt worden war, dem Vorhaben stünden Vorschriften des Bauplanungsrechts entgegen. Das Bundesverwaltungsgericht betonte, das Bescheidungsurteil sei die adäquate Entscheidungsform, denn es dürfte „in besonders gelagerten Fällen insbesondere mit komplexen technischen Sachverhalten nicht Aufgabe der Gerichte sein, ein ‚steckengebliebenes' Genehmigungsverfahren in den Einzelheiten durchzuführen"[1796]. Dabei sollte „ferner berücksichtigt werden, daß eine immissionsschutzrechtliche Genehmigung im allgemeinen nicht ohne zahlreiche Nebenbestimmungen (Auflagen, Bedingungen u.s.w.) erteilt wird", für die individuelle Einschätzungen und Zweckmäßigkeitserwägungen maßgeblich seien[1797].

Es fällt auf, dass das Bundesverwaltungsgericht die Entbehrlichkeit gerichtlicher Sachverhaltsermittlungen zur Herbeiführung der Spruchreife hier alternativ begründet. Die erste Begründung (Komplexität des technischen Sachverhalts) lehnt

---

1794 BVerwG, Beschl. v. 14.05.1982, DVBl. 1983, 33, 34 mit Hinweis auf BVerwGE 41, 220 und 44, 278; zu diesen das Wohngeldrecht betreffenden Entscheidungen sogleich.

1795 Urt. v. 14.04.1989, DVBl. 1989, 1050, 1051.

1796 BVerwG, Urt. v. 14.04.1989, DVBl. 1989, 1050, 1051. Auf die „Komplexität der Sache" stellt auch ab BVerwG, Beschl. v. 23.07.1991, NVwZ 1991, 1180, 1181 (Zulassung eines Arzneimittels). Dort ging es allerdings nur um die Zulässigkeit eines Bescheidungsantrages.

1797 BVerwG, Urt. v. 14.04.1989, DVBl. 1989, 1050, 1051; insoweit bestätigt von BVerwG, Beschl. v. 27.11.1997, NVwZ-RR 1999, 74.

sich an die ältere Formel von dem Aufgabenbereich einer mit den erforderlichen Mitteln ausgestatteten Behörde an. Es ist überzeugend, diese Voraussetzung hier als erfüllt anzusehen, denn die Durchführung des immissionsschutzrechtlichen Genehmigungsverfahrens erfordert ein hohes Maß an technischem Sachverstand, der bei den u.a. mit Ingenieuren besetzten Genehmigungsbehörde vorhanden ist. Vorliegend war dieser Sachverstand noch gar nicht mobilisiert worden, denn das Genehmigungsverfahren war an vermeintlich entgegenstehenden Normen des Bauplanungsrechts gescheitert und somit bereits in den allerersten Ansätzen steckengeblieben. Die zweite Begründung (voraussichtliche Erforderlichkeit von Nebenbestimmungen) trägt selbständig das gefundene Ergebnis („ferner") und stellt auf einen materiell-rechtlichen Entscheidungsvorbehalt zu Gunsten der Behörde ab. Auch diese Begründung ist überzeugend. Denn § 12 BImSchG sieht die Erteilung der Genehmigung unter Bedingungen und ihre Verbindung mit Auflagen vor, soweit dies erforderlich ist, um die in § 6 BImSchG genannten Genehmigungsvoraussetzungen sicherzustellen. Von der Erforderlichkeit war gerade in dem zu entscheidenden Fall auszugehen, denn das Vorhaben war offensichtlich nicht frei von bauplanungsrechtlichem Konfliktpotential. Insbesondere bei der Erteilung unter einer Bedingung ist es denkbar, dass die Genehmigung und die Nebenbestimmung eine unteilbare Einheit bilden. Dann setzt die inhaltlich bestimmte Entscheidung über den Genehmigungsanspruch, die bei Spruchreife in Form eines Vornahmeurteils ausgesprochen würde[1798], die gleichzeitige Entscheidung über die Nebenbestimmung voraus. Da zumindest die Auswahl der Nebenbestimmung – unter Umständen anders als das „Ob" der Nebenbestimmung – im Ermessen der Behörde steht, ist sie in diesen Fällen nur gem. § 113 Abs. 5 Satz 2 VwGO zur Bescheidung unter Beachtung der Rechtsauffassung des Gerichts zu verpflichten.

(2) Beobachtungen von langer Dauer

Ein Fall, der dem VGH Mannheim[1799] zur Entscheidung vorlag, zeichnete sich dadurch aus, dass die Erteilung einer begehrten Erlaubnis nach §§ 2, 7 WHG Beobachtungen der Wasserführung eines Baches mindestens über die verschiedenen Jahreszeiten hinweg erforderte – je nach Niederschlagsmenge im Beobachtungszeitraum möglicherweise auch über mehrere Jahre. Der VGH erließ ein Bescheidungsurteil und überließ die weitere Sachaufklärung der Behörde, weil sie zwar „durchaus möglich" sei, aber für derart langwierige Untersuchungen die dem Gericht zur Verfügung stehenden Beweismittel unzweckmäßig wären und mit der

1798 Siehe oben S. 153.
1799 Urt. v. 20.05.1985, NVwZ 1987, 66, 67.

gerichtlichen Aufklärung der zeitliche Rahmen gesprengt würde, in dem Prozesse üblicherweise zum Abschluss gebracht werden[1800].

Die Ausführungen des VGH Mannheim machen deutlich, dass nicht erst dann ein Absehen von der gerichtlichen Sachverhaltsaufklärung geboten sein kann, wenn sich die prozessualen Beweismittel als objektiv ungeeignet erweisen. Vielmehr sind Einschränkungen auch dann gerechtfertigt, wenn sie unzweckmäßig sind und die behördliche Ermittlung eine bessere Alternative bietet. Davon war vorliegend auszugehen, denn die Wasserbehörde wird Untersuchungen der Durchlaufmenge eines Baches eher mit anderen Ortsterminen verbinden und fachkundig bewerkstelligen können als das Gericht.

(3) Nachweis handwerklicher Kenntnisse und Fähigkeiten

In zwei ähnlichen Entscheidungen sahen das OVG Lüneburg[1801] und das OVG Münster[1802] davon ab, die Kenntnisse und Fähigkeiten eines Bewerbers um eine Ausnahmebewilligung zur Eintragung in die Handwerksrolle i.S.d. § 8 Abs. 1 Satz 1 HandwO nachzuprüfen, nachdem feststand, dass die Behörde einen Ausnahmefall i.S.d. § 8 Abs. 1 Satz 2 HandwO zu Unrecht abgelehnt und deswegen die fachlichen Voraussetzungen gar nicht geprüft hatte. Die Spruchreife i.S.d. § 113 Abs. 5 Satz 1 VwGO könne insbesondere bei noch fehlenden Überprüfungen der Sachkunde fehlen[1803]. Die Feststellung der erforderlichen Kenntnisse und Fähigkeiten erfordere „eine unter Mitwirkung des Klägers vorzunehmende umfangreiche Prüfung und Abwägung“, die ein „typischer Teil des Aufgabenbereichs der Verwaltung“ sei und bei deren Erfüllung der Behörde eine „Vielzahl von Gestaltungsmöglichkeiten“ offen stehe[1804].

Diese Urteile tendieren zu Verallgemeinerungen, denen so nicht zugestimmt werden kann. Es ginge zu weit anzunehmen, dass die Überprüfung fachlicher Qualifikationen regelmäßig besser im Verwaltungsverfahren aufgehoben sei[1805]. Vielmehr kommt es darauf an, welche Beweismittel voraussichtlich zur Verfügung stehen und wie sie gewürdigt werden können. Zumindest missverständlich ist es, wenn das OVG Münster in diesem Zusammenhang von „Abwägung“ und „Gestaltung“ spricht. Wie das OVG Münster selbst ausführt, steht der Behörde bei der

---

1800 VGH Mannheim Urt. v. 20.05.1985, NVwZ 1987, 66, 67.
1801 Urt. v. 18.07.1994, GewArch. 1995, 75, 77.
1802 Urt. v. 22.12.1995, GewArch. 1996, 287, 288 f.
1803 OVG Lüneburg, Urt. v. 18.07.1994, GewArch. 1995, 75, 77, unter Berufung auf „KOPP, VwGO, 9.Aufl., § 113 Rdnr. 84 a“ [insoweit identisch mit der 10. Aufl.].
1804 OVG Münster, Urt. v. 22.12.1995, GewArch. 1996, 287, 289.
1805 Vgl. das Beispiel bei STERN, Rn. 397.

Überprüfung der zur selbständigen Ausübung des Handwerks notwendigen Kenntnisse und Fähigkeiten kein Beurteilungsspielraum zu[1806], wie er etwa der für die Indizierung jugendgefährdender Schriften und Medieninhalte zuständigen Bundesprüfstelle bei der Abwägung der widerstreitenden Belange „Jugendgefährdung“ und „Kunst“ vorbehalten ist[1807]. Es geht vielmehr bei der Ermittlung der Kenntnisse und Fähigkeiten i.S.d. § 8 Abs. 1 Satz 1 HandwO um die Überprüfung von Tatsachen, die uneingeschränkt einem Beweis zugänglich sind. Bedenklich ist es auch, wenn die Überführung in das Verwaltungsverfahren mit dortigen „Gestaltungsmöglichkeiten“ begründet wird, denn die nachvollziehende Sachverhaltsaufklärung hat mit einer originären Gestaltung nichts gemeinsam. Eventuell bestehende Alternativen bei der Auswahl der Aufklärungsmittel rechtfertigen für sich genommen noch nicht den Vorrang des Verwaltungsverfahrens. Insbesondere ist zu beachten, dass § 8 Abs. 1 Satz 1 HS. 2 HandwO ausdrücklich auch die bisherigen beruflichen Tätigkeiten und Erfahrungen des Bewerbers zu berücksichtigen sind. Wenn diese z.B. durch detaillierte Leistungs- und Prüfungsnachweise, Referenzschreiben, Fotodokumentationen von Werken des Bewerbers etc. unter Beweis gestellt sind, spricht nichts dagegen, die Überprüfung bereits im Prozess durchzuführen, um ggf. ein Vornahmeurteil gem. § 113 Abs. 5 Satz 1 VwGO erlassen zu können.

(4) Herbeiführung der Spruchreife in Wohngeldsachen?

Bemerkenswert ist die Entwicklung im Wohngeldrecht: Früher nahm das Bundesverwaltungsgericht in ständiger Rechtsprechung an, die Verwaltungsgerichte seien bei fehlerhafter Ablehnung eines Antrags auf Wohngeld nicht verpflichtet, die erforderlichen Berechnungen zur Bestimmung des richtigen Betrages selbst vorzunehmen, sondern dies sei nach Erlass eines Bescheidungsurteils Sache der Behörde[1808]. Zur Begründung wurde darauf hingewiesen, dass die im Antragsverfahren eingereichten Unterlagen im Zeitpunkt der Entscheidung des Gerichts zumeist überholt seien und das Gericht gezwungen wäre, die notwendigen Ermittlungen mit unzureichender Ausrüstung zu erfüllen[1809]. In einer jüngeren Entscheidung hat das Bundesverwaltungsgericht durch ein Obiter dictum diese Judikatur revidiert und darauf hingewiesen, dass die Verwaltungsgerichte die Streitsache auch im Wohngeldrecht in vollem Umfang spruchreif machen müssten und dieser Pflicht

1806 Urt. v. 22.12.1995, GewArch. 1996, 287, 288.

1807 BVerwG, Urt. v. 26.11.1992, BVerwGE 91, 211, 217.

1808 BVerwG, Urt. v. 30.11.1972, BVerwGE 41, 220, 227; BVerwG, Urt. v. 16.01.1974, BVerwGE 44, 278, 283.

1809 BVerwG, Urt. v. 16.01.1974, BVerwGE 44, 278, 283.

dadurch genügen könnten, dass sie den beteiligten Behörden aufgeben, erforderliche Berechnungen vorzunehmen und in das Streitverfahren einzubringen[1810].

MEINES Erachtens ist der in dieser neueren Rechtsprechung ausgeführte Gedanke der Heranziehung der Behörde zur Sachverhaltsermittlung im Prozess prinzipiell überzeugend, nur gerade in Wohngeldsachen wenig zielführend. Dies liegt daran, dass sich derartige Streitigkeiten regelmäßig in einen Anspruch dem Grunde nach und einen Anspruch der Höhe nach aufteilen lassen[1811]. Die Qualitäten des gerichtlichen Verfahrens kommen bei der Entscheidung über den Anspruch dem Grunde nach zum Tragen, während die Gerichte bei der Entscheidung über die mittels spezieller Berechnungen zu ermittelnde Anspruchshöhe – auch nach der in BVerwGE 69, 198, 201 dargelegten Auffassung – ohnehin auf die Mithilfe der Behörde angewiesen sind. Wenn das Gericht in eigener Verantwortung aber keine bessere Entscheidung über die Anspruchshöhe treffen kann, gibt es keinen Anlass, einen Streit darüber unbedingt im gerichtlichen Verfahren auszutragen. Es ist sogar kontraproduktiv, wenn der Kläger gezwungen wird, allein wegen einer seiner Ansicht nach falschen Berechnung, die erstmalig im erstinstanzlichen Gerichtsverfahren angestellt worden ist, Berufung gegen das im Übrigen zu seinen Gunsten ergangene Vornahmeurteil einzulegen. Besser ist es in diesen Fällen, ein Bescheidungsurteil zu erlassen, damit die Entscheidung über die Anspruchshöhe im Verwaltungsverfahren getroffen wird. Dann ist nämlich sichergestellt, dass im Falle einer Streitigkeit über die Berechnung zunächst im Widerspruchsverfahren eine weitere sachkundige Stelle in eigener Verantwortung prüft, in welcher Höhe ein Anspruch zu gewähren ist. Ferner ist die Hineinziehung der Berechnungen in das gerichtliche Verfahren unzweckmäßig, weil sie nur zu einer scheinbaren Endgültigkeit der Entscheidung führt. Wenn nach Erstellung des Rechenwerkes auf Anforderung durch das Gericht ein Vornahmeurteil über die Verpflichtung zur Gewährung von Wohngeld in einer bestimmten Höhe ergeht, nimmt die Anspruchshöhe an der Rechtskraft der Entscheidung teil. Damit ist aber wenig gewonnen, weil auch die Rechtskraft im Hinblick auf Veränderungen der Sach- oder Rechtslage zeitlichen Grenzen unterliegt[1812]. In Wohngeldsachen kommen besonders häufig Veränderungen der Sachlage vor, die die Anspruchshöhe betreffen[1813]. Daher ist es sinnvoll, wenn das Gericht in einem Bescheidungsurteil die maßgeb-

---

1810 BVerwG, Urt. v. 02.05.1984, BVerwGE 69, 198, 201 = NVwZ 1985, 35.

1811 Dazu, dass ein Grundurteil gem. § 111 VwGO (analog) nicht in Betracht kommt, da die Anwendung dieser Vorschrift auf allgemeine Leistungsklagen beschränkt ist und bei Verpflichtungsklagen für eine solche Verfahrensweise wegen systematischer Vorrangigkeit des Bescheidungsurteils gem. § 113 Abs. 5 Satz 2 VwGO kein Bedürfnis besteht: BVerwG, Urt. v. 30.06.1966, BVerwGE 24, 253, 257 = NJW 1967, 189; bestätigt von BVerwG, Urt. v. 08.07.1994 (Wohngeld), NVwZ 1996, 175, 176 f. Ferner siehe oben S. 77.

1812 Siehe oben S. 165.

1813 BVerwG, Urt. v. 16.01.1974, BVerwGE 44, 278, 283.

lichen Rechtsfragen klärt und die knappen gerichtlichen Kapazitäten nicht für Entscheidungen aufgewendet werden, denen aus tatsächlichen Gründen ohnehin die Beständigkeit versagt ist.

2. Allgemeine Kriterien

Im Folgenden wird der Versuch unternommen, allgemeine Kriterien der Möglichkeiten und Grenzen einer gerichtlichen Herbeiführung der Spruchreife bei Hindernissen aus tatsächlichen Gründen festzuhalten. Das Ziel besteht darin, mit Hilfe dieser Kriterien die Fragen nach der Reichweite der gerichtlichen Sachverhaltsaufklärung zu systematisieren und sie außerhalb der Kasuistik einer Lösung zuzuführen. Dabei werden die in Betracht kommenden Kriterien unabhängig davon erörtert, ob sie Eingang in die Rechtsprechung gefunden haben, in der Literatur diskutiert werden oder anderweitig entwickelt werden können.

a. Grundsätzlich muss das Gericht alle für die Spruchreife notwendigen Feststellungen tatsächlicher und rechtlicher Art in eigener Verantwortung treffen

Zunächst ist das Verhältnis von Grundsatz und Ausnahmen zu klären. Die h.M. unter Führung des Bundesverwaltungsgerichts bejaht bei Verpflichtungsklagen einen Grundsatz der umfassenden Sachverhaltsaufklärung durch das Tatsachengericht, das nur in eng umrissenen Ausnahmen per Bescheidungsurteil die Sache zur weiteren Ermittlung wieder in das Verwaltungsverfahren überführen dürfe[1814]. Dem ist insoweit zuzustimmen, als das Gericht grundsätzlich alle zur Beurteilung des Klagebegehrens notwendigen Feststellungen tatsächlicher und rechtlicher Art abschließend in eigener Verantwortung treffen muss. Den Kritikern ist zuzugeben, dass die in der Rechtsprechung anerkannten Ausnahmen zu eng umrissen sind. Das ändert jedoch nichts daran, dass es einer Rechtfertigung bedarf, wenn der erhobene prozessuale Anspruch, der ja auch auf den von der Spruchreife abhängigen Ausspruch abzielt, teilweise unerfüllt bleibt. Der Grundsatz, wonach die Spruchreife im Normalfall nicht an fehlenden Feststellungen tatsächlicher Art scheitern darf, ergibt sich aus der Rechtsschutzgarantie des Art. 19 Abs. 4 Satz 1 GG und aus dem Untersuchungsgrundsatz gem. § 86 Abs. 1 Satz 1 VwGO; das Prinzip der Gewaltenteilung gem. Art. 20 Abs. 2 Satz 2 GG steht dem nicht entgegen.

1814 Zusammenfassend BVerwG, Urt. v. 20.02.1992, BVerwGE 90, 18, 24; KOPP / SCHENKE, § 113 Rn. 193 m.w.Nachw.; a.A. (für ein umgekehrtes Regel-Ausnahme-Verhältnis) KOPP, Verfassungsrecht und Verwaltungsverfahrensrecht, S. 100 ff., 153 ff. und 234 ff.; MARX, S. 164 und passim; ebenso GERHARD SEIBERT, in: ZEIDLER-FS (1987), S. 483.

i) Art. 19 Abs. 4 Satz 1 GG

Klarzustellen ist, dass es hier um die Fälle geht, in denen der Kläger bewusst – ggf. trotz Hinweis des Vorsitzenden gem. § 86 Abs. 3 VwGO – die Vornahmeverpflichtung gem. § 113 Abs. 5 Satz 1 VwGO beantragt. Dann wird von dem Streitgegenstand der Verpflichtungsklage auch die Frage erfasst, ob die Sache spruchreif werden kann, d.h. der Kläger erhebt einen dahin gehenden Anspruch. Dieser Streitgegenstand bedarf einer umfassenden Entscheidung gerade durch das Gericht, an das er als prozessualer Anspruch primär gerichtet ist[1815]. Mit einer Verlagerung der Verantwortung für diesen Teil des Streitgegenstands auf die beteiligte Behörde läuft das Gericht daher Gefahr, seinen Rechtsschutzauftrag nur unzureichend zu erfüllen und die Rechtsschutzgarantie des Art. 19 Abs. 4 Satz 1 GG zu verkürzen.

ii) § 86 Abs. 1 Satz 1 VwGO

Nachdem sich aus Art. 19 Abs. 4 Satz 1 GG in Verbindung mit den Erkenntnissen über den Streitgegenstand der (Vornahme-)Verpflichtungsklage ergibt, *was* den Rechtsschutzauftrag des Gerichts ausmacht, ergibt sich aus § 86 Abs. 1 Satz 1 VwGO, *wie* dieser Rechtsschutzauftrag in tatsächlicher Hinsicht zu erfüllen ist: durch Ermittlung des Sachverhalts von Amts wegen. Diese Sachverhaltsermittlung durch das Gericht – ggf. unter Mitwirkung der Beteiligten, § 86 Abs. 1 Satz 1 HS. 1 VwGO – erfasst grundsätzlich auch die erstmalige Ermittlung von Tatsachen, auch wenn sie im Verwaltungsverfahren keine Rolle gespielt haben oder die Behörde diesen Tatsachen in keiner Weise nachgegangen ist. Diese Erstreckung des Untersuchungsgrundsatzes ergibt sich aus der weiten Fassung des § 86 Abs. 1 Satz 1 VwGO, wonach das Gericht „den Sachverhalt“ von Amts wegen erforscht. Danach beschränkt sich dieses prozessuale Instrument nicht per se auf eine retroperspektivische Nachprüfung der von der Behörde angenommenen Umstände oder deren Ablehnung durch die Behörde. Eine Einschränkung könnte sich nur aus systematischen oder teleologischen Zusammenhängen ergeben, die im Hinblick auf den Streitgegenstand der Verpflichtungsklagen jedoch gerade keine Reduktion verlangen.

1815 Siehe oben S. 238.

Insofern besteht ein entscheidender Unterschied zu der Tatsachenermittlung bei Anfechtungsklagen[1816]. Dort reicht es aus, die Unrichtigkeit der von der Behörde bei der Vornahme des Eingriffs angenommenen Tatsachen zu widerlegen, um den belastenden Verwaltungsakt aufzuheben und so wirksamen Rechtsschutz zu gewährleisten. Die bisher nicht bedachten Tatsachen, die die getroffene Regelung rechtfertigen können, sind nach dem „Dolo-agit"-Grundsatz zu berücksichtigen, soweit sie ohne nennenswerte Verzögerung des Rechtsstreits zur Überzeugung des Gerichts festgestellt werden können. Sie sind aber grundsätzlich nicht erstmalig im Prozess zu ermitteln[1817]. Prinzipiell etwas anderes gilt bei der Verpflichtungsklage. Da der Kläger verlangen kann, dass die Behörde durch ein Vornahmeurteil zum Erlass eines ganz bestimmten Verwaltungsakts verurteilt wird, sind notwendigenfalls die für ein solches Urteil vorausgesetzten Tatsachen auch dann vom Gericht in eigener Verantwortung festzustellen, wenn sie von der Behörde noch in keiner Weise geprüft worden sind (z.B. dann, wenn die Verpflichtungsklage als Untätigkeitsklage i.S.d. § 75 VwGO zulässig ist). Dann kann wirksamer Rechtsschutz gerade darin bestehen, dass das Gericht die Ermittlungen durchführt, die die Behörde längst hätte durchführen müssen.

1816 Es beruht offenbar auf einer Vermengung der unterschiedlichen Probleme bei diesen Klagearten, wenn MARX, S. 164, ohne Differenzierung – „für die Anfechtungsklage wie für die Verpflichtungsklage" – zu dem Schluss kommt: „Die Rückgabe der Sache an die zuständige Behörde bei fehlender Spruchreife sollte nicht die Ausnahme, sondern die Regel sein." Die von MARX als „Herbeiführen der Spruchreife" bezeichnete Praxis bei Anfechtungsklagen, das Tatsachengericht alternative Rechtfertigungen der Regelung eines in seiner konkreten Form rechtswidrigen Verwaltungsakts ermitteln zu lassen, wird auch hier abgelehnt (siehe oben S. 117 ff.). Diese Praxis kann aber den Ermittlungen im Hinblick auf die Spruchreife der Sache bei Verpflichtungsklagen nicht gleichgestellt werden. MARX, S. 138 f., konzediert zwar höchst unterschiedliche Auswirkungen der alternativen gerichtlichen Ermittlungen bei Anfechtungs- und Verpflichtungsklagen, zieht daraus aber keine Konsequenzen.

Wenig differenziert äußert sich insoweit auch KOPP, Verfassungsrecht und Verwaltungsverfahrensrecht, S. 153 ff., der im Zusammenhang mit Art. 19 Abs. 4 Satz 1 GG im Wesentlichen auf die Anfechtungsklage eingeht, ohne den von ihm geforderten Grundsatz der erstmaligen Ermittlung der entscheidungserheblichen Tatsachen im Verwaltungsverfahren auf belastende Verwaltungsakte zu beschränken.

Ausdrücklich bekennt sich GERHARD SEIBERT, in: ZEIDLER-FS (1987), S. 483 ff., zu der Beschränkung auf eine nachträgliche Kontrolle der behördlichen Ermittlungen auch in Bezug auf die mit der Verpflichtungsklage begehrten begünstigenden Verwaltungsakte. Die Bindung der Behörde an Gesetz und Recht sowie an die Rechtsauffassung des Gerichts bei Erlass eines Bescheidungsurteils stellten eine sachgerechte Entscheidung ausreichend sicher und die Effektivität des Rechtsschutzes nicht in Frage (DERSELBE, a.a.O., S. 483 f.). Dem ist aber entgegenzuhalten, dass der Kläger grundsätzlich darauf bestehen kann, dass das Gericht von einer noch effektiveren Entscheidung, die das Prozessrecht bereit hält, Gebrauch macht.

1817 Siehe oben S. 117 ff.

iii) Vereinbarkeit mit Art. 20 Abs. 2 Satz 2 GG

Anders als im Zusammenhang mit den materiell-rechtlichen Kontrollrestriktionen, die der Exekutive Kernbereiche sichern, steht den hier fraglichen Feststellungen des Gerichts zu den bisher nicht geprüften tatsächlichen Voraussetzungen des beantragten Verwaltungsakts – und damit zu den tatsächlichen Voraussetzungen eines Vornahmeurteils gem. § 113 Abs. 5 Satz 1 VwGO – nicht der Grundsatz der Gewaltenteilung (Art. 20 Abs. 2 Satz 2 GG) entgegen[1818]. Eine Alleinkompetenz der Exekutive bei der Feststellung von entscheidungserheblichen Tatsachen scheidet von vornherein aus, weil sie mit der Gewährleistung wirksamen Rechtsschutzes unvereinbar wäre. Entgegen der vor allem von KOPP[1819] begründeten Mindermeinung verlangt der Grundsatz der Gewaltenteilung auch nicht ein Vorrangverhältnis in der Weise, dass der Verwaltung das Recht zur Erstermittlung und -bewertung entscheidungserheblicher Sachverhalte zukäme und das Gericht auf die Nachprüfung beschränkt wäre.

KOPP rechnet auch das Recht auf behördliche Erstermittlung und -bewertung zum Kernbereich der Exekutive, weil dieser Vorbehalt der in ihrem Kern geschützten primären Verantwortung der vollziehenden Gewalt für die Rechtmäßigkeit und innere Richtigkeit ihrer Entscheidungen diene[1820]. Wenn die Gerichte nicht nur nachvollziehend, sondern originär Überlegungen anstellten, die in dem von ihnen zu überprüfenden Handeln oder Verhalten der Behörde noch gar keinen Ausdruck gefunden haben, so würden sie nicht mehr die Verwaltung kontrollieren, sondern selbst verwaltend tätig werden, obwohl ihnen dazu die Ausstattung und Erfahrung fehle[1821]. Der Bürger wäre dann des ihm nach dem Grundsatz der Gewaltenteilung und nach Art. 19 Abs. 4 GG zukommenden Schutzes beraubt, weil es dann keine andere Gewalt mehr gäbe, an die er sich wenden könne[1822].

Dazu ist zu sagen, dass nicht jede Tätigkeit, die einem von der Gewaltenteilung gewährleisteten Kernbereich zu dienen bestimmt ist, auch ihrerseits unter dem vollen Schutz der Gewaltenteilung stehen muss, denn sie ist nur ein – ggf. austauschbares – Mittel zu einem höherrangigen Zweck. Die Gleichsetzung der Erstermittlung und -bewertung mit einer Verwaltungstätigkeit lässt außer Acht, dass die Rechtsprechung in den hier interessierenden Bereichen nur zur Entscheidung

---

1818 Ebenso MARX, S. 160, der zwar den hier befürworteten Grundsatz ablehnt, aber das Prinzip der Gewaltenteilung gem. Art. 20 Abs. 2 Satz 2 GG allein für kein taugliches Kriterium hält.

1819 Verfassungsrecht und Verwaltungsverfahrensrecht, S. 234 ff.; ebenso GERHARD SEIBERT, in: ZEIDLER-FS (1987), S. 480 ff.

1820 Verfassungsrecht und Verwaltungsverfahrensrecht, S. 234 ff.;

1821 KOPP, Verfassungsrecht und Verwaltungsverfahrensrecht, S. 237.

1822 KOPP, Verfassungsrecht und Verwaltungsverfahrensrecht, S. 237.

über die Verpflichtung der Behörde zum Erlass solcher Verwaltungsakte angerufen wird, die zuvor bei der Behörde beantragt waren. Überdies hat die Behörde auch während des Prozesses jederzeit die Möglichkeit, den begehrten Verwaltungsakt zu erlassen und den Kläger so klaglos zu stellen. Die Behörde wird also keinesfalls in ihrem Recht des ersten Zugriffs auf die Sachentscheidung beschnitten. Ferner wird der durch die Gewaltenteilung gezogene Rahmen, innerhalb dessen die Rechtsprechung die Verwaltung nur kontrollieren aber nicht ersetzen darf, mit den hier behandelten Erstermittlungen und -beurteilungen nicht verlassen. Denn zum einen wird der begehrte Verwaltungsakt nie von dem Gericht selbst erlassen, sondern nur die Behörde zu ihrem Erlass verpflichtet; zum anderen bedeutet Kontrolle nicht nur Nachprüfung, sondern auch Aufsicht. Die Wirksamkeit der im Einzelfall notwendigen Aufsicht des Verwaltungsgerichts über die Behörde wäre in Frage gestellt, wenn das Gericht darauf beschränkt wäre, eingetretene Fehler aufzuzeigen. Die Wirksamkeit setzt vielmehr voraus, dass das Gericht im Rahmen des Streitgegenstands vorgeben darf, wie der Fall richtigerweise zu entscheiden ist.

Festzuhalten ist, dass sich auch aus dem Grundsatz der Gewaltenteilung kein grundsätzliches Verbot verwaltungsgerichtlicher Erstermittlungen oder erstmaliger Sachentscheidungen ergibt. Zu berücksichtigen sind die verfassungsrechtlichen Vorgaben des Art. 20 Abs. 2 Satz 2 GG nur bei dem Umfang der Ausnahmen von dem Grundsatz der möglichst abschließenden Sachentscheidung. Denn die Gewaltenteilung kommt zwar nicht in der Weise zum Tragen, dass sie der Rechtsprechung verböte, der Verwaltung eine ihr anvertraute Kompetenz wegzunehmen. Da die Rechtsprechung aber nicht in einer Weise mit quasi gewaltenneutralen Aufgaben überfrachtet werden darf, dass es zu Einbußen bei der Gewährleistung der ausschließlich ihr übertragenen Rechtsschutz-Funktionen kommt[1823], ergeben sich aus dem Grundsatz der Gewaltenteilung dem Umfang nach im Verhältnis zur Exekutive Einschränkungen der gerichtlichen Erstermittlung und -bewertung von Sachverhalten[1824].

Insgesamt lässt sich feststellen, dass es keinen Automatismus gibt – weder dahin gehend, dass dem Verwaltungsgericht die Erstermittlung und -bewertung immer versagt wäre, noch dahin gehend, dass es diese Aufgaben immer wahrnehmen müsste. Zu befürworten ist aber der – mit Art. 20 Abs. 2 Satz 2 GG vereinbare – Grundsatz, dass das Gericht den prozessualen Anspruch so weit wie möglich erfüllt und dazu im Zweifel alle notwendigen Feststellungen tatsächlicher und rechtlicher Art in eigener Verantwortung trifft.

1823 BETTERMANN, in: HStR III, § 73 Rn. 8; SCHMIDT-ASSMANN, in: MENGER-FS (1985), S. 110.

1824 SCHMIDT-ASSMANN, in: MENGER-FS (1985), S. 111.

b. Ausnahmsweise ist das Gericht aus funktionellen Gründen an den zur Bejahung der Spruchreife erforderlichen tatsächlichen Feststellungen gehindert

Die volkstümliche Weisheit, dass Ausnahmen die Regel bestätigen, gilt auch für den soeben bejahten Grundsatz der abschließenden gerichtlichen Feststellungen zu den Voraussetzungen des Klagebegehrens. Das Bedürfnis nach Ausnahmen besteht unbeschadet der Ableitung dieses Grundsatzes aus Art. 19 Abs. 4 Satz 1 GG, denn die Rechtsschutzgewährung ist zu einem „knappen Gut" geworden, dessen exzessive Wahrnehmungen an der einen Stelle zu faktischen Verhinderungen, Verzögerungen und damit zu Vorenthaltungen an anderer Stelle führen können[1825]. Da normative Vorgaben fehlen, muss sich die nähere Konkretisierung des Regel-Ausnahme-Verhältnisses an den funktionellen Unterschieden zwischen der rechtsprechenden und der vollziehenden Gewalt orientieren[1826]. Im Anschluss an eine kurze Darstellung dieser Unterschiede werden die hier befürworteten Ausnahmen erörtert, unterteilt nach generell zwingenden und abwägungsbedürftigen Ausnahmen (hier: absolute und relative Funktionsvorbehalte zu Gunsten der Verwaltung).

i) Allgemeines zu den strukturellen Unterschieden zwischen Rechtsprechung und Verwaltung

Die hier allein mögliche Darstellung der strukturellen Unterschiede zwischen der rechtsprechenden und der vollziehenden Gewalt muss sich auf eine Skizze beschränken. Es geht insbesondere nicht um das – hier ohnehin aussichtslose – Unterfangen, Definitionen der Rechtsprechung und der Verwaltung zu liefern, sondern darum, typische Merkmale herauszustellen. Denn es darf angenommen werden, dass sich die im Zusammenhang mit der Bearbeitungsintensität bei Verpflichtungsklagen interessierenden funktionellen „Hochburgen" dieser beiden Gewalten nach ihren typischen Funktionen richten.

Organisatorisch zeichnen sich Richter als Entscheidungsträger der dritten Gewalt durch ihre sachliche und persönliche Unabhängigkeit aus, die vor allem in Art. 97

1825 PAPIER, in: HStR VI, § 154 Rn. 8.

1826 Vgl. zu einem solchen funktionalen Ansatz BVerfG, Urt. v. 18.12.1984, BVerfGE 68, 1, 87 f., 109; BVerfG, Beschl. v. 29.10.1987, BVerfGE 77, 170, 215. Dieser funktionelle Ansatz darf freilich nicht zu der Leerformel verleiten, das Gericht habe sich „bei der Aufklärung und Herbeiführung der Spruchreife im Rahmen seiner wohlverstandenen Pflichten zu halten" (so aber ERNST GÜNTHER RICHTER, DVBl. 1960, 885, 887).

Abs. 1 GG verbürgt ist[1827]. Typische Merkmale der Verwaltungsorganisation sind dagegen die Weisungsgebundenheit und ein monokratischer Behördenaufbau[1828]. Der Richter bezieht seine Autorität aus seiner Unabhängigkeit und seiner Kompetenz bei der Entscheidung von Rechtsfragen mittels streng dogmatischer und systematischer Argumentation; dagegen ist die Verwaltung über ihre Rückbindung an das Parlament, den Gemeinderat oder die Verbandsversammlung stärker demokratisch legitimiert[1829].

Die Zielsetzung der gerichtlichen Tätigkeit besteht typischerweise – unabhängig davon, ob diese Merkmale immer und ausschließlich auf die Rechtsprechung zutreffen – in der einzelfallbezogenen[1830] und endgültigen[1831] Streitentscheidung durch einen unbeteiligten Dritten[1832]. Dabei folgt aus der Neutralität des Gerichts seine Passivität, d.h. das Gericht wird nicht von sich aus tätig, sondern nur auf Antrag[1833]. Die Tätigkeit der Verwaltung ist hingegen vor allem vorausschauend, dynamisch und aktiv[1834]. Bei allen Schwierigkeiten, die Verwaltung positiv zu definieren, ist ein wesentliches Merkmal jedenfalls die „selbstbeteiligt ausführende und gestaltende Wahrnehmung von Angelegenheiten“[1835]. Die Unterscheidung der spezifischen Zweckbestimmungen von Rechtsprechung und Verwaltung lässt sich zusammenfassend mit dem Begriffspaar „Streitentscheidung“ und „Gestaltung von Lebenssachverhalten“ beschreiben[1836], bzw. auf die Formel bringen, dass die Rechtsprechung Kontrollkompetenzen wahrnimmt und die Verwaltung Handlungskompetenzen[1837].

1827 MENGER, S. 46 ff.; V.MUTIUS, in: MENGER-FS (1985), S. 579; WEYREUTHER, UPR 1986, 121, 125.

1828 V.MUTIUS, in: MENGER-FS (1985), S. 580.

1829 BROHM, NJW 1984, 8, 12; vgl. auch BVerfG, Beschl. v. 16.12.1992, BVerfGE 88, 40, 61: Ihren „Handlungsspielraum muß die Verwaltung kraft ihrer eigenen verfassungsrechtlichen Legitimation ausfüllen. Sie unterliegt insoweit der parlamentarischen Kontrolle, nicht aber einer gerichtlichen Kontrolle.“

1830 OTTO MAYER, § 1 II 2, S. 6; MENGER, S. 49; SCHMIDT-ASSMANN, in: MENGER-FS (1985), S. 117 f.; WEYREUTHER, UPR 1986, 121, 125.

1831 BVerwG, 06.06.1975, BVerwGE 48, 271, 276; BETTERMANN, in: HStR III, § 73 Rn. 38; JELLINEK, § 1 I, S. 5; WOLFF / BACHOF / STOBER, § 20 Rn. 44; WEYREUTHER, UPR 1986, 121, 125.

1832 ACHTERBERG, in: MENGER-FS (1985), S. 141; STÜER, in: MENGER-FS (1985), S. 789.

1833 BETTERMANN, in: HStR III, § 73 Rn. 35.

1834 SCHMIDT-ASSMANN, in: MENGER-FS (1985), S. 113.

1835 WOLFF / BACHOF / STOBER, § 2 Rn. 12.

1836 BVerwG, 06.06.1975, BVerwGE 48, 271, 276; STÜER, in: MENGER-FS (1985), S. 789.

1837 BETTERMANN, in: HStR III, § 73 Rn. 31; SCHMIDT-ASSMANN, in: MENGER-FS (1985), S. 115; GERHARD SEIBERT, in: ZEIDLER-FS (1987), S. 481, allerdings mit einem engen Verständnis der Kontrollkompetenzen.

Die Entscheidungsmaßstäbe der Rechtsprechung sind allein der zu vollziehenden Rechtsordnung zu entnehmen[1838]. Die Entscheidungs- bzw. Handlungsmaßstäbe der Verwaltung dagegen umfassen „alle Facetten der Zweckmäßigkeit im Sinne der Sachgerechtigkeit, also insbesondere politische, soziale, ökonomische, ökologische, naturwissenschaftliche historische, kulturelle, ‚fiskalische' usw. Aspekte", zu denen „Formalziele" der Entscheidung (wie Kostengünstigkeit, Schnelligkeit oder Akzeptanz) hinzutreten[1839]. Diese Maßstäbe betreffen auch die Interpretation und Anwendung des Untersuchungsgrundsatzes, denn je nach dem, ob die Entscheidung nur von der Rechtmäßigkeit geleitet ist oder auch von der Zweckmäßigkeit in diesem weiten Sinne, sind unterschiedliche Faktoren zu ermitteln[1840].

Hinsichtlich der Arbeitsweisen ist hervorzuheben, dass gerichtliche Entscheidungen konzentriert von einem Spruchkörper getroffen werden müssen. Im Verantwortungsbereich der öffentlichen Verwaltung können dagegen Informationsverarbeitungsprozesse sehr viel stärker untergliedert und Ermittlungstätigkeiten besser arbeitsteilig bewerkstelligt werden[1841]. Ferner sind die Gerichte einem strenger formalisierten Verfahren verpflichtet und auf diese Weise stärker gegen den Verdacht undurchschaubarer Einflüsse abgeschirmt[1842]. Die demgegenüber das Verwaltungsverfahren kennzeichnende Flexibilität (vgl. § 10 VwVfG) korrespondiert mit einer großzügigeren Heilung und Unbeachtlichkeit von Verfahrensfehlern[1843].

Es liegt nach alledem auf der Hand, dass die unterschiedlichen Verfahrensstrukturen mit unterschiedlichen Verfahrensqualitäten einhergehen. Gerichtliche Verfahren sind meist gründlicher[1844]. Diese „Präzision, die unter bewußter Inkaufnahme zeitlicher Dauer durch sorgfältig-individualisiertes Vorgehen erzielt wird", kann ihre Funktion aber nur dort sinnvoll erfüllen, wo die Zahl der Beteiligten und der Streitstoff begrenzt bleiben; die gerichtstypische Selektivität wirkt sich beispielsweise dort hinderlich aus, wo es auf die Bewältigung von Massenverfahren oder auf politische Konsenssuche mit Mehrheiten und Minderheiten ankommt[1845].

1838 BROHM, NJW 1984, 8, 12.

1839 V.MUTIUS, in: MENGER-FS (1985), S. 582. WAHL, VVDStRL 41 (1983), S. 157, spricht von einem „magischen Viereck" der Rechtmäßigkeit, Wirtschaftlichkeit, Zweckmäßigkeit und Bürgernähe. Allerdings dürfte der Oberbegriff der Zweckmäßigkeit neben der Rechtmäßigkeit bereits alle anderen Aspekte in sich aufnehmen.

1840 V.MUTIUS, in: MENGER-FS (1985), S. 583.

1841 V.MUTIUS, in: MENGER-FS (1985), S. 588.

1842 WEYREUTHER, UPR 1986, 121, 125.

1843 V.MUTIUS, in: MENGER-FS (1985), S. 582; WEYREUTHER, UPR 1986, 121, 125.

1844 BVerwG, 06.06.1975, BVerwGE 48, 271, 276; WEYREUTHER, UPR 1986, 121, 125.

1845 SCHMIDT-ASSMANN, in: MENGER-FS (1985), S. 117 f.

ii) Absolute Funktionsvorbehalte zu Gunsten der Verwaltung

Es kommt vor, dass die für den Erlass eines Vornahmeurteils notwendigen tatsächlichen Feststellungen aus funktionellen Gründen der Verwaltung vorbehalten bleiben müssen, weil ihnen jeder Bezug zu den Spezifika der Rechtsprechung fehlt und sie nur im Wege originärer Verwaltungstätigkeit getroffen werden können oder sie eine untrennbare Einheit mit nicht strikt gebundenen Verwaltungsentscheidungen eingehen. Diese Bereiche werden hier als absolute Funktionsvorbehalte zu Gunsten der Verwaltungstätigkeit bezeichnet, da sie ein unüberwindbares Hindernis gegen abschließende Feststellungen im gerichtlichen Verfahren bilden.

(1) Fachbehördeneigenschaft?

Das in der Rechtsprechung favorisierte Kriterium der verfahrensrechtlich vorgesehenen Fachbehörde[1846] soll offenbar einen absoluten Funktionsvorbehalt beschreiben, der zur Beschränkung auf ein Bescheidungsurteil führen müsse. Denn in den einschlägigen Entscheidungen weist das Bundesverwaltungsgericht darauf hin, dass die weiter gehende Prüfung in eigener Verantwortung nicht vorgenommen werden könne bzw. dürfe[1847]. Das Kriterium ist jedoch als solches – abgesehen davon, dass es vielfach nicht konsequent gehandhabt wird – nicht geeignet, eine Ausnahme von dem Grundsatz der abschließenden Feststellungen des Gerichts zu den Voraussetzungen des Klagebegehrens zu begründen, und zwar deshalb, weil diese Ausnahmen nach dem Inhalt der notwendigen Prüfungen zu bestimmen sind und nicht nach Verfahrensvorschriften oder abstrakten Behördeneigenschaften.

Bezeichnenderweise führt das Bundsverwaltungsgericht das Kriterium der Fachbehörde gerade in den Bereichen an, in denen bereits die Anerkennung eines ma-

---

1846 Siehe zu dieser Rechtsprechung und zu der nach hiesiger Auffassung mangelnden Konsequenz in der Anwendung dieses Kriteriums oben S. 439 ff.

1847 BVerwG, Beschl. v. 08.01.1963, DVBl. 1963, 263, 264: „Ist – wie im vorl. Fall – für eine fachliche Prüfung eine besondere Behörde vorgesehen, so darf das Gericht diese Prüfung der Fachbehörde nicht aus der Hand nehmen und an sich ziehen, sondern hat sich auf ihre spätere Nachprüfung zu beschränken". BVerwG, Beschl. v. 04.12.1974, BVerwGE 46, 356, 359 (die sprachliche Ungenauigkeit entstammt dem Original): „Eigene Ermittlungen darüber anzustellen, ob der Antragsteller jetzt wenigstens die Wertung ‚zeitlich verwendungsfähig' erhalten müsse, sind dem Senat im vorliegenden Verfahren verwehrt." BVerwG, Urt. v. 08.12.1992, NVwZ-RR 1993, 619: „Denn das Gericht kann die bisher unterbliebene Sachkundeprüfung weder selbst noch unter Hinzuziehung eines Sachverständigen durchführen."

teriell-rechtlichen Beurteilungsspielraums angezeigt ist[1848]. Wenn die inhaltliche Entscheidung nur von der Verwaltung getroffen werden darf, muss sie – abgesehen von eng begrenzten Ergänzungsmöglichkeiten – auch im Verwaltungsverfahren getroffen werden[1849]. Neben diesen materiell-rechtlichen Vorbehalten ist aber für einen gesonderten Verfahrensvorbehalt zu Gunsten von Fachbehörden kein Raum. Fachbehörden sind kaum sinnvoll zu definieren, weil praktisch jede Behörde spezielle Aufgaben wahrnimmt und über besondere Fachkenntnisse auf ihrem Gebiet und über besondere sachliche Mittel zur Erfüllung der spezifischen Anforderungen verfügt. Auch die Abgrenzung mittels Verfahrensvorschriften ist – wiederum abgesehen von den praktischen Schwierigkeiten – höchst problematisch, denn eine derartige Aufwertung der Verfahrensvorschriften widerspricht nicht nur den erklärten Zielen des Gesetzgebers des Bauordnungsrechts, für das Ausnahmen wegen verfahrensrechtlich verbürgter Fachbehördenzuständigkeiten angenommen werden[1850], sondern allgemein den Zielen des Verwaltungsverfahrens-Gesetzgebers (vgl. § 45 Abs. 2 und § 46 VwVfG n.F.)[1851]. Konsequent ist daher allein die Bestimmung von Funktionsvorbehalten anhand der Qualität der notwendigen Feststellungen.

(2) Zusammenhang der tatsächlichen Feststellungen mit gestaltenden Verwaltungstätigkeiten

Ein an dem Inhalt der vorzunehmenden Prüfungen orientierter absoluter Funktionsvorbehalt besteht dann, wenn die zu treffenden Feststellungen sich nicht in einer nachvollziehenden Ermittlung von Tatsachen erschöpfen, sondern mit einer Gestaltung von Tatsachen zusammenfallen. Dieses Phänomen hat der VGH Mannheim im Zusammenhang mit der Auslosung von Studienplätzen unter einer Überzahl von Rechtsschutz suchenden Bewerbern im Ergebnis zutreffend beschrieben[1852]. Dabei handelt es sich um die erstmalige Schaffung von Tatsachen, mithin um keine Rechtsanwendung, sondern eine gestaltende Tätigkeit. Es handelt

---

1848 Siehe oben S. 441 ff. Interessant ist auch die – materiell-rechtliche – Begründung der Ablehnung der Fachbehördeneigenschaft bei BVerwG, Urt. v. 06.07.1998, BVerwGE 107, 128, 129 = NVwZ 1999, 65, 66: Dem Bundesamt für die Anerkennung ausländischer Flüchtlinge stehe keine „Einschätzungsprärogative" zu. Zur Überschneidung von „Fachbehörde" und Beurteilungsspielraum auch KOPP / SCHENKE, § 113 Rn. 199.

1849 Siehe oben S. 398 ff.

1850 Siehe oben S. 439 ff.

1851 Siehe dazu BT-Drucks. 13/3995, S. 8.

1852 VGH Mannheim, Urt. v. 09.04.1981, DVBl. 1981, 1011. Siehe dazu oben S. 427.

sich mit anderen Worten tatsächlich um die „*Verwaltung* eines Mangels“[1853], die von der dafür zuständigen Exekutive geleistet werden muss.

(3) Zusammenhang der tatsächlichen Feststellungen mit Entscheidungsfreiräumen der Verwaltung

Ein absoluter Funktionsvorbehalt ist auch in der Weise denkbar, dass die Feststellung bereits in der Lebenswirklichkeit angelegter und damit an sich ermittelbarer Tatsachen von einer nicht strikt gebundenen und damit ausschließlich im Verwaltungsverfahren zu treffenden Entscheidung abhängt. Das ist beispielsweise der Fall bei der Verdrängungsklage eines Bewerbers um eine kontingentierte Leistung, die erst mit der Aufhebung der Begünstigung eines Konkurrenten wieder verfügbar wird[1854]. Im Verhältnis zu dem zu Unrecht übergangenen Kläger, der einen Anspruch auf die Leistung besitzt, kann die Vornahmeverpflichtung der Behörde nur an der Tatsache der fehlenden Verfügbarkeit scheitern. Die abschließende Feststellung zur Verfügbarkeit ist aber von der Entscheidung über die Aufhebung einer Fremdbegünstigung abhängig. Diese Entscheidung, die regelmäßig gem. § 48 VwVfG im Ermessen der Behörde steht, kann nur im Verwaltungsverfahren getroffen werden, so dass der Behörde trotz des gebundenen Anspruchs des Verpflichtungsklägers ein absoluter Funktionsvorbehalt zusteht.

Entsprechendes gilt z.B. dann, wenn die Erfüllung der Voraussetzungen eines Anspruchs auf eine Genehmigung nach dem Bundes-Immissionsschutzgesetz mit Bedingungen und Auflagen sichergestellt werden kann, die nach Zweckmäßigkeitserwägungen der Behörde getroffen werden[1855]. Dann bildet die Feststellung zur Erfüllung der Voraussetzungen des gebundenen Anspruchs aus § 6 BImSchG eine untrennbare Einheit mit einer Ermessensentscheidung der Verwaltung nach § 12 Abs. 1 BImSchG[1856].

1853 HAAS, DVBl. 1974, 22, 23, zustimmend zitiert von BVerfG, Beschl. v. 09.04.1975, BVerfGE 39, 258, 269 ff. = NJW 1975, 1504, 1506; vgl. auch BERG, Der Staat 1976, 1 ff. Hervorhebung nur hier.

1854 Siehe dazu oben S. 430.

1855 Siehe oben S. 445.

1856 Insofern geht die hier vertretene Auffassung weiter als die des BVerwG, Urt. v. 14.04.1989, DVBl. 1989, 1050, 1051; bestätigt von BVerwG, Beschl. v. 27.11.1997, NVwZ-RR 1999, 74. Nach dortiger Auffassung ist es nicht zwingend geboten, sondern nur „gerechtfertigt [...], daß das Tatsachengericht davon absieht, die Sache spruchreif zu machen“ (BVerwG, a.a.O. mit identischen Formulierungen).

iii) Relative Funktionsvorbehalte zu Gunsten der Verwaltung

Neben den soeben aufgezeigten zwingenden Gründen für den Erlass eines Bescheidungsurteils bei teilweise offenem Sachverhalt sind weitere Funktionsvorbehalte zu Gunsten der Ermittlung von Tatsachen im Verwaltungsverfahren aus Gründen zu befürworten, die eine Abwägung verlangen[1857]. Diese Abwägung muss nicht immer zum Nachteil des Grundsatzes von der abschließenden Feststellung der entscheidungserheblichen Tatsachen im Prozess ausgehen. Ausschlaggebend sind insoweit die Umstände des Einzelfalls. Dem erkennenden Gericht steht bei der Abwägung ein Spielraum zu. Diese Ausnahmen werden hier als relative Funktionsvorbehalte bezeichnet.

(1) Argumente für die Ermittlung im Verwaltungsverfahren, insbesondere aus prozessökonomischen Gründen

(a) Erfordernis einer mit den erforderlichen Mitteln ausgerüsteten Behörde?

In der Rechtsprechung wird abgesehen von dem hier bereits abgelehnten Kriterium der verfahrensrechtlich vorgesehenen Fachbehörde für maßgeblich erachtet, ob es „zur abschließenden Sachaufklärung einer mit den erforderlichen Mitteln ausgerüsteten Behörde bedarf“[1858]. Anders als in den Fachbehörden-Fällen heben die Gerichte dann zumeist nicht darauf ab, dass ihnen die abschließenden Feststellungen verwehrt seien, sondern darauf, dass ein Absehen von abschließenden Feststellungen im Prozess gerechtfertigt und die weitere Prüfung im Verwaltungsverfahren zweckmäßig sei[1859]. Damit ist der relative Funktionsvorbehalt angesprochen. Das Axiom, wonach Ausnahmen von dem Grundsatz der „Herbeiführung der Spruchreife“ zulässig sind, wenn es „zur abschließenden Sachaufklärung einer mit den erforderlichen Mitteln ausgerüsteten Behörde bedarf“, ist mit diesem relativen Funktionsvorbehalt streng genommen inkompatibel, denn die Aussage, dass es der Behördentätigkeit „bedarf“, impliziert die Aussage, dass die Tätigkeit des Gerichts nicht ausreicht. In diesem Sinne ist die Voraussetzung aber

---

1857 Für eine Abwägung unter Berücksichtigung der funktionellen Unterschiede zwischen Gerichtsbarkeit und Verwaltung auch STÜER, in: MENGER-FS (1985), S. 790.

1858 BVerwG, Beschl. v. 14.05.1982, DVBl. 1983, 33, 34; BVerwG, Urt. v. 20.02.1992, BVerwGE 90, 18, 24.

1859 BVerwG, Urt. v. 16.01.1974, BVerwGE 44, 278, 283: Ein Bescheidungsurteil genüge. VGH Mannheim Urt. v. 20.05.1985, NVwZ 1987, 66, 67: Das Bescheidungsurteil sei „ausnahmsweise angebracht“. OVG Münster, Urt. v. 22.12.1995, GewArch. 1996, 287, 289: Gerichtliche Ermittlungen seien „nicht sachdienlich“.

erkennbar nicht gemeint. Es lohnt sich auch nicht, diesen Ansatz weiter zu verfolgen, denn damit ist im Grunde nur ein weit gefasster Obersatz aufgestellt. Die spannende Frage ist ja gerade, unter welchen Voraussetzungen die Tätigkeit einer mit den erforderlichen Mitteln ausgestatteten Behörde sinnvoll ist.

(b) § 113 Abs. 3 VwGO analog?

Angesichts der Unebenheiten in der Praxis wurde verschiedentlich die Forderung nach einer gesetzlichen Regelung des Bescheidungsurteils in Fällen gebundener Verwaltungsakte bei teilweise offenem Sachverhalt erhoben[1860]. Eine entsprechende Regelung sah der Entwurf einer Verwaltungsprozessordnung (EVwPO) in § 125 Abs. 2 für ausstehende Ermittlungen oder Berechnungen zu der Höhe eines Anspruchs vor[1861]. Mit dem 4. VwGO-Änderungsgesetz vom 17. Dezember 1990[1862] wurden Regelungen über die Entscheidung mit gewissermaßen zurückverweisender Wirkung jedoch lediglich für die Anfechtungsklage in § 113 Abs. 2 Satz 2 VwGO und § 113 Abs. 3 VwGO n.F. in die Verwaltungsgerichtsordnung aufgenommen[1863]. Für diese Regelungen gab es Vorbilder in § 124 Abs. 2 und Abs. 3 EVwPO[1864].

Nachdem sich zunächst eine vorsichtige Tendenz zur Befürwortung einer analogen Anwendbarkeit des (im Unterschied zu § 113 Abs. 2 Satz 2 VwGO nicht auf Geldleistungs-Verwaltungsakte beschränkten) § 113 Abs. 3 VwGO auf Verpflich-

---

1860 Vgl. STELKENS, NVwZ 1982, 81, 84; PAPIER, in: ULE-FS (1987), S. 252.

1861 BR-Drucks. 100/82, S. 31; ebenso BT-Drucks. 10/3427, S. 31. § 125 Abs. 2 EVwPO lautet: „Ist bei einer Verpflichtungsklage die Sache nicht spruchreif, spricht das Gericht die Verpflichtung aus, den Kläger unter Beachtung der Rechtsauffassung des Gerichts zu bescheiden. Das Gericht kann auch dann zur Bescheidung verpflichten, wenn es wegen der Art oder des Umfangs der erforderlichen Ermittlungen oder Berechnungen sachdienlich ist, die Höhe der Leistungen im Verwaltungsverfahren festzusetzen. Satz 2 gilt für die mit einer Anfechtungsklage verbundenen sonstigen Leistungsklagen entsprechend."

1862 BGBl. I, S. 2809.

1863 Siehe dazu oben S. 138 ff.

1864 Vgl. BR-Drucks. 100/82, S. 30 f.; ebenso BT-Drucks. 10/3427, S. 30 f. Darauf Bezug nehmend BT-Drucks. 11/7030.

tungsklagen abzeichnete[1865], hat sich inzwischen die Auffassung weitgehend durchgesetzt, dass § 113 Abs. 3 VwGO auf Verpflichtungsklagen weder unmittelbar noch entsprechend anwendbar sei[1866]. Zur Begründung wird darauf verwiesen, dass der Gesetzgeber mit der Bezugnahme nur auf § 124 Abs. 2 und Abs. 3 EVwPO eine entsprechende Regelung für die Verpflichtungsklage bewusst unterlassen habe[1867] und der Zweck der Neuregelung bei der Verpflichtungsklage nicht in vergleichbarer Weise zum Tragen käme[1868]. Teilweise wird auch betont, dass bei sachgerechter Handhabung des § 113 Abs. 5 Satz 2 VwGO kein Bedürfnis für eine Analogie bestehe[1869].

MEINES Erachtens ist der zweitgenannten Auffassung im Ergebnis zuzustimmen, den Begründungen jedoch nur zum Teil.

Bei der Würdigung des gesetzgeberischen Willens ist klarstellend zu berücksichtigen, dass nicht nur eine Neuregelung für die Verpflichtungsklage unterblieben ist, sondern auch ein Kommentar des Gesetzgebers zum Fehlen einer solchen Regelung. Es wäre daher verfehlt, in diese schlichte Unterlassung hineinzuorakeln,

---

1865 BVerwG – 9. Senat –, Urt. v. 07.03.1995, DVBl. 1995, 857, 858 = NVwZ 1996, 80: „Der hier anzuwendenden Prozeßordnung selbst läßt sich in § 113 Abs. 3 VwGO – unabhängig davon, ob diese Vorschrift auf Anfechtungsklagen beschränkt ist – jedenfalls der Rechtsgedanke entnehmen, daß die Verwaltungsgerichte auch bei der Kontrolle eines rechtlich gebundenen Verwaltungsakts nicht in jedem Falle selbst die Spruchreife herbeiführen müssen, sondern bei erheblichen Aufklärungsdefiziten der Behörde Gelegenheit geben können, eine den Streitstoff erschöpfende Sachentscheidung zu treffen."; offengelassen bei BVerwG – 4. Senat –, Urt. v. 16.03.1993, NVwZ 1994, 266, 267; für eine analoge Anwendung OVG Lüneburg, Urt. v. 18.07.1994, GewArch. 1995, 75, 77, OVG Münster, Urt. v. 22.12.1995, GewArch. 1996, 287, 289; VG München, Urt. v. 26.09.1995, GewArch. 1996, 173, 175; JÖRG SCHMIDT, in: EYERMANN, § 113 Rn. 40; ebenso noch SCHENKE, 5. Aufl. (1997), Rn. 847; anders DERSELBE, 7. Auflage (2000), Rn. 847.

1866 BVerwG – 9. Senat –, Urt. v. 06.07.1998, BVerwGE 107, 128, 130 = NVwZ 1999, 65, 66; zuvor schon OVG Münster, 13.01.1992, NVwZ-RR 1992, 520; OVG Hamburg, Beschl. v. 26.03.1992, NVwZ-RR 1993, 55; DEMMEL, S. 27; GERHARDT, in: SCHOCH / SCHMIDT-ASSMANN / PIETZNER, § 113 Rn. 55; KOPP / SCHENKE, § 113 Rn. 166; REDEKER / V. OERTZEN, § 113 Rn. 24; SCHENKE, DÖV 1996, 529, 540; SPANNOWSKY, in: NK-VWGO, § 113 Rn. 197; STELKENS, NVwZ 1991, 209, 216 f.

1867 BVerwG, Urt. v. 06.07.1998, BVerwGE 107, 128, 131 = NVwZ 1999, 65, 66; OVG Hamburg, Beschl. v. 26.03.1992, NVwZ-RR 1993, 55.

1868 BVerwG, Urt. v. 06.07.1998, BVerwGE 107, 128, 130 = NVwZ 1999, 65, 66, mit dem Hinweis auf den fehlenden Nutzen „der bloßen Aufhebung des ablehnenden Behördenbescheides". Vgl. aber auch KOPP / SCHENKE, § 113 Rn. 166: Bei der Anfechtungsklage begünstige die trotz möglichen Fehlens eines Beseitigungsanspruchs erfolgende Aufhebung gem. § 113 Abs. 3 VwGO den Kläger, während bei der Verpflichtungsklage das Absehen von gerichtlichen Ermittlungen zu Verzögerungen und damit zu Benachteiligungen des Klägers führen könne.

1869 KOPP / SCHENKE, § 113 Rn. 166.

der Gesetzgeber lehne für Verpflichtungsklagen im Zusammenhang mit gebundenen Verwaltungsakten Entscheidungen mit quasi zurückverweisender Wirkung ab. Es ist ebenso gut möglich, dass der Gesetzgeber die seit langem auch in der Rechtsprechung praktizierten Ausnahmen von dem Grundsatz der abschließenden Feststellungen im Prozess als ausreichend angesehen hat und darüber hinaus gesetzliche Klarstellungen einer grundlegenderen Reform des Verwaltungsprozessrechts vorbehalten wollte.

Was die vermeintliche Zweckverfehlung angeht, so kann dieser Begründung hier nicht gefolgt werden. Insbesondere überzeugt es nicht, wenn das Bundesverwaltungsgericht darauf abstellt, der Kläger erringe „mit der bloßen Aufhebung des ablehnenden Behördenbescheides nur einen Teilerfolg, der ihm regelmäßig keine Verbesserung seiner materiell-rechtlichen Position bringt“[1870]. Es geht ja nicht um die Übertragung einer rein kassatorischen Entscheidung auf die Verpflichtungsklage, sondern um den Erlass eines Bescheidungsurteils unter den in § 113 Abs. 3 Satz 1 VwGO beschriebenen Voraussetzungen, d.h. in den Fällen erheblicher Sachaufklärungsdefizite, die besser von der Behörde behoben werden könnten[1871]. Mit einem Bescheidungsurteil käme der Kläger dem angestrebten Verwaltungsakt durchaus näher. Es ist nach der hier vertretenen Auffassung aber auch nicht so, dass mit der Entscheidung über die Anfechtungsklage nach § 113 Abs. 3 Satz 1 VwGO „dem Begehren des Klägers mit der Aufhebung eines ihn belastenden, seine Rechte verletzenden Verwaltungsakts auf der Grundlage des nur teilweise aufgeklärten Sachverhalts in vollem Umfang stattgegeben“ wird[1872]. Vielmehr bleibt auch bei der Anfechtungsklage, die auf den vollen Erfolg eines Ausspruchs nach § 113 Abs. 1 Satz 1 VwGO abzielt, die Entscheidung gem. § 113 Abs. 3 Satz 1 VwGO teilweise hinter dem Klagebegehren zurück[1873]. Dann ist aber die Interessenlage bei beiden Klagearten die gleiche, denn sowohl bei der Entscheidung gem. § 113 Abs. 3 Satz 1 VwGO als auch bei Erlass eines Bescheidungsurteils gem. § 113 Abs. 5 Satz 2 VwGO wird die gerichtliche Bearbeitungstiefe reduziert und eine Entscheidung mit weniger weit reichenden Wirkungen getroffen.

Entscheidend ist, dass für eine Analogie mangels Regelungslücke kein Bedürfnis besteht. Ein solches Bedürfnis kann man nur sehen, wenn man den Grundsatz der abschließenden gerichtlichen Feststellungen als unabdingbares Postulat überbewertet. Dem steht aber der Umstand entgegen, dass mit § 113 Abs. 5 Satz 2

1870 BVerwG, Urt. v. 06.07.1998, BVerwGE 107, 128, 130 = NVwZ 1999, 65, 66.

1871 Vgl. insoweit nur OVG Lüneburg, Urt. v. 18.07.1994, GewArch. 1995, 75, 77.

1872 So aber BVerwG, Urt. v. 06.07.1998, BVerwGE 107, 128, 130 = NVwZ 1999, 65, 66, im Anschluss an GERHARDT, in: SCHOCH / SCHMIDT-ASSMANN / PIETZNER, § 113 Rn. 51.

1873 Siehe oben S. 263 ff.

VwGO bereits ausdrücklich die Möglichkeit einer eingeschränkten Entscheidung über die Verpflichtungsklage vorgesehen ist. Der Wortlaut dieser Vorschrift bietet keine Anhaltspunkte für eine Beschränkung auf materiell-rechtliche Kontrollrestriktionen[1874], die Systematik legt das Gegenteil nahe[1875], die historische Auslegung ergibt, dass zurückverweisende Entscheidungen bei der Verpflichtungsklage keineswegs absolut ausgeschlossen werden sollten[1876], und die teleologische Auslegung spricht insbesondere unter Berücksichtigung des Art. 19 Abs. 4 Satz 1 GG in Verbindung mit den funktionellen Besonderheiten der Rechtsprechung und der Verwaltung in vielen Fällen für eine derartige Handhabung[1877]. Damit ist keine Regelungslücke zu verzeichnen, sondern eher ein Vollzugsdefizit im Hinblick auf § 113 Abs. 5 Satz 2 VwGO. Folglich wäre die Analogie zu § 113 Abs. 3 Satz 1 VwGO gänzlich überflüssig, um zu begründen, *dass* Ausnahmen von dem Grundsatz der abschließenden Feststellungen im Prozess möglich sind. Bei der Beantwortung der Frage, *wie* diese Ausnahmen im Einzelnen beschaffen sind, ist die Heranziehung des § 113 Abs. 3 Satz 1 VwGO wenig hilfreich bzw. sogar hinderlich. Bei der Untersuchung der Anwendungsmöglichkeiten des § 113 Abs. 3 Satz 1 VwGO hat sich gezeigt, dass die darin bezeichneten Voraussetzungen in höchstem Maße auslegungsbedürftig sind und die Anwendung dieser Vorschrift ihrerseits eine Abwägung verlangt; zweckdienlich bei der Anwendung des § 113 Abs. 5 Satz 2 VwGO sind daher weniger die in § 113 Abs. 3 Satz 1 VwGO beschriebenen Voraussetzungen als die bei ihrer Auslegung gefundenen allgemeinen Erkenntnisse[1878]. Bei einer Analogie würde man sich schließlich – wollte man nicht die juristische „Rosinenpickerei" zulassen – die hemmende Voraussetzung der sechsmonatigen Entscheidungsfrist gem. § 113 Abs. 3 Satz 4 VwGO einhandeln, die bereits im Zusammenhang mit der Anfechtungsklage als verfehlt angesehen wird[1879]. Nach alledem ist die Analogie zu § 113 Abs. 3 Satz 1 VwGO zur Begründung der Zulässigkeit eines Bescheidungsurteils gem. § 113 Abs. 5 Satz 2 VwGO abzulehnen.

(c) Masse oder Dauer der erforderlichen Ermittlungen

Zutreffend hat WEYREUTHER[1880] darauf hingewiesen, dass bei Verpflanzung nicht gut gedeiht, was von Hause aus in eine andere Umgebung gehört, und dass diese Erfahrung auch für die Qualitäten des gerichtlichen Verfahrens gilt. Das bedeutet

---

1874 Siehe oben S. 65 ff.
1875 Siehe oben S. 75 ff.
1876 Siehe oben S. 91 ff.
1877 Siehe oben S. 94 ff. und S. 455 ff.
1878 Siehe oben S. 351 ff.
1879 Siehe oben S. 370 ff.
1880 UPR 1986, 121, 126.

für den Bereich der Sachaufklärung, dass die gerichtliche Gründlichkeit nur dort ihre besondere Berechtigung hat, wo – vor allem bei streitigem Sachverhalt – mit gewissen Schwierigkeiten zu rechnen ist, z.B. dort, wo es auf die Glaubhaftigkeit von Zeugenaussagen ankommt. Dagegen ist die reine Erhebung von Daten, die voraussichtlich nicht bestritten werden, eine Angelegenheit der darauf besser ausgerichteten Behörde[1881]. Dies gilt insbesondere dann, wenn die Erhebungen zeitliche[1882] oder quantitative[1883] Ausmaße annehmen, denen am bestem mit der für Behördenstrukturen typischen Arbeitsteilung beizukommen ist. Allgemein lässt sich formulieren, dass ein Vorrang der behördlichen Ermittlungen desto eher anzunehmen ist, je breiter die Ermittlungen angelegt sein müssen und je weniger die punktuelle Sachaufklärungsarbeit des Gerichts zum Tragen kommt.

(d) Dynamik der Materie

Einwände gegen abschließende Feststellungen im Prozess sind dann berechtigt, wenn die Materie, die es zu ermitteln gilt, erfahrungsgemäß laufenden Veränderungen unterworfen ist[1884]. Dann sind Anpassungen der Verwaltungsentscheidung notwendig. Durch eine rechtskräftige Gerichtsentscheidung werden Anpassungen zwar nicht verhindert, weil auch die Rechtskraft im Hinblick auf die Veränderbarkeit der tatsächlichen und rechtlichen Verhältnisse zeitlichen Grenzen unterliegt[1885]. Möglicherweise ruft dann aber gerade diese Frage neuen Streit hervor, weil der Begünstigte meint, mit der Rechtskraft der Entscheidung sei er vor Abänderungen zu seinem Nachteil dauerhaft geschützt. Vor allem aber wird das Ansehen der Gerichte und das Vertrauen auf die Beständigkeit gerichtlicher Entscheidungen in Mitleidenschaft gezogen. Angesichts des hohen (verfassungsrecht-

---

1881 GERHARDT, in: SCHOCH / SCHMIDT-ASSMANN / PIETZNER, § 113 Rn. 48, zu § 113 Abs. 3 VwGO.

1882 VGH Mannheim, Urt. v. 20.05.1985, NVwZ 1987, 66, 67: Die jahrelange Beobachtung der Wasserführung eines Baches wurde per Bescheidungsurteil in das Verwaltungsverfahren verlagert.

1883 BVerwG, Urt. v. 29.01.1991 („Münchener Flughafen II"), zu 2.2.b) (2) (d), JURIS, insoweit nicht abgedruckt bei BVerwGE 87, 332, 364: In dem Massenverfahren um den neuen Münchener Flughafen wurde ein Bescheidungsausspruch für zulässig erklärt, mit dem das Berufungsgericht die Rechtsfrage geklärt hatte, dass alle zur Zeit des Planfeststellungsbeschlusses bebaubaren Grundstücke in den Schutzbereich von Lärmschutzauflagen einzubeziehen waren; die Ermittlung dieser Grundstücke blieb dem Beklagten überlassen.

1884 Dieses Kriterium wird insbesondere dann relevant, wenn es um fortlaufende Geldleistungen geht, deren Höhe von variablen Umständen wie z.B. im Wohngeldrecht von dem Einkommen des Antragstellers abhängt. Siehe dazu oben S. 448 im Anschluss an BVerwG, Urt. v. 16.01.1974, BVerwGE 44, 278, 283; nicht berücksichtigt von BVerwG, Urt. v. 02.05.1984, BVerwGE 69, 198, 201 = NVwZ 1985, 35.

1885 Siehe oben S. 165.

lichen) Stellenwerts der Rechtskraft mit ihrer elementaren Bedeutung für Rechtsfrieden und Rechtssicherheit[1886] müssen Abänderungen rechtskräftiger Entscheidungen die seltene Ausnahme bleiben und nach Möglichkeit vermieden werden. Vorausschauend sollte das Gericht daher von Entscheidungen Abstand nehmen, die absehbar nicht lange Bestand haben werden. Mit anderen Worten: Wenn wir von dem Richter typischerweise erwarten, er solle „endlich" Recht gewähren[1887], sollten wir ihm keine Entscheidungen abverlangen, die nur mit einer scheinbaren Endgültigkeit versehen sind.

(e) Entbehrlichkeit eines Sachverständigengutachtens

BRUNN[1888] befürwortet die Durchführung behördlicher Ermittlungen im Anschluss an ein Bescheidungsurteil in den Fällen, in denen das Gericht sonst einen Sachverständigen hinzuziehen müsste. Denn aus den §§ 96, 98 VwGO insbesondere i.V.m. §§ 402 ff. ZPO ergebe sich, dass die Hinzuziehung eines Sachverständigen die „ultima ratio" unter den verschiedenen Mitteln der Sachverhaltsaufklärung sei, die das Gericht nach § 86 ff. VwGO heranzuziehen habe[1889].

Dieser Auffassung ist zuzustimmen. Für sie streiten vor allem auch Kostengesichtspunkte angesichts des Umstandes, dass die Einholung eines Sachverständigengutachtens regelmäßig eine besonders teure Form der Sachverhaltsaufklärung ist. Dieser Kostenaufwand ist dann verfehlt, wenn noch keineswegs sicher ist, ob die bisher nicht ermittelten tatsächlichen Umstände streitig sein werden. Typischerweise hat die beklagte Behörde, deren Ablehnungsbescheid sich im Verpflichtungsprozess als fehlerhaft erweist, folgerichtig – weil es aus ihrer Sicht nicht darauf ankam – Prüfungen unterlassen, zu deren Nachholung sie nach Korrektur ihres früheren Standpunktes ohne weiteres bereit und in der Lage ist. Es wäre ihr und damit dem Steuerzahler schwer vermittelbar, wenn sie im Falle ihres Unterliegens auch zur Zahlung der Kosten für einen Sachverständigen verurteilt würde, dessen Aufgaben sie ebenso gut hätte wahrnehmen können, zumal sie ohnehin sachliche und personelle Ressourcen für derartige Prüfungen vorhalten muss. Dieser Gedanke der Entbehrlichkeit von Sachverständigengutachten wegen besonderer Behördenqualifikationen hat für die Anfechtungsklage bei der Auslegung der Sachdienlichkeit behördlicher Ermittlungen i.S.d. § 113 Abs. 3 Satz 1 VwGO breite Zustimmung gefunden[1890]. Bei der Verpflichtungsklage entfaltet dieser Gedanke die gleiche Überzeugungskraft und könnte als besseres Kriterium

---

1886 Siehe oben S. 172.
1887 WEYREUTHER, UPR 1986, 121, 125.
1888 S. 109 ff.
1889 BRUNN, S. 110.
1890 Siehe dazu oben S. 358 ff.

die Anknüpfung an die Eigenschaft einer verfahrensrechtlich vorgesehenen Fachbehörde dort ablösen, wo sie im Ergebnis ihre Berechtigung hat – namentlich im Bauordnungsrecht.

(f) Verlust einer Tatsacheninstanz?

Der Erlass eines Bescheidungsurteils bei teilweise offenem Sachverhalt ist mit dem Argument befürwortet worden, dem Kläger gehe sonst – wenn das Gericht die bisher nicht bedachten Umstände erstmalig ermittelt – eine Tatsacheninstanz verloren[1891]. Dieses Argument trägt für sich allein genommen nicht. Wäre der Verlust einer Tatsacheninstanz ein durchschlagender Nachteil für den Kläger, wäre doch wieder der Grundsatz der abschließenden gerichtlichen Feststellungen zu revidieren und das Gericht müsste von der erstmaligen Ermittlung von Tatsachen Abstand nehmen, was – wie dargelegt – mit Art. 19 Abs. 4 Satz 1 GG nicht vereinbar wäre. Weder Art. 19 Abs. 4 Satz 1 GG noch das Rechtsstaatsprinzip gewährleisten einen Instanzenzug[1892]. Auch wenn man eingesteht, dass auch bei rechtlich gebundenen Verwaltungsakten die Rechtsanwendung ein schöpferischer Vorgang ist[1893] und häufig mehrere Subsumtionsergebnisse gleichermaßen vertretbar sind[1894], so kann man dennoch nicht davon ausgehen, dass eine hohe Anzahl von Entscheidungen in derselben Sache und damit die Chance auf eine wohlwollende Beurteilung von der Rechtsordnung geschützt wäre.

Zu bedenken ist allerdings der Einwand, dass sich Konflikte mit Art. 19 Abs. 4 Satz 1 GG ergeben, wenn die Berufung ausgeschlossen und die erste gerichtliche Tatsacheninstanz zugleich die letzte ist[1895]. Denn das Recht auf einen gerichtlichen Instanzenzug ist nur dann abzulehnen, wenn die gerichtliche Entscheidung bereits die in Art. 19 Abs. 4 Satz 1 GG verbürgte Kontrolle der öffentlichen Gewalt bietet, nicht aber dann, wenn gerichtlich zum ersten Mal überhaupt in der Sache, wie sie sich nach Ermittlung der tatsächlichen Umstände darstellt, entschie-

1891 Vgl. VG Bremen, Urt. v. 03.04.1957, NJW 1957, 1207; KOPP, Verfassungsrecht und Verwaltungsverfahrensrecht, S. 254; MARX, S. 148; RAUTENBERG, NJW 1955, 1545, 1546; SCHLINK / WIELAND, DÖV 1982, 426, 434.

1892 BVerfG in ständ. Rspr., vgl. BVerfG, Beschl. v. 21.10.1954, BVerfGE 4, 74, 94 f.; BVerfG, Beschl. v. 12.07.1983, BVerfGE 65, 76, 90.

1893 MARX, S. 148; GERHARD SEIBERT, in: ZEIDLER-FS (1987), S. 475 ff.

1894 SCHENKE, DÖV 1996, 529, 538.

1895 Vgl. VG Bremen, Urt. v. 03.04.1957, NJW 1957, 1207, und RAUTENBERG, NJW 1955, 1545, 1546, im Hinblick auf den Ausschluss der Berufung in Lastenausgleichsachen gem. § 339 Abs. 3 LAG; SCHLINK / WIELAND, DÖV 1982, 426, 434 im Hinblick auf den Ausschluss der Berufung gem. § 34 Abs. 1 AuslG in asylrechtlichen Fällen, in denen die Klage einstimmig als „offensichtlich unbegründet" abgewiesen wurde. Vgl. heute § 78 Abs. 1 AsylVfG.

den wird. Dann nämlich findet die von dem Bundesverfassungsgericht geforderte umfassende Überprüfung auch in tatsächlicher Hinsicht[1896] mangels Zuständigkeit eines Kontrollorgans nicht mehr statt. Diese Überlegungen haben an Aktualität noch gewonnen, seitdem durch das 6. VwGO-Änderungsgesetz die Berufung gem. § 124 Abs. 1 VwGO unter den Vorbehalt der Zulassung durch das Oberverwaltungsgericht gestellt worden ist. Aufgrund der restriktiven Voraussetzungen der Zulassung gem. § 124 Abs. 2 VwGO („Die Berufung ist nur zuzulassen, [1.-5.] wenn...") und aufgrund der Darlegungslast des Antragstellers gem. § 124a Abs. 1 Satz 4 VwGO kann es dazu kommen, dass das Gericht zwar eine Rechtsverletzung erkennt, ihr aber nicht abhilft[1897].

Zur Zulassungsberufung ist zunächst zu sagen, dass sie die Inanspruchnahme wirksamen Rechtsschutzes zwar unter einschränkende Voraussetzungen stellt, aber nicht unzumutbar erschwert. Falls die erstmalige Sachverhaltsermittlung durch das Verwaltungsgericht fragwürdig ist, können dem Kläger insbesondere die Zulassungsgründe gem. § 124 Abs. 2 Nr. 1 und Nr. 2 VwGO helfen („ernstliche Zweifel an der Richtigkeit des Urteils" und „besondere tatsächliche oder rechtliche Schwierigkeiten")[1898]. Ferner kann auch der völlige Ausschluss der Berufung eine abschließende Entscheidung in der Sache nicht hindern, wenn der Kläger einen Anspruch gerade darauf geltend macht und dafür den Ausschluss des auf unzutreffende Tatsachenwürdigung gestützten Rechtsmittels in Kauf nimmt. Der Kläger, der sich seiner Sache sicher ist, mag so verfahren. Denn auch Art. 19 Abs. 4 Satz 1 GG gewährleistet nur ein Recht auf eine wirksame Kontrolle; die Inanspruchnahme dieses Rechts wird dem Kläger aber nicht aufgezwungen. Die Beschränkungen und Ausschlüsse von Rechtsmitteln sind damit ein weiterer Grund für die Zulässigkeit der eingeschränkten Klage (bei der Verpflichtungsklage: mit einem Bescheidungsantrag) sowie für besondere Anforderungen an die Hinweispflicht des Vorsitzenden gem. § 86 Abs. 3 VwGO. Sie sind aber bei bewusst weiter reichender Disposition des Klägers kein Grund für einen Verzicht auf abschließende Feststellungen zu einem uneingeschränkten Klagebegehren.

(g) Edukatorische Funktion

Für einen Verzicht auf gerichtliche Ermittlungen, die die Spruchreife herbeizuführen geeignet sind, wird eine edukatorische Wirkung der Nachholung dieser Ermitt-

---

1896 BVerfG, Beschl. v. 05.02.1963, BVerfGE 15, 275, 282.

1897 MAX-JÜRGEN SEIBERT, NVwZ 1999, 113, 114, vergleicht die Situation treffend mit einem kleinen Jungen, der frühmorgens hellwach im Bett liegt und feixt: „Wenn ich nicht bald geweckt werde, komme ich zu spät zur Schule".

1898 Dazu MAX-JÜRGEN SEIBERT, NVwZ 1999, 113, 115 f.

lungsarbeit durch die Verwaltung geltend gemacht[1899]. Damit werde der Gefahr vorgebeugt, dass die Verwaltung aus Zeit- und Kostengründen auf Ermittlungen verzichtet und ein gerichtliches Verfahren bewusst in Kauf nimmt[1900]. Nicht gemeint sind hiermit Generalisierungen, die bereits deshalb fehl am Platz wären, weil es nicht „die Verwaltung" gibt, die etwa von einheitlichen Entscheidungsmustern gekennzeichnet wäre. Allerdings ist die Möglichkeit, die Ermittlungsverantwortung zurückzugeben, ein geeignetes Druckmittel, um in Einzelfällen die Wahrnehmung von Aufgaben wieder in die richtigen Bahnen zu lenken. Dies hat nichts mit Gängelei der Behörde zu tun, sondern es entspricht einfachen ökonomischen und psychologischen Gesetzen, dass die Erfüllung von Aufgaben besser funktioniert, wenn aufgetretene Defizite von denjenigen ausgeglichen werden müssen, die sie vermeiden konnten und in Zukunft vermeiden können[1901]. Es ist nur verständlich und zu begrüßen, wenn in Zeiten leerer Haushaltskassen die Behörden nach Rationalisierungsmöglichkeiten suchen. Es gibt aber ein Mindestmaß an Gründlichkeit bei der Sachverhaltsaufklärung, das nicht unterschritten werden darf. Wenn dieses Maß nicht mehr gewährleistet werden kann, müssen bei den zuständigen Behörden Umstrukturierungen vorgenommen, neue Stellen geschaffen oder zusätzliche Sachmittel beschafft werden. Dieser Vorgang der Anpassung an veränderte Anforderungen wird verzögert oder verhindert, wenn Verwaltungsrichter als „Musterschüler" unter den staatlichen Hoheitsträgern einspringen und Überstunden machen, um versäumte Sachaufklärungsarbeiten nachzuholen. Daher hat eine Praxis, die Verschiebungen der Aufklärungsarbeiten von der Verwaltung zur Rechtsprechung ignoriert, neben den nicht weiter erläuterungsbedürftigen Überlastungen der Gerichte auf Dauer auch Nachteile für die Arbeitsfähigkeit der

---

1899 Vgl. VGH München, Urt. v. 12.04.1965, BayVBl. 1966, 210, 211; VG Bremen, Urt. v. 03.04.1957, NJW 1957, 1207; v.MUTIUS, in: MENGER-FS (1985), S. 603; RAUTENBERG, NJW 1955, 1545; SCHMIDT-ASSMANN, in: MENGER-FS (1985), S. 114; SENDLER, DVBl. 1982, 812, 818 f.; a.A. BRUNN, S. 89 (dazu sogleich Fn. 1901). Allgemein befürwortet diese Funktion gerichtlicher Entscheidungen WAHL, VVDStRL 41 (1983), S. 177.

1900 Besonders deutlich dazu VGH München, Urt. v. 12.04.1965, BayVBl. 1966, 210, 211. SENDLER, DVBl. 1982, 812, 818, berichtet, dass diese Gefahr vor allem in Immissionsschutzsachen besteht. Er befürwortet flexible Handlungsmöglichkeiten des Gerichts zur Bewältigung von Fällen, in denen sich die Behörde als „renitent" erwiesen hat (DERSELBE, a.a.O., S. 818 f.).

1901 BRUNN, S. 89, meint, wenn man schon „verwaltungspsychologische" Erwägungen anstelle, sei es „naheliegender, darauf abzustellen, daß die Verwaltung normalerweise ihren Ehrgeiz daran setzen wird, sich nicht alles von einem Verwaltungsgericht vorschreiben lassen zu müssen"; die Verwaltung werde in dem Wissen um die ungehinderte Ermittlung durch das Gericht im Falle von Aufklärungsdefiziten sogar angespornt, als erste zu entscheiden und die Sache in der Hand zu behalten. MEINES Erachtens ist diese These weniger überzeugend als die aufgezeigten Überlegungen zur Druckmittelfunktion. Jedenfalls heutzutage dürfte das Verwaltungshandeln weniger von Ehrgeiz bestimmt sein als vielmehr von nüchternen Sachzwängen.

betroffenen Behörden. Diese Argumente können freilich nur zu Gunsten einer Einschränkung des gerichtlichen Prüfungsprogramms durchgreifen, wenn aufgrund von charakterlich bedingten Bequemlichkeiten bestimmter Behördenvertreter oder aufgrund eines auffälligen Missverhältnisses zwischen Fallzahlen und Behördenressourcen von tendenziösen Ausfallerscheinungen ausgegangen werden muss. Dann muss es aber möglich sein, mit Blick auf die langfristigen Wirkungen den Prüfungsumfang im Prozess zu reduzieren und die Ermittlungsverantwortung an die Behörde zurückzugeben[1902].

(h) Aspekte der Rechtsvergleichung und Europäisierung?

Perspektiven, die hier nur im Vorbeigehen eingenommen werden können, sind die der Rechtsvergleichung und der – zu hinterfragenden – Europäisierung des Verwaltungsprozessrechts. Eine unmittelbare Bereicherung der gesuchten praxistauglichen Kriterien darf man davon ohnehin nicht erwarten. Da das geltende nationale Recht aber keine abschließenden Antworten auf die hier aufgeworfenen Fragen bereithält, kann es sich lohnen, über den „Tellerrand“ der anzuwendenden Rechtsordnung zu blicken, zumal im Zuge der europäischen Einigung auch das Verwaltungsprozessrecht in Zukunft verstärkt durch Bestimmungen des supranationalen Rechts beeinflusst werden könnte.

Bereits ein kurzer rechtsvergleichender Blick auf andere Rechtsordnungen zeigt, dass die Kontrolldichte, mit der die Gerichte Entscheidungen der Verwaltung im Einzelnen nachprüfen und vorgeben, in Deutschland weltweit „einsame Spitze“

1902 Die Notwendigkeit, die Interessen des Klägers an einer abschließenden Entscheidung des Gerichts im Einzelfall hinter das öffentliche Interesse an einer sachgerechten Aufgabenwahrnehmung zurückzustellen, ergibt sich deutlich gerade aus der – weitreichende Aufklärungspflichten des Gerichts bejahenden – Entscheidung des VGH Kassel, Urt. v. 11.08.1981, NVwZ 1982, 136, 139, zu einem Fall der systematisch unterbliebenen Asylbewerberanhörung. Der VGH entschied, dass trotz der massenhaft und planmäßig fehlerhaft durchgeführten Asylverfahren (a.a.O.: „Mißstand“) die Verwaltungsgerichte verpflichtet seien, die Sache „spruchreif zu machen“; sich selbst nahm aber der erkennende Senat von dieser Verpflichtung aus und verwies die Sache u.a. mit einer Bemerkung zu seiner Überlastung aufgrund von 200 ähnlichen Verfahren an das VG zurück, weil „deren Erledigung durch Sachentscheidungen des Senats die Prozeßdauer für andere Berufungsverfahren außergewöhnlich verlängern würde“. Siehe zu der Erforderlichkeit und zur Wirksamkeit der Zurückverlagerung dieser Asylsachen in das Verwaltungsverfahren oben S. 320.

ist[1903]. Diese Einsamkeit kann ein Zeichen für einen Entwicklungsvorsprung sein, sie kann aber auch bedeuten, dass die Deutschen mit der ihnen eigenen Gründlichkeit in diesem Bereich über das Ziel hinausgeschossen sind. Während nämlich der Befund der im Vergleich zu anderen Verwaltungsgerichtsbarkeiten ausgeprägteren Kontrolldichte eindeutig ist, bleibt fraglich, ob damit konzeptionell bessere Errungenschaften verbunden sind. Im Übrigen aber zeigt eine etwas nähere Betrachtung, dass sich nicht einfach einzelne Merkmale der nationalen Verfahrensordnungen übertragen lassen, denn gerade die Funktionen der Verwaltungsgerichtsbarkeiten sind zu sehr von ihrer jeweiligen organisatorischen Einbindung in die Staatsgewalten, von historisch gewachsenen Strukturen und von verfassungsrechtlichen Determinanten abhängig[1904]. Auf diesem Wege lassen sich daher für das hier behandelte Thema keine fruchtbaren Erkenntnisse gewinnen.

Möglicherweise wird der Prozess der europäischen Einigung langfristig in einigen Bereichen zu einer Nivellierung der Kontrolldichte in den Mitgliedstaaten der Europäischen Union führen[1905]. Eine solche Entwicklung ist zum einen im Wege der Vereinheitlichung des materiellen Rechts dort vorstellbar, wo europäische Normen zur Beantwortung der Frage herangezogen werden müssen, ob nationale Vorschriften einen Beurteilungsspielraum zu Gunsten der Verwaltung beinhalten[1906]. Zum anderen ist die Europäisierung der Kontrolldichte im Verwaltungsprozess in den Bereichen denkbar, in denen nationale Behörden die Bestimmungen des Ge-

---

1903 Dazu jüngstens MONIKA BÖHM, DÖV 2000, 990, 994; allgemein SENDLER, DVBl. 1994, 1089, 1100; ferner CLASSEN, zu Frankreich S. 141 ff., zum europäischen Gemeinschaftsrecht S. 163 ff., zusammenfassend im Vergleich mit Deutschland S. 175 ff.; FROMONT, in: MENGER-FS (1985), zu Frankreich S. 893; vgl. auch KOPP, Verfassungsrecht und Verwaltungsverfahrensrecht, zu Österreich, der Schweiz, Spanien, den skandinavischen, angelsächsischen und sozialistischen Ländern S. 237, ferner zum anglo-amerikanischen Recht S. 247 Fn. 688 und S. 149 f. Fn. 421, zu Österreich S. 150 Fn. 421 und S. 152 Fn. 427, zu Frankreich S. 151 Fn. 426.

1904 Vgl. CLASSEN, S. 12 ff., zu Frankreich.

1905 MONIKA BÖHM, DÖV 2000, 993, 995; SCHULZE-FIELITZ, JZ 1993, 772, 781. Ausgeklammert bleibt bei der hier angestellten Betrachtung die von dem EuGH und dem europäischen Gericht erster Instanz praktizierte – im Vergleich zur deutschen Verwaltungsrechtsprechung geringere – Kontrolldichte bei den so genannten Direktklagen auf Grundlagen von Art. 230 (ex Art. 173) EWG, insbesondere im Rahmen des Rechtsschutzes gegen Verwaltungsentscheidungen durch Gemeinschaftsorgane. Dazu EVERLING, in: REDEKER-FS (1993), S. 302 ff.

1906 Vgl. BVerwG, Urt. v. 25.11.1993, BVerwGE 94, 307, 308: Das BVerwG lehnt nach einer ausführlichen Auseinandersetzung mit den normierten Entscheidungsstrukturen auch unter Berücksichtigung der Verordnung (EWG) Nr. 2236/73 der Kommission zur Festlegung von Vorschriften für die Prüfung von Wein v. 16.08.1973 (ABlEG L 229, S. 26) einen Beurteilungsspielraum bei der „sensorischen Prüfung" zur Vergabe eines Weinprädikats ab. Siehe dazu oben S. 384 f.

meinschaftsrechts vollziehen[1907]. Dann richtet sich zwar nicht nur der Vollzug im Verwaltungsverfahren, sondern auch der gerichtliche Rechtsschutz nach nationalem Recht, jedoch ist die Verzahnung mit dem Recht der Europäischen Gemeinschaften zu beachten. Der Einfluss des europäischen Rechts könnte sich dann insbesondere über Vorabentscheidungen des Europäischen Gerichtshofs gem. Art. 234 (ex Art. 177) EGV vollziehen.

Die Verwaltungsgerichte erfüllen ihre Funktion als „Gemeinschaftsrechtsgerichte" mit den Vorschriften der Verwaltungsgerichtsordnung, da es ein spezielles „Gemeinschafts-Verwaltungsprozessrecht" nicht gibt[1908]. Allerdings erfährt das nationale Verfahrensrecht unter Umständen eine spezifisch gemeinschaftsrechtliche Ausrichtung, d.h. die nach der nationalen Rechtsordnung bestimmten Verfahrensmodalitäten sind von vornherein in den vom Gemeinschaftsrecht gezogenen Rahmen gebettet[1909]. Diese Ausrichtung und Einbettung findet ihre primärrechtliche Grundlage in dem Grundsatz der Gemeinschaftstreue gem. Art. 10 (ex Art. 5) EGV, der auch die Verwaltungsgerichte zur diskriminierungsfreien und wirksamen Verwirklichung des Gemeinschaftsrechts verpflichtet[1910]. Für die Ausgestaltung des gemeinschaftsrechtlichen Rahmens sind vor allem die von dem Europäischen Gerichtshof im Wege „wertender Rechtsvergleichung gefundenen" allgemeinen Rechtsgrundsätze maßgeblich[1911]. Dazu gehört auch der gemeinschaftsrechtliche Grundsatz des „effektiven gerichtlichen Rechtsschutzes", der die Mitgliedstaaten sogar zur Schaffung von Rechtsschutzmöglichkeiten verpflichten kann, die bei vergleichbaren nationalen Vorgängen nicht bestehen[1912]. Da die Verfahrensautonomie der Mitgliedstaaten nur so weit reicht, wie das Gemeinschaftsrecht „einschließlich der gemeinschaftsrechtlichen Grundsätze" hierfür kei-

1907 Ein praktisch bedeutsames Beispiel für den nationalen Vollzug des Gemeinschaftsrechts bilden die – unmittelbar anwendbaren – agrarrechtlichen Verordnungen. Dazu EVERLING, in: REDEKER-FS (1993), S. 298 f.

1908 Burgi, S. 59. Siehe aber für die Verfahren vor dem EuGH und dem europäischen Gericht erster Instanz die „Verfahrensordnung des Gerichtshofes der Europäischen Gemeinschaften" – VerfO – vom 19.6.1991 (ABlEG L 176 vom. 4.7.1991, S. 7; konsolidierte Fassung im ABlEG C 65 vom 6.3.1999 mit Änderungen vom 16.5.2000, ABlEG L 122 vom 24.5.2000, S. 43).

1909 EuGH, 05.03.1980, Slg. 1980 Bd. 3, 617, 629 Nr. 10 (Ferwerda/Produktschap voor Vee en Vlees).

1910 BURGI, S. 59.

1911 BURGI, S. 59, mit Hinweisen auf: EuGH, Urt. v. 18.03.1975 (Deuka/Einfuhr- und Vorratsstelle für Getreide und Futtermittel), Slg. 1975 Bd. 3, 421, 433; EuGH, Urt. v. 16.12.1976, Slg. 1976 Bd. 9, 1989, 1998 (Rewe Zentralfinanz/Landwirtschaftskammer für das Saarland).

1912 EuGH, Urt. v. 15.05.1986, Slg. 1986 Bd. 5, 1651, 1681 ff. (Marguerite Johnston/Chief Constable of the Royal Ulster Constabulary); dazu EVERLING, in: REDEKER-FS (1993), S. 298.

ne Bestimmungen enthält[1913] geht die verfahrensrechtliche Instrumentalisierung mit einer Pflicht zur gemeinschaftskonformen Auslegung einher[1914]. Somit kann aus der von dem Europäischen Gerichtshof praktizierten Rechtsvergleichung eine Pflicht der nationalen Gerichte zur Rechtsangleichung an europäische Grundsätze folgen.

Bisher sind zwar Auswirkungen der gemeinschaftsrechtlichen Verfahrensgrundsätze auf die in Deutschland praktizierte Kontrolldichte nicht erkennbar; im Mittelpunkt der judiziellen und literarischen Befassung stehen mehr die Sachurteilsvoraussetzungen und der vorläufige Rechtsschutz nach der Verwaltungsgerichtsordnung[1915]. Verbindungen sind aber durchaus herstellbar. Dass namentlich bei dem Europäischen Gerichtshof, der organisatorisch und mit seiner Verfahrenspraxis in der Tradition der französischen Verwaltungsgerichtsbarkeit steht[1916], eine Tendenz zu einer weit geringeren Kontrolldichte als in Deutschland ausgemacht werden kann, ist nicht zweifelhaft[1917]. Daher ist es gut möglich, dass diese Tendenz dort den Durchbruch zur Einflussnahme auf das nationale Verfahrensrecht schaffen wird, wo sich in gemeinschaftsrechtlichen Grundsätzen Rechtfertigungen dafür finden lassen. Vor allem dem Prinzip der praktischen Wirksamkeit („effet utile“)[1918] des Gemeinschaftsrechts könnte insoweit maßgebliche Bedeutung zukommen. Damit sind zwar keine Eingriffsbefugnisse der EG-Organe verbunden, aber Konsultations- Kooperations- und Loyalitätspflichten der nationalen Behörden[1919]. Diesen Anforderungen kann in der Verwaltungspraxis durch einen „kurzen Draht nach Brüssel“ Genüge getan werden. Es ließe sich daher argumentieren, dass über diese Rückbindungen dem sachgerechten, einheitlichen und zügigen Vollzug des europäischen Rechts durch die abschließende Ermittlung und Entscheidung im Verwaltungsverfahren besser gedient sei als im gerichtlichen Verfahren. Dieser Argumentation könnte bei der Verpflichtungsklage nach deutschem Verwaltungsprozessrecht durch den Erlass eines Bescheidungsurteils Rechnung

---

1913 EuGH, Urt. v. 21.09.1983 (Deutsche Milchkontor/Bundesrepublik Deutschland), Slg. 1983, 2633, 2665.

1914 BURGI, S. 63.

1915 Vgl. BURGI, S. 64 ff.

1916 EVERLING, in: REDEKER-FS (1993), S. 298: Die Organisation des Gerichtshofs, deren Richter je nach Bedeutung des Falles teils im Plenum, teils in unterschiedlich großen Kammern entscheiden, lasse das Vorbild des französischen Conseil d'Etat erkennen; der Generalanwalt sei dem Commissaire du gouvernement beim Conseil d'Etat nachgebildet.

1917 EVERLING, in: REDEKER-FS (1993), S. 307 mit beispielhaften Hinweisen auf EuGH, Urt. v. 20.10.1977 (Roquette), Slg. 1977, 1835, 1842 und EuGH, Urt. v. 11.07.1985 (Remia), Slg. 1985 Bd. 6, 2567, 2575.

1918 Vgl. EuGH, Urt. v. 15.07.1964, Slg. 1964, 1254, 1269; OPPERMANN, Rn. 528; WOLFF / BACHOF / STOBER, § 17 Rn. 13 ff., 15.

1919 WOLFF / BACHOF / STOBER, § 17 Rn. 14 ff.

getragen werden. Allerdings handelt es sich bei diesen Überlegungen um Zukunftsmusik, da die Entwicklungen in der Rechtsprechung des Europäischen Gerichtshofs zu den verfahrensrechtlichen Grundsätzen nicht konkret absehbar sind und die nationalen Gerichte nicht berechtigt sind, ihrerseits allgemeine Verfahrensgrundsätze aufzustellen.

Nach alledem lässt sich festhalten, dass zusätzliche Ausnahmen von dem Grundsatz der abschließenden gerichtlichen Feststellungen sich zu Gunsten eines Bescheidungsurteils nicht im Wege der Rechtsvergleichung aus entsprechenden Verfahrensweisen nach anderen Rechtsordnungen ableiten lassen und die Verfahrensgrundsätze des europäischen Rechts (noch) nicht eine solche Ausprägung erfahren haben, dass sie Ausnahmen nahe legen könnten.

(2) Entkräftung der Vorbehalte gegen aufwendige Ermittlungen im Prozess

Bei der Abwägung spricht regelmäßig gegen den Erlass eines Bescheidungsurteils bei teilweise offenem Sachverhalt und für die abschließenden Feststellungen im Prozess bereits der entsprechende Grundsatz[1920]. Soweit allerdings vordergründig Argumente für Ausnahmen von diesem Grundsatz geltend gemacht werden können, kann es geboten sein, diese Argumente im Einzelnen zu Gunsten von Rückausnahmen zu entkräften.

(a) Mitwirkung der Behörde

Gegen Ausnahmen von dem Grundsatz der abschließenden Feststellungen im Prozess wird ins Feld geführt, das Gericht könne die Behörde gem. § 86 Abs. 1 Satz 1 HS. 2 VwGO zur Ermittlung heranziehen[1921]. Nach anderer Auffassung ist diese Verfahrensweise nur „leerer Aktionismus“[1922]; wieder andere sehen die Neutralität des Gerichts gefährdet[1923].

1920 Siehe die Befürwortung dieses Grundsatzes oben S. 450 ff.

1921 BVerwG, Urt. v. 02.05.1984, BVerwGE 69, 198, 201 = NVwZ 1985, 35; CZERMAK, BayVBl. 1981, 427, 428 f.; v.MUTIUS, in: MENGER-FS (1985), S. 603.

1922 BRUNN, S. 107 Fn. 1.

1923 MARX, S. 146 Fn. 30 mit unzutreffendem Hinweis auf KOPP, Verfassungsrecht und Verwaltungsverfahrensrecht, S. 99 und 154 Fn. 434, der dort nur die Frage verneint, ob es für eine sachgerechte neue Entscheidung ausreiche, wenn die Behörde von sich aus im Prozess alternative Gründe ermittelt und nachschiebt oder sogar nur Stellung nimmt zu den vom Gericht ermittelten Umständen. Differenzierend KOPP / SCHENKE, § 113 Rn. 198.

Wie bereits angedeutet im Zusammenhang mit der teleologischen Auslegung des § 113 Abs. 5 VwGO[1924] und in der Stellungnahme zu der Wohngeld-Entscheidung des Bundesverwaltungsgerichts vom 2. Mai 1984[1925], handelt es sich bei der Heranziehung der Behörde gem. § 86 Abs. 1 Satz 1 HS. 2 VwGO MEINES Erachtens um eine grundsätzlich produktive Verfahrensgestaltung, die allerdings nicht in allen Fällen zielführend ist.

Mit dieser Heranziehung lässt sich der Vorbehalt entkräften, das Gericht müsse ein Bescheidungsurteil erlassen, weil es sonst wegen fehlender Sachkunde zu der unverhältnismäßigen Einholung eines Sachverständigengutachtens greifen müsse[1926]. Es kann sich in diesen Fällen sogar besonders günstig auswirken, dass der Sachverstand der Behörde genutzt wird und das Gericht zusätzlich eine Regiefunktion übernimmt, d.h. die Behörde wird unter Umständen besonders sorgfältig vorgehen, weil sie ihr Ermittlungsergebnis im Prozess rechtfertigen muss. Überdies kann die Bestimmung einer Frist durch das Gericht beschleunigend wirken. Es ist allerdings darauf zu achten, dass die Grenzen zwischen gerichtlicher und verwaltungsbehördlicher Verantwortung vor den Augen des klagenden Laien nicht verschwimmen. Es darf kein Zweifel an der Neutralität des Gerichts aufkommen und nicht der Eindruck entstehen, die beiden Staatsgewalten errichteten in undurchschaubarem Zusammenwirken ein Kondominium[1927]. Das Gericht muss dann in der Verhandlung zu dem Ergebnis der Ermittlungen diese distanziert würdigen und darf sie – insbesondere bei negativem Ausgang für den Kläger – nicht kommentarlos übernehmen. Hinderlich ist diese Verfahrensweise allerdings dann, wenn bei Terminschwierigkeiten, z.B. bei auf Monate „ausgebuchten" Sitzungsterminen des Gerichts nach Abschluss der behördlichen Ermittlungen an sich eine Entscheidung ergehen könnte, die Beteiligten allerdings auf den Fortgang des gerichtlichen Prozesses warten müssen.

Schlechthin ungeeignet ist die Heranziehung der Behörde zur Entkräftung der übrigen Argumente für den Erlass eines Bescheidungsurteils. Bei massenhaft notwendigen neuen Ermittlungen ist davon auszugehen, dass der Rechtsschutz des Klägers wirksamer gestaltet werden kann, wenn sich das Gericht in einem Bescheidungsurteil auf Grundsatzfragen beschränkt und die Behörde im Anschluss an ihre Ermittlungstätigkeit eine neu strukturierte Entscheidung vorlegt. Bei zeitlich besonders aufwendigen Ermittlungen droht auch bei Heranziehung der Behörde eine Prozessverschleppung, die bewirken kann, dass sich bei Veränderungen in der Zusammensetzung des gerichtlichen Spruchkörpers Richter neu in die

---

1924 Siehe oben S. 94.

1925 BVerwGE 69, 198, 201 = NVwZ 1985, 35. Siehe dazu oben S. 448.

1926 Siehe dazu oben S. 467.

1927 KOPP / SCHENKE, § 113 Rn. 198.

Sache einarbeiten müssen – und das möglicherweise in Fällen, in denen die Ermittlungsergebnisse letzten Endes unstreitig sind. Soweit die Dynamik der Materie für den Erlass eines Bescheidungsurteils spricht, ist dieses Argument ohnehin immun gegen eine Entkräftung durch Verlagerung der Ermittlungslast[1928].

(b) Große Wahrscheinlichkeit eines neuen Gerichtsverfahrens

Das zumutbare Maß von Ermittlungen im gerichtlichen Verfahren ist nicht abstrakt zu bestimmen. Neben den zuvor benannten Kriterien der Art, des Umfangs und der Dauer der voraussichtlich notwendigen Ermittlungen sowie der Veränderbarkeit der Materie ist auch die Wahrscheinlichkeit zu berücksichtigen, mit der ein neuer Prozess gegen die im Anschluss an ein Bescheidungsurteil ergehende Verwaltungsentscheidung droht. Je geringer diese Wahrscheinlichkeit ist (z.B. weil zuverlässige und unumstrittene Untersuchungsmethoden zur Verfügung stehen, die eine hohe Akzeptanz des Ergebnisses der behördlichen Ermittlungen gewährleisten), desto eher kann ein Bescheidungsurteil ergehen. Umgekehrt spricht ein hohes Konfliktpotential (z.B. ein solches, das in einer querulatorischen Veranlagung des Klägers begründet liegt) für abschließende Feststellungen bereits im Prozess. Das laufende Verfahren dauert dann zwar unter Umständen länger, sichert aber insgesamt betrachtet einen zügigeren Verfahrensabschluss und frühzeitigere Rechtssicherheit als ein erneuter Verfahrensdurchgang mit Widerspruchsverfahren und erstinstanzlicher Klage.

3. Ergebnis

Zu den Hindernissen, die aus tatsächlichen Gründen der Spruchreife entgegenstehen, zählen die Erschöpfung von Kontingenten für die mit der Verpflichtungsklage begehrten Leistungen sowie unzureichende Sachverhaltsermittlungen. Grundsätzlich ist das Verwaltungsgericht zwar gehalten, diese Hindernisse aus dem Weg zu räumen, indem es abschließend alle tatsächlichen und rechtlichen Feststellungen zu dem Streitgegenstand – auch soweit dieser auf die Spruchreife abzielt – in eigener Verantwortung trifft. Dies ist jedoch nicht immer möglich: Bei erschöpften Kontingenten scheiden abschließende gerichtliche Feststellungen regelmäßig aus, bei bisher unzureichender Sachverhaltsaufklärung manchmal. Im Unterschied zu den materiell-rechtlichen Kontrollrestriktionen scheiden abschließende Feststellungen des Gerichts dann aus funktionellen Gründen im Hinblick auf die unterschiedlichen Strukturen und Aufgaben von Rechtsprechung und Verwaltung aus. Es ist zu unterscheiden zwischen den Konstellationen, in denen dem Gericht

---

1928 Siehe dazu oben S. 448.

die abschließenden Feststellungen unabdingbar verwehrt sind (absolute Funktionsvorbehalte) und den Konstellationen, in denen dem Gericht insoweit ein Beurteilungsspielraum bei der Abwägung einzelner Kriterien zusteht (relative Funktionsvorbehalte).

- Absolute Funktionsvorbehalte bestehen
  - bei einem Zusammenhang der tatsächlichen Feststellungen mit gestaltenden Verwaltungstätigkeiten
  - und bei einem Zusammenhang der tatsächlichen Feststellungen mit Entscheidungsfreiräumen der Verwaltung.

- Relative Funktionsvorbehalte erfordern eine Abwägung:
  - Argumente für die Ermittlung im Verwaltungsverfahren, insbesondere aus prozessökonomischen Gründen, sind
    - die Masse oder Dauer der erforderlichen Ermittlungen,
    - die Dynamik der Materie,
    - die Entbehrlichkeit eines sonst erforderlichen Sachverständigengutachtens
    - und die edukatorische Funktion der Übertragung auf die Behörde.
  - Geeignet zur Entkräftung der Vorbehalte gegen aufwendige Ermittlungen im Prozess sind unter Umständen
    - die Mitwirkung der Behörde
    - und die große Wahrscheinlichkeit eines neuen Gerichtsverfahrens bei einem Verzicht auf abschließende Feststellungen im anhängigen Prozess.

Fazit: Thesen und Therapievorschläge

A. Zusammenfassung der hier bislang aufgestellten Thesen

I. Zur Spruchreife

1. Anwendungsbereiche

Die Spruchreife findet Anwendung bei der Entscheidung über Verpflichtungsklagen (§ 113 Abs. 5 VwGO), über Klagen auf Vollzugsfolgenbeseitigung (§ 113 Abs. 1 Satz 3 VwGO) und über Anfechtungsklagen (§ 113 Abs. 1 Satz 1 VwGO)[1929]. Bei Anfechtungsklagen kennzeichnet die Spruchreife, obwohl sie insoweit im Gesetz nicht erwähnt wird, vor allem den Unterschied zu Entscheidungen gem. § 113 Abs. 3 Satz 1 VwGO[1930].

2. Begriffliche Differenzierung

Im Unterschied zu dem ursprünglich auch im Verwaltungsprozess synonym gebrauchten Begriff der Entscheidungsreife bezieht sich die Spruchreife nicht auf die Frage, *ob* der Rechtsstreit entschieden werden kann, sondern darüber hinaus auf die Frage, *wie* der Rechtsstreit zu entscheiden ist. Die Spruchreife ist eine Voraussetzung für eine dem Kläger günstige Entscheidung. Der positive Begriff der Spruchreife ist damit abzugrenzen gegenüber dem neutralen und nur auf den Rechtsstreit bezogenen Begriff der Entscheidungsreife sowie gegenüber dem negativen Begriff der Abweisungsreife[1931].

3. Definition

Die Spruchreife bedeutet im Verwaltungsprozess die von den materiell-rechtlich begrenzten gerichtlichen Kompetenzen abhängige und nach Maßgabe der Prozessökonomie möglichst zu ermittelnde Konstellation, die es dem Gericht ermöglicht,

1929 Siehe oben S. 64 ff.
1930 Siehe oben S. 139 ff.
1931 Siehe oben S. 73 ff.

zu Gunsten des Klägers eine inhaltlich bestimmte und endgültige Entscheidung über den Bestand oder den Erlass eines Verwaltungsakts oder über eine andere Maßnahme der Behörde zu treffen[1932].

II. Zum Streitgegenstand

1. Grundlegende Kriterien der Streitgegenstandsbestimmung

Als grundlegende Kriterien der Streitgegenstandsbestimmung im Verwaltungsprozessrecht sind festzuhalten[1933]:

- die Eigenständigkeit des Streitgegenstands als prozessualer Anspruch im Unterschied zu den Ansprüchen des materiellen Rechts und zu anderen Ansprüchen des Prozessrechts,
- die prinzipielle Vergleichbarkeit mit dem Zivilprozessrecht,
- die Funktion des Streitgegenstands zur Bestimmung des verfassungsrechtlich verbürgten Instituts der Rechtskraft,
- die maßgebende Bedeutung der Dispositionsmaxime,
- die Irrelevanz des Untersuchungsgrundsatzes
- und das Leitbild eines einheitlichen Begriffs.

2. Elemente des Streitgegenstands

Die Bestimmung des allgemeinen – d.h. für alle Verfahrensarten der Zivil- und Verwaltungsgerichtsbarkeit gültigen – Streitgegenstandsbegriffs[1934] erfordert zunächst eine begriffliche Klärung: Streitgegenstand, prozessualer Anspruch und Begehren sind synonyme Begriffe. Zu vermeiden ist die Bezeichnung nur des willensgerichteten Elements des Streitgegenstands als „Begehren". Auch der dafür verwendete Ausdruck der „Behauptung" ist nicht vorzugswürdig.

Als Elemente des Streitgegenstands anzuerkennen sind das Anspruchsziel und der Anspruchsgrund. Das Anspruchsziel wird näher konkretisiert durch den – ggf. nach Hinweis des Vorsitzenden – eindeutig gefassten Antrag an das Gericht, das den Antrag rechtlich zu würdigen hat. Der Anspruchsgrund ist der Sachverhalt, der dem Anspruchsziel zu Grunde liegt.

1932 Siehe oben S. 153.
1933 Siehe oben S. 188.
1934 Siehe oben S. 206.

Diese Elemente lassen sich in die folgende Formulierung kleiden: Streitgegenstand ist das aufgrund eines bestimmten Sachverhalts verfolgte Anspruchsziel. Der allgemeine Streitgegenstandsbegriff ist damit zweigliedrig.

3. Der Streitgegenstand der Anfechtungsklage

Der Streitgegenstand der Anfechtungsklage[1935] ist abhängig von der Disposition des Klägers, der sowohl eine Entscheidung nach § 113 Abs. 1 Satz 1 VwGO begehren kann als auch (unter Wegfall der mit dieser Entscheidung verbundenen Feststellungen) eine einschränkte Entscheidung nach § 113 Abs. 3 Satz 1 VwGO:

Streitgegenstand der Anfechtungsklage ist der Anspruch des Klägers auf Aufhebung des angefochtenen Verwaltungsakts (sowie auf die damit verbundene Feststellung der Rechtswidrigkeit des Verwaltungsakts und der daraus resultierenden Verletzung des Klägers in seinen Rechten).

4. Der Streitgegenstand der Verpflichtungsklage

Der Streitgegenstand der Verpflichtungsklage[1936] ist abhängig davon, ob der Kläger auf ein Vornahmeurteil gem. § 113 Abs. 5 Satz 1 VwGO oder auf ein Bescheidungsurteil gem. § 113 Abs. 5 Satz 2 VwGO abzielt. Dem ist in der Definition Rechnung zu tragen. Dies geschieht durch Einklammerung der Zusätze, die nur für Verpflichtungsklagen mit einem Vornahmebegehren gelten:

Streitgegenstand der Verpflichtungsklage ist der Anspruch des Klägers auf Verpflichtung des Beklagten zum Erlass eines (inhaltlich bestimmten,) den behördlichen Antrag des Klägers bescheidenden Verwaltungsakts sowie auf die damit verbundene Feststellung der Rechtswidrigkeit der Ablehnung des Verwaltungsakts und der daraus resultierenden Verletzung des Klägers in seinen Rechten.

5. Die Streitgegenstände der Klage auf Vollzugsfolgenbeseitigung

Bei den Streitgegenständen der Klage auf Vollzugsfolgenbeseitigung[1937] gem. § 113 Abs. 1 Satz 2 VwGO handelt es sich um eine gesetzlich für zulässig erklärte Klagenhäufung in Form der Stufenklage. Daher hat sie keinen Streitgegenstand eigener Art. Vielmehr liegt entweder die Häufung der soeben definierten Streitgegenstände der Anfechtungs- und der Verpflichtungsklage vor oder die Kombinati-

---

1935 Siehe oben S. 234.
1936 Siehe oben S. 247.
1937 Siehe oben S. 248.

on des Streitgegenstands der Anfechtungsklage mit dem der allgemeinen Leistungsklage. Letzterer ist zu definieren als der aufgrund eines bestimmten Sachverhalts erhobene Anspruch des Klägers auf Verurteilung des Beklagten zu einer bestimmten Leistung bzw. Unterlassung.

III. Zur Verbindung von Spruchreife und Streitgegenstand

1. Vollzugsfolgenbeseitigung

Aus der Mehrheit der Streitgegenstände bei der Klage auf Vollzugsfolgenbeseitigung folgt, dass der nachträgliche Antrag gem. § 113 Abs. 1 Satz 2, 3 VwGO eine Klageänderung bedeutet und bei fehlender Spruchreife der Vollzugsfolgenbeseitigung ein Teilurteil über die Anfechtungsklage ergehen muss[1938]. Ob es sich um eine Kombination der Anfechtungsklage mit einer Verpflichtungsklage oder mit einer allgemeinen Leistungsklage handelt, ist nicht entscheidend[1939].

2. Anfechtungs- und Verpflichtungsklagen

Aus den Streitgegenstandsbestimmungen der Anfechtungsklage und der Verpflichtungsklage lassen sich einheitlich Rückschlüsse auf die Spruchreife ziehen[1940]. Sie kennzeichnet weder gleichwertige Entscheidungsmodalitäten, noch einen qualitativen Unterschied, sondern einen quantitativen Unterschied der von ihr abhängigen Entscheidungen. Daraus folgen unterschiedlich weit reichende Entscheidungswirkungen, so dass der Kläger die Möglichkeit haben muss, die Spruchreife bei seiner Disposition über den Streitgegenstand zu berücksichtigen. Dies führt zu bedeutsamen praktischen Konsequenzen:

- Das Gericht ist gem. § 88 VwGO an die Entscheidung des Klägers für den eingeschränkten Antrag gebunden[1941].
- Ein Wechsel zwischen den von der Spruchreife abhängigen Anspruchszielen bedeutet keine Klageänderung, sondern eine Klagebeschränkung oder -erweiterung[1942].

1938 Siehe oben S. 251 ff.
1939 Siehe oben S. 256.
1940 Siehe oben S. 256 ff.
1941 Siehe oben S. 259.
1942 Siehe oben S. 261.

- Soweit das Gericht nicht antragsgemäß die bei Spruchreife vorgesehene Entscheidung trifft, unterliegt der Kläger teilweise[1943].
  - Die Klage wird dann im Übrigen abgewiesen[1944].
  - Im Regelfall sind die Kosten gem. § 155 Abs. 1 Satz 1 Alt. 2 VwGO hälftig zu teilen[1945].
- Soweit der Kläger sein Begehren spätestens bei der Antragstellung in der mündlichen Verhandlung sachgerecht einschränkt, trägt er keine Kosten gem. § 155 Abs. 2 VwGO[1946].
- Dem eingeschränkten Klageantrag steht nicht generell ein Gebot der umfassenden Klageerhebung entgegen, sondern nur ausnahmsweise hindert der Einwand des fehlenden Rechtsschutzbedürfnisses die Einschränkung der Klage[1947].
  - Dabei ist insbesondere zu berücksichtigen, dass Art. 19 Abs. 4 Satz 1 GG nicht allein die Effektivität des Rechtsschutzes im Sinne einer Entscheidung mit größtmöglicher Wirkung verlangt, sondern auch die Effizienz des Verfahrens unter Berücksichtigung von Aufwand und Nutzen[1948].
  - Das erfordert die Berücksichtigung des hier so genannten verfahrensökonomischen Prinzips bei der Beurteilung des Rechtsschutzbedürfnisses für eine eingeschränkte Entscheidung[1949].

IV. Zu den Möglichkeiten und Grenzen einer Herbeiführung der Spruchreife

1. Vollzugsfolgenbeseitigung

Die Verpflichtung des Gerichts, im Rahmen der Klage auf Vollzugsfolgenbeseitigung gem. § 113 Abs. 1 Satz 2, 3 VwGO nach Eintritt der Entscheidungsreife bezüglich der Anfechtungsklage noch zusätzliche Feststellungen zum Ob und Wie

---

1943 Siehe oben S. 262 ff.
1944 Siehe oben S. 263.
1945 Siehe oben S. 281 ff.
1946 Siehe oben S. 283.
1947 Siehe oben S. 288 ff.
1948 Siehe oben S. 308.
1949 Siehe oben S. 308.

der Vollzugsfolgenbeseitigung durchzuführen, ist zu verneinen[1950]. Denn dieses Leistungsbegehren betrifft einen selbständigen Streitgegenstand, der nur einen Annex zu dem Streitgegenstand der Anfechtungsklage bildet. Stattdessen ist ein Teilurteil über die Anfechtungsklage zu erlassen und der Kläger hinsichtlich der Vollzugsfolgenbeseitigung auf die Fortsetzung des Verfahrens zu verweisen. Dann bemisst sich aber die Pflicht des Gerichts, die notwendigen Prüfungen im Hinblick auf die Voraussetzung der Spruchreife durchzuführen, nach § 113 Abs. 5 VwGO (im Falle der allgemeinen Leistungsklage analog).

2. Materiell-rechtliche Hindernisse bei der Anfechtungsklage

Bei der Anfechtungsklage kann die Spruchreife nicht herbeigeführt werden, wenn sie aus Gründen des materiellen Rechts fehlt[1951]. Das gilt in den Fällen, in denen auf eine einheitliche Anfechtungsklage (§ 79 Abs. 1 Nr. 1 VwGO) nur der Widerspruchsbescheid aufzuheben ist, weil nur dieser rechtswidrig ist und den Kläger in seinen Rechten verletzt, nicht aber auch der ursprüngliche Verwaltungsakt. Der dann mit der isolierten Aufhebung des Widerspruchsbescheids verursachte „Schwebezustand" kann durch das Gericht nicht aufgelöst werden, denn der ursprüngliche Verwaltungsakt könnte zwar im erneut durchzuführenden Widerspruchsverfahren aufgehoben werden, nicht aber im gerichtlichen Verfahren.

3. Hindernisse aus tatsächlichen Gründen bei der Anfechtungsklage

Für die Anfechtungsklage bestimmt die spezielle gesetzliche Regelung des § 113 Abs. 3 Satz 1 VwGO, unter welchen Voraussetzungen ein Mangel bei der Sachverhaltsaufklärung nicht von dem Gericht behoben werden muss und dennoch ein (instanzbeendendes) Endurteil möglich ist[1952]. Die Tatbestandsmerkmale dieser Norm sind jedoch höchst auslegungsbedürftig und erfordern eine Abwägung zur Sachdienlichkeit einer eingeschränkten Entscheidung nach dieser Vorschrift:

- Gegen die Sachdienlichkeit sprechen unter Umständen
  - die Vermeidung eines weiteren Prozesses,
  - die besondere Leistungsfähigkeit der gerichtlichen Aufklärung
  - und drohende irreparable Nachteile im Falle der Aufhebung ohne abschließende Ermittlungen.

- Argumente für die Sachdienlichkeit sind unter Umständen

1950 Siehe oben S. 349 ff.
1951 Siehe oben S. 350 f.
1952 Siehe oben S. 351 ff.

- die speziellen Kenntnisse und Fähigkeiten der Behörde,
- die Möglichkeit der Senkung und gerechteren Verteilung der Informationskosten im Verwaltungsverfahren,
- die entsprechende Anwendung der Regeln über die materielle Beweislast im Verwaltungsprozess
- und die Möglichkeit einstweiliger Regelungen gem. § 113 Abs. 3 Satz 2, 3 VwGO.

4. Materiell-rechtliche Hindernisse bei der Verpflichtungsklage

Nur scheinbar verlässlich sind die materiell-rechtlichen Hindernisse zu bestimmen, die der Herbeiführbarkeit der Spruchreife bei der Verpflichtungsklage entgegenstehen[1953]. Zwar kann regelmäßig davon ausgegangen werden, dass das Gericht die Sache nicht spruchreif machen darf, wenn eine Ermessensnorm bestimmt, dass die Behörde den beantragten Verwaltungsakt erlassen „kann". Allerdings ist eine entsprechende Aussage schwieriger, wenn die Grenze zwischen gerichtlicher Kontrolle und administrativen Freiräumen nicht entlang der Linie zwischen Tatbestand und Rechtsfolge verläuft. Die Beurteilungsspielräume, die regelmäßig den Erlass eines Vornahmeurteils ebenso hindern wie ein der Behörde eingeräumtes Rechtsfolgenermessen, sind meist weniger allgemein anerkannt. Auch wenn man versucht, die einzelnen Erscheinungsformen der möglichen Beurteilungsspielräume zu sortieren, so stößt man in jeder Gruppe auf Meinungsverschiedenheiten und sich ähnelnde Fälle, die in der Rechtsprechung bereits unterschiedlich entschieden wurden. Erschwerend kommt hinzu, dass das Bundesverfassungsgericht mit seiner Rechtsprechung seit Anfang der 1990er Jahre einen Umbruch und eine Tendenz zu mehr verwaltungsgerichtlicher Kontrolle bewirkt hat. Angesichts dessen ist es unsicher, inwieweit die bisher anerkannten Beurteilungsspielräume Bestand haben werden. Schließlich ist selbst bei Klarheit über die Auslegung des materiellen Rechts eine Überwindung der Kontrollrestriktionen möglich, wenn die Entscheidungsfreiräume der Exekutive aufgrund der Umstände des Einzelfalls auf „null" reduziert sind.

5. Hindernisse aus tatsächlichen Gründen bei der Verpflichtungsklage

Zu den Hindernissen, die aus tatsächlichen Gründen der Spruchreife entgegenstehen, zählen die Erschöpfung von Kontingenten für die mit der Verpflichtungsklage begehrten Leistungen[1954] sowie unzureichende Sachverhaltsermittlungen[1955].

1953 Siehe oben S. 373 ff.
1954 Siehe oben S. 418 ff.
1955 Siehe oben S. 438 ff.

Grundsätzlich ist das Verwaltungsgericht zwar gehalten, diese Hindernisse aus dem Weg zu räumen, indem es abschließend alle tatsächlichen und rechtlichen Feststellungen zu dem Streitgegenstand – auch soweit dieser auf die Spruchreife abzielt – in eigener Verantwortung trifft. Dies ist jedoch nicht immer möglich: Bei erschöpften Kontingenten scheiden abschließende gerichtliche Feststellungen regelmäßig aus, bei bisher unzureichender Sachverhaltsaufklärung manchmal. Im Unterschied zu den materiell-rechtlichen Kontrollrestriktionen scheiden abschließende Feststellungen des Gerichts dann aus funktionellen Gründen im Hinblick auf die unterschiedlichen Strukturen und Aufgaben von Rechtsprechung und Verwaltung aus. Es ist zu unterscheiden zwischen den Konstellationen, in denen dem Gericht die abschließenden Feststellungen unabdingbar verwehrt sind (absolute Funktionsvorbehalte) und den Konstellationen, in denen dem Gericht insoweit ein Beurteilungsspielraum bei der Abwägung einzelner Kriterien zusteht (relative Funktionsvorbehalte).

- Absolute Funktionsvorbehalte bestehen
  - bei einem Zusammenhang der tatsächlichen Feststellungen mit gestaltenden Verwaltungstätigkeiten
  - und bei einem Zusammenhang der tatsächlichen Feststellungen mit Entscheidungsfreiräumen der Verwaltung.

- Relative Funktionsvorbehalte erfordern eine Abwägung:
  - Argumente für die Ermittlung im Verwaltungsverfahren, insbesondere aus prozessökonomischen Gründen, sind
    - die Masse oder Dauer der erforderlichen Ermittlungen,
    - die Dynamik der Materie,
    - die Entbehrlichkeit eines sonst erforderlichen Sachverständigengutachtens
    - und die edukatorische Funktion der Übertragung auf die Behörde.
  - Geeignet zur Entkräftung der Vorbehalte gegen aufwendige Ermittlungen im Prozess sind unter Umständen
    - die Mitwirkung der Behörde
    - und die große Wahrscheinlichkeit eines neuen Gerichtsverfahrens bei einem Verzicht auf abschließende Feststellungen im anhängigen Prozess.

B. Therapievorschläge

Die aufgelisteten Befunde sind für die Praxis nicht ohne weiteres zufriedenstellend. Das gilt insbesondere für die Unsicherheiten, mit denen die Frage behaftet ist, ob das Gericht einem eingeschränkten Klageantrag (z.B. einem Bescheidungsantrag bei der Verpflichtungsklage) das Rechtsschutzbedürfnis abspricht. Gleiches gilt für die Frage, ob das Gericht bei uneingeschränktem Klagebegehren alle notwendigen Feststellungen – auch tatsächlicher Art – in eigener Verantwortung trifft, um ggf. die bei Spruchreife der Sache vorgesehene Entscheidung zu erlassen.

I. Zur Behandlung de lege lata

1. Die Hinweispflicht gem. § 86 Abs. 3 VwGO

Die Unberechenbarkeit der Spruchreife einschließlich ihrer Vorwirkungen auf die Zulässigkeit der Klage im Zusammenhang mit der Voraussetzung des Rechtsschutzbedürfnisses ist durch eine gesteigerte Hinweispflicht des Vorsitzenden gem. § 86 Abs. 3 VwGO zu kompensieren[1956]. Sie greift zum einen dann ein, wenn das Gericht der Auffassung ist, dass der Kläger seinen angekündigten Antrag erweitern muss, damit den ohnehin notwendigen Feststellungen durch eine angemessen weit reichende Entscheidung Rechnung getragen werden kann. Sie greift zum anderen dann ein, wenn nach Auffassung des Gerichts der Antrag des Klägers zu weit geht.

Gegen die Zweckdienlichkeit eines Hinweises mit Blick auf die Voraussetzung der Spruchreife ist bezogen auf die Verpflichtungsklage eingewendet worden, der Hinweis schütze den Kläger nicht davor, dass das Berufungsgericht die Frage der Spruchreife wieder anders beurteilt und dann über den gestellten Bescheidungsantrag gem. § 88 VwGO nicht hinaus gehen dürfe[1957]. Diese Bedenken sind aber nicht geeignet, die Zweckdienlichkeit und die Notwendigkeit eines Hinweises in Frage zu stellen. Denn dem Berufungsgericht steht es frei, auf einen Bescheidungsantrag hin die Möglichkeiten der beklagten Behörde zur Abweisung des beantragten Verwaltungsakts mit der Darlegung einer entsprechenden Rechtsauffassung bei der Verurteilung gem. § 113 Abs. 5 Satz 2 VwGO einzuengen. Überdies ist die Verletzung der Hinweispflicht gem. § 86 Abs. 3 VwGO ein wesentlicher

---

1956 SCHMITT GLAESER / HORN, Rn. 303; SCHRÖDER, in: MENGER-FS (1985), S. 492. Ebenso schon zum Verhältnis zwischen isolierter Aufhebungsklage und Vornahmeklage vor Inkraft-Treten der VwGO MAETZEL, DÖV 1955, 397, 399.

1957 BRUNN, S. 31; MARTENS, S. 85.

Verfahrensfehler[1958]. Daher kann das Berufungsgericht, wenn die unsachgemäße Beschränkung der Klage auf einem unzutreffenden Hinweis beruht, die Sache gem. § 130 Abs. 1 Nr. 2 VwGO an das Verwaltungsgericht zurückverweisen. Dann wird diese Instanz neu eröffnet und es sind neue Anträge zu stellen[1959].

2. Der Dialog im Prozess

Da sich häufig erst im Laufe des Prozesses zeigt, ob und wie die Sache spruchreif werden kann, ist es erforderlich, dass die Beteiligten aktiv an einem Dialog im Prozess teilnehmen. Insbesondere ist passiven Haltungen von Behörden entgegenzuwirken,. die gerichtliche Verfahren nur formularmäßig betreiben, Termine zur mündlichen Verhandlung nicht mehr wahrnehmen oder sich nur durch uninformierte Mitarbeiter vertreten lassen[1960]. Ebenso hinderlich ist es, wenn der Kläger meint, im Verfahren vor dem Verwaltungsgericht erster Instanz ohne Rechtsanwalt auszukommen, obwohl er mit der Materie überfordert ist. Wenn er sich durch einen Rechtsanwalt vertreten lässt, ist es dessen Aufgabe, mit seinem Mandanten die Interessenlage zu klären und alternative Antragsmöglichkeiten oder die Bereitschaft zu einem Vergleich zu klären, damit im Prozess ein konstruktiver Dialog geführt werden kann. Gerade die Konstellation, in der die von der Behörde getroffene Entscheidung nicht aufrecht erhalten werden kann, in der aber für eine neue Entscheidung weitere Ermittlungen notwendig sind, bietet Chancen für eine Beendigung des Rechtsstreits durch einen Vergleich. Die Verpflichtung des Gerichts, gem. § 279 Abs. 1 ZPO i.V.m. § 173 VwGO auf eine gütliche Einigung hinzuwirken, ist aber nur bei einer aktiven Teilnahme kompetenter Prozessvertreter produktiv bzw. bei Abwesenheit der Beteiligten in der mündlichen Verhandlung nicht mehr erfüllbar[1961]. Falls keine Aussichten auf eine gütliche Einigung bestehen, ist mit den Beteiligten, die ggf. gem. § 86 Abs. 1 Satz 1 HS. 2 VwGO zur Ermittlung des Sachverhalts heranzuziehen sind, das weitere Vorgehen zur Ermöglichung abschließender Feststellungen im Prozess oder aber die Alternative einer eingeschränkten gerichtlichen Entscheidung mit Zurückverlagerung der Ermittlungen in das Verwaltungsverfahren zu erörtern.

1958 HUFEN, § 36 Rn. 13; KOPP / SCHENKE, § 86 Rn. 29.
1959 KOPP / SCHENKE, § 130 Rn. 8.
1960 STELKENS, NVwZ 1982, 81.
1961 STELKENS, NVwZ 1982, 81, 83.

II. Zur Behandlung de lege ferenda

1. Neufassung des § 113 Abs. 3 VwGO

Die Vernachlässigung der Möglichkeit, über die Anfechtungsklage gem. § 113 Abs. 3 Satz 1 VwGO zu entscheiden, beruht vermutlich u.a. zum einen auf Unklarheiten darüber, was der Verzicht auf eine Entscheidung „in der Sache selbst" bedeutet, zum anderen darauf, dass die sechsmonatige Entscheidungsfrist gem. § 113 Abs. 3 Satz 4 VwGO die Bedürfnisse der Praxis ignoriert. Es sollte daher bei einer Neufassung klargestellt werden, dass die Entscheidung gem. § 113 Abs. 3 Satz 1 VwGO einen Verzicht auf die Feststellung der Rechtswidrigkeit und der Verletzung des Klägers in seinen Rechten bedeutet. Daneben sollte als praxistaugliche Beschleunigungsdirektive eine Frist von einem Jahr vorgesehen werden[1962].

2. Materiell-rechtliche Klarstellung von Beurteilungsspielräumen

Es wäre zu begrüßen, wenn der Gesetzgeber des materiellen Rechts vermehrt dazu überginge, gerichtsfreie Entscheidungsspielräumen der Verwaltung ausdrücklich zu normieren[1963]. Wenn man sich vergegenwärtigt, dass BACHOF[1964] eine ähnliche Forderung schon vor fast einem halben Jahrhundert erhoben hat, darf man freilich auf ihre Erfüllung keine allzu großen Hoffnungen setzen. Immerhin bietet § 71 Abs. 5 Satz 2 GWB[1965] insoweit ein nachahmenswertes Vorbild. Denkbar ist es auch, dass die neuere Rechtsprechung des Bundesverfassungsgerichts zur Einschränkung bisher anerkannter Beurteilungsspielräume[1966] langfristig derartige Klarstellungen fördert.

3. Prozessrechtliche Klarstellung von Funktionsvorbehalten

Es ist zwar gesetzessystematisch nicht notwendig, es wäre aber angesichts der vielfach ablehnenden Haltung der Praxis sinnvoll, ähnlich wie in § 113 Abs. 3 Satz 1 VwGO für die Anfechtungsklage, auch für die Verpflichtungsklage im Anschluss an die bisherige Fassung des § 113 Abs. 5 Satz 2 VwGO klarzustellen,

---

1962 So auch DEMMEL, S. 159.

1963 PAPIER, in: ULE-FS (1987), S. 247 f.; KLOEPFER, S. 82; SCHULZE-FIELITZ, JZ 1993, 772, 778.

1964 JZ 1955, 97, 100.

1965 „Die Würdigung der gesamtwirtschaftlichen Lage und Entwicklung ist hierbei der Nachprüfung des Gerichts entzogen."

1966 Siehe oben S. 379 ff.

dass im Hinblick auf die Voraussetzungen der Spruchreife nicht in jedem Fall alle Feststellungen durch das Gericht in eigener Verantwortung getroffen werden müssen[1967]. Dabei sollte hervorgehoben werden, dass im Verwaltungsprozess insbesondere von der Durchführung solcher Ermittlungen abgesehen werden kann, für die aus funktionellen Gründen die Verwaltung besser geeignet ist.

1967 Für eine solche Regelung auch PAPIER, in: ULE-FS (1987), S. 252.

Literaturverzeichnis

ACHTERBERG, NORBERT: Der Begriff „Rechtsprechung im materiellen Sinne“, in: System des verwaltungsgerichtlichen Rechtsschutzes, Festschrift für CHRISTIAN-FRIEDRICH MENGER zum 70. Geburtstag, Köln u.a. 1985, S. 125

ALTERNATIVKOMMENTAR zur Zivilprozeßordnung, Neuwied, Darmstadt 1987 (zitiert: AK-ZPO)

BACHOF, OTTO: Anm. zu BVerwG, Urt. v. 18.08.1960 (DVBl.1961, S.125), DVBl. 1961, S. 128

BACHOF, OTTO: Anm. zu BVerwG, Urt. v. 25.08.1971 (DÖV 1971, S. 857), DÖV 1971, S. 860

BACHOF, OTTO: Der maßgebende Zeitpunkt für die gerichtliche Beurteilung von Verwaltungsakten, JZ 1954, S. 416

BACHOF, OTTO: Die verwaltungsgerichtliche Klage auf Vornahme einer Amtshandlung (Erstaufl. 1951), 2., unveränd. Aufl., Tübingen 1968

BACHOF, OTTO: Ermessen, Beurteilungsspielraum und unbestimmter Rechtsbegriff, JZ 1955, S. 97

BADER, JOHANN: Die Ergänzung von Ermessenserwägungen im verwaltungsgerichtlichen Verfahren, NVwZ 1999, S. 120

BADER, JOHANN / FUNKE-KAISER, MICHAEL / KUNTZE, STEFAN / ALBEDYLL, JÖRG V.: Verwaltungsgerichtsordnung, Kommentar anhand der höchstrichterlichen Rechtsprechung, Heidelberg 1999

BADURA, PETER: Der atomrechtliche Funktionsvorbehalt der Genehmigungsbehörde für die Ermittlung und Bewertung des Risikos einer nuklearen Anlage, DVBl. 1998, S. 1197

BARBEY, GÜNTHER: Bemerkungen zum Streitgegenstand im Verwaltungsprozeß, in: System des verwaltungsgerichtlichen Rechtsschutzes, Festschrift für CHRISTIAN-FRIEDRICH MENGER zum 70. Geburtstag, Köln u.a. 1985, S. 177

BAUMBACH, ADOLF / LAUTERBACH, WOLFGANG / ALBERS, JAN / HARTMANN, PETER: Zivilprozeßordnung, 58. Auflage, München 2000

BAUMGÄRTEL, GOTTFRIED: Zur Lehre vom Streitgegenstand, JuS 1974, S. 69

BENDER, BERND / SPARWASSER, REINHARD / ENGEL, RÜDIGER: Umweltrecht, Grundzüge des öffentlichen Umweltschutzrechts, 4. Aufl., Heidelberg 2000

BERG, WILFRIED: Grundsätze des verwaltungsgerichtlichen Verfahrens, in: System des verwaltungsgerichtlichen Rechtsschutzes, Festschrift für CHRISTIAN-FRIEDRICH MENGER zum 70. Geburtstag, Köln u.a. 1985, S. 537

BERG, WILFRIED: Die verwaltungsrechtliche Entscheidung bei ungewissem Sachverhalt, Berlin 1980

BERG, WILFRIED: Die Verwaltung des Mangels, Verfassungsrechtliche Determinanten für Zuteilungskriterien bei knappen Ressourcen, Der Staat 1976, S. 1

BETTERMANN, KARL AUGUST: Die Verpflichtungsklage nach der Bundesverwaltungsgerichtsordnung, NJW 1960, S. 649

BETTERMANN, KARL AUGUST: Über die Rechtswidrigkeit von Staatsakten, in: Recht als Prozess und Gefüge, Festschrift für HANS HUBER zum 80. Geburtstag, Bern 1981, S. 25

BETTERMANN, KARL AUGUST: Anm. zu BVerwG, Urt. v. 16.06.1964 (DVBl. 1966, 39), DVBl. 1966, S. 40

BETTERMANN, KARL AUGUST: Wesen und Streitgegenstand der verwaltungsgerichtlichen Anfechtungsklage, DVBl. 1953, S. 163

BETTERMANN, KARL AUGUST: Anm. zu VG Frankfurt, Urt. v. 14.11.1961 (DÖV 1962, S. 150), DÖV 1962, S. 151

BETTERMANN, KARL AUGUST: Die rechtsprechende Gewalt, § 73 in: ISENSEE, JOSEF / KIRCHHOF, PAUL (Hrsg.), Handbuch des Staatsrechts, Band III: Das Handeln des Staates, Heidelberg 1988

BEYS, KOSTAS: Zum Problem des Streitgegenstandes im Zivilprozeßrecht und den (gegebenenfalls national) zu ziehenden Folgerungen, insbesondere für die Rechtskraft, ZZP 105 (1992), S. 145

BLOMEYER, ARWED: Zivilprozeßrecht, Erkenntnisverfahren, 1. Aufl., Berlin, Göttingen, Heidelberg 1963, 2. Aufl. Berlin 1985

BÖHM, MONIKA: Die gerichtliche Kontrolle von Verwaltungsentscheidungen in Deutschland, Reformbedarf und -perspektiven, DÖV 2000, S. 990

BÖHM, PETER: Die Ausrichtung des Streitgegenstandes am Rechtsschutzziel, in: Festschrift für WINFRIED KRALIK, Wien 1986, S. 83

BONNER KOMMENTAR zum Grundgesetz, Loseblattsammlung, hrsg. von RUDOLF DOLZER und KLAUS VOGEL, Band 3, Art. 15-19, 46. Lieferung, Art. 19 Abs. 4, bearbeitet von WOLF-RÜDIGER SCHENKE, Stand Dezember 1982

BRÄUTIGAM, HORST: Streitwertbemessung im verwaltungsgerichtlichen Verfahren, NVwZ 1989, S. 1022

BROCKHAUS-ENZYKLOPÄDIE in vierundzwanzig Bänden, 19. Aufl., 18. Band: Rad – Rüs, Mannheim 1992, 24. Band: Wek – Zz, Mannheim 1994

BROHM, WINFRIED: Zum Funktionswandel der Verwaltungsgerichtsbarkeit, NJW 1984, S. 8

BRUNN, BERND: Die sogenannte Bescheidungsklage in der Verwaltungsgerichtsordnung, jur. Diss. Mainz 1977

BURGI, MARTIN: Verwaltungsprozeß und Europarecht, München 1996

CLASSEN, CLAUS DIETER: Die Europäisierung der Verwaltungsgerichtsbarkeit. Eine vergleichende Untersuchung zum deutschen, französischen und europäischen Verwaltungsprozessrecht, Tübingen 1996

CLAUSING, BERTHOLD: Aktuelles Verwaltungsprozeßrecht, JuS 1999, S. 474

CREUTZFELD, MALTE: Anhörung von Asylbewerbern vor Verwaltungsbehörden und Verwaltungsgerichten, NVwZ 1982, S. 88

CZERMAK, FRITZ: Gibt es eine verwaltungsgerichtliche Bescheidungsklage?, BayVBl. 1981, S. 427

CZERMAK, FRITZ: Anm. zu OVG Lüneburg, Beschl. v. 24.10.1977, NJW 1978, S. 1340

CZERMAK, FRITZ: Abschließendes zum Beurteilungsspielraum?, NJW 1992, S. 2612

DAWIN, MICHAEL: Der Gegenstand der Anfechtungsklage nach § 79 Abs. 1 Nr. 1 VwGO, NVwZ 1987, S. 872

DEMMEL, ANNETTE: Das Verfahren nach § 113 Abs. 3 VwGO, Köln, Berlin u.a. 1997, zugl. jur. Diss. Greifswald 1997

DETTERBECK, STEFFEN: Streitgegenstand und Entscheidungswirkungen im Öffentlichen Recht, Grundlagen des Verfahrens vor den allgemeinen Verwaltungsgerichten und vor dem Bundesverfassungsgericht, Tübingen 1995

DEUTSCHES RECHTS-LEXIKON, 2. Aufl., München 1992

DI FABIO, UDO: Risikoentscheidungen im Rechtsstaat, Zum Wandel der Dogmatik im öffentlichen Recht, insbesondere am Beispiel der Arzneimittelüberwachung, Tübingen 1994

DUDEN: Etymologie, Herkunftswörterbuch der deutschen Sprache, Mannheim, Wien, Zürich 1963

EHLERS, DIRK: Der Beklagte im Verwaltungsprozeß, in: System des verwaltungsgerichtlichen Rechtsschutzes, Festschrift für CHRISTIAN-FRIEDRICH MENGER zum 70. Geburtstag, Köln u.a. 1985, S. 379

ENGELHARD: Anfechtungsklage – Vornahmeklage, NJW 1956, S. 1377

EVERLING, ULRICH: Zur Funktion des Gerichtshofs der Europäischen Gemeinschaften als Verwaltungsgericht, in: Rechtsstaat zwischen Sozialgestaltung und Rechtsschutz, Festschrift für KONRAD REDEKER zum 70. Geburtstag, München 1993, S. 293

EYERMANN, ERICH (Begr.): Verwaltungsgerichtsordnung, Kommentar, 11. Aufl., München 2000

FABER, HEIKO: Verwaltungsrecht, 4. Aufl., Tübingen 1995

FABER, HEIKO: Der Wirtschaftlichkeitsvorbehalt der Inquisitionsmaxime, in: Festschrift zur 150-Jahr-Feier des Rechtsanwaltsvereins Hannover e.V., Hannover 1981, S. 79

FABER, HEIKO: Vorbemerkungen zu einer Theorie des Verwaltungsrechts in der nachindustriellen Gesellschaft, in: Auf einem Dritten Weg, Festschrift für HELMUT RIDDER zum 70. Geburtstag am 18. Juli 1989, Neuwied u.a. 1989, S. 291

FRITZ, ROLAND / BAUMÜLLER, PETER / BRUNN, BERND: Kommentar zum Kriegsdienstverweigerungsgesetz, 2. Aufl., Darmstadt, Neuwied, 1985

FROMONT, MICHEL: Le système français de protection juridictionelle du citoyen contre l'administration, in: System des verwaltungsgerichtlichen Rechtsschutzes, Festschrift für CHRISTIAN-FRIEDRICH MENGER zum 70. Geburtstag, Köln u.a. 1985, S. 887

GAENTZSCH, GÜNTER: Ermittlungs- und Bewertungsdefizite im Verwaltungsverfahren, in: Rechtsstaat zwischen Sozialgestaltung und Rechtsschutz, Festschrift für KONRAD REDEKER zum 70. Geburtstag, München 1993, S. 405

GEIMEINSCHAFTS-KOMMENTAR zum Asylverfahrensgesetz 1992, Bd. 2, Loseblattsamml., Neuwied, Kriftel, Stand Mai 2000 (zitiert: GK-AsylVfG)

GEORGIADES, APOSTOLOS: Die Anspruchskonkurrenz im Zivilrecht und Zivilprozeßrecht, München 1968

GORSKI, HANS-GÜNTER: Der Streitgegenstand der Anfechtungsklage gegen Steuerbescheide, Berlin 1974, zugl. jur. Diss. Hamburg 1973

GRÄBER, FRITZ: Finanzgerichtsordnung, 4. Aufl., München 1997

GROSCHUPF, OTTO: Wie entscheidet das Verwaltungsgericht, wenn das Verwaltungsverfahren fehlerhaft war?, DVBl. 1962, S. 627

GRUNSKY, WOLFGANG: Grundlagen des Verfahrensrechts, 2. Aufl., Bielefeld 1974

HAAS, KLAUS: Zur Rangfrage in Numerus-clausus-Prozessen, DVBl. 1974, S. 22

HABSCHEID, EDGAR J.: Neue Probleme zu Streitgegenstand, Rechtskraft und Präklusion im Kündigungsschutzprozeß, RdA 1989, S. 88

HABSCHEID, WALTHER J.: Die neuere Entwicklung der Lehre vom Streitgegenstand im Zivilprozeß, in: Festschrift für KARL HEINZ SCHWAB zum 70. Geburtstag, München 1990, S. 181

HABSCHEID, WALTHER J.: Der Streitgegenstand im Zivilprozess und im Streitverfahren der freiwilligen Gerichtsbarkeit, Bielefeld 1956

HAIN, KARL-EBERHARD / SCHLETTE, VOLKER / SCHMITZ, THOMAS: Ermessen und Ermessensreduktion – ein Problem im Schnittpunkt von Verfassungs- und Verwaltungsrecht, AöR 122 (1997), S. 32

HAMMER, ULRICH / NAGEL, BERND: Kontrolle von Kapazitätsfestsetzungen im Hochschulbereich, NJW 1976, S. 654

HARTMANN, PETER: Kostengesetze, 29. Aufl., München 2000

HENCKEL, WOLFRAM : Parteilehre und Streitgegenstand im Zivilprozeß, Heidelberg 1961

HERZOG, ROMAN: Verfassung und Verwaltungsgerichte – zurück zu mehr Kontrolldichte?, NJW 1992, S. 2601

HESSELBERGER, DIETER: Die Lehre vom Streitgegenstand, Geschichtliche Entwicklung und gegenwärtiger Stand, Köln, Berlin u.a. 1970, zugl. jur. Diss. Erlangen-Nürnberg 1969

HOLZENDORFF, FRANZ V. (Begr.) / KOHLER, JOSEF (Hrsg.): Enzyklopädie der Rechtswissenschaft, Vierter Band, 7. Aufl. (2.Aufl. der Neubearbeitung), München, Leipzig 1914

HOPPE, WERNER: Planung und Pläne in der verwaltungsgerichtlichen Kontrolle, in: System des verwaltungsgerichtlichen Rechtsschutzes, Festschrift für CHRISTIAN-FRIEDRICH MENGER zum 70. Geburtstag, Köln u.a. 1985, S. 747

HORN, LUTZ: Die Lehre vom Streitgegenstand, JuS 1992, S. 680

HÖSCH, ULRICH: Probleme der wirtschaftsverwaltungsrechtlichen Konkurrentenklage, Die Verwaltung 1997, S. 211

HUFEN, FRIEDHELM: Verwaltungsprozeßrecht, 4. Aufl., München 2000

HUFEN, FRIEDHELM: Fehler im Verwaltungsverfahren, 3. Aufl., Baden-Baden 1998

HUPPERTZ, WALTER: Streitgegenstand und Prozessherrschaft im Anfechtungsverfahren nach §§ 40 I, 100 FGO, jur. Diss. Köln 1972

IDEL, W.: Zum Begriff der Spruchreife bei der Klage auf Vornahme eines Verwaltungsaktes, NJW 1955, S. 1744

IVO, MALTE: Die Folgenbeseitigungslast, Berlin 1996, zugl. jur. Diss. Mainz 1996

JÄDE, HENNING: Verwaltungsverfahren, Widerspruchsverfahren, Verwaltungsprozeß, 3. Auflage, Stuttgart u.a. 1997

JAKOBS, OTTO-WILHELM: Die Klagearten im Prüfungsrechtsstreit, VBlBW 1981, S. 173

JARASS, HANS D.: Bundes-Immissionsschutzgesetz (BImSchG), Kommentar, 4. Aufl., München 1999

JAUERNIG, OTHMAR: Verhandlungsmaxime, Inquisitionsmaxime und Streitgegenstand, in: Recht und Staat in Geschichte und Gegenwart 339/340, Tübingen 1967

KANT, IMMANUEL: Über den Gemeinspruch: Das mag in der Theorie richtig sein, taugt aber nicht für die Praxis, Berlinische Monatsschrift 1793, S. 201

KARPEN, ULRICH / HILLERMANN, KRISTINA: Die Entwicklung der Rechtsprechung zum Hochschulrecht seit 1990, JZ 1997, S. 234

KELLNER, HUGO: Besinnung auf die Anfechtungsklage – Ein Beitrag zum Rechtsschutz gegen Ablehnungsbescheide, MDR 1968, S. 965

KLEINKNECHT / MEYER-GOSSNER: Strafprozeßordnung, 44. Aufl., München 1999

KLOEPFER, MICHAEL: Rechtsschutz im Umweltrecht, in: Dokumentation zur 8. wissenschaftlichen Fachtagung der Gesellschaft für Umweltrecht e.V. Berlin, am 2. und 3. 11. 1984, S. 30

KNEMEYER, FRANZ-LUDWIG: Folgenbeseitigungsanspruch oder Anspruch auf polizeiliches Einschreiten – VGH Mannheim, NVwZ 1987, 1101, JuS 1988, S. 696

KÖHLER, HELMUT: Der Streitgegenstand bei Gestaltungsklagen, Frankfurt (M.), Berlin u.a. 1996, zugl. jur. Diss. Regensburg 1994

KOPP, FERDINAND O.: Verwaltungsgerichtsordnung, 10. Aufl., München 1994

KOPP, FERDINAND O.: Änderungen der Verwaltungsgerichtsordnung zum 1.1.1991, NJW 1991, S. 521

KOPP, FERDINAND O. : Entwicklungstendenzen in der Verwaltungsgerichtsbarkeit, BayVBl. 1977, S. 513

KOPP, FERDINAND O.: Verfassungsrecht und Verwaltungsverfahrensrecht, München 1971

KOPP, FERDINAND O.: Der für die Beurteilung der Sach- und Rechtslage maßgebliche Zeitpunkt bei verwaltungsgerichtlichen Anfechtungs- und Verpflichtungsklagen, in: System des verwaltungsgerichtlichen Rechtsschutzes, Festschrift für CHRISTIAN-FRIEDRICH MENGER zum 70. Geburtstag, Köln u.a. 1985, S. 693

KOPP, FERDINAND O.: Anmerkung zu BVerwG, Urt. v. 24.01.1992 (JZ 1992, S. 1077), JZ 1992, S. 1078

KOPP, FERDINAND O. / KOPP, FERDINAND J.: Grenzen der Rechtskraftwirkung von Urteilen aufgrund von Anfechtungsklagen, NVwZ 1994, S. 1

KOPP, FERDINAND O. / RAMSAUER, ULRICH: Verwaltungsverfahrensgesetz, 7. Aufl., München 2000

KOPP, FERDINAND O. / SCHENKE, WOLF-RÜDIGER: Verwaltungsgerichtsordnung, 12. Aufl., München 2000

LAMMICH, KLAUS: Die Zukunft des Güterkraftverkehrsgesetzes, TranspR 1997, S. 363

LANG, ARNO: Untersuchungs- und Verhandlungsmaxime im Verwaltungsprozeß, VerwArch. 52 (1961), S. 60 ff. und 175 ff.

LARENZ, KARL: Methodenlehre der Rechtswissenschaft, 6. Aufl., Berlin, Heidelberg u.a. 1991

LARENZ, KARL: Allgemeiner Teil des deutschen Bürgerlichen Rechts, 7. Aufl., München 1989

LARENZ, KARL / WOLF, MANFRED: Allgemeiner Teil des Bürgerlichen Rechts, 8. Aufl., München 1997

LAUBINGER, HANS-WERNER: Die isolierte Anfechtungsklage, in: System des verwaltungsgerichtlichen Rechtsschutzes, Festschrift für CHRISTIAN-FRIEDRICH MENGER zum 70. Geburtstag, Köln u.a. 1985, S. 443

LENZ, THOMAS: Die Verurteilung zur Rückgängigmachung der Vollziehung und zur Leistung nach § 113 Abs. 1 S. 2 und Abs. 3 VwGO, Diss., Berlin 1976

LERCHE, PETER: Zum Stand der Lehre vom Streitgegenstand im Verwaltungsprozeß, BayVBl. 1956, S. 295

LOPPUCH: Die verwaltungsgerichtliche Klage wegen Nichtvornahme von Verwaltungsakten, NJW 1953, S. 9

LÜCKE, JÖRG: Begründungszwang und Verfassung, Tübingen 1987

LÜKE, GERHARD: Der Streitgegenstand im Verwaltungsprozeß, JuS 1967, S. 1

LÜKE, GERHARD: Zum Streitgegenstand im arbeitsgerichtlichen Kündigungsschutzprozeß, JZ 1960, S. 203

LÜKE, WOLFGANG: Zivilprozeßrecht, 7. Aufl., München 1999

MAETZEL, WOLF BOGUMIL: Die verwaltungsgerichtliche Anfechtung von Ablehnungsbescheiden, DÖV 1955, S. 397

MARTENS, JOACHIM: Streitgegenstand und Urteilsgegenstand der Anfechtungsklage, DÖV 1964, S. 365

MARTENS, JOACHIM: Die Klagearten im Verwaltungsprozeß, DÖV 1970, S. 476

MARTENS, JOACHIM: Effektiver Rechtsschutz durch isolierte Anfechtung, DÖV 1988, S. 949

MARX, GREGOR: Das Herbeiführen der Spruchreife im Verwaltungsprozeß, Frankfurt (M.), Berlin u.a. 1996, zugl. jur. Diss. Freiburg (Breisgau) 1995

MAUNZ, THEODOR / DÜRIG, GÜNTER u.a.: Grundgesetz, Band 2: Art. 12 a – 37, Loseblattsammlung, München, Stand Oktober 1999

MAURER, HARTMUT: Anmerkung zu BVerwG, Urt. v. 08.12.1992 (JZ 1992, S. 572), JZ 1992, S. 574

MENGER, CHRISTIAN-FRIEDRICH: System des verwaltungsgerichtlichen Rechtsschutzes, Tübingen 1954

MENGER, CHRISTIAN-FRIEDRICH / ERICHSEN, HANS-UWE: Höchstrichterliche Rechtsprechung zum Verwaltungsrecht, VerwArch. 58 (1967), S. 175

MENZEL, HANS-JOACHIM: Die Verteilung „verschwiegener" Studienplätze – eine Aufgabe des Verwaltungsgerichts?, NJW 1978, S. 26

MEYER, KLAUS: Herstellung der Spruchreife – Grundsatz und Grenzen – dargestellt am Baurecht, DVBl. 1961, S. 75

MÜLLER, HANS JOACHIM: Der Verfahrensgegenstand von Anfechtungs- und Verpflichtungsklagen und der Zeitpunkt der rechtlichen Beurteilung von Verpflichtungsklagen, NJW 1982, S. 1370

MÜNCH, INGO V. / KUNIG, PHILIP (Hrsg.): Grundgesetz-Kommentar, Band 1: Präambel bis Art. 20, 4. Aufl., München 1992

MÜNCHENER KOMMENTAR zur Zivilprozeßordnung, Band 1: §§ 1 - 353, herausgegeben von G. LÜKE und A. WALCHSHÖFER, München 1992 (zitiert: MK-ZPO)

MUSIELAK, HANS-JOACHIM: Der rechtskräftig entschiedene Sachverhalt, NJW 2000, S. 3593

MUTIUS, ALBERT V. : Gerichtsverfahren und Verwaltungsverfahren, in: System des verwaltungsgerichtlichen Rechtsschutzes, Festschrift für CHRISTIAN-FRIEDRICH MENGER zum 70. Geburtstag, Köln u.a. 1985, S. 575

MUTIUS, ALBERT V.: Konkurrentenklage im Beamtenrecht?, VerwArch. 69 (1978), S. 103

MUTIUS, ALBERT V.: Das Widerspruchsverfahren der VwGO als Verwaltungsverfahren und Prozeßvoraussetzung, Berlin 1969

NIEDERMEYER, H.: Zweifelsfragen der Verwaltungsgerichtsordnung, NJW 1960, S. 2321

NIESE, WERNER: Über den Streitgegenstand der Anfechtungs- und Vornahmeklagen im Verwaltungsprozeß, JZ 1952, S. 353

NIKISCH, ARTHUR: Zur Lehre vom Streitgegenstand im Zivilprozeß, AcP 154 (1955), S. 269

NIKISCH, ARTHUR: Der Streitgegenstand im Zivilprozeß, Tübingen 1935

NOMOS-KOMMENTAR zur Verwaltungsgerichtsordnung, herausgegeben von H. SODAN und J. ZIEKOW, Loseblattsammlung, Baden-Baden, Stand November 1999

OESTREICHER, ERNST: Gerichtskosten und Streitwert im Verwaltungsprozeß, Entwicklung und Ausblick, in: Kostenerstattung und Streitwert, Festschrift für HERBERT SCHMIDT, München 1981, S. 123

OPPERMANN, THOMAS: Europarecht, 2. Aufl., München 1999

OSSENBÜHL, FRITZ: Tendenzen und Gefahren der neueren Ermessenslehre, DÖV 1968, S. 618

OSSENBÜHL, FRITZ: Staatshaftungsrecht, 5. Aufl., München 1998

OSSENBÜHL, FRITZ: Die richterliche Kontrolle von Prognoseentscheidungen der Verwaltung, in: System des verwaltungsgerichtlichen Rechtsschutzes, Festschrift für CHRISTIAN-FRIEDRICH MENGER zum 70. Geburtstag, Köln u.a. 1985, S. 731

OSSENBÜHL, FRITZ: Gedanken zur Kontrolldichte in der verwaltungsgerichtlichen Rechtsprechung, in: Rechtsstaat zwischen Sozialgestaltung und Rechtsschutz, Festschrift für KONRAD REDEKER zum 70. Geburtstag, München 1993, S. 55

OTTO MAYER: Deutsches Verwaltungsrecht. Erster Band. 3. Aufl., 1924, unveränderter Nachdruck, Berlin 1969

PAGENKOPF, MARTIN: Die VwGO-Novelle – Augenmaß und Schlichtheit, DVBl. 1991, S. 285

PALANDT, OTTO: Bürgerliches Gesetzbuch, 59. Aufl., München 2000

PAPIER, HANS-JÜRGEN: Rechtsschutzgarantie gegen die öffentliche Gewalt, § 154 in: ISENSEE, JOSEF / KIRCHHOF, PAUL (Hrsg.), Handbuch des Staatsrechts, Band VI: Freiheitsrechte, Heidelberg 1989

PAPIER, HANS-JÜRGEN: Verwaltungsverantwortung und gerichtliche Kontrolle, in: Verwaltung im Rechtsstaat, Festschrift für CARL HERMANN ULE zum 80. Geburtstag am 26. Februar 1987, Köln u.a. 1987, S. 235

PIETZNER, RAINER / RONELLENFITSCH, MICHAEL: Das Assessorexamen im öffentlichen Recht, Widerspruchsverfahren und Verwaltungsprozeß, 9. Aufl., Düsseldorf 1996

QUAAS, MICHAEL: Rechtsfragen der Kontingentgenehmigung im Güterfernverkehr, DÖV 1982, S. 434

QUARITSCH, HELMUT: Die einstweilige Anordnung im Verwaltungsprozeß, VerwArch. 51 (1960), S. 210 ff. und S. 342 ff.

RAUSCHNING, DIETRICH: Kontrolle der Leistungsbewertung im juristischen Staatsexamen – OVG Münster, NVwZ 1993, 94 und 95, JuS 1993, S. 551

RAUTENBERG, J.: Untersuchungsmaxime und Zurückverweisungen im verwaltungsgerichtlichen Verfahren, NJW 1955, S. 1545

RECHTSLEXIKON für Juristen aller teutschen Staaten, 9. Band, Leipzig 1855

REDEKER, KONRAD: Anmerkung zu BVerwG, Urt. v. 24.01.1992 (DVBl. 1992, S. 1224), DVBl. 1992, S. 1225

REDEKER, KONRAD: Fragen der Kontrolldichte verwaltungsgerichtlicher Rechtsprechung, DÖV 1971, S. 757

REDEKER, KONRAD: Die „Heilungsvorschriften“ der 6. VwGO-Novelle, NVwZ 1997, S. 625

REDEKER, KONRAD / v. OERTZEN, HANS-JOACHIM: Verwaltungsgerichtsordnung, 10. Aufl., Stuttgart u.a. 1991, 13. Aufl., Stuttgart u.a. 2000

RENCK, LUDWIG: Hat der Verwaltungsakt im verwaltungsgerichtlichen Verfahren noch eine Bedeutung?, BayVBl. 1973, S. 365

RICHTER, ERNST-GÜNTHER: Ist das Verwaltungsgericht verpflichtet, eine Sache der Leistungsverwaltung spruchreif zu machen (§ 113 Abs. 4 VwGO)?, DVBl. 1960, S. 885

RICHTER, MARTIN: Die Untersuchungsmaxime im älteren Verwaltungsprozeß, Frankfurt (M.), Berlin u.a. 1999, zugl. jur. Diss. Hannover 1998

ROHMEYER, HARTWIG: Anmerkung zu VG Saarlouis, Beschl. v. 11.10.1967 (DVBl. 1968, S. 263), DVBl. 1968, S. 266

ROSENBERG, LEO / SCHWAB, KARL HEINZ / GOTTWALD, PETER: Zivilprozeßrecht, 15. Aufl., München 1993

ROZEK, JOCHEN: Neubewertung einer fehlerhaft bewerteten Prüfungsarbeit im Prüfungsrechtsstreit, NVwZ 1992, S.33

RUPP, HANS HEINRICH: Zur neuen Verwaltungsgerichtsordnung: Gelöste und ungelöste Probleme, AöR 85 (1960), S. 149 ff., 302 ff.

RUPP, HANS HEINRICH: Ermessen und Rechtsstaatlichkeit, NJW 1969, S. 1273

RUPP, HANS HEINRICH: Grundfragen der heutigen Verwaltungsrechtslehre: Verwaltungsnorm und Verwaltungsrechtsverhältnis, 2., erg. Aufl., Tübingen 1991

RUPP, JÜRGEN-JOHANN: Nachschieben von Gründen im verwaltungsgerichtlichen Verfahren, Heidelberg 1987, zugl. jur. Diss. Mannheim 1987

SACHS, MICHAEL (Hrsg.): Grundgesetz, 2. Aufl., München 1999

SARNIGHAUSEN, HANS-CORD: Zum Nachbaranspruch auf baubehördliches Einschreiten, NJW 1993, S. 1623

SCHELLHAMMER, KURT: Zivilprozeß, Gesetz – Praxis – Fälle, 8. Aufl., Heidelberg 1999

SCHENKE, WOLF-RÜDIGER: „Reform“ ohne Ende – Das Sechste Gesetz zur Änderung der Verwaltungsgerichtsordnung und anderer Gesetze (6. VwGO-ÄndG), NJW 1997, S. 81

SCHENKE, WOLF-RÜDIGER: Verwaltungsprozeßrecht, 5. Aufl., Heidelberg 1997, 7. Aufl., Heidelberg 2000

SCHENKE, WOLF-RÜDIGER: Der Folgenbeseitigungsanspruch bei Verwaltungsakten mit Drittwirkung, DVBl. 1990, S. 328

SCHENKE, WOLF-RÜDIGER: Rechtsprechungsübersicht zum Verwaltungsprozeß, JZ 1996, Teil 1: S. 998 ff., Teil 2: S. 1055 ff., Teil 3: S. 1103 ff.

SCHENKE, WOLF-RÜDIGER: Der Anspruch des Widerspruchsführers auf Erlaß eines Widerspruchsbescheids und seine gerichtliche Durchsetzung, DÖV 1996, S. 529

SCHENKE, WOLF-RÜDIGER: Anm. zu OVG Magdeburg, Urt. v. 22.02.1995 (DVBl. 1996, S. 162), DVBl. 1996, S. 388

SCHENKE, WOLF-RÜDIGER: Das Nachschieben von Gründen im Rahmen der Anfechtungsklage, NVwZ 1988, S. 1

SCHENKE, WOLF-RÜDIGER: Rechtsprobleme des Konkurrentenschutzes im Wirtschaftsverwaltungsrecht, NVwZ 1993, S. 718

SCHENKE, WOLF-RÜDIGER: Die Umdeutung von Verwaltungsakten, DVBl. 1987, S. 641

SCHENKE, WOLF-RÜDIGER: Der verfahrensfehlerhafte Verwaltungsakt gem. § 46 VwVfG, DÖV 1986, S. 305

SCHERER, FRANK: Streitgegenstand und richtige Klageart im Klageverfahren bei einem Folgeantrag, VBlBW 1995, S. 175

SCHLINK, BERNHARD / WIELAND, JOACHIM: Klagebegehren und Spruchreife im Asylverfahren, DÖV 1982, S. 426

SCHLOSSER, PETER: Gestaltungsklagen und Gestaltungsurteile, Bielefeld 1966

SCHMIDT, HELMUT: Zum Streitgegenstand der verwaltungsgerichtlichen Anfechtungsklage, DÖV 1962, S. 486

SCHMIDT-ASSMANN, EBERHARD: Funktionen der Verwaltungsgerichtsbarkeit, in: System des verwaltungsgerichtlichen Rechtsschutzes, Festschrift für CHRISTIAN-FRIEDRICH MENGER zum 70. Geburtstag, Köln u.a. 1985, S. 107

SCHMIDT-ASSMANN, EBERHARD / GROSS, THOMAS: Zur verwaltungsgerichtlichen Kontrolldichte nach der Privatgrundschul-Entscheidung des BVerfG, NVwZ 1993, S. 617

SCHMIDT-KLEIN, BRUNO / BLEIBTREU, FRANZ: Kommentar zum Grundgesetz, 9. Aufl., Neuwied, Kriftel, Berlin 1999

SCHMIESZEK, HANS-PETER: Sechstes Gesetz zur Änderung der Verwaltungsgerichtsordnung und anderer Gesetze (6. VwGO-ÄndG), NVwZ 1996, S. 1151

SCHMITT GLAESER, WALTER / HORN, HANS-DETLEF: Verwaltungsprozeßrecht, 15. Aufl., Stuttgart u.a. 2000

SCHNEIDER, EGON: Die Kostenentscheidung im Zivilurteil, 2. Aufl., München 1977

SCHOCH, FRIEDRICH / SCHMIDT-ASSMANN, EBERHARD / PIETZNER, RAINER (Hrsg.): Verwaltungsgerichtsordnung, Kommentar, Loseblattsammlung, München, Stand Januar 2000

SCHOLZ, RUPERT: Verwaltungsverantwortung und Verwaltungsgerichtsbarkeit, VVDStRL 34 (1976), S. 145

SCHÖNKE, ADOLF / KUCHINKE, KURT: Zivilprozeßrecht, 9. Aufl., Karlsruhe 1969

SCHRÖDER, MEINHARD: Bescheidungsantrag und Bescheidungsurteil, in: System des verwaltungsgerichtlichen Rechtsschutzes, Festschrift für CHRISTIAN-FRIEDRICH MENGER zum 70. Geburtstag, Köln u.a. 1985, S. 487

SCHROEDER-PRINTZEN, JÖRN : Die Beschwer des beigeladenen Sozialleistungsträgers über §§ 102 ff. SGB X, NVwZ 1990, S. 614

SCHULTZENSTEIN, MAX: Die Spruchreife in der Revisionsinstanz nach dem Landesverwaltungsgesetze, VerwArch. 26 (1918), S. 1

SCHULZE-FIELITZ, HELMUTH: Neue Kriterien für die verwaltungsgerichtliche Kontrolldichte bei der Anwendung unbestimmter Rechtsbegriffe, JZ 1993, S. 772

SCHUNCK, EGON / DE CLERCK, HANS: Verwaltungsgerichtsordnung, 3. Aufl., Siegburg 1977

SCHWAB, KARL HEINZ: Der Stand der Lehre vom Streitgegenstand im Zivilprozeß, JuS 1965, S. 81

SCHWAB, KARL HEINZ: Der Streitgegenstand im Zivilprozess, München, Berlin 1954

SCHWARTMANN, ROLF: Rechtsschutz gegen unzureichende Altlastenfreistellungsbescheide nach dem Umweltrahmengesetz, WiB 1997, S. 286

SCHWERDTFEGER, GUNTHER: Öffentliches Recht in der Fallbearbeitung, 10. Aufl., München 1997

SEIBERT, GERHARD: Die Beachtlichkeit von Fehlern im Verwaltungsverfahren gemäß § 46 VwVfG und die Konsequenzen für das verwaltungsgerichtliche Verfahren, in: Festschrift für WOLFGANG ZEIDLER, Berlin, New York 1987. S. 469

SEIBERT, MAX-JÜRGEN: Das Verfahren auf Zulassung der Berufung – Erfahrungen mit der 6. VwGO-Novelle, NVwZ 1999, S. 113

SENDLER, HORST: Rechtsschutz und Verfahrensbeschleunigung, DVBl. 1982, S. 812

SENDLER, HORST: Die neue Rechtsprechung des Bundesverfassungsgerichts zu den Anforderungen an die verwaltungsgerichtliche Kontrolldichte, DVBl. 1994, S. 1089

SIEVEKING, FRIEDRICH B.: Anmerkung zu OVG Hamburg, Urt. v. 14.05.1954 (MDR 1954, 567), MDR 1954, S. 568

STEGEMEYER, KAROLINE: Streitgegenstand und richtige Klageart bei rechtswidriger Verfahrenseinstellung nach §§ 32, 33 AsylVfG, VBlBW 1995, S. 180

STEIN, FRIEDRICH / JONAS, MARTIN: Kommentar zur Zivilprozeßordnung, Erster Band, 19. Aufl., Tübingen 1972, 20. Aufl., Tübingen 1984

STELKENS, PAUL: Das Gesetz zur Neuregelung des verwaltungsgerichtlichen Verfahrens (4. VwGOÄndG) – das Ende einer Reform?, NVwZ 1991, S. 209

STELKENS, PAUL: Verwaltungsgerichtsbarkeit – Gerichtsbarkeit ohne Verwaltung?, NVwZ 1982, S. 81

STELKENS, PAUL / BONK, HEINZ JOACHIM / SACHS, MICHAEL: Verwaltungsverfahrensgesetz, Kommentar, 5. Aufl., München 1998

STERN, KLAUS: Verwaltungsprozessuale Probleme in der öffentlich-rechtlichen Arbeit, 7. Aufl., München 1995

STÜER, BERNHARD : Zurückverweisung und Bescheidungsverpflichtung im Verwaltungsprozeß, in: System des verwaltungsgerichtlichen Rechtsschutzes, Festschrift für CHRISTIAN-FRIEDRICH MENGER zum 70. Geburtstag, Köln u.a. 1985, S. 779

TETTINGER, PETER J.: Überlegungen zu einem administrativen „Prognosespielraum“, DVBl. 1982, S. 421

THIEME, WERNER: Verwaltungslehre, Jura 1990, S. 337

THOMAS, HEINZ / PUTZO, HANS: Zivilprozeßordnung, 22. Aufl., München 1999

ULE, CARL HERMANN: Verwaltungsprozeßrecht, 9. Aufl., München 1987

WACKE, GERHARD: Gegenstand und Rechtskraft der verwaltungsgerichtlichen Klage, AöR 79 (1953/1954), S. 158

WAECHTER, KAY: Polizeiliches Ermessen zwischen Planungsermessen und Auswahlermessen, VerwArch. 88 (1997), S. 298

WAHL, RAINER: Verwaltungsverfahren zwischen Verwaltungseffizienz und Rechtsschutzauftrag, VVDStRL 41 (1983), S. 151

WALTER JELLINEK: Verwaltungsrecht, 3. Aufl., 1931, unveränderter Neudruck, Offenburg 1948

WEYREUTHER, FELIX: Die Rechtswidrigkeit eines Verwaltungsaktes und die „dadurch“ bewirkte Verletzung „in ... Rechten“ (§ 113 Abs. 1 Satz 1 und Abs. 4 Satz 1 VwGO), in: System des verwaltungsgerichtlichen Rechtsschutzes, Festschrift für CHRISTIAN-FRIEDRICH MENGER zum 70. Geburtstag, Köln u.a. 1985, S. 681

WEYREUTHER, FELIX: Verwaltungsverantwortung und gerichtliche Kontrolle, UPR 1986, S. 121

WOIKE, ULRICH: Die Behandlung von Petitionen durch Behörden, DÖV 1984, S. 419

WOLFF, HANS J. / BACHOF, OTTO / STOBER, ROLF: Verwaltungsrecht, Band 1, 11. Aufl., München 1999

WOLFF, HANS J. / BACHOF, OTTO / STOBER, ROLF: Verwaltungsrecht, Band 2, 6. Aufl., München 2000

YOSHIMURA, TOKUSHIGE: Streitgegenstand und Verfahrensmaximen, ZZP 83 (1970), S. 245

ZEUNER, ALBRECHT: Die objektiven Grenzen der Rechtskraft im Rahmen rechtlicher Sinnzusammenhänge, Tübingen 1959

ZIMMER, MICHAEL: Zur Streitwertfestsetzung im verwaltungsgerichtlichen Verfahren, NVwZ 1988, S. 706

ZÖLLER, RICHARD: Zivilprozeßordnung, 21. Aufl., Köln 1999

ZSCHACKE: Die Zurückverweisung der Sache vom Verwaltungsgericht an die Verwaltungsbehörde, NJW 1958, S. 1420

Index

4. VwGO-ÄndG................ 29, 138, 299, 352
6. VwGO-ÄndG...... 131, 281, 400, 404, 469
Abschiebeverbot.................................... 320
absolute Funktionsvorbehalte
  zu Gunsten der Verwaltungstätigkeit . 458
Abtrennung.. 255
Abtretungsgegenstand 205
Abwägungsausfall 396
Abwägungsdefizit................................... 396
Abwägungsdisproportionalität................ 396
Abwägungsentscheidung
  § 113 Abs. 3 VwGO.......................... 354
Abwägungsfehlerlehre........................... 396
Abwägungsfehlgewichtung 396
Abwägungsklauseln............................... 395
Abweichungsverbot....................... 168, 169
Abweisung im Übrigen.......................... 263
Abweisungsreife 73, 348
administrative
  Letztentscheidungsermächtigungen 72
Alleinentscheidungsbefugnis................. 377
Alleinentscheidungskompetenzen 98
Alleinkompetenz...................................... 72
allgemeine Leistungsklage..................... 111
alternative Rechtmäßigkeit 113
Amtsermittlungspflicht
  § 24 VwVfG............................. 143, 368
Amtshaftungsklage 30, 162
Amtshandlung................................ 66, 103
Analogie 66
anderenfalls.. 70
Anerkennung als Kriegsdienstverweig. .. 297
  Verfahrensvorbehalt............................ 300
Anfechtungsklage
  Streitgegenstand 209, 234
Angriffsgegenstand................................ 150
Anhörung 398
Annex 104
Anspruch
  materiell-rechtlich 157, 204
  prozessual 157
Anspruchseinheit 205
Anspruchsgrund............................. 193, 206
Anspruchskonkurrenz............................ 158
Anspruchsnormenkonkurrenz................ 205
Anspruchsziel 191, 206
Antrag 190
Anwaltsgebühren................................... 287
Arbeitsweisen
  von Rspr. und Verw. 457
Architektenliste...................................... 386
Arzneimittelzulassung 33
Asylbewerber
  Anhörung.. 316
Asylfolgeantrag
  Bescheidungsbegehren 341
Asylverfahrensrecht 35, 315
Atomanlagen
  § 7 Abs. 2 Nr. 5 AtG 393
Atomrecht 136
Aufhebung
  der Kosten gegeneinander 273, 280
Aufhebungsanspruch 123
Aufklärungspflicht................................. 408
Auflagenbeschlüsse 399
Ausgangsbescheid.................................. 150
Auslegung 64
  Historie 82
  Systematik 69
  Teleologie 94
  Wortlaut 65
Auswahlermessen 107
Bandbreite der Entscheidungsmögl. 391
Bandsäge-Urteil 409
Baueignungsliste.................................... 386
Bauordnungsrecht.......................... 439, 468

baustatische Berechnungen 439
Bearbeitungstiefe 311
Begehren 189, 206
Begründung eines Verwaltungsakts
nachträgliche 403
Begründungsmangel 119
Begründungspflicht 119
formell 125
Beibringungsgrundsatz 175
Beiladung
§ 65 VwGO 398, 437
Benehmen 398
Bescheidungsanordnung 419
Bescheidungsklage 34, 258
Beschleunigungsgedanke 308
Beschleunigungsinteresse 299
Beschwer 267
Betriebsplanzulassung
§ 55 Abs. 1 BBergG 390
Beurteilungsspielräume 379
ausdrückliche Normierung 489
beamtenrechtliche Beurteilungen 383
Bewertungen 380
Fachbegutachtungen 384
Indizierungen 385
Planungen 395
Prognosen und Risikoentscheidungen 391
Prüfungen 380
Beweisgebühr 287
Beweislast 360
Günstigkeitsprinzip 363
Beweislastnormen 361
Beweislastregelungen
gesetzliche 361
Bewertungskriterien 381
Bewertungsmaßstäbe 403
Bewertungsspielräume
Prädikatierungen 386
BImSchG-Genehmigung 33
Bindung
Anträge 264
Bindungswirkungen 168
Bleiberecht 320
Brokdorf-Urteil 136
Bundesamt
f. d. Anerk. ausl. Flüchtlinge 316
Chancengleichheit 401
Dauer
erforderlicher Ermittlungen 446
demokratische Legitimation 389, 456
Dialog 488
Dispositionsmaxime.. 81, 122, 173, 180, 260
dolo agit 109, 125
Drittanfechtungsklage 357
Drittschutz 121
Drittwirkung 357
Durchentscheiden 115, 116
Asylfolgeantrag 343
Dynamik der Materie 466
edukatorische Funktion
einer Zurückverweisung 469
Effektivität des Rechtsschutzes 310
effet utile 474
Effizienz des Verfahrens 310
Einbürgerung
§ 9 Abs. 1 RuStAG (jetzt StAG) 390
Eingriffsermächtigung 106
Einheitlichkeit des Prozessrechts 161
Einheitsklage 151
Einschätzungsprärogativen
politische 389
Einschränkung der Klage
Kostenrisiko 306
Nichtöff. des Verw.Verf. 307
schützenswerte Motive 305
einstweilige Anordnung
§ 123 VwGO 419
Einvernehmen 398
Endgültigkeit
Scheinbarkeit 449, 467
Endurteil 74, 140
Entscheidung in der Sache

§ 46 VwVfG 304
Entscheidungserheblichkeit 122
Entscheidungskompetenz 71
normative Beschränkungen 373
Entscheidungsmodalitäten 250, 256
Entscheidungsreife 74, 348
Entscheidungsspielräume
Reduktion 413
Entscheidungsstrukturen 389
Entschließungsermessen 105
ergänzte Anfechtungsklage 138
Ergänzung von Ermessenserwäg. ... 402, 406
Ergebnisrichtigkeit 116
Ermittlung 117
Erledigungserklärung 174
Ermessen 71, 374
Ermessensausfall 403
Ermessensdefizit 403
Ermessenserwägungen
Ergänzung 402
keine Ersetzung 398
Ermessensfehlgebrauch 403
Ermessensreduktion 413
Ermittlungsdefizit
Erheblichkeit 351
Erschöpfung von Kontingenten 418
Erstermittlung und -bewertung 453
Europäisierung
des Verwaltungsprozessrechts 471
Fachbehörde 32, 317, 319, 439, 458
Anerk. ausl. Flüchtl. 443
Fachgremien 389
Fachkenntnis 385
fachspezifische Fragen 381
Fälligkeit 265
Fassung der Anträge 259
feststellende Verwaltungsakte
§113 Abs. 2 VwGO 299
Feststellungsklage
Subsidiarität 312
Filmförderung 387
Finanzgerichtsbarkeit 352
Flexibilität
§ 10 VwVfG 457
Fluglärm
§ 9 Abs. 2 LuftVG 393
Folgeantrag
§ 71 AsylVfG 334
Folgenbeseitigungsanspruch 102
Folgenbeseitigungsausspruch 102
Folgenbeseitigungslast 105
Folgenverantwortung 392
fremdabgegrenzte Anträge 178
Frist
§ 113 Abs. 3 VwGO 370, 489
Funktionen
von Rechtsprechung und Verwaltung 455
Funktionsvorbehalte
prozessrechtliche Klarstellung 489
Gegenstand der Anfechtungsklage 302
Geldleistung 265
§ 113 Abs. 2 VwGO 299, 352
Gemeinschaftsrechtsgerichte 473
Gemeinschaftstreue 473
Gemeinschafts-Verwaltungsprozessrecht 473
GenBeschlG 126, 145, 305, 403
Genehmigungsverfahren
stecken gebliebenes 445
Generalklausel 161
Gerichtsgebühren 287
geringfügige Zuvielforderung 276
geringwertiges Unterliegen 271, 275
gesellschaftliche Repräsentanz 385
Gesetzesauslegung 64
Gesetzgebungsverfahren
§ 113 Abs. 5 VwGO 87
Gestaltung 456
Gestaltungsklage 192
Gestaltungswirkung 192
Gewaltenteilung 97, 130, 453
Alleinentscheidungskompetenzen 98
Kernbereich 98

Gremium 384, 388
Gründlichkeit
des ger. Verfahrens 457
Grundurteile 165
Günstigkeitsprognose
§ 51 Abs. 1 Nr. 2 VwVfG 343
Güterkraftverkehrsgenehmigungen 431, 434
GWB
§ 71 Abs. 5 Satz 2 389
Handlungskompetenzen 456
Handwerksrolle 447
Heilung 131
Heilungsvorschrift
§ 114 Satz 2 VwGO 402
Herbeiführung der Spruchreife 348
§ 113 Abs. 3 VwGO 351
§ 113 Abs. 3 VwGO analog 462
Anfechtungsklage 350
Bemühungen des Gerichts 348
Grenzen - allgemeine Kriterien 450
Grundsatz und Ausnahmen 450
Kostengesichtspunkte 467
materiell-rechtl. und tats. Hindernisse 372
materiell-rechtliche Hindernisse 373
tatsächliche Hindernisse 418
Verpflichtungsklage 372
Verzicht 348
Vollzugsfolgenbeseitigung 349
Hinweispflicht
§ 86 Abs. 3 VwGO 487
Identifizierung
des Klagebegehrens 208
Identität
des Rechtsstreits 155
Importquotenentscheidung
§ 12 AußenwirtschaftsG 390
Indizierungen 385
Informationsbeschaffungskosten
Unverhältnismäßigkeit 360
Informationskosten 359
Informationsverarbeitungskapazität 392
Inkongruenz 81
Instanzenzug 468
Interimsgestaltung 420
isolierte Anfechtungsklage 295
Jugendgefährdung 385
Justizanspruch 159
Justizgewährleistungsanspruch 159
Justizgewährungsanspruch 159
Justizkontrolle
Freistellung 72
kassatorisches Prinzip
Ausnahme 138
Kaufkraftausgleichsregelung
§§ 7 Satz 2, 54 Satz 1 BBesG 390
Klageänderung 174, 200, 251, 261
Klageanerkennung 174
Klageantrag 189
Klagearten 257
Klagebegehren 189
Bindung gem. § 88 VwGO 291
Klagebeschränkung 261
Klageergänzung 251
Klageerhebung
Grundsatz der umfassenden 289, 346
Klageerweiterung 261
Klagegrund 194
Klagenhäufung 199, 248
Klagerücknahme 174
Klageschrift 182, 190
Klageteilrücknahme 283
Klageverzicht 174
Klageziel 189
Kollegialgericht 279
Kombinationstheorie 213, 237
Komplexität 445
Konfliktpotential 477
Konkurrentenklagen 430
Beamtenrecht 431
Konsenssuche
im Verwaltungsverfahren 457
Kontingente 418

Kontrolldichte 373, 471
Kontrollkompetenzen 456
Kontrollrestriktionen 72
Kosten
hälftige Teilung 281
verhältnismäßige Teilung 280
Kostenfolgen 268
Kostenlastentscheidung 263
Anfechtungsklage 269
Verpflichtungsklage 270
Kostenneutralität 271
Kostenquoten 272
Kostenteilung 273
Kostenverteilung
verschuldensabhängige 277
Kostenverursachung
Kausalität 278
Krankenhausbedarfsplanung
§ 8 Abs. 1 Satz 1 i.V.m. § 1 KHG 390
Kriegsdienstverweigerung 35
Kriegsdienstverweigerungssachen 297
Kündigungsschutzprozess 208
Kunst 385
Landesmedienanstalt 388
Lastenausgleichsgesetz 406
Lebenswirklichkeit 193
Legalisierungswirkung 109
Leistungsbestimmung 265
Letztentscheidungsbefugnis 377
Losverfahren 425
LVG 83
Mitwirkungshandlungen 397
Mitwirkungspflichten 475
monokratischer Behördenaufbau 456
MRVO Nr. 165 86
Nachbesserungsmöglichkeiten 134
Nachkorrektur 406
Nachschieben von Bewertungen 401
Nachschieben von Gründen 116, 402
nachvollziehende Abwägung 396
ne bis in idem 168
Nebenbestimmungen 445, 446, 460
Neubewertung 382
Neutralitätspflicht 400, 456, 476
non liquet 361
Normvorstellungen 82
Normzweck 82
Notengebung 381
Numerus clausus 421, 424
Offensichtlichkeit 127
Offizialmaxime 174
Offizialprinzip 407
ökonomisches Prinzip 310
pädagogisches Interesse 393
Personenbeförderungsgenehmigung 431
Pflanzenschutzmittel
§ 15 Abs. 1 PflSchG (1986) 394
Planentscheidung
Ausgewogenheit 290
Planergänzungsanspruch 397
planerische Gestaltungsfreiheit 395
Planfeststellungsbeschluss
Teilaufhebung 290
Planfeststellungsverfahren 395
Planungsermessen 395
Planungsmandat 395
Planungsnormen 396
Planungszusammenhänge 392
pluralistische Interessen 384
Plus-Minus-Verhältnis 91
politische Einschätzungsprärogativen 389
Präferenzsystem 395
Präjudizialität 170
Präzision
des ger. Verfahrens 457
Prognosen 391
Programmsätze 389
Prozessgebühr 287
prozessleitende Verfügungen 399
Prozessökonomie 253
prozessualer Anspruch 157, 206
Prozessvergleich 174

Prozessvermeidung ... 477
Prozesszinsen ... 265
Prüfsteine ... 195
Prüfungsbedingungen ... 381
Prüfungsentscheidungen
 Vornahmeurteil ... 383
Prüfungskammer ... 298
prüfungsspezifische Wertungen ... 381
Prüfungswesen ... 380
Qualitätsvorsprung ... 392
querulatorische Veranlagung ... 477
Rangverhältnis
 § 13 Abs. 5 PBefG ... 423
Rechtsauffassung ... 267
Rechtsausschuss ... 91
Rechtsbehauptung ... 189
Rechtsfolgenbehauptung ... 190
Rechtsfortbildung ... 66
Rechtsfrieden ... 172
Rechtshängigkeit ... 200
Rechtskraft ... 163, 195
 formelle ... 164
 Grenzen ... 165
 materielle ... 164
Rechtskraftfähigkeit ... 164
Rechtsmittel ... 267
Rechtsmittelverfahren ... 165
Rechtsprechung
 strukturelle Merkmale ... 455
 Tendenzen ... 30
Rechtsschutzbedürfnis ... 35, 288, 293
 effektivere Rechtsschutzmögl. ... 294
 missbilligenswerte Ziele ... 294
 nutzloses Rechtsschutzbegehren ... 294
 Treu und Glauben ... 293
Rechtsschutzgarantie
 Art. 19 Abs. 4 GG ... 94, 451
Rechtsschutzgewährung
 Anspruch auf ... 159
Rechtssicherheit ... 130, 172
Rechtsstaatsprinzip ... 172
Rechtsstreitspruchreife ... 101
Rechtsvergleichung ... 471
 wertende ... 473
Rechtsverletzung ... 67, 120
Rechtsweg ... 30
Rechtswidrigkeit
 Nachweis ... 141
Regelungsabsicht ... 82
Regiefunktion ... 476
Regierungsebene ... 389
Reife ... 68
relative Funktionsvorbehalte
 zu Gunsten der Verwaltungstätigkeit . 461
Reparaturbetrieb ... 133
Ressource Rechtsschutz ... 309, 455
Restkapazitäten ... 421
Rettungsdienst ... 31, 431
Revisionsgericht ... 313
richterliche Unabhängigkeit ... 455
Richterwahlausschuss ... 386
Risikoentscheidungen ... 391
Rücknahmefiktion
 §§ 32, 33 AsylVfG ... 322
 Bescheidungsbegehren ... 330
Saatgutverkehrsgesetz ... 386
Sachdienlichkeit
 § 113 Abs. 3 VwGO ... 353
 § 86 Abs. 1 VwGO ... 354
 Behördenkenntnisse und -fähigkeiten 358
 Beispiel ... 368
 Beweislast ... 361
 einstweilige Regelungen ... 367
 Informationskosten ... 359
 irreparable Nachteile ... 357
 Kostenfaktoren ... 359
 Prozessvermeidung ... 355
 Verfahrensqualitäten ... 356
Sache ... 68
Sachkunde ... 392
Sachverhalt ... 193
 Eingrenzung durch den VA ... 209

Komplexität 445
Sachverhaltsaufklärung 438
teilbares Klagebegehren 411
Verurteilung zur Vornahme 411
Sachverhaltsermittlungen
Masse oder Dauer 465
Sachverstand 384
Sachverständigengutachten 353, 381, 467
Sasbach-Entscheidung 98
schädliche Umwelteinwirkungen
§ 5 Abs. 1 Nr. 1, Nr. 2 BImSchG 394
Schwebezustand 148
selbstabgegrenzte Anträge 202
Selektivität
des ger. Verfahrens 457
Sicherheitsleistungen 144
Sinnbeziehung 171
Sortenausschüsse 386
Sozialhilfe 147
Spielbank 431
Spruchreife
Definition 101, 112, 153, 154
dynamische Voraussetzung 69, 79, 93
Herbeiführung 348
Kostenneutralität 271
Nachsatz 70
qualifizierende Voraussetzung 71
sekundäres Unterscheidungsmerkmal .. 75
Vorhersehbarkeit 271
Stand von Wissenschaft und Technik
§ 6 Abs. 2 GenTG 393
Strafprozess 174
Streitentscheidung 456
Streitgegenstand 155
Anfechtungsklage 209, 234
eingliedriger Begriff 193
relativer Begriff 184
variabler Begriff 185
Verpflichtungsklage 234, 248
zweigliedriger Begriff 194
Streitwertkatalog 281
strukturelle Unterschiede
zwischen Rspr. und Verw. 455
Studienplätze 421, 424
Stufenklage 104
Symbiose 27
Tatsachengerichte 313
Tatsachengestaltung 428, 459
Teilunterliegen 262
Teilurteil 255
teleologische Reduktion 123
Tenorierung 207
Terminologie 27
Tiefflüge
§ 30 Abs. 1 Satz 3 LuftVG 390
Treu und Glauben 129
Typisierungspotential 207
Überlastung 318, 322, 470
Untätigkeits(gegen)klage 85
Unterlassung 77
Unterlassungsanspruch 177
Untersuchungsgrundsatz 122, 126, 175
§ 113 Abs. 3 VwGO 354
§ 86 Abs. 1 VwGO 451
Untersuchungsmaxime 76, 407
Urteilsgebühren 287
Urteilsgegenstand 184
Verdrängungsklagen 430, 460
Begründetheit 434
Zulässigkeit 431
Verfahrensautonomie
der EU-Mitgliedstaaten 473
Verfahrensbehauptung 190
Verfahrensgebühr 287
Verfahrenshandlungen
§ 44a VwGO 292
Vollstreckbarkeit, § 44a VwGO 304
Verfahrenskonkurrenzregelungen 291
Verfahrensökonomie 128, 360
verfahrensökonomisches Prinzip 308
Verfahrensvorschriften 388
Verfahrenszwecke 162

Verfügungsgrundsatz ... 173
Verfügungsobjekt ... 205
Vergleichsrahmen ... 381, 382
Verhandlungsgebühr ... 287
Verkehrsinteressen
§ 13 Abs. 4 PBefG ... 392
Verlust einer Tatsacheninstanz 322, 346, 468
Verpflichtungsklage
Herbeiführung der Spruchreife ... 372
Streitgegenstand ... 234, 248
Urteilsformen ... 28
Zulässigkeit ... 79
Versagungsgegenklage ... 85
verschwiegene Studienplätze ... 421, 424
Verwaltung
strukturelle Merkmale ... 455
Verwaltung eines Mangels ... 423, 429, 460
Verwaltungsakt ... 118
mehrstufiger ... 398
Verwaltungsakte
Stufenverhältnis zwischen mehreren .. 398
Verwaltungsakt-Wiederholungsverbot ... 168
Verzögerung
§ 296 Abs. 1 ZPO ... 353
VGG ... 84
Volksfest ... 42C
Vollstreckbarkeit
Bescheidungsurteil ... 311
Zwangsgeld ... 312
Vollstreckungsgegenklage ... 110
Vollzugsfolgenbeseitigung
Streitgegenstände ... 248
Vorabentscheidungen
des EuGH ... 473
Vorbehaltsurteile ... 165
vorläufiger Rechtsschutz
§ 123 VwGO ... 419
Vornahmeanordnung ... 419
Vornahmereife ... 67
Vorwegnahme der Hauptsache ... 420
Waffengleichheit ... 280
Wehrfliegerverwendungsprüfung ... 441
Wehrpflichtrecht ... 297
Weinprädikat ... 387
weisungsunabhängiges Gremium ... 384
Wertberechnung ... 286
Widerspruchsbescheid
Aufhebung (§ 79 VwGO) ... 313
Bescheidungsbegehren ... 314
isolierte Aufhebung ... 147
Klage auf ... 313
Wiederaufgreifensklage ... 335
Wiederaufnahmeverfahren
§ 51 Abs. 1 - 3 VwVfG ... 338
Wille des Klägers ... 320
Willkürkontrolle ... 381
Wirtschaftlichkeitsvorbehalt
der Inquisitionsmaxime ... 359
Wohngeldsachen ... 33, 448
Zeitablauf
Erledigung durch ... 420
Zivilprozessordnung ... 160
Zulassung zum Hochschulstudium ... 420
Zulassungsberufung ... 469
Zurückverweisung ... 124, 322
Zuspruch-Reife ... 348
Zustimmungsbedürftigkeit ... 398
Zuverlässigkeit ... 393
ZVS-Kriterien ... 425
Zweckmäßigkeit ... 457
Zweckmäßigkeitserwägungen ... 445, 460
Zwischenentscheidungen ... 165

FSC
www.fsc.org
MIX
Papier | Fördert
gute Waldnutzung
FSC® C083411

Kolibri 360 GmbH
Ferdinand-Jühlke-Straße 7
99095 Erfurt, Deutschland
produktsicherheit@kolibri360.de

Druck:
CPI Druckdienstleistungen GmbH
im Auftrag der
Kolibri 360 GmbH
Ferdinand-Jühlke-Str. 7
99095 Erfurt